	8. Reichstag 1890			9. Reichstag 1893			10. Reichstag 1898			11. Reichstag 1903			12. Reichstag 1907			13. Reichstag 1912			
Abgegebene Stimmen Wahlbeteiligung	Millionen 7,228	% 71,2	–	Millionen 7,674	% 72,2	–	Millionen 7,752	% 67,7	–	Millionen 9,495	% 75,8	–	Millionen 11,262	% 84,3	–	Millionen 12,207	% 84,5	–	
Stimmenanteil Mandatszahl Mandatsanteil	%		%	%		%	%		%	%		%	%		%	%		%	1912 für ein Mandat erforderliche Stimmen
Christlich-Soziale	0,7	5	1,3	3,4	16	4,0	3,7	13	3,3	2,6	11	2,8	2,2	16	4,0	0,4	3	0,8	17 350
Konservative	12,4	73	18,4	13,5	72	18,1	11,0	56	14,1	10,0	54	13,6	9,4	60	15,1	9,2	43	10,8	26 200
Freikonservative	6,7	20	5,0	5,7	28	7,1	4,4	23	5,8	3,5	21	5,3	4,2	24	6,0	3,0	14	3,5	26 200
Nationalliberale	16,3	42	10,6	13,0	53	13,4	12,5	46	11,6	13,9	51	12,8	14,4	54	13,6	13,7	45	11,3	37 000
Liberale Vereinigung (seit 1893 Freisinnige Vereinigung; ab 1910 Fortschrittliche Volkspartei)	16,0	66	16,6	3,9	13	3,3	2,5	12	3,0	2,6	9	2,3	3,2	14	3,5	12,3	42	10,6	35 600
Fortschrittspartei (seit 1893 Freisinnige Volkspartei)	–	–	–	8,7	24	6,0	7,2	29	7,4	5,7	21	5,3	6,5	28	7,1	–	–	–	–
Deutsche Volkspartei	2,0	10	2,5	2,2	11	2,8	1,4	8	2,0	1,0	6	1,5	1,2	7	1,8	–	–	–	–
Zentrum	18,6	106	26,7	19,0	96	24,2	18,9	102	25,7	19,7	100	25,2	19,4	105	26,4	16,4	91	22,8	21 900
Welfen	1,6	11	2,8	1,3	7	1,8	1,4	9	2,3	1,0	6	1,5	0,7	1	0,3	0,7	5	1,3	17 000
Polen	3,4	16	4,0	3,0	19	4,9	3,1	14	3,5	3,7	16	4,0	4,0	20	5,0	3,6	18	4,5	[illegible]
Dänen	0,2	1	0,3	0,2	1	0,3	0,2	1	0,3	0,2	1	0,3	0,1	1	0,3	0,1	1	0,3	[illegible]
Elsass-Lothringer	1,4	10	2,5	1,5	8	2,0	1,4	10	2,5	1,1	9	2,3	0,9	7	1,8	1,3	9	2,3	[illegible]
Sozialdemokraten	19,7	35	8,8	23,3	44	11,1	27,2	56	14,1	31,7	81	20,4	29,0	43	10,8	34,8	110	27,7	[illegible]
Sonstige	1,0	2	0,5	1,7	5	1,3	5,1	18	4,5	3,5	11	2,8	4,7	17	4,3	4,5	16	4,0	[illegible]
Insgesamt	–	397	–	–	397	–	–	397	–	–	397	–	–	397	–	–	397	–	[illegible]
Für ein Mandat durchschnittlich erforderlich	18 000 Stimmen			16 000 Stimmen			19 000 Stimmen			24 000 Stimmen			28 350 Stimmen			30 750 Stimmen			30 75[illegible]

BUCHNERS KOLLEG GESCHICHTE

AUSGABE C

DEUTSCHE GESCHICHTE ZWISCHEN 1800 UND 1933 – GESCHICHTE DER SUPERMÄCHTE

Von Anton Golecki, Klaus Dieter Hein-Mooren,
Heinrich Hirschfelder, Lorenz Maier,
Wilhelm Nutzinger und Reiner Schell
unter Mitarbeit von Monika Keuthen

C.C. Buchners Verlag · Bamberg

Buchners Kolleg Geschichte – Ausgabe C

Deutsche Geschichte zwischen 1800 und 1933 – Geschichte der Supermächte
Bearbeitet von Anton Golecki, Klaus Dieter Hein-Mooren, Heinrich Hirschfelder, Lorenz Maier, Wilhelm Nutzinger und Reiner Schell unter Mitarbeit von Monika Keuthen

Bildnachweis: Allgemeiner Deutscher Nachrichtendienst (ADN), Berlin (1); Archiv der sozialen Demokratie, Friedrich-Ebert-Stiftung, Bonn (4); Archiv für Kunst und Geschichte, Berlin (28); Archiv Gerstenberg, Wietze (2); Chicago Historical Society, Chicago (2); Cinetext, Frankfurt (2); Deutsche Presse-Agentur, Frankfurt (4); Dokumentations- und Informationszentrum DIZ, Süddeutscher Verlag, München (17); Frankfurter Allgemeine Zeitung, Frankfurt (1); Germanisches Nationalmuseum, Nürnberg (1); Historisches Archiv Friedrich Krupp, Essen (4); Historisches Museum der Stadt Frankfurt/Main (2); Interfoto, München (4); Jürgens Ost- und Europaphoto, Berlin (1); Keystone, Hamburg (4); Knauf, Diethelm, Bremen (1); Kühn, Peter, Dessau (1); Library of Congress, Washington (1); Ludwig Forum für internationale Kunst, Aachen (1); Museum of the City of New York, New York (1); Preußischer Kulturbesitz, Berlin (21); Staatliche Graphische Sammlung, München (1); Staatsbibliothek, Bamberg (1); Stadtarchiv, Karlsruhe (1); Stadtverwaltung, Bad Muskau (1); Statens Museum for Kunst, Kopenhagen (1); Tate Gallery Publishing, London (1); The Associated Press, Frankfurt (1); Ullstein Bilderdienst, Berlin (1); Universitätsbibliothek, München (1); Verlagsarchiv; Woolaroc Museum, Bartlesville, Oklahoma (1); Wostock Verlag, Köln (1); Zentralarchiv der Staatlichen Museen, Berlin (1).

Das Umschlagbild „Der Untergang der Titanic" (1912) stammt von Willy Stöwer (1864–1931). Die Vorlage stellte freundlicherweise das Bildarchiv Preußischer Kulturbesitz zur Verfügung.

Dieses Werk folgt der reformierten Rechtschreibung und Zeichensetzung. Ausnahmen bilden Texte, bei denen künstlerische, philologische oder lizenzrechtliche Gründe einer Änderung entgegenstehen.

3. Auflage 3 ³ ² ¹ 2013 10 07
Die letzte Zahl bedeutet das Jahr dieses Druckes.
Alle Drucke dieser Auflage sind, weil untereinander unverändert, nebeneinander benutzbar.

www.ccbuchner.de

Satz und Druck: creo Druck & Medienservice GmbH, Bamberg
Bindearbeiten: Stürtz GmbH, Würzburg

ISBN 978-3-7661-**4636**-6

Inhaltsverzeichnis

Seite

Vorwort 11

Obrigkeitsstaat und Nation:
Deutschland im 19. Jahrhundert 13

Deutschland unter dem Einfluss der
Französischen Revolution und Napoleons 13
Errungenschaften der Französischen Revolution 14
Zerfall des alten Reiches 14
Ziele französischer Besatzungspolitik 15
Auswirkungen von Säkularisation und Mediatisierung
in den Rheinbundstaaten 17
Reformen in den Rheinbundstaaten 17
Reform in Preußen:
Modernisierung zwischen Zwang und Idealismus 19
Erfolge und Versäumnisse der preußischen Reformpolitik 19

Wiener Kongress und Restauration 26
Europas Völker erheben sich 26
Der Wiener Kongress:
Restauration – Legitimität – Gleichgewicht der Mächte 27
Der Deutsche Bund – kein neues Reich in Europas Mitte 28
Süddeutscher Frühkonstitutionalismus 29

Der restaurative Staat contra Nationalismus und Liberalismus 33
„Vormärz" und „Biedermeier" 33
Nationalismus und Liberalismus 35
Das Wartburgfest – Blick zurück nach vorn 36
Die Karlsbader Beschlüsse 37
Auswirkungen der französischen Juli-Revolution von 1830 38
Hambacher Fest und „Göttinger Sieben": Die Bürger protestieren . . . 39

Die Ursachen der Revolution von 1848 44
Wirtschaftliche Nöte 44
Auswirkungen des gesellschaftlichen Wandels 45
Legitimationskrise des politischen Systems 45

Die Märzereignisse 1848 und ihre Folgen 48
Die „Februarrevolution" in Paris als Anstoß 49
Die Fürsten der Mittel- und Kleinstaaten
beugen sich den Märzforderungen 49
Die Revolution siegt in Wien und Berlin 50
Die deutsche Nationalversammlung wird gewählt 50
Konservative und liberale Parteirichtungen in der Paulskirche 51
Demokratische Bewegungen 52
Erfolge der Gegenrevolution im Jahre 1848 53

Ergebnisse der Paulskirchenversammlung 58
Provisorische Regierung ohne Macht. 59
Die Grundrechte des deutschen Volkes 59
Wo sollen Deutschlands Grenzen verlaufen? 59
Die Entscheidung über das Reichsoberhaupt 60
Unitarische und föderative Elemente der Reichsverfassung 60
Das konstitutionelle Regierungssystem im Verfassungsentwurf von 1849 61
Ein Tauschgeschäft beendet den Streit um das Wahlrecht 61
Das Verfassungswerk der Paulskirche scheitert 62
Ursachen des Scheiterns der Revolution 62
War alles umsonst? 63

Die Industrielle Revolution in den Ländern des Deutschen Bundes . . . 68
Die Rolle des Staates bei der Industrialisierung 70
Das „Eisenbahnzeitalter" 71
Kapitalgesellschaften und privates Unternehmertum 72
Arbeit in der Fabrik 73
Eine Gesellschaft in Bewegung 74

Zwischen Reaktion und Liberalismus:
Preußen und das Ringen um die deutsche Einheit 79
Deutsche Politik nach der Revolution 1848/49 79
Der Verfassungskonflikt um die Heeresreform in Preußen 80
Die Lückentheorie 81

Die machtstaatliche Einigung Deutschlands
unter der Führung Preußens 84
Auseinandersetzung um die Hegemonie in Deutschland 84
Der Streit um Schleswig und Holstein 85
Der Krieg gegen Österreich 85
Der Frieden von Prag 86
Der Norddeutsche Bund 86
Der Ausbruch des deutsch-französischen Kriegs 87
Der deutsch-französische Krieg 1870/71 87
Die Reichsproklamation 88

Die Verfassung des Kaiserreichs 92
Das Reich – ein Bundesstaat 92
Kaiser und Reichskanzler 93
Die Stellung des Bundesrates im Verfassungssystem 93
Der Reichstag 94

Obrigkeitsstaat und Parteien 97
Bismarck und die Parteien: „Verbündete auf Zeit" 97
Voraussetzungen des Kulturkampfs in Deutschland und Europa 98
Verlauf und Beendigung des Kulturkampfs im Reich 98
Die Auseinandersetzung mit den Sozialdemokraten 99

Wirtschaftliche Entwicklung und Wirtschaftspolitik im Kaiserreich . . 102
„Gründerboom" und „Gründerkrach" 102
Neue Industrien: die zweite Industrialisierungswelle 103
Chemie – Elektrizität – Motorbau 104
Die Formierung einer pluralen Verbändegesellschaft
und die Anfänge des „Interventionsstaats" 105
Das gesellschaftspolitische Kräftespiel der Verbände. 106

Die Auseinandersetzung um die soziale Frage 109
Erste unternehmerische Hilfsmaßnahmen. 111
Die christlichen Kirchen vor der Proletarierfrage 112
Karl Marx und Friedrich Engels – der revolutionäre Sozialismus 112
Die politische und gewerkschaftliche Arbeiterbewegung formiert sich 112
Der Staat greift ein: Inhalt und Wirkungen der Sozialgesetze 114
Programmatischer Wandel innerhalb der Sozialdemokratie. 114
Gewerkschaften im Kaiserreich 115
Die Verbindung zwischen Gewerkschaften und Sozialdemokraten . . 116

Integrative Elemente und „Risse" im deutschen Nationalstaat 123
Reichsnationalismus und Nationalisierung der Massen 124
Militarisierung der Gesellschaft. 125
„Missgeburt des nationalen Gefühls": der Antisemitismus 126
Die Frauenbewegung in der Männergesellschaft 127

Bismarcks am Status quo orientierte Außenpolitik. 130
Die außenpolitische Konzeption Bismarcks
im europäischen Mächtesystem 130
Das deutsch-österreichische Bündnis: der Zweibund. 131
Absicherung des Reichs durch eine Vertragspolitik mit Russland. . . . 132

Wilhelminische Großmachtpolitik im Zeitalter des Imperialismus . . . 135
Deutschlands Einstieg in die Weltpolitik. 138
Das Verhältnis zu England wird schlechter 139
Einvernehmen zwischen Russland, Frankreich und Großbritannien . . 140
Die Verengung der politischen Handlungsspielräume 140
Der Balkan als Krisenherd 141
Kriege auf dem Balkan 142
Das Attentat auf den österreichisch-ungarischen Thronfolger
in Sarajevo 143

Der Erste Weltkrieg 149
Julikrise 1914: eine Blankovollmacht für Österreich-Ungarn. 150
Der Erste Weltkrieg beginnt 150
Der Kriegsverlauf. 150

Demokratie und Nation: die USA im 19. Jahrhundert 155
Eine amerikanische Identität entsteht 155
„Rot", „Weiß" und „Schwarz" in der „Neuen Welt" 156
Der Süden: Koloniegründungen aus wirtschaftlichen Motiven 156
Neu-England: Koloniegründungen als religiöse Aufgabe 157
Die Mittelatlantik-Kolonien: Vielfalt und Toleranz 158
Politisches Leben unter dem Schutz der britischen Krone 158
Wirtschaftliche Expansion der Kolonien 159

Eine Nation erschafft sich selbst 161
Der Widerstand gegen das Mutterland formiert sich 161
„The Revolutionary War":
Der Kampf um die Unabhängigkeit beginnt 162
Eine neue Dimension des Rechts:
die Erklärung der Grundrechte in Virginia. 163
„Selbstverständliche Wahrheiten": die Unabhängigkeitserklärung. . . 163
Ausgang und Ende des revolutionären Krieges 164
Auf dem Weg zu einer Verfassung für den Staatenbund 165
„Checks and Balances": die amerikanische Bundesverfassung 165

Ein Kontinent auf dem Weg zur Nation 175
„Westward" – ein Kontinent wird erobert 175
Territoriale Expansion und Marktwirtschaft. 176
Was ist ein Amerikaner? 177
Weiße und Indianer. 178

Der Bürgerkrieg als Zerreißprobe der amerikanischen Nation 183
Der Nord-Süd-Gegensatz spaltet die Union 183
Die Sezession der Südstaaten 184
Der Amerikanische Bürgerkrieg (1861-1865). 185
Von der Sklavenbefreiung zur Rassentrennung 185

Die Wirtschaftsgroßmacht USA 190
Die wirtschaftliche Expansion – das „Big Business". 190
Die Schattenseiten des „Big Business" 191
„Progressive Movement":
die Antwort auf das „Big Business" und seine Schattenseiten 192

Der Aufstieg zur Weltmacht 198
Die Frühphase amerikanischer Außenpolitik 198
Grundlagen und Motive der imperialistischen Politik 199
Open Door Policy und Interventionspolitik –
abgestufte Formen imperialistischer Politik 199
Die USA und Europa 201

Staat und Gesellschaft im Zarenreich 206
Autokratie zwischen Erstarrung und Reform 207
Der „Sonderweg" des Russischen Reiches 207
Über die Notwendigkeit der „Modernisierung von oben" 209
Die „Großen Reformen" 210
Die Auswirkungen der Agrarreformen. 211
Die „Industrialisierung von oben" 212
Die neue Arbeiterklasse 213
Die eingeschränkte Autokratie in der Krise 219
Eine revolutionäre Bewegung entsteht 219
Industriearbeiter – Bauern – Bürger: Woher kommt die Befreiung? . . . 220
Die Revolution von 1905 221
Die Grundgesetze von 1906 222
Autokratisches Beharren und Reformversuche vor 1914 224
Nationalismus und Imperialismus als Stützen des Vielvölkerstaates . . 230
Nationalismus im Vielvölkerstaat. 230
Der Panslawismus 231
Der Kontinentalimperialismus Russlands 232
Hegemoniestreben auf dem Balkan. 233

Die Herausforderung des American Dream im 20. Jahrhundert. 240
Wirtschaft und Gesellschaft nach dem Ersten Weltkrieg. 240
Die USA während des Ersten Weltkriegs. 240
Die Folgen des Krieges 241
Prosperity 241
Roaring Twenties 243
Liberalismus – Antimodernismus. 243
Das amerikanische System in der Bewährung. 247
Ursachen der amerikanischen Wirtschaftskrise 247
The Great Depression. 248
Die erste Phase des New Deal 248
Die zweite Phase des New Deal 250
Der New Deal im Rückblick 250
Die USA im Zweiten Weltkrieg 257
US-Außenpolitik: „unabhängiger Internationalismus". 257
Roosevelts Abkehr von der Neutralität. 258
Kriegsausbruch 259
Die amerikanische Gesellschaft im Krieg. 260
Die Rolle der Minderheiten 260
Supermacht zwischen äußerer Bedrohung und innerem Wohlstand. . . 264
Die Stellung der USA in der Welt bei Kriegsende 264
Die Anfänge des Kalten Kriegs 265

Antikommunismus 265
Wohlstandsgesellschaft (Affluent Society) 266

Die amerikanische Nachkriegsgesellschaft im Umbruch 273
New Frontier und Great Society 273
Der Kampf gegen die Rassendiskriminierung 274
Die rechtliche Gleichstellung der Afroamerikaner 275
Der Vietnamkrieg (1965 – 1975) 276
Studentenprotest 277
Frauenbewegung 277
Watergate 278

Die USA am Ende des 20. Jahrhunderts 286
Machtverfall im Weißen Haus 286
Hochrüstung und Ende des Kalten Kriegs 287
Reaganomics 287
Der „Schmelztiegel“ Amerika an der Schwelle zum dritten Jahrtausend 288

Die Sowjetunion im 20. Jahrhundert: Utopie und Gewalt 296

Revolution in Russland 296
Februar 1917: demokratische Revolution in Russland 297
Die Zeit der „Doppelherrschaft“ 297
Die Oktoberrevolution 1917 298
Machtergreifung der Bolschewiki 299

Russland unter Lenin: Machtbehauptung zwischen Krieg und Frieden 306
Der Marxismus in Russland 307
Außenpolitik zwischen Anspruch und Wirklichkeit 308
Zerfällt das Russische Reich? 309
Bürgerkrieg zwischen „Weiß“ und „Rot“ 311

Modernisierung im Zeichen des Terrors 314
Die Diktatur entledigt sich ihrer Gegner 314
Veränderungen in Partei und Gesellschaft 315
Der Kronstädter Aufstand 315
„Kriegskommunismus“ 316
Neue Ökonomische Politik (NEP) 317

Die UdSSR unter Stalin: Ausbau eines totalitären Systems 324
Der Machtkampf 325
Kollektivierung 325
Industrialisierung und Planwirtschaft 327
Die Partei wird ausgeschaltet 328
„Die Große Säuberung“: Terror wird zum Prinzip 329

Der Zweite Weltkrieg und das Ende der Ära Stalin 336
Sowjetische Ziele am Beginn des Zweiten Weltkriegs. 336
Der „Große Vaterländische Krieg" 337
Der Sieg der Roten Armee 337
Graue Nachkriegszeit 338
Stalinkult und Stalins Tod 339

Das Sowjetimperium in der Krise 343
Entstalinisierung 343
Chruschtschows „Moskauer Frühling". 344
Chruschtschows Sturz 345
Die alternde Diktatur. 345

Das Ende des Sowjetimperiums 352
Neues Denken in der Außenpolitik 352
Das Erbe der Breschnew-Ära 353
Perestrojka. 354
Glasnost 354
Das System löst sich auf 355
Die GUS löst die UdSSR ab. 356

Die Weimarer Republik 362

Weltkrieg und Revolution in Deutschland. 363
Der Krieg an der „Heimatfront". 363
Der Burgfrieden zerfällt 363
Der Zusammenbruch. 364
Von der Oktoberreform zur Novemberrevolution 365
Berlin, 9. November 1918: das Ende des Kaiserreiches 366

Entscheidung für die parlamentarische Demokratie 370
Der Rat der Volksbeauftragten 371
Auf der Suche nach Stabilität 371
Demokratische oder sozialistische Republik? 372
Sozialistische Revolution auch in Deutschland?. 373
Die Parteien der Weimarer Nationalversammlung 375

Die Weimarer Verfassung: Anspruch und Wirklichkeit 381
Die Nationalversammlung beschließt eine neue Verfassung. 381
Wahlrecht für Frauen. 382
Der Wähler als Souverän. 382
Die Verfassungsorgane. 383
Die Stellung der Grundrechte 384
Verfassung ohne Entscheidung 384

**Der Friedensvertrag von Versailles
und seine Auswirkungen auf die Republik** 389
Die Position der Siegermächte. 389
Die territorialen Bestimmungen des Versailler Friedensvertrages. . . . 390

Diktatfrieden? . . . 391
Diskussion über die Kriegsschuldfrage bis heute . . . 391

Die Republik und ihre inneren Gegner . . . 396
Republik ohne Republikaner . . . 396
Putschbewegungen von rechts und links . . . 397
Politische Morde . . . 399

Selbstbehauptung der Republik gegen Inflation und Putschversuche . . . 403
Die Inflation in Deutschland . . . 403
Reparationsverpflichtungen . . . 404
Der Ruhrkampf und seine Auswirkungen . . . 405
Separatistische Bewegungen im Reich . . . 407
Kommunistische Gefahr aus Mitteldeutschland . . . 407
Konflikt zwischen Bayern und dem Reich . . . 408
München, 8./9. November 1923: der Hitlerputsch . . . 409

Außenpolitik zwischen Revision und Versöhnung . . . 412
Außenpolitische Isolierung des Reiches . . . 412
Der Vertrag von Rapallo . . . 413
Der Dawes-Plan . . . 413
Die Verträge von Locarno . . . 414
Der Young-Plan und das Ende der Reparationszahlungen . . . 415

Die „Goldenen Zwanziger“: Die ungeliebte Republik konsolidiert sich . 419
Die „Goldenen Zwanzigerjahre“: das Wirtschaftsleben . . . 419
Die „Goldenen Zwanzigerjahre“: das kulturelle Leben . . . 421

Parlamentarismus in der Krise . . . 426
Die Reichstagswahl von 1928: Bildung der Großen Koalition . . . 426
Das Scheitern der Großen Koalition . . . 427
Die Auswirkungen der Weltwirtschaftskrise auf Deutschland . . . 429

Präsidialkabinette und Untergang der Republik . . . 433
Regierungsbildung neuen Stils . . . 433
Regierungspolitik ohne Mehrheit . . . 434
Die Folgen der Septemberwahl 1930:
das Anwachsen radikaler Parteien . . . 435
Etappen auf dem Weg zu Brünings Sturz . . . 436
Das Kabinett Franz von Papen . . . 437
Von Papen zu Schleicher . . . 438
Das Ende der Republik: die „Machtergreifung“ . . . 439

Zeittafel . . . 446

Literaturverzeichnis . . . 451

Personenregister . . . 455

Register historischer Begriffe und Namen . . . 458

Vorwort

Die Konzeption von *Buchners Kolleg Geschichte* hat sich seit Erscheinen der ersten Ausgaben bewährt. Die Darstellungsseiten sind klar gegliedert und beschreiben in leicht verständlicher Diktion die wesentlichen Merkmale des jeweiligen historischen Prozesses. Zusätzlich werden Tabellen und Übersichten als praktische Lernhilfen eingesetzt. Querverweise stellen den Zusammenhang zum dokumentarischen Teil her, der durch einen farbigen Rahmen deutlich abgesetzt ist. Arbeitsvorschläge erlauben, die Quellen gegebenenfalls auch alleine zu nutzen, beziehungsweise ist im Unterricht der Weg vom Material zur Darstellung gangbar.

Anliegen des vorliegenden Bandes ist es, Schülerinnen und Schülern der Sekundarstufe II die weltgeschichtlichen Voraussetzungen dieses Jahrhunderts nahe zu bringen. Dazu wird die Geschichte dreier Nationen exemplarisch vorgestellt:

1. die Geschichte der Deutschen zwischen 1800 und 1933
2. die Geschichte Russlands / der Sowjetunion vom 19. Jahrhundert bis 1991
3. die Geschichte der USA, der einzig verbliebenen „Supermacht", von ihrer Gründung bis zur Gegenwart.

Das Buch beschreibt die Geschichte dieser drei Staaten als Prozess stetiger Veränderungen. Je nach ihrer politischen Verfasstheit beschritten sie unterschiedliche Wege. Die dabei erzielten Leistungen und Fortschritte, aber auch Schwierigkeiten und innere Widersprüche werden anhand der hervorstechenden Merkmale deutlich gemacht. Die Verfasser sind bemüht, die Entwicklung jedes Landes jeweils nicht isoliert darzustellen, sondern auf Querverbindungen und Vernetzungen hinzuweisen. Trennendes und Gemeinsames wird deutlich.

Das Buch schildert die wichtigsten Ereignisse und Strukturen aus Politik-, Wirtschafts- und Sozialgeschichte im Wesentlichen entlang dem chronologischen Ablauf. Interdependenzen zwischen Wirtschaft und Politik scheinen deutlich auf.

Geistes-, kultur-, und mentalitätsgeschichtliche Hintergründe und Aspekte werden sowohl in die Darstellung als auch in die Materialien einbezogen, häufig vor allem durch aufschlussreiches Bildmaterial mit dem Text verwoben. Literarische Texte (zum Beispiel von Maxim Gorki oder Sinclair Lewis) spiegeln nicht nur die Atmosphäre ihrer Zeit, sondern lassen sich überdies in einen fächerübergreifenden Unterricht einbringen.

Die Möglichkeiten zur Dokumentation geschlechtergeschichtlicher Aspekte werden genutzt. Beispielsweise geht die Darstellung immer wieder auf die Erfolge der Frauenbewegungen in Deutschland und den USA ein oder Frauen kommen in den Materialien selbst zu Wort.

Die Rolle von Minderheiten bleibt nicht ausgeblendet. Das Schicksal der Juden in Deutschland und im Zarenreich findet ebenso Erwähnung wie das Los der Schwarzen, der Indianer und der Millionen Einwanderer in den USA. In diesem Zusammenhang steht auch die Verfolgung politisch Anders-

denkender (Sozialisten im Kaiserreich oder Dissidenten in der Sowjetunion). Bei der Minderheitenproblematik werden die Schülerinnen und Schüler in besonderem Maß zur eigenen Stellungnahme oder zum Vergleich mit aktuellen Fragen in der heutigen Bundesrepublik herausgefordert.
Kontrovers gegenübergestellte Texte dokumentieren das Prinzip der Multiperspektivität. Die Geschlossenheit des Lehrbuchtextes wird dadurch aufgebrochen und Geschichte als ein stets offener, nach vorne gerichteter Prozess erfahrbar gemacht. Eine produktive Auseinandersetzung mit der Vergangenheit wird möglich.
Die Darstellung benennt an geeigneten Stellen offene Probleme und strittige Fragen der Geschichtswissenschaft. Immer wieder vermitteln Historikertexte im Materialienteil den aktuellen Stand der Forschung oder geben Anreiz, kontroverse Standpunkte zu überprüfen und zu beurteilen. Diese Angebote eignen sich besonders zur Einführung in die Reflexion über die Standortabhängigkeit historischen Urteilens.
Arbeitsvorschläge fordern zur rationalen Auseinandersetzung mit den historischen Gegenständen heraus, fragen nach Alternativen zum historischen Geschehen und helfen heutigen Jugendlichen bei der Bestimmung ihrer personalen und sozialen Identität. Entwicklungslinien bis zur Gegenwart werden herausgearbeitet. Die Kollegiaten werden in die Lage versetzt, mit Hilfe der erarbeiteten Kenntnisse und Einsichten ihre gegenwärtige und zukünftige Wirklichkeit mitzugestalten – einem Ziel, dem sich die Autoren des Bandes neben der Vermittlung eines zuverlässigen Kenntnisstandes in besonders hohem Maße verpflichtet sehen.

Obrigkeitsstaat und Nation: Deutschland im 19. Jahrhundert

Napoleon überschreitet den großen St.-Bernhard-Pass. Das Repräsentationsgemälde von Jacques-Louis David (1799) symbolisiert den steilen Aufstieg Napoleon Bonapartes als siegreicher Feldherr. An der Spitze seiner Revolutionstruppen verbreitet er die Errungenschaften der Französischen Revolution in Europa. Eingemeißelt in den Stein zu Füßen des Ersten Konsuls steht der Name Karls des Großen (Karolus Magnus).

Deutschland unter dem Einfluss der Französischen Revolution und Napoleons

1803	Reichsdeputationshauptschluss: Neuerung des Reichs durch Mediatisierung und Säkularisation weltlicher und geistlicher Herrschaften
1806	16 deutsche Mittelstaaten gründen den Rheinbund
	Das Heilige Römische Reich Deutscher Nation geht unter
1807	Das Königreich Westfalen erhält als erster deutscher Staat eine Verfassung
	In Preußen leitet die Bauernbefreiung die „Revolution von oben" ein

Errungenschaften der Französischen Revolution

Ausgangs des 18. Jahrhunderts blickten Regierende und Regierte im *Heiligen Römischen Reich Deutscher Nation* aufmerksam nach Westen. Die Ereignisse der *Französischen Revolution* (1789–1799) veränderten von Grund auf die bis dahin unangefochten gültigen Vorstellungen über das politische und gesellschaftliche Zusammenleben:

1. Die französische *Monarchie* wurde abgeschafft.
2. Die Prinzipien *Freiheit, Gleichheit* und *Brüderlichkeit* wurden als *Grundrechte* des Einzelnen gegenüber der Obrigkeit in der *„Erklärung der Menschen- und Bürgerrechte"* von 1789 festgeschrieben – das wirkungsmächtigste Vermächtnis der Französischen Revolution.
3. Eine geschriebene Verfassung *(Konstitution)* regelte die Rechte von Regierung und Volksvertretung.
4. Eine vom ganzen (männlichen) Volk gewählte Volksvertretung *(Nationalversammlung)* löste die von den Ständen (Adel, Klerus, Bürger) beschickte Ständeversammlung ab und erhielt ein von der Regierung unabhängiges Gesetzgebungsrecht.
5. Die *Bauernbefreiung* schaffte die traditionellen Feudalrechte der Grundherren (zum Beispiel Rechtsprechung, Beanspruchung von Frondiensten) ab. Teilweise wurden Grund und Boden neu verteilt.
6. Die *Kirche* verlor ihre Sonderstellung.

Der allgemeine Umbruch wurde überschattet von blutigem Terror und wirtschaftlichen Krisen. Das Verlangen nach Ordnung und Sicherheit stillte schließlich *Napoleon Bonaparte*[1]). Er beendete 1799 als *Erster Konsul* die Wirren der Revolution und befriedete das Land. 1804 krönte Napoleon sich selbst zum Kaiser der Franzosen.

Zerfall des alten Reiches

Napoleon war sich bewusst, dass seine aus der Revolution geborene Herrschaft eine Provokation des alten Europa bedeutete. Um sich zu behaupten, führte er eineinhalb Jahrzehnte lang Krieg gegen die europäischen Großmächte.

Zunächst verwirklichte er 1801 im *Frieden von Lunéville* einen alten Traum französischer Politik: die Abtrennung des linken Rheinufers vom Reich. Gebietsverluste der betroffenen weltlichen Reichsfürsten sollten mit Territorien rechts des Rheins ausgeglichen werden. Den Entschädigungsplan billigte Kaiser *Franz II.*[2]) schließlich im sogenannten *Reichsdeputationshauptschluss* von 1803. Grundgedanke der neuen Ordnung im Reich sollten *Säkularisation* und *Mediatisierung* sein. Säkularisation bedeutete die Herrschaftsübernahme in

[1]) Napoleon Bonaparte (1769–1821), geboren auf der Insel Korsika, nahm als Offizier in den Revolutionsheeren einen raschen Aufstieg. Als populärer Oberbefehlshaber in Italien stürzte er im November 1799 die Regierung. Er starb als Verbannter auf der Atlantikinsel St. Helena.

[2]) Franz II., Joseph Karl (1768–1835), Kaiser seit 1792

kirchlichen Territorien durch weltliche Fürsten. Zwei geistliche Kurfürstentümer, 19 Bistümer und 44 Abteien wurden als selbstständige Reichsstände aufgelöst und anderen Ländern des Reiches zugeschlagen.
Kleinere weltliche Herrschaftsgebiete und die meisten freien Reichsstädte wurden mediatisiert. Sie unterstanden damit nicht mehr unmittelbar dem Reich, sondern mussten sich der Hoheit eines anderen Landesherrn unterwerfen.
Alles in allem verblieben von knapp 300 selbstständigen Reichsständen noch 41 Flächen- und Stadtstaaten. Ein Siebtel der deutschen Bevölkerung (über drei Mio. Menschen) und eine Fläche von mehr als 10 000 qkm wurden jetzt von neuen Herrschern regiert. Die Stützen des Kaisers – Reichskirche, Reichsadel und die meisten Reichsstädte – waren entmachtet, das Reich in seinem Lebensnerv getroffen. Preußen und die süddeutschen Mittelstaaten waren die großen Gewinner. Preußen erhielt das Fünffache seiner linksrheinischen Verluste, Württemberg das Vierfache und Baden mehr als das Siebenfache. Vor allem im Süden waren mittelgroße Flächenstaaten entstanden, groß genug, um den Anforderungen an ein modernes, leistungsfähiges Staatswesen gewachsen zu sein, stark genug, um eine Rolle als dritter Machtfaktor in Deutschland zu spielen, aber auch begrenzt genug, um auf den französischen Schutzherrn angewiesen zu bleiben.
Nach weiteren siegreichen Kriegen 1805 und 1806 diktierte Napoleon eine neue Hegemonialordnung im Reich: Neben Österreich verlor diesmal vor allem Preußen große Teile des Staatsgebiets, während die Mittelstaaten nochmals gestärkt wurden. Dem entsprachen Standeserhöhungen der süddeutschen Regenten: Mit Beginn des Jahres 1806 nahmen die Kurfürsten von Bayern und Württemberg als *Max I. Josef* und *Friedrich I.* die Königswürde an; *Karl Friedrich von Baden* wurde Großherzog.
Im Juli desselben Jahres sagten sich dann 16 süd- und südwestdeutsche Staaten unter dem Protektorat[1]) Napoleons endgültig vom Reich los und bildeten den *Rheinbund* (◊M 1). Kaiser Franz II. legte unter französischem Druck die Kaiserkrone nieder und führte fortan nur noch den schon 1804 angenommenen Titel eines erblichen Kaisers von Österreich (Franz I.). Das Heilige Römische Reich Deutscher Nation war nach fast tausendjähriger Geschichte erloschen (◊M 2).

Ziele französischer Besatzungspolitik

Der 1806 gegründete Rheinbund umfasste mit Ausnahme Preußens und Österreichs nahezu alle deutschen Staaten. Napoleon beabsichtigte mit seinem Protektorat in erster Linie ein schlagkräftiges Militärbündnis, das jährlich Soldaten zu stellen hatte und als Aufmarschgebiet für künftige Kriege dienen sollte. Daneben wollte er aber auch die Errungenschaften der Französischen Revolution „exportieren" und allmählich die Binnenstrukturen des

[1]) Schutzherrschaft auf der Basis völkerrechtlicher Ungleichheit

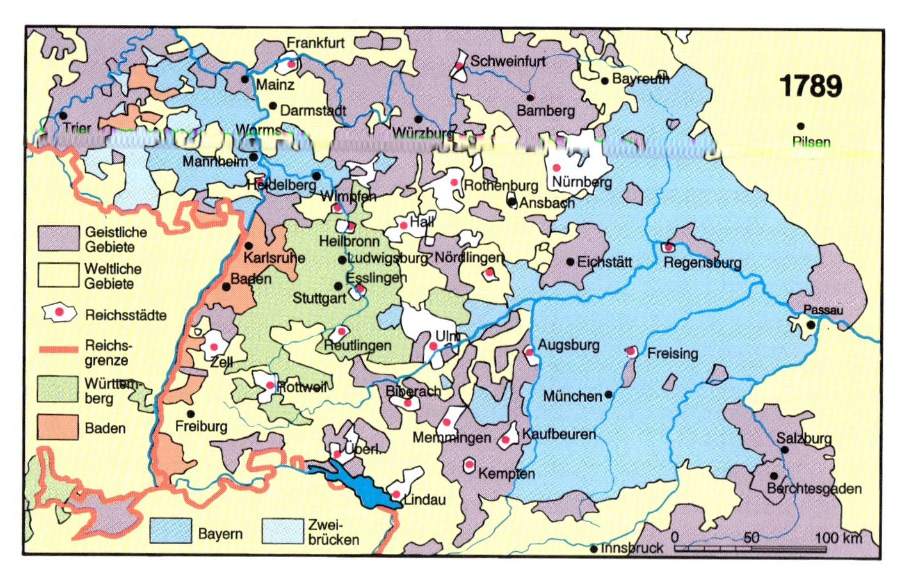

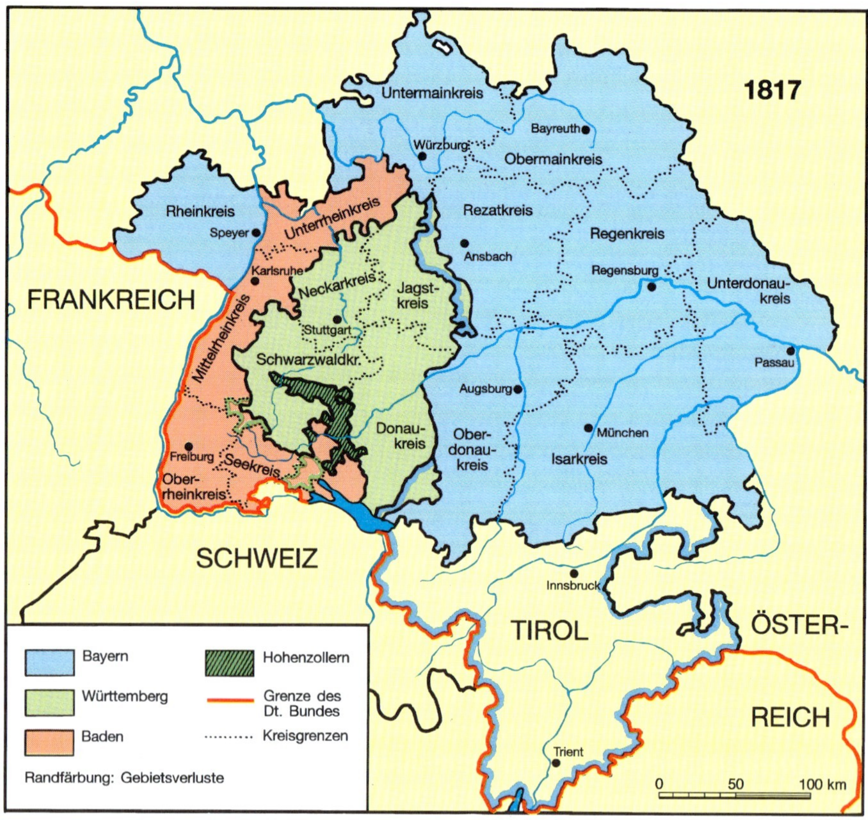

Gebietsveränderungen in Süddeutschland zwischen 1789 und 1817.

„dritten Deutschland“ an französische Verhältnisse angleichen. Fernziel war schließlich ein harmonisiertes Europa unter der Kontrolle des *Grand Empire*. Dabei verlief die Entwicklung in den französisch beeinflussten Gebieten durchaus unterschiedlich. Das linksrheinische Gebiet organisierte Napoleon völlig nach französischem Muster, sollte es doch für immer bei Frankreich verbleiben. Innerhalb des Rheinbunds war das neu geschaffene Königreich Westfalen als Vorbild gedacht. Es erhielt Ende 1807 die erste geschriebene Verfassung auf deutschem Boden, ein zentralistisches Verwaltungs- und Finanzsystem sowie die bürgerliche Rechtsordnung des *Code Civil*. Dieses 1804 in Frankreich veröffentlichte neue bürgerliche Gesetzbuch bildete die Grundlage der bürgerlichen Gesellschaftsordnung. Es sicherte die Freiheit der Person und des Gewissens, Gleichheit vor dem Gesetz, Freiheit der wirtschaftlichen Betätigung und Garantie des Privateigentums.
Doch alle Reformen standen letztlich unter dem Primat französischer Militärpolitik. Grundsätze der Revolution wurden fallen gelassen, wenn sie mit machtpolitischen Zielsetzungen nicht vereinbar waren. So begünstigte Napoleon weiterhin den Adel, den er zur Konsolidierung seiner Herrschaft benötigte, und nahm die Aussaugung des Landes und Bauernunruhen in Kauf.

Auswirkungen von Säkularisation und Mediatisierung in den Rheinbundstaaten

Die jahrelangen Kriegslasten hatten die Staatskassen der neu formierten deutschen Staaten geleert. Ermächtigt durch den Reichsdeputationshauptschluss schlossen die Regierungen deshalb an die *Herrschaftssäkularisation* selbstständiger kirchlicher Territorien die *Vermögenssäkularisation* von Kirchengut an. Radikal hoben sie die wohlhabenden Abteien, Klöster und Stifte auf und übernahmen deren Eigentum. Arme Orden wurden geschont, um die Pensionen zu sparen. Man ließ sie aussterben. Nur wenige Klöster überlebten als Lehr- oder Krankeninstitute.
Durch die Kirchengutsäkularisation verlor vor allem die süddeutsche Bildungs- und Kulturlandschaft ihre traditionellen Zentren. Riesige Vermögenswerte an Grund und Boden, Gebäuden, Kunstgegenständen, Handschriften, Urkunden und Büchern gingen in staatlichen Besitz über. Wertvolles Kirchengut wanderte – wenn es nicht zerstört wurde – in die staatlichen Museen.
Im Gegensatz zur Kirche mussten die mediatisierten Ritter und kleineren weltlichen Herrschaften keine Enteignung hinnehmen. Sie verloren zwar ihre kaiserlichen Privilegien wie das Steuereintreibungsrecht oder ihre kirchlichen Pfründe; ihre Grundherrschaftsrechte wurden hingegen nicht beseitigt.

Reformen in den Rheinbundstaaten

Die Regierungen der Rheinbundstaaten waren sich bewusst, dass die Anforderungen des revolutionären Zeitalters und das Aufkommen einer bürgerlichen Gesellschaft eine Modernisierungswelle zwingend erforderten. Vorrangiges Problem war aber die Notwendigkeit, die neu gewonnenen, bunt

Speisesaal des Hotels „Badischer Hof“ in Baden-Baden. Bis 1806 befand sich hier ein Kapuzinerkonvent. Wegen des geringen Vermögens des Bettelordens schien der Konvent von der Säkularisation zunächst nicht bedroht. Die mit dem Kloster verbundenen Quellen erregten jedoch schließlich das Interesse begüterter Kreise. 1807 wurden Kloster und Kirche aufgelöst, die Gruft ausgeräumt und das Inventar an Kirchen der Umgebung verteilt. Ersteigert wurde der ehemalige Konvent von dem Verleger Johann Friedrich Cotta, der es am 1. Juli 1809 als Kurhotel eröffnete (Aquarell von Johann Stanislaus Schaffroth).

zusammengewürfelten, mediatisierten und säkularisierten Herrschaftsgebiete mit den Kernländern zu verschmelzen. Mit einem radikalen Schnitt wurden einheitliche Wirtschafts- und Rechtsgebiete geschaffen, wobei historisch gewachsene Grenzen gezielt beseitigt wurden. In allen Landesteilen wurde der Verwaltungsaufbau nach französischem Vorbild zentralistisch und streng hierarchisch gestaltet; die Justiz wurde aus der Verwaltung herausgelöst.
An der Spitze des Staates traten an die Stelle nicht verantwortlicher Berater der Regenten Minister, die ihr Ressort (Justiz, Finanzen, Inneres, Äußeres und Krieg) eigenständig leiteten. Ausführendes Organ der Reformpolitik wurde ein zunehmend fachlich ausgebildetes, nach dem Leistungsprinzip ausgewähltes Beamtentum. Für die Fürsten bedeutete die neue Herrschaftselite der Beamtenschaft das entscheidende Instrument bei der Durchsetzung der Zentralgewalt gegen den Widerstand traditioneller Kräfte, vor allem des Adels. Dieser verlor sein Ämtermonopol, büßte seine Steuerprivilegien ein, und vielerorts wurden grundherrliche Gerichtsbarkeit und lokale Polizeihoheit aufgehoben. Dennoch blieben zahlreiche Privilegien in Kraft. Die Auseinandersetzung zwischen der neuen und der alten staatstragenden Schicht, zwischen Bürokratie und Adel, blieb in der Schwebe.
Wie der Adel, so verloren auch die Kirchen ihre Sonderrechte. Der Staat nahm Einfluss auf die Kirchenverwaltung sowie die Besetzung kirchlicher Stellen und ließ sich kirchliche Bildungsstätten und Fürsorgestellen übergeben. Die Kirchen wurden auf ihre seelsorgerische Arbeit beschränkt, während die Verwaltung erste Schritte in Richtung Wohlfahrtsstaat wagte. Da in allen Ländern jetzt Untertanen unterschiedlicher Konfessionen lebten, wurden ganz im Sinne der Aufklärung fast überall Toleranz und Gleichberechtigung zwischen den Religionen garantiert. Auch die Rechtsstellung der *Juden* wurde verbessert.

Reform in Preußen: Modernisierung zwischen Zwang und Idealismus

Angleichung an die politischen Ideen der französischen Hegemonialmacht und Konsolidierung der vergrößerten Staatsgebiete waren die Aufgaben der Modernisierung in den Rheinbundstaaten. Mit gänzlich anderer Zielsetzung gingen die Reformer in Preußen ans Werk. Riesige Gebietsverluste, erdrückende Tributzahlungen an den militärischen Eroberer, letztlich aber auch das Bestreben, sich bald wieder im Kreis der Großmächte behaupten zu wollen, zwangen den Staat zu einer Mobilisierung aller Kräfte. Es war „eine Politik der defensiven Modernisierung, nicht *mit*, sondern *gegen* Napoleon" (Elisabeth Fehrenbach).
Wie in den Rheinbundstaaten war in Preußen der effiziente Staat mit einer rationalen Verwaltung und einem Abbau hinderlicher feudaler Privilegien erklärtes Ziel der „Reform von oben". Doch die preußische Politik unter *Freiherr vom und zum Stein*[1]) und Staatskanzler *Karl August von Hardenberg*[2]) ging weiter: Nur wenn alle individuellen Kräfte sich ungehindert entfalten könnten, werde das Gemeinwohl und damit der Staat gefördert. Freiheit nicht nur als Abwehrrecht des Untertanen gegen Eingriffe der Obrigkeit, sondern als Beteiligungsgarantie am öffentlichen Leben (⇨ M 3).

Erfolge und Versäumnisse der preußischen Reformpolitik

Eingeleitet wurden die preußischen Reformen durch das *Oktoberedikt* Freiherr vom Steins im Jahr 1807. Mit ihm wurden die Bauern befreit. Die meisten Bauern hatten bis dahin in *Erbuntertänigkeit* gelebt, einer Art Leibeigenschaft, in der sie ihrem Gutsherrn unterstanden. Von nun an waren sie persönlich frei und eigentumsfähig. Grund und Boden konnten sie selbstständig erwerben. Dies galt aber auch für jeden Adeligen oder Bürger, denn das Edikt proklamierte gleichzeitig die freie Berufswahl für alle Stände. Präzisiert wurde diese Reform 1811 durch die Einführung der *Gewerbefreiheit*. Damit waren alle Beschränkungen für eine freie wirtschaftliche Betätigung in Landwirtschaft, Handwerk und Industrie gefallen. Die ökonomischen Kräfte konnten sich nun vergleichsweise ungestört entfalten, verbesserten die angeschlagenen Staatsfinanzen und schufen die Basis für die bald sichtbar werdende wirtschaftliche Überlegenheit Preußens in Deutschland.
Zugleich war aber auch das „soziale Netz" auf dem Land zerrissen. Die zu geringe Betriebsgröße vieler Bauernhöfe und das starke Ansteigen der Geburtenrate nach Wegfall aller feudalrechtlichen Heiratsbeschränkungen ließen in der Folge das „ländliche Proletariat" zunehmen.

---

1) Heinrich Friedrich Karl Freiherr vom und zum Stein (1757–1831), aus reichsritterlichem Geschlecht, bemühte sich bereits als preußischer Finanz- und Wirtschaftsminister von 1804 bis Anfang 1807 um eine Reform der Regierungsarbeit; er scheiterte, wurde aber auf Wunsch Napoleons im September 1807 als leitender Minister berufen; im November 1808 wurde Stein auf Druck Napoleons wieder entlassen und war bis 1815 politischer Berater des Zaren.

2) Karl August Fürst von Hardenberg (1750–1822) stammte aus hannoverschem Adel; als leitender Minister Preußens 1807 auf Befehl Napoleons entlassen; seit 1810 bis zu seinem Tod wieder Staatskanzler, steuerte er eine pragmatische Reformpolitik.

Aus dem Menschenbild der preußischen Reformer erwuchs für den Staat die Aufgabe, seine Landeskinder zu selbstverantwortlich handelnden Bürgern zu erziehen. In diesem Sinne schuf Stein 1808 eine *Städteordnung*, die größeren Gemeinden weitgehende *Selbstverwaltung* und der Bevölkerung ein erweitertes Wahlrecht brachte. Nach wie vor blieb das Wahlrecht an den (Grund-) Besitz gebunden, konnte jedoch gegen eine Gebühr beantragt werden.
In der *Schulpolitik* waren nicht mehr die Nützlichkeitserwägungen der Aufklärung bestimmend, sondern die Ideale des Humanismus und der universalen zweckfreien Bildung. Verbreitet wurden diese mit Hilfe des *Humanistischen Gymnasiums*, das für alle Stände offen war (fast die Hälfte der Schüler stammte aus dem Kleinbürgertum). Entworfen wurde dieses Schulkonzept von *Wilhelm Freiherr von Humboldt*, der auch die Berliner Universität gründete (1810).
Im Dienste des Wiederaufstiegs Preußens stand vor allem die *Heeresreform*. Das überkommene, aus fremdländischen Söldnern und zwangsweise verpflichteten Untertanen zusammengesetzte Militär wurde umgewandelt in ein Volksheer. General *von Scharnhorst*, der Chef des neu geschaffenen Kriegsministeriums, führte die *allgemeine Wehrpflicht* für alle Männer ein. Entehrende Strafen wurden abgeschafft; die Armee sollte künftig von patriotischer Gesinnung getragen werden. Konsequenterweise fiel das Adelsmonopol für Offiziersstellen. Das bürgerliche Leistungsprinzip war damit zumindest im Grundsatz anerkannt.
Der Toleranzgedanke der Aufklärung und staatspolitische Überlegungen spielten auch zusammen bei der *rechtlichen Gleichstellung der Juden* (etwa 1 % der Bevölkerung). Zum „Wohle des Ganzen", das heißt um der Einheit der Nation willen, sollte es keine abgesonderten Gruppen im Staate mehr geben. Im *Emanzipations-Edikt* von 1812 wurden die jetzt umfassenden staatsbürgerlichen Rechte der Juden nur noch durch die Nichtzulassung zu öffentlichen Ämtern in Justiz und Verwaltung sowie zur Offizierslaufbahn eingeschränkt. Die von den Reformern beabsichtigte Beteiligungsgarantie am öffentlichen Leben geriet im Falle des Judentums eher zur Beteiligungspflicht. Denn zunächst erstrebte nur ein kleiner Teil aufgeklärter und liberal gesinnter Juden die Assimilation, während die orthodoxe Mehrheit sich heftig dagegen wehrte.
Gescheitert ist in Preußen jedoch eine von König und Regierung wiederholt in Aussicht gestellte Verfassung. Die gewünschte Mitwirkung des Bürgers am Gemeinwesen sollte sich nach den Plänen Steins und Hardenbergs nicht in gewählten Parlamenten vollziehen, sondern in einer ständischen Organisation, in der Abgesandte von Adel, Bürgertum und Bauern beratend auf die Willensbildung der Staatsbürokratie Einfluss nahmen. Zeitweilige Versuche Hardenbergs, mit ständischen Vertretungen zusammenzuarbeiten, hatten keinen Erfolg. Die Repräsentanten der alten Gesellschaftsordnung verweigerten jegliche Zustimmung zu der Modernisierungspolitik der Regierung. Erst Mitte des Jahrhunderts brach die Verfassungsdebatte wieder auf (⇨ M 4).

M 1

Die Rheinbundsakte

In der Rheinbundsakte vom 12. Juli 1806 gingen 16 deutsche Fürsten die Verpflichtung ein, sich vom Reich loszusagen und eine Allianz mit dem französischen Kaiser zu schließen.

Art. 1. Die (im Folgenden aufgeführten) Staaten werden auf ewig von dem Territorium des deutschen Reichs getrennt und unter sich durch eine besondere Konföderation unter dem Namen: „Rheinische Bundesstaaten“ vereinigt.
5 Art. 2. Jedes deutsche Reichsgesetz, welches Ihre Majestäten und Durchlauchten die Könige, Fürsten und den Grafen, die in dem vorhergehenden Artikel benannt sind, Ihre Untertanen, Staaten oder Teile derselben bisher betraf, oder verband, soll künftig [. . .] null und nichtig, und von keiner Wirkung sein. [. . .]
10 Art. 12. Seine Majestät der Kaiser der Franzosen wird zum Protektor des Bundes proklamiert, und ernennt in dieser Eigenschaft beim Absterben eines Fürsten Primas[1]) dessen Nachfolger.
Art. 35. Zwischen dem Kaiser der Franzosen und den Staaten des rheinischen Bundes insgesamt und einzeln genommen, soll eine Allianz statthaben, kraft
15 welcher jeder Kontinentalkrieg, welchen einer der kontrahierenden[2]) Teile zu führen hätte, für alle anderen zur gemeinsamen Sache wird.

Königlich-Baierisches Regierungsblatt, 17. 1. 1807, S. 97 ff.

1. *Benennen Sie die Zielsetzung des neugeschlossenen Bundes. Welche Konsequenz hat dies für den Bestand des Reiches?*
2. *Untersuchen Sie Artikel 35. Wer bestand wohl auf dieser sehr allgemein gehaltenen Formulierung? Erörtern Sie die konkrete Bedeutung des Artikels.*
3. *Stellen Sie die Hintergründe für das Bündnis der 16 Fürsten mit Frankreich dar. Gab es für die Rheinbundstaaten eine realistische Alternative?*

M 2

Das Ende des Heiligen Römischen Reiches

Die Saarbrücker Historikerin Elisabeth Fehrenbach beschäftigt sich vor allem mit der Geschichte des 18. und 19. Jahrhunderts. Sie geht der Frage nach, worin die politische und soziale Bedeutung der Reichsauflösung lag.

Die Gründe für den Zusammenbruch des alten Reiches liegen sozusagen auf der Hand. Die schwerfällige Verfahrensweise des Regensburger Reichstages, die Schwäche der Reichsarmee und der Reichsfinanzen, die Lähmung der Reichsinstitutionen, die Rivalität der Reichsstände untereinander, der entste-
5 hende Dualismus zwischen Österreich und Preußen, das Souveränitätsstreben der Landesfürsten gegenüber dem Reich – dies alles war der Herausforderung durch das revolutionäre und napoleonische Frankreich nicht mehr gewachsen. Andererseits wurde jedoch das Reich [. . .] nach wie vor nicht in erster Linie als eine machtstaatliche, sondern als eine Rechts- und Friedens-
10 ordnung aufgefasst. Das Reich war mehr als ein Gefüge nur staatlicher Institutionen. Durch seinen Rechtsschutz bewahrte es jene alten Freiheiten im Sinne der ständischen und korporativen „Libertät“, die in den absolutistisch

---

[1]) Der Erzkanzler des Deutschen Reiches übernahm im Rheinbund den Titel eines Fürst-Primas.
[2]) vertragsschließenden

regierten Einzelstaaten längst in Frage gestellt worden waren. Da, wo die Gesellschaft noch ständisch eingebunden war, konnte das Reich immer noch konfliktregelnd eingreifen: bei reichsstädtischen Unruhen, bei Auseinandersetzungen zwischen Landesherr und Ständen, bei Bauernrebellionen. [. . .] Aber auch für die internationalen Beziehungen und für das europäische Staatensystem erfüllte das Reich eine wichtige Funktion. [. . .] Das Reich stabilisierte lange Zeit ein Gleichgewicht, das zugleich als unabdingbar für das europäische Gleichgewicht angesehen wurde. [. . .] Die Kehrseite der stabilisierenden Reichspolitik lag darin, dass das Reich untrennbar mit der Adelsherrschaft und der Privilegiengesellschaft verbunden blieb, gerade weil es die alten Freiheiten (mit denen nicht die individuelle Freiheit gemeint war, die zum Losungswort der Revolution wurde) schützte und weil es dadurch die kleinräumig verworrenen, in alten Formen erstarrten Verhältnisse bewahrte. Schon während des Rastatter Kongresses schrieb der Moniteur, das offizielle Presseorgan der französischen Regierung: „Da die deutsche Reichsverfassung der Zentralpunkt aller Adels- und Feudalvorurteile von Europa ist, so muss es das einzige Ziel der französischen Republik sein, sie zu vernichten."

Elisabeth Fehrenbach, Vom Ancien Régime zum Wiener Kongress, München-Wien, 2. überarbeitete Auflage 1986, S. 77 f.

1. *Welche Traditionen enden mit dem Untergang des Deutschen Reiches?*
2. *Arbeiten Sie die unterschiedlichen Freiheitsbegriffe im alten Reich und im nachrevolutionären Frankreich heraus.*

M 3 „Revolution von oben"

In seiner „Rigaer Denkschrift" (12. September 1807) an den preußischen König Friedrich Wilhelm III. skizzierte Hardenberg die Grundlagen einer Reorganisation des preußischen Staates.

Der Staat, dem es glückt, den wahren Geist der Zeit zu fassen und sich in jenen Weltplan durch die Weisheit seiner Regierung ruhig hinein zu arbeiten, ohne dass es gewaltsamer Zuckungen bedürfe, hat unstreitig große Vorzüge, und seine Glieder müssen die Sorgfalt segnen, die für sie so wohltätig wirkt.
Die Französische Revolution, wovon die gegenwärtigen Kriege die Fortsetzung sind, gab den Franzosen unter Blutvergießen und Stürmen einen ganz neuen Schwung. Alle schlafenden Kräfte wurden geweckt, das Elende und Schwache, veraltete Vorurteile und Gebrechen wurden – freilich zugleich mit manchem Guten – zerstört. Die Benachbarten und Überwundenen wurden mit dem Strome fortgerissen.
Unkräftig waren alle die Dämme, welche man diesem entgegensetzte, weil Schwäche, egoistischer Eigennutz und falsche Ansicht sie bald ohne Zusammenhang aufführte, bald diesen im gefährlichen Irrtum unterbrach und dem verheerenden Strome Eingang und Wirkung verschaffte.
Der Wahn, dass man der Revolution am sichersten durch Festhalten am Alten und durch strenge Verfolgung der durch solche geltend gemachten Grundsätze entgegenstreben könne, hat besonders dazu beigetragen, die Revolution zu befördern und derselben eine stets wachsende Ausdehnung zu geben. Die Gewalt dieser Grundsätze ist so groß, sie sind so allgemein

anerkannt und verbreitet, dass der Staat, der sie nicht annimmt, entweder seinem Untergange oder der erzwungenen Annahme derselben entgegensehen muss. [. . .]
Also eine Revolution im guten Sinn, gerade hinführend zu dem großen Zwecke der Veredelung der Menschheit, durch Weisheit der Regierung und nicht durch gewaltsame Impulsion[1]) von innen oder außen, – das ist unser Ziel, unser leitendes Prinzip. Demokratische Grundsätze in einer monarchischen Regierung: dieses scheint mir die angemessene Form für den gegenwärtigen Zeitgeist. Die reine Demokratie müssen wir noch dem Jahre 2440 überlassen[2]), wenn sie anders je für den Menschen gemacht ist.
Mit eben der Kraft und Konsequenz, womit Napoleon das französische revolutionäre System verfolgt, müssen wir das unsrige für alles Gute, Schöne, Moralische verfolgen, für dieses alles, was gut und edel ist, zu verbinden trachten. Ein solcher Bund, ähnlich dem der Jakobiner, nur nicht im Zweck und in der Anwendung verbrecherischer Mittel, und Preußen an der Spitze könnte die größte Wirkung hervorbringen und wäre für dieses die mächtigste Allianz. [. . .]
Man schrecke ja nicht zurück vor dem, was er als Hauptgrundsatz fordert[3]), möglichste Freiheit und Gleichheit. – Nicht die regellose, mit Recht verschriene: die die blutigen Ungeheuer der Französischen Revolution zum Deckmantel ihrer Verbrechen brauchten oder mit fanatischer Wut statt der wahren, im gebildeten gesellschaftlichen Zustande möglichen, ergriffen, sondern nur diese nach weisen Gesetzen eines monarchischen Staats, die die natürliche Freiheit und Gleichheit der Staatsbürger nicht mehr beschränken, als es die Stufe ihrer Kultur und ihr eigenes Wohl erfordern.

Die erste Tagung der Berliner Stadtverordnetenversammlung am 6. Juli 1809 in der Nikolaikirche (Aquarell von Friedrich August Calan).

Georg Winter (Hrsg.), Die Reorganisation des Preußischen Staates unter Stein und Hardenberg, Band 1, Leipzig 1931, S. 305 ff.

1. *Klären Sie die Einstellung Hardenbergs zur Französischen Revolution und zu Napoleon.*
2. *Welches Ziel stellt der preußische Politiker den Gedanken der Revolution entgegen? Wie will er es erreichen?*

---

[1]) Anstoß, Anregung
[2]) Anspielung auf den utopischen Roman von L. S. Mercier (1740–1814), L'an 2440. Rêve s'il en fût jamais
[3]) Hardenberg bezieht sich hier auf eine Denkschrift seines Mitarbeiters Karl Freiherr von Stein zum Altenstein.

Der Code Civil, von dem Napoleon am Ende seines Lebens behauptete, er sei mehr wert als die über 60 von ihm gewonnenen Schlachten, spiegelte den Aufbruch der bürgerlichen Gesellschaft wider. Er übte großen Einfluss auf den europäischen und deutschen Rechtskreis aus. Beispielsweise in Baden galt er bis 1899 als Badisches Landrecht.
Gemäß dem Rechtsverständnis der Zeit kam die Befreiung von ständischen und zünftischen Regelungen Frauen noch nicht zugute. So stellt ein Artikel des Code Civil fest: „Der Mann ist seiner Frau Schutz, die Frau ihrem Mann Gehorsam schuldig." In einem anderen Artikel heißt es: „Die Ehefrau ... kann weder schenken, veräußern, ihr Vermögen zur Hypothek stellen noch erwerben, ... sofern nicht ihr Ehemann bei dem Akt selbst mitwirkt oder seine Einwilligung schriftlich gegeben hat."

M 4 Der große Umbruch im Spiegel der Geschichtswissenschaft

Die Bedeutung der Reformen im Rheinbund und in Preußen für die weitere deutsche Geschichte hat die Historiker seit jeher zu unterschiedlichen Interpretationen herausgefordert. Über den gegenwärtigen Stand der Forschung schreibt der Bielefelder Geschichtswissenschaftler Hans-Ulrich Wehler.

Angesichts der umfassenden Ansprüche, die mit den anstehenden Aufgaben verbunden waren, hielten die Entscheidungsgremien einen straffen Zentralismus für unumgänglich. Daraus entwickelte sich die zeitweilig „staatsomnipotente Grundnatur" der großen Rheinbundstaaten. Ihnen stand die überlegene Leistungsfähigkeit des napoleonischen Frankreich, das ganz Europa in seinen 5 Bann geschlagen hatte, als Vorbild vor Augen, schien doch die Mobilisierung und Bündelung der Kräfte erst durch ein einziges Willenszentrum und die ihm gemäße administrative Organisation erreichbar zu sein. Der „Monopolstaat" entsprach zudem politischen Zielen auch der deutschen Aufklärung, die an die Stelle der barocken Vielfalt überlieferter Herrschaftsverhältnisse 10 das überschaubare Gefüge von Staatsbürgerschaft, Repräsentativorgan und Fürst setzen wollte. Mit dem, wie man in den Amtsstuben glauben durfte, zeitgemäßen Zentralismus verschwisterte sich ein rigoroser Etatismus[1]), denn Machtausdehnung der zentralstaatlichen Gewalt – das bildete die unverzichtbare Bedingung der Möglichkeit, einen derartigen gesamtgesellschaftlichen 15 Umwandlungsprozess gegen die Kräfte der Beharrung und relativen Rückständigkeit von oben her voranzutreiben.

[1]) ein ausschließlich auf das Staatsinteresse eingestelltes Denken

Als notwendige Folge des Zentralismus und Etatismus ergab sich der viel geschmähte Bürokratismus. Wer anders jedoch als die rasch aufgebaute, zeitweilig übermächtige Verwaltung konnte den Regierungen die effektive politische Durchsetzungsfähigkeit und zuverlässige Staatsorganisation gewährleisten? Zentralismus, Etatismus und Bürokratismus wirkten zusammen auf die Zerstörung zahlreicher überkommener, überlebter, aber auch vertrauter Einrichtungen hin; sie gängelten den Untertanen auf seinem Weg in die vorweg geplante bessere Zukunft als Staatsbürger; sie lähmten durch zahllose Vorschriften die ohnehin zaghafte Initiative von Einzelnen und Gruppen, die mit der obrigkeitlich verordneten Eigentätigkeit noch nicht viel anzufangen wussten. [. . .]
Eine Alternative ist da nirgendwo zu erkennen. Landadel und Stadthonoratioren fielen als Träger dieser Modernisierung aus. Dass eine deutsche Revolution von unten in Süddeutschland möglich gewesen sei, ist pures Wunschdenken. [. . .]
Ganz anders als in den Rheinbundstaaten stellte sich die Ausgangslage für Preußen dar. Hier ging es um die Behauptung als Staat, ums Überleben schlechthin, um Regeneration auf kurze und längere Sicht anstatt um das Zusammenschweißen von Staaten, die sich äußerst erfolgreich vergrößert hatten. [. . .]
Allgemein beweisen die Jahrzehnte nach 1807/1821[1]), dass statt einer Revolution, die 1789 in Frankreich und 1917 in Russland eine auffällige Ausnahme blieb, die Reformpolitik als die gemeineuropäische vorherrschende Lösung [. . .] für den Umbau der Agrargesellschaft und -wirtschaft auch in Preußen relativ erfolgreich war. Die unleugbaren sozialen Kosten der Reform erreichten nicht von ferne dasjenige Ausmaß, das diese Revolutionen zur Folge hatten. Und an ökonomischer Effizienz war die unblutige Entwicklung in England, Holland und Skandinavien, in den Rheinbundstaaten und Preußen den Resultaten der revolutionären Neuordnung allemal überlegen. [. . .]
Unleugbar liegt das große Manko der preußischen Reformen im Scheitern der Verfassungspolitik. An dieser Last hat das Land bis 1848 schwer zu tragen gehabt. [. . .]
(Der) Verfassungsrückstand wurde in gewissem Maße durch die erfolgreicheren Wirtschaftsreformen, die am ehesten die Gleichheit der Staatsbürger und Wirtschaftssubjekte ermöglichten, ausgeglichen. Politische und ökonomische Verfassung traten dadurch aber auch umso auffälliger auseinander. [. . .]
Ohne diese zum Teil radikale „Veränderung des institutionellen Rahmens für Wirtschaften und Handeln der Bewohner der Monarchie“ lassen sich die Erfolge der preußischen Industrialisierung, der preußischen Universitäten, der preußischen Staatsideologie und – last not least – der preußischen Hegemonialpolitik in Deutschland kaum vorstellen.

Hans-Ulrich Wehler, Deutsche Gesellschaftsgeschichte 1700–1815, München 1987, S. 535 ff.

1. *Arbeiten Sie die Unterschiede zwischen den Reformen in den Rheinbundstaaten und in Preußen heraus.*
2. *Inwieweit erkennen Sie in der heutigen Politik und Verwaltungspraxis der deutschen Bundesländer ein Erbe der Reformwelle des frühen 19. Jahrhunderts? Denken Sie dabei beispielsweise auch an die Schulpolitik.*

---

[1]) Markierungsjahre der preußischen Agrarreformen

Wiener Kongress und Restauration

Die Wiederkehr des allgemeinen Weltfriedens (Einblattdruck aus Nürnberg, um 1815). Zum Bildinhalt der gleichnishaften Darstellung (Allegorie): Eine Frauengestalt, die offensichtlich Frankreich darstellt, überreicht den „Befreiern Europas" (von links nach rechts: König Friedrich Wilhelm III. von Preußen, Kaiser Franz I. von Österreich und Zar Alexander von Russland) einen Lorbeerkranz.

1813	Völkerschlacht von Leipzig: Die verbündeten Monarchien besiegen Napoleon
ab 1814	Nassau, Sachsen-Weimar (1816), Weimar-Eisenach, Bayern, Baden (1818), Württemberg (1819) und Hessen-Darmstadt (1820) erlassen eigene Verfassungen
1814/15	Wiener Kongress: Neuordnung des europäischen Staatensystems
1815	37 Fürsten und vier Reichsstädte gründen den Deutschen Bund
	Die Gründung der Heiligen Allianz leitet die Restauration ein

Europas Völker erheben sich

Alle Erfolge Napoleons konnten nicht darüber hinwegtäuschen, dass sich die Völker Europas nicht auf Dauer unterdrücken lassen wollten. Nachdem die „Grande Armée" 1812 in Russland eine halbe Million Menschen verloren hatte, beschloss der russische Zar *Alexander* (1801–1825), den Kampf zur Befreiung Europas fortzusetzen. Doch erst als der preußische General *Yorck* gegen den Willen seines Königs Ende 1812 in der *Konvention von Tauroggen*

den Russen den Weg nach Ostpreußen freigab, folgte die Regierung unter dem Druck von Adel und Bürgertum diesem Signal zum nationalen *Befreiungskrieg*: Preußen erklärte Frankreich den Krieg. Eine „nationale Erhebung" brach aus.
Nachdem sich Österreich und einige andere Staaten dem russisch-preußischen Bündnis angeschlossen hatten, besiegten die verbündeten Truppen den französischen Kaiser im Oktober 1813 in der *Völkerschlacht bei Leipzig*. Napoleon wurde zum Rückzug gezwungen und nach der Eroberung von Paris auf die Insel Elba verbannt. Noch einmal kehrte der entmachtete Kaiser zurück, doch mit der Niederlage bei *Waterloo* (1815) war er endgültig gescheitert. 25 Jahre nach der Französischen Revolution hatten die alten Monarchien über Frankreich gesiegt.

Der Wiener Kongress: Restauration – Legitimität – Gleichgewicht der Mächte

Die neue Friedensordnung legten die Herrscher und Diplomaten Europas auf dem *Wiener Kongress* (September 1814 bis Juni 1815) unter der virtuosen Steuerung des österreichischen Außenministers *Metternich*[1]) fest. Nach 25 Jahren revolutionärer Entwicklung sah es der Kongress als seine Aufgabe, wieder die wahren Souveräne als Garanten für Sicherheit und Frieden auf die Throne zu setzen. Dieser Gedanke der *Restauration*[2]) wurde ergänzt um das Prinzip der *Legitimität*. Als legitim, das heißt rechtmäßig, galten dabei all diejenigen Staaten, die in den Wirren der napoleonischen Ära überlebt hatten. Hingegen wurden die mediatisierten Landesherren des alten Reichs nicht mehr in ihre früheren Herrschaftsrechte eingesetzt.
Maßgeblich gestärkt wurden die restaurativen Tendenzen im Herbst 1815 durch das Vertragswerk der *Heiligen Allianz*. Auf Vorschlag des russischen Zaren verpflichteten sich die meisten Monarchen auf eine christliche Staatsordnung und gegenseitige Unterstützung bei der Abwehr revolutionärer Angriffe. Damit hatten sie sich ein Bollwerk gegen innere und äußere Störungen der Nachkriegsordnung geschaffen.
Bei der Ziehung der Grenzen in Europa sollte das vom britischen Außenminister *Castlereagh* ins Spiel gebrachte Prinzip des *„Gleichgewichts der Mächte"* jedes neue Hegemonialstreben auf dem Kontinent im Ansatz unterbinden. England hatte damit den Rücken frei, um ungehindert in anderen Erdteilen Weltmachtpolitik zu betreiben. Die neue territoriale Ordnung beließ Frankreich seinen Status als Großmacht. In Deutschland wurde die Landmasse Preußens nach Westen „verschoben", während Österreich nach Verlust der Niederlande und Eroberungen im Süden und Osten zwar ein zusammenhängendes Staatsgebiet erhielt, aber dafür aus Deutschland herauswuchs (⇨ M 1).

---

[1]) Klemens Wenzel Lothar Fürst von Metternich (1773–1853), österreichischer Außenminister und Staatskanzler (ab 1821) von 1810–1848

[2]) Wiederherstellung (vorrevolutionärer Verhältnisse)

Allegorie auf die Stiftung der Heiligen Allianz durch die Herrscher von Österreich, Russland und Preußen (Gemälde von Heinrich Olivier aus dem Jahre 1815).

Der Deutsche Bund – kein neues Reich in Europas Mitte

Keine der Großmächte am Wiener Konferenztisch hatte Interesse an einem erneuerten starken Reich in Europas Mitte. Im Sinne des Mächtegleichgewichts wollten sie eine Pufferzone schaffen, die einerseits zwar Begehrlichkeiten Frankreichs oder Russlands abwehren konnte, andererseits aber zu einer eigenen Machtpolitik nicht in der Lage war. Diese Tendenz unterstützten die 1806 zu völkerrechtlicher Eigenständigkeit gelangten deutschen Mittelstaaten, die sich nicht wieder einer neuen Zentralgewalt beugen wollten. Und Metternich, der Leitende Minister des Vielvölkerstaats Österreich, schreckte überdies vor einem Aufbrechen nationaler Leidenschaften zurück.
Der *Deutsche Bund*, zu dem sich schließlich am 8. Juni 1815 37 souveräne Fürsten und die vier freien Städte Bremen, Frankfurt, Hamburg und Lübeck zusammenschlossen, beruhte auf einem Minimalkonsens. Es gab keine handlungsfähige Regierung und kein gemeinsames Gericht; jeder Mitgliedstaat war innenpolitisch unabhängig. Das einzige gemeinsame Organ war ein ständiger Gesandtenkongress, die *Bundesversammlung* in Frankfurt am Main.
Ohne souveräne eigenständige Staatsgewalt war der Deutsche Bund kein *Bundesstaat*, sondern ein wenig handlungsfähiger *Staatenbund*, dessen Mitglieder sich lediglich zur Friedenswahrung nach innen und gegenseitigem Beistand nach außen verpflichteten.
Deutsche Patrioten und intellektuelle Kreise blieben mit ihrem Traum von einem ganz Deutschland umfassenden Verfassungsstaat allein (▷ M 2). Nicht nur die monarchischen Kabinette, auch Adel, Geistlichkeit und Landbevölkerung verharrten in einem einzelstaatlichen Landespatriotismus.

Süddeutscher Frühkonstitutionalismus

Das französische Beispiel eines konstitutionellen Staats mit einer Verfassungsurkunde hatte in den deutschen Staaten zunächst kaum Nachahmung gefunden. Erst als 1818 der österreichische Außenminister Metternich im Zuge seiner Restaurationspolitik versuchte, auf die inneren Verhältnisse der Länder Einfluss zu nehmen, erließen die süddeutschen Mittelstaaten Bayern (1818), Baden (1818), Württemberg (1819) und Hessen-Darmstadt (1820) in rascher Folge eigene Verfassungen, um damit ihre Souveränität zu unterstreichen.
An eine Mitsprache des Volkes bei der Erarbeitung der Verfassungen dachten die Regenten allerdings nicht. Allein in Württemberg lag der Konstitution ein Vertrag zwischen König und Ständen zugrunde. In Baden und Bayern wurde das monarchische Prinzip nicht angetastet. Die fürstliche Allmacht band sich nur freiwillig an die Spielregeln der Verfassung, konnte sie künftig aber auch nicht mehr einseitig ändern.
Die ersten deutschen Konstitutionen enthielten einen Grundrechtekatalog nach französischem Vorbild. Sie wollten aus den Untertanen zusammengewürfelter Territorien Staatsbürger machen, die ein gemeinsamer Staatssinn verband.
Die Exekutive (Führung des Heeres, Bestellung und Entlassung der Minister, ebenso das Gesetzesinitiativrecht) blieb allein den Landesherren vorbehalten. Immerhin waren das Zustandekommen eines Gesetzes, die Bewilligung der Steuern und die Verabschiedung des Staatshaushalts von der Zustimmung einer Volksvertretung abhängig.
In allen süddeutschen Staaten entschied man sich bei der Einrichtung der Ständeversammlungen für das *Zweikammersystem* nach englischem Muster. In der ersten Kammer saßen Vertreter des hohen und niederen Adels, der Kirchen und der Universitäten sowie vom Monarchen eigens berufene Persönlichkeiten. Die zweite Kammer war eine reine Volkskammer. Die Wahl der Abgeordneten erfolgte nach dem *Zensuswahlrecht*[1]).
Dass die Verfassungen die Sitzverteilung für bestimmte gesellschaftliche Gruppen festlegten, entsprach durchaus den Vorstellungen der Zeit. Der Sprung von einer Ständeordnung zu einer modernen gesamtstaatlichen Repräsentation war immerhin vorgezeichnet. So unvollkommen die Verfassungen von 1818/19 heute erscheinen mögen und so weit ihre Ordnung auch von wirklichem Parlamentarismus entfernt war, so bedeuteten sie dennoch einen Fortschritt. Aus absolutistisch regierten Staaten waren – anders als in Preußen und Österreich – konstitutionelle (an die Verfassung gebundene) Monarchien geworden (⇨ M 3).

[1]) Im Königreich Württemberg besaßen etwa 14 % der Bevölkerung das aktive Wahlrecht, in Bayern 6 %. Auch in Frankreich und England war der Anteil der Wahlberechtigten nicht höher.

M 1 Europa 1815

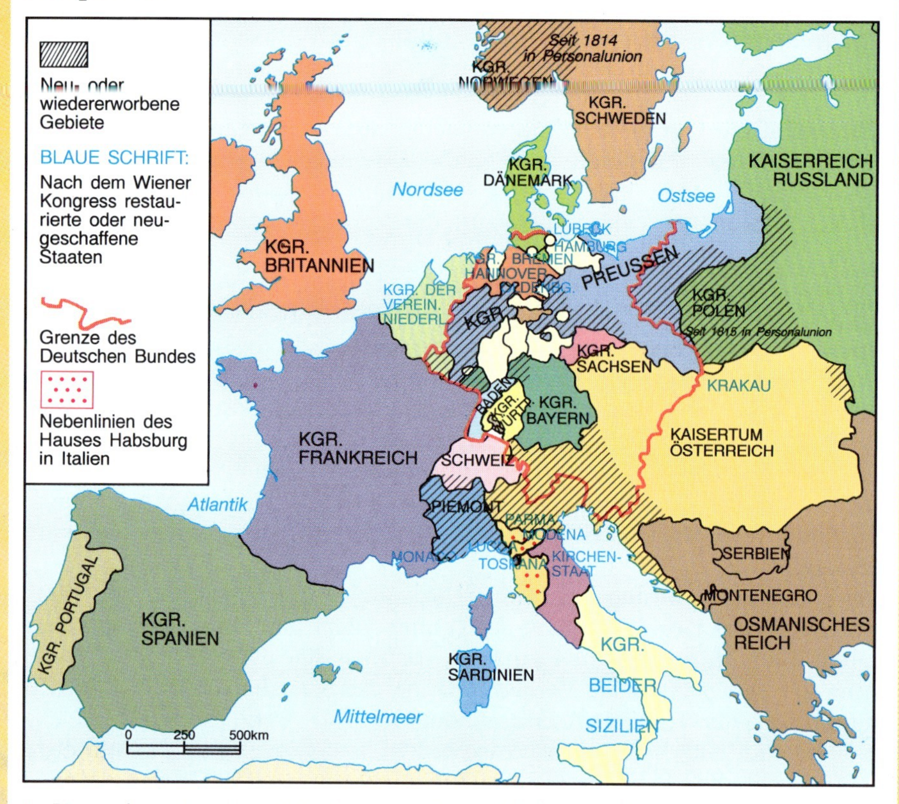

1. *Versuchen Sie anhand der Karte nachzuvollziehen, welche territorialen Verschiebungen das Gleichgewicht in Europa sichern sollen.*
2. *Diskutieren Sie, welche Kriterien neben dem territorialen Besitzstand den Großmachtstatus eines Landes ausmachen.*
3. *Bewerten Sie den Wiener Kongress vor dem Hintergrund der außenpolitischen Entwicklung in Europa zwischen 1815 und 1914.*

M 2 Ein zeitgenössisches Urteil über die deutsche Bundesverfassung

Nachdem bekannt geworden war, welche Verfassung der Deutsche Bund erhalten sollte, erschien am 7. Mai 1815 im „Rheinischen Merkur" ein anonymer Artikel, der wahrscheinlich von dem katholischen Publizisten Joseph Görres (1776–1848) stammte.

Man hat die Völker bei seiner Errichtung nicht um Rat gefragt, man scheint auf sie und ihre Stimme nicht hören zu wollen. Dennoch ist es unsere Pflicht, uns zu erheben gegen das Verderbliche, damit wir ohne Schuld seien an des Vaterlandes Unglück. [. . .]
Unsere Zeit ist endlich zu der Einsicht gelangt, dass ein Staat nur dann mächtig sei, wenn Volk und Regierung gegenseitig auf ihre Stimmen hören; wenn die Regierung nichts tut, wogegen die öffentliche Meinung sich entschieden

hat; wenn auf den Ruf der Regierung das Volk Gut und Blut willig hingibt; wenn Volk und Regierung einstimmig denken, fühlen und handeln. [...]
10 Volks-Repräsentation ist das Mittel zur Erreichung jenes Zweckes, wo die Edelsten des Landes sich um den Regenten versammeln, mit ihm sich beraten, ihm den Beifall seines Volkes zu sichern, und wiederum seine Schritte lenken; wo das Volk überzeugt wird, dass die Stellvertreter über sein Bestes wachen, und dass die von ihnen gebilligten Schritte der Regierung sein
15 Wohl bezwecken. [...]
Deutschland, das gemeinsame Vaterland, aber soll nach dem Plane der Bundes-Verfassung nur von einer Versammlung seiner Fürsten regiert werden, ohne dass das deutsche Volk durch Stellvertreter an der Bestimmung seiner Schicksale Teil nehmen dürfte. Warum dieses? Haben unsere einzelnen Regie-
20 rungen sich etwa so patriotisch erzeigt, dass in ihren Händen das Wohl des Ganzen von jeder Seite gesichert wäre? Werden sich nicht vielmehr ihre einzelnen, verschiednen Interessen also durchkreuzen, dass sie zu keinem Beschlusse werden gelangen können, der für das gemeinsame Wohl Deutschlands heilbringend wäre?
25 Die Hoffnung Deutschlands beruht auf dem Geiste seines Volkes, der stark und mächtig sich geregt und Großes getan hat. Das aber ist das Verderblichste an jener Bundes-Verfassung, dass der deutsche Gemeingeist durch sie notwendig gehemmt oder gar unterdrückt wird, indem sie alle Möglichkeit des öffentlichen Wirkens nimmt. Der Mensch interessiert sich vorzüglich nur
30 für den Kreis seiner Tätigkeit: Wenn nun den Völkern nur Einfluss gestattet wird auf die Schicksale ihrer einzelnen Staaten, nicht aber des deutschen Vaterlandes, welche andere Folgen kann dies haben, als dass der hohe deutsche Enthusiasmus in einen kümmerlichen, hannöverschen, hessischen usw. zersplittert wird? Hat endlich das deutsche Volk nicht dasselbe Recht auf
35 National-Repräsentation, welches dem hannöverschen, hessischen zusteht?
Es lässt sich nicht denken, dass von den Entwerfern der Bundes-Verfassung dies alles übersehen sei. Man wird zur Vermutung gezwungen, dass man Deutschland nicht als ein organisches Ganzes, als einen Staat betrachte, sondern nur als einen Staatenbund, [...] über dessen Bestimmung daher auch
40 lediglich die Fürsten ohne Zuziehung ihrer Völker zu entscheiden haben. Aber man höre doch nur den Ruf aller deutschen Volksstämme. Einmütig erklären sie: „Wir wollen nicht länger bloß Preußen, Hannoveraner, Hessen bleiben, wir wollen Deutsche werden!“ Der künstliche Bund aber, der nicht gestützt ist auf die Liebe und den Gemeingeist des deutschen Volkes, wird
45 bald durch seine eigene Schwäche zusammenfallen!
[...] Oh, ihr Fürsten, hört auf unser Wort! Gebt außer den Landständen uns auch Reichsstände. Lasst uns ein Volk und ein Staat werden, stark durch den Gemeingeist, der uns alle belebt; lasst uns nicht in unzählige kleine Reiche zerfallen, die ein künstlich gewebtes Band nur lose verbindet! Das Volk aber
50 erhebe seine Stimme laut, und verkünde, was es sehnlich wünscht und was es zu fordern berechtigt ist!

Manfred Botzenhart, Die deutsche Verfassungsfrage 1812– 1815, Göttingen 1968, S. 67 f.

1. *Arbeiten Sie die einzelnen Vorwürfe heraus, die der Schreiber des Artikels erhebt.*
2. *Die Verfassung des Deutschen Bundes rief bei vielen Intellektuellen tiefe Enttäuschung hervor. Diskutieren Sie die Frage, wie realistisch 1815 die Chance auf eine nationale Volksrepräsentation war.*

M 3

Die Verfassung des Königreichs Württemberg

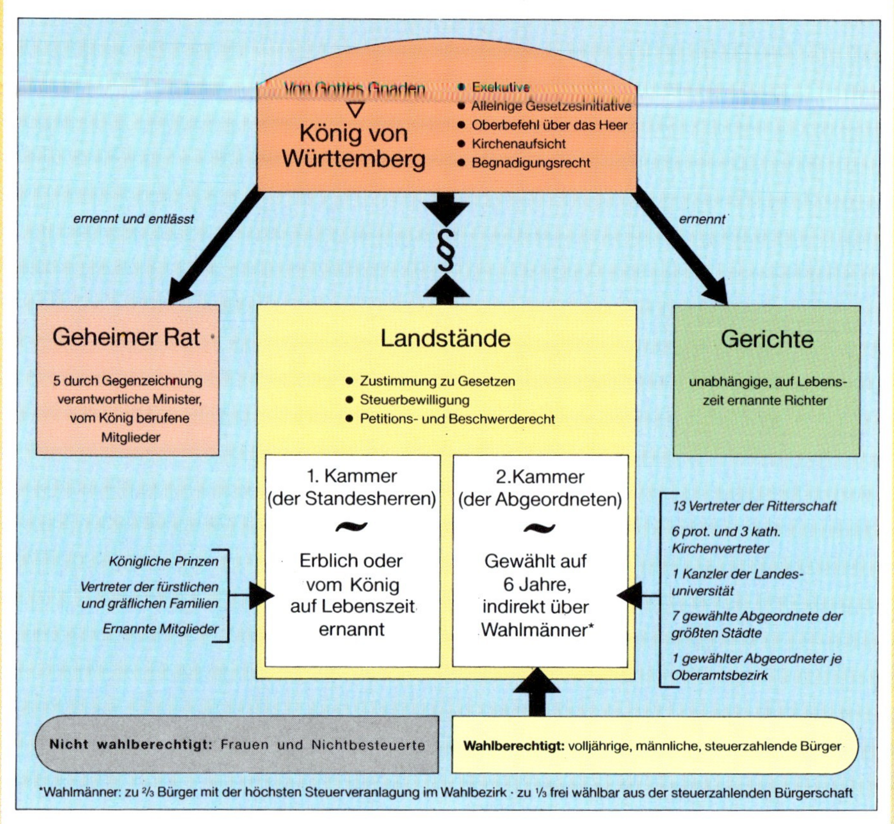

1. *Schlagen Sie die Begriffe „Ständische Verfassung" und „Repräsentativverfassung" in einem Staatsrechtslexikon nach. Diskutieren Sie, welche der beiden Formen eher auf die württembergische Verfassung anwendbar ist.*
2. *Vergleichen Sie die württembergische Verfassung im Hinblick auf Wahlrecht, Zusammensetzung und Rechte der „Landstände" mit Grundgesetz und Bundestag. Benennen und bewerten Sie die wichtigsten Unterschiede.*

Der restaurative Staat contra Nationalismus und Liberalismus

Ausdruck des neuen Verhältnisses zwischen Fürst und Untertan sind die Schlossanlagen und Landschaftsparks, die seit Ende des 18. Jahrhunderts entstanden sind. Der Monarch bewegt sich nicht mehr innerhalb einer geschlossenen aristokratischen Gesellschaft, sondern zeigt sich gewillt, dem Bürgertum als Partner zu begegnen. Dies bedeutet allerdings noch nicht den Verzicht auf die nahezu uneingeschränkte Machtausübung. Beispielhaft sind die Anlagen des Fürsten Hermann von Pückler-Muskau.

1817	Die deutschen Burschenschaften treffen sich zum Wartburgfest
1819	Karlsbader Beschlüsse: Die Meinungsfreiheit wird in den Staaten des Deutschen Bundes unterdrückt
1830	Juli-Revolution in Frankreich: Errichtung eines Wahlkönigtums
1832	Das Hambacher Fest der nationalen und liberalen Bewegung führt zu verschärften Maßnahmen der deutschen Regierungen

„Vormärz" und „Biedermeier"

Die politische Entwicklung zwischen dem Wiener Kongress (1815) und den *Märzunruhen* des Jahres 1848 (siehe Seiten 48 ff.) wird von vielen Historikern als *Vormärz* bezeichnet. Für das Kulturleben wurde später der Begriff *Biedermeier* geprägt, womit die romantische, nach innen gewandte, heimatverbun-

Seit der Aufklärung bildeten sich die Bürger ihre politische Meinung vielfach in Lesegesellschaften. Mit einem aus dem Jahr 1843 stammenden Bild stellt der Maler Johann Peter Hasenclever (1801–1853) eine gemütliche Leserunde dar. Er macht damit auf das Missverhältnis zwischen Leseeifer und politischem Engagement aufmerksam.

dene, gemütliche und unpolitische Welt des Bürgertums charakterisiert werden sollte. Doch der von den Regierenden „verordnete" Rückzug der Bürger in die Privatsphäre kennzeichnete nur eine Seite jener Jahre, denn gleichzeitig löste sich die traditionelle Gesellschaft mit ihren Ständen und Zünften langsam auf, beschleunigten die Industrialisierung und die ersten Eisenbahnen das Tempo des Lebens in nie gekanntem Ausmaß (siehe Seiten 68 ff.).
Die gebildeter und mobiler gewordene Gesellschaft verlangte nach neuen Formen des Zusammenlebens. Die Salons und Lesegesellschaften des 18. Jahrhunderts wurden weitergeführt. Seit den Dreißigerjahren konnte nicht einmal die Zensur mehr verhindern, dass alle politischen, religiösen, philosophischen und sozialen Themen der Zeit publizistisch diskutiert werden. Auch die Emanzipation der Frauen geriet in die öffentliche Diskussion (➪ M 1).

Das neu einsetzende Vereinswesen entwickelte sich zur Massenbewegung. Zahllose Gesangs-, Turn-, Schützen- und Wohltätigkeitsvereine, städtische Honoratiorengesellschaften sowie wissenschaftliche, kulturelle und wirtschaftliche Vereinigungen wurden gegründet. In diesen Vereinen fand, wenn auch zunächst nur indirekt, über die Wahl der Vorstände, die Selbstfinanzierung und die Übernahme von Verantwortung für bestimmte Aufgaben durchaus eine gewisse Politisierung statt.

Nationalismus und Liberalismus

Die Französische Revolution und der Freiheitskampf gegen Frankreich hatten den individuellen Freiheitsbegriff und das nationale[1]) *Selbstbestimmungsrecht* der Völker geweckt. Im deutschen *Frühliberalismus* (siehe Seite 36) verbanden sich diese beiden Ideen zu folgenden zentralen Forderungen:
- nationale Einheit
- Abschaffung der feudalen Gesellschaftsordnung
- Errichtung eines Verfassungsstaates mit Anerkennung von Grund- und Menschenrechten sowie Teilung und Kontrolle der staatlichen Gewalten (Gesetzgebung, Rechtsprechung und Verwaltung)
- Mitwirkung der Bürger am Staat durch gewählte Vertreter
- freie Entfaltung der Wirtschaft.

Die Schlüsselbegriffe für diese Forderungen lauteten „Freiheit" und „Einheit".

Nationalismus: Die Grundlage jeder Nation ist das allgemeine Bewusstsein der Bevölkerung, einer bestimmten Kultur sowie einer gemeinsamen Staats-, Rechts- und Wirtschaftsordnung anzugehören. Die Französische Revolution hatte dieses Nationalbewusstsein zum Ausgangspunkt des politischen und militärischen Lebens im eigenen sowie in den besetzten Ländern gemacht.
In den deutschen Staaten wurde die Entwicklung des Nationalbewusstseins durch drei parallel verlaufende und sich zum Teil überschneidende Prozesse geprägt:
1. durch das breiter werdende Bewusstsein, einer Kulturnation[2]) anzugehören,
2. durch den „gemeinsamen" Kampf gegen die Fremdherrschaft und
3. durch den Aufstieg des Bürgertums zu einer politischen Macht.

Der frühe deutsche Nationalismus war insofern eine „liberale Emanzipations- und Oppositionsideologie, die sich gegen die spätabsolutistischen Territorialstaaten, gegen die Vorrechte des Adels, gegen das Gottesgnadentum richtete, aber für die souveräne Nation, für die allgemeine Staatsbürgergesellschaft, auch für die harmonische Kooperation aller Nationalstaaten" (Hans-Ulrich Wehler) stritt.
In Deutschland und anderen Staaten führte die Überbewertung der eigenen Nation (und Rasse) zu der überheblichen Ideologie, anderen Völkern überlegen zu sein. Dieser intolerante Nationalismus gehörte zu den Ursachen des Ersten und Zweiten Weltkrieges. Erst nach 1945 wurde in Europa allmählich deutlich, dass eine enge internationale politische, wirtschaftliche und kulturelle Zusammenarbeit die Grundlage für einen positiven Nationalismus darstellt.

---
[1]) natio (lat.): Geburt, Abstammung, Herkunft

[2]) In Deutschland wurde der Gedanke, einer Nation anzugehören, von Johann Gottfried Herder (1744–1803) verbreitet. In seiner „Abhandlung über den Ursprung der Sprache" von 1772 stellte er fest, dass ein Volk durch seine Sprache, Religion und Tradition eine Nationalidentität besitze.

Frühliberalismus: Die geistesgeschichtliche Grundlage des *Liberalismus*[1]) ist in der europäischen Aufklärung, die politische in der Französischen Revolution zu suchen. Der Frühliberalismus entwickelte eine Staats-, Gesellschafts- und Wirtschaftslehre, in der das Verhältnis zwischen Individuum und Staat neu bestimmt wurde.
Ausgangspunkt aller liberalen Überlegungen war der Glaube an die Bestimmung des Menschen als einer freien, vernunftgeleiteten, selbstverantwortlich handelnden Person. Die größtmögliche Freiheit für den Einzelnen – auch und gerade gegenüber der Übermacht des Staates – wurde zum grundlegenden Prinzip erklärt.
Folglich musste die staatliche Gewalt ihre Macht gegenüber dem Individuum beschränken, um ihm seine ungehinderte Entfaltung zu ermöglichen. Dazu war es auch notwendig, dass sich der Staat an bestimmte Regeln (Verfassungen) band. In der französischen Verfassung von 1793 wurden die Bedingungen für die Freiheit folgendermaßen zusammengefasst: „[die Freiheit] hat als Grundlage die Natur, als Maßstab die Gerechtigkeit, als Schutzwehr das Gesetz." Der deutsche Philosoph *Kant* formulierte die moralische Verpflichtung der Freiheit so: „Jeder darf seine Glückseligkeit auf dem Wege suchen, welcher ihm selbst gut dünkt, wenn er nur der Freiheit anderer, einem ähnlichen Zwecke nachzustreben, [. . .], nicht Abbruch tut."
Kennzeichnend für die liberale Bewegung war unter anderem der historische Entwicklungs- bzw. Fortschrittsgedanke. Der Fortschritt sollte aber evolutionär und nicht revolutionär stattfinden. Der Frühliberalismus nahm deshalb eine Position zwischen Revolution und Restauration ein. Diese grundsätzliche Position zeichnet noch heute liberale Vorstellungen aus. Gültige Prinzipien sind weiterhin: die Begrenzung der Staatsmacht sowie die freie marktwirtschaftliche Betätigung.

Das Wartburgfest – Blick zurück nach vorn

Der erste öffentliche Auftritt der nationalen und liberalen Bewegung in Deutschland fand auf der Wartburg in der Nähe von Eisenach statt. Am 18./19. Oktober 1817 feierten 500 Studenten aus 13 Universitäten, die in national gesinnten *Burschenschaften* zusammengeschlossen waren, das Gedenken an die Völkerschlacht bei Leipzig und das 300-jährige Reformationsjubiläum. Daran anknüpfend kritisierten sie die nationalen, konstitutionellen und militärischen Verhältnisse, beschworen Hoffnungen auf nationale Einheit und Freiheit und forderten einen Zusammenschluss aller Burschenschaften.
Während das Fest bei dem liberal und national eingestellten Bürgertum eine wohlwollende Aufnahme fand, empfand es der preußische König als offene Aufforderung zum Aufstand und ließ die Burschenschaften verfolgen. Trotz-

[1]) liberalis (lat.): freiheitlich, eines freien Mannes würdig

Wartburgfest am 18./19. Oktober 1817. Am Ende der offiziellen Feierlichkeiten verbrannten einige radikale Anhänger der Turnerbewegung „deutschfeindliche" und „reaktionäre" Schriften (darunter die Bundesakte) sowie militärische Symbole der stehenden Heere: einen hessischen Zopf, einen preußischen Ulanenschnürleib und einen österreichischen Korporalstock.

dem wurde auf dem Burschentag im sächsischen Jena am 18. Oktober 1818 die *Allgemeine deutsche Burschenschaft* gegründet. Ihr Symbol wurde die rotschwarz-rote Fahne mit einem goldenen Eichenzweig. Zum Wahlspruch wählten die Studenten die Worte „Ehre, Freiheit, Vaterland".
Der politisch motivierte Mord an dem Schriftsteller *Kotzebue*[1]) am 23. März 1819 durch den 23-jährigen Studenten *Sand*[2]) sowie ein weiterer Attentatsversuch auf einen nassauischen Staatsrat boten den Regierungen des Deutschen Bundes dann endgültig den Anlass, um bundesweite Repressionsmaßnahmen gegen die liberale und nationale Bewegung durchzusetzen.

Die Karlsbader Beschlüsse

Auf Betreiben Metternichs kamen die Minister von zehn ausgewählten Staaten im böhmischen Karlsbad zu einer Konferenz zusammen (6.–31. August 1819). Die erarbeiteten Beschlüsse wurden anschließend als Bundesgesetze vom Frankfurter Bundestag offiziell in Kraft gesetzt.
Das *Bundes-Universitätsgesetz* stellte Professoren, Studenten und den gesamten Lehrbetrieb in jeder Universität unter Staatsaufsicht. Die Behörden konnten kritische Hochschullehrer jederzeit entlassen. Die Burschenschaften wurden endgültig verboten, und den oppositionellen Studenten wurde mit Berufsverboten für öffentliche Ämter gedroht. Das *Bundes-Pressgesetz* richtete sich gegen die Presse- und Meinungsfreiheit (⇨ M 2), und das *Bundes-Untersuchungsgesetz* schuf eine bundesweit arbeitende Ermittlungsbehörde, die alle politischen Bewegungen beobachtete und verfolgte.

---

[1]) Karl August von Kotzebue (1761–1819) war ein bekannter Lustspieldichter, der als russischer Staatsrat für den Zaren arbeitete. In seinem 1818 gegründeten „Literarischen Wochenblatt" verspottete er die liberalen und patriotischen Ideale der Burschenschafter.

[2]) Karl Ludwig Sand wurde am 20. Mai 1820 öffentlich hingerichtet.

Der Antizeitgeist ist gekennzeichnet durch Eselsgestalt, Staatsrock, Perücke, alte Rechte und Stammbaum. Er tritt die Mütze der Freiheit, die Waage der Gerechtigkeit und das Licht der Aufklärung mit Füßen. Die Radierung von J. M. Voltz stammt aus dem Jahr 1819.

Kritische Professoren, Studenten, Verwaltungsbeamte, Schriftsteller und Publizisten wurden denunziert, verfolgt und auch inhaftiert *(Demagogen-Hetze)*. Die Burschenschaften und andere oppositionelle Gruppen lösten sich entweder auf oder wurden in den Untergrund gezwungen. Die erste Welle von Intellektuellen verließ Deutschland. Die freiheitliche Bewegung kam auf Jahre hinaus zum Erliegen.

Auswirkungen der französischen Juli-Revolution von 1830

Auch Frankreich erlebte nach 1815 eine Phase der Restauration, die schließlich in eine Revolution mündete (27.–29. Juli 1830). Der neue französische König *Louis Philippe*[1]) wurde nicht mehr, wie seine Vorgänger, zum „König von Frankreich" geweiht, sondern vom Parlament gewählt und vor dem Parlament als „König der Franzosen" vereidigt.
Beeinflusst von den Vorgängen in Frankreich brachen überall in Europa Befreiungsaufstände aus. England bereitete eine umfassende Parlaments- und Wahlrechtsreform vor.
Auch in den Ländern des Deutschen Bundes brandeten Unruhen auf.

- Die parlamentarische Opposition in den Landtagen nahm zu. In den süddeutschen Kammern wurden erneut Reformen verlangt, in Baden wurde ein liberales Presserecht durchgesetzt, die Ablösung der ländlichen Feudallasten vorangetrieben und eine liberale Gemeindeordnung verabschiedet.
- Trotz der noch geltenden Karlsbader Beschlüsse wurden neue Zeitungen gegründet, entstanden zum Teil überregionale Vereinigungen, Petitions- und Unterschriftenbewegungen.

[1]) Herzog Louis Philippe von Orléans (1773–1850) regierte bis 1848 und wurde „Bürgerkönig" genannt.

- In den Ländern Kurhessen, Sachsen, Braunschweig und Hannover wurden sogar neue oder verbesserte Verfassungen durchgesetzt.

Die beiden verfassungslosen Großmächte, Preußen und Österreich, unterdrückten allerdings einzelne lokale Unruhen militärisch. Eine Teilung Europas in zwei unterschiedliche Herrschaftssysteme wurde deutlich. Russland, Österreich und Preußen beharrten auf traditionellen monarchischen Strukturen, während sich die politischen Systeme Englands und Frankreichs als anpassungsfähig erwiesen.

Hambacher Fest und „Göttinger Sieben": Die Bürger protestieren

Höhepunkt der erstarkten Oppositionsbewegung wurde das *Hambacher Fest* vom 27. bis 30. Mai 1832. Vor 30 000 Bürgern aller Schichten wandten sich die Redner gegen die bestehenden europäischen Verhältnisse, gegen die Willkürherrschaft der Fürsten, gegen soziale Missstände und forderten Volkssouveränität, Pressefreiheit und einen freiheitlichen deutschen Einheitsstaat (➪ M 3). In einigen Gebieten der Pfalz kam es zu kleineren Unruhen.
Schon am 5. Juli reagierte auf Betreiben Metternichs (➪ M 4) der Deutsche Bund mit den *Zehn Artikeln*: Die Presse- und Versammlungsfreiheit wurde weiter eingeschränkt. Außerdem unterlagen die Verfassungen der Länder künftig der Auslegung durch den Bund und die Arbeit der Landtage wurde überwacht. Liberale Fortschritte in einem einzelnen Land sollten damit für die Zukunft verhindert werden.
1835 wurden die Schriften von Autoren des *Jungen Deutschland* verboten. Besonders *Heinrich Heine* und *Ludwig Börne*, die beide nach Paris ins Exil gehen mussten, hatten in oft bissiger Form die Rückständigkeit in Deutschland kritisiert. Manche Literaten ließen ihre Arbeiten nun im Ausland drucken. Das „Lied der Deutschen" von *August Heinrich Hoffmann von Fallersleben*, der Text der heutigen Nationalhymne, wurde 1841 erstmals als Flugblatt veröffentlicht.
Eine Untersuchungsbehörde führte bis 1842 über 2000 Ermittlungsverfahren durch. 1836 wurden allein in Preußen über 200 Burschenschafter wegen Hochverrats verurteilt. Allerdings gelang es nicht mehr, das politische Leben vollständig unter Kontrolle zu bringen, zumal vor allem die süddeutschen Regierungen sich nicht in vollem Umfang an den Repressionen beteiligten. Auch als der neue König von Hannover, *Ernst August*, die Verfassung seines Landes einseitig für nichtig erklärte, brach ein öffentlicher Sturm der Entrüstung los. Sieben auf ihrem Verfassungseid beharrende Professoren, darunter die Gebrüder *Grimm*, mussten das Königreich verlassen. Dennoch schien die liberale Bewegung gestärkt, als der preußische König *Friedrich Wilhelm IV.*[1]) drei der „Göttinger Sieben" nach Preußen berief.

[1]) Friedrich Wilhelm IV. (1795–1861), ältester Sohn von Friedrich Wilhelm III., wurde nach dessen Tod am 7. 6. 1840 preußischer König.

M 1

„Das Recht ist von Männern erfunden"

Die Frauen-Romane der Gräfin Ida Hahn-Hahn (1805–1880) aus Mecklenburg waren für viele Frauen und Männer ihrer Zeit eine Provokation. Auch wenn ihre Romane fast ausschließlich in der aristokratischen Gesellschaft spielten, so lieferte sie doch den bürgerlichen Frauen erste Argumente für eigene Emanzipationsansprüche. Die Schriften der heute nahezu vergessenen Autorin wurden zwischen 1838 und 1848 aufmerksam gelesen. Der folgende Auszug stammt aus dem 1839 erstmals veröffentlichten Werk „Der Rechte".

„Das Recht ist von Männern erfunden; man lehrt sie es deuten und anwenden; unwillkürlich kommt es ihrem Vorteil zugut. Männer dürfen ja alles tun, alles wissen, alles lernen. Sie sitzen zu Gericht und entscheiden, wie Gott selbst, über die Seelen und über Leben und Tod. Sie stehen auf der Kanzel zwischen der Menge, an Wiege und Grab bei dem Einzelnen und 5 verteilen Himmel und Hölle. Sie verteidigen das Vaterland, sie umschiffen die Welt – und wir . . . wir sehen zu! Oh, ich hasse sie!"
„Weil sie Dinge tun, die den Frauen unmöglich sind? Wie ungerecht!"
„Unmöglich? – schickt die Mädchen auf die Universität und die Knaben in die Nähschule und Küche: Nach drei Generationen werdet ihr wissen, ob es 10 unmöglich ist, und was es heißt, die Unterdrückten sein."
„Also wenn ich zugeben könnte, dass eine solche Umwandlung der Natur durch Erziehung und Bildung hervorzubringen sei, so würden Sie zugeben, dass die Frauen ihre Oberherrschaft missbrauchen würden?"
„Ganz gewiss, Herr von Ohlen! Sie haben alle Fähigkeiten der Männer." 15

Renate Möhrmann (Hrsg.), Frauenemanzipation im deutschen Vormärz. Texte und Dokumente, Stuttgart 1978, S. 104

1. *Ist das Problem der Emanzipation Ihrer Ansicht nach nur über die Erziehung und Ausbildung zu lösen?*
2. *Worin besteht das von Frau Hahn-Hahn angeschnittene Dilemma der „Oberherrschaft"? Welche Möglichkeiten bestanden damals (bestehen heute), dieses Problem zu überwinden?*

M 2

Aus der Geschichte der Presse- und Meinungsfreiheit von 1815 bis 1835

Art. 18 d). Die Bundesversammlung wird sich bei ihrer ersten Zusammenkunft mit Abfassung gleichförmiger Verfügungen über die Pressfreiheit [. . .] beschäftigen.

Deutsche Bundesakte vom 8. 6. 1815

Das Recht, in freier Rede und Schrift seine Meinung über öffentliche Angelegenheiten zu äußern, ist ein unveräußerliches Recht jedes Staatsbürgers, das 5 ihm unter allen Umständen zustehen muss. [. . .] Wo Rede und Schrift nicht frei sind, da ist überhaupt keine Freiheit, da herrscht nicht das Gesetz, sondern die Willkür. [. . .] Über den Missbrauch der Freiheit in Rede und Schrift kann kein Buchstabe entscheiden und kein gewöhnlicher Staatsdiener, sondern nur ein Geschworenengericht, das aus gelehrten, unabhängigen und 10 vaterländisch gesinnten Männern besteht und öffentlich vor dem Volk seine Sitzungen hält, seine Gründe entwickelt, seinen Ausspruch tut.

Grundsätze der Burschenschaft vom Ende des Jahres 1817

§ 1. So lange als der gegenwärtige Beschluss in Kraft bleiben wird, dürfen Schriften, die in der Form täglicher Blätter oder heftweise erscheinen, desgleichen solche, die nicht über 20 Bogen[1]) im Druck stark sind, in keinem deutschen Bundesstaate ohne Vorwissen und vorgängige Genehmigung der Landesbehörden zum Druck befördert werden.

Bundes-Pressgesetz vom 20. 9. 1819 (Karlsbader Beschlüsse)

Art. 1. Keine in einem nicht zum Deutschen Bunde gehörigen Staate in Deutscher Sprache im Druck erscheinende Zeit- oder nicht über zwanzig Bogen betragende sonstige Druckschrift politischen Inhalts darf in einem Bundesstaate, ohne vorgängige Genehmhaltung der Regierung desselben, zugelassen und ausgegeben werden: Gegen die Übertreter dieses Verbots ist eben so wie gegen die Verbreiter verbotener Druckschriften zu verfahren.

Bundesmaßnahme zur Erhaltung der Sicherheit und Ordnung vom 5. 7. 1832 (Die Zehn Artikel)

Art. 29. Von den Nachteilen einer übermäßigen Anzahl politischer Tagblätter überzeugt, werden die Regierungen auf eine allmählich herbeizuführende Verminderung solcher Blätter, soweit dies ohne Kränkung erworbener Rechte tunlich ist, Bedacht nehmen.
Art. 30. Kraft der ihnen zustehenden oberpolizeilichen Aufsicht werden die Regierungen die Herausgabe neuer politischer Tagblätter ohne die vorgängige Erwirkung einer diesfälligen Konzession nicht gestatten.

Die Geheimen Wiener Beschlüsse vom 12. 6. 1834 (Die Sechzig Artikel)

Nachdem sich in Deutschland in neuerer Zeit, und zuletzt unter der Benennung „das junge Deutschland"[2]) oder „die junge Literatur", eine literarische Schule gebildet hat, deren Bemühungen unverhohlen dahin gehen, in belletristischen, für alle Klassen von Lesern zugänglichen Schriften die christliche Religion auf die frechste Weise anzugreifen, die bestehenden sozialen Verhältnisse herabzuwürdigen und alle Zucht und Sittlichkeit zu zerstören: so hat die deutsche Bundesversammlung – in Erwägung, dass es dringend notwendig sei, diesen verderblichen, die Grundpfeiler aller gesetzlichen Ordnung untergrabenden Bestrebungen durch Zusammenwirken aller Bundesregierungen sofort Einhalt zu tun [. . .] sich zu nachstehenden Bestimmungen vereiniget.

Bundesbeschluss vom 10. 12. 1835 (Verbot der Schriften des Jungen Deutschland)

Herman Haupt (Hrsg.), Quellen und Darstellungen zur Geschichte der Burschenschaft und der deutschen Einheitsbewegung, Band IV, Heidelberg 1913, S. 124 f.
Ernst Rudolf Huber (Hrsg.), Dokumente zur deutschen Verfassungsgeschichte, Band 1, Stuttgart, 3. Auflage 1978, S. 90, 102, 134, 142 und 151

1. *Erörtern Sie die Auswirkungen der verschiedenen Bundesgesetze auf das geistige Leben in Deutschland.*
2. *Warum war gerade die Pressefreiheit Gegenstand besonders intensiver Konflikte?*
3. *Vergleichen Sie die Regierungspolitik der Restaurationszeit mit totalitären Systemen wie dem NS-Regime oder der kommunistischen Herrschaft in der Sowjetunion (siehe Seiten 324 ff.). Versuchen Sie, Unterschiede zu benennen.*
4. *Wie sind in unserem Grundgesetz Meinungs- und Pressefreiheit geregelt?*

---
[1]) 320 Seiten
[2]) Die Bezeichnung stammt aus Ludwig Wienbargs „Ästhetischen Feldzügen" von 1834.

M 3

Wer vollendet das deutsche Vaterland?

Philipp Jacob Siebenpfeiffer (1789–1845) war ein zwangspensionierter bayerischer Verwaltungsbeamter. Nachstehende Rede hielt er auf dem Hambacher Fest in der zu Bayern gehörenden Pfalz. Da er die Zusammenkunft auch mitorganisiert hatte, wurde er 1833 zu zwei Jahren Gefängnis verurteilt. Er floh aus der Haft in die Schweiz und wurde Privatdozent an der Universität in Bern.

Wir widmen unser Leben der Wissenschaft und der Kunst, wir messen die Sterne, prüfen Mond und Sonne, wir stellen Gott und Mensch, Höll' und Himmel in poetischen Bildern dar, wir durchwühlen die Körper- und Geisterwelt: Aber die Regungen der Vaterlandsliebe sind uns unbekannt, die Erforschung dessen, was dem Vaterlande Not tut, ist Hochverrat, selbst der leise Wunsch, nur erst wieder ein Vaterland, eine frei-menschliche Heimat zu erstreben, ist Verbrechen. Wir helfen Griechenland befreien vom türkischen Joche, wir trinken auf Polens Wiedererstehung, wir zürnen, wenn der Despotismus der Könige den Schwung der Völker in Spanien, in Italien, in Frankreich lähmt [. . .].

Und es wird kommen der Tag, der Tag des edelsten Siegstolzes, wo der Deutsche vom Alpengebirg und der Nordsee, vom Rhein, der Donau und Elbe den Bruder im Bruder umarmt, wo die Zollstöcke und die Schlagbäume, wo alle Hoheitszeichen der Trennung und Hemmung und Bedrückung verschwinden, samt den Konstitutiönchen, die man etlichen mürrischen Kindern der großen Familie als Spielzeug verlieh; wo freie Straßen und freie Ströme den freien Umschwung aller Nationalkräfte und Säfte bezeugen; wo die Fürsten die bunten Hermeline feudalistischer Gottstatthalterschaft mit der männlichen Toga deutscher Nationalwürde vertauschen, und der Beamte, der Krieger, statt mit der Bedientenjacke des Herrn und Meisters, mit der Volksbinde sich schmückt; wo nicht 34 Städte und Städtlein, von 34 Höfen das Almosen empfangend, um den Preis hündischer Unterwerfung, sondern wo alle Städte, frei emporblühend aus eigenem Saft, um den Preis patriotischer Gesinnung, patriotischer Tat ringen; wo jeder Stamm, im Innern frei und selbstständig, zu bürgerlicher Freiheit sich entwickelt, und ein starkes, selbst gewobenes Bruderband alle umschließt zu politischer Einheit und Kraft; wo die deutsche Flagge, statt Tribut an Barbaren zu bringen, die Erzeugnisse unseres Gewerbfleißes in fremde Weltteile geleitet, und nicht mehr unschuldige Patrioten für das Henkerbeil auffängt, sondern allen freien Völkern den Bruderkuss bringt. [. . .]

Wir selbst wollen, wir selbst müssen vollenden das Werk, und, ich ahne, bald, bald muss es geschehen, soll die deutsche, soll die europäische Freiheit nicht erdrosselt werden von den Mörderhänden der Aristokraten.

J. G. A. Wirth, Das Nationalfest der Deutschen zu Hambach, Neustadt a./H. 1832, Nachdruck der Original-Ausgabe, Neustadt an der Weinstraße 1981, S. 34 ff.

1. *Beschreiben Sie das Verhältnis der Deutschen zu anderen Nationen aus der Sicht Siebenpfeiffers.*
2. *Wie beurteilt Siebenpfeiffer den „Deutschen Bund“ und die Verfassungen in den Ländern? Welche politische Einstellung wird daraus deutlich?*
3. *Welche Aufgaben soll die politische Einheit vorrangig erfüllen?*
4. *Sagt Siebenpfeiffer, wie die nationale Entwicklung vorangetrieben werden kann?*

Der Zug zur Hambacher Schlossruine am 27. Mai 1832 (nach einer kolorierten Lithographie von 1832).

„So weit sind die Dinge in Deutschland gekommen!"

M 4

Der österreichische Staatskanzler Metternich schreibt über das Hambacher Fest in einem Brief vom 10. Juni 1832 an den konservativen Berater des preußischen Königs, Fürst Wilhelm Ludwig Georg von Wittgenstein (1770–1851).

Wir leben in einer Zeit, in der alles zur Umtriebs-Sache wird. [. . .] Parteien, welche bestimmte Zwecke verfolgen, erblinden über Pflicht und Klugheit. *Der Zweck heiligt die Mittel*, ist die deutsche Universitätslehre, und sie trägt heute ihre Früchte in den herangereiften Burschen der früheren Zeit. [. . .]
5 Sie haben sicher Bericht über die Hambacher Geschichte en détail erhalten. *So weit sind die Dinge* in Deutschland gekommen!
Ich gestehe aufrichtig, dass ich mir aus dem Ergebnisse nichts mache, oder vielmehr, dass mir dasselbe manche gute Seite darbietet. Mir sind die Dinge, welche offen vorliegen, stets lieber als die verkappten. Was der Liberalismus
10 will, was er ist, wohin er zielt, und wohin er die Staaten, die sich ihm hingeben, unaufhaltbar stößt, hieran kann wohl heute keiner, der Augen, Ohren und einen Sinn hat, mehr zweifeln. Vor solchen Beweisen muss die *Doktrine*[1]) verstummen.
Mit Volksrepräsentationen im modernen Sinne, mit der Pressfreiheit und
15 politischen Vereinen muss jeder Staat zu Grunde gehen, der monarchische wie die Republik. Nur Anarchie ist möglich; dagegen mögen die *Gelehrten* am Schreibtische protestieren, so viel sie auch immer wollen. Am Ende der Gelehrsamkeit steht das Zuschlagen, und kommt es einmal hierzu, so ist der, der in geschlossenen Reihen zuschlägt, der Gelehrteste.
20 Wir werden in Deutschland zum Zuschlagen kommen, das Böseste im lieben Vaterlande sind die Regierungen: vortrefflich zum Betrogenwerden, aber sehr schlecht, um sich und anderen zu helfen! Wenn man heute in Bayern noch glaubt, das Regieren zu verstehen, so sind die Leute incurabel[2]).

Veit Valentin, Das Hambacher Nationalfest, Berlin 1932, S. 144 f.

1. *Stellen Sie dar, wie Metternich Parteien im Allgemeinen und Liberalismus sowie liberale Forderungen im Besonderen beurteilt.*
2. *Messen Sie den Brief Metternichs (insbesondere Zeile 14 ff.) auch an der jüngsten Entwicklung der deutschen Geschichte. Worin liegen Ihrer Ansicht nach auf Dauer die Vorteile einer freiheitlichen Ordnung?*

---

[1]) Theorie, Lehre
[2]) unheilbar

Die Ursachen der Revolution von 1848

Das Elend in Schlesien. Zeitgenössische Karikatur zum Weberaufstand aus der satirischen Zeitschrift „Fliegende Blätter". Gerhart Hauptmanns (1862–1946) naturalistisches Drama aus dem Jahr 1892 trug dazu bei, dass der Aufstand bis heute im historischen Bewusstsein erhalten blieb.

Wirtschaftliche Nöte

Zweifelsohne waren Strukturprobleme der vor- und frühindustriellen Wirtschaft an den Krisenerscheinungen der Gesellschaft im Vormärz beteiligt. Die rapide Bevölkerungsvermehrung seit Mitte des 18. Jahrhunderts bewirkte jetzt einen bedrohlichen Überschuss an Arbeitskräften. Die erst in ihren Anfängen steckende Industrialisierung konnte nicht annähernd genügend Arbeitsmöglichkeiten bereitstellen. Tagelöhner waren auf Gelegenheitsarbeit angewiesen. Im Lohn- und Heimgewerbe wurden erbrachte Leistungen immer geringer entlohnt. Dadurch verlängerten sich die Arbeitszeiten, oft genug wurde die Hungergrenze unterschritten. Die bis dahin nicht gekannte Massenarmut, der sogenannte *Pauperismus*[1]), manifestierte sich schließlich in Aufsehen erregender Weise im blutig niedergeschlagenen *Aufstand der schlesischen Weber* von 1844.
Mitte der Vierzigerjahre verringerten zudem extreme Teuerungen als Folge schlechter Getreide- und Kartoffelernten die Nachfrage nach gewerblichen und industriellen Erzeugnissen. Seuchen bedrohten ganze Regionen, allein 16 000 Männer, Frauen und Kinder wurden 1847 Opfer einer Hungerepide-

[1]) pauper (lat.): arm

mie in Oberschlesien. Unmittelbare Existenznot oder zumindest Unzufriedenheit mit der ökonomischen Lage waren weit verbreitet (▷ M 1). Einzelne Intellektuelle wollten die *Soziale Frage* durch radikal-demokratische Forderungen politisch lösen (siehe Seite 112) und stärkten mit ihren Schriften bei den Unterschichten die Bereitschaft zum Protest.

Auswirkungen des gesellschaftlichen Wandels

Auf dem Lande, wo nach wie vor die Mehrheit der Beschäftigten arbeitete, hatte die preußische Bauernbefreiung nur einer Minderheit zur rechtlichen wie ökonomischen Verbesserung geholfen. Das Vordringen des Agrarkapitalismus, also der Kauf von Höfen durch zahlungskräftige Bürger oder Adelige, ließ vielmehr zahlreiche Kleinbauern zu freien Landarbeitern oder ins Tagelöhnerproletariat absinken. In Süd- und Südwestdeutschland schwoll das Konfliktpotential hingegen gerade wegen der ausgebliebenen Reformen an. Nur noch widerwillig erduldeten die Bauern dort die Fortexistenz feudalistischer Vorrechte und der damit verknüpften Leistungszwänge.
In den überbesetzten Handwerkszweigen waren seit der Aufhebung der Zunftbeschränkungen viele Kleinmeister vom beschleunigten Verfall der altständischen Sozialstruktur bedroht. Ebenso drohte ihren Gesellen der Abstieg zum Lohnarbeiter. Mitbedingt durch ihre Wanderschaft und das dadurch erweiterte Blickfeld waren gerade diese oft überdurchschnittlich politisiert. Das sich zuspitzende Krisenbewusstsein hatte seinen Grund häufig in der Erfahrung gesellschaftlichen Abstiegs oder in der Angst davor. Soziale Degradierung machte wirtschaftliche Verarmung noch schwerer erträglich.

Legitimationskrise des politischen Systems

Auch das Bildungs- und Besitzbürgertum zweifelte zusehends an der Fähigkeit der fürstlich-aristokratischen Regierungen, die sozialen Erschütterungen entschärfen zu können. Der Repressionskurs, der mit den gesellschaftlichen Modernisierungen nicht Schritt hielt und sich dem immer populärer werdenden nationalen Gedanken verschloss, tat ein Übriges.
Aufklärerisch-rationale Überzeugung, zum Teil auch wachsendes Selbstbewusstsein im Gefolge wirtschaftlicher Erfolge verstärkten die Forderungen des Bürgertums nach erweiterter Teilhabe an der politischen Macht. Doch die beiden deutschen Großmächte verweigerten ihren Untertanen noch immer die ersehnte Verfassung. Die Enttäuschung war besonders groß, als der preußische König Friedrich Wilhelm IV. noch 1847, bei der Eröffnung des erstmals einberufenen „Vereinigten Landtags", dem konstitutionellen Gedanken eine scharfe Absage erteilte: Niemals werde er zulassen, „dass sich zwischen unsern Herr Gott im Himmel und dieses Land ein beschriebenes Blatt gleichsam als eine zweite Vorsehung eindränge, um uns mit seinen Paragraphen zu regieren und durch sie die alte heilige Treue zu ersetzen". So fielen am Vorabend der Revolution gesellschaftliche Krisenerscheinungen zusammen mit einer Legitimationskrise des politischen Systems, das sich von den Ansprüchen der neuen Zeit in die Defensive gedrängt sah (▷ M 2).

M 1

Friede den Hütten! Krieg den Palästen!

Die Flugschrift veröffentlichte der Medizinstudent Georg Büchner (1813–1837) im Juli 1834 zusammen mit dem Pfarrer Friedrich Ludwig Weidig im „Hessischen Landboten". Büchner gilt heute als einer der bedeutendsten deutschsprachigen Literaten; er floh nach Bekanntwerden der Schrift nach Straßburg und Zürich; Weidig wurde verhaftet und nahm sich während des Hochverratsprozesses das Leben.

Das Leben der *Vornehmen* ist ein langer Sonntag: Sie wohnen in schönen Häusern, sie tragen zierliche Kleider, sie haben feiste Gesichter und reden eine eigne Sprache; das Volk aber liegt vor ihnen wie Dünger auf dem Acker. Der Bauer geht hinter dem Pflug, der *Vornehme* aber geht hinter ihm und dem Pflug und treibt ihn mit den Ochsen am Pflug, er nimmt das Korn und lässt ihm die Stoppeln. Das Leben des Bauern ist ein langer Werktag; Fremde verzehren seine Äcker vor seinen Augen, sein Leib ist eine Schwiele, sein Schweiß ist das Salz auf dem Tische des *Vornehmen.* [. . .]
Im Großherzogtum Hessen sind 718 373 Einwohner, die geben an den Staat jährlich an 6 363 436 Gulden [. . .]. Dies Geld ist der Blutzehnte, der von dem Leib des Volkes genommen wird. An 700 000 Menschen schwitzen, stöhnen und hungern dafür. [. . .]
Das Gesetz ist das Eigentum einer unbedeutenden Klasse von *Vornehmen* und Gelehrten, die sich durch ihr eignes Machwerk die Herrschaft zuspricht. [. . .]
Die Justiz ist in Deutschland seit Jahrhunderten die Hure der deutschen Fürsten. Jeden Schritt zu ihr müsst ihr mit Silber pflastern, und mit Armut und Erniedrigung erkauft ihr ihre Sprüche. [. . .]
Ihr dürft euern Nachbar verklagen, der euch eine Kartoffel stiehlt; aber klagt einmal über den Diebstahl, der von Staats wegen unter dem Namen von Abgabe und Steuern jeden Tag an eurem Eigentum begangen wird, damit eine Legion unnützer Beamter sich von eurem Schweiße mästen; klagt einmal, dass ihr der Willkür einiger Fettwänste überlassen seid und dass diese Willkür Gesetz heißt, klagt, dass ihr die Ackergäule des Staates seid, klagt über eure verlorne Menschenrechte: Wo sind die Gerichtshöfe, die eure Klage annehmen, wo die Richter, die Recht sprächen? [. . .]
Der Fürst ist der Kopf des Blutegels, der über euch hinkriecht, die Minister sind seine Zähne, und die Beamten sein Schwanz. Die hungrigen Mägen aller vornehmen Herren, denen er die hohe Stellen verteilt, sind Schröpfköpfe, die er dem Lande setzt. [. . .]
Das alles duldet ihr, weil euch Schurken sagen, diese Regierung sei von Gott. Diese Regierung ist nicht von Gott, sondern vom Vater der Lügen. Diese deutschen Fürsten sind keine rechtmäßige Obrigkeit, sondern die rechtmäßige Obrigkeit, den deutschen Kaiser, der vormals vom Volke frei gewählt wurde, haben sie seit Jahrhunderten verachtet und endlich gar verraten. Aus Verrat und Meineid, und nicht aus der Wahl des Volkes, ist die Gewalt der deutschen Fürsten hervorgegangen, und darum ist ihr Wesen und Tun von Gott verflucht; [. . .] – Doch das Reich der Finsternis neiget sich zum Ende. Über ein kleines, und Deutschland, das jetzt die Fürsten schinden, wird als ein Freistaat mit einer vom Volk gewählten Obrigkeit wieder auferstehn. [. . .]
Denn was sind diese Verfassungen in Deutschland? Nichts als leeres Stroh, woraus die Fürsten die Körner für sich herausgeklopft haben. Was sind unsere Landtage? Nichts als langsame Fuhrwerke, die man einmal oder zweimal wohl der Raubgier der Fürsten und ihrer Minister in den Weg schieben,

woraus man aber nimmermehr eine feste Burg für deutsche Freiheit bauen
45 kann. Was sind unsere Wahlgesetze? Nichts als Verletzungen der Bürger- und Menschenrechte der meisten Deutschen. Denkt an das Wahlgesetz im Großherzogtum, wonach keiner gewählt werden kann, der nicht hoch begütert ist, wie rechtschaffen und gut gesinnt er auch sei [. . .].
Die Stände dürfen keinen Gesetzesvorschlag machen, sondern sie müssen um das
50 *Gesetz bitten, und dem Gutdünken des Fürsten bleibt es unbedingt überlassen, es zu geben oder zu verweigern. Er bleibt im Besitz einer fast unumschränkten Gewalt, nur darf er keine neuen Gesetze machen und keine neuen Steuern ausschreiben ohne Zustimmung der Stände. Aber teils kehrt er sich nicht an diese Zustimmung, teils genügen ihm die alten Gesetze, die das Werk der Fürstengewalt sind, und er*
55 *bedarf darum keiner neuen Gesetze. Eine solche Verfassung ist ein elend jämmerlich Ding.*

Werner R. Lehmann (Hrsg.), Georg Büchner, Sämtliche Werke und Briefe, Band 2, Hamburg 1971, S. 34 ff.

1. *Wie stellt die Streitschrift die soziale Situation im Vormärz dar?*
2. *Welche Rolle spielen nach Ansicht von Büchner und Weidig die Fürsten angesichts der ökonomischen Lage?*
3. *Arbeiten Sie heraus, welche Einstellung zu Staat und Gesetzen sichtbar wird.*
4. *Untersuchen Sie die von den Autoren angewandten sprachlichen Mittel.*

Volksunruhen in Deutschland 1816–1847 (geordnet nach Typen)

M 2

Die Tabelle ist ein Versuch, einen Überblick über Unruhen in der Vormärzzeit zu liefern. Unter „Unruhen" versteht der Historiker Richard Tilly „kollektive Ruhestörung mit physischer Gewaltanwendung"; als Quelle benutzte er ausgewählte Zeitungen, insbesondere die „Augsburger Zeitung".

	Studenten[1]) Universität	*Religion[2])*	*Politik[3])*	*Sozioökonomisch[4])*	*Summe*
1816–1829	13	9	4	3	29
1830–1839	13	20	72	28	133
1840–1847	5	17	33	103	158
Summe	31	46	109	134	320

Richard Tilly, Kapital, Staat und sozialer Protest in der deutschen Industrialisierung, Göttingen 1980, S. 154 (gekürzt)

1. *Wie entwickelt sich das Protestverhalten?*
2. *Stellen Sie anhand des Darstellungsteils (Seiten 33 bis 39 und 44/45) Zusammenhänge her mit den politischen Ereignissen zwischen 1816 und 1847.*

---

[1]) Studenten waren entweder Hauptakteure, oder Studenten- bzw. Universitätsangelegenheiten waren Hauptobjekte des Konflikts.
[2]) Religion war, zumindest vorgeblich, Hauptobjekt des Konflikts.
[3]) Der Protest war gegen den Staat mit seinen Organen gerichtet, um politische Änderungen durchzusetzen (Auswechseln eines bestimmten Staatsbeamten, Forderung nach einem neuen Gesetz).
[4]) Gewalttätige Streiks, Brotkrawalle, Maschinenstürmerei . . . massenhaftes gesetzwidriges Betreten von Wäldern und Feldern, Steueraufruhr und Tumulte, die deutlich mit einer bestimmten sozioökonomischen Gruppe verbunden waren, z. B. Angriffe von Armen gegen Reiche.

Die Märzereignisse 1848 und ihre Folgen

Die universale demokratische und soziale Republik. Die Lithographie von Frédéric Sorrieu (um 1848) gilt als eine frühe sinnbildliche Darstellung der internationalen Solidarität.

25. 2. 1848	Sturz des Königs Louis Philippe und Ausrufung der Republik in Frankreich
Ende Februar/ Anfang März	Volksversammlungen mit „Märzforderungen"; die ersten „Märzministerien" werden eingesetzt
13. 3. 1848	Revolution in Wien, Sturz und Flucht Metternichs
18. 3. 1848	Barrikadenkämpfe in Berlin
30. 3. 1848	Das Vorparlament tritt in Frankfurt zusammen
12. 4. 1848	Beginn des ersten republikanischen Umsturzversuchs in Baden
1. 5. 1848	Wahlen zur deutschen Nationalversammlung in Frankfurt und zur preußischen Nationalversammlung in Berlin
18. 5. 1848	Zusammentritt der deutschen Nationalversammlung in der Frankfurter Paulskirche
14. 6. 1848	Der erste Demokratenkongress beginnt in Frankfurt
22. 6. 1848	Anfang des blutig niedergeschlagenen Arbeiteraufstandes in Paris
Juni/Juli	Erste Erfolge Österreichs bei der Niederschlagung nationaler Erhebungen
30. 10. 1848	Sieg der Regierungstruppen bei der Rückeroberung des aufständischen Wien
12. 11. 1848	Ausrufung des Belagerungszustandes in Berlin
5. 12. 1848	Auflösung der preußischen Nationalversammlung; Oktroyierung der ersten preußischen Verfassung

Die „Februarrevolution" in Paris als Anstoß

Die Märzereignisse in Deutschland standen in einem größeren europäischen Zusammenhang. Seit Mitte der Vierzigerjahre mehrten sich überall Zeichen der Unruhe und Instabilität. In Polen wurde 1846 eine nationale Erhebung niedergeschlagen. Dagegen konnte nach erfolgreichen Bürgerkriegen in der Schweiz (1847) und Italien (Anfang 1848) der Liberalismus wieder neues Selbstbewusstsein schöpfen. Ungeheueres Aufsehen erregten vor allem die Vorgänge in Frankreich. Als in Paris Regierungstruppen auf Demonstranten schossen, gingen die Bürger, voran Arbeiter und Studenten, zum Aufstand über. Der König floh nach England, und am 25. Februar 1848 wurde die Zweite Französische Republik proklamiert.

Die Fürsten der Mittel- und Kleinstaaten beugen sich den Märzforderungen

Die Nachrichten aus Paris setzten vor allem in den Mittel- und Kleinstaaten des Deutschen Bundes die lang aufgestaute Erbitterung frei. Anfangs trug die Volksbewegung stark sozialrevolutionären Charakter. Massen protestierender und plündernder Bauern bildeten zunächst im Süden und Westen die tragende Schicht. Sie bedrohten die adeligen Grundherren und trugen zur Verunsicherung der regierenden Kreise bei (⇨ M1). Allerdings nahmen sie auf die weiteren Ereignisse keinen Einfluss, nachdem rasch erlassene Gesetze der Länder die wichtigsten Anliegen der Bauern erfüllt hatten.
In den Städten machte sich das lang aufgestaute Protestpotential aller Schichten in spontanen Protestversammlungen und der Errichtung von Barrikaden Luft. Tatkräftige Männer der Opposition formulierten Resolutionen und Petitionen. Von Südwestdeutschland aus erfasste die Bewegung schnell die Staaten des Deutschen Bundes. In der Mannheimer Volksversammlung vom 27. Februar 1848 wurden politische Ansprüche angemeldet, die als *Märzforderungen* in ähnlicher Form bald überall übernommen wurden. Dazu zählten *Reformen des Wahlrechts,* die *Presse- und Versammlungsfreiheit, Kompetenzerweiterungen der Landtage mit Ministerverantwortlichkeit, Volksbewaffnung* und *Einrichtung von Geschworenengerichten* zur Sicherheit vor willkürlichen, von der Obrigkeit beeinflussten Urteilen. Neben dem Ruf nach der Herstellung oder Verbesserung einzelstaatlicher Verfassungen wurde die Forderung nach *Errichtung eines gesamtdeutschen National- und Verfassungsstaates* laut.
Das Zurückweichen der alten Gewalten wurde begeistert gefeiert. Vor den Thronen selbst machte die Revolution Halt. Ihre Wortführer begnügten sich damit, den Fürsten Zugeständnisse im Sinne der Märzforderungen auf dem Wege der Verständigung abzuringen. Äußeres Zeichen für diesen Erfolg war die Entlassung der alten Minister, an deren Stelle die Monarchen liberale „Märzregierungen" beriefen. Erfolg oder Misserfolg der Revolution mussten jedoch davon abhängen, ob die Kräfte der Erneuerung sich auch in den beiden deutschen Großstaaten Österreich und Preußen durchsetzen würden.

Die Revolution siegt in Wien und Berlin

In Wien protestierten die politisch sehr aktiven Studenten zusammen mit Angehörigen des Bildungsbürgertums, Handwerkern und Bewohnern der überhastet gewachsenen Elendsquartiere in den Wiener Vorstädten seit dem 13. März gegen das vorkonstitutionelle, reformfeindliche Regierungssystem. Angesichts der Plünderungen und Straßenkämpfe wurde Metternich zum Rücktritt gedrängt und floh nach London. Trotz weiterer Zugeständnisse des Hofs radikalisierte sich die Bewegung im Mai und Juni. Wien blieb, geleitet von einem mit Radikalen besetzten „Sicherheitsausschuss", bis in den Herbst hinein in den Händen der Aufständischen.

Neben den Ereignissen in Wien bedrohten gleichzeitig nationale Revolutionen in den Provinzen des Habsburger Vielvölkerstaats die Donaumonarchie in ihrer Existenz. Die Nationalbewegungen in Italien, Ungarn und Böhmen schienen auf dem besten Weg, ihre Forderungen durchzusetzen.

In Berlin kam es am 18. März – wahrscheinlich ausgelöst durch Missverständnisse – zu erbitterten Barrikadenkämpfen zwischen Bürgern und königlichem Heer. Als der preußische Herrscher seine Truppen zurückzog, waren über 230 Tote zu betrauern (⇨ M 2, M 3). Wie in Wien wurde nun eine Bürgerwehr aufgestellt, die Regierung ausgewechselt und nach dem allgemeinen und gleichen Stimmrecht eine preußische Nationalversammlung gewählt. Sie sollte über eine Verfassung für das Land beraten, die der König 1847 noch brüsk abgelehnt hatte. Friedrich Wilhelm IV. verkündete überdies die Bereitschaft Preußens, die „Vereinigung der deutschen Fürsten und Völker" in die Hand zu nehmen.

Die deutsche Nationalversammlung wird gewählt

Schon bevor sich die Monarchen in Wien und Berlin der Revolution fügen mussten, waren erste Schritte zur Herstellung der deutschen Einheit in die Wege geleitet worden. Bereits am 5. März hatten sich 51 Abgeordnete süd- und westdeutscher Ständevertretungen in Heidelberg getroffen und zu einer „Versammlung von Vertrauensmännern aller deutschen Volksstämme" aufgerufen. Dieses 574 Männer zählende *Vorparlament* trat Ende März aus eigener Machtvollkommenheit in Frankfurt zusammen.

Die Mehrheit beschloss, dass eine vom Volk frei zu wählende *Nationalversammlung* über Staatsformen und Verfassung des künftigen deutschen Nationalstaates beraten sollte. Die „Verrechtlichung" der Revolution wurde möglich, weil die inzwischen betont reformfreundlichen Regierungen im Bundestag sowohl der Einberufung der Nationalversammlung wie den vom Vorparlament ausgearbeiteten Wahlvorschriften zustimmten.

Die Wahlen zur Nationalversammlung wurden aufgrund gleichen Stimmrechts für alle „selbstständigen" erwachsenen Männer durchgeführt. Als unselbstständig galt in Preußen, wer Armenunterstützung bezog, in Österreich, wer in einem „Dienstverhältnis" stand, in Bayern alle Einwohner, die keinerlei direkte Staatssteuer zahlten. Im Durchschnitt waren etwa 80 % der

Männer über 20 Jahre stimmberechtigt. Die Wahlbeteiligung lag zwischen 40 % (in Holstein, Sachsen) und 80 % (in Württemberg).
Bei den Wahlen vom 1. Mai 1848 gab es noch keine politischen Parteien. Gewählt wurden 585 Abgeordnete und 227 Stellvertreter, bevorzugt Angehörige des Bildungsbürgertums. Über die Hälfte der Gewählten waren Staatsdiener wie höhere Beamte, Richter und (Hochschul-)Lehrer; auch freie Berufe waren stark repräsentiert, während das Wirtschaftsbürgertum und selbstständige Landwirte nur etwas über 10 % der Gewählten stellten (➪ M 4). Arbeiter waren in der Nationalversammlung nicht vertreten. Die erste frei gewählte gesamtdeutsche Volksvertretung trat am 18. Mai in der Frankfurter *Paulskirche* zusammen.

Konservative und liberale Parteirichtungen in der Paulskirche

Die Anfänge des modernen Parteienwesens in Deutschland sind mit der Geschichte der Nationalversammlung eng verbunden. Abgeordnete ähnlicher Anschauungen fanden sich bald in *Fraktionen* zusammen, die nach den jeweiligen Tagungsorten, verschiedenen Frankfurter Gaststätten, benannt wurden. Schnell bildete sich in der Volksvertretung eine Rechte, eine Linke und ein breites mittleres Zentrum heraus. In den Debatten traten die unterschiedlichen Fronten dadurch deutlicher hervor, und die Arbeit des Parlaments konnte erheblich gestrafft werden.
Die Abgeordneten der konservativen Rechten („Caféhaus Milani") wünschten viele Elemente der alten Ordnung zu bewahren. In dem neuen Gesamtstaat wollten sie die Selbständigkeit der monarchisch regierten Einzelstaaten möglichst wenig eingeschränkt, das föderative Element besonders gesichert wissen.
Die liberale Mitte, das „Zentrum", dem sich die meisten Volksvertreter zugehörig fühlten, bestand aus verschiedenen Gruppierungen. Am stärksten und einflussreichsten waren die gemäßigten Liberalen. Die meisten gehörten der „Casino-Partei" an, welche die stärkste Fraktion des Parlaments bildete. Sie trat für einen Bundesstaat mit starken Kompetenzen der Zentralgewalt ein und plädierte für eine durch Verfassung in ihrer Macht beschränkte

Die zahlenmäßige Stärke der Fraktionen in der Frankfurter Paulskirche (Stand Oktober 1848).

Donnersberg	Deutscher Hof	Westendhall	Württemberger Hof	Augsburger Hof	Landsberg	Casino	Café Milani	bei keiner Fraktion
7 %	8 %	7 %	6 %	7 %	6 %	21 %	6 %	32 %
„Linke"							„Rechte"	
		„linkes Zentrum"		„rechtes Zentrum"				
demokratisch		parlamentarisch-liberal		konstitutionell-liberal			konservativ	

Monarchie. Die Volksvertretung sollte sich auf die Aufgaben der Gesetzgebung beschränken und nicht in die Exekutive eingreifen. Das Wahlrecht sollte Männern mit Bildung oder Besitz vorbehalten bleiben.
Hinter den Vorstellungen der rechten Liberalen verbargen sich auch gesellschaftspolitische Ängste. Sie kämpften zwar für Freiheit und Gleichheit vor dem Gesetz gegen staatliche Repression und Reaktion, befürchteten zugleich aber eine Gefährdung der bürgerlichen Gesellschaftsordnung durch eine revolutionäre Systemveränderung. Genährt wurden solche Ängste durch das erste selbständige Auftreten von lohnabhängigen Unterschichten, wenn diese auch bei weitem noch über kein festgefügtes Klassenbewusstsein verfügten. Sie verfolgten so unterschiedliche Ziele wie Rückkehr zu einer Zunftordnung, Selbsthilfeassoziationen der Arbeiterverbrüderung, Recht auf Arbeit, progressive Einkommensteuern. Nur vereinzelt wurde der Ruf nach einer sozialistischen Umformung der Gesellschaft laut. Der erste große Arbeiteraufstand in Paris im Juni 1848, der Tausende von Menschenleben kostete, verstärkte im Bürgertum die Angst vor der „roten Gefahr".

Demokratische Bewegungen

Anders als die Liberalen propagierten die *Demokraten* im Frankfurter Parlament vorbehaltlos das Prinzip der Volkssouveränität, traten für das allgemeine Männerwahlrecht ein und bekannten sich zum republikanischen Verfassungsideal. Sie hatten auch weniger Scheu vor sozialpolitischen Reformen als die Liberalen.
Die gemäßigten Demokraten („Deutscher Hof") wollten den gesetzlichen Weg auch dann nicht verlassen, wenn sie im Parlament auf keine Mehrheit hoffen konnten. Hingegen strebten die im „Donnersberg" zusammengeschlossenen radikalen Demokraten keinen begrenzten, sondern einen grundsätzlichen sozialen und politischen Wandel an. In der Mobilisierung der Massen sahen sie die Chance zu einer weitergehenden Systemveränderung. Ihre beiden Protagonisten – die Anwälte *Hecker* und *von Struve*[1]) – versuchten noch im April 1848 durch neuerliche revolutionäre Aktionen in Baden einen republikanischen Staat zu errichten. Hier wie anderswo scheiterten jedoch vorschnell inszenierte militärische Unternehmungen der außerparlamentarischen Linken, die sich nur auf eine Minderheit in der deutschen Bevölkerung stützen konnte.
Zur Sammlung ihrer Kräfte entfalteten die Radikalen dennoch beachtliche Aktivitäten. Im Juni 1848 tagte in Frankfurt der erste Demokratenkongress. Mit dem von ihm eingesetzten Zentralausschuss erhob sich über den radikaldemokratischen Ortsvereinen erstmals eine Parteizentrale. Später suchte der *Centralmärzverein* die Ziele der Linken in und außerhalb der Nationalversammlung zu bündeln und den erstarkenden reaktionären Kräften entgegenzustellen.

---

[1]) Friedrich Hecker (1811–1881) und Gustav von Struve (1805–1870) emigrierten nach der gescheiterten Revolution in die USA.

Die Erstürmung der äußeren Barrikade in der Jägerzeile in Wien am 28. Oktober 1848 durch kaiserliche Truppen.

Erfolge der Gegenrevolution im Jahre 1848

Der in weiten Bevölkerungskreisen als entschiedener Gegner der Revolution unbeliebte preußische Prinz *Wilhelm*[1]) hatte nach den Barrikadenkämpfen im März auf Befehl des Königs nach England fliehen müssen. Bereits Anfang Juni kehrte er wieder nach Berlin zurück. Dies zeigt deutlich, wie schnell die alten Machthaber sich inzwischen vom Schock der Märzereignisse erholt hatten. Seit dem Sommer 1848 verbuchte auch der habsburgische Vielvölkerstaat zunehmend Erfolge bei der Niederschlagung nationaler Erhebungen. Ende Oktober gelang der Regierung nach neuerlichen Unruhen und Ausschreitungen die militärische Rückeroberung Wiens – um den Preis von mehreren tausend Toten. Die Gegenrevolution in den deutschen Bundesstaaten erhielt durch diesen Erfolg deutlichen Aufschwung.
In Berlin wurde Anfang November ein neues, streng konservatives Ministerium eingesetzt, der Ausnahmezustand verhängt und Anfang Dezember die mit der Ausarbeitung einer Landesverfassung beschäftigte preußische Nationalversammlung aufgelöst. Friedrich Wilhelm IV. selbst oktroyierte eine Konstitution. Damit war Preußen zwar eine konstitutionelle Monarchie geworden, doch die Verfassung beruhte nicht auf einer Vereinbarung des Königs mit der Volksvertretung, sondern allein auf monarchischer Machtvollkommenheit. Umso stärker richteten sich die Hoffnungen aller Bürger, die an den Idealen der Märztage festhielten, auf die Frankfurter Paulskirche.

---

[1]) Wilhelm von Preußen (1797–1888) übernahm ab 1857 nach und nach die Regentschaft für seinen geistig erkrankten Bruder Friedrich Wilhelm IV. 1861 wurde er König.

M 1

Agrarunruhen in Baden

In vielen Gebieten Süd- und Westdeutschlands kam es in der Anfangsphase der Revolution zu Bauernunruhen. Nachdem die bäuerlichen Anliegen durch Reformgesetze befriedigt worden waren, schied die Landbevölkerung aus der revolutionären Volksbewegung aus.

Aus den standesherrlichen Gemeinden hatten sich Hunderte von Bauern des Schüpfer- und Taubergrundes zusammengerottet. Zuerst ging der Zug zum Rentamte im Tauberbischoffsheim, wo sie die geforderten Akten und Gült- und Zinsbücher ausgeliefert erhielten, und, nach sonstigen Zerstörungen in dem Rentamts-Gebäude und dem Amtsrevisorat, außerhalb der Stadt alles verbrannten. Von da wandte sich der Zug nach Unterschüpf. Die geforderten Bücher und Schriften händigte ihnen der Rentamtmann Bechler gutwillig ein. Ohne weitere Gewalttätigkeiten gegen die Person und das Eigentum dieses grundherrlichen Rechners zogen sie nach Zernichtung der Bücher am 7. März bei hellem Tage wieder ab. Nachts gegen 8 Uhr [. . .] rückte der helle Haufen nach Boxberg. Das Vorspiel bildete ein gegen die Fenster der Rentamts-Wohnung gerichteter Steinregen. [. . .] Der Haufe drängte sich an die Kellerei, erbrach die Türen, stürmte das Haus, drang in das Geschäftszimmer und warf sämtliche Bücher und Papiere zu den Fenstern hinaus.
[. . .] Die in Bewegung gesetzte Zerstörungssucht und Plünderungswut blieb nicht bei ihrem ersten Ziele stehen, und nun wendete sich die Schar gegen das Privateigentum des 75-jährigen Rentamtmanns Herrmann, welcher in friedlicher Zurückgezogenheit 30 Jahre lang dem Rentamte zu Boxberg, vielleicht mit zu großem Eifer für seinen Dienstherrn, vorgestanden hatte. Hier blieb nichts, gar nichts verschont, Fenster und Türen, Schreinwerk, Bilder etc. wurden zerbrochen und fanden mit den Betten, den Kleidern, dem Weißzeug ihren Weg durch die Fenster auf die Straße, in die raubgierigen Hände, welche alles fortschleppten. [. . .] Die wehrlosen Bürger Boxbergs waren außer Stand, Widerstand zu leisten, und mussten ruhig zusehen. Durch Drohung und Gewalt verschafften sich die Plünderer Wägen zum Aufladen der in Säcke gepackten Akten und brachten sie auf die fürstliche Schafwiese zum Verbrennen. Die ganze Nacht hindurch und bis zum anderen Mittag loderte in drei haushohen Säulen das Feuer empor. [. . .] Der im ganzen Amt beliebte und bürgerfreundliche Bezirksamtmann wurde mit aller Artigkeit und unter sicherm Geleite während des Sturmes auf die Seite gebracht, weiter aber gegen seine Person nichts verübt. [. . .] Gegen Mitternacht erzwang die Rotte auf dem Rathaus unter dem Gesange: „Heil unserm Großherzog!“, die Trommel und zog unter den Schlägen des Generalmarsches noch einmal nach Unterschüpf zur Plünderung der Juden, welche aber mit ihren wertvollern Habseligkeiten bereits nach Mergentheim geflüchtet waren. Mehrere Judenwohnungen wurden im Innern vollkommen zerstört.

Karlsruher Zeitung, Nr. 75 vom 16. März 1848

1. *Welcher Mittel bedienten sich die Bauern, um sich von feudalistischen Bindungen, Diensten und Lasten zu lösen?*
2. *Vergleichen Sie die Ziele der Landbevölkerung mit den Märzforderungen des städtischen Bürgertums.*
3. *Zeigen Sie auf, weshalb die Agrarunruhen zu einem Prestigeverlust der konservativen Autoritäten führen konnten.*

M 2

Die März-Gefallenen in Berlin

Im Laufe des Monats März 1848 kamen in Auseinandersetzungen mit dem Militär insgesamt 303 Einwohner ums Leben.

„Arbeitsleute und Proletarier": (Arbeitsmänner, Buchdrucker, Eisenbahnarbeiter, Färber, Kattundrucker, Maschinenarbeiter, Seidenwirker, Weber, Wollsortierer)	52	*„Gebildete Stände":* (1 Regierungsreferendar, 1 Künstler, 1 Kaufmann, 1 Fabrikant, 1 Privatsekretär, 2 Subalternbeamte, 2 Studenten, 1 Rentier, 5 Übrige)	15
Lehrlinge:	13	*Berufslose Frauen:* (Es wurden insgesamt 11 Frauen getötet: 2 Arbeitsfrauen, 2 Dienstmägde, 1 Handarbeiterin, 1 Korbmacher-Ehefrau, 1 Schneiderin, 1 Seidenwirkers-Ehefrau, 1 Tischlergesellenwitwe, 1 Webermeister-Ehefrau, 1 Obersteuerinspektorstochter als Unbeteiligte)	7
Gesellen: (davon 27 Tischler, 15 Schneider, 11 Schuhmacher, 10 Schlosser, 8 Schmiede, 8 Seidenwirker, 7 Buchbinder, 5 Zimmerleute, 4 Maurer, 20 Übrige)	115	*Berufslose Knaben:*	4
Meister:	29	*Nicht Identifizierte:*	33
Diener, Kleinhändler: (Hausknecht, Briefträger, Reitknecht, Handlungsdiener, Kellner, Viktualienhändler)	34	*Identifizierte ohne Berufsangabe:*	1
			303

Wolfram Siemann, Die deutsche Revolution von 1848/49, Frankfurt/Main 1985, S. 69

1. *Aus welchen Schichten und Lebensbereichen stammten die Hauptträger des Kampfes gegen das Militär?*
2. *Welche politische Bedeutung ist der Tatsache zuzumessen, dass sich auf Seiten der Revolutionäre keine Soldaten befanden?*

M 3

Die Atmosphäre in Berlin nach den Barrikadenkämpfen

Die in Ostpreußen geborene Schriftstellerin Fanny Lewald (1811–1889) wurde durch eine Reihe viel gelesener Unterhaltungsromane bekannt. In ihren Veröffentlichungen wurde ihre emanzipatorische, liberale Einstellung deutlich. Unter dem Datum vom 11. April 1848 berichtet sie in ihren Erinnerungen:

Es sind nun fast vierzehn Tage her, dass ich, von Paris zurückgekehrt, hier in Berlin lebe, und noch immer ist mir die veränderte Physiognomie[1]) Berlins eine auffallende Erscheinung. Als wir, in der Nacht zum ersten April durch das Potsdamer Tor einfahrend, an dem Kriegsministerium in der Leipziger
5 Straße vorüberkamen, vor dem, statt des militärischen Ehrenpostens, zwei Studenten mit roten Mützen Wache hielten, die ihre Zigarren rauchten, glaubte ich wirklich zu träumen. Aber wie stieg erst meine Verwunderung, als ich in den nächsten Tagen die Straßen Berlins ohne Militär sah; als keine Gardeoffiziere, bei Kranzler Eis essend, ihre Füße über das Eisengitter des Balkons

[1]) äußere Erscheinung

streckten; als mir alle die Schilder fehlten, welche vor wenig Wochen so stolz mit dem Titel „Hoflieferant" geprangt hatten, und als an allen Ecken unzensierte Zeitungsblätter und Plakate, ja selbst Zigarren verkauft wurden, während sonst das Rauchen auf der Straße bei 2 Taler Strafe verboten und sogar die Inschriften der Leichensteine zensurpflichtig waren.
Verwüstungen durch die Revolution bin ich in der Stadt nicht gewahr worden, soweit sie vom Volke ausgegangen sind, denn die Spuren der Kartätschenkugeln an den Häusern sind nur zu sichtbar. Nur in der Nähe des neuen Tores sind die Artillerievorratshäuser niedergebrannt, und dadurch ist ein sehr beklagenswerter Verlust an Kriegsgerät herbeigeführt worden. Aber nirgends hat sich das Volk gegen die Paläste des Königs oder der Prinzen gewendet, nirgends das Eigentum angetastet; und es ist mir eine Genugtuung, dass sich keine Spur von Rohheit im Volke gezeigt, dass selbst der König in allen Proklamationen den Edelmut und die Mäßigung der Kämpfenden lobpreisend anerkannt hat. Was mir aber, im Hinblick auf Paris, schmerzlich auffiel, das ist der Mangel an Freudigkeit über den Sieg, der fehlende Schwung des Enthusiasmus, die mich in Paris so sehr überraschten. Keine begeisternden Lieder, keine jener siegestrunkenen Zurufe, welche dort von Mund zu Mund gingen und so elektrisch wirkten. [...] Wir haben keinen deutschen Volksgesang, und „es lebe der überwundene Absolutismus" (denn weiter halten wir ja noch nicht) kann man eben nicht rufen. Das aber ist noch nicht das Schlimmste. Was mich beängstigt, ist das Gefühl der Unsicherheit, das ich hier an so vielen Menschen wahrnehme und von dem in Paris keine Spur vorhanden war. [...]
Es ist wahr, die Bürokratie ist höflich geworden, der alte Minister Kamptz, der vieljährige Verfolger der deutschen Burschenschaft, geht mit der dreifarbigen Kokarde am Hute unter den Linden spazieren. Vor dem Palais des Prinzen von Preußen, das als ein Nationaleigentum erklärt ist, halten Studenten Wache, im königlichen Schlosse das Künstlerkorps, die Bürgerwehr hat die übrigen Posten besetzt, und die Sicherheit der Straßen ist vollkommen, auch ohne die Aufsicht der Gendarmerie. Wir haben auch Volksversammlungen, Klubs, an denen sich tüchtige Männer beteiligen, in denen vortreffliche Reden gehalten werden sollen. Männer und Frauen der arbeitenden Stände stehen an den Straßenecken, an den Brunnen, um die angehefteten Plakate zu lesen, fordern Erklärungen und verstehen alles, was man ihnen sagen kann, auf halbem Wege. Die Handwerker, die Gesellen sollen vollkommen in der Zeit, vollkommen auf der Höhe der Ereignisse sein; ein großer und edler Teil der Bevölkerung sieht mit opferfreudiger Begeisterung in die Zukunft – aber der Untertänigkeitsgeist eines absolutistisch regierten Volkes, die Angst vieler Besitzenden vor möglichen Verlusten und der weit verzweigte bürokratische Kastengeist sind damit noch lange nicht überwunden.

Fanny Lewald, Erinnerungen aus dem Jahr 1848, Frankfurt/Main 1969, S. 74 ff.

1. *Beschreiben Sie die Auswirkungen der erfolgreichen Revolution im Alltagsleben Berlins. Welche Personengruppen scheinen politisch besonders aktiv gewesen zu sein?*
2. *Welche positiven Verhaltensweisen erblickt Fanny Lewald bei den Anhängern der Revolution? Was veranlasst sie zu Befürchtungen über die weitere Entwicklung?*

M 4

Berufliche Zusammensetzung der Frankfurter Nationalversammlung

Da neben den Abgeordneten auch Stellvertreter gewählt wurden, die teilweise einberufen wurden, ergab sich insgesamt eine Abgeordnetenzahl von circa 812 Männern. In der Regel beteiligten sich zwischen 400 und 540 Volksvertretern an den Abstimmungen.

Beruf	Anzahl	Summe	Beruf	Anzahl	Summe
Höhere Beamte, Landräte	115		Großkaufleute, Kaufleute	35	
Mittlere Beamte	37		Fabrikanten	14	
Bürgermeister, Kommunalbeamte	21		Verleger, Buchhändler	7	
Richter, Staatsanwälte	110		*Wirtschaftsbürgertum insgesamt:*		*56*
Offiziere	18		*Landwirte (Großgrundbesitzer u. 3 Bauern):*		*46*
Diplomaten	11		*Handwerker insgesamt:*		*4*
Hochschullehrer (49), Gymnasiallehrer	94		*Promovierte ohne Berufsangabe*		*35*
Sonstige Lehrer	30		*Sonstige Berufe*		*3*
Staatsdiener insgesamt:		*436*	*Nicht ermittelt*		*44*
Geistliche		*39*			
Rechtsanwälte, Advokaten	106				
Ärzte	23				
Schriftsteller, Journalisten	20				
Freiberufliche Intelligenz insgesamt:		*149*			
					812

Die Fraktionen wiesen in ihrer sozialen Zusammensetzung gewisse Regelmäßigkeiten auf, die – von rechts bis links besehen – eine wachsende Distanz zu den bestehenden Verfassungen in Deutschland und zum Staatsdienst anzeigten. Auf der Rechten und im rechten Zentrum – bei den Mehrheitsfraktionen – häuften sich höhere Staatsbeamte, Richter und Hochschullehrer; hinzu kamen adelige Grundbesitzer und Großkaufleute; freie Berufe fanden sich hier seltener, im „Casino" etwa nur zu 10 %. Im linken Zentrum („Württemberger Hof" bis „Westendhall") hielten sich freie Berufe und Angehörige der Mittelschichten einerseits, Grundbesitzer, Großkaufleute und höhere Beamte andererseits die Waage. Auf der Linken dominierte mit 40 % im „Deutschen Hof" und 50 % im „Donnersberg" die freiberufliche Intelligenz; zudem fand sich hier mit 30 % ein beträchtlicher Anteil von Abgeordneten der unteren Mittelklasse.

Wolfram Siemann, Die deutsche Revolution von 1848/49, Frankfurt/Main 1985, S. 126 und 130

1. *Die Paulskirche wurde früher gerne als „Professorenparlament" charakterisiert, neuerdings spricht man meist von einem „Beamten"- oder einem „Juristenparlament". Vergleichen Sie die tabellarische Übersicht mit diesen Bezeichnungen. Welche Auffälligkeiten ergeben sich bei einer Analyse einzelner Fraktionen der Paulskirche (siehe Seite 51 f.)?*
2. *Welche Berufsgruppen oder großen Lebensbereiche scheinen Ihnen unterrepräsentiert? Ziehen Sie bei Ihrer Erklärung auch die Liste der Märzgefallenen (M 2, Seite 55) heran.*
3. *Setzen Sie sich mit der Forderung auseinander, eine Volksvertretung solle im Großen und Ganzen ein Abbild der tatsächlich vorhandenen gesellschaftlichen Gruppen und Schichten sein.*

Ergebnisse der Paulskirchenversammlung

29. 6. 1848	Die Nationalversammlung wählt Erzherzog Johann zum „Reichsverweser" (vorläufiges Staatsoberhaupt)
5. 7. 1848	Beginn der Debatte über die Grundrechte des deutschen Volkes
12. 7. 1848	Der Bundestag des Deutschen Bundes überträgt seine Befugnisse auf die provisorische Zentralgewalt
27. 3. 1849	Die Mehrheit der Nationalversammlung beschließt das Erbkaisertum
28. 3. 1849	Die Abgeordneten wählen den preußischen König Friedrich Wilhelm IV. zum Erbkaiser
3. 4. 1849	Der preußische König weist das Angebot der Kaiserkrone zurück
4. 5. 1849	Die Nationalversammlung fordert zur Durchsetzung der Reichsverfassung auf
31. 5. 1849	Die Nationalversammlung beschließt, ihren Sitz nach Stuttgart zu verlegen
18. 6. 1849	Württembergische Truppen sprengen das Rumpfparlament

Die Abgeordneten der deutschen Nationalversammlung in der Frankfurter Paulskirche.

Provisorische Regierung ohne Macht

Als eine ihrer ersten Entscheidungen setzte die Nationalversammlung in einem „kühnen Griff" ohne vorausgehende Vereinbarung mit den Landesfürsten eine provisorische Regierung ein. Zum vorläufigen Reichsoberhaupt wurde *Erzherzog Johann von Österreich*[1]) gewählt. Die Versammlung des Deutschen Bundes übertrug ihm ihre Kompetenzen und stellte ihre Tätigkeit ein.
Jedoch führte die neue Zentralgewalt eher ein Schattendasein. Mit Ausnahme der USA wurde sie von keiner Großmacht diplomatisch anerkannt. Auch fehlten ihr eigene Einnahmen, ein eigener Verwaltungsapparat und eigenes Militär. Als deshalb die Nationalversammlung den um ihre Unabhängigkeit kämpfenden schleswig-holsteinischen Ständen zu Hilfe eilen wollte, konnten nur Truppen der Bundesländer den „Bundeskrieg" gegen Dänemark führen. Den Oberbefehl übernahm Preußen. England und Russland waren jedoch nicht bereit, die Aufnahme Schleswigs in einen deutschen Nationalstaat hinzunehmen. Als ein europäischer Konflikt drohte, schloss Preußen eigenmächtig einen Waffenstillstand ab, den die provisorische Regierung und das Parlament in Frankfurt letztlich ohnmächtig akzeptieren mussten.
Die nationale Begeisterung in der Bevölkerung war tief verletzt. Hinzu kam die Enttäuschung bei den Unterschichten über die ungelöste „soziale Frage". Gegen die in Frankfurt ausbrechenden Tumulte setzte die Regierung Militär ein – bei den Kämpfen verloren 80 Menschen ihr Leben (18. September 1848).

Die Grundrechte des deutschen Volkes

Nach dem Zusammentritt der Nationalversammlung standen zunächst die Grundrechte im Mittelpunkt der Beratungen – eine Konsequenz aus den Erfahrungen der Rechtsunsicherheit in der Epoche des Vormärz. Trotz aller sonstigen Meinungsunterschiede herrschte hier weitgehend Einigkeit. Festgelegt wurden die Freiheit der Person und damit das Ende von Untertänigkeit und Hörigkeit, der Zugang zu allen Ämtern, gleiche Wehrpflicht, die Freiheit der Vereinsbildung und der politischen Versammlung, die Freiheit von Lehre und Forschung, die Freiheit der Presse, das Beschwerderecht jedes Staatsbürgers, der Schutz vor willkürlicher Enteignung usw. Die Kirche verlor die bisher ausgeübte Schulaufsicht und behielt nur die Regelung des Religionsunterrichts. Der Grundrechtskatalog der Paulskirche diente auch späteren deutschen Verfassungen als Vorbild.

Wo sollen Deutschlands Grenzen verlaufen?

Die Entscheidung über die Grenzen des neu zu gründenden Staates war zugleich eine Entscheidung über die Zukunft Österreichs. Im Herbst 1848 beschloss die Paulskirche zunächst die *„großdeutsche Lösung"*. Danach sollten die vorher zum Deutschen Bund gehörigen deutschen und böhmischen

[1]) Johann von Österreich (1782–1859), Sohn Kaiser Leopolds II., galt wegen seiner Ehe mit einer Posthalterstochter als bürgernah. Er trat im Dezember 1849 als Reichsverweser zurück.

Länder Österreichs in den neuen Staat aufgenommen werden, nicht aber der riesige Restteil des Vielvölkerstaates. Damit wäre Österreich aber staatsrechtlich zerfallen. Die zu Deutschland und die nicht zu Deutschland gehörenden Gebiete der Donaumonarchie wären nur noch im Rahmen einer Personalunion miteinander verbunden geblieben. Wie zu erwarten war, lehnte Österreich diesen Plan ab, der das Selbstverständnis des Habsburger Reiches so radikal infrage stellte.
Deshalb erwog das Frankfurter Parlament die Bildung eines (klein-)deutschen Bundesstaats ohne Einschluss österreichischer Gebiete *(„engerer Bund")*, der in einem Staatenbund völkerrechtlich mit der österreichischen Gesamtmonarchie verbunden sein sollte *(„weiterer Bund")*. Österreich jedoch wollte weder sein Reich teilen noch auf seine Stellung als führende deutsche Bundesmacht verzichten. Es verlangte im Frühjahr 1849 die uneingeschränkte Zugehörigkeit des gesamten Habsburger Reiches zu einem föderativ organisierten deutschen Staatenbund, der 70 Millionen Einwohner umfasst hätte, davon 38 Millionen Angehörige der Donaumonarchie.
Daraufhin stimmte eine Mehrheit der Abgeordneten der *„kleindeutschen"* Nationalstaatsbildung zu und nahm damit – überwiegend widerwillig – die Trennung von den Deutsch-Österreichern und die nunmehr unausbleibliche Führungsrolle Preußens im neuen Staat hin (⇨ M 1).

Die Entscheidung über das Reichsoberhaupt

Die Mehrheit in der Nationalversammlung und in der Bevölkerung wollte für das künftige deutsche Reich einen „Kaiser der Deutschen" als Staatsoberhaupt. Diese Würde sollte einem regierenden Fürsten – damit war der preußische Hohenzollernkönig gemeint – zufallen. Mit nur vier Stimmen Mehrheit wurde schließlich auch beschlossen, die Kaiserwürde erblich zu machen, d. h. auf ein „Wahlkaisertum" und damit einen künftigen Wechsel im Herrscherhaus zu verzichten.
Die Verfassungsbeschlüsse der Paulskirche und die anschließend vollzogene Wahl des Preußenkönigs Friedrich Wilhelm zum ersten Kaiser am 28. März 1849 machten deutlich, dass das vorgesehene Hohenzollern'sche Erbkaisertum seine Legitimation und seinen Ursprung einer Entscheidung der souveränen Nation verdankte.

Unitarische und föderative Elemente der Reichsverfassung

Während im Deutschen Bund die Souveränität der Einzelländer weitgehend erhalten geblieben war, sollte im neu zu gründenden Bundesstaat der „unitarische" Charakter besonders betont werden, das heißt, der Gesamtstaat sollte starke Kompetenzen erhalten.
Das Reich allein war zuständig für die Außenpolitik, Gesetzgebung und Organisation von Heer und Marine, Schifffahrt, Post, Eisenbahn, Zoll, Münz-, Maß- und Gewichtswesen. Den Ländern verblieben die übrigen, nicht vom Reich beanspruchten Gesetzgebungsgegenstände.

Nach dem Vorbild der USA (siehe Seiten 165 ff.) sollte das föderalistische Element zudem durch ein Zweikammersystem in der Legislative mitberücksichtigt werden. Der Reichstag bestand aus zwei Kammern, dem *Staatenhaus* und dem *Volkshaus.* Im Staatenhaus konnten die Einzelstaaten ihre föderalistischen Interessen vertreten. 168 Mitglieder wurden je zur Hälfte von den Regierungen und den Länderparlamenten bestimmt. Politisch wichtiger als diese Länderkammer war das Volkshaus, das die Gesamtnation repräsentierte.

Das konstitutionelle Regierungssystem im Verfassungsentwurf von 1849

Der Verfassungsentwurf der Paulskirche sah die konstitutionelle Monarchie vor. Der Kaiser ernannte die Reichsregierung. Seine Entscheidungen bedurften allerdings der Gegenzeichnung durch ein Regierungsmitglied, das der Volksvertretung gegenüber die Verantwortung übernahm und bei einem Gesetzesverstoß angeklagt werden konnte.
Der Reichstag besaß das Gesetzgebungs- und das für die Kontrolle der Exekutive wichtige Budgetrecht. Staatshaushalt und alle Gesetze kamen nur dann zustande, wenn eine Mehrheit in beiden Kammern zustimmte. Die Gesetzesinitiative besaßen Volkshaus, Staatenhaus und Kaiser. Dieser hatte gegenüber Reichstagsbeschlüssen nur ein *suspensives (aufschiebendes) Veto;* in zwei neuen Sitzungsperioden konnte der Reichstag allerdings seinen Beschluss wiederholen und rechtskräftig machen. Mit dem Recht, das Volkshaus vorzeitig aufzulösen, hielt der Kaiser aber ein politisches Druckmittel gegenüber dem Parlament in der Hand. (⇨ M 2)

Ein Tauschgeschäft beendet den Streit um das Wahlrecht

Die vehement geführte Diskussion um das Wahlrecht galt der Frage nach dem demokratischen Charakter der künftigen Reichsverfassung (⇨ M 3). Die liberale Mehrheit der Paulskirche wollte ursprünglich alle wirtschaftlich Unselbständigen, also Gesellen, Knechte, Arbeiter und Tagelöhner, vom Wahlrecht ausschließen. Neben der in erster Linie wirksamen Angst vor der „roten Gefahr" spielte hierbei auch die Sorge eine Rolle, die zahlenmäßig ungeheuer starken unterbäuerlichen Schichten könnten insbesondere in den Gebieten östlich der Elbe von den monarchisch-reaktionär eingestellten Gutsherren zur Unterstützung konservativer Kandidaten veranlasst werden. Um genügend Stimmen für das Erbkaisertum aus den Reihen der Linken zu erhalten, waren die gemäßigten Liberalen des rechten Zentrums jedoch zu einem Tauschgeschäft bereit und stimmten mit den Demokraten für die allgemeine, gleiche und geheime Wahl der künftigen gesamtdeutschen Volksvertretung.
Das Werk der Paulskirche ging aus einem Kompromiss unterschiedlicher politischer Interessen, unitarischer und föderalistischer, monarchischer und demokratischer Bestrebungen hervor. Der für seine Zeit fortschrittliche Entwurf steht am Beginn der schwarz-rot-goldenen Verfassungstradition des deutschen Volkes.

Das Verfassungswerk der Paulskirche scheitert

Als das Frankfurter Parlament seine Verfassung verabschiedete, hatten sich die alten Mächte wieder konsolidiert. Die wichtigsten deutschen Staaten (Österreich, Preußen, Bayern und Sachsen) beharrten darauf, dass nur eine mit den fürstlichen Regierungen vereinbarte Verfassung Gültigkeit beanspruchen könne, und erkannten die Paulskirchenbeschlüsse nicht an. So überraschte es nicht, als der preußische König die Annahme der deutschen Kaiserkrone aus den Händen des Volkes zurückwies (3. April 1849). Der deutsche Nationalstaat, den die gewählten Vertreter des deutschen Volkes nach mühseligen Debatten und Abstimmungskompromissen geschaffen hatten, war gescheitert (⇨ M 4).
Noch einmal flammte Empörung auf. Am 4. Mai 1849 appellierte die Nationalversammlung an Regierungen, Parlamente, Gemeinden und „das gesamte Volk", endlich die Verfassung „zur Anerkennung und Geltung zu bringen". In öffentlichen Versammlungen legten Bürger demonstrativ den Eid auf die Verfassung ab. Widerstand leisteten vor allem die Demokraten. In mehreren revolutionären Zentren (Sachsen, Pfalz, Baden) kam es zu Volkserhebungen, in denen sich politische mit sozialen Zielen mischten. In Baden stellten sich sogar fast die ganze Armee und Verwaltung auf die Seite der Revolutionsregierung. Aber noch im Juni und Juli wurde dieser letzte, vor allem von der Linken getragene Aufstand mit Hilfe preußischer Truppen niedergeschlagen. Die Aufständischen fielen Massenerschießungen oder Standgerichten zum Opfer, mussten sich vor Gericht verantworten oder ins Exil gehen. Inzwischen hatte auch die Nationalversammlung zu bestehen aufgehört. Viele Regierungen hatten die Abgeordneten zurückbeordert, nur noch ein „Rumpfparlament" aus fast durchweg linken Abgeordneten tagte zunächst noch in Stuttgart weiter, wurde aber am 18. Juni 1849 durch Militär auseinandergejagt.

Ursachen des Scheiterns der Revolution

Die Historiker sind sich einig, dass das Zusammenwirken mehrerer Ursachen die Revolution scheitern ließ. Unterschiedlich wird allerdings das Gewicht der einzelnen Faktoren bewertet.
1. Ein besonderes Problem bedeutete die *deutsche Vielstaaterei.* Anders als in Frankreich, wo die Metropole Paris zentraler Ort des revolutionären Geschehens war, fehlte eine Hauptstadt, in der ein schneller Sieg die Revolution entscheiden konnte. Der staatlichen Vielfalt des Deutschen Bundes entsprach eine Vielzahl von Schauplätzen mit oft sehr unterschiedlichem Entwicklungsstand.
2. Die *Festsetzung der Grenzen eines Nationalstaats* stellte die deutsche Einheitsbewegung vor kaum lösbare Probleme. Der Plan eines „kleindeutschen" Reichs scheiterte schließlich sowohl am monarchistischen Legitimitätsdenken des preußischen Königs als auch an der mangelnden Bereitschaft Österreichs, seinen führenden Einfluss in Deutschland aufzugeben.

3. Nach ersten Erfolgen brach die bis dahin zusammenwirkende Oppositionsfront bald auseinander. Die einzelnen gesellschaftlichen Gruppen (Bauern, Arbeiter und Gesellen, Kleinbürgertum und Großbürgertum) hatten *gänzlich verschiedene Interessen* und ließen sich auf Dauer nicht zu einer gemeinsamen „Allianz" zusammenschließen. Zudem spalteten die unterschiedlichen Ziele der gemäßigten Liberalen und der Demokraten das Lager der aktivsten Bewegungskräfte.
4. Verschiedene, *gänzlich unterschiedliche Modernisierungsvorhaben* überforderten die Revolutionsbewegung. Das Vorhaben, (1.) die nationale Einheit auf parlamentarischem Weg zu schaffen, (2.) eine freiheitliche Verfassung auszuarbeiten und (3.) die gesellschaftliche Ordnung neu zu gestalten, kostete wertvolle Zeit, die der Gegenrevolution zur Sammlung ihrer Kräfte zugute kam.
5. Es gelang nicht, die *Dynastien in den Ländern entscheidend zu schwächen,* weil das Gros der Beamten in Verwaltung und Justiz sich loyal verhielt und vor allem die Armeen fast überall ein zuverlässiges, ganz entscheidendes Instrument in den Händen ihrer Landesherren blieben. Auch stemmten sich die Vertreter des konservativen Lagers keineswegs prinzipiell gegen alle Modernisierungswünsche und kamen mit zum Teil weitgehenden Reformen den Forderungen der Revolution entgegen.

War alles umsonst?

Anstelle der vom Volk gewünschten deutschen Volksvertretung und einer neuen Zentralregierung trat schließlich im September 1850 wieder der Gesandtenkongress des Deutschen Bundes zusammen. Es konnte so scheinen, „als sei nichts geschehen". Es begann die Zeit der *Reaktion* mit schikanösen Unterdrückungsmaßnahmen. In den Bundesstaaten wurden viele „Märzzugeständnisse" rückgängig gemacht, fast alle politischen Vereine wurden verboten. 1851 hob der Bundestag die von der Paulskirche verabschiedeten Grundrechte wieder auf.
Dennoch hatten zahlreiche Errungenschaften der Jahre 1848/49 Bestand. Abgesehen von Österreich wurde der überall durchgesetzte Verfassungsstaat in keinem Land des Deutschen Bundes wieder beseitigt. Die Zensur, ein für den Vormärz typisches Mittel der Unterdrückung, blieb aufgehoben. Nicht mehr infrage gestellt wurden auch entscheidende gesellschaftspolitische Weichenstellungen. Dazu gehörten die Bauernbefreiung, das Ende der adeligen Patrimonialgerichtsbarkeit, überhaupt das Ende der rechtlichen Sonderstellung des Adels. Im Obrigkeitsstaat wuchs das Bewusstsein von der Notwendigkeit sozialer Reformen. Neuerungen in der Gewerbeordnung überdauerten die Zeit der Reaktion; in der Rechtspflege gab es wichtige Fortschritte. Auf lange Sicht bedeutsam blieb, dass 1848 das politische Bewusstsein breiter Bevölkerungskreise geweckt worden war.

M 1

Welche Gebiete soll der neue Staat umfassen?

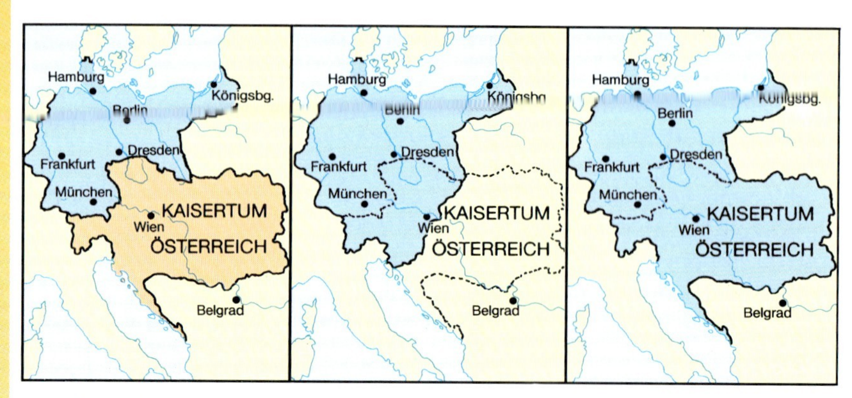

Kleindeutsche Lösung

Großdeutsche Lösung

Großösterreichische Lösung („70-Millionen-Reich“)

Erörtern Sie die Vor- und Nachteile der drei zur Diskussion stehenden Lösungen. Denken Sie dabei sowohl an das Ziel der Paulskirche als auch an die Interessen Österreichs.

M 2

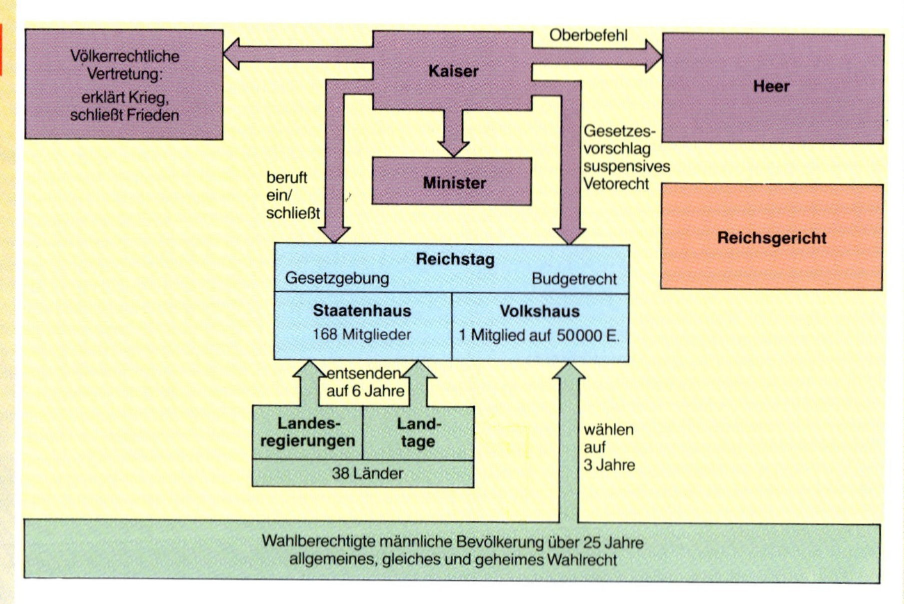

Geplante Verfassung der Paulskirche.
Ursprünglich waren für das Staatenhaus 192 Mitglieder vorgesehen. Wegen des Rückzugs der österreichischen Abgeordneten verringerte sich die Zahl auf 168 Mitglieder.

Bestimmen Sie die Rechte und Einflussmöglichkeiten von Kaiser, Landesregierungen und Volk. Vergleichen Sie mit der Bundesakte von 1815 und mit dem Grundgesetz der Bundesrepublik.

M 3

Aus der Wahlrechtsdebatte der Paulskirche vom Februar 1849

Zu den wichtigsten Debatten in der Paulskirche gehörten die Auseinandersetzungen um das Wahlrecht. Die politischen Vorstellungen der Abgeordneten wurden hier besonders deutlich. Die Abgeordneten der äußersten Rechten (Café Milani) beteiligten sich nicht an der Debatte.

Der Regierungsrat Dr. August Hermann Ziegert (1810–1882) gehörte der Fraktion des „Württemberger Hofs" an.

Und wir, die von der Nation ernannten Gesetzgeber, sollten [. . .] das wichtigste politische Recht an den Besitz, an eine Zufälligkeit knüpfen, statt an den Menschen, an das heilige und geweihte Ebenbild Gottes? Das hieße die deutsche Revolution von 1848 verleugnen, das wäre ein Verrat an unseren Kommittenten[1]), die uns in unbeschränkter Wahl hierher entsandt haben! [. . .] Meine Herren! Kommen Sie uns nicht mit der Behauptung der politischen Unreife, welche auf den früheren Satz des alten Polizeistaates vom beschränkten Untertanenverstande hinausläuft. Ich meine die sogenannten unteren Klassen, welche die Bewegungen des vorigen Jahres mit durchgemacht haben, die zur Verbesserung der jetzigen Zustände mit Hand angelegt und auch in dieser Zeit ebenso den Lockungen der Demagogen als den Verführungen der Reaktion Widerstand geleistet haben, welche in dem Versammlungsrecht, in der freien Presse, im freien Gemeinwesen und in der Öffentlichkeit des Staatslebens die Mittel zur weiteren Ausbildung besitzen, sind nicht mehr politisch unreif zu nennen. [. . .] Ich glaube endlich auch, dass die einzelnen Staaten kein Anerkenntnis dieser politischen Unreife abgeben, wenn sie Fabrikarbeiter und Handwerksgehilfen zu Konferenzen und Beratungen über neue Gewerbegesetze herbeiziehen und den untern Volksklassen sonst die wichtigsten Rechte und Pflichten, ja sogar die Verteidigung des Vaterlandes, anvertrauen.

Stenographischer Bericht über die Verhandlungen der deutschen constituierenden Nationalversammlung zu Frankfurt a. M., 1849, Band VII, S. 5234 f.

Der Buchhändler Friedrich Daniel Bassermann (1811–1855) gehörte der rechtsliberalen „Casino"-Fraktion an. Vom August 1848 bis zum Mai 1849 war er Staatssekretär im Reichsinnenministerium.

Wer sich aber ein Besitztum durch Fleiß errungen, und es seinen Kindern erhalten wissen will, der hat ein Interesse daran, dass die Zukunft seines Vaterlandes durch weise Gesetze gesichert sei. Wenn Sie aber in die Volksvertretung diejenigen Klassen rufen, welche ohne alles Besitztum kein Interesse der Familienfortdauer, kein Interesse an der Zukunft haben, vielmehr sich den sozialistischen Lehren des bloß tierischen, augenblicklichen Genießens hingeben, dann, meine Herren, stürzen Sie auch den Staat um, der ja alleine auf dem Begriffe der Zukunft beruht. (Bravo auf der Rechten, Gelächter auf der Linken.) [. . .]
Meine Herren! Wenn Sie das Wahlrecht an irgendeinen Besitz, und sei es ein kleiner nur, binden, dann erst werden Sie am besten beruhigend auf die Arbeiterklassen wirken, indem diese dann, wenn sie wirklich einen Wert auf ein politisches Recht legen, durch Fleiß und Tätigkeit einen Besitz zu erlangen suchen werden, der sie zur Ausübung des Stimmrechts befähigt.

Stenographischer Bericht, a. a. O., S. 5252

---

[1]) Auftraggebern

Professor Bruno Hildebrand (1812–1878), ein bedeutender Nationalökonom, gehörte der linken Mitte an (Fraktion „Westendhall").

Meine Herren, ich komme noch auf einen andern Punkt, auf die Furcht vor den Stürmen der Zukunft, vor den politischen Schwankungen, welche unserer Staatswelt aus der Wahlberechtigung der unteren Schichten erwachsen sollen. Man hat hierbei getan, als ob es sich darum handle, dass die niederen Arbeiterklassen die herrschenden im Staate werden sollten; es handelt sich aber hier lediglich um den Mitgenuss eines politischen Rechts, darum, dass sie vor dem Stimmrecht bei der Wahl nicht ausgeschlossen sind, sondern dadurch ebenso viel Recht haben, als die besitzenden und sogenannten höheren intelligenten Klassen der Gesellschaft. Aber, meine Herren, was schützt wohl mehr das Bestehen eines Staates als das allseitige Interesse für denselben? Gerade dadurch, dass Sie die niederen Volksschichten zur Wahl zulassen, dadurch erziehen Sie in ihnen die Liebe zum Staate, dadurch wecken Sie in ihnen ein lebendiges Interesse für das Gemeinwesen [. . .]. Schließen Sie die unteren Klassen der Gesellschaft aus, so schaffen Sie ebenso viel Feinde des Staates, als Sie Personen ausschließen, zumal da Sie ihnen nicht etwa ein neues Recht vorenthalten, sondern ein bereits erworbenes entziehen. [. . .]

Der absolute Staat, an dem das Volk keinen Teil hatte, hat seine Entwicklung bisher unmöglich gemacht. Bewirken Sie, meine Herren, dass in unserem Vaterlande die große Masse des Volkes an der Verfassung Teil behält, dann wird das Wahlrecht eine politische und sittliche Schule auch für die unteren Volksklassen werden, in der sie zu tüchtigen Staatsbürgern heranreifen.

Stenographischer Bericht, a.a.O., S. 5286 f.

Professor Johann Ludwig Tellkampf (1808–1876) wurde zum liberalen „Württemberger Hof" gezählt.

Das Wahlgesetz, meine Herren, die eigentliche *Machtfrage* oder die Frage, wer soll *herrschen* unter der neuen Verfassung? Sie ist mithin ebenso inhaltsschwer, ja fast wichtiger als die Oberhauptfrage. Denn das Oberhaupt eines konstitutionellen Staates übt bekanntlich weniger Gewalt als die Volksvertretung. Die Majorität der Volksvertretung *herrscht*, und diese Majorität hängt ab von dem Wesen und Ergebnissen des Wahlgesetzes. Es ist nun zu berücksichtigen, dass, wie in jedem Lande, so auch in Deutschland, die Mehrzahl der Bevölkerung aus den ärmeren Klassen besteht. [. . .]

Wird die Vertretung allein nach dem Zahlenverhältnis bestimmt, so ist es klar, dass die Interessen der Minderzahl aller übrigen Staatsbürger ausschließlich von der größeren Zahl der ärmeren Klassen abhängen würden. Keine andere Klasse von Personen würde, wenigstens in bewegten Zeiten, Einfluss bei den parlamentarischen Verhandlungen haben. Die Mehrzahl der ärmeren Klasse könnte dann auf Unkosten der Reichen alle Arten von öffentlichen Arbeiten beschließen und sich Beschäftigung votieren. Eine so eingerichtete Vertretung würde dieselben praktischen Folgen haben, als wenn man bestimmte, dass jeder Mann, dessen Einkommen eine gewisse Höhe überschritte, von der Wahlberechtigung ausgeschlossen sein sollte. Es könnte den Wohlhabenderen dann gleichgültig sein, ob ihnen das Wahlrecht gänzlich entzogen wäre, oder ob sie bestimmt wären, bei jeder Wahl eine hoffnungslose Minorität zu bilden.

Stenographischer Bericht, a.a.O., S. 5304

1. *Welche Argumente werden für bzw. gegen das allgemeine Wahlrecht in die Debatte eingebracht?*
2. *Welche der vorgetragenen Argumente schätzen Sie als besonders wirksam ein?*
3. *Diskutieren Sie die These Tellkampfs, dass die Volksvertretung in einem konstitutionellen Staat mehr Macht besitze als das Oberhaupt.*

Die Ablehnung der Kaiserkrone durch den preußischen König

M 4

Erklärung des preußischen Königs Friedrich Wilhelm IV. gegenüber der Abordnung des Paulskirchen-Parlaments, die ihm, entsprechend der von der Nationalversammlung verabschiedeten Reichsverfassung, die Kaiserwürde anbot (3. 4. 1849):

Ich bin bereit, durch die Tat zu beweisen, dass die Männer sich nicht geirrt haben, welche ihre Zuversicht auf Meine Hingebung, auf Meine Treue, auf Meine Liebe zum gemeinsamen deutschen Vaterlande stützen.
Aber, Meine Herren, Ich würde Ihr Vertrauen nicht rechtfertigen, Ich würde
5 dem Sinne des deutschen Volkes nicht entsprechen, Ich würde Deutschlands Einheit nicht aufrichten, wollte Ich, mit Verletzung heiliger Rechte und Meiner früheren ausdrücklichen und feierlichen Versicherungen, ohne das freie Einverständnis der gekrönten Häupter, der Fürsten und freien Städte Deutschlands, eine Entschließung fassen, welche für sie und für die von ih-
10 nen regierten deutschen Stämme die entschiedensten Folgen haben muss.
An den Regierungen der einzelnen deutschen Staaten wird es daher jetzt sein, in gemeinsamer Beratung zu prüfen, ob die Verfassung dem Einzelnen, wie dem Ganzen frommt, ob die Mir zugedachten Rechte Mich in den Stand setzen würden, mit starker Hand, wie ein solcher Beruf es von Mir fordert,
15 die Geschicke des großen deutschen Vaterlandes zu leiten und die Hoffnungen seiner Völker zu erfüllen.
Dessen möge Deutschland aber gewiss sein, und das, Meine Herren, verkündigen Sie in allen seinen Gauen: Bedarf es des preußischen Schildes und Schwertes gegen äußere oder innere Feinde, so werde Ich auch ohne Ruf
20 nicht fehlen. Ich werde dann getrost den Weg Meines Hauses und Meines Volkes gehen, den Weg der deutschen Ehre und Treue!

Ernst Rudolf Huber (Hrsg.), Dokumente zur deutschen Verfassungsgeschichte, Band 1, Stuttgart, 3. Auflage 1978, S. 405 f.

1. *Dem preußischen Gesandten in London, Karl Josias Bunsen, gab Friedrich Wilhelm IV. in einem vertraulichen Schreiben folgende Deutung seiner Ansprache: „Des Bescheides Sinn ist: Ich kann Euch weder ja noch nein antworten. Man nimmt nur an und schlägt nur aus eine Sache, die geboten werden kann, – und Ihr da, habt gar nichts zu bieten: Das mach' ich mit meinesgleichen ab; jedoch zum Abschied die Wahrheit: Gegen Demokraten helfen nur Soldaten; adieu!" Verdeutlichen Sie mit Hilfe dieser „Kurzinterpretation" die hintergründige Bedeutung mancher Formulierungen aus der offiziellen Erklärung des Königs.*
2. *Welche Bestimmungen der Reichsverfassung von 1849 könnten Ihrer Ansicht nach dem preußischen König Anlass zu der Frage gegeben haben, „ob die Mir zugedachten Rechte Mich in den Stand setzen würden, mit starker Hand . . . die Geschicke des großen deutschen Vaterlandes zu leiten" (siehe Seiten 60 ff.)?*

Die Industrielle Revolution in den Ländern des Deutschen Bundes

Die Entwicklung der Friedrich Krupp Gussstahlfabrik in Essen während der Jahre 1818 – 1852 – 1912.

„Industrielle Revolution" und „Industrialisierung" im 19. Jahrhundert: Den Begriff *„Industrielle Revolution"* formulierte die Geschichtswissenschaft ursprünglich in Parallele zu den politischen Revolutionen zwischen der zweiten Hälfte des 18. und der Mitte des 19. Jahrhunderts. Weil damals politische und wirtschaftliche Umbrüche einander überlagerten, sprechen Historiker heute auch von der „Doppelrevolution" (z. B. 1848 in Deutschland).
Der technische Fortschritt nahm seinen Anfang in der zweiten Hälfte des 18. Jahrhunderts zunächst in England. Vor allem die Dampfmaschine als Instrument für Energiegewinnung in bislang ungekanntem Ausmaß wurde zum Symbol der frühen Industrialisierung schlechthin. Von England ausgehend, erfasste die Industrielle Revolution – von West nach Ost – die Länder Europas und schließlich weite Regionen der ganzen Welt (◊ M 1). „Revolutionär" war der Vorgang zweifellos; nichts hat die Lebensumstände so verändert, seit der Mensch der Vorzeit sesshaft geworden war. Gleichwohl standen ältere Erwerbsformen noch längere Zeit neben den neuen, ja überlebten oft in gewandelter Funktion (wie etwa das Handwerk neben dem Fabrikwesen).
Den Prozesscharakter der Industriellen Revolution betont der Begriff *Industrialisierung*, die wiederum in verschiedene Phasen unterteilt wird: eine verhaltene Anlaufphase *(Frühindustrialisierung)*, eine drastisch ansteigende Expansionsphase (*take-off*; in Deutschland in den 1840er-Jahren einsetzend), die in die Phase der *Hochindustrialisierung* mündet und bis zum Ersten Weltkrieg andauert.
Kennzeichnend für die neue industrielle *Wirtschaftsstruktur* sind:
- *technische Neuerungen*, vor allem der Ersatz menschlicher und tierischer Arbeitskraft durch Maschinen;
- massenhafte Nutzung neuer bzw. bisher wenig verwendeter *Energieträger* sowie Roh- und Werkstoffe (vor allem Steinkohle und Eisen);
- Ausbreitung des *Fabriksystems* mit seiner arbeitsteiligen Produktion;
- frei vereinbarte *Lohnarbeit* als Erwerbsform bei der Mehrheit der Bevölkerung;
- ausschlaggebende Bedeutung des industriellen *Kapitals* für das Wachstum der Wirtschaft.

Die Veränderungen der Arbeitswelt waren nicht ohne tief greifende gesellschaftliche Reformen denkbar. Auch diese entfalteten ihre Wirkung jedoch nicht von heute auf morgen, sondern erst im Verlauf von Jahrzehnten.
Im Ergebnis löste die Industrialisierung ein steigendes *wirtschaftliches Wachstum* aus, das unter den technischen und arbeitsorganisatorischen, den demographischen und gesellschaftlich-sozialen Verhältnissen der vorangegangenen Epoche nicht möglich gewesen wäre.

„Industrielle Revolution" und „Industrialisierung" im 20. Jahrhundert: Die Bevölkerungsexplosion im Europa des 19. Jahrhunderts konnte nur stattfinden, weil – neben bescheidenen medizinischen Fortschritten – der Übergang zur Industrialisierung gelang. Dies lehrt gerade der vergleichende Blick zwischen dem damaligen Europa und der kritischen Wirtschafts- und Bevölkerungssituation in Regionen der Dritten Welt heute. Die Frage freilich, inwieweit „Industrialisierung" ein übertragbares Entwicklungsmodell für andere Weltregionen sein kann, wird kontrovers beurteilt.
Seit geraumer Zeit sprechen wir bereits von einer „Zweiten" oder gar „Dritten Industriellen Revolution", die mit Automatisierung und Atomkraft bzw. mit der rapiden Entwicklung in der Mikroelektronik verknüpft werden. Diese Innovationen trugen das wirtschaftliche Wachstum weiter. In neuerer Zeit drängt sich jedoch immer mehr die Frage nach den „Grenzen des Wachstums" auf (*Club of Rome*). Zum einen deshalb, weil die Erde nur über begrenzte, fossile Energiereserven verfügt. Zum anderen wird das industrielle System wegen der von ihm hervorgerufenen ökologischen Probleme (wie Treibhauseffekt und Ozonloch) infrage gestellt. Die lange Zeit als Alternative geltende Kernkraft steht dabei ebenfalls im Kreuzfeuer der Diskussionen.
Gefordert wird heute vielfach, an die Stelle eines quantitativen Begriffes von wirtschaftlichem Wachstum, also anstelle von Produktionssteigerung, einen Wirtschaftsbegriff zu setzen, der qualitativ verbesserte Zukunftschancen für das Leben auf der Erde schafft. In welchem Maße ein quantitativ verringertes Konsumverhalten dafür unumgänglich sein wird, bleibt abzuwarten. Ob wir somit am Übergang zum „postindustriellen" Zeitalter stehen und wie die Menschheit dieses gestalten könnte, stellt eine der Kernfragen unserer Zeit dar.

Die Rolle des Staates bei der Industrialisierung

Als Begründer der liberalen Wirtschaftstheorie wie überhaupt der klassischen Nationalökonomie gilt der Schotte *Adam Smith* (1729–1790). Ihm zufolge führt das Gewinnstreben des Einzelnen zu vernünftigen wirtschaftlichen Entscheidungen und dient deshalb dem Gemeinwohl am besten. Der Staat dürfe deshalb in die freie wirtschaftliche Betätigung seiner Bürger nicht eingreifen, sondern müsse sich auf die Schaffung günstiger Rahmenbedingungen beschränken. In Deutschland beschritt allen voran Preußen erfolgreich diesen Weg der wirtschaftlichen Liberalisierung, so etwa bei der Verwirklichung der Gewerbefreiheit.
Ebenso war Preußen Vorreiter bei der Beseitigung der Zollschranken, die den Warenverkehr zwischen seinen nicht zusammenhängenden Staatshälften be-

hinderten. 1834 schlossen sich drei bereits bestehende Zollvereine zum *Deutschen Zollverein* zusammen, dem mit der Zeit außer Österreich und den Hansestädten Hamburg und Bremen alle deutschen Staaten beitraten (⇨ M 2). In kleinen Schritten kam auch die Schaffung eines einheitlichen Münz-, Maß- und Gewichtssystems voran: so 1857 mit der Schaffung des Zollvereinstalers und 1868 mit der verbindlichen Einführung von Meter und Kilogramm.
Den Austausch von Handelsgütern förderten die Regierungen auch durch den Ausbau des Verkehrswesens: Straßen (Chausseen) wurden befestigt, Flusswege ausgebaut (Verbindung zwischen Main und Donau durch den Ludwigskanal, 1846), und schon 1816 war auf dem Rhein bei Köln das erste deutsche Dampfschiff (stromabwärts) gefahren.

Das „Eisenbahnzeitalter"

1825 war in England die erste Eisenbahn zwischen Stockton und Darlington gefahren. Zehn Jahre später waren bereits 544 Eisenbahnkilometer verlegt. Im selben Jahr wurde auf eine Privatinitiative Nürnberger Kaufleute hin die erste deutsche Eisenbahnstrecke mit 6 km Länge zwischen Nürnberg und Fürth eröffnet. Wie auf einen Startschuss hin setzte im deutschsprachigen Raum der Eisenbahnbau ein. Nach zehn Jahren waren im Gebiet des Deutschen Bundes Schienen über 5800 km Streckenlänge verlegt, 1860 waren es bereits 11 100 Kilometer.

Der technische Fortschritt war keineswegs unumstritten. Über den Plan einer neuen Eisenbahnlinie zwischen München und Lochhausen erregten sich Kritiker und Karikaturisten 1842 gleichermaßen.

Eisenherstellung in Preußen				
Jahr	Produktion aus Hochöfen		Stabeisenerzeugung	
	1000 Tonnen	davon mit Holzkohle	1000 Tonnen	davon mit Steinkohle
1836	88,7		50,5	32,1
1850	135,0	75,1	130,4	63,6
1860	394,7	24,1	265,7	89,7
1865	771,9	7,8	403,9	

Binnen weniger Jahre überflügelte die Eisenbahn alle anderen Transportmittel (⇨ M 3, M 4). Mit ihr konnten nun Massengüter über größere Landstrecken bei wesentlich verkürzter Fahrtzeit und unter günstigeren Kosten transportiert werden. Die Eisenbahn erschloss neue Absatzchancen, umgekehrt vermochte eine Anbindung an das Eisenbahnnetz die Standortnachteile revierferner (oder nicht an Wasserstraßen gelegener) Orte auszugleichen.
Der Bedarf an Lokomotiven regte den einheimischen Maschinenbau an, die benötigten Schienen schufen den Anreiz zur Errichtung moderner Eisen verarbeitender Werke und steigerten gleichzeitig die Nachfrage nach Steinkohle. Die *Montan- und Eisenindustrie* stieg zum führenden Sektor der deutschen Industrialisierung auf.

Kapitalgesellschaften und privates Unternehmertum

Auch mittelbar entwickelte sich die Eisenbahn zum wichtigsten Schwungrad der Industrialisierung: Im Gegensatz zur Gründung der ersten Fabriken zwang der hohe Kapitalbedarf der Eisenbahngesellschaften zum Zusammenschluss in Form von *Aktiengesellschaften,* die nun als beliebtes Mittel der Industriefinanzierung aufkamen.
Zur Finanzierung der in ungekannte Dimensionen wachsenden Industrie entstanden neben den Aktiengesellschaften auch die bis heute existierenden Großbanken (*Deutsche Bank,* 1870, *Dresdner Bank,* 1872). Sie machten die deutsche Industrie von ausländischen Kapitalzentren (London, Paris, Brüssel) unabhängig. Dank ihrer Repräsentanten in den Aufsichtsräten verfügten sie auch bald selbst über Einfluss auf die Geschäftspolitik von Industrieunternehmen.
Zu den Kräften, die die industrielle Entwicklung in Deutschland vorantrieben, zählte auch eine neue Art privater Unternehmer. Diese gesellschaftliche Gruppe bildete sich durch Zustrom aus verschiedenen Richtungen. Vielfach gelang es Handwerkern, ihre Werkstätten zu industriellen, kapitalkräftigen Fabrikbetrieben auszubauen. Oft bedurfte es aber auch einer Kooperation zwischen Erfinder (Techniker) und Finanzier, um eine fabrikmäßige Produktion zu verwirklichen. Erfolgreiche Unternehmerpersönlichkeiten entwickelten eine selbstbewusste Pioniermentalität und fühlten sich als „Industriekapitäne" über Maschinenanlagen und Arbeiterschaft.

Eisengießerei. In der Mitte steht erhöht der Unternehmer inmitten seiner Arbeiter, die weißglühendes Eisen in eine Gussform füllen (Gemälde des dänischen Malers Peter Severin Krøyer, 1851–1909).

Arbeit in der Fabrik

Zum Synonym der industriellen Arbeitswelt wurde im Verlauf des 19. Jahrhunderts die *Fabrik*. Dort wurde der Produktionsprozess in einzelne Arbeitsschritte zerlegt, um Massengüter möglichst rationell herzustellen. Genaue Zeit- und Ablaufpläne erzwangen hierarchische Befehlsstrukturen. Die „Erziehung zur Maschine" war ein oft schmerzhafter Anpassungsvorgang an eine früher so nicht gekannte Arbeitsdisziplin (⇨ M 5).
Fabrikarbeit bedeutete eine Trennung der Arbeitssphäre vom Wohn- und Familienbereich. Fabrikarbeit hieß aber vor allem, dass der Betrieb selbst als fremdbestimmter Bereich empfunden wurde, denn die Arbeiter waren weder Eigentümer der Werkzeuge und Maschinen, noch konnten sie sich den Arbeitsplatz nach eigenen Vorstellungen gestalten.
In der Frühphase der Industrialisierung hatte die Arbeitszeit schnell zugenommen: Man arbeitete – Frauen wie Männer – nicht unter zwölf Stunden täglich, vielfach 15 bis 17 Stunden lang, und dies mindestens sechs Tage in der Woche. Auch Sonntagsarbeit war nicht selten. „Urlaub" und „Erholung" bleiben auf die gegenüber der Zeit vor 1800 weniger gewordenen offiziellen Feiertage beschränkt. Seit den 60er-Jahren pendelte sich der Arbeitstag dann auf etwa zwölf, bis gegen 1900 auf elf Stunden ein.

Die *Löhne* innerhalb der Fabrikarbeiterschaft waren recht unterschiedlich. Die gelernten Handwerker durften sich zu einer Art „Arbeiteraristokratie" zählen, die bessere Löhne und Arbeitsbedingungen geboten erhielt und vorrangig das Reservoir für Vorarbeiter und Fabrikmeister stellte.
Gerade auf den Lohnstufen der un- und angelernten Kräfte reichte das Einkommen der Männer vielfach nicht zum Unterhalt einer Familie. Frauen mussten zuverdienen, erhielten aber durchschnittlich höchstens zwei Drittel des Männerlohns ausbezahlt, Kinder lagen noch weit darunter, oft bei gleichen Arbeitszeiten wie die Erwachsenen. Etwa seit der Jahrhundertmitte ging die *Kinderarbeit* zurück; die allmähliche Durchsetzung der Schulpflicht in den deutschen Staaten war ein Grund, ein anderer die Entwicklung der Technik. Der Anteil der Fabrikarbeiterinnen stieg hingegen in der zweiten Jahrhunderthälfte noch an.
Industrialisierung und Fabrikarbeit schufen neue gesellschaftliche Abgrenzungskriterien. Hatten bisher *Geburts- und Rechtsstatus* die Menschen ihrem jeweiligen „Stand" zugeteilt, so standen jetzt die *gemeinsame wirtschaftliche und soziale Lage* und dadurch bedingte gemeinsame Interessen im Vordergrund. Danach zerfiel die Gesellschaft in zwei *Klassen*: die Unternehmer (Kapitaleigner) und die Lohnarbeiter (Arbeitskräfte) (siehe Seiten 112 und 119 f.).

Eine Gesellschaft in Bewegung

Das rasche *Bevölkerungswachstum* (auf dem Gebiet des Deutschen Kaiserreichs zwischen 1816 und 1871 von unter 25 Millionen auf über 41 Millionen) und die sich dynamisch entwickelnde frühindustrielle Arbeitswelt forderten von den Menschen die Bereitschaft zur Mobilität. Oft genug aus der Not um die Existenzsicherung zogen Ströme von Arbeit Suchenden in die rasch wachsenden Städte und industriellen Standorte. Gewinner der *Binnenwanderung* waren vor allem die neuen Ballungszentren im sächsisch-oberschlesischen Industrierevier und im Ruhrgebiet (⇨ M 6).
Während des gesamten Jahrhunderts entlud sich der Bevölkerungsdruck zusätzlich in einer *Auswanderungsbewegung*, die zu 90 Prozent in die USA ging und zwischen 1820 und 1920 insgesamt 5,5 Millionen Deutsche dorthin führte. Die Emigranten hofften auf bessere Lebens- und Arbeitsbedingungen im Land „der unbegrenzten Möglichkeiten" (siehe M 1, Seite 180).

Deutsche Auswanderung nach Übersee (in Tausend)

1820–1829	22 500	1870–1879	627 900
1830–1839	147 100	1880–1889	1 362 500
1840–1849	418 800	1890–1899	604 600
1850–1859	1 110 600	1900–1909	276 500
1860–1869	768 600	1910–1914	104 300

M 1

Die industrielle Produktion 1800 bis 1888
(in Millionen englischen Pfund)

Jahr	*Groß-britannien*	*Frankreich*	*Deutschland (in den Grenzen von 1871)*	*Österreich (-Ungarn)*	*Russland*	*USA*	*Welt*
1800	230	190	60	50	15	25	650
1820	290	220	85	80	20	55	865
1840	387	264	150	142	40	96	1314
1860	577	380	310	200	155	392	2404
1888	820	485	583	253	363	1443	4618

Heinrich Lutz, Zwischen Habsburg und Preußen. Deutschland 1815–1866, Berlin 1985, S. 89

1. *Vergleichen Sie sowohl die Produktion in absoluten Ziffern als auch die prozentualen Steigerungsraten. Welche unterschiedlichen Ergebnisse stellen Sie fest?*
2. *Wie entwickelte sich die Stellung der europäischen Länder in der Welt?*

M 2

Der Deutsche Zollverein ab 1834

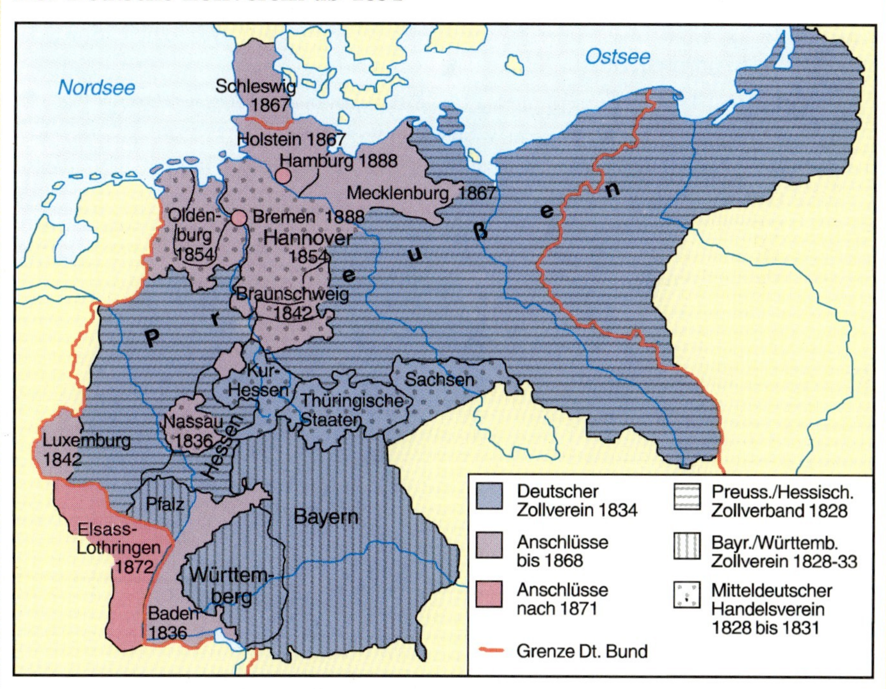

Vergleichen Sie die Zollvereinskarte mit den Grenzen des Deutschen Bundes und des Deutschen Reichs von 1871. Welche Bedeutung hatte der Zollverein für die deutsche Geschichte des 19. Jahrhunderts?

M 3

Fortschritt des Reisens und alte Gesellschaftsordnung

1919 erschienen die „Erinnerungsblätter aus der Biedermeierzeit". In ihnen berichtet ein Beobachter über die gesellschaftlichen Auswirkungen des Phänomens Eisenbahn.

Sehen Sie nur unsere Vornehmen und Exklusiven, wie erbittert und mit Recht sie gegen die Eisenbahn sind. Dass sie rasch an irgendeinen Ort hinkommen, daran liegt ihnen wenig, aber dass sie nicht mehr auf ihre Weise die Reise machen sollen, das ist ein Gräuel. Wie? ein Häuflein untergeordneter Kreaturen, Krämer, Handwerker, Künstler, reisender Possenreißer, alles das hat sich zusammengefunden und zwingt einen Vornehmen, mit ihnen gemeinschaftliche Sache zu machen? Er muss so recht eigentlich nach der Pfeife dieser Menschen tanzen, denn sie wollen reisen, und er soll mit ihnen reisen, wenn er überhaupt reisen will. Und der Staat, was tut er? Er begünstigt diese teuflische demokratische und revolutionäre Erfindung, ja auch noch mehr, das Oberhaupt desselben fährt selbst mit Gevatter Schneider und Handschuhmacher zugleich ab. Früher hatte man seinen Reisewagen, seine Dienerschaft, alles das hing von dem Befehl des Herrn ab, er ließ stundenlang bei grimmiger Kälte oft Postillon und Diener warten, dann bewegte sich der prächtige Wagen so wie der Herr es wollte, langsam oder schnell, und nie konnte es sich ereignen, dass besagter Wagen oder sein Inhalt mit der Krapüle[1]) in Berührung kam. Das ist anständig, da hatte man doch sichtlich und greifbar etwas vor der Menge voraus, aber jetzt, wenn man auch noch so teuer ein Kupee mietet, das Fatale ist, man muss anhalten, wenn die Menge anhält; das Fatale ist, man muss fahren, wenn die Menge fährt. Wahrlich, der Spaß ist ganz verdorben worden [. . .].

Werner Pöls (Hrsg.), Deutsche Sozialgeschichte 1815–1870. Dokumente und Skizzen, München, 3. Auflage 1979, S. 384 f.

1. *Arbeiten Sie den ironischen Charakter dieser Schilderung heraus. Auf wessen Seite steht der Verfasser?*
2. *Erläutern Sie anhand des Berichts den Ausspruch des Unternehmers Friedrich Harkort, wonach „Junker fühlen, dass die Lokomotive der Leichenwagen ist, auf dem Absolutismus und Feudalismus zum Kirchhof gefahren werden".*

M 4

Reisedauer am Anfang und Ende des 19. Jahrhunderts

Von Berlin nach:	Schnellpost		Eisenbahn (60 km/h)
Frankfurt am Main	64	(reine Fahrzeit	9
Hamburg	36	in Stunden)	5
Hannover	40		5
Köln	82		10
München	81		11,2
Stuttgart	83		11,3

Ziehen Sie einen Vergleich mit den Transportwegen der Gegenwart. Welche Probleme bestehen heute, welche Entwicklungen lassen sich absehen?

[1]) Gesindel

Der Heulton einer Sirene, des „Krupp'schen Esels", warnte die Arbeiter: noch fünf Minuten bis Schichtbeginn.

Fabrikordnung und Arbeitsdisziplin

M 5

Typisches Beispiel für die Disziplinierung in der Arbeitswelt ist die Fabrikordnung für die Mechanische Baumwollspinnerei der Herren J. H. Straub & Söhne im hessischen Altenstadt.

§ 7

Wenn in einem Arbeitssaal während der Arbeitszeit, wo alle Arbeiter zugegen sind, ein Gegenstand beschädigt wird, und der Täter Verhehlung wegen nicht auszumitteln ist, so sind die Arbeiter des ganzen Saales bis zur Nachweisung des Täters für den Schaden haftbar. [. . .]

§ 9

Ferner werden bestraft (außer den in § 22 bekannten Fällen, in welchen die Fabrikvorsteher ohne Aufkündigung zur augenblicklichen Entlassung des Arbeiters berechtigt sind):

1. Unehrerbietiges Betragen gegen die Aufseher.
2. Verhehlung von Untreue.
3. Eigenmächtige Abänderung an den Maschinen, der Beleuchtung, Heizung und Werkzeugen.
4. Störung anderer Arbeiter.
5. Verspätung und Versäumnisse, besonders der Unfug des blauen Montags und das Herbeiholen von Speise und Trank. [. . .]
7. Das Tabakrauchen.
8. Lärm machen auf dem Weg zu und von der Fabrik. [. . .]

§ 14

Der Arbeitslohn wird von den Fabrikinhabern am ersten Zahltag nach dem Eintritt des Arbeiters festgesetzt und später nach Umständen erhöht oder erniedrigt. [. . .]

§ 15

Jedem Arbeiter wird gleich von Anfang sechs Tage oder ein vollständiger Wochenlohn als Decompte[1]) zurückbehalten und bei Lohnerhöhung vervollständigt. [. . .] 25

Nur bei ordnungsgemäßem Austritt wird Lohn und Decompte bezahlt.

Jürgen Kuczynski, Die Geschichte der Lage der Arbeiter unter dem Kapitalismus, Teil 1, Band 2, Berlin (Ost) 1962, S. 196 ff.

1. *Diskutieren Sie die Berechtigung der getroffenen Regelungen. Berücksichtigen Sie dabei sowohl die Erfordernisse des neuen Industriezeitalters als auch die Herkunft der Arbeiter.*
2. *Erläutern Sie, warum ähnliche innerbetriebliche Reglementierungen heute nicht mehr möglich sind.*

M 6 Binnenwanderung in Deutschland während des 19. Jahrhunderts

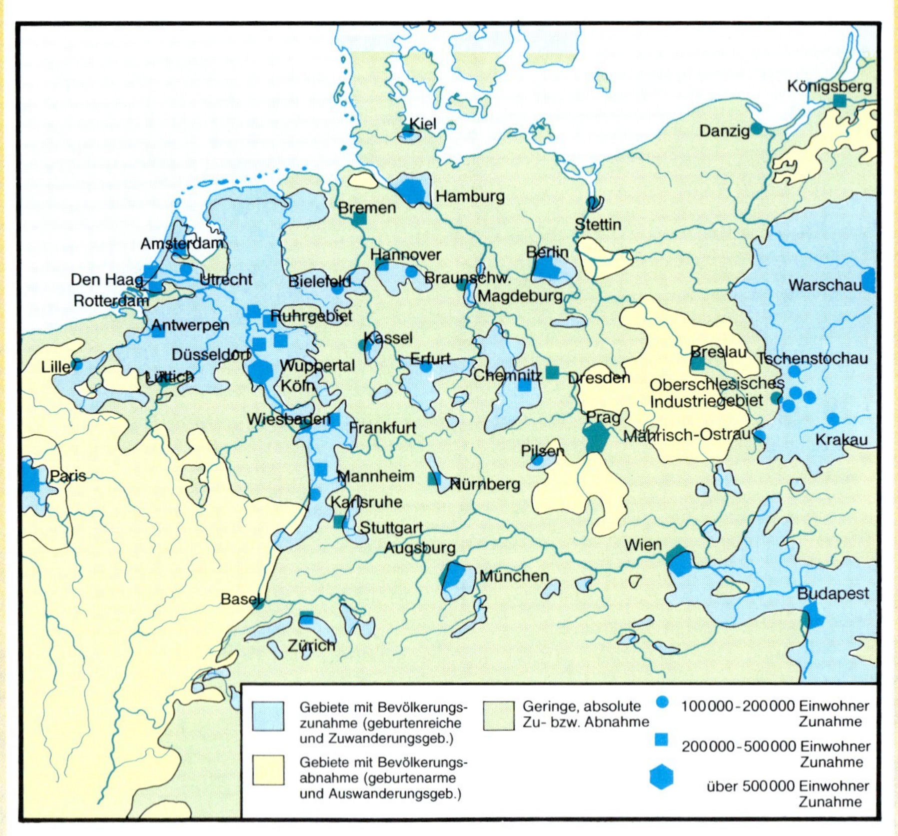

1. *Entnehmen Sie der Karte, welche Bevölkerungsentwicklung in Ihrem Heimatraum im 19. Jahrhundert stattfand.*
2. *Überlegen Sie die Voraussetzungen für Bevölkerungsgewinne und -verluste.*

[1]) Abzug vom Lohn

Zwischen Reaktion und Liberalismus: Preußen und das Ringen um die deutsche Einheit

Europa 1849: Die alten Ordnungsmächte fegen die Reste der Revolution hinweg (Lithografie von Ferdinand Schröder, 1849).

1850	Vertrag von Olmütz: Preußen gibt die Nationalstaatspläne auf – der Deutsche Bund wird wiederhergestellt
1851–1859	Das „System der Reaktion" dominiert im Deutschen Bund
1861	Die liberale Deutsche Fortschrittspartei gründet sich
1862	Der Heeres- und Verfassungskonflikt beendet die liberale Ära in Preußen

Deutsche Politik nach der Revolution 1848/49

Am selben Tag, als der preußische König Friedrich Wilhelm IV. die Kaiserkrone aus den Händen der Parlamentarier der Paulskirche ablehnte (28. April 1849), forderte er die deutschen Staaten auf, durch eine *Fürstenunion* das kleindeutsche Reich „von oben" zu verwirklichen. Dagegen drohte Österreich mit Krieg, und Preußen musste nachgeben. Im *Vertrag von Olmütz* (1850) wurde der vorrevolutionäre Staatenbund mit Sitz in Frankfurt wiederhergestellt. Während des folgenden „Systems der Reaktion" hob der restaurierte Bundestag die Grundrechte von 1848 wieder auf, zwang kleinere Staaten zur Zurücknahme freiheitlicher (Wahl-)Gesetze und untersagte die Bildung politischer Vereine.

Seit 1848 hatte das liberale Bürgertum die „nationale Frage" weiterhin als ungelöst betrachtet. Als das norditalienische Königreich Sardinien-Piemont seit 1859 in einem Krieg gegen Österreich den Zusammenschluss zu einem italienischen Nationalstaat vorantrieb, bediente es sich des aus Nizza stammenden Freiheitskämpfers Giuseppe Garibaldi (1807–1882). Garibaldis *Zug der Tausend* setzte 1860 nach Sizilien über, um von Süden her die Einheit Italiens zu vollenden. Die militärischen Vorgänge in Italien wurden in Deutschland aufmerksam verfolgt und schürten die nationale Begeisterung.

Die Ideen des Liberalismus und Nationalismus lebten trotz des autoritären Drucks der Obrigkeit vor allem im wirtschaftlich erfolgreichen Bürgertum fort. Hoffnung keimte auf, als 1858 Prinz Wilhelm in Preußen die „Neue Ära" einleitete. Seine Regierung tolerierte das Wirken des neu gegründeten „kleindeutsch" gesinnten *Deutschen Nationalvereins* und ließ sogar politische Parteien zu. Den Anfang machte 1861 die *Deutsche Fortschrittspartei,* deren Gründungsprogramm einen Musterkatalog liberaler Forderungen enthielt: die Einigung Deutschlands, Rechtsgleichheit, freies Wahlrecht, Stärkung des Parlaments. Die Fortschrittspartei entwickelte sich in der Auseinandersetzung mit den bis dahin dominierenden Konservativen rasch zur stärksten politischen Kraft.

Der Verfassungskonflikt um die Heeresreform in Preußen

Prinz Wilhelm (er wurde 1861 König), das aus Vertretern des Adels zusammengesetzte *Herrenhaus* und die liberale Mehrheit im *Abgeordnetenhaus* stimmten überein, zur Wiederherstellung des Mächtegleichgewichts die Friedensstärke der preußischen Armee von 150 000 auf 210 000 Mann zu erhöhen. Dagegen stießen die Pläne Kriegsminister *von Roons,* die Dienstzeit von zwei auf drei Jahre zu verlängern und drei Jahrgänge der bürgerlichen Landwehr dem Kommando adeliger Berufsoffiziere in der Reservearmee zu unterstellen, auf Widerstand. Die Abgeordneten befürchteten, dass während der ausgeweiteten Dienstzeit der Bürger in Uniform in einen der Krone treu ergebenen Soldaten umerzogen werden sollte. Ferner wollte man eine Schwächung des in der Landwehr verkörperten Prinzips des „wehrhaften Bürgers" und eine Verstärkung der Macht der Krone auf Kosten des Bürgertums nicht hinnehmen.

In der sich über Jahre hinziehenden Kontroverse ging es letztlich um das Mitspracherecht der Volksvertretung in Militärangelegenheiten, das von der Regierung energisch bestritten wurde. Der Streit weitete sich zum Verfassungskonflikt aus, als das Abgeordnetenhaus auf sein Budgetrecht pochte und erstmals eine genaue Auflistung des bisher immer pauschal vorgelegten Militärhaushalts verlangte. In dieser verfahrenen Situation ernannte der König, der dem Parlament keinerlei Kontrolle der Armee zugestehen wollte, *Otto von Bismarck*[1]) am 23. September 1862 zum Ministerpräsidenten (⇨ M 1).

Die Lückentheorie

In der preußischen Verfassung war festgelegt, dass nur bei Übereinstimmung zwischen dem König und den beiden Kammern ein Gesetz zustande kommen konnte. Für den Fall einer Kontroverse enthielt die Verfassung keine ausdrückliche Regelung. Bismarck erkannte darin eine Verfassungslücke und folgerte, dass in dieser Situation dem König als Souverän und Verfassungsgeber die letztliche Entscheidung zufalle. Da im Interesse des Staates die geplante Heeresreform erforderlich sei, müsse diese ohne Finanzbewilligung seitens des Parlaments durchgeführt werden (⇨ M 2). Das Abgeordnetenhaus protestierte heftig gegen diesen Kurs *(Maiadresse 1863)* (⇨ M 3), und der König löste wiederholt den Landtag auf – ohne Ergebnis.
Zu einer Einigung kam es erst nach dem Sieg Preußens gegen Österreich (siehe Seite 85 f.), als Bismarck sich im Nachhinein für sein Vorgehen amnestieren lassen wollte. Mit der Annahme der *Indemnitätsvorlage*[2]) im September 1866 erkannte der Kanzler das Budgetbewilligungsrecht des Abgeordnetenhauses an. Er gestand damit ein, die Verfassung einseitig ausgelegt zu haben. Im Gegenzug wurde ihm bescheinigt, dass er in jener Ausnahmesituation nicht anders habe handeln können.
An der Indemnitätsvorlage spalteten sich die Liberalen. Es bildete sich die *Nationalliberale Partei,* die – im Gegensatz zur Fortschrittspartei – die von Bismarck durchgesetzte Heeresreform nachträglich billigte. Die Anhänger der Nationalliberalen setzten darauf, dass die baldige Schaffung eines Nationalstaates geradezu zwingend eine Parlamentarisierung des öffentlichen Lebens nach sich ziehen würde. Die kleinere Fortschrittspartei blieb in Opposition zur Regierung.

---

1) Otto von Bismarck (1815–1898) stammte aus einer märkischen Gutsbesitzerfamilie. Nach dem juristischen Studium durchlief er die diplomatische Laufbahn. Er galt als Verfechter eines ausgeprägt konservativen und königstreuen Kurses. Seiner Überzeugung nach bestimmten nicht Ideen, sondern Interessen die Politik – und das Interesse Preußens stand für Bismarck stets obenan.

2) Indemnität: vom Parlament nachträglich der Regierung zugebilligte Straflosigkeit

M 1

Das „Eisen-und-Blut"-Konzept

In seinen „Gedanken und Erinnerungen" schildert Bismarck die Grundgedanken seiner Rede vor der Budgetkommission des preußischen Abgeordnetenhauses vom 30. September 1862.

Der Konflikt drehe sich bei uns um die Grenze zwischen Krongewalt und Parlamentsgewalt. Die Krone habe noch andere Rechte, als die in der Verfassung ständen. [. . .]
Nicht auf Preußens Liberalismus sieht Deutschland, sondern auf seine Macht; Bayern, Württemberg, Baden mögen dem Liberalismus indulgieren[1]), darum wird ihnen doch keiner Preußens Rolle anweisen; Preußen muss seine Kraft zusammenfassen und zusammenhalten auf den günstigen Augenblick, der schon einige Male verpasst ist; Preußens Grenzen nach den Wiener Verträgen sind zu einem gesunden Staatsleben nicht günstig; nicht durch Reden und Majoritätsbeschlüsse werden die großen Fragen der Zeit entschieden – das ist der große Fehler von 1848 und 1849 gewesen – sondern durch Eisen und Blut.

Otto von Bismarck, Die gesammelten Werke, Band 10, Berlin 1928, S. 138 f.

1. *Erklären Sie, welche Rolle die Verfassung nach Bismarck im Verhältnis zwischen Krone und Parlament spielt.*
2. *Stellen Sie dar, wie Bismarck die Situation Preußens in Deutschland beschreibt und welche Bedeutung er „Eisen und Blut" dabei zumisst.*

M 2

Verfassungskonflikt und „Lückentheorie"

In der Sitzung vom 27. 1. 1863 bezeichneten die Abgeordneten eine Regierung ohne bewilligten Haushalt als verfassungswidrig. Bismarck erwiderte daraufhin:

Durch diese Adresse[2]) werden dem königlichen Hause der Hohenzollern seine verfassungsmäßigen Regierungsrechte abgefordert, um sie der Majorität dieses Hauses zu übertragen. (Große Unruhe und Rufe: Ganz richtig!) [. . .]
Sie finden die Verfassungsverletzung in specie bei Artikel 99. Artikel 99 lautet, wenn ich mich der Worte erinnere: „Alle Einnahmen und Ausgaben des Staates müssen für jedes Jahr im Voraus und auf den Staatshaushaltsetat gebracht werden." Wenn darauf folgte: „Letzterer wird jährlich durch das Haus der Abgeordneten festgestellt", dann hätten Sie in Ihren Beschwerden in der Adresse vollkommen Recht, dann wäre die Verfassung verletzt. Es folgt aber im Text: „Letzterer, der Staatshaushaltsetat, wird jährlich durch ein Gesetz festgestellt." Wie nun ein Gesetz zustande kommt, sagt Artikel 62 mit unwiderleglicher Klarheit. Er sagt, dass zum Zustandekommen eines Gesetzes, also auch des Budgetgesetzes, die Übereinstimmung der Krone und der beiden Kammern erforderlich ist. Dass das Herrenhaus berechtigt ist, ein von der Zweiten Kammer beschlossenes und ihm nicht konvenierendes Budget zu verwerfen, ist außerdem noch in dem Artikel hervorgehoben. [. . .]
Wenn eine Vereinbarung zwischen den drei Gewalten nicht stattfindet, so fehlt es in der Verfassung an jeglicher Bestimmung darüber, welche von ihnen nachgeben muss. [. . .] Die Verfassung hält das Gleichgewicht der drei gesetzgebenden Gewalten in allen Fragen, auch in der Budgetgesetzgebung,

---

[1]) Nachsicht üben
[2]) im politischen Sinn: Zuschrift, die Bitten, Beschwerden oder Ansinnen an Behörden enthält

durchaus fest; keine dieser Gewalten kann die andere zum Nachgeben zwingen; die Verfassung verweist daher auf den Weg der Kompromisse zur Verständigung. [. . .]
Wird der Kompromiss dadurch vereitelt, dass eine der beteiligten Gewalten
25 ihre Ansicht mit doktrinärem Absolutismus durchführen will, so wird die Reihe der Kompromisse unterbrochen und an ihre Stelle treten Konflikte, und Konflikte, da das Staatsleben nicht stillzustehen vermag, werden zu Machtfragen; wer die Macht in den Händen hat, geht dann in seinem Sinne vor, weil das Staatsleben auch nicht einen Augenblick stillstehen kann.

Otto von Bismarck, a. a. O., S. 151 ff.

1. *Welche Aussagen über den Gesetzgebungsprozess enthält diese Rede?*
2. *Halten Sie es für berechtigt, von einer „Verfassungslücke" zu sprechen?*

M 3

Abgeordnetenhaus contra Regierung

Aus der Adresse des preußischen Abgeordnetenhauses an den König vom 22. Mai 1863.

II. Es sind mehr als drei Monate vergangen seit unserer ehrfurchtsvollen Adresse vom 29. Januar d. J., ohne dass die Rückkehr zu verfassungsmäßigen Zuständen erfolgt, ohne dass eine Bürgschaft für diese Rückkehr gewonnen wäre. Die Minister Ew. Majestät fahren vielmehr fort, verfassungswidrige
5 Grundsätze offen auszusprechen und zu betätigen. [. . .]
III. Inzwischen hat das Haus der Abgeordneten pflichtmäßig diejenigen Verhandlungen fortgesetzt, welche dem Lande seine volkstümliche Wehrverfassung erhalten, dem Heere die gesetzliche Grundlage sichern, die Ordnung des Staatshaushalts herstellen, dem Lande sein verfassungsmäßiges Recht
10 und seinen inneren Frieden wiedergeben sollten. Die Minister der Krone sind es, welche durch das Abbrechen der persönlichen Verhandlung mit dem Hause diesen Zweck der Session[1]) vereiteln. [. . .]
V. Das Haus der Abgeordneten naht dem Throne in einem Augenblick, in welchem es leider nicht mehr zweifeln kann, dass Ew. Majestät die Absichten
15 des Hauses und die Wünsche des Landes nicht der Wahrheit getreu vorgetragen werden. Es erfüllt noch einmal seine Gewissenspflicht, indem es vor Ew. Majestät in tiefster Ehrfurcht erklärt: Das Haus der Abgeordneten hat kein Mittel der Verständigung mehr mit diesem Ministerium; es lehnt seine Mitwirkung zu der gegenwärtigen Politik der Regierung ab. Jede weitere Ver-
20 handlung befestigt uns nur in der Überzeugung, dass zwischen den Ratgebern der Krone und dem Land eine Kluft besteht, welche nicht anders, als durch einen Wechsel der Personen, und mehr noch, durch einen Wechsel des Systems ausgefüllt werden wird.

Ernst Rudolf Huber (Hrsg.), Dokumente zur Deutschen Verfassungsgeschichte, Band 2, Stuttgart 1964, S. 61 f.

1. *Welche Aussagen machen deutlich, dass das Abgeordnetenhaus die Einführung eines vom Parlament abhängigen Regierungssystems durchsetzen will?*
2. *Vergleichen Sie M 2 und M 3. Worin liegen die grundsätzlichen Differenzen zwischen der von Bismarck geführten Regierung und dem Abgeordnetenhaus?*

---

[1]) Sitzung

Die machtstaatliche Einigung Deutschlands unter der Führung Preußens

Kaiserproklamation in Versailles am 18. 1. 1871. Das Gemälde schuf Anton von Werner im kaiserlichen Auftrag 1885 zu Bismarcks 70. Geburtstag. Auf dem Podium Kaiser Wilhelm I., links der Kronprinz (der spätere Kaiser Friedrich III.), rechts der Großherzog von Baden, der das erste Hoch auf den Kaiser ausbrachte. Vor dem Podium Otto von Bismarck, neben ihm der Chef des Generalstabs von Moltke. Die weiße Uniform des Kanzlers diente nur dazu, ihn auf dem Bild besonders hervorzuheben. Sie entspricht nicht den historischen Tatsachen.

1864	Preußen und Österreich siegen im Krieg gegen Dänemark
1866	Preußen besiegt Österreich und die mit ihm verbündeten Staaten
1867	Unter preußischer Führung entsteht der Norddeutsche Bund
1870/71	Die deutschen Staaten siegen im Krieg gegen Frankreich
1871	Der preußische König Wilhelm I. wird zum Kaiser proklamiert Frankreich muss Gebiete in Elsass-Lothringen an das Deutsche Reich abtreten

Auseinandersetzung um die Hegemonie in Deutschland

Bismarcks außenpolitisches Ziel, die Hegemonie Preußens in Deutschland, blieb den Zeitgenossen nicht verborgen. Österreich verstärkte daraufhin seine Bemühungen um eine großdeutsche Lösung. Dazu wollte es die Zentralgewalt des Deutschen Bundes stärken, um den Machtanspruch Preußens besser einbinden zu können. Die deutschen Fürsten billigten zwar die österreichischen Vorschläge, machten ihre Zustimmung aber vom Einverständnis Preußens abhängig. Somit endeten die Verhandlungen ohne Ergebnis.

Auch der zweite Versuch Österreichs, sein Gewicht innerhalb des Deutschen Bundes zu vergrößern, schlug fehl. Ein erneuter Anlauf, dem Deutschen Zollverein beizutreten, wurde zwar von Bayern und Württemberg, Vertretern einer großdeutschen Politik, unterstützt, als Bismarck jedoch drohte, die Zollunion aufzukündigen, gaben die süddeutschen Staaten klein bei: Am 1. 1. 1866 wurde der Zollverein ohne Österreich erneuert, ein empfindlicher Schlag gegen die rückständige Industrie des Donaustaates.

Der Streit um Schleswig und Holstein

Die Differenzen zwischen Österreich und Preußen traten anlässlich der Krise um Schleswig und Holstein offen zutage. Im *Londoner Protokoll* von 1852 waren die beiden Elbherzogtümer der dänischen Krone in Personalunion übergeben worden. Der dänische König war aber verpflichtet, sie ungeteilt und von Dänemark getrennt zu regieren. Im November 1863 brach Dänemark das Londoner Protokoll und verleibte Schleswig mit seiner überwiegend deutschen Bevölkerung dem dänischen Königreich ein.
Preußen und Österreich als Vormächte des Deutschen Bundes stellten dem neuen dänischen König *Christian IX.* zunächst ein Ultimatum und besetzten schließlich nach heftigen Kämpfen Schleswig und Holstein. Im *Frieden von Wien* (30. 10. 1864) musste Dänemark die beiden Herzogtümer an Preußen und Österreich zur gemeinsamen Verwaltung abtreten.

Der Krieg gegen Österreich

In der Folgezeit schürte Bismarck Differenzen in der Besatzungspolitik. Er hoffte, nach einem siegreichen Krieg um die beiden Herzogtümer die Donaumonarchie aus dem Deutschen Bund zu drängen. Es gelang ihm, Italien durch einen Bündnisvertrag auf seine Seite zu ziehen und sich der wohlwollenden Neutralität Russlands und Frankreichs zu versichern. Als Österreich ankündigte, Streitfragen in der Verwaltung dem Urteil des Deutschen Bundes zu unterwerfen, bewertete Bismarck dies als Bruch eines zwischen beiden Staaten 1865 geschlossenen Abkommens. Er ließ Truppen in Holstein einmarschieren. Österreich forderte daraufhin die Mobilmachung des Deutschen Bundes gegen Preußen, und alle großen deutschen Staaten traten militärisch an die Seite der Habsburger Monarchie. Wirtschaftlich auf eine Kooperation mit Preußen angewiesen, wollten sie zumindest dessen politische Hegemonie in Deutschland nicht akzeptieren.
Preußen besaß seit der Heeresreform das überlegene militärische Potential und in General *Helmuth von Moltke* einen qualifizierten Führer seiner Streitkräfte. Somit verliefen die Gefechte zwar hart, aber äußerst kurz. Der Krieg wurde entschieden mit dem Sieg Preußens bei *Königgrätz (Sadowa)* in Böhmen am 3. Juli 1866.

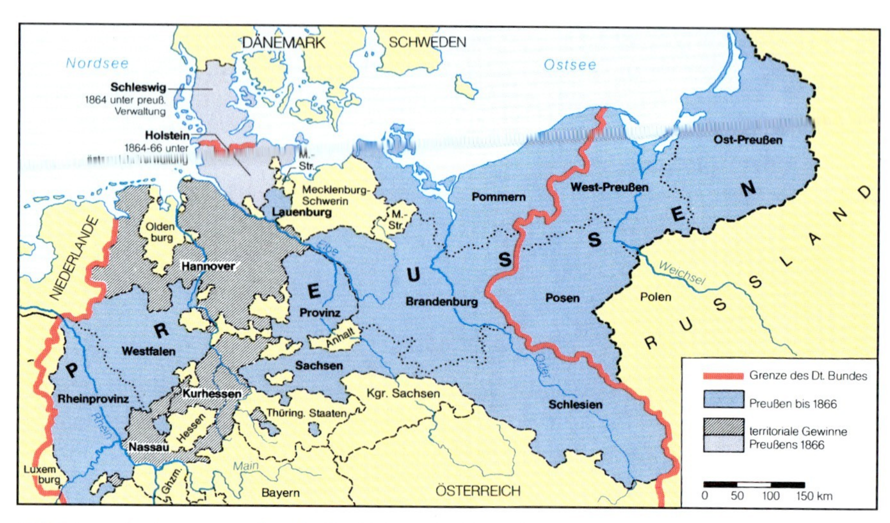

Gebietsveränderungen durch die Kriege 1864 und 1866.

Der Frieden von Prag

Bismarck verhielt sich gegenüber dem besiegten Österreich sehr maßvoll, da er keine andauernde Feindschaft riskieren und weder die süddeutschen Staaten noch die europäischen Großmächte brüskieren wollte. Im *Frieden von Prag* (23. 8. 1866) musste Österreich die Auflösung des seit 1815 bestehenden Deutschen Bundes akzeptieren. Der *Dualismus* der beiden deutschen Großmächte war damit zu Gunsten Preußens entschieden, das aufgrund seiner wirtschaftlichen und militärischen Stärke sowie seines Zusammengehens mit der Nationalbewegung die entscheidenden Vorteile in seinen Händen hielt. Preußen erhielt das Recht, Deutschland neu zu organisieren und einige Staaten zu annektieren: Schleswig, Holstein, das Königreich Hannover, Kurhessen, Nassau und die Stadt Frankfurt. Das Königreich Preußen reichte nun von Aachen bis Königsberg und umfasste damit mehr als die Hälfte Deutschlands.

Der Norddeutsche Bund

Am 11. Juli 1867 schlossen sich alle 22 nördlich der Mainlinie selbständig verbliebenen Staaten zum *Norddeutschen Bund* zusammen. Der Norddeutsche Bund war ein Bundesstaat, an dessen Spitze der König von Preußen als erblicher Bundespräsident stand. Der ehemalige Deutsche Bund war damit in drei Teile zerfallen: den Norddeutschen Bund unter Führung Preußens, die süddeutschen Partikularstaaten sowie Österreich. Bismarcks Ziel bestand nun darin, die süddeutschen Staaten zum Beitritt in den Bund zu bewegen. In der Tat gab es ja bereits eine Anzahl von Gemeinsamkeiten, so zum Beispiel die wirtschaftliche Einheit: 14 süddeutsche Vertreter saßen im Berliner Zollparlament, das seit 1868 Gesamtdeutschland repräsentierte.

Politisch aber zogen die süddeutschen Fürsten einen klaren Trennungsstrich zum Norddeutschen Bund. Sie wurden dabei vom französischen Kaiser *Napoleon III.*[1]) unterstützt, der die zunehmende Stärke Preußen-Deutschlands mit Unbehagen registrierte.

Der Ausbruch des deutsch-französischen Kriegs

Die französische Neutralität im preußisch-österreichischen Krieg war unter anderem mit dem vagen Hinweis auf eventuelle Gebietsabtretungen gesichert worden. Als aber Napoleon nach Kriegsende Ansprüche auf Rheinhessen und die bayerische Pfalz erhob, wies Bismarck diese empört zurück und schloss geheime Schutz- und Trutzbündnisse mit den süddeutschen Regierungen.
Den Anlass zu einer militärischen Auseinandersetzung bot schließlich der Streit um die spanische Erbfolge. *Leopold von Hohenzollern-Sigmaringen*, einem entfernten katholischen Vetter Wilhelms I., war der verwaiste spanische Thron angeboten worden. Als die französische Regierung ultimativ den Thronverzicht Leopolds forderte, zog dieser seine Kandidatur zurück.
Napoleon III. überspannte nun im Hochgefühl seines Erfolgs den Bogen: Er entsandte seinen Botschafter *Benedetti* nach Bad Ems, um von Wilhelm I. preußische Garantien für das Unterlassen künftiger Kandidaturen zu erhalten. Der König teilte dem Diplomaten jedoch lediglich mit, dass Leopold seine Kandidatur nicht aufrechterhalte, was ohnehin bekannt war. Die Presse erhielt das als *Emser Depesche* bezeichnete Protokoll in von Bismarck gestraffter Form (⇨ M 1). Dessen Inhalt empfand Frankreich als Beleidigung und erklärte, ohne sich um Aufklärung zu bemühen, Preußen am 19. Juli 1870 den Krieg. Dabei stieß es auf Unverständnis bei den übrigen europäischen Großmächten, die sich neutral verhielten.

Der deutsch-französische Krieg 1870/71

Preußen, militärisch stark wie 1866, konnte der Auseinandersetzung mit dem schwächeren und diplomatisch isolierten Frankreich umso beruhigter entgegensehen, als Bismarck die süddeutschen Staaten zum Feldzug an der Seite Preußens bewegen konnte. Auch aus diesem Grund war der Krieg gegen Frankreich, getragen von nationaler Gemeinsamkeit, ein wichtiger Schritt auf dem Wege zur deutschen Einheit.
Die französische Armee unterlag nach mehrwöchigen Kämpfen im Elsass und in Lothringen. Am 2. September 1870 kapitulierte der in Sedan eingeschlossene Napoleon. Das Zweite Kaiserreich war zusammengebrochen. Bismarcks Anspruch auf das deutschsprachige Elsass und den deutschsprachigen Teil Lothringens veranlasste die neue nationale Regierung in Frankreich, nochmals in den Krieg einzutreten, der sich bis zur Kapitulation der Stadt Paris am 28. Januar 1871 hinzog. In dem am 10. Mai 1871 in Frankfurt unterzeichneten Friedensvertrag musste Frankreich die von Bismarck geforderten Gebiete

[1]) Napoleon III. Bonaparte (1808–1873), Neffe Napoleons I., seit 1848 Präsident, ließ sich 1852 zum Kaiser wählen.

Die Erstürmung des Eisenbahndamms bei Nuits am 18. Dezember 1870 (Aquarell von Carl Röchling). In zahllosen Gemälden feiern deutsche Historienmaler die Kriegserfolge gegen Frankreich.

an das Deutsche Reich abtreten, das zudem noch 5 Milliarden Goldfranken Entschädigung erhalten sollte. Die Friedensbedingungen schufen eine dauerhafte Krisensituation, welche die Beziehungen zwischen beiden Mächten bis zum Ausbruch des Ersten Weltkrieges massiv belastete.

Die Reichsproklamation

Noch während des Feldzuges bemühte sich Bismarck intensiv um die politische Einigung, die von allen Seiten unter dem Eindruck des gemeinsamen Kriegserlebnisses gefordert wurde. Während Hessen-Darmstadt, Baden und Württemberg bereit waren, dem Norddeutschen Bund beizutreten, und dafür bestimmte Sonderrechte zugestanden bekamen, befürwortete Bayern einen Doppelbund unter preußisch-bayerischer Führung. Erst Bismarcks Drohung, Bayern aus dem Zollverein auszuschließen und somit wirtschaftlich zu isolieren, bewog die bayerische Regierung, dem von Preußen gewünschten Deutschen Reich beizutreten. Das Zugeständnis zahlreicher *Separatrechte* (Post, Heer) sowie jährliche finanzielle Zuwendungen an König *Ludwig II.* erleichterten den Entschluss.
Mit der *Reichsproklamation von Versailles* am 18. Januar 1871 wurde der deutsche Nationalstaat geschaffen. Der preußische König war jetzt zugleich „Deutscher Kaiser". Die deutsche Einigung war zum einen das Ergebnis mehrerer erfolgreicher Kriege, zum anderen entsprach sie dem Willen nationaler und liberaler Kreise und wurde auch vom Ausland letztlich als folgerichtig akzeptiert. Die nationale Idee, deren Träger bisher das liberale Bürgertum gewesen war, entwickelte sich von nun an zum verbindenden Element der konservativen Kräfte im neuen Kaiserreich (⇨ M 2, M 3).

M 1

Die Emser Depesche

Telegramm des Geheimrats Abeken an Bismarck vom 13. Juli 1870. Abeken war der Begleiter des Königs bei seinem Kuraufenthalt in Bad Ems.

S. M.[1]) der König schreibt mir:
„Graf Benedetti fing mich auf der Promenade ab, um auf zuletzt sehr zudringliche Art zu verlangen, ich sollte ihn autorisieren, sofort zu telegraphieren, dass ich für alle Zukunft mich verpflichtete, niemals wieder meine Zustimmung zu geben, wenn die Hohenzollern auf ihre Kandidatur zurückkämen. Ich wies ihn, zuletzt etwas ernst, zurück, da man à tout jamais[2]) dergleichen Engagements nicht nehmen dürfe noch könne. Natürlich sagte ich ihm, dass ich noch nichts erhalten hätte und, da er über Paris und Madrid früher benachrichtigt sei als ich, er wohl einsähe, dass mein Gouvernement wiederum außer Spiel sei." S. M. hat seitdem ein Schreiben des Fürsten[3]) bekommen. Da S. M. dem Grafen Benedetti gesagt, dass er Nachricht vom Fürsten erwarte, hat Allerhöchstderselbe, mit Rücksicht auf die obige Zumutung, auf des Grafen Eulenburg[4]) und meinen Vortrag beschlossen, den Grafen Benedetti nicht mehr zu empfangen, sondern ihm nur durch seinen Adjutanten sagen zu lassen, dass S. M. jetzt vom Fürsten die Bestätigung der Nachricht erhalten, die Benedetti aus Paris schon gehabt, und dem Botschafter nichts weiter zu sagen habe.
S. M. stellt Ew. Exzellenz anheim, ob nicht die neue Forderung Benedettis und ihre Zurückweisung sogleich sowohl unseren Gesandten als in der Presse mitgeteilt werden sollte.

Bismarck redigierte das Telegramm Abekens und gab es in gekürzter Form an die Presse weiter.

Nachdem die Nachrichten von der Entsagung des Erbprinzen von Hohenzollern der Kaiserlich französischen Regierung von der Königlich spanischen amtlich mitgeteilt worden sind, hat der französische Botschafter in Ems an S. M. den König noch die Forderung gestellt, ihn zu autorisieren, dass er nach Paris telegraphiere, dass S. M. der König sich für alle Zukunft verpflichte, niemals wieder seine Zustimmung zu geben, wenn die Hohenzollern auf ihre Kandidatur zurückkommen sollten. S. M. hat es darauf abgelehnt, den französischen Botschafter nochmals zu empfangen, und demselben durch den Adjutanten vom Dienst sagen lassen, dass S. M. dem Botschafter nichts weiter mitzuteilen habe.

Otto von Bismarck, Die gesammelten Werke, Band 6, Berlin 1928, S. 369 und S. 371

1. *Fassen Sie die inhaltlichen Unterschiede der beiden Texte zusammen.*
2. *Überlegen Sie, weshalb sich der französische Kaiser durch Bismarcks Redaktion des Telegramms brüskiert fühlen konnte.*

[1]) Seine Majestät
[2]) für alle Zukunft
[3]) Gemeint ist der Fürst von Hohenzollern-Sigmaringen, der Vater von Prinz Leopold.
[4]) persönlicher Referent Wilhelms I.

M 2 Die Kaiserproklamation in Versailles

Den auf Seite 84 dargestellten Moment der Kaiserproklamation im Spiegelsaal von Versailles am 18. Januar 1871 schildert Kronprinz Friedrich Wilhelm.

Nachdem Se. Majestät eine kurze Ansprache an die deutschen Souveräne laut und in der wohl bekannten Weise verlesen hatte, trat Graf Bismarck, der ganz grimmig verstimmt aussah, vor und verlas in tonloser, ja geschäftlicher Art und ohne jegliche Spur von Wärme oder feierlicher Stimmung die Ansprache „an das deutsche Volk". Bei den Worten „Mehrer des Reichs" bemerkte ich eine zuckende Bewegung in der ganzen Versammlung, die sonst lautlos blieb. Nun trat der Großherzog von Baden mit der ihm so eigenen, natürlichen, ruhigen Würde vor und rief laut mit erhobener Rechten: „Es lebe Se. Kaiserliche Majestät der Kaiser Wilhelm!" Ein donnerndes, sich mindestens sechsmal wiederholendes Hurra durchbebte den Raum, während die Fanfaren und Standarten über dem Haupte des neuen Kaisers von Deutschland wehten und „Heil dir im Siegerkranz" ertönte. Dieser Augenblick war mächtig ergreifend, ja überwältigend und nahm sich wunderbar schön aus. Ich beugte ein Knie vor dem Kaiser und küsste ihm die Hand, worauf er mich aufhob und mit tiefer Bewegung umarmte. Meine Stimmung kann ich nicht beschreiben, verstanden haben sie wohl alle; ja selbst den Fahnenträgern habe ich eine unverkennbare Gemütsbewegung angesehen.
Nun brachten die Fürsten, einer nach dem andern, ihre Glückwünsche dar, welche der Kaiser mit einem freundlichen Händedruck entgegennahm, worauf eine Art Defiliercour[1]) stattfand, die jedoch des unvermeidlichen Gedränges wegen keinen rechten Charakter hatte.

Heinrich Otto Meisner (Hrsg.), Kaiser Friedrich III. Das Kriegstagebuch von 1870/71, Berlin 1926, S. 342 f.

Überlegen Sie, warum bei der Kaiserproklamation keine Parlamentsvertreter in Erscheinung traten. Welche Rückschlüsse auf die Herrschaftsverhältnisse im neuen Reich lässt diese Tatsache zu?

M 3 Die Reichsgründung aus Sicht des Historikers

Der Münchener Historiker Thomas Nipperdey (1927–1992) beschreibt das Streben der deutschen Nation nach einem Nationalstaat als einen Vorgang, den das europäische Ausland keineswegs als „deutschen Sonderweg" empfand. Gleichzeitig versucht er den 1871 gegebenen Alternativen nachzuspüren.

Dieses Reich hat weltgeschichtlich nicht lange Bestand gehabt: 1918, nach 42 Jahren, ist das Kaisertum, 1945, nach 74 Jahren, ist der Staat und ist die europäische Macht untergegangen. [. . .] Ist nicht die Entwicklung zu Hitler hin eine Perspektive, die noch die Reichsgründung ganz und gar verdunkelt? Seit dem Untergang des Deutschen Reiches ist diese Frage viel erörtert, jene Gründung viel kritisiert worden.
Um die Frage aus der puren Subjektivität der spätgeborenen Klügeren zu lösen, muss man sie in den zeitgenössischen Kontext stellen, muss man nach den alternativen Optionen der Zeitgenossen fragen. Der Nationalismus und die Formierung der Nationen in Nationalstaaten war ja nichts Zufälliges und

[1]) Parade

nichts spezifisch Deutsches, sondern das Charakteristikum Europas seit der Französischen Revolution und seit 1848 erst recht [. . .]. Gab es nun, so die Überlegung, zu der Bismarck'schen Reichsgründung nationalpolitische Alternativen? Am meisten diskutiert worden ist von Zeitgenossen die großdeutsch-
15 föderalistische Alternative. [. . .] Aber man muss an die inneren Widersprüche erinnern: Eine großdeutsch-föderalistische Lösung, die nur die deutschen Teile Österreichs einschloss, war (ohne Revolution und Zerschlagung des Gesamtstaats) nicht möglich. Eine Mitteleuropa-Föderation war nicht lebensfähig; sie war als Großraum und Großmacht für Europa „erst recht" unerträglich; sie
20 war, weil sie kein funktionierendes, unmittelbar gewähltes Parlament haben konnte – denn sie hätte kein homogenes[1]) Staatsvolk gehabt –, für alle Liberalen und Demokraten unakzeptabel; sie war [. . .] im Zeichen der nationalen Selbstbestimmungsansprüche und Identitätsbegeisterung nicht mehr lebensfähig; sie hätte ein Reich in all jene Konflikte der Sprachen- und Völkerkämpfe
25 verwickelt und diese Kämpfe gerade nicht neutralisiert oder eingehegt. Das großdeutsche Problem war angesichts der Existenz Österreich (-Ungarn)s nur durch die kleindeutsche Lösung zu bewältigen.
Die zweite Möglichkeit wäre eine nationalrevolutionäre, nationaldemokratische Staatsgründung, eine Garibaldi-Gründung[2]) gewesen und mit ihr die
30 Mediatisierung oder Regionalisierung Preußens – davon träumten die radikalen Demokraten und manche Sozialdemokraten noch in den 1860er-Jahren. Aber das war nach dem Scheitern der 48er Revolution, nach der Selbstbehauptung der deutschen Fürstenstaaten, nach der Scheidung von Liberalismus und revolutionärer Demokratie und angesichts des Misstrauens der
35 europäischen Mächte gegen jede zentraleuropäische Neubildung, eine revolutionäre zumal, ganz ausgeschlossen. Die Nation für eine solche Gründung gab es nicht. [. . .]
Insofern also war der preußische hegemoniale Charakter eines deutschen Nationalstaates, seit 1866 jedenfalls, vorgegeben. [. . .] Ein Punkt ist sicher,
40 und der bringt alle Gründungskritik zur Verzweiflung: Eine weniger Bismarck'sche, eine moderat liberalere Lösung hätte am Nationalismus der Deutschen kaum etwas geändert, am Groß- und später Weltmachtanspruch – das war nicht die Folge der Gründungskonstellation.

Thomas Nipperdey, Deutsche Geschichte 1866–1918, Band II: Machtstaat vor der Demokratie, München 1992, S. 80 ff.

1. *„Der Nationalismus. . . war . . . das Charakteristikum Europas seit der Französischen Revolution und seit 1848 erst recht." Diskutieren Sie die Aussage Nipperdeys anhand der nationalen Erhebungen zwischen 1789 und 1871.*
2. *Nipperdey hält sowohl eine „großdeutsch-föderalistische Lösung" als auch eine „nationalrevolutionäre, nationaldemokratische Staatsgründung" angesichts der zeitgenössischen Gegebenheiten für unrealistisch. Bewerten Sie diese Einschätzung.*
3. *„. . . eine moderat liberale Lösung hätte am Nationalismus der Deutschen kaum etwas geändert, am Groß- und später Weltmachtanspruch." Von welchem Vorwurf will der Autor die Reichsgründung damit befreien?*

---
[1]) homogen: einheitlich
[2]) Anspielung auf die Einigung Italiens Anfang der Sechzigerjahre

Die Verfassung des Kaiserreichs

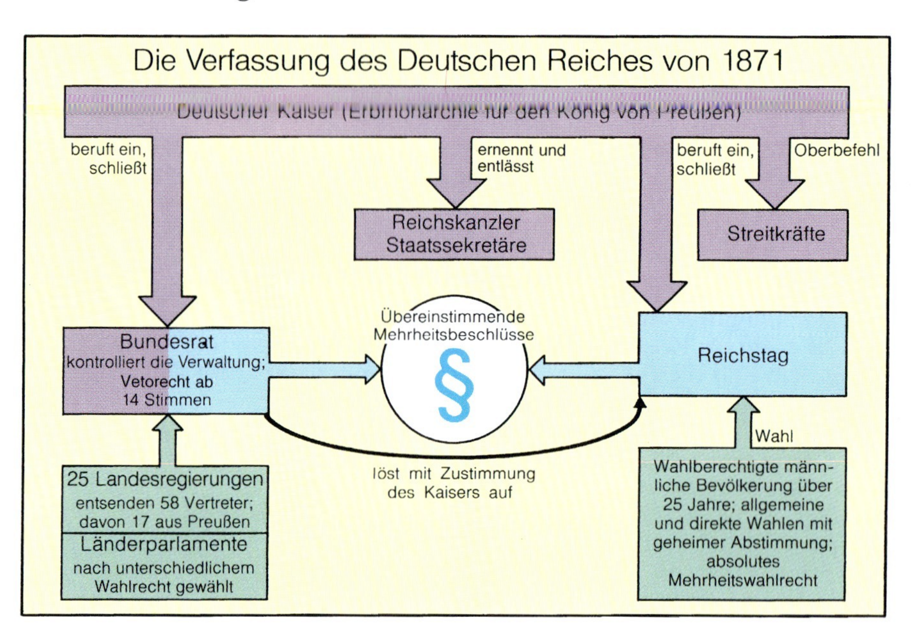

Das Reich – ein Bundesstaat

Die Verfassung von 1871 beschränkte sich darauf, die Organisation des neuen Reiches zu regeln (⇨ M 1). Deshalb enthielt sie auch keinen Grundrechtskatalog, der das Verhältnis der Bürger zum Staat beschrieb. Schon dadurch wurde deutlich gemacht, dass nicht eine mündige Nation das neue Reich ins Leben gerufen hatte, sondern die Verfassung das Ergebnis von Verhandlungen zwischen souveränen Fürsten war. Andererseits hatten die liberal-bürgerlichen Kräfte durchaus konstitutionelle Ziele, beispielsweise das allgemeine Wahlrecht und die Schaffung einer Volksvertretung in Form des Reichstags, erreicht.
Die Präambel der Verfassungsurkunde erklärte das Deutsche Reich zum „ewigen Bund". Dennoch war das Reich kein Staatenbund wie ehedem der Deutsche Bund, sondern ein *Bundesstaat*. Die eigentlichen Gründer des Reiches, die Bundesstaaten, waren in ihren Gebieten vorwiegend ausführende Organe der Staatsgewalt des Reichs.
Die Bundesstaaten behielten alle Befugnisse, die nicht ausdrücklich dem Reich übertragen waren. Ihre Kompetenzen waren zum Teil weitreichend. Neben der eigenständigen Verwaltung verblieben ihnen vor allem die Ausübung der Justiz und die Kultusangelegenheiten. Bayern, Sachsen und Württemberg bewahrten sich bedeutende Reservatrechte als Preis für den Beitritt zum Deutschen Reich, so zum Beispiel eigene diplomatische Vertretungen, Eisenbahnen, eigene Post und eigene Armeen.

Während die Länder nach wie vor ihre Finanzhoheit besaßen und alle direkten Steuern einzogen, verblieben dem Reich nur schmale Einkünfte aus indirekten Steuern und Zöllen. Lediglich die Abführung eines bestimmten *Matrikularbeitrages*[1]) konnte das Reich unter Zustimmung des Bundesrates fordern. Im Zuge der ständigen Erweiterung seiner Aufgaben musste es immer häufiger auf diese Matrikularbeiträge zurückgreifen. Das Reich wurde so zum „Kostgänger bei den Ländern".

Kaiser und Reichskanzler

Der König von Preußen hatte gemäß der Verfassung als *Deutscher Kaiser* das Präsidium des Reiches inne. Er ernannte und entließ den *Reichskanzler* und die Reichsbeamten. Ferner vertrat er das Reich völkerrechtlich und entschied zusammen mit dem Bundesrat über Krieg und Frieden. Er fertigte die Reichsgesetze aus und verkündete sie. Mit Zustimmung des Bundesrates konnte er den Reichstag auflösen. Dank der dominierenden Stellung Preußens im Reich war seine Position zusätzlich gestärkt.
Für die Politik des Reiches verantwortlich war der Reichskanzler. Er war nicht dem Parlament, sondern ausschließlich dem Kaiser Rechenschaft schuldig. Gleiches galt für die *Staatssekretäre* (Minister).

Die Stellung des Bundesrates im Verfassungssystem

Der *Bundesrat* repräsentierte die „verbündeten Regierungen" und war somit der verfassungsmäßige Souverän des Reiches. Er bestand aus insgesamt 58 Mitgliedern. Jeder der 25 Bundesstaaten entsandte mindestens einen weisungsgebundenen Vertreter. Hessen und Baden besaßen drei, Sachsen und Württemberg vier, Bayern sechs und Preußen 17 Stimmen. Jedes Land konnte seine Stimmen nur einheitlich abgeben, wie dies auch heute noch im Bundesrat der Bundesrepublik Deutschland der Fall ist.
Gegen Preußens Veto konnten weder Reichsverfassung noch Finanz- und Militärgesetzgebung geändert werden. 17 Bundesratsstimmen bedeuteten eine ausreichende Sperrminorität und begünstigten zugleich den Versuch, die Politik des Reiches und seines größten Gliedstaates miteinander in Einklang zu bringen.
Der Bundesrat erließ in Übereinstimmung mit dem Reichstag die Reichsgesetze. Er musste die völkerrechtlichen Verträge des Kaisers ratifizieren und der Kriegserklärung zustimmen.
Vorsitzender im Bundesrat war der Reichskanzler. Dies ermöglichte ihm, Gesetzgebungsrechte des Bundesrates gegen den Reichstag auszuspielen und Gesetzesinitiativen zu blockieren. In dieser Position konnte der Reichskanzler auch Einfluss auf die Auflösung des Reichstags nehmen, die der Bundesrat mit Zustimmung des Kaisers beschließen konnte.

[1]) Zahlungen der einzelnen Länder an den Zentralstaat

Schon 1848 tagten die Abgeordneten der Paulskirche zu Füßen eines Gemäldes der Germania. Das rund 30 Jahre später oberhalb von Rüdesheim am Rhein errichtete Niederwalddenkmal präsentierte sich als stolzes Sinnbild der Verbindung eines endlich verwirklichten Nationalstaats und moderner industrieller Macht. In Erz gegossen, war das Standbild eine Leistung schwerindustrieller Gießtechnik. Die Sockelinschrift erinnert „an die einmütige und siegreiche Erhebung des deutschen Volkes und die Wiederaufrichtung des Deutschen Reiches 1870/71". Sie symbolisiert den Anspruch des kleindeutsch-preußischen Kaiserreichs, sich als zeitgemäße Wiedergeburt des mittelalterlichen Reiches zu sehen (siehe Seite 124).

Der Reichstag

Gegenüber Bundesrat und Reichskanzler besaß der *Reichstag* nur bescheidene Rechte: die traditionelle jährliche Budgetbewilligung, die Möglichkeit der Gesetzesinitiative und die Abstimmung über Gesetzesvorlagen, wobei Übereinstimmung mit dem Bundesrat erforderlich war.

Der Reichstag ging aus allgemeinen, gleichen, unmittelbaren und geheimen Wahlen hervor, an denen sich nur die männliche Bevölkerung mit einem Mindestalter von 25 Jahren beteiligen durfte. Das war trotzdem ein großer Fortschritt, denkt man an das Zensuswahlrecht, das noch in einigen Bundesstaaten existierte. In jedem der 397 Wahlkreise wurde nach dem Mehrheitswahlrecht ein Abgeordneter gewählt, und zwar sollte auf je 100 000 Einwohner ein Parlamentarier entfallen. Da man aber die Wahlkreise im Laufe der Jahrzehnte nicht der Bevölkerungsentwicklung anpasste, wurde die ursprüngliche Wahlkreiseinteilung bis zum Ausbruch des Ersten Weltkrieges immer ungerechter: Der Wahlkreis Schaumburg-Lippe etwa mit knapp 47 000 Einwohnern stellte zu Beginn des 20. Jahrhunderts genauso einen Abgeordneten wie Teltow-Charlottenburg mit 1,3 Millionen Einwohnern. Hinter diesen nüchternen Zahlen verbarg sich erheblicher Zündstoff: Die dicht besiedelten Arbeiterregionen mit einem hohen Prozentsatz von sozialdemokratischen Wählern waren gegenüber konservativen Wählern in ländlichen Gebieten politisch unterrepräsentiert.

M 1

Die Verfassung des Deutschen Reiches vom 16. April 1871

II. Reichsgesetzgebung

Art. 2. Innerhalb dieses Bundesgebietes übt das Reich das Recht der Gesetzgebung nach Maßgabe des Inhalts dieser Verfassung und mit der Wirkung aus, dass die Reichsgesetze den Landesgesetzen vorgehen. [. . .]
5 *Art. 5.* Die Reichsgesetzgebung wird ausgeübt durch den Bundesrat und den Reichstag. Die Übereinstimmung der Mehrheitsbeschlüsse beider Versammlungen ist zu einem Reichsgesetze erforderlich und ausreichend.
Bei Gesetzesvorschlägen über das Militärwesen, die Kriegsmarine und die im Artikel 35 bezeichneten Abgaben gibt, wenn im Bundesrat eine Meinungsver-
10 schiedenheit stattfindet, die Stimme des Präsidiums den Ausschlag, wenn sie sich für die Aufrechthaltung der bestehenden Einrichtungen ausspricht.

III. Bundesrat

Art. 6. Der Bundesrat besteht aus den Vertretern der Mitglieder des Bundes [. . .].
15 *Art. 7.* Der Bundesrat beschließt:
1) über die dem Reichstage zu machenden Vorlagen und die von demselben gefassten Beschlüsse;
2) über die zur Ausführung der Reichsgesetze erforderlichen allgemeinen Verwaltungsvorschriften und Einrichtungen, sofern nicht
20 durch Reichsgesetz etwas anderes bestimmt ist [. . .].

IV. Präsidium

Art. 12. Dem Kaiser steht es zu, den Bundesrat und den Reichstag zu berufen, zu eröffnen, zu vertagen und zu schließen.
Art. 15. Der Vorsitz im Bundesrat und die Leitung der Geschäfte steht dem
25 Reichskanzler zu, welcher vom Kaiser zu ernennen ist. [. . .]
Art. 16. Die erforderlichen Vorlagen werden nach Maßgabe der Beschlüsse des Bundesrates im Namen des Kaisers an den Reichstag gebracht, wo sie durch Mitglieder des Bundesrates oder durch besondere von Letzterem zu ernennende Kommissarien vertreten werden [. . .].

30 *V. Reichstag*

Art. 20. Der Reichstag geht aus allgemeinen und direkten Wahlen mit geheimer Abstimmung hervor.
Art. 23. Der Reichstag hat das Recht, innerhalb der Kompetenz des Reichs Gesetze vorzuschlagen und an ihn gerichtete Petitionen dem Bundesrat resp.
35 Reichskanzler zu überweisen.
Art. 24. Die Legislaturperiode des Reichstages dauert drei Jahre. Zur Auflösung des Reichstages während derselben ist ein Beschluss des Bundesrates unter Zustimmung des Kaisers erforderlich.

Ernst Rudolf Huber (Hrsg.), Dokumente zur Deutschen Verfassungsgeschichte, Band 2, Stuttgart 1964, S. 290 ff.

1. *Nennen Sie Gründe, weshalb man den Bundesrat im Vergleich zum Reichstag als einflussreicher bezeichnen kann.*
2. *Vergleichen Sie die Verfassung von 1871 mit dem Grundgesetz der Bundesrepublik Deutschland hinsichtlich der Kompetenzen von Staatsoberhaupt, Parlament und Ländervertretung.*

M 2 Verfassung und Gesellschaft im Kaiserreich

Der Düsseldorfer Historiker Wolfgang J. Mommsen untersucht die Ambivalenz der Reichsverfassung von 1871.

Ihrer gesellschaftlichen Substanz nach stellte die Verfassung des Deutschen Reiches von 1871 einen dilatorischen[1]) Herrschaftskompromiss zwischen den traditionellen Herrschaftseliten und dem aufsteigenden Bürgertum dar, der allerdings durch die bundesstaatliche Struktur, die der Form nach föderalistischen Prinzipien folgte, der Sache nach jedoch die Hegemonie Preußens auf Dauer sicherstellte, zusätzlich verkompliziert wurde. [. . .] Die Machtstellung der konservativen Aristokratie in Preußen blieb im Wesentlichen unangetastet, ja durch die Einbeziehung von Teilen der aufsteigenden bürgerlichen Schichten wurde dieser gleichsam eine neue *lease*[2]) auf Zeit gewährt. Auch Heer und Offizierskorps wurden zumindest vorerst vor den demokratischen Tendenzen geschützt und Letzterem, unter dem Schutzschild der sogenannten „Kommandogewalt", weiterhin eine privilegierte Stellung innerhalb der Gesellschaft gesichert. Auf wirtschafts- und gesellschaftspolitischem Gebiet hingegen wurde dem Bürgertum freie Hand gegeben, die notwendige Modernisierung der ökonomischen und rechtlichen Infrastrukturen vorzunehmen, soweit dabei nicht direkt monarchische Prärogativen[3]) verletzt wurden. Der hohen Bürokratie vornehmlich Preußens fiel innerhalb dieses halbkonstitutionellen Systems eine Schlüsselstellung zu, vermochte sie doch dem Reichstag und den Parteien in der Regel das Gesetz des Handelns vorzuschreiben. Die Integrationswirkung des nationalen Kaisertums tat ein Weiteres, um die Stoßkraft der Parteien im politischen Raum abzuschwächen und der Exekutive einen erheblichen Handlungsspielraum zu wahren.

Im Zuge der politischen Mobilisierung neuer Sozialschichten, namentlich der Arbeiterschaft, aber auch des unteren Mittelstandes und der Bauern, sollte sich dieser Herrschaftskompromiss dann allerdings zunehmend als brüchig erweisen. Immerhin hat er den Rahmen für eine bemerkenswerte Modernisierung der deutschen Gesellschaft abgegeben. [. . .]

Abschließend stellt sich uns die Frage nach dem verfassungsrechtlichen Typus der Verfassung des Deutschen Reiches. In europäischer Perspektive gesehen, nahm diese eine Mittelstellung zwischen den fortgeschrittenen Verfassungen West- und teilweise Südeuropas einerseits und den ungleich autoritäreren Systemen Ost- und Südosteuropas andererseits ein. Sie war, zumindest auf den ersten Blick, bemerkenswert fortschrittlich insofern, als sie dem demokratischen Prinzip des *one man one vote*, wenn auch mit gewissen Einschränkungen, Geltung verlieh.

Wolfgang J. Mommsen, Der autoritäre Nationalstaat. Verfassung, Gesellschaft und Kultur im deutschen Kaiserreich, Frankfurt/Main 1990, S. 60 f.

1. *Welche Auswirkungen hat laut Mommsen die Reichsverfassung auf die alten Herrschaftseliten und das Bürgertum?*
2. *Diskutieren Sie die Kritik, die der Autor an der Reichsverfassung übt.*

---

[1]) aufschiebend, verzögernd

[2]) (engl.): Pachtvertrag

[3]) Eigentlich so viel wie günstige Vorbedeutung. In einer konstitutionellen Monarchie sind damit besondere Vorrechte der Krone gemeint, etwa das Vorrecht des Monarchen im Gesetzgebungsprozess oder sein Recht, das Parlament aufzulösen.

„O wie gerne würden wir dem Reichskanzler ein solches Monument vergönnen!"
Die Wiener Zeitschrift „Kikeriki" setzte 1875 die Rachegedanken des katholischen Klerus gegen den Reichskanzler in Szene. Bismarck war während seiner gesamten Amtstätigkeit ein beliebtes Ziel in- und ausländischer Karikaturen, die er sogar sammeln ließ.

Obrigkeitsstaat und Parteien

1871–1887	Kulturkampf: Auseinandersetzung zwischen Staat und römisch-katholischer Kirche
1878–1890	Das Sozialistengesetz unterdrückt Arbeiterparteien und Gewerkschaften

Bismarck und die Parteien: „Verbündete auf Zeit"

Bismarck, nach der Verfassung von der Mehrheit des Reichstags nicht abhängig, empfand sich als den objektiven Sachwalter des Staatsinteresses. Für ihn waren Parteien, die ihre jeweilige „Tendenzpolitik" durchzusetzen versuchten, nicht mehr als „Verbündete auf Zeit". In den ersten Jahren nach der Reichsgründung kooperierte er mit den Nationalliberalen und teilweise mit der liberalen Fortschrittspartei, die aber weniger zu pragmatischen Zugeständnissen an die Regierung bereit war. In der Folgezeit litten die liberalen Parteien immer wieder unter Abspaltungen, sobald ihre freiheitlichen Zielsetzungen im politischen Alltagsgeschäft unterzugehen drohten. Zu den „staatstragenden" Parteien zählten auch die konservativen Gruppierungen im Reichstag, auf deren Stimmen Bismarck seit 1879 angewiesen war.
Hingegen wurden diejenigen gesellschaftlichen Gruppen, die das vom Kanzler beschlossene „Staatsinteresse" nicht teilten, in der öffentlichen Diskussion als „Reichsfeinde" heftig angegriffen. Der Bannstrahl traf in erster Linie den politischen Katholizismus und die Vertreter der Arbeiterbewegung.

Voraussetzungen des Kulturkampfs in Deutschland und Europa

Seit Mitte des 19. Jahrhunderts verstärkte die katholische Kirche die Auseinandersetzung mit den Ideen der Aufklärung und des Liberalismus, sowie ganz allgemein mit dem (industriellen) Fortschritt. Als Papst *Pius IX.* (1846–1878) das *Dogma der päpstlichen Unfehlbarkeit* 1870 verkündete, schien dies eine geistige Legitimation für neuerliche kirchliche Eingriffe in Belange des Staates zu schaffen. Die Liberalen in ganz Europa fürchteten, dass die Kirche die modernen Errungenschaften in Staat und Gesellschaft rückgängig machen wollte.
In Deutschland gründeten 1871 *Ludwig Windthorst* und der Mainzer Bischof *Emmanuel von Ketteler* als Partei der katholischen Minderheit das *Zentrum,* das im ersten Reichstag mit 63 Abgeordneten (18,6 % der Stimmen) vertreten war. Bismarck sah in der Gründung des Zentrums erste Auswirkungen der päpstlichen „ultramontanen"[1]) Politik und einen Sprengsatz für die innere Stabilität des jungen, protestantisch geprägten Reichs. In dem als *Kulturkampf* bezeichneten Vorgehen gegen Zentrum und katholische Kirche banden sich der Reichskanzler und die liberalen Parteien eng aneinander (⇨ M 1).

Verlauf und Beendigung des Kulturkampfs im Reich

Ziel aller Kulturkampfgesetze war die eindeutige Trennung von Kirche und Staat in allen gesellschaftlichen Bereichen. Der *Kanzelparagraph* von 1871 stellte es für Geistliche unter Strafe, in Ausübung ihres Amtes „Angelegenheiten des Staates in einer den öffentlichen Frieden gefährdenden Weise zum Gegenstand einer Verkündigung oder Erörterung" zu machen. 1872 entzog das preußische Kultusministerium das Schulwesen endgültig der kirchlichen Obhut und legte die Ausübung der *Schulaufsicht durch den Staat* fest. Im selben Jahr wurde der *Jesuitenorden* verboten. Die *Maigesetze* des Jahres 1873 stellten die Ausbildung von Geistlichen unter staatliche Kontrolle, Kirchenaustritte wurden erleichtert. Illoyalen Geistlichen drohte das *Expatriierungsgesetz* den Verlust der Staatsbürgerschaft und die Ausweisung an. 1874/75 wurde die *Zivilehe* eingeführt. Zu diesem Zweck errichtete man staatliche Standesämter. Das *Brotkorbgesetz* von 1875 stellte die staatlichen Zahlungen an die Kirche ein und das *Klostergesetz* hob alle Orden mit Ausnahme der Krankenpflegeorden auf. Trotz dieser umfassenden Maßnahmen verdoppelte das Zentrum seine Wählerzahl und war 1890 stärkste Partei im Reichstag.
Seit 1878 fanden Ausgleichsverhandlungen zwischen dem Deutschen Reich und dem mäßigend wirkenden Papst *Leo XIII.* (1878–1903) statt. Bismarck benötigte nun das Zentrum gegen die Liberalen für seine Wirtschafts- (Schutzzölle!) und Finanzpolitik (Unabhängigkeit von den Matrikularbeiträgen der Länder). Die Aussöhnung Bismarcks mit dem Zentrum – ein Akt tagespolitischer Notwendigkeit – ist ein prägnantes Beispiel für seine „Schaukelstuhlpolitik". Sie führte in der Folgezeit zum Abbau vieler Kampfgesetze. Vor allem die staatliche Schulaufsicht und die Einrichtung der Zivilehe blieben aber weiterhin bestehen.

---

[1]) ultra montes (lat.): jenseits der Berge

„Der Pfeil ist auf die Socialdemokraten gerichtet; wie aber, wenn er über das Ziel hinausfliegt?" (Karikatur aus dem „Kladderadatsch", 1878.)

Die Auseinandersetzung mit den Sozialdemokraten

Eine weitere starke politische Kraft im Kaiserreich waren die Parteien der Arbeiterbewegung, der *Sozialdemokratie* (siehe Seite 113). Der „eiserne Kanzler" erkannte sehr wohl die Sprengkraft der verschärften sozialen Gegensätze in der Industriegesellschaft. Er wollte deshalb den berechtigten Wünschen der Arbeiterschaft entgegenkommen, natürlich auch, um sie von den Sozialdemokraten zu lösen.
Im Vordergrund stand jedoch die Bekämpfung der Partei und ihrer Organisationen. Zwei Attentate auf Kaiser Wilhelm I., die fälschlicherweise den Sozialdemokraten zugeschrieben wurden, lieferten den gewünschten Vorwand zum lange geplanten *Gesetz gegen die gemeingefährlichen Bestrebungen der Sozialdemokratie.* Mit den Stimmen von Konservativen, Zentrum und Nationalliberalen wurde das Gesetz 1878 vom Reichstag verabschiedet und bis 1890 mehrfach verlängert. Das Sozialistengesetz verstieß gegen das grundlegende Rechtsstaatsprinzip der Rechtsgleichheit. Es verbot alle Organisationen, „welche durch sozialdemokratische, sozialistische und kommunistische Bestrebungen den Umsturz der bestehenden Staats- und Gesellschaftsordnung bezwecken". In Ausführung dieses Gesetzes wurden zwar nicht die Sozialistische Arbeiterpartei selbst, wohl aber alle Parteiorganisationen und die ihnen nahe stehenden Gewerkschaften aufgelöst. Die gesamte Parteipresse musste eingestellt werden. Viele Sozialdemokraten wurden verhaftet und verurteilt (▷ M 2). Andererseits konnten sozialdemokratisch gesinnte Kandidaten weiterhin gewählt werden.
Aber ähnlich wie im Falle des Kampfes gegen das Zentrum führten Verbote und Unterdrückungsmaßnahmen nicht zu einer dauerhaften Schwächung der Sozialdemokratie. Nach anfänglichen Schwierigkeiten sammelte sie sich wieder und hielt 1880 in der Schweiz ihren ersten Kongress ab. Auch ihre Druckschriften wurden dort verlegt und nach Deutschland eingeschleust.

M 1

Der Kulturkampf auf parlamentarischer Ebene

Bismarck griff am 30. Januar 1872 in einer Rede vor dem preußischen Abgeordnetenhaus die Existenz einer konfessionellen Partei an:

Ich habe es von Hause aus als eine der ungeheuerlichsten Erscheinungen auf politischem Gebiet betrachtet, dass sich eine konfessionelle Fraktion in einer politischen Versammlung bildete, eine Fraktion, der man, wenn alle übrigen Konfessionen dasselbe Prinzip annehmen wollten, nur die Gesamtheit einer evangelischen Fraktion gegenüberstellen müsste; dann wären wir allerdings auf einem inkommensurabeln[1]) Boden, denn damit würden wir die Theologie in die öffentlichen Versammlungen tragen, um sie zum Gegenstande der Tribünen-Diskussion zu machen.

(Sehr gut! sehr richtig! Große Unruhe.)

[. . .] Wenn nun zur Herstellung des Friedens mit dem Staate also die Fraktion des Herrn Vorredners sich auf einem politischen Boden konfessionell konstituiert hatte und ihre politische Haltung in der Hauptsache von der Konfession abhängig machte, so konnte man nun fragen: Sucht sie auf diese Weise den Frieden zu erstreben, indem sie ihre Macht zeigt? Ich habe [. . .] die Bildung dieser Fraktion nicht anders betrachten können, als im Lichte einer Mobilmachung der Partei gegen den Staat.

Der Zentrumsführer Ludwig Windthorst (1812–1891) antwortete Bismarck:

Er [Bismarck] hat gesagt, dass, nachdem er aus dem Felde zurückgekommen und die Bildung der Fraktion, der ich angehöre, erfahren, er dies als eine Mobilmachung zur Bekämpfung des Staates angesehen habe. Ich weiß nicht, was der Herr Minister-Präsident als Bekämpfung des Staates ansieht. Wenn der Herr Minister-Präsident annimmt, dass jede Bekämpfung seiner Maßregeln und seiner Politik ein Kampf gegen den Staat ist, dann hat er vielleicht in diesem oder jenem Punkt Recht, aber, meine Herren, ich bin so frei, anzunehmen, dass es noch nicht richtig ist, dass der Herr Minister-Präsident der Staat sei.

(Sehr gut! Bravo! im Centrum.)

Ich kann ein eifriger Anhänger des Staates und des Vaterlandes sein, und doch mich in meinem innersten Gewissen genötigt finden, viele Maßregeln zu bekämpfen, und zwar energisch zu bekämpfen, welche der Herr Minister-Präsident einzuleiten für gut findet.

(Bravo! im Centrum.)

Das ist in allen Staaten so gewesen, und es ist vor allem in England so gewesen, und kein Minister in England hat es noch gewagt zu sagen, wenn man seine Maßregeln bekämpfe, dann bekämpfe man den Staat!

(Bravo! im Centrum.)

Gerhard A. Ritter (Hrsg.), Das Deutsche Kaiserreich 1871–1914, Göttingen, 4. Auflage 1981, S. 196 ff.

1. *Legen Sie die Vorwürfe dar, die Bismarck gegen das Bestehen einer konfessionellen Partei erhebt.*
2. *Erklären Sie, weshalb der Staat nach Auffassung Bismarcks nicht mit dem Zentrum zusammenarbeiten kann.*
3. *Welche Kritik übt Windthorst an Bismarck?*
4. *Wie erklärt er den politischen Charakter des Zentrums?*

[1]) nicht messbar, unvergleichbar

M 2

„An unsere Freunde und Parteigenossen in Berlin."

Nach Inkrafttreten des Sozialistengesetzes wies 1878 die Polizei einige Anhänger der Sozialdemokraten aus Berlin aus. Die Betroffenen antworteten mit einem Flugblatt.

Man wirft uns vor, dass wir die öffentliche Ordnung gefährden.
Genossen und Freunde! Ihr wisst, so lange wir unter euch waren und durch Wort und Schrift zu euch sprechen konnten, war es unser erstes und letztes Wort:
5 Keine Gewalttätigkeiten, achtet die Gesetze, verteidigt aber innerhalb des Rahmens derselben eure Rechte. [. . .]

Lasst euch nicht provozieren!

Vergesst nicht, dass ein infames Lügensystem in der Presse es fertiggebracht hat, uns in der öffentlichen Meinung als diejenigen hinzustellen, welche zu 10 jeder Schandtat fähig sind, deren Ziel nur Umsturz und Gewalttat sein sollte.
Jeder Fehltritt eines Einzigen von uns würde für Alle die schlimmsten Folgen haben und gäbe der Reaktion eine Rechtfertigung für ihre Gewaltstreiche.
Parteigenossen! Arbeiter Berlin's! Wir gehen aus eurer Mitte in's Exil; noch 15 wissen wir nicht, wie weit uns die Verfolgungswut treiben wird, aber des seid versichert, wo wir auch weilen mögen, stets werden wir treu bleiben der gemeinsamen Sache, stets werden wir die Fahne des Proletariats hoch halten, von euch aber verlangen wir: Seid ruhig! Lasst unsere Feinde toben und verleumden, schenkt ihnen keine Beachtung.
20 *Weist die Versucher ab, die Euch zu geheimen Verbindungen oder Putschen reizen wollen.*
Haltet stets an der Losung, die wir euch so oft zugerufen: *An unserer Gesetzlichkeit müssen unsere Feinde zu Grunde gehen.*
Und nun noch ein Wort, Freunde und Genossen! Die Ausweisung hat bis 25 jetzt mit Ausnahme eines Einzigen, nur Familienväter getroffen.
Keiner von uns vermag seinen Angehörigen mehr als den Unterhalt der nächsten Tage zurück zu lassen.
Genossen! *Gedenkt unserer Weiber und unserer Kinder!*

Parteigenossen! Bleibet ruhig!
30 Es lebe das Proletariat! Es lebe die Sozialdemokratie!

Hans Magnus Enzensberger u. a. (Hrsg.), Klassenbuch 2. Ein Lesebuch zu den Klassenkämpfen in Deutschland 1850–1919, Darmstadt und Neuwied 1972, S. 99

1. *Verdeutlichen Sie, was mit dem „infamen Lügensystem in der Presse" gemeint ist, dem sich die Sozialdemokratie im Jahre 1878 ausgesetzt sah.*
2. *Erarbeiten Sie aus dem Text die politische Haltung der Verfasser.*
3. *Während der zwölfjährigen Dauer des Sozialistengesetzes wurden 1500 Sozialdemokraten zu Freiheitsstrafen verurteilt und 900 Personen ausgewiesen. Welche Reaktionen dürften die staatlichen Maßnahmen bei den Anhängern der Arbeiterpartei und einer breiten Öffentlichkeit hervorgerufen haben?*
4. *Inwieweit lassen sich politische Strömungen durch staatliche Eingriffe dauerhaft unterdrücken? Suchen Sie Beispiele aus der Geschichte des 19. und 20. Jahrhunderts und diskutieren Sie deren Auswirkungen.*

Wirtschaftliche Entwicklung und Wirtschaftspolitik im Kaiserreich

Auch die Werftindustrie profitierte von dem jungen Deutschen Reich. Der Maler Carl Hochhaus (1852–1935) malte 1886 das geschäftige Treiben auf der Werft des „Vulcan" in Bredow bei Stettin. Hier entstanden in den 90er-Jahren Schnelldampfer, die in Rekordzeiten den Atlantik überquerten und damit die Spitzenstellung deutscher Technologie unterstrichen.

„Gründerboom" und „Gründerkrach"

Die Reichsgründung von 1871 weckte Erwartungen auf eine glänzende wirtschaftliche Zukunft. Die ohnehin dynamische Entwicklung wurde durch die annektierte Wirtschaftsregion Elsass-Lothringen und fünf Milliarden Goldfrancs Kriegsentschädigung des besiegten Frankreich noch zusätzlich angeheizt. Die Konjunktur schäumte über. Allein zwischen 1871 und 1873 wurden 2781 Millionen Mark Kapital in mehr als 500 neue Aktiengesellschaften investiert.
In allen industriell wichtigen Staaten hatten Industrialisierungseuphorie und Fortschrittsbewusstsein den Aufbau von Überkapazitäten gefördert. Als Mitte 1873 die Überproduktion nicht länger verborgen blieb, brachen die Aktienkurse zusammen. Die Kursstürze rissen zahlreiche Banken und Industrieunternehmungen in ganz Europa und den USA in den Untergang.
Deutschland wurde von dieser „Weltwirtschaftskrise" angesichts des seit 1871 anhaltenden *„Gründerbooms"* besonders hart getroffen (*„Gründerkrach"*). Binnen eines Jahres verfielen Preise und Löhne, die Produktion sank – am stärksten in der Schwerindustrie –, und die Arbeitslosigkeit stieg. Die konjunkturelle Talfahrt erreichte erst im Februar 1879 ihren Tiefpunkt. Es folgte eine Phase insgesamt schwachen wirtschaftlichen Wachstums, die etwa

Das elektrische Bügeleisen – technischer Fortschritt oder „Einzäunung ins unbezahlte Frauenhaus"? Elektrizität gab schon früh Anreiz zur Konstruktion elektrischer Geräte für den Haushalt. Bereits in den 1890er-Jahren tauchten elektrische Bügeleisen, Kochplatten, Heißwasserbereiter und elektrische Öfen im Handel auf. Allerdings waren diese Geräte für Arbeiter und Kleinbürger meist noch zu teuer in Kauf wie Unterhalt – und in den großbürgerlichen Häusern verfügte man über genügend Dienstboten. Ihren Siegeszug traten elektrische Haushaltsgeräte erst nach dem Zweiten Weltkrieg an und ermöglichten jetzt verstärkt die Doppelbelastung von Frauen in Familie und Beruf.

bis 1895 anhielt. Da aber die optimistischen Zukunftserwartungen abrupt und schwer enttäuscht worden waren, empfanden die Zeitgenossen diese Entwicklung als Krise. Fast die gesamte Ära Bismarck stand somit innenpolitisch im Schatten wirtschaftlicher Wachstumsstörungen.

Neue Industrien: die zweite Industrialisierungswelle

Zu einem neuerlichen, nachhaltigen Konjunkturaufschwung kam es, als neue Leitsektoren seit den 90er-Jahren die Montan- und Eisenindustrie als „Schlüsselindustrien" ablösten. An der Spitze des Wachstumsschubs standen jetzt die „wissenschaftlichen Industrien" *Maschinen- und Motorenbau, chemische Industrie, optisch-feinmechanische* sowie die *Elektroindustrie* (⇨ M 1). Mit bloß empirisch-praktischen Versuchen, wie in der frühindustriellen Phase, konnte der Fortschritt jetzt nicht mehr vorangetrieben werden. Immer mehr gingen wissenschaftliche Forschung und Unternehmen eine enge Verbindung ein.
Am Aufstieg des wissenschaftlich-technischen Bereichs zeigt sich auch die Bedeutung, die dem staatlichen *Schul- und Hochschulwesen* für die Industrialisierung zukam. Schon seit den 1820er-Jahren waren in Deutschland technische Schulen und Hochschulen gegründet worden (Gewerbeschulen, Realgymnasien und Polytechniken, die späteren Technischen Hochschulen).

Messeplakat von 1891.

Gottlieb Daimler mit seinem ersten Motorwagen (Erstfahrt im Jahre 1887).

Diese Offensive bei der Ausbildung und Forschung ermöglichte es dem industriellen Nachfolgeland, seinen Rückstand aufzuholen und sich bei den neuen Industrien selbst an die Spitze zu setzen. Weitere staatliche Fördermaßnahmen waren ein *Patentschutzgesetz* und die Errichtung des *Reichspatentamtes* (1879) zum Schutz von Forschertätigkeit. 1911 wurde die *Kaiser-Wilhelm-Gesellschaft zur Förderung der Wissenschaften* gegründet (seit 1948 *Max-Planck-Gesellschaft*), um die Zusammenarbeit zwischen naturwissenschaftlicher Grundlagenforschung und Industrie zu verbessern.

Chemie – Elektrizität – Motorbau

Der beispiellose Aufstieg der chemischen Industrie in Deutschland hängt nicht zuletzt damit zusammen, dass das Land – anders als Großbritannien – bis in die späten Bismarck-Jahre nicht über Kolonien verfügte, aus denen es natürliche Farbstoffe günstig hätte einführen können. Dieser Mangel kurbelte die wissenschaftliche und technisch-industrielle Chemie nachhaltig an. Vor dem Ersten Weltkrieg stellte Deutschland sechs Siebtel der Weltproduktion aller künstlichen Farbstoffe her.
Gerade an der Chemieindustrie zeigt sich freilich auch das Doppelgesicht des wissenschaftlich-industriellen Fortschritts. Das nach *Fritz Haber* und seinem Kompagnon benannte *Haber-Bosch-Verfahren* (1913), das die synthetische Ammoniakherstellung in großindustriellem Umfang ermöglichte, war bahnbrechend für die Herstellung von Stickstoffdünger; Ammoniak war aber gleichzeitig ein Ausgangsstoff für die Herstellung von Spreng- und Schießstoff. Seit Herbst 1914 arbeitete

Haber außerdem an der Entwicklung einer Giftgaswaffe, mit deren verhängnisvoll erfolgreichem Einsatz das deutsche Heer im April 1915 die chemische Kriegführung im 20. Jahrhundert eröffnete.
Fundamentale Veränderungen leitete die elektrotechnische Industrie ein. Nach der Entdeckung des dynamo-elektrischen Prinzips durch *Werner Siemens* (1866) stand mit der Elektrizität eine Energie zur Verfügung, die sich beliebig erzeugen und verteilen ließ und in andere Energieformen wie Schall, Bewegung, Wärme, Licht umgewandelt werden konnte. Die Elektrizität war entscheidend an dem neuen Wachstumszyklus der Wirtschaft beteiligt, indem sie den unablässig steigenden Energiebedarf der fortschreitenden Industrialisierung befriedigen konnte. Elektrische Beleuchtungen oder das von *Philipp Reis* 1861 erstmals vorgeführte Telefon revolutionierten den Alltag.
Eine vergleichbare Revolution leitete der Automobil- und Motorenbau ein. Der Kölner *Nikolaus Otto* konstruierte einen Motor mit den für „selbstfahrende Wagen" erforderlichen kleinen Abmessungen. Der Ingenieur *Gottlieb Daimler* verbesserte die Betriebsweise des Motors und baute 1886 in Stuttgart einen mit Benzinmotor betriebenen Kutschenwagen. Zur gleichen Zeit konstruierte *Karl Benz* in Mannheim um eine Antriebsmaschine einen Wagen herum, der nun – wie von den späteren Automobilen gewohnt – mit dem Motor eine Einheit bildete. In den Anfängen des Automobilzeitalters war der Besitz eines solchen Fahrzeugs, das den stolzen Preis eines Einfamilienhauses kostete, ein Zeichen von Snobismus.
Volkswirtschaftlich spielte der Automobilbau noch keine Rolle: Daimler baute 1895 sieben Autos, Benz kam auf 120 Wagen. Aber der „Mercedes" von 1901 – mit immerhin schon 72 km/h und 35 PS – wurde zum Vorbild für andere Automobilhersteller in Europa und den USA. War somit der deutsche Automobilbau um die Jahrhundertwende technisch an führende Stelle gerückt, so blieb der Sprung zur rationellen und für den Endpreis günstigen Massenfertigung den überseeischen Herstellern vorbehalten (1913 Einführung des Fließbands bei *Henry Ford* in Detroit). Dagegen stand der hochspezialisierte deutsche Maschinenbau vor dem Ersten Weltkrieg international an zweiter Stelle.

Die Formierung einer pluralen Verbändegesellschaft und die Anfänge des „Interventionsstaates"

Getreu den herrschenden wirtschaftsliberalen Überzeugungen hatte das Reich nach 1871 keine aktive Wirtschaftspolitik betrieben. Immerhin richtete es 1875 die *Reichsbank* als Zentralnotenbank ein und bis 1876 wurde schrittweise das Münzwesen vereinheitlicht. An die Stelle von fünf verschiedenen Währungen (unter anderem Taler, Gulden, Franc) trat die *Mark*.
Zur selben Zeit forcierte allerdings die wirtschaftliche Stagnation und die damit einhergehende Verschärfung des sozialen Klimas zwischen Unternehmern und Arbeitern die Bildung von *Verbänden* auf beiden Seiten. Vor allem die in Schwierigkeiten geratenen Branchen der Schwer- und Textilindustrie

sowie die Landwirtschaft riefen nun nach Schutzzöllen („Bündnis von Rittergut und Hochofen“) (➪ M 2). Dem Druck der Großagrarier und der Industrieverbände gab Bismarck schließlich im Rahmen seiner Abkehr von den liberalen hin zu den konservativen Parteien und zum Zentrum nach: Während seiner Regierungszeit verfünffachten sich die Einfuhrzölle für Getreide.
Die staatlichen Schutz- und Fördermaßnahmen für die Wirtschaft stellten die Anfänge des „Interventionsstaats“ in Deutschland dar, der durch unmittelbare Eingriffe wirtschaftliches Wachstum, Arbeitsplätze und soziale Stabilität schaffen sollte. Neben der Zollpolitik setzte der Staat zur Exportförderung günstige Transporttarife für Ausfuhrgüter fest, gewährte Steuervorteile, Subventionen und handelsdiplomatische Hilfen, um die nationale Wirtschaft international konkurrenzfähig zu erhalten – eine Entwicklung, die bis zum heutigen Tag anhält. Nach 1880 kam schließlich die Sozialgesetzgebung hinzu. Das Leitziel des frühen Interventionsstaats bzw. das Interesse der fordernden Gruppen richtete sich dabei noch nicht auf die Herstellung größtmöglicher Chancengleichheit aller Bürger. Es ging vielmehr um den Erhalt der bestehenden Wirtschafts- und Sozialordnung sowie des politischen Herrschaftssystems.
Indem Wirtschaftsverbände und *Gewerkschaften* (siehe Seite 113 und 115 f.) an die staatliche Ordnung appellierten, sorgten sie mit dafür, dass eine rasch wachsende Bürokratie bereitwillig die ihr angedienten Aufgaben übernahm. Der Staat regelte von nun an in immer größerem Umfang alle gesellschaftlichen Bereiche. Diese „Verstaatlichung“ des Lebens wurde zu einem Kennzeichen der Moderne.

Das gesellschaftspolitische Kräftespiel der Verbände

Keineswegs alle Branchen verfolgten dieselben Zielsetzungen. Im Gegensatz zu den „alten“ Industrien plädierten die im *Bund der Industriellen* zusammengeschlossenen exportorientierten modernen Wachstumsbranchen und der gewerbliche Mittelstand erfolgreich für niedrigere Zölle. Die Empörung des *Bundes der Landwirte* über den Abbau von Zöllen half dann allerdings ganz wesentlich beim Sturz von Bismarcks Nachfolger *Leo von Caprivi*[1]) nach.
Immer wieder verstanden es die Großagrarier, die außenwirtschaftliche Politik des Reichs nach ihren Interessen zu beeinflussen. So wurden nach der Jahrhundertwende die Agrarschutzzölle erneut erheblich gesteigert. Dies trug dazu bei, die wirtschaftliche Basis der ostelbischen Junker zu stabilisieren und ihre gesellschaftlich und politisch privilegierte Stellung abzusichern. Immer mehr zeigte sich dabei, dass Märkte sich nicht mehr allein im freien Spiel der Kräfte regulierten, sondern künftig dem Einfluss mächtiger Interessengruppen und des Staates ausgesetzt waren.

[1]) Georg Leo Graf von Caprivi (1831–1899), General und Politiker, preußischer Ministerpräsident 1890–1892, Reichskanzler 1890–1894

M 1

Die Wertschöpfung nach Wirtschaftsbereichen

Jahr	*Landwirtschaft, Forsten, Fischerei*	*Bergbau und Salinen*	*Industrie und Handwerk*	*Verkehr*	*Handel, Banken, Versicherungen, Gaststätten*	*Häusliche Dienste*	*Sonstige Dienstleistungen ohne Verteidigung*	*Verteidigung*	*Nichtlandwirtschaftliche Wohnungen*	*Insgesamt*
	1	2	3	4	5	6	7	8	9	10
1870	5 738[1])	255	3 742	280	1 082	1 014			488	14 169
1880	6 427	455	5 194	506	1 437	1 027	1 694	174	765	17 679
1890	7 732	674	7 941	878	1 982	1 054	2 074	203	1 051	23 589
1900	9 924	1 049	12 220	1 576	2 881	1 038	2 685	252	1 544	33 169
1910	10 625	1 530	17 016	2 621	3 953	1 080	3 651	272	2 233	42 981
1913	11 270	1 903	19 902	3 146	4 415	1 061	4 000	346	2 437	48 480
%										
1870	40,5	1,8	26,4	2,0	7,6	7,2	11,3		3,4	100
1913	23,3	3,9	41,1	6,5	9,1	2,2	8,3	0,7	5,0	100

Gerd Hohorst u. a., Sozialgeschichtliches Arbeitsbuch II. Materialien zur Statistik des Kaiserreiches 1870–1914, München, 2. Auflage 1978, S. 88 f.

Entwicklung der Branchen nach Beschäftigungszahlen

Gewerbezweig	*1800[2])*		*1835*		*1850*		*1875*		*1893*		*1913*	
	1	2	1	2	1	2	1	2	1	2	1	2
Metall	170	7,6	250	7,7	333	9,4	751	13,9	1122	14,3	2330	20,1
Bau	240	10,4	325	10,0	368	10,3	530	9,8	1055	13,7	1630	14,0
Steine, Erden	70	3,1	150	4,6	166	4,7	398	7,3	714	9,4	1042	8,9
Feinmechanik	20	0,9	30	0,9	37	1,0	83	1,5	129	1,7	217	1,9
Textil, Leder	1170	52,5	1585	48,7	1638	46,1	2048	37,7	2387	30,9	2705	23,3
Holz, Druck, Papier	230	10,3	360	11,1	297	11,2	652	12,0	926	12,0	1430	12,2
Nahrung	300	13,4	470	14,5	520	14,6	676	12,5	962	12,5	1427	12,2
Bergbau	40	1,8	80	2,5	95	2,7	286	5,3	423	5,5	863	7,4
Insgesamt	2240	100,0	3250	100,0	3554	100,0	5424	100,0	7718	100,0	11644	100,0

Almut Bohnsack, Spinnen und Weben. Entwicklung von Technik und Arbeit im Textilgewerbe, Reinbek 1981, S. 250

1. *Ermitteln Sie mit Hilfe der oberen Statistik, welche Wirtschaftsbereiche im angegebenen Zeitraum am meisten an wirtschaftlicher Bedeutung gewonnen haben.*
2. *Anhand der Beschäftigtenzahlen der wichtigsten Gewerbezweige lassen sich Aussagen über deren Bedeutungswandel treffen. Welche Gewerbezweige expandieren im Laufe des 19. Jahrhunderts besonders? Geben Sie Gründe dafür an.*

---

[1]) alle Angaben in Millionen Mark in Preisen von 1913

[2]) Spalte 1 = Zahl der Beschäftigten in 1000; Spalte 2 = Anteil der Beschäftigten in Relation zu allen im Gewerbe Tätigen (Angaben in Prozent)

M 2

Schutzzoll oder Freihandel?

Der „Centralverband deutscher Industrieller" organisierte sich 1876 als Interessengruppe der ersten „Schlüsselindustrien". 1877 richtete er eine Denkschrift an Kaiser Wilhelm I.

Die Industrie weiß den Vorzug einer internationalen Verkehrsfreiheit, welche die Kräfte der Völker anspornt und den Austausch der überschießenden Produkte ermöglicht, zu schätzen; allein ein einseitiges Vorgehen eines einzelnen Staates auf diesem Wege wird diesen Erfolg niemals zustande bringen. Abstrakte und radikale Theorien, die den Verhältnissen des Lebens nicht Rechnung tragen, haben noch niemals den Völkern Glück und Segen gebracht und es heißt eben abstrakten und radikalen Grundsätzen huldigen, wenn ein Land freiwillig und ohne Not seine Grenzen der auswärtigen Konkurrenz öffnet, während alle Nachbarstaaten sich durch hohe Zölle fast hermetisch gegen uns abschließen. [. . .]
Wenn man erwägt, dass nach einer von uns veranlassten Erhebung bei 102 Aktiengesellschaften der Eisenindustrie und des Maschinenbaues, die ein Aktienkapital von 452 000 000 Mark repräsentieren, im Jahre 1876 35 000 Arbeiter weniger beschäftigt und 45 000 000 Mark weniger Löhne gezahlt worden sind als im Jahre 1873, so ist von selbst einleuchtend, dass eine Rückwirkung auf andere Industriezweige nicht ausbleiben konnte. [. . .]
Die Arbeitslosigkeit nimmt somit von Tag zu Tag größere Dimensionen an, und im Gefolge derselben mehrt sich trotz der Wachsamkeit der Behörden die öffentliche Unsicherheit und die Zahl der Verbrechen.

Gerhard A. Ritter (Hrsg.), Das Deutsche Kaiserreich 1871-1914, Göttingen, 4. Auflage 1981, S. 203

Der Abgeordnete Eugen Richter (1838 – 1906) war einer der einflussreichsten Politiker der Fortschrittspartei. Am 5. Mai 1879 wandte er sich im Reichstag gegen eine Zoll- und Steuervorlage Bismarcks.

Wir sind ein Land, das auf einer ganz anderen und höheren Stufe steht, als diejenigen Länder, die man zum Vergleich anruft. Wir sind so weit entwickelt, dass unsere Ausfuhr zu einem großen Teile in Fabrikaten besteht, dass hier bei den Fabrikaten die Ausfuhr die Einfuhr mehr als um das Doppelte, mehr als das Dreifache übersteigt. Was würde denn sein, wenn der geschlossene Handelsstaat sich verwirklichte, wenn die 300 Millionen Mark Fabrikate, die jetzt eingeführt werden, dann allerdings vielleicht teilweise im Lande gemacht werden könnten, – aber nicht mehr im Lande hergestellt werden könnten jene 800 bis 900 Millionen Mark Fabrikate, die wir ausführen? Dann würden wir für 500 bis 600 Millionen Mark Fabrikate im Lande weniger herstellen können. [. . .]
Wessen Interesse steht aber auch mehr gegenüber dieser Zollpolitik [. . .] als das Interesse des deutschen Handwerkers? [. . .] Was bringen Sie ihnen durch diesen Zolltarif? Verteuerung aller ihrer Stoffe, Werkzeuge und Materialien. [. . .]
Abgesehen von den besonderen durch Schutzzölle geschützten Industriezweigen muss die Verteuerung auf die Konsumtion einschränkend wirken; je mehr man für etwas ausgeben muss, umso weniger hat man übrig für etwas anderes, je weniger dadurch Nachfrage nach anderen Artikeln entsteht, desto weniger ist Gelegenheit für diese anderen Zweige, Arbeiter zu beschäftigen.

Walter Steitz, Quellen zur deutschen Wirtschafts- und Sozialgeschichte von der Reichsgründung bis zum Ersten Weltkrieg, Darmstadt 1985, S. 104ff.

1. *Stellen Sie die Argumente des Centralverbands und des Abgeordneten Richter gegenüber und bewerten Sie deren Stichhaltigkeit.*
2. *Vergleichen Sie beide Positionen zur Bekämpfung der Arbeitslosigkeit mit der aktuellen Debatte über Wirtschaftspolitik in Deutschland.*

Die Auseinandersetzung um die soziale Frage

Karl Marx (1818–1883), Sohn eines jüdischen Rechtsanwalts aus Trier, studierte in Bonn und Berlin Staatswissenschaften und Philosophie. Seit 1842 Chefredakteur der liberalen Rheinischen Zeitung, musste er 1843 wegen seiner radikalen Haltung nach Paris emigrieren, wo er Friedrich Engels traf. Nach 1848 lebte Marx bis zu seinem Tod in England.
Friedrich Engels (1820–1895), Sohn eines Textilfabrikanten aus Barmen, durchlief eine großkaufmännische Ausbildung und lernte danach während eines zweijährigen Aufenthalts in Manchester die Lebensbedingungen der englischen Arbeiter kennen.
Wissenschaftliches Hauptwerk von Marx ist „Das Kapital", das unvollendet blieb (1. Band 1867; 2. und 3. Band aus den hinterlassenen Manuskripten von Engels 1885/94 veröffentlicht).

1848	Karl Marx und Friedrich Engels veröffentlichen das Kommunistische Manifest
1875	Sozialdemokratische Arbeiterpartei (SDAP) und Allgemeiner Deutscher Arbeiterverein (ADAV) vereinigen sich zur Sozialistischen Arbeiterpartei Deutschlands (SAP)
1883–1890	Eine staatliche Sozialgesetzgebung setzt ein: Kranken- und Unfallversicherung sowie Altersversorgung
1890	Die Sozialdemokratie organisiert sich neu unter dem Namen Sozialdemokratische Partei Deutschlands (SPD) Die wieder entstandenen Einzelgewerkschaften gründen als Dachorganisation die Generalkommission der Freien Gewerkschaften Deutschlands
1891	Die katholische Kirche veröffentlicht die Enzyklika Rerum Novarum

Soziale Frage: Materielle Armut hat es in der Geschichte zu allen Zeiten gegeben. In den mittelalterlichen Städten gewährten deshalb Hospitäler oder Armenspeisungen Hilfe aus Mitteln privater Mildtätigkeit. Auf dem Land war viele Jahrhunderte lang der Grundherr zu Schutz und Schirm seiner bäuerlichen „Hintersassen" verpflichtet.
Im frühen 19. Jahrhundert mündeten Bevölkerungsexplosion, Bauernbefreiung und Gewerbefreiheit in die Massenarmut des Pauperismus. Der Aufstieg der Industrie schuf zwar zusätzliche Arbeitsplätze, aber gleichzeitig vermehrte sich die Zahl der in unselbständiger, lohnabhängiger Stellung lebenden Menschen, deren ungesicherte Existenz allein von ihrer Arbeitskraft abhing (*Arbeiter* bzw. *Proletarier*). Die neuartige Elendssituation dieser rasch zunehmenden Schicht wurde als die „soziale Frage" empfunden. Nach ersten tastenden Lösungsversuchen nahm der Staat die Aufgabe sozialregulativer Tätigkeit für sich an (Sozialgesetzgebung Bismarcks).
Die Weimarer Republik ging einen Schritt weiter und schrieb das Sozialstaatsprinzip in der Verfassung fest. Danach waren die staatlichen Organe verpflichtet, alle Lebensbereiche nach den Grundsätzen einer menschenwürdigen Sozialordnung zu gestalten. Doch konnten die selbst gesetzten hoch gesteckten Ansprüche vor allem seit der Weltwirtschaftskrise nicht mehr eingehalten werden. Aus den materiellen Ängsten der Bevölkerung speiste sich nicht zuletzt der Zulauf zu den radikalen Parteien.
Erst das „Wirtschaftswunder" nach dem Zweiten Weltkrieg schuf die Möglichkeit, ein feinmaschiges „soziales Netz" zu knüpfen: Krankenversicherung, Kindergeld, sozialer Wohnungsbau, Ausbildungsbeihilfen und Sozialhilfe für die Bevölkerung im Arbeitsalter; Rente oder Pension als dem Lohn nahe kommende Versorgung in der Zeit danach – um einige wichtige Beispiele zu nennen.
Armut in der Gesellschaft ist aber seither nicht verschwunden. Von einer „neuen sozialen Frage", von der „neuen Armut" in einer „Zweidrittelgesellschaft" ist die Rede. Damit wird eine Gesellschaft gekennzeichnet, in der ein Teil der Bevölkerung – die Leidtragenden von Rationalisierung und Massenarbeitslosigkeit oder von zu geringen Renten – mit den ständig steigenden Standards der Lebenshaltung zunehmend weniger mithalten kann. Auf der anderen Seite verschlingt das „soziale System" nahezu ein Drittel der gesamten Wirtschaftsleistung. Unsere historisch gewachsenen Vorstellungen von der Herstellung einer gerechten Sozialordnung sind erneut herausgefordert.

Erste unternehmerische Hilfsmaßnahmen

Not und Elend der Unterschichten zu lindern, galt in der ersten Hälfte des 19. Jahrhunderts nicht als Aufgabe des Staates. Lediglich einige wenige fortschrittliche Unternehmer versuchten aus humanitärer Überzeugung, ihre Arbeiter schrittweise in das bestehende Gesellschaftssystem zu integrieren. Betriebliche Konsumvereine, die Güter des täglichen Bedarfs billiger anboten, Sparkassen oder Bildungseinrichtungen einiger Unternehmen boten materielle Unterstützung sowie fachliche und geistige Schulung an.

Größere Sicherheit für Alte und Kranke brachten seit den Fünfzigerjahren die ersten Betriebskranken- und -pensionskassen. Sie finanzierten sich aus Beiträgen der Arbeiter und freiwilligen Zuwendungen der Firmeninhaber, die aber nur die großen „Industriebarone" – wie *Alfred Krupp* – aufbringen konnten. Diese wollten mittels einer weit überdurchschnittlichen Absicherung ihrer Arbeiter Streiks und revolutionärer Gesinnung vorbeugen. Bei aller Fürsorge verweigerte der Patriarch Krupp seinen „Untertanen" die Selbstbestimmung und duldete keine gewerkschaftliche oder sozialdemokratische Betätigung (▷ M 1).

Der „Simplicissimus" (1896 in München gegründet) war die erfolgreichste und umstrittenste satirische Wochenzeitung im Kaiserreich und in der Weimarer Republik.
1905 erschien unter der Überschrift „Im christlichen Gewerkverein" eine Karikatur des Zeichners Olaf Gulbransson:
„Ihr solltet wieder arbeiten, denn es steht geschrieben: Im Schweiße deines Angesichts sollst du dein Brot essen." – „Ja, Hochwürden, aber die Zechenbesitzer tun das doch auch nicht." – „Die sind nicht gemeint. Denn nicht mal der liebe Gott würde sich getrauen, Herrn Stinnes oder Herrn Thyssen mit Du anzureden."

Die christlichen Kirchen vor der Proletarierfrage

Die Amtskirchen, die der modernen industriellen Welt gegenüber kritisch eingestellt waren, zeigten sich lange Zeit nicht in der Lage, zukunftsgewandte Lösungen der sozialen Frage anzudenken. Innerhalb der evangelischen Kirche schuf *Johann Hinrich Wichern* mit seinem Konzept der „inneren Mission" Mitte des Jahrhunderts ein erstes Modell für die kirchliche Sozialarbeit. Auf katholischer Seite ging Wilhelm Emmanuel Freiherr von Ketteler über den Aufruf zur „Caritas" hinaus und bejahte eine gewerkschaftliche Arbeiterbewegung, Streiks und eine staatliche Arbeiterschutz- und Sozialgesetzgebung. In den 1890er-Jahren wurden dann tatsächlich *christliche Gewerkschaften* gegründet, die einen Ausgleich zwischen Kapital und Arbeit anstrebten.
Einen Durchbruch bedeutete 1891 die Sozialenzyklika *Rerum Novarum* von Papst Leo XIII. Entgegen der liberalen Auffassung vom Warencharakter der Arbeit stellte die katholische Kirche fest, dass der Lohn über das bloße Existenzminimum hinaus die Bedürfnisse des Lebens gewährleisten müsse. Die europäischen Regierungen forderte der Papst zu einer aktiven Sozialpolitik auf. Obwohl die Enzyklika auch ein Koalitions- und Streikrecht der Arbeiter anerkannte, blieb ihre Wirkung doch begrenzt, weil sie zu wenig konkrete Orientierungshilfen für Konfliktfälle bot (⇨ M 2).

Karl Marx und Friedrich Engels – der revolutionäre Sozialismus

Die für das 19. und 20. Jahrhundert welthistorisch folgenreichste Antwort auf die soziale Frage gaben *Karl Marx* und *Friedrich Engels*. Unter dem Eindruck der schlimmen Lage der Arbeiterschaft veröffentlichten sie im Februar 1848 das *Kommunistische Manifest*, in dem der Kern des *Marxismus* zusammengefasst war (⇨ M 3).
Grundlage von Marx' Weltbild ist der *Materialismus*: Nicht Ideen bestimmen danach das menschliche Sein, sondern das Sein bestimme das menschliche Bewusstsein. Dementsprechend folge der historische Wandel also der Veränderung der materiellen Verhältnisse. Nach Urgesellschaft, antiker Sklavenhaltergesellschaft und mittelalterlicher Feudalgesellschaft sei jetzt die Epoche des *Kapitalismus* angebrochen, in der sich die *Klassen* der Unternehmer und der Proletarier gegenüberstehen. Marx glaubte zwingend vorhersagen zu können, dass in dem bevorstehenden *Klassenkampf* die proletarische Mehrheit die Herrschaft über die bourgeoise Minderheit erringen werde („Diktatur des Proletariats"). Nach einer Übergangszeit im *Sozialismus* entstehe dann die *kommunistische Gesellschaft*. In dieser seien alle Klassengegensätze aufgehoben, die Produktionsmittel seien Eigentum der Gemeinschaft und jeder Mensch könne sich ohne Ausbeutung durch andere selbst verwirklichen.

Die politische und gewerkschaftliche Arbeiterbewegung formiert sich

Unter dem zunehmenden Einfluss der marxistisch-sozialistischen Theorie entwickelte sich die Arbeiterbewegung im Verlaufe des 19. Jahrhunderts aus

Fahne der Breslauer Lassalleaner mit dem „Handschlag“, dem Symbol der Arbeiterverbrüderung.

lokalen Arbeitervereinen und Hilfskassen. Als ersten überregionalen Verein gründete *Ferdinand Lassalle*[1]) 1863 den *Allgemeinen Deutschen Arbeiterverein (ADAV)*. Lassalle forderte das allgemeine und direkte Wahlrecht, weil er die Interessen der Arbeiter innerhalb des bestehenden Staatswesens durchsetzen wollte. Damit setzte er sich freilich von der revolutionären Programmatik des Marxismus ab.
1869 gründeten *August Bebel*[2]) und *Wilhelm Liebknecht*[3]) die *Sozialdemokratische Arbeiterpartei (SDAP)*. Die Partei vertrat die Ziele der von Karl Marx beeinflussten *Internationalen Arbeiter-Assoziation*: Befreiung der arbeitenden Klassen durch die arbeitenden Klassen, Aufhebung der Abhängigkeit des Lohnarbeiters, politische Freiheit als Voraussetzung für die ökonomische Befreiung. Daneben forderte das *Eisenacher Programm* in einem aktuellen Teil das allgemeine Wahlrecht für Männer über 20 Jahre, Diäten für Abgeordnete, eine Volkswehr anstelle der stehenden Heere, die Trennung von Kirche und Staat, eine allgemeine Volksschulpflicht mit unentgeltlichem Unterricht sowie staatliche Unterstützung für das Genossenschaftswesen.
1875 vereinigten sich 15 000 Mitglieder des ADAV und 9000 Angehörige der SDAP in Gotha zur *Sozialistischen Arbeiterpartei Deutschlands (SAP)* (⇨ M 4).
Parallel zum *parteipolitischen* Zweig der Arbeiterbewegung wurde auch die Bildung der *gewerkschaftlichen* Bewegung Ende der 1860er-Jahre nicht mehr von der Obrigkeit behindert. Zahlenmäßig am stärksten waren zunächst die *Hirsch-Duncker'schen Gewerkvereine*. Sie standen den liberalen Parteien nahe und wollten die Frontstellung des Proletariats gegen das liberale Bürgertum abbauen.

---

1) Ferdinand Lassalle (1825–1864), Sohn eines wohlhabenden Tuchhändlers, der als radikaler Demokrat publizistisch für die Arbeiterbewegung eintrat. Wegen Aufforderung zum Steuerboykott und „Aufreizung zum Klassenhass“ wurde Lassalle zweimal inhaftiert.

2) August Bebel (1840–1913), Drechslermeister, seit 1867 Vorsitzender des Verbandes Deutscher Arbeitervereine; später Parteiführer der SPD

3) Wilhelm Liebknecht (1826–1900), Journalist und Politiker; seit 1890 Chefredakteur der Parteizeitung „Vorwärts“

Der Staat greift ein: Inhalt und Wirkungen der Sozialgesetze

Obwohl Reichskanzler Bismarck seit 1878 Angehörige der Sozialdemokratie verfolgen ließ, versuchte er gleichzeitig die Anliegen der von ihm bekämpften Bewegung als Sache des Staates aufzugreifen. Drei wichtige Gesetze sollten die soziale Absicherung von Arbeitnehmern verbessern.
Das Gesetz von 1883 regelte die *Krankenversicherung*. Die neu gegründeten Ortskrankenkassen zahlten in den ersten 13 Krankheitswochen (später 26) eine Beihilfe an den arbeitsunfähigen Arbeitnehmer und übernahmen die Kosten für ärztliche Behandlung und Medikamente. Die Ortskrankenkassen wurden zu zwei Dritteln von Beiträgen der Arbeitnehmer finanziert. Das restliche Drittel trugen die Unternehmer.
Das Gesetz über die *Unfallversicherung* von 1884 verpflichtete eine ausschließlich von den Unternehmen finanzierte Kasse, bei jedem Arbeitsunfall die Arzt- und Heilmittelkosten zu übernehmen. Bei dauernder Invalidität erhielt der Arbeitnehmer zwei Drittel seines Lohns, im Todesfall die Witwe 60 % (⇨ M 5). Schließlich wurde 1889 die *Altersversorgung* gesetzlich geregelt. Arbeitnehmer, die im Jahr weniger als 2000 Mark verdienten, hatten ab dem 70. Lebensjahr einen Rentenanspruch. Finanziert wurde dieser gemeinsam vom Staat, Arbeitgeber und Arbeitnehmer.
Was wurde durch diese Gesetze konkret erreicht? Einerseits stieg die soziale Sicherheit der Arbeitnehmer erheblich, da sie im Krankheitsfall und im Alter einen *Rechtsanspruch* auf finanzielle Leistungen besaßen. Auch wenn die getroffenen Maßnahmen erst den Einstieg in eine wirksame soziale Absicherung der Arbeiter darstellten, so stand die deutsche Sozialgesetzgebung damit doch im internationalen Vergleich auf lange Zeit konkurrenzlos da. Andererseits blieb der Unternehmer innerhalb seiner Fabrik trotz der sich allmählich formierenden Gewerkschaften relativ autonom. Er bestimmte nach wie vor die Arbeitsbedingungen wie Arbeitszeit und Arbeitslohn. Immerhin war ein erster Schritt hin zur Sozialpartnerschaft getan.
Der Staat hatte mit diesen Sozialgesetzen, ähnlich wie in der Zollpolitik und im Kulturkampf, spürbar in gesellschaftliche Bereiche eingegriffen und diese maßgeblich umgestaltet. Er bewegte sich immer mehr von seiner „Nachtwächterrolle“ weg, welche ihm die liberale Staatstheorie zuerkannt hatte, und begann, die Gesellschaft aktiv mitzugestalten.

Programmatischer Wandel innerhalb der Sozialdemokratie

Die Sozialdemokratie konnte während ihrer zwölfjährigen Arbeit im Untergrund ihre Wählerschaft verdreifachen und errang bei den Reichstagswahlen 1890 19,7 % der Stimmen. Kurz danach wurde das Sozialistengesetz aufgehoben. Die Partei organisierte sich neu und nahm den Namen *Sozialdemokratische Partei Deutschlands (SPD)* an.
Das auf dem Erfurter Parteitag von 1891 verabschiedete Programm enthielt im programmatischen Teil ein klares Bekenntnis zum Marxismus. Der praktisch-politische Teil hingegen war reformistisch, das heißt, er prognostizierte

einen kontinuierlichen Wandel der Gesellschaft ohne revolutionäre Umgestaltung. Seit Ende der 90er-Jahre wandte sich ein *revisionistischer Flügel* um *Eduard Bernstein*[1]) gegen die von *Karl Kautsky*[2]) im *Erfurter Programm* aufgestellte Prognose von der wachsenden Verelendung der Arbeiterschaft und dem gesetzmäßigen Zusammenbruch der kapitalistischen Gesellschaft. Angesichts der spürbar verbesserten Situation der Arbeiter verfolgte Bernstein eine Politik der aktiven Beteiligung der SPD am politischen Prozess, um vermehrten Einfluss auf die Regierungsentscheidungen zu gewinnen. Der gewünschte Erfolg war zwar bescheiden, da sich die Sozialdemokraten einer breiten Front monarchisch-konservativer, militärischer und bürgerlich-kapitalistischer Kreise gegenübersahen und von Kaiser *Wilhelm II.*[3]) weiterhin als „vaterlandslose Gesellen" und „Reichsfeinde" diskreditiert wurden. Trotzdem erreichte die SPD bei den Reichstagswahlen 1912 34,8 % aller Stimmen und wurde mit 110 Abgeordneten stärkste Fraktion. 1913 hatte die SPD 983 000 eingeschriebene Mitglieder. Ihr zunehmendes Engagement innerhalb der bestehenden politischen Ordnung zeigte sich auch bei Ausbruch des Ersten Weltkrieges, als die Mehrheit der sozialdemokratischen Reichstagsfraktion die vom Kaiser gewünschten Kriegskredite bewilligte.

Gewerkschaften im Kaiserreich

Während der Geltungsdauer des Sozialistengesetzes konnten die Gewerkschaften nur in örtlichen Fachvereinen überleben, die nicht als sozialistisch erkennbar sein durften. Erst 1890 entstanden zahlreiche Einzelgewerkschaften wieder neu und schufen in Berlin unter Führung von *Carl Legien* die *Generalkommission der Freien Gewerkschaften Deutschlands.* Damit war die erste Dachorganisation der deutschen Gewerkschaften gegründet. 1891 entstand mit dem *Deutschen Metallarbeiterverband* die erste Industriegewerkschaft, die möglichst alle in einem Wirtschaftszweig tätigen Arbeitnehmer ungeachtet ihres Berufs vertreten wollte („ein Betrieb – eine Gewerkschaft").
Die Hauptaufgaben der Generalkommission bestanden im Kampf um Lohnerhöhungen und Arbeitszeitverkürzungen, wozu auch die Organisation von Streiks gehörte. Von 1889 bis 1900 befanden sich mehr als eine Million Arbeiter zeitweise im Ausstand. 1900 wurden 1433 Streiks mit insgesamt 100 000 Beteiligten registriert. 1913 stieg die Zahl auf 254 000 Beteiligte an 2127 Streiks. Streiks waren deshalb so häufig, weil es zunächst kaum Tarifverträge gab, die Lohn- und Arbeitsverhältnisse regelten. Der erste für das gesamte Reich geschlossene Tarifvertrag der Buchdrucker datiert in das Jahr 1873.

---

[1]) Eduard Bernstein (1850–1932), seit 1872 Mitglied der Sozialistischen Arbeiterpartei; Bernstein bestimmte nach dem Ersten Weltkrieg maßgeblich das Programm der SPD.

[2]) Karl Kautsky (1854–1938), bis 1890 enger Mitarbeiter von Engels und Vertreter des orthodoxen Marxismus in der SPD; Kautsky starb im Exil in den Niederlanden.

[3]) Wilhelm II. (1859–1941), folgte 1888 seinem nur 99 Tage regierenden Vater Friedrich III. als preußischer König und deutscher Kaiser nach. Zeitgenossen galt er als Repräsentant seiner Epoche (Wilhelminisches Zeitalter). Nach seiner Abdankung am Ende des Ersten Weltkrieges lebte er im Exil in den Niederlanden.

Bürger oder Proletarier? Selbstbewusst lassen sich die führenden Vertreter der Hamburger Brauerei-Gewerkschaft mit ihrer Fahne fotografieren.

Zu Beginn des 20. Jahrhunderts wurden vermehrt Tarifverträge – vor allem im graphischen Gewerbe und in der Bauwirtschaft – geschlossen, nicht aber im Bergbau und in der chemischen Industrie, wo man die Gewerkschaften nicht als Arbeitervertreter anerkannte.

Die Mitgliederentwicklung der Freien Gewerkschaften			
1872	19 695	1900	680 427
1890	294 551	1914	2 075 759

Die Verbindung zwischen Gewerkschaften und Sozialdemokraten

Die Gewerkschaften setzten sich, zunächst noch zögernd, doch seit der Jahrhundertwende ganz entschieden, für Reformen innerhalb der bestehenden Gesellschaftsordnung ein. Durch Tarifforderungen und Streiks wollten sie die Lebensbedingungen der Arbeiter verbessern. Der revolutionäre Teil der SPD sah deshalb in den Freien Gewerkschaften sogar einen prinzipiellen Gegner seiner Ziele. Doch 1912 bestand ein Drittel der SPD-Reichstagsfraktion aus Gewerkschaftsführern, die maßgeblich für das wachsende Gewicht des reformistischen Bernstein-Flügels in der Partei verantwortlich waren.
Die bedeutenden Freien Gewerkschaften haben ihren Teil zur Festigung des Staates beigetragen, indem sie revolutionären Bestrebungen innerhalb der SPD eine deutliche Abfuhr erteilten. Insgesamt gebührt ihnen das Verdienst, dass sie dafür gesorgt haben, die Lebensbedingungen der Arbeiter in der Endphase des Kaiserreichs spürbar zu verbessern. Sie verhinderten damit auch eine dauerhafte Entfremdung zwischen der Arbeiterschaft und dem kapitalistischen Bürgertum.

M 1

Unternehmerischer Patriarchalismus – das „System Stumm"

Vergleichbar den „Herren an der Ruhr" galt Freiherr Carl Ferdinand von Stumm-Halberg als der „ungekrönte König der Saar". Für seine Arbeiter entfaltete er eine großzügige Fürsorge. Andererseits wurde ihm 1890 im Reichstag von einem Abgeordneten der Freisinnigen Partei vorgeworfen, in seinen Unternehmen herrschten Zustände wie im Feudalismus, und die Lage der Arbeiter gleiche der Leibeigenschaft. Stumm antwortete:

Wenn der Herr Abgeordnete schließlich behauptete, in meiner Arbeitsordnung sei den Arbeitern durch Strafe das Heiraten verboten, so ist das unrichtig. In meiner Arbeitsordnung [. . .] ist den Arbeitern vorgeschrieben, vor ihrer Verheiratung mir ihre Absicht anzuzeigen; die Unterlassung dieser
5 Anzeige wird allerdings unter Strafe gestellt. (Lebhafte Zurufe und Heiterkeit links.) Diese Anzeige findet statt, damit ich durch Untersuchung des einzelnen Falls mir klarmachen kann, ob ich die notwendige Einwirkung auf den Arbeiter dahingehend ausüben soll, dass frühzeitige leichtsinnige Heiraten nach jeder Hinsicht unterbleiben. (Lebhafter Beifall rechts.) Wenn ein
10 Arbeiter sich dieser Einwirkung nicht fügt (lebhafte Zurufe links – Glocke des Präsidenten), so wird er nicht bestraft, sondern ich stelle ihm allerdings unter Umständen die Frage: Willst du dich den Vorschriften, die ich dir mache, unterwerfen oder die Arbeit verlassen? Von Strafe ist keine Rede. Dazu halte ich mich aber für berechtigt und verpflichtet, dass ich auf diese
15 Weise verhindere, dass mein Arbeiterstand nicht degeneriere, wie das in vielen anderen Fabrikationsstätten allerdings der Fall ist. Ich werde, mögen die einzelnen Herren und Parteien davon denken, was sie wollen, diese Pflicht als ein notwendiges Gebot meines Gewissens festhalten und unter allen Umständen durchführen. (Lebhaftes Bravo! rechts. – Widerspruch links.) Ich kann
20 auch konstatieren, dass meine Arbeiterbevölkerung im Großen und Ganzen vollkommen von dem Nutzen dieser Vorschrift überzeugt ist.

Gerhard A. Ritter/Jürgen Kocka (Hrsg.), Deutsche Sozialgeschichte 1870–1914, München, 3. durchgesehene Auflage 1982, S. 149 f.

1. *Arbeiten Sie heraus, weshalb hier von einem „Patriarchalismus" im Unternehmerverhalten gesprochen werden kann.*
2. *Überprüfen Sie, ob man dem Vorwurf des Abgeordneten gegen Stumm-Halberg zustimmen kann.*
3. *Lassen sich auch Argumente zu Gunsten von Stumm-Halbergs Einstellung gegenüber den Arbeitern finden?*

M 2

Rerum Novarum

In seiner Enzyklika vom Jahre 1891 fasste Papst Leo XIII. die Soziallehre der katholischen Kirche zusammen.

Zunächst kann die religiöse Lebensauffassung, deren Hüterin und Lehrerin die Kirche ist, Besitzende und Nichtbesitzende miteinander versöhnen, indem sie nämlich beide Teile zu ihren wechselseitigen Pflichten zurückruft; vor allem kommen hier die Pflichten der Gerechtigkeit in Betracht.
5 Folgende Pflichten berühren den Lohnarbeiter: Er soll zu dem, was in seinem Arbeitsvertrag mit Freiheit und Gerechtigkeit abgemacht ist, voll und ganz stehen; er soll sich im Arbeitsverhältnis jeder Sachbeschädigung und auch

persönlichen Verletzung des Arbeitgebers enthalten; bei der Wahrnehmung seiner Interessen soll er nicht zu Gewalttätigkeiten greifen und Empörung anzetteln; er soll nicht gemeinsame Sache machen mit verbrecherischen Menschen, die in wohlgesetzten Reden das Blaue vom Himmel versprechen und schließlich ihren Gläubigen allzu späte Reue und die Scherben von Hab und Gut zurücklassen.
Folgende Pflichten gehen den Besitz und das Arbeitgebertum an: Man soll den Arbeiter nicht wie einen Hörigen ansehen; man soll in ihm jene persönliche Würde achten, die ihm als Christen eignet; ferner lehren uns die Natur und auch die christliche Philosophie, dass es keine Schande, sondern eine Ehre für den Menschen ist, einen Erwerbsberuf zu haben, da er ja die Möglichkeit verschafft, in Ehren den Lebensunterhalt zu sichern. Dies allerdings ist schändlich und spricht jedem Menschentum Hohn, wenn man anstatt des toten Kapitals den Menschen im Erwerbsbetrieb verbraucht und ihn nicht höher wertet, als seine Nerven und Muskeln hergeben können. Desgleichen ist zu fordern, dass den religiösen und geistigen Bedürfnissen des Lohnarbeiters Rechnung getragen wird. Daher gehört es mit zum Pflichtenkreis des Arbeitgebers, dem Arbeiter die genügende Freizeit zur religiösen Betätigung zu geben, ihn nicht verführerischen und sittlich bedenklichen Gelegenheiten auszusetzen und auch nicht irgendwie ihn in der Sorge für seine Familie und im Willen zur Sparsamkeit zu behindern. Der Arbeitgeber soll den Arbeiter auch nicht über seine Gebühr belasten und ihm nicht Arbeiten geben, die entweder zu seinem Alter oder zu seinem Geschlecht nicht passen.
Zu den wichtigsten Verpflichtungen des Arbeitgebers gehört es aber, jedem ein gerechtes Entgelt zu geben. [. . .] Jemand um den geschuldeten Lohn zu bringen, ist fürwahr eine schwere Sünde, die laut zum Himmel um Rache ruft. [. . .]
Indessen sind zweifellos zur Behebung der sozialen Schwierigkeiten auch jene Mittel heranzuziehen, die ausschließlich in der Macht der Menschen sind. [. . .] Daher mögen die verantwortlichen Staatslenker zuerst und vor allem durch den ganzen Aufbau der Gesetzgebung und der Verwaltung dahin streben, dass daraus von selbst das Wohlergehen der Allgemeinheit wie auch der Einzelnen erblühe. [. . .]
Es ist also eine Forderung der Billigkeit, dass man sich seitens der öffentlichen Gewalt des Arbeiters annehme, damit er an dem, was er zum allgemeinen Nutzen beiträgt, Anteil hat und so hinsichtlich Wohnung, Kleidung und Nahrung gesichert ist, um ein weniger schweres Leben führen zu können. Daher ist alles zu fördern, was irgendwie der Lage der Arbeiterschaft nützen kann.

Gustav Gundlach (Hrsg.), Die sozialen Rundschreiben Leos XIII. und Pius XI., Paderborn 1931, S. 19 f. und S. 31 ff.

1. *Nennen Sie die wesentlichen Thesen zur Rolle der Arbeiterschaft in der modernen Industriegesellschaft. Berücksichtigen Sie besonders die Tatsache, dass es sich um eine kirchliche Stellungnahme handelt.*
2. *Vorschlag für ein Referat: Vergleichen Sie die öffentliche Wirkung päpstlicher Verlautbarungen im Mittelalter (Investiturstreit), am Beginn der Neuzeit (Reformation) und im 19. Jahrhundert.*

M 3

Das Manifest der Kommunistischen Partei

Marx und Engels unterhielten im Londoner Exil Beziehungen mit dem „Bund der Kommunisten". In dessen Auftrag veröffentlichten sie im Februar 1848 das „Manifest der Kommunistischen Partei".

Ein Gespenst geht um in Europa – das Gespenst des Kommunismus. [...]
Die Geschichte aller bisherigen Gesellschaft ist die Geschichte von Klassenkämpfen.
Freier und Sklave, Patrizier und Plebejer, Baron und Leibeigener, Zunftbürger und Gesell, kurz, Unterdrücker und Unterdrückter standen in stetem Gegensatz zueinander, führten einen ununterbrochenen, bald versteckten, bald offenen Kampf, einen Kampf, der jedes Mal mit einer revolutionären Umgestaltung der ganzen Gesellschaft endete oder mit dem gemeinsamen Untergang der kämpfenden Klassen. [...]
Unsere Epoche, die Epoche der Bourgeoisie, zeichnet sich jedoch dadurch aus, dass sie die Klassengegensätze vereinfacht hat. Die ganze Gesellschaft spaltet sich mehr und mehr in zwei große feindliche Lager, in zwei große, einander direkt gegenüberstehende Klassen: Bourgeoisie und Proletariat. [...]
Im Anfang kämpfen die einzelnen Arbeiter, dann die Arbeiter einer Fabrik, dann die Arbeiter eines Arbeitszweiges an einem Ort gegen den einzelnen Bourgeois, der sie direkt ausbeutet. Sie richten ihre Angriffe nicht nur gegen die bürgerlichen Produktionsverhältnisse, sie richten sie gegen die Produktionsinstrumente selbst; sie vernichten die fremden konkurrierenden Waren, sie zerschlagen die Maschinen, sie stecken die Fabriken in Brand [...].
Auf dieser Stufe bilden die Arbeiter eine über das ganze Land zerstreute und durch ihre Konkurrenz zersplitterte Masse. [...]
Aber mit der Entwicklung der Industrie vermehrt sich nicht nur das Proletariat; es wird in größeren Massen zusammengedrängt, seine Kraft wächst, und es fühlt sie mehr.
Es werden ferner [...] durch den Fortschritt der Industrie ganze Bestandteile der herrschenden Klasse ins Proletariat hinabgeworfen oder wenigstens in ihren Lebensbedingungen bedroht. Auch sie führen dem Proletariat eine Masse Bildungselemente zu.
In Zeiten endlich, wo sich der Klassenkampf der Entscheidung nähert, nimmt der Auflösungsprozess innerhalb der herrschenden Klasse, innerhalb der ganzen alten Gesellschaft, einen so heftigen, so grellen Charakter an, dass ein kleiner Teil der herrschenden Klasse sich von ihr lossagt und sich der revolutionären Klasse anschließt [...].
Wenn das Proletariat im Kampf gegen die Bourgeoisie sich notwendig zur Klasse vereinigt, durch eine Revolution sich zur herrschenden Klasse macht und als herrschende Klasse gewaltsam die alten Produktionsverhältnisse aufhebt, so hebt es mit diesen Produktionsverhältnissen die Existenzbedingungen des Klassengegensatzes, die Klassen überhaupt und damit seine eigene Herrschaft als Klasse auf.
An die Stelle der bürgerlichen Gesellschaft mit ihren Klassen und Klassengegensätzen tritt eine Assoziation, worin die freie Entwicklung eines jeden die Bedingung für die freie Entwicklung aller ist. [...]

Mögen die herrschenden Klassen vor einer kommunistischen Revolution zittern. Die Proletarier haben nichts zu verlieren als ihre Ketten. Die haben eine Welt zu gewinnen. *Proletarier aller Länder vereinigt euch!* 45

Franz Borkenau (Hrsg.), Marx – Auswahl, Frankfurt 1956, S. 98 ff., 105 f., 116

1. *Charakterisieren Sie das zyklisch wiederkehrende Ablaufschema, das nach Marx den Fortgang aller bisherigen Geschichte ausgemacht hat.*
2. *Wie lassen sich „Klassen" aufgrund ihrer Begriffsverwendung bei Marx definieren?*
3. *Überprüfen Sie die Aussage, in der bürgerlichen Wirtschaftsgesellschaft habe sich der Klassengegensatz auf die Konfrontation Bourgeois – Proletarier vereinfacht.*
4. *Ermitteln Sie, wie sich nach Marx eine gesellschaftliche Klasse herausbildet.*
5. *Zeigen Sie auf, worin sich die proletarische Revolution von allen früheren Revolutionen in der Geschichte unterscheiden soll.*

M 4 Das Gothaer Programm der Sozialistischen Arbeiterpartei Deutschlands

Auf dem Gothaer Kongress (22. bis 27. Mai 1875) schlossen sich der Allgemeine Deutsche Arbeiterverein und die Sozialdemokratische Arbeiterpartei Deutschlands zur SAP zusammen.

I. [. . .] In der heutigen Gesellschaft sind die Arbeitsmittel Monopol der Kapitalistenklasse; die hierdurch bedingte Abhängigkeit der Arbeiterklasse ist die Ursache des Elends und der Knechtschaft in allen Formen.
Die Befreiung der Arbeit erfordert die Verwandlung der Arbeitsmittel in Gemeingut der Gesellschaft und die genossenschaftliche Regelung der Ge- 5 samtarbeit mit gemeinnütziger Verwendung und gerechter Verteilung des Arbeitsertrages.
Die Befreiung der Arbeit muss das Werk der Arbeiterklasse sein, der gegenüber alle anderen Klassen nur eine reaktionäre Masse sind.
II. Von diesen Grundsätzen ausgehend, erstrebt die Sozialistische Arbeiter- 10 partei Deutschlands mit allen gesetzlichen Mitteln den freien Staat und die sozialistische Gesellschaft, die Zerbrechung des ehernen Lohngesetzes[1]) durch Abschaffung des Systems der Lohnarbeit, die Aufhebung der Ausbeutung in jeder Gestalt, die Beseitigung aller sozialen und politischen Ungleichheit. [. . .] Die Sozialistische Arbeiterpartei Deutschlands fordert, um die Lö- 15 sung der sozialen Frage anzubahnen, die Errichtung von sozialistischen Produktivgenossenschaften mit Staatshilfe unter der demokratischen Kontrolle des arbeitenden Volkes. Die Produktivgenossenschaften sind für Industrie und Ackerbau in solchem Umfange ins Leben zu rufen, dass aus ihnen die sozialistische Organisation der Gesamtarbeit entsteht. 20
1. Allgemeines, gleiches, direktes Wahl- und Stimmrecht, mit geheimer und obligatorischer Stimmabgabe aller Staatsangehörigen vom zwanzigsten Lebensjahre an für alle Wahlen und Abstimmungen in Staat und Gemeinde. Der Wahl- oder Abstimmungstag muss ein Sonntag oder Feiertag sein.
2. Direkte Gesetzgebung durch das Volk. Entscheidung über Krieg und Frie- 25 den durch das Volk.
3. Allgemeine Wehrhaftigkeit. Volkswehr an Stelle der stehenden Heere.

[1]) Nach Lassalle war der durchschnittliche Arbeitslohn auf ein Minimum beschränkt, der es dem Arbeiter gerade noch erlaubte, seine Existenz zu erhalten.

4. Abschaffung aller Ausnahmegesetze, namentlich der Press-, Vereins- und Versammlungsgesetze; überhaupt aller Gesetze, welche die freie Meinungs-
30 äußerung, das freie Forschen und Denken beschränken.
5. Rechtsprechung durch das Volk. Unentgeltliche Rechtspflege.
6. Allgemeine und gleiche Volkserziehung durch den Staat. Allgemeine Schulpflicht. Unentgeltlicher Unterricht in allen Bildungsanstalten. Erklärung der Religion zur Privatsache.
35 Die Sozialistische Arbeiterpartei Deutschlands fordert innerhalb der heutigen Gesellschaft:
1. Möglichste Ausdehnung der politischen Rechte und Freiheiten im Sinne der obigen Forderungen.
2. Eine einzige progressive Einkommensteuer für Staat und Gemeinde an-
40 statt aller bestehenden, insbesondere die das Volk belastenden indirekten Steuern.
3. Unbeschränktes Koalitionsrecht.
4. Einen den Gesellschaftsbedürfnissen entsprechenden Normalarbeitstag. Verbot der Sonntagsarbeit.
45 5. Verbot der Kinderarbeit und aller die Gesundheit und Sittlichkeit schädigenden Frauenarbeit.
6. Schutzgesetze für Leben und Gesundheit der Arbeiter. Sanitäre Kontrolle der Arbeiterwohnungen. Überwachung der Bergwerke, der Fabrik-, Werkstatt- und Hausindustrie durch von Arbeitern gewählte Beamte. Ein wirksa-
50 mes Haftpflichtgesetz.

Günter Schönbrunn, Das bürgerliche Zeitalter 1815–1914. Geschichte in Quellen, München 1980, S. 878 f.

1. *Stellen Sie die programmatischen und politisch-praktischen Grundaussagen des Programms einander gegenüber.*
2. *Arbeiten Sie aus dem Gothaer Programm das Spannungsverhältnis zwischen einem revolutionären Kurs und einer Politik innerhalb des Verfassungssystems heraus.*

Gründe und Ziele staatlicher Sozialpolitik

M 5

Bismarck in der Beratung des ersten Unfallversicherungsgesetzes im Reichstag am 2. April 1881:

Seit fünfzig Jahren sprechen wir von einer sozialen Frage. [. . .] Ich halte es für meinen Beruf, diese Fragen, ohne Parteileidenschaft, ohne Aufregung – ich bedaure, dass die Parteifragen so hineinspielen – in Angriff zu nehmen, weil ich nicht weiß, wer sie mit Erfolg in Angriff nehmen soll, wenn es die
5 Reichsregierung nicht tut. [. . .]
Ich bin nicht der Meinung, dass das „*laisser faire, laisser aller*“[1]), „das reine Manchestertum in der Politik“, „Jeder sehe, wie er's treibe, jeder sehe, wo er bleibe“, „Wer nicht stark genug ist, zu stehen, wird niedergerannt und zu Boden getreten“, „Wer da hat, dem wird gegeben, wer nicht hat, dem wird
10 genommen“, dass das im Staat, namentlich in dem monarchischen, landesväterlich regierten Staat Anwendung finden könne. [. . .]

[1]) franz.: tun, gehen lassen; hier etwa: Treibenlassen aller Dinge

Unfall in einer Maschinenfabrik. Mit dem kolorierten Holzstich von Johann Bahr warb die „Illustrierte Zeitung" für den Besuch einer Ausstellung zur Unfallverhütung. Im Hintergrund sieht man die schreckerfüllte Ehefrau herbeieilen, „welche soeben, begleitet von ihrem Kinde, dem arbeitenden Gatten das Essen bringen wollte, und ihn da leblos und vielleicht für immer zum Krüppel geworden am Boden liegen sieht".

Aber umsonst ist der Tod! Wenn Sie nicht in die Tasche greifen wollen und in die Staatskasse, dann werden Sie nichts fertig bekommen. Die ganze Sache der Industrie aufzubürden, – das weiß ich nicht, ob sie das ertragen kann. Schwerlich geht es bei allen Industrien. Bei einigen ginge es allerdings; es (15) sind das diejenigen Industriezweige, bei welchen der Arbeitslohn nur ein minimaler Betrag der Gesamtproduktionskosten ist. [. . .] Ob man den Beitrag auf die Arbeiter oder auf die Unternehmer legt, das halte ich für ganz gleichgültig. Die Industrie hat ihn in beiden Fällen zu tragen, und was der Arbeiter beiträgt, das ist doch notwendig schließlich zu Lasten des ganzen Ge- (20) schäfts. Es wird allgemein geklagt, dass der Lohn der Arbeiter im Ganzen keinen Überschuss und keine Ersparnis gestatte. Will man also dem Arbeiter zu dem eben noch ausreichenden Lohn noch eine Last auferlegen, ja, dann muss der Unternehmer diese Mittel zulegen, damit der Arbeiter die Last tragen kann. (25)

Alfred Milatz (Hrsg.), Otto von Bismarck, Werke in Auswahl, Band 6, Darmstadt 1973, S. 514 ff.

1. *Erschließen Sie, was Bismarck damit meint, dass die „soziale Frage" bereits seit 50 Jahren bestehe. Welche Aufgaben für die Regierung leitet er daraus ab?*
2. *Aus welchen Motiven wendet sich Bismarck gegen das „Laissez-faire"-Prinzip?*
3. *Fassen Sie die Erwägungen Bismarcks über die Finanzierbarkeit der Unfallversicherung zusammen.*

Integrative Elemente und „Risse" im deutschen Nationalstaat

Der Pöbel

Die Menge

Das Volk

Karikatur von Bruno Paul, in Simplicissimus, 2. Jahrgang [1897], Nr. 6, 5, 145.

Reichsnationalismus und Nationalisierung der Massen

Die Nationalbewegung des 19. Jahrhunderts hatte mit der Reichsgründung von 1871 ihr wesentliches Ziel erreicht. Was alle Schichten in der Bevölkerung verband, egal, ob Unternehmer oder Arbeiter, war ein ungetrübter Fortschrittsglaube. Die politischen Erfolge der Vergangenheit, gepaart mit den immer mehr den Alltag erleichternden Segnungen der Technik, schienen den Deutschen eine glänzende Zukunft zu verheißen.
Das Reich präsentierte sich als eine zusammenwachsende Wirtschafts- und Rechtsgemeinschaft: 1873 wurde die *Reichsmark* als einheitliche Währung eingeführt und 1900 trat in allen Bundesstaaten das *Bürgerliche Gesetzbuch* in Kraft. Verbrämt wurde das wachsende Zusammengehörigkeitsgefühl durch eine staatskonforme Integrationsideologie. Dazu bemächtigten sich vor allem konservative Kreise des einstmals liberal-fortschrittlichen Nationalismusgedankens. Der freisinnige Reichstagsabgeordnete *Ludwig Bamberger* beklagte 1888: „Das nationale Banner in der Hand der preußischen Ultras und der sächsischen Zünftler ist die Karikatur dessen, was es einst bedeutet hat."
Unter den neuen nationalen Symbolen entfaltete der *Kaiserkult* um die Person des würdigen Wilhelm I. die stärkste Wirkung. In ihm schien sich die Sehnsucht nach einem mächtigen mittelalterlichen Kaisertum erfüllt zu haben. Auch unter seinen Nachfolgern diente „Kaisers Geburtstag" dazu, die dynastischen Gefühle der Bevölkerung zum Ausdruck zu bringen. In einem Zeitalter ohne dauernde Präsenz der führenden Persönlichkeiten in den Medien wurden Besuche des Monarchen oder seiner Familienangehörigen, ja allein die Durchfahrt durch kleinere Ortschaften zu großen öffentlichen Ereignissen mit vielfältigen Formen der Loyalitätsbekundung (⇨ M 1). Die preußische Königshymne „Heil dir im Siegerkranz" wurde zur inoffiziellen *Nationalhymne*.
Als *nationaler Feiertag* setzte sich bald der 2. September durch. Der „Sedanstag" erinnerte an den entscheidenden Sieg über die französischen Truppen im Jahre 1870 und wurde in öffentlichen Feiern mit patriotischen Reden und Liedern selbstbewusst begangen.
Bildliche Personifikation des Deutschen Reiches war die gepanzerte Frauenfigur der *Germania*, die unter anderem die Briefmarken der Reichspost schmückte. Als über zehn Meter hohe Figur, auf einem 25 Meter hohen Sockel stehend, krönte sie das zwischen 1877 und 1883 geschaffene, wohl berühmteste zeitgenössische Nationaldenkmal „auf dem Niederwald" am Rheinufer bei Rüdesheim. Während die zur gleichen Zeit entstandene New Yorker *Freiheitsstatue* mit Rechtstafel und Fackel Sinnbilder der Freiheit in den Händen trägt, verkörperte die Niederwald-Germania den Stolz auf die mit dem Sieg über Frankreich errungene Schaffung des Reichs (siehe Seite 94).
Das Bemühen um innere Geschlossenheit im Zeichen des Patriotismus wurde von staatsbestimmten Institutionen wie Schule und Armee, aber auch der protestantischen Kirche getragen. Die katholische Bevölkerung ließ sich erst nach dem Ausklingen des Kulturkampfes für den monarchischen Nationalstaat gewinnen: 1887 wurde auf einem Katholikentag erstmals neben dem Hoch auf den Papst das „Kaiserhoch" ausgebracht. Auch die sozialdemokra-

tische Arbeiterschaft akzeptierte mehr und mehr den nationalen Staat als Vaterland. Vor „Kaiserhochs" verließen Abgeordnete der SPD aber stets das Parlament, an Sedanfeiern nahmen Sozialdemokraten demonstrativ nicht teil, weil die üblichen vaterländischen und monarchischen Zeremonien und Rituale mit einem Bekenntnis zur bestehenden Staats- und Gesellschaftsordnung verbunden waren.
Im Verdacht fehlender Reichstreue standen auch nationale Minderheiten wie Polen, Dänen und die überwiegend frankreichfreundlich gesinnten Bürger Elsass-Lothringens.

Militarisierung der Gesellschaft

Das Ansehen des Militärs war seit den Freiheitskriegen gegen Napoleon bis zum Sieg 1870/71 ständig gewachsen. Publikumswirksame Schaustellungen der Streitkräfte in Manövern, bei Paraden, Wachwechseln, Fahnenweihen oder Darbietungen von Militärmusik offenbarten die militante Seite des zeitgenössischen Nationalismus.
Vor allem das (adelige) preußisch-deutsche Offizierskorps pflegte einen aristokratischen, demokratiefeindlichen Kastengeist. Der alleinigen Befehlsgewalt des Kaisers unterstellt und der rechtsstaatlichen Kontrolle weitgehend entzogen, fühlte sich das Militär als „Staat im Staate". Ungeniert nutzte es seinen Einfluss auf die politische Führung.

„Herr Lieutenant tragen das Monocle im Bad?" – „Äh, befürchte sonst für Civilisten gehalten zu werden." (Simplicissimus, 2. Jahrgang [1897], Nr. 4, S. 29.)

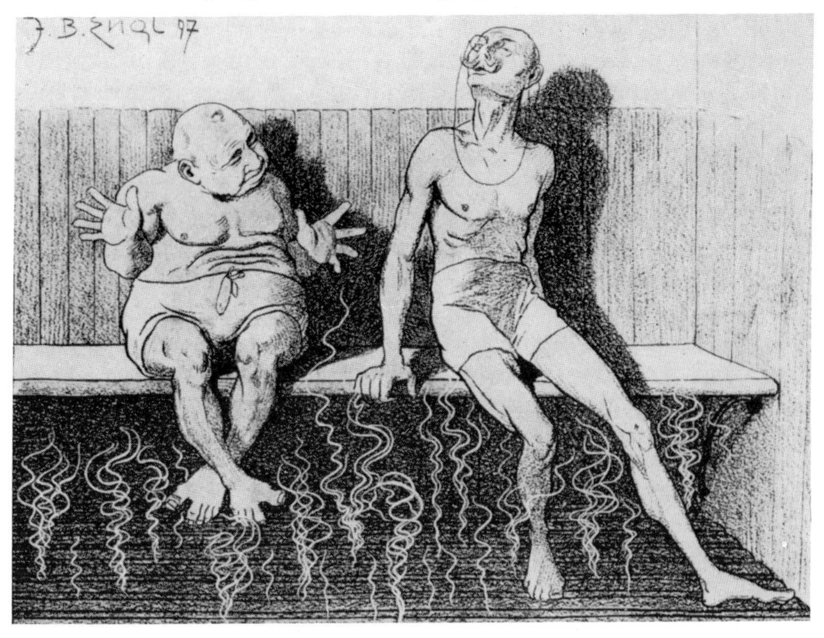

„Des Kaisers Rock" verlieh respekteinflößende Autorität. Angehörige der „guten Gesellschaft" eiferten in ihrem Alltagsleben dem forschen militärisch-aristokratischen Leitbild kritiklos nach. An patriotischen Festtagen erschien sogar der Gymnasiallehrer in der Öffentlichkeit in der Uniform eines Leutnants der Reserve. Auch Bismarck und andere Politiker traten gerne in Uniform auf die Rednerbühne. Die mitgliederstarken Organisationen ehemaliger Kriegsteilnehmer, „vaterländische" Agitationsvereine *(Deutsche Kolonialgesellschaft, Deutscher Flottenverein)* und studentische Verbindungen verkörperten ebenfalls den militaristischen Geist, der die Gesellschaft erfasst hatte. Vor allem der *Alldeutsche Verband* teilte die Welt in gut und böse auf und predigte Feindschaft gegen das revanchelüsterne Frankreich, gegen die slawischen Völker und schließlich gegen das „perfide Albion"[1]).

„Missgeburt des nationalen Gefühls": der Antisemitismus

Die Reichsverfassung von 1871 hatte den Juden die völlige Gleichberechtigung zugestanden. Parallel zur Verbürgerlichung der Gesellschaft gehörten die deutschen Juden mehrheitlich der städtischen Mittelklasse an. Jüdische Gelehrte und Künstler konnten in der späten Kaiserzeit weltweite Reputation erwerben.
Gleichzeitig sahen sich Juden im öffentlichen Leben zunehmend diskriminiert. Der Begriff *„Antisemitismus"* wurde erstmals 1879 in Berlin geprägt. Anders als die herkömmliche, vorwiegend religiös oder wirtschaftlich motivierte Judenfeindschaft präsentierte sich der moderne politische Antisemitismus als „Missgeburt des nationalen Gefühls" *(Theodor Mommsen*, 1880). Das Judentum wurde als internationale und „undeutsche" Macht mit vermeintlich erheblichem Einfluss auf Wirtschaft, Kultur und Politik angegriffen und für die negativen Folgen des allgemeinen Modernisierungsprozesses verantwortlich gemacht („Die Juden sind unser Unglück"). Völkische Ideologie und rassistisches Denken behaupteten eine überlegene Moral, Religion und Kultur der arisch-germanischen Rasse. Ihr stehe ein „fremdes Volkselement" gegenüber, das „ausgeschieden" werden müsse.
Die antisemitischen Angriffe und die Fülle pseudowissenschaftlicher Literaturerzeugnisse blieben nicht folgenlos. Seit der Wende zu den 1880er-Jahren organisierte sich der Antisemitismus zum Teil in eigenen Parteien und Verbänden. 1893 wurden immerhin 16 antisemitische Abgeordnete in den Reichstag gewählt. Auch in die Parteiprogramme der Konservativen gelangten antijüdische Ressentiments. Der parteipolitisch organisierte Antisemitismus fand bevorzugt in Phasen wirtschaftlicher Depression oder im Gefolge von Agrarkrisen Zulauf, vor allem bei städtischen Mittelschichten und der Landbevölkerung. Aber auch in der Oberschicht, vor allem im Offizierskorps und unter der akademischen Jugend, war die Ablehnung der Juden salonfähig geworden. So sahen sich jüdische Mitbürger in ihrer Umgebung immer wieder auf schmerzliche Weise isoliert (➪ M 2).

[1]) Der Begriff wurde während der Französischen Revolution geprägt. Albion war eine antike Bezeichnung für die britische Insel.

„So sittlich und edel, lieber Herr Collega, diese Leibesübung dem Manne ansteht, so sehr ist der Anblick eines Rad fahrenden Weibes geeigenschaftet, unseren am klassischen Geiste geläuterten Schönheitssinn in seiner vollen und ganzen Tiefe zu empören."
(Th. Th. Heine im Simplicissimus.)

Die Frauenbewegung in der Männergesellschaft

Den *Frauen* war die rechtliche Gleichstellung im Kaiserreich verwehrt. Sie verfügten über keine staatsbürgerlichen Rechte, eine politische Betätigung war ihnen – mit Ausnahme Badens – bis nach der Jahrhundertwende untersagt und innerhalb der Familien genossen die Ehemänner Vorrechte in Vermögens- und Erziehungsfragen. Töchter wurden in ihrer Ausbildung fast ausschließlich auf eine spätere Rolle als Ehefrau vorbereitet.
Der Kampf des 1865 unter der Führung von *Luise Otto-Peters* gegründeten *Allgemeinen Deutschen Frauenvereins* konzentrierte sich vor allem auf eine Verbesserung der Bildungschancen und das Recht, einen eigenen Beruf zu ergreifen. Im 1894 entstandenen Dachverband *Bund Deutscher Frauenvereine (BDF)* wollte die Mehrheit in pragmatischen Schritten eine Verbesserung ihrer Lage durchsetzen, während eine kleine Minderheit politische Forderungen stellte: Frauenwahlrecht und eine Liberalisierung der Abtreibung. Anfang des 20. Jahrhunderts wurde den Frauen der gleichberechtigte Zugang zu den Universitäten zugestanden, wobei sie dort oft noch lange auf eisige Ablehnung stießen.
Ein Eigenleben neben der bürgerlichen Frauenbewegung führte die sozialdemokratische Frauenorganisation. Ihrer zeitweiligen Wortführerin *Clara Zetkin* ging es um die vollständige politische Gleichberechtigung der Frauen im Rahmen einer großangelegten Lösung der sozialen Frage. Im Unterschied zu den anderen politischen Parteien konnten in der SPD Frauen einzelne Ämter übernehmen, doch fanden sich auch hier die Männer kaum mit dem Emanzipationsgedanken ab.

Die Honoratioren einer Kleinstadt erwarten einen hohen Gast. Nicht wie es war, aber wie es hätte sein können, zeigt ein Szenenfoto aus dem deutschen Spielfilm „Der Stolz der dritten Kompanie" (1931).

M 1

Tagesbericht

Erlangen war im 19. Jahrhundert bekannt für seinen Bierexport. 1882 berichtete das „Erlanger Tagblatt" über die Durchreise des Kronprinzen Friedrich, der sechs Jahre später als todkranker Mann für nur 99 Tage Kaiser werden sollte.

Erlangen, 27. August. Gestern Abend 6 Uhr 50 Minuten hat der deutsche Kronprinz mit Gefolge auf der Fahrt von Nürnberg nach Bamberg unsere Stadt berührt. Bereits nach 6 Uhr begann sich der Platz am Bahnhofe und auf dem Perron[1]) mit einer großen Menschenmenge zu füllen, welche des hohen Durchreisenden in freudiger Erregung harrte. Als der betreffende Zug ankam, brachen die Anwesenden in ein begeistertes Hoch aus, während der deutsche Kronprinz sich am Fenster seines Salonwagens zeigte und freundlichst grüßte. Herr Eisenbahnrestaurateur Reul hatte hierauf die Ehre, das bereits vorher bestellte und bereit gehaltene Bier für den Kronprinzen und sein Gefolge zu überreichen, für den Ersteren in einem neuen, fein geschliffenen, mit silbernem Deckel versehenen Glase auf ebenfalls silbernem Teller. Der dargebotene Trank schien dem hohen Reisenden und Gefolge wohl zu munden, wenigstens wurden die Gläser rasch geleert, und Seine Kaiserl. Hoheit lobte nicht nur den Stoff lebhaft, sondern es wurde – wohl der beste Beweis für die Güte des Bieres – auch noch ein mächtiger Steinkrug voll desselben zum Mitnehmen in das Coupé gebracht. Beim Abgange des Zuges

[1]) Bahnsteig

wiederholten sich die stürmischen Hochrufe, worauf der deutsche Kronprinz während des langsamen Abfahrens des Zuges die Anwesenden unausgesetzt bis zum Verlassen des Bahnhofes auf das Leutseligste grüßte. Wir bemerken schließlich, dass das Seiner Königl. Hoheit vorgesetzte Bier – Erlanger Produkt – aus der hiesigen Brauerei der *Gebrüder Reif* hervorgegangen war, und dürfen mit Stolz sagen, dass die Erlanger Bierproduktion, in Sonderheit die *Reif'sche Brauerei*, ihr weltbekanntes Renommé von Neuem glänzend bewährt hat.

Erlanger Tagblatt, 28. August 1882

1. *Welche Funktion hatte der Kult um den Kaiser oder Angehörige des Herrscherhauses?*
2. *Nennen Sie zeitgenössische Formen der Huldigung und Loyalitätsbekundung. Gibt es entsprechende Erscheinungen auch in unserer Zeit?*

M 2

Karikatur aus „Die Wahrheit", Nr. 35 vom 26. 8. 1882. Die letzte Strophe eines Gedichts unter der Karikatur lautete:
„So wehr Dich nur, Du stolzes Weib!
Mein bist Du doch mit Seel und Leib.
In Judas Hand, Dein Schicksal ruht,
Mein ist Dein letzter Tropfen Blut."

1. *Weisen Sie die antisemitischen Klischees der Karikatur nach.*
2. *Vorschlag für ein Referat: Stellen Sie einzelne Stationen antijüdischer Übergriffe seit dem Mittelalter fest und arbeiten Sie die jeweiligen Motive der Judengegner heraus.*
3. *Sprechen Sie darüber, ob auch in unserer heutigen Gesellschaft Ausgrenzungsbestrebungen zu beobachten sind. Gibt es Unterschiede?*

Bismarcks am Status quo orientierte Außenpolitik

Am 6. Februar 1888 erklärte Bismarck im Reichstag: „Wir Deutsche fürchten Gott, aber sonst nichts in der Welt; und die Gottesfurcht ist es schon, die uns den Frieden lieben und pflegen lässt." Schon die Zeitgenossen zitierten vor allem den ersten Teil des Satzes. Das Gemälde Alexander Friedrich Werners zeigt Bismarck nach seiner Rede beim Verlassen des alten Reichstags in der Leipziger Straße. Es gibt zugleich einen Eindruck vom kaiserlichen Berlin gegen Ende des 19. Jahrhunderts.

1873	Die Monarchen von Deutschland, Österreich-Ungarn und Russland betonen ihre gemeinsamen Interessen (Dreikaiserabkommen)
1879	Deutschland und Österreich-Ungarn verpflichten sich zu gegenseitiger militärischer Unterstützung bei einem russischen Angriff (Zweibund)
1881	Deutschland, Österreich-Ungarn und Russland finden einen Ausgleich (Dreikaiservertrag)
1887	Deutschland und Russland verabreden den Rückversicherungsvertrag
1890	Der Rückversicherungsvertrag wird nicht erneuert

Die außenpolitische Konzeption Bismarcks im europäischen Mächtesystem

An die Stelle des politisch schwachen Deutschen Bundes war 1871 ein mächtiger Block getreten. Viele ausländische Staatsmänner befürchteten deshalb eine weitere Expansion und Hegemonialpolitik Preußen-Deutschlands, die das Gleichgewicht in Europa erschüttern würde. Dass diese Ängste bald zurücktraten, war ein wesentliches Verdienst Bismarcks.

Als neues Machtzentrum in Mitteleuropa war das kleindeutsche Kaiserreich sowohl Österreich-Ungarn (Doppelmonarchie seit 1867) wie Frankreich, den Kriegsverlierern von 1866 und 1871, nach Bevölkerungszahl, Wirtschaftskraft und militärischer Stärke überlegen. Gefürchtete Landmacht blieb Russland, der Nachbar im Osten Europas. England war dank seiner Flottenhegemonie – unabhängig von den Veränderungen auf dem Kontinent – die nach wie vor führende Weltmacht. Großbritannien genoss überall in der Welt volle Handlungsfreiheit und wollte diesen Zustand der *splendid isolation* nicht durch eine vertragliche Bindung aufgeben.
Von drei fundamentalen und unlösbar erscheinenden Rivalitäten zwischen den Großmächten konnten die Staatsmänner Europas nach 1871 ausgehen:
1. Russland und England wegen der Gegensätze in Asien (siehe Seite 232)
2. Russland und Österreich-Ungarn wegen beidseitiger Begehrlichkeiten auf dem Balkan (siehe Seite 233 f.)
3. Deutschland und Frankreich wegen Elsass-Lothringen.
Dabei wirkte es auf die übrigen Staaten beruhigend, dass die Gegnerschaft des allmählich wiedererstarkenden Frankreich die Überlegenheit des neuen deutschen Kaiserreichs einschränkte. Angesichts der europäischen Mittellage Deutschlands suchte Reichskanzler Bismarck vor allem eine Koalition des westlichen Nachbarn mit anderen Mächten zu verhindern. Dass die republikanische Staatsform Frankreichs seine Bündnisfähigkeit in den Augen der konservativen Monarchien einschränkte, kam ihm dabei zugute.
Bismarcks Politik beruhte auf einer doppelten Voraussetzung:
1. Der Kanzler verzichtete auf alle Maßnahmen, durch die andere Großmächte sich gefährdet fühlen konnten. Er erklärte das Reich für „saturiert". Nationalistische Forderungen nach einer Verschiebung der deutschen Grenzen auf Kosten Österreichs oder Russlands wies er stets eindeutig zurück. Ebenso erkannte Bismarck, dass ein neuerlicher Krieg oder nur eine Kriegsdrohung gegen das um militärischen Wiederaufstieg bemühte Frankreich andere Großmächte auf den Plan rufen würden (*„Krieg-in-Sicht"-Krise* 1875). Jede über die Ergebnisse von 1871 hinausreichende Verschiebung der außenpolitischen Machtverhältnisse wäre auf den geschlossenen Widerstand der Flügelmächte England und Russland gestoßen. So sah Bismarck in der Bewahrung des Status quo und der Erhaltung des Friedens in Mitteleuropa die deutschen Interessen am besten gesichert.
2. Darüber hinaus versuchte der Kanzler, aus Gegensätzen zwischen anderen Großmächten Nutzen zu ziehen und diese wegen ihrer Rivalitäten untereinander für gute Beziehungen zu Deutschland zu gewinnen (⇨ M 1).

Das deutsch-österreichische Bündnis: der Zweibund

Um die Beziehungen zu Österreich-Ungarn und Russland zu festigen, förderte Bismarck eine österreichisch-russische Annäherung (*Dreikaiserabkommen* 1873). Dabei wurden die gemeinsamen Interessen der drei konservativen

Monarchien gegenüber republikanischen und sozialistisch-revolutionären Kräften betont. Diese Politik geriet in Gefahr, als Bismarck auf dem *Berliner Kongress (1878)* als „ehrlicher Makler" zwar den Frieden zwischen den auf dem Balkan konkurrierenden Großmächten herstellte, aber eine starke Verstimmung Petersburgs hinnehmen musste (siehe Seite 233 f.). Zur Verschlechterung der deutsch-russischen Beziehungen trug zusätzlich die neue Schutzzollpolitik des Deutschen Reiches bei, die zu einer Absatzkrise der exportorientierten russischen Landwirtschaft führte.
Aus Angst vor einer russisch-französischen Annäherung vollzog Bismarck 1879 die bisher bewusst vermiedene Entscheidung zu Gunsten einer Seite: Der *Zweibund* mit der Habsburger Monarchie verpflichtete beide Länder zu gegenseitiger Hilfe bei einem russischen Angriff. Beim Angriff einer anderen Macht – etwa Frankreichs auf Deutschland – sollte wohlwollende Neutralität gewahrt werden. Der Zweibund mit Österreich-Ungarn wurde 1882/83 durch den *Dreibundvertrag* mit Italien sowie einen Defensivvertrag mit Rumänien ergänzt.

Absicherung des Reichs durch eine Vertragspolitik mit Russland

Bismarck betrachtete das Bündnis mit Österreich-Ungarn nur als äußerste Rückzugslinie. Das Gegenüberstehen eines deutsch-österreichischen und eines russisch-französischen Blocks auf dem Kontinent konnte nicht Ziel seiner auf höchste Sicherheit bedachten Außenpolitik sein. Für einige Jahre gelang nochmals die Wiederaufnahme der „Dreikaiserpolitik" (*Dreikaiservertrag* 1881). Als aber nach neuerlichen Spannungen auf dem Balkan Russland ein Machtverlust drohte, entschloss sich Bismarck zum sogenannten *Rückversicherungsvertrag* mit Russland (1887). Er sollte dem Zarenreich die Angst vor einem deutsch-österreichischen Angriff nehmen und die in Petersburg von der öffentlichen Meinung geforderte Annäherung an Frankreich verhindern. Beide Vertragspartner verplflichteten sich zur Neutralität im Kriegsfall, die lediglich bei einem russischen Angriff auf Österreich-Ungarn oder einem deutschen Angriff auf Frankreich nicht gelten sollte.
Nicht dem Buchstaben, aber ihrem Geist nach standen Zweibund und Rückversicherungsvertrag in einem gewissen Spannungsverhältnis. Vor allem schien Bismarck die deutsche Billigung einer aktiven russischen Meerengenpolitik zu signalisieren, während er gleichzeitig eine Entente zwischen England, Österreich-Ungarn und Italien förderte, die das Ziel hatte, den Status quo im Mittelmeer und Orient zu wahren.
Bismarcks „System der Aushilfen" sollte durch das Offenhalten von Konfliktfeldern im Mittelmeerraum und im Nahen Orient Spannungen von der Mitte des Kontinents ablenken. Nachfolger des Kanzlers, die den geheim gehaltenenen Rückversicherungsvertrag 1890 nicht erneuerten, waren nicht ohne Grund besorgt, eine absichtliche oder versehentliche Bekanntgabe seines Inhalts durch Russland könnte die Beziehungen zu Österreich-Ungarn, Italien, England und der Türkei belasten (⇨ M 2).

M 1

Das Kissinger Diktat (1877)

Während der Orientkrise (1876–1878) stellte Bismarck in seinem Urlaub in Bad Kissingen Überlegungen über die außenpolitische Situation des Deutschen Reiches an. Unabhängig vom tagespolitischen Anlass gilt das „Kissinger Diktat" vom Juni 1877 als Schlüsseldokument zum Verständnis Bismarck'scher Außenpolitik nach der Reichsgründung.

Ein französisches Blatt sagte neulich von mir, ich hätte „le cauchemar des coalitions"[1]); diese Art Alp wird für einen deutschen Minister noch lange, und vielleicht immer, ein sehr berechtigter bleiben. Koalitionen gegen uns können auf westmächtlicher Basis mit Zutritt Österreichs sich bilden, gefährlicher
5 vielleicht noch auf russisch-österreichisch-französischer; eine große Intimität zwischen zweien der drei letztgenannten Mächte würde der dritten unter ihnen jederzeit das Mittel zu einem sehr empfindlichen Drucke auf uns bieten. In der Sorge vor diesen Eventualitäten, nicht sofort, aber im Lauf der Jahre, würde ich als wünschenswerte Ergebnisse der orientalischen Krisis für
10 uns ansehn:
1. Gravitierung[2]) der russischen und der österreichischen Interessen und gegenseitigen Rivalitäten nach Osten hin,
2. der Anlass für Russland, eine starke Defensivstellung im Orient und an seinen Küsten zu nehmen, und unseres Bündnisses zu bedürfen,
15 3. für England und Russland ein befriedigender Status quo, der ihnen dasselbe Interesse an Erhaltung des Bestehenden gibt, welches wir haben,
4. Loslösung Englands von dem uns feindlich bleibenden Frankreich wegen Ägyptens und des Mittelmeers,
5. Beziehungen zwischen Russland und Österreich, welche es beiden schwie-
20 rig machen, die antideutsche Konspiration gegen uns gemeinsam herzustellen, zu welcher zentralistische oder klerikale Elemente in Österreich etwa geneigt sein möchten.
Wenn ich arbeitsfähig wäre, könnte ich das Bild vervollständigen und feiner ausarbeiten, welches mir vorschwebt: nicht das irgendeines Ländererwerbes,
25 sondern das einer politischen Gesamtsituation, in welcher alle Mächte außer Frankreich unser bedürfen und von Koalitionen gegen uns durch ihre Beziehungen zueinander nach Möglichkeit abgehalten werden.

Günter Schönbrunn, Das bürgerliche Zeitalter 1815–1914. Geschichte in Quellen, München 1980, S. 454 f.

1. *Welche gegen das Deutsche Reich gerichtete Koalition hält Bismarck für theoretisch möglich? Zwischen welchen Mächten erscheint Ihnen eine gegen Deutschland gerichtete Zusammenarbeit am ehesten denkbar?*
2. *Diskutieren Sie, ob sich eine Außenpolitik mit der hier geschilderten Zielsetzung als „Friedenspolitik" bezeichnen lässt.*

---
[1]) Alptraum der Bündnisse
[2]) Neigung

M 2

Die Außenpolitik Bismarcks im Spiegel der modernen Forschung

Der Frankfurter Historiker Lothar Gall beschreibt die außenpolitischen Grundzüge der Politik Bismarcks. In der klaren Ablehnung eines Präventivkrieges unterschied Bismarck sich von den Militärs und manchen außenpolitischen Mitarbeitern.

In der viel zitierten Reichstagsrede vom 11. Januar 1887 zog er [. . .] vor aller Öffentlichkeit den Schluss: „Mein Rat wird nie dahin gehen, einen Krieg zu führen deshalb, weil er später vielleicht doch geführt werden muss.“ 5
Deutschland, so hieß das, gehöre zu den Mächten, die von einem Krieg nichts zu gewinnen, aber alles zu befürchten haben und die daher bestrebt sein müssen, 10 einen Krieg zu verhindern. Das nannte er in der gleichen Rede „unsere Friedenspolitik“, freilich in einem sehr nüchternen, streng interessenorientierten Sinn. In ihm schwang noch nichts von jener 15 späteren, die Zusammenhänge verklärenden und zugleich verdunkelnden Deutung mit, es sei ihm um den europäischen Frieden als einen Wert an sich gegangen. Die Erhaltung des Friedens war 20 ihm vielmehr, so kann man zuspitzend sagen, ebenso ein Instrument wie vor 1871 der Krieg. Beides sollte der Macht des eigenen Staates, ihrer Erhaltung und möglichen Steigerung dienen. [. . .] 25
Nur der Friede garantierte seiner Auffassung nach dem Reich seine Unabhängigkeit und Machtstellung. Beides verdankte es, wie er immer deutlicher zu sehen glaubte, einer überaus glücklichen Kon- 30 stellation nach der Jahrhundertmitte bis zu den Siebzigerjahren, die sich seither, nicht zuletzt im weltpolitischen Maßstab, ständig zu seinem Nachteil verschoben hatte. 35

Lothar Gall, Bismarck. Der weiße Revolutionär, Frankfurt/Main – Berlin – Wien 1980, S. 637 f.

Der Journalist Volker Ullrich zeigt die Grenzen der Bismarck'schen Außenpolitik auf.

Allerdings wäre es zu einfach, zwischen *guter* Außenpolitik und *schlechter* Innenpolitik zu unterscheiden. [. . .] Der Grundgedanke seiner außenpolitischen Strategie, Spannungen und Konflikte an 5 die Peripherie abzuleiten, erwies sich seit Mitte der Achtzigerjahre zunehmend als illusorisch. Um dem *cauchemar des coalitions* zu entgehen, war Bismarck zu immer gewagteren diplomatischen Manövern 10 gezwungen – zuletzt durch den Abschluss des Rückversicherungsvertrages mit Russland 1887, dessen Wert der Kanzler selbst weitgehend zunichte machte, indem er gleichzeitig einen Wirt- 15 schaftskrieg gegen das Zarenreich entfesselte und dieses dadurch erst auf die Seite Frankreichs trieb. Und in der Kolonialpolitik[1]) 1884/85 setzte Bismarck, wider Willen, Kräfte frei, die er nicht mehr ban- 20 nen konnte. Die Dynamik des expandierenden Industriekapitalismus unterlief gleichsam die offizielle Außenpolitik und ließ „die relativ statische Vorstellung deutscher Saturiertheit bald als un- 25 angemessene Metapher“ erscheinen. Bismarck war mit seiner Politik an eine Grenze gelangt. Seine Nachfolger sollten diese Grenze überschreiten.

Volker Ullrich, Die nervöse Großmacht 1871–1918, Frankfurt/Main 1997, S. 123

1. *Diskutieren Sie Vor- und Nachteile einer Friedenspolitik aus Eigeninteresse und einer Politik, die den Frieden um seiner selbst willen anstrebt.*
2. *Beschreiben Sie die Kräfte, die auf die Außenpolitik eines Staates einwirken.*

---

[1]) Siehe Seite 138 f.

Wilhelminische Großmachtpolitik im Zeitalter des Imperialismus

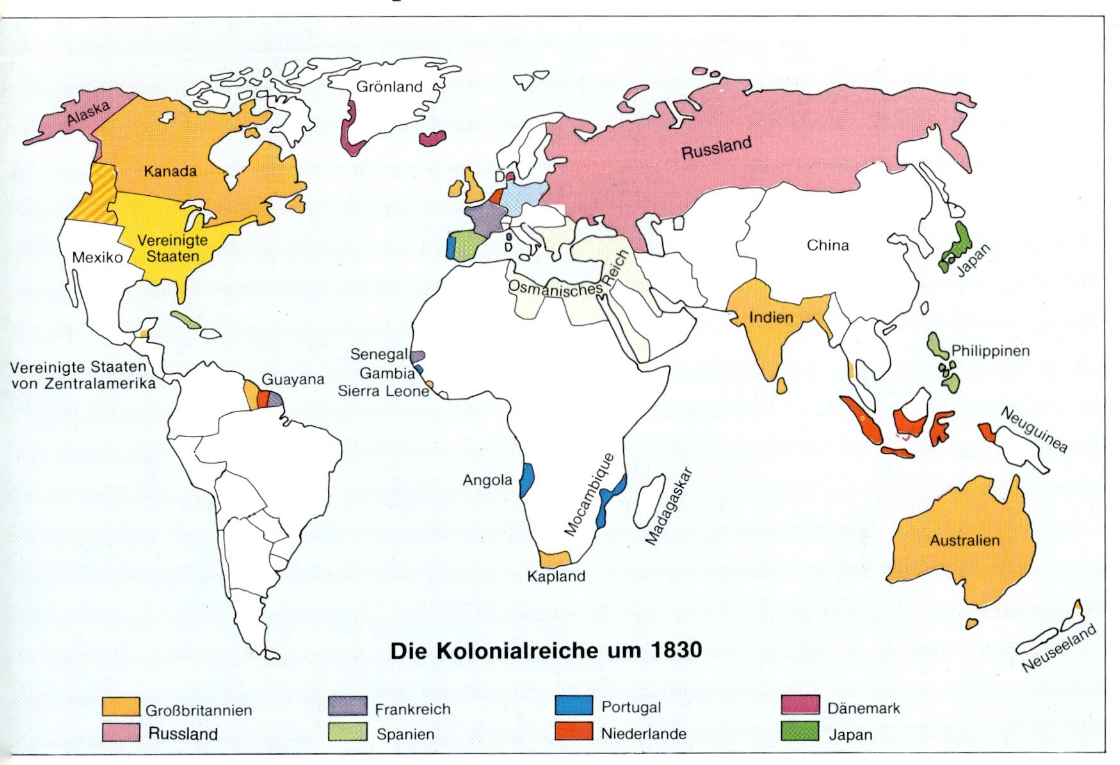

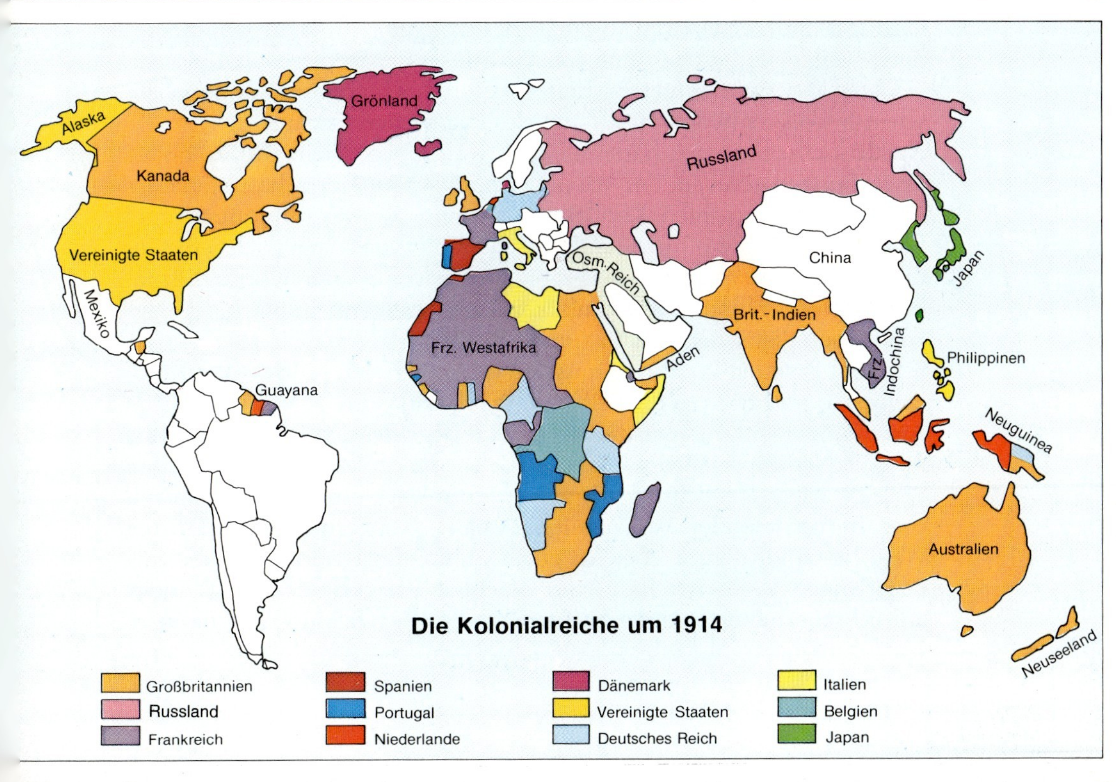

1881/82	Frankreich und Großbritannien eröffnen mit der Übernahme von Schutzherrschaften über Tunis und Ägypten den „scramble for Africa“ (Balgerei um Afrika)
1884	Beginn deutscher Kolonialerwerbungen in Afrika und im Pazifik
1898	Faschoda-Krise: Frankreich muss sich aus dem Sudan zurückziehen

Imperialismus: Der Begriff bedeutet in einem allgemeinen historischen Sinne „Großreichspolitik“. So verstanden kann er auf alle Epochen angewandt werden, in denen sich Groß- oder Weltreiche, zum Beispiel das Imperium Romanum, ausbreiteten.
Im engeren Sinne kennzeichnet der Begriff die (direkte oder indirekte) Herrschaft wirtschaftlich-industriell hoch entwickelter Mächte Europas, der USA und Japans über ihnen unterlegene Regionen. Als „klassisches Zeitalter des Imperialismus“ gelten die Jahre zwischen circa 1880 und 1914. Damals wurde es zu einem programmatischen Ziel vieler Staaten, politisch und wirtschaftlich abhängige Gebiete außerhalb der eigenen Grenzen dem eigenen Herrschaftsbereich einzuverleiben.
Ältere Kolonialmächte, etwa Großbritannien, Frankreich oder die Niederlande, entdeckten den Wert ihrer Kolonialreiche neu und suchten sie zu sichern und zu erweitern. Dies gilt vor allem für England, das ein riesiges *Empire* mit militärstrategischen Stützpunkten, mehreren Siedlungsgebieten (Neufundland, Kanada, Neuseeland, Australien, Kapkolonie in Afrika) und Indien als „Juwel“ beherrschte. Andere Staaten wie das Deutsche Reich, Belgien, Italien oder die USA und Japan erwarben nach 1880 zum ersten Mal koloniale Besitzungen. Afrika, dessen Inneres noch weitgehend unbekannt war, wurde von europäischen Kolonialmächten fast ganz aufgeteilt. Einen weiteren Schwerpunkt imperialistischen Interesses bildete der Raum des Pazifischen Ozeans.
Ausdrucksformen des Imperialismus waren aber nicht nur koloniale Erwerbungen. Neben der direkten politischen Herrschaft *(formeller Imperialismus)* brachten Kapitalinvestitionen, Vertragsdiplomatie und politischer Druck bis hin zu militärischen Interventionen auch selbständige, aber politisch und wirtschaftlich schwache Staaten wie das Osmanische Reich, China oder Republiken Lateinamerikas in die Abhängigkeit imperialistischer Länder *(informeller Imperialismus).*
Seit dem Zweiten Weltkrieg mussten die imperialen Mächte ihre Kolonien nach und nach in die Selbständigkeit entlassen. In der politischen Auseinandersetzung wurden nunmehr Begriffe wie „Neokolonialismus“, „Neoimperialismus“ zu kritisch oder polemisch gebrauchten Schlagworten. Sie richten sich gegen indirekte Herrschaftsformen reicher Industrieländer oder multinationaler Konzerne in der Dritten Welt. Ihnen wird zum Vorwurf gemacht, im eigenen Interesse die „arbeitsteilige“ Weltwirtschaft zum Nachteil unterentwickelter Länder aufrechtzuerhalten und deren eigenständige Entwicklung zu hemmen.

1894	In-Kraft-Treten des russisch-französischen Defensivbündnisses
1904	Entente cordiale zwischen England und Frankreich
1907	Russland und England legen kolonialpolitische Spannungen bei
1912/13	Nach zwei Kriegen werden die Grenzen auf dem Balkan neu geordnet
1914	Der Habsburger Thronfolger wird in Sarajevo ermordet

Imperialismus-Theorien: Die weißen Nationen rechtfertigten ihr imperialistisches Vorgehen häufig mit kulturmissionarischen und humanitären Verpflichtungen zugunsten des Fortschritts und der Zivilisation („Mission des weißen Mannes"). Schon zeitgenössische Kritiker suchten mit eigenen „Imperialismustheorien" die tieferen Beweggründe imperialistischer Expansion nachzuweisen.
1. Der linksliberale englische Sozialreformer *John A. Hobson* (1858–1940) oder der russische Bolschewist *Lenin* (1870–1924) erklärten wie viele andere Theoretiker den Imperialismus mit Wachstumsschwierigkeiten in der kapitalistischen Wirtschaft. Die Suche nach profitablen Kapitalanlagemöglichkeiten und die Überproduktion von Waren hätten demnach auf den Erwerb von Kolonien und Einflussgebieten gedrängt.
2. Andere Forscher sehen im Imperialismus der Jahrhundertwende eher eine spezifische Ausformung herkömmlicher Machtpolitik. Ein expansiver Nationalismus habe in überseeischen Kolonialbesitzungen vor allem ein Mittel zur Steigerung des nationalen Prestiges erblickt. Vielen Zeitgenossen erschien das Ringen um Weltmachtstatus unverzichtbar, wenn man nicht in die Rolle einer zweitrangigen Macht zurücksinken wollte („Weltmacht oder Niedergang"). Mit den nationalen Emotionen und dem machtpolitischen Prestigedenken der Zeit verband sich oft die Vorstellung vom „Recht des Stärkeren". Ein solches Denken rechtfertigte nicht nur die rücksichtslose Unterdrückung der Kolonialvölker, sondern trug auch zur Steigerung der Rivalitäten zwischen den imperialistischen Mächten bei.
3. Mehrere moderne Historiker sehen in der Expansion nach außen dagegen vornehmlich den Versuch der Führungsschichten, angesichts starker gesellschaftlicher Gegensätze im Inneren des Mutterlandes ablenkend und entlastend zu wirken („Sozialimperialismus"). Koloniale Erwerbungen sollten demnach primär ein integrierendes nationales Gemeinschaftsgefühl wecken und soziale Probleme mildern, um die bestehende Ordnung in Staat, Wirtschaft und Gesellschaft zu stabilisieren („Imperialismus oder Bürgerkrieg").
Alle monokausalen Erklärungsversuche haben sich nicht durchsetzen können. Eine „pluralistische" Imperialismusdeutung bleibt weiterhin am überzeugendsten. In ihr sollte zusätzlich auch der oft von den unterworfenen Gebieten selbst ausgehende Einfluss mitberücksichtigt werden.

„Bismarck als Weichensteller“ der europäischen Politik. (Englische Karikatur im „Punch“, 1878.) Als „saturierter“ Staat wirkte Deutschland lange eher als beruhigender Faktor in europäischen Krisensituationen, so 1878, als Russland und England zusammenzustoßen drohten. Die Lokomotiven zeigen den russischen Doppeladler und den britischen Union Jack.

„Er steckt seine Nase in alles.“ Kaiser Wilhelm II. nach dem Beginn der deutschen „Weltpolitik“. (Die Karikatur der New Yorker Zeitschrift „Judge“ aus dem Jahr 1899 spielt auf den Zusammenstoß deutscher und amerikanischer Interessen im Stillen Ozean an.)

Deutschlands Einstieg in die Weltpolitik

Bismarck war es in seiner Regierungszeit gelungen, die europäischen Mächte vom Friedenswillen des Reichs zu überzeugen. Berauscht vom beeindruckenden wirtschaftlichen und militärischen Aufstieg erschien vielen Deutschen die vom Reichskanzler auferlegte Selbstbeschränkung zunehmend als unnötig vorsichtig und perspektivenlos. In dem heraufziehenden imperialistischen Zeitalter sollte auch Deutschland bei der Aufteilung der Erde nicht zu kurz kommen und „seinen Platz an der Sonne“ beanspruchen. Viele Politiker und Publizisten, Professoren und Wirtschaftsführer meinten, das Reich müsse den Sprung zur „Weltmacht“ wagen, wenn nicht auf lange Sicht sein Großmachtstatus in Europa gefährdet sein sollte.
Zwar erwarb das Reich schon 1884/85 in Afrika und Neuguinea seine ersten Kolonien. Aber erst Wilhelm II., der als 31-Jähriger Bismarck aus dem Amt gedrängt hatte, wurde zum Repräsentanten des gewachsenen nationalen Selbstbewusstseins und der verbreiteten Aufbruchstimmung. „Ich führe euch herrlichen Zeiten entgegen“, versprach der redselige, gern forsch auftretende Monarch und fand dafür den Jubel aller, die mit ihm von einer weiteren Steigerung deutscher Größe träumten.
Die Lautstärke, mit der dieses neue Streben nach Weltgeltung sich oft äußerte, trug den Deutschen den Ruf eines arroganten und kraftmeierischen Störenfrieds ein; sie entsprach jedoch keineswegs den tatsächlichen Erfolgen in Übersee. Der allergrößte Teil des deutschen Kolonialbesitzes war noch zu

Kolonialbesitz europäischer Mächte 1914
(unberücksichtigt bleiben Russland sowie der Herrschaftsbereich Japans und der USA)

Großbritannien	33	Mill. qkm	mit ca.	400	Mill. Einwohnern
Frankreich	11,5	Mill. qkm	mit ca.	56	Mill. Einwohnern
Niederlande	2	Mill. qkm	mit ca.	38	Mill. Einwohnern
Belgien	2,4	Mill. qkm	mit ca.	15,5	Mill. Einwohnern
Deutschland	2,95	Mill. qkm	mit ca.	12	Mill. Einwohnern
Portugal	2,1	Mill. qkm	mit ca.	7	Mill. Einwohnern
Italien	1,5	Mill. qkm	mit ca.	1,6	Mill. Einwohnern
Spanien	0,25	Mill. qkm	mit ca.	0,7	Mill. Einwohnern

Zeiten Bismarcks ohne übergreifendes Konzept von hanseatischen Handelsfirmen oder Privatpersonen erworben worden. Erst nach 1890 steigerte sich der *Kolonialismus* zum *Imperialismus*. Wie andere europäische Mächte arbeitete auch Deutschland am Ausbau der Stützpunkte in Afrika und im Pazifik. Seit 1898 verwaltete das Reich alle *Schutzgebiete* selbst (⇨ M 1).

Das Verhältnis zu England wird schlechter

Nachdrücklicher im Sinne der über Europa hinausgreifenden Weltpolitik (⇨ M 2) wirkte das wirtschaftliche und politische Engagement Deutschlands im Vorderen Orient. Das Osmanische Reich galt seit Ende des 19. Jahrhunderts als bedeutendstes außereuropäisches Einflussgebiet. Beim Bau einer Eisenbahn von Konstantinopel zum Persischen Golf (*Bagdad-Bahn*, 1899–1903) entstanden der deutschen Wirtschaft willkommene Expansionsfelder. Damit wuchs auch das Interesse Deutschlands an dem für die Verbindung zur Türkei wichtigen Balkan. Achtlos setzte sich die kaiserliche Außenpolitik aber lange darüber hinweg, dass Russland und England den wachsenden deutschen Einfluss im Vorderen Orient als störend empfanden.
Der programmatische Übergang zur Weltpolitik um das Jahr 1897/ 1898 war begleitet von Anstrengungen zum Aufbau einer deutschen Kriegsmarine. Die Bedeutung einer eigenen Schlachtflotte wurde von *Alfred Tirpitz*[1]), dem Staatssekretär des Reichsmarineamtes, mit großem Agitationserfolg propagiert. Auch der Kaiser setzte sich nachdrücklich für das Flottenbauprogramm ein: „Unsere Zukunft liegt auf dem Wasser."
Die Aufrüstung zur See sollte für England jeden Krieg mit Deutschland zu einem wirklichen Risiko werden lassen. Ein Sieg der englischen Flotte sollte zumindest so teuer erkauft werden müssen, dass England anschließend seine Überlegenheit auf den Meeren nicht mehr sicher bewahren konnte und sein Weltimperium gefährdet war. Dieser in Deutschland propagierte „Risiko-

[1]) Alfred Tirpitz (1849–1930), Marineoffizier und seit 1892 Stabschef der Marine; von 1897–1916 Staatssekretär des Reichsmarineamtes; leitete den Flottenbau

gedanke" gefährdete das englische Ziel des *Two-Power-Standard,* also den Grundsatz, dass die britische Flotte mindestens die Stärke der beiden nächstgrößeren Seemächte aufweisen müsse. Spekulationen, England auf diese Weise an die Seite Deutschlands zu „zwingen", erwiesen sich allerdings als Illusion und Wunschtraum.

Einvernehmen zwischen Russland, Frankreich und Großbritannien

Bismarcks Nachfolger vertrauten lange darauf, dass die traditionellen weltpolitischen Rivalitäten zwischen England und Russland einerseits und zwischen England und Frankreich andererseits der deutschen Außenpolitik breiteste Entfaltungsmöglichkeiten ließen. Deshalb waren sie nicht übermäßig beunruhigt, als Russland 1894 ein Defensivbündnis mit Frankreich schloss. Erstmals stand damit dem Dreibund eine Allianz anderer Großmächte gegenüber, und die von Bismarck mit großem Einfallsreichtum verhinderte antideutsche Koalition war Wirklichkeit geworden.
Umso gefährlicher war nun eine Politik, die Deutschland aus der Sicht Englands zu einem potentiell bedrohlichen Gegner machte (⇨ M 3). Tatsächlich wurde vor allem durch den forcierten deutschen Flottenbau die Bereitschaft Großbritanniens zum Ausgleich mit Frankreich und Russland gefördert. Die freundschaftlichen britisch-französischen Beziehungen *(Entente cordiale)* begannen 1904 mit der Beilegung kolonialpolitischer Spannungen. Paris erkannte Ägypten endgültig als rein britisches Interessengebiet an; London war dafür bereit, den von Frankreich angestrebten verstärkten Einfluss in Marokko zu billigen. Als Deutschland anlässlich der *Marokko-Krisen* 1905/06 und 1911 dagegen vergeblich eine drohende Haltung einnahm, vertiefte es nur zusätzlich den Zusammenhalt der Entente cordiale.
Noch überraschender kam für die deutsche Führung 1907 die Bereinigung der Interessengegensätze in Asien zwischen englischem „Walfisch" und russischem „Bär". Aus englischer Sicht hatte aber das wirtschaftlich und militärisch mächtige Deutsche Reich, spätestens seit Russland im Krieg gegen Japan seine um die halbe Welt herangeführte Ostseeflotte verloren hatte (1905), ein bedrohliches Übergewicht auf dem Kontinent gewonnen (⇨ M 4).

Die Verengung der politischen Handlungsspielräume

Während die anderen Mächte Sorge vor einer deutschen Hegemonie in Europa hatten, fühlte sich Deutschland durch die veränderten Beziehungen zwischen England, Frankreich und Russland „eingekreist" und bedroht. Alle Regierungen dachten vor 1914 in „Freund-Feind-Bildern" und suchten Sicherheit in erster Linie durch engere Bindung an den Bündnispartner. Die gegenseitigen Ängste trieben die Rüstungsanstrengungen in die Höhe. Zudem wurde die Handlungsfreiheit der Politiker immer stärker durch militärstrategische Planungen eingeengt. Insbesondere in Deutschland erlangten sie

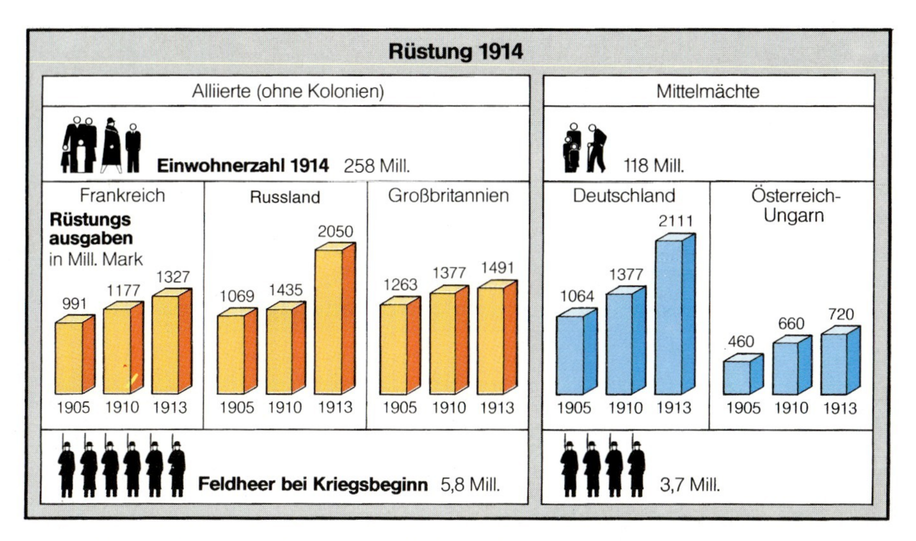

ein unheilvolles Gewicht. Dort sah der *Schlieffenplan*[1]) seit 1905 vor, im Falle eines Zweifrontenkrieges unter Ausnutzung der langsameren russischen Mobilmachungsfähigkeit in schnellem Aufmarsch durch das neutrale Luxemburg und Belgien vorzustoßen und zunächst die französischen Armeen zu vernichten. Der Schlieffenplan kennzeichnet deutlich die inflexible, nach Alternativen gar nicht mehr suchende und gerade deswegen riskante deutsche Außenpolitik der Vorkriegsjahre.

Der Balkan als Krisenherd

Das gegeneinander gerichtete Engagement der Großmächte auf dem Balkan und die kontroversen Interessen der dortigen kleinen Staaten machten dieses Gebiet in den letzten Jahren vor dem Ersten Weltkrieg erneut zu einem Unruheherd. Die erste große Balkankrise des 20. Jahrhunderts löste Österreich-Ungarn aus, als es 1908 die Provinzen Bosnien und Herzegowina dem eigenen Staatsgebiet voll einverleibte. Beide Gebiete waren ihm auf dem Berliner Kongress 1878 zur Verwaltung überlassen worden, standen aber offiziell noch unter türkischer Oberhoheit.
Die serbische Regierung, die selbst alle Südslawen (Serben, Kroaten, Slowenen) in einem großen Königreich einen wollte, forderte deshalb die Wiederherstellung des alten Zustands oder eine territoriale Entschädigung Serbiens. In der Hoffnung auf Hilfe durch Russland mobilisierte der kleine Balkanstaat gegen Österreich-Ungarn. Die russische Regierung wollte und konnte sich aber nach der Niederlage gegen Japan auf keinen neuerlichen Krieg einlassen. Als sich Deutschland unmissverständlich auf die Seite seines Zweibundpartners stellte, musste Russland seinen Schützling auf dem Balkan fallen lassen. Serben und Russen fühlten sich gedemütigt. In beiden Ländern wuchs die antideutsche Stimmung.

[1]) benannt nach Alfred Graf von Schlieffen, dem Chef des Generalstabs der Armee 1891–1905

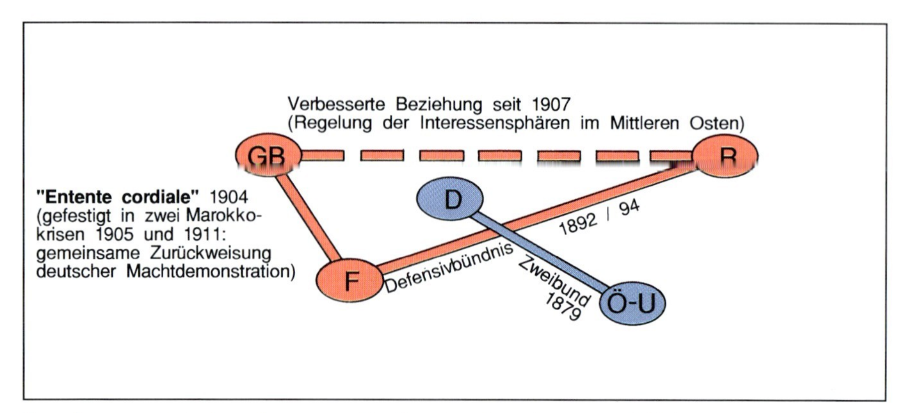

Beziehungen zwischen den europäischen Großmächten vor 1914.

Spannungen zwischen dem Wilhelminischen Reich und anderen europäischen Großmächten.

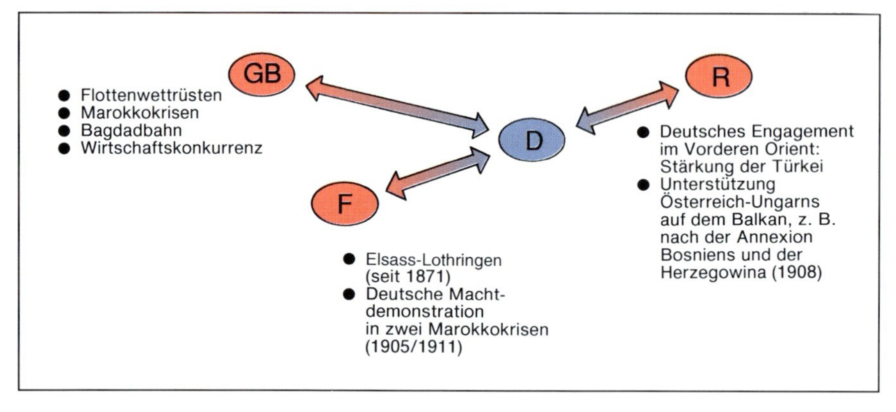

Kriege auf dem Balkan

Nicht nur Österreich-Ungarn schlug aus der Schwäche der Türkei, des „kranken Mannes am Bosporus", Gewinn. 1911 begann Italien, ermuntert von der Entente cordiale, in Nordafrika einen erfolgreichen Krieg um Tripolis und besetzte Inseln im Ägäischen Meer. Die Gunst der Stunde nutzten Bulgarien, Serbien, Montenegro und Griechenland 1912. Die Truppen des unter russischer Vermittlung zustande gekommenen *Balkanbundes* eroberten in wenigen Wochen fast die gesamte europäische Türkei. Diese behielt zwar noch ein europäisches Vorfeld vor Konstantinopel, war aber praktisch keine europäische Macht mehr.
Der Krieg flammte 1913 noch einmal auf, als sich Bulgarien mit den übrigen Balkanstaaten nicht über die Verteilung des in Makedonien eroberten Gebietes einigen konnte. Bulgarien wurde im Zweiten Balkankrieg von seinen bisherigen Verbündeten sowie Rumänien und der Türkei geschlagen und musste sich mit bescheideneren Gebietsgewinnen zufriedengeben, an seiner Nordgrenze sogar ein Landstück an Rumänien abtreten (Süddobrudscha).

Veränderungen auf dem Balkan seit dem Berliner Kongress.

Die Kriegsereignisse 1912/13 stärkten überwiegend die russische Position auf dem Balkan. Serbien konnte sein Territorium fast verdoppeln. Trotzdem fühlte es sich um den Sieg betrogen, weil es nicht den ersehnten Zugang zur Adria gewann, zu der sich seine Soldaten vorgekämpft hatten. Um Serbiens künftige Machtstellung zu begrenzen, setzte Österreich-Ungarn nämlich die Bildung eines selbständigen Staates Albanien durch.

Das Attentat auf den österreichisch-ungarischen Thronfolger in Sarajevo

Obwohl die deutsche und englische Regierung in gemeinsamem Vorgehen ihre Bündnispartner zur Mäßigung anhielten, hielten die Spannungen auf dem Balkan an. In dieser explosiven Situation stürzte ein Attentat Europa völlig überraschend in eine neue Krise: Mitglieder einer großserbischen Geheimorganisation, die von einflussreichen Kreisen Serbiens heimlich unterstützt wurden, *erschossen am 28. Juni 1914 den österreichisch-ungarischen Thronfolger, Erzherzog Franz Ferdinand, und seine Frau in der bosnischen Hauptstadt Sarajevo.* Der Friede in Europa war erneut gefährdet.

M 1

Die zwei Gesichter des Imperialismus

Lieutenant von Strehlau, frisch zur Schutztruppe in Afrika angekommen: „Nette Gegend soweit!“

„Da muss Ordnung rin!“
(Karikatur aus der „Jugend“, 1. Jahrgang, 15. Februar 1896.)

Bei einem Aufstand der Herero in Deutsch-Südwestafrika (heute: Namibia) zwischen 1904 und 1907 kamen etwa 50 000 Einheimische ums Leben. Die meisten verhungerten und verdursteten, weil sie von deutschen Soldaten in die Wüste abgedrängt wurden. Ein Überlebender berichtet nach Beendigung der Kämpfe.

Der Krieg ist von ganz kleinen Dingen gekommen, und hätte nicht (zu) kommen brauchen. Einmal waren es die ‚Stuurmann' (Kaufleute) mit ihrem schrecklichen Wucher und eigenmächtigen, gewaltsamen Eintreiben [. . .], und wer nicht zahlen wollte oder konnte, den verfolgten und plagten sie. Dann ist es der Branntwein gewesen, der die Leute schlecht und gewissenlos gemacht hat. Wenn jemand trinkt, dann ist es ihm gleich, was er tut. Aber das schlimmste Übel ist, was viel böses Blut und Streit hervorgerufen hat, die Vergewaltigung unserer Frauen durch Weiße. Manche Männer sind totgeschossen (worden) wie Hunde, wenn sie sich weigerten, ihre Frauen und Töchter preiszugeben und drohten, sie mit der Waffe in der Hand zu verteidigen. Wären solche Dinge nicht geschehen, wäre kein Krieg gekommen, aber er ist bei solchen Vergewaltigungen ausgebrochen. Er war mit einem Male da, und da war kein Halten mehr, jeder rächte sich, und es war, als sei kein Verstand mehr unter den Massen.

Horst Gründer, Geschichte der deutschen Kolonien, Paderborn, 3. Auflage 1995, S. 119

Vergleichen Sie die Aussage des Herero über den Ausbruch des Aufstands mit dem Bild, das man sich in Deutschland von der Kolonialverwaltung macht.

M 2

Deutschland: „Hammer oder Amboss"?

Deutschlands Anspruch auf Weltgeltung bekräftigte nachdrücklich der Staatssekretär des Auswärtigen Amtes (1897–1900) und spätere Reichskanzler (1900–1909) Bernhard von Bülow, so auch in seiner Rede vor dem Reichstag am 11. Dezember 1899.

In unserem neunzehnten Jahrhundert hat England sein Kolonialreich, das größte, das die Welt seit den Tagen der Römer gesehen hat, weiter und immer weiter ausgedehnt, haben die Franzosen in Nordafrika und Ostafrika festen Fuß gefasst und sich in Hinterindien ein neues Reich geschaffen, hat 5 Russland in Asien seinen gewaltigen Siegeslauf begonnen, der es bis zum Hochplateau des Pamir und an die Küsten des Stillen Ozeans geführt hat. Vor vier Jahren hat der chinesisch-japanische Krieg, vor kaum anderthalb Jahren der spanisch-amerikanische Krieg die Dinge weiter ins Rollen gebracht, große, tief einschneidende, weit reichende Entscheidungen herbeige-10 führt, alte Reiche erschüttert, neue und ernste Fermente der Gärung in die Entwicklung getragen. [. . .] Der englische Premierminister hatte schon vor längerer Zeit gesagt, dass die starken Staaten immer stärker und die schwachen immer schwächer werden würden. [. . .] Wir wollen keiner fremden Macht zu nahe treten, wir wollen uns aber auch von keiner fremden Macht 15 auf die Füße treten lassen (Bravo!), und wir wollen uns von keiner fremden Macht beiseite schieben lassen, weder in politischer noch in wirtschaftlicher Beziehung. (Lebhafter Beifall.) [. . .] Die rapide Zunahme unserer Bevölkerung, der beispiellose Aufschwung unserer Industrie, die Tüchtigkeit unserer Kaufleute, kurz, die gewaltige Vitalität des deutschen Volkes haben uns in 20 die Weltwirtschaft verflochten und in die Weltpolitik hineingezogen. Wenn die Engländer von einer Greater Britain reden, wenn die Franzosen sprechen von einer Nouvelle France, wenn die Russen sich Asien erschließen, haben auch wir Anspruch auf ein größeres Deutschland (Bravo! rechts, Heiterkeit links), nicht im Sinne der Eroberung, wohl aber im Sinne der friedlichen 25 Ausdehnung unseres Handels und seiner Stützpunkte. [. . .]

Wir können nicht dulden und wollen nicht dulden, dass man zur Tagesordnung übergeht über das deutsche Volk. [. . .]

Diese Zeiten politischer Ohnmacht und wirtschaftlicher und politischer Demut sollen nicht wiederkehren. (Lebhaftes Bravo.) Wir wollen nicht wieder, 30 um mit Friedrich List zu sprechen, die Knechte der Menschheit werden. Wir werden uns aber nur dann auf der Höhe erhalten, wenn wir einsehen, dass es für uns ohne Macht, ohne ein starkes Heer und eine starke Flotte keine Wohlfahrt gibt. (Sehr richtig! rechts. Widerspruch links.) Das Mittel, meine Herren, in dieser Welt den Kampf ums Dasein durchzufechten ohne starke 35 Rüstung zu Lande und zu Wasser, ist für ein Volk von bald 60 Millionen, das die Mitte von Europa bewohnt und gleichzeitig seine wirtschaftlichen Fühlhörner ausstreckt nach allen Seiten, noch nicht gefunden worden. (Sehr wahr! rechts.)

In dem kommenden Jahrhundert wird das deutsche Volk Hammer oder 40 Amboss sein.

Michael Behnen (Hrsg.), Quellen zur deutschen Außenpolitik im Zeitalter des Imperialismus 1890–1911, Darmstadt 1977, S. 231 ff.

1. *Erklären Sie den Sinn der bildlichen Formulierung, das deutsche Volk werde im 20. Jahrhundert „Hammer oder Amboss" sein. Welche entscheidenden Grundüberzeugungen liegen diesem Bild und der Rede Bülows insgesamt zugrunde?*
2. *Welche Folgerungen für die deutsche Außenpolitik leitet Bülow davon ab? Mit welchen Gefahren war diese Außenpolitik verbunden?*
3. *Diskutieren Sie, ob sich Bülows Forderung „Diese Zeiten politischer Ohnmacht und wirtschaftlicher und politischer Demut sollen nicht wiederkehren", zu Recht auf die zurückliegende Geschichte Deutschlands beziehen lässt.*

M 3

Politische Gefahren der deutschen Flottenrüstung

Geheimrat Friedrich von Holstein, der als maßgebende Persönlichkeit des Auswärtigen Amtes die Politik der „freien Hand" vertreten hatte, äußerte sich kurz vor seinem Tod 1906 in einem Privatbrief an den Diplomaten M. von Brandt (Gesandter in Peking von 1874–1892) zu den Auswirkungen der deutschen Flottenrüstung.

Ich glaube mich zu erinnern, dass wir in der Flottenfrage einer und derselben Ansicht waren, nämlich
1. je stärker wir zur See rüsten, desto fester drücken wir England an Frankreich heran;
2. wir können, selbst wenn wir die Steuern verdreifachen, niemals eine Flotte herstellen, die der englisch-französischen, ja auch nur der englischen allein gewachsen ist; 5
3. in einem Kriege gegen Frankreich allein spielt, wie das Jahr 70 zeigt, die Flotte eine Nebenrolle;
4. es ist eine Bedrohung und Herausforderung Englands, dass der Flottenverein es seit Jahren bei jeder neuen Flottenforderung offen ausspricht, die Rüstungen seien gegen England gerichtet. 10

[. . .] Marschall[1]) sagte mir im Sommer, nachdem wir einen ganzen Tag lang alle auswärtigen Fragen durchgesprochen hatten: „Ja, die Flotte, das ist die größte Gefahr." Die Gefahr wird dadurch vergrößert, dass beim Schiffbau (Panzerplatten etc.) ungezählte Millionen zu verdienen sind, viel mehr als bei den Kolonien. Nicht jeder, der nach Schiffen schreit, ist ein uneigennütziger Patriot. 15

Deutschland steht und fällt mit seinem Landheer, dafür muss jedes Opfer gebracht werden. Die Flotte vermehrt die Zahl unserer Feinde, wird aber niemals stark genug sein, um sie zu besiegen. Auf einen paritätischen Seekampf können wir weder jetzt noch später hoffen. Das Landheer muss – wie anno 70 – die Ungleichheit der Seestreitkräfte wettmachen. 20

Es ist nicht Handelsrivalität allein, die England uns verfeindet. Die ist auch vorhanden nach Amerika und nach Japan hin. Was die Engländer aufschreckt, ist unser beschleunigter Flottenbau und mehr noch die antienglische Motivierung desselben. Es ist tatsächlich, nicht einmal, sondern wiederholt und keineswegs nur von nichtamtlichen Stellen aus, erklärt worden, dass 25

[1]) Adolf Freiherr von Marschall (1842–1912), Staatssekretär des Auswärtigen von 1890–1897, Botschafter in Konstantinopel 1897–1912

Kaiser Wilhelm II. im Flottenmanöver (Gemälde von Willy Stöwer). Von deutscher Flottenherrlichkeit ließ sich auch mancher Künstler beeindrucken.

unsere Flottenrüstungen ihre Spitze gegen England richten und dass die
30 Herrschaft auf dem Meere uns zukommt. Mit Erklärungen dieser Art steht Deutschland allein da.

Michael Behnen, a. a. O., S. 373 f.

1. *Was sprach nach Holstein gegen die deutsche Flottenpolitik? Warum konnte nach seiner Ansicht die deutsche Politik englandfeindlicher als die anderer Staaten erscheinen?*
2. *Überlegen Sie, welche politischen Gefahren eine auf Kosten des Flottenbaus noch verstärkte Aufrüstung der Landstreitkräfte zur Folge haben konnte.*

M 4

Wilhelminische Außenpolitik contra „Balance of powers"

Der Journalist Sebastian Haffner (1907–1999) und der Historiker Andreas Hillgruber (1925–1989) beschreiben die deutsche und englische Bewertung der außenpolitischen Lage zu Beginn des 20. Jahrhunderts.

Die erste Todsünde des Deutschen Reiches, aus der alle weiteren folgten, war, dass es ohne Not aufhörte, sich als saturierter Staat zu fühlen und zu verhalten.
5 Die Deutschen der Wilhelminischen Periode wussten nicht, wie gut es ihnen ging. Sie handelten wie der Esel, von dem das deutsche Sprichwort sagt:

Die ebenso unerwartete wie schwerwiegende Niederlage Russlands im Krieg gegen Japan, die auch für längere Zeit den gänzlichen Ausfall der russischen
5 Ostseeflotte als Bindemittel wenigstens für einen Teil der deutschen Flotte mit sich brachte, ließ in britischer Sicht Russland auf absehbare Zeit als einen dem

„Wenn es ihm zu wohl wird, geht er aufs Eis tanzen." Was fehlte denn dem mächtigen, blühenden, reichen, breit in Europa hingelagerten Deutschen Reich der Jahrhundertwende? Wenn man heute zurückblickt, nichts. Im Inneren mochte es manches zu reformieren geben; nach außen hatten die Deutschen die optimale Position erreicht, die Volkszahl und geographische Lage ihnen ermöglichten. Sie hatten allen Grund, ihrem Schöpfer täglich zu danken und den Status quo, in dem sie so angenehm lebten, wie einen Garten zu pflegen. Wie man so etwas macht, das hatte ihnen nicht nur England seit Waterloo, sondern auch ihr eigener Bismarck seit Sedan vorgemacht. Statt dessen ging ihr ganzes Sinnen und Trachten nur darauf, diesen Status quo zu zerstören; am Ende war er ihnen geradezu unerträglich geworden. „Heraus aus der Enge!" Das reichste Land Europas war gleichzeitig das unzufriedenste; das stärkste, das unruhigste.

Sebastian Haffner, Die sieben Todsünden des Deutschen Reiches. Grundfehler deutscher Politik nach Bismarck damals und heute, Hamburg, 3. Auflage 1965, S. 118 f.

Deutschen Reich auch nur halbwegs gleichrangigen Machtfaktor auf dem europäischen Kontinent wegfallen. Dieser Ausfall Russlands aber verlieh Deutschland ein weit mehr noch als bisher als bedrohlich empfundenes Übergewicht, so dass die Stützung der Gegner Deutschlands auf dem europäischen Kontinent nunmehr ein vorrangiges britisches Interesse wurde. Bis 1914 hat die britische Regierung an dieser Kräfteeinschätzung der beiden wichtigsten kontinentaleuropäischen Mächte Deutschland und Russland festgehalten. Nur eine sofortige Stellungnahme Großbritanniens gegen Deutschland im Kriegsfalle schien – als Schlussfolgerung aus dieser Einschätzung des Kräfteverhältnisses – eine sonst unabwendbare Hegemonie Deutschlands auf dem Kontinent nach einem mit hoher Wahrscheinlichkeit zu erwartenden deutschen Sieg über Frankreich und Russland verhindern zu können. [. . .]
Deutschland behielt in britischer Sicht im europäischen Mächtesystem nicht nur ein als bedrohlich angesehenes Übergewicht, sondern wirkte auch aggressiv in seiner infolge des Nebeneinanders in der Führung in der Stoßrichtung schwer einschätzbaren Dynamik. Dies blieb auch so, als Russland nach seinem machtpolitischen Tief von 1905 in der Folgezeit [. . .] wieder an „Gewicht" zunahm und in Südosteuropa eine in der Sicht der Reichsleitung für das europäische Gleichgewicht bedrohliche Aktivität entfaltete.

Andreas Hillgruber, Die gescheiterte Großmacht. Eine Skizze des Deutschen Reiches 1871–1945, Düsseldorf, 4. Auflage 1984, S. 38 und 41

1. *Diskutieren Sie die These Haffners, die Deutschen hätten um die Jahrhundertwende eine „optimale Position erreicht".*
2. *Wie lässt sich die deutsche Unzufriedenheit mit dem Erreichten erklären?*
3. *Erscheint Ihnen die englische Einschätzung der Kräfteverhältnisse in Europa plausibel? Begründen Sie Ihre Ansicht.*
4. *Ging Ihrer Ansicht nach eine stärkere Beunruhigung Großbritanniens von der deutschen Flottenrüstung oder von der Möglichkeit einer künftigen deutschen kontinentaleuropäischen Hegemonialstellung aus?*

Der Erste Weltkrieg

Eure Herrscher fordern einen Platz in der Sonne; aber wo werdet Ihr Euren Platz finden?

Englisches Propagandaflugblatt (Sommer 1918). Der Massenabwurf von Flugblattpropaganda hinter der gegnerischen Front spielte als „nicht gewaltsames Kriegsmittel" im Ersten Weltkrieg erstmals eine größere Rolle.

1914	In Europa beginnt der Erste Weltkrieg
1917	Mit dem Eintritt der USA wird der Krieg zum Weltkrieg
1918	Der Erste Weltkrieg endet am 11. November

Julikrise 1914: eine Blankovollmacht für Österreich-Ungarn

Das Attentat vom 28. Juni 1914 eröffnete Österreich-Ungarn eine unerwartete und willkommene Möglichkeit, gegen das offenbar in das Komplott verwickelte Serbien vorzugehen. Obwohl mit einem Eingreifen Russlands gerechnet werden musste, sagten der deutsche Kaiser Wilhelm II. und sein Reichskanzler *Bethmann Hollweg* dem österreichischen Zweibundpartner unbedingte Unterstützung für eine Aktion gegen Serbien zu (⇨ M 1). Es würde auch zur Stärkung der deutschen Position beitragen, wenn Österreich-Ungarn den aufstrebenden Balkanstaat an seiner Südflanke nicht mehr zu fürchten hatte, der mit seinem politischen Fernziel der Sammlung aller Südslawen den Habsburger Vielvölkerstaat zu gefährden schien.
Kaiser und Reichskanzler hofften, dass Russland wie in der bosnischen Krise von 1908 erneut einen Krieg vermeiden werde. Käme es aber zum „großen" Krieg – und dieses Risiko ging die deutsche Politik bewusst ein –, so hielt man diesen wegen der russischen Aufrüstung (siehe Seite 234) jetzt für eher gewinnbar als in den Folgejahren (siehe auch Seite 394 f., M 2 und M 3).

Der Erste Weltkrieg beginnt

Am 23. Juli stellte die Wiener Regierung Serbien ein Ultimatum, das die Souveränitätsrechte des Balkanstaates infrage stellte. Obwohl die serbische Antwort überraschend viele Zugeständnisse enthielt, erklärte Österreich-Ungarn am 28. Juli den Krieg. Russland reagierte mit einer Teilmobilmachung gegen Österreich-Ungarn, am 30. Juli befahl es die Gesamtmobilmachung. Englands von Deutschland – nicht widerspruchsfrei – unterstützte Vermittlungsversuche hatten nun kaum noch eine Aussicht auf Erfolg.
Nachdem Russland trotz eines deutschen Ultimatums seine Mobilmachung nicht zurücknahm, erklärte Deutschland am 1. August dem Zarenreich den Krieg. Gemäß der Logik des Schlieffenplans folgte zwei Tage später die deutsche Kriegserklärung an Frankreich. Sogleich fielen Truppen im neutralen Belgien ein, um so die französischen Grenzbefestigungen zu umgehen. England stellte sich jetzt auf die Seite Frankreichs (Kriegseintritt am 5. August). Italien erklärte sich neutral. Der im Dreibund vereinbarte Bündnisfall (Hilfe gegen einen Angriff) war durch den Ablauf der Ereignisse auch tatsächlich nicht gegeben.

Der Kriegsverlauf

Nach beeindruckenden Anfangserfolgen blieb der deutsche Vormarsch an der Marne stecken (September 1914). Von nun an erstarrte die Westfront im Stellungskrieg. Monatelange Zermürbungs- und Materialschlachten vor der französischen Festung Verdun oder an der Somme bezahlten fast zwei Millionen Soldaten mit ihrem Leben – der entscheidende Durchbruch gelang weder den deutschen noch den alliierten Truppen (⇨ M 2). Die Offensiven und Gegenoffensiven an der Westfront waren zu „Schlächtereien mit immer wirksameren Mitteln der Massenvernichtung" (Golo Mann) geworden.

Eroberte englische Stellungen bei Arras. Für einen Geländestreifen von 40 km Breite und 12 km Tiefe ließen 400 000 Engländer, 200 000 Franzosen und 400 000 Deutsche ihr Leben.

Der Krieg griff über Europa hinaus. Die Türkei und Bulgarien traten bald auf die Seite der Mittelmächte. Die meisten übrigen Länder der Welt schlossen sich dem Lager der Entente an. Politisch und militärisch bedeutsam wurde vor allem der Kriegseintritt der USA am 6. April 1917. Ausgelöst hatte ihn die Entscheidung der deutschen *Obersten Heeresleitung (OHL),* durch *uneingeschränkten U-Boot-Krieg* das von Importen stark abhängige England zur Beendigung des Krieges zu zwingen (siehe Seite 201).
Das Zarenreich musste im Verlauf wechselvoller Kämpfe immer mehr Territorium preisgeben und schied 1918 nach einem harten Friedensdiktat der Mittelmächte aus dem Krieg aus (siehe Seite 309). Die Überlegenheit der Alliierten an Menschen und Material wurde seit dem Kriegseintritt der USA dennoch immer spürbarer. Am Ende blieb der deutschen Reichsregierung nichts anderes übrig, als um Waffenstillstand nachzusuchen (4. Oktober 1918). Der Erste Weltkrieg endete schließlich mit der Unterzeichnung des *Waffenstillstandes in Compiègne* am 11. November 1918.
In dem vierjährigen Kampfgeschehen von 1914 bis 1918 hatte der Krieg ungeahnte Ausmaße erreicht. Man schätzt die Zahl der weltweit zu den Waffen Gerufenen auf 74 Millionen. Nicht nur der Masseneinsatz von Soldaten, sondern auch neue Waffensysteme (U-Boote, Flugzeuge, Panzer, Flammenwerfer, Giftgas) und eine bis dahin unvorstellbare Erhöhung der Feuerkraft waren schreckliche Erfahrungen für die Menschen, ebenso die mit millionenfachem Leid verbundene Zahl der Opfer: rund zehn Millionen Tote und rund 20 Millionen Verwundete (⇨ M 3). In vielen Ländern litt auch die Zivilbevölkerung schrecklich unter den Folgen des Krieges. Beträchtliche Opfer forderte die von England über die Mittelmächte verhängte Seeblockade. Viele Menschen verhungerten, die Anfälligkeit gegen Krankheiten nahm erheblich zu. Zerstörte Städte und Dörfer und durch Granattrichter völlig verwüstete frühere Kulturlandschaften zeugten in den Kampfgebieten von der neuen Dimension des Krieges im industriellen Zeitalter.

M 1

Der deutsche Blankoscheck

Der Botschafter Österreich-Ungarns in Berlin berichtet am 5. Juli 1914 dem Wiener Außenminister Berchtold über seine Unterredung mit dem deutschen Kaiser anlässlich der Überreichung eines Handschreibens von Kaiser Franz Joseph. In dem Brief ersucht der österreichische Monarch um deutsche Rückendeckung für den Fall eines kriegerischen Vorgehens gegen Serbien.

Das Allerhöchste Handschreiben und das beigeschlossene Memorandum habe ich Seiner Majestät überreicht. In meiner Gegenwart las Kaiser mit größter Aufmerksamkeit beide Schriftstücke. Zuerst versicherte mir Höchstderselbe, dass er eine ernste Aktion unserseits gegenüber Serbien erwartet habe, doch müsse er gestehen, dass er infolge der Auseinandersetzungen unseres 5 Allergnädigsten Herrn eine ernste europäische Komplikation im Auge behalten müsse und daher vor einer Beratung mit Reichskanzler[1]) keine definitive Antwort erteilen wolle. Nach dem Déjeuner[2]), als ich nochmals Ernst der Situation mit großem Nachdruck betonte, ermächtigte mich Seine Majestät, unserem Allergnädigsten Herrn zu melden, dass wir auch in diesem Falle 10 auf die volle Unterstützung Deutschlands rechnen können. Wie gesagt, müsse er vorerst Meinung des Reichskanzlers anhören, doch zweifle er nicht im Geringsten daran, dass Herr von Bethmann Hollweg vollkommen seiner Meinung zustimmen werde. Insbesonders gelte dies betreffend eine Aktion unsererseits gegenüber Serbien. Nach seiner[3]) Meinung muss aber mit dieser 15 Aktion nicht zugewartet werden. Russlands Haltung werde jedenfalls feindselig sein, doch sei er hierauf schon seit Jahren vorbereitet, und sollte es sogar zu einem Krieg zwischen Österreich-Ungarn und Russland kommen, so könnten wir davon überzeugt sein, dass Deutschland in gewohnter Bundestreue an unserer Seite stehen werde. Russland sei übrigens, wie die Dinge 20 heute stünden, noch keineswegs kriegsbereit und werde es sich gewiss noch sehr überlegen, an die Waffen zu appellieren. Doch werde es bei den anderen Mächten der Tripelentente gegen uns hetzen und am Balkan das Feuer schüren. Er begreife sehr gut, dass es Seiner k. und k. Apostolischen Majestät bei seiner bekannten Friedensliebe schwer fallen würde, in Serbien einzu- 25 marschieren; wenn wir aber wirklich die Notwendigkeit einer kriegerischen Aktion gegen Serbien erkannt hätten, so würde er es bedauern, wenn wir den jetzigen, für uns so günstigen Moment unbenützt ließen.

Winfried Baumgart (Hrsg.), Die Julikrise und der Ausbruch des Ersten Weltkrieges 1914, Darmstadt 1983, S. 50 f.

1. *Erklären Sie, weshalb die hier wiedergegebene Haltung des deutschen Kaisers, der sich am Tage darauf auch der Reichskanzler anschloss, als „Blankoscheck" zu Gunsten Österreich-Ungarns bezeichnet worden ist.*
2. *Welche Gründe könnten Deutschland zu so weitgehenden Zusagen an seinen Bündnispartner Österreich-Ungarn veranlasst haben?*
3. *Überlegen Sie, wie eine ablehnende Antwort auf das Handschreiben des österreichischen Kaisers hätte begründet werden können.*

---

[1]) Theobald von Bethmann Hollweg (1856–1921) war zwischen 1909 und 1917 Reichskanzler und preußischer Ministerpräsident. Gegen Ende des Weltkriegs musste er unter Druck der Obersten Heeresleitung zurücktreten.

[2]) Mittagessen

[3]) Gemeint ist Kaiser Wilhelm II.

Kriegslage 1916.

1. *Beschreiben Sie die Vor- und Nachteile der strategischen Lage der Mittelmächte und der Entente bei Kriegsbeginn.*
2. *Welche Bedeutung hatten der Kriegseintritt der Türkei (November 1914) und Bulgariens (Oktober 1915) auf Seiten der Mittelmächte, Italiens (Mai 1915) und Rumäniens (August 1916) auf Seiten der Ententemächte?*
3. *Suchen Sie auf der Karte die Haupt- und Nebenfronten im Jahr 1916.*

M 3

Die Schrecken des Frontkrieges

Ein deutscher Vizefeldwebel berichtet in einem Brief von der Front über einen Durchbruchsversuch.

Allmähliches Durchsickern von Nachrichten über die Kriegslage. Franzosen auf einer Front von 15 km Breite in Tiefe von 3 km durchgebrochen. [. . .] Die Grabenbesatzung, die alles eingebüßt hatte, was sie nicht auf dem Leib trug, kaum noch menschenähnlich. [. . .] Gräben. Keine Unterstände. Eifriges Auswühlen von Erdlöchern. Vor Morgen aufwachen, vor Nässe und Frösteln. Bei Tagesanbruch setzt das Grauenhafte ein: „Trommelfeuer!“ Ich halte mit Unteroffizier Schulte in einem Erdloch. Unaufhörlich erzittert die Erde. Unaufhörlich klingen Abschüsse und Einschläge zusammen,

Auf französischer Seite erhalten Soldaten den Befehl, in Kürze anzugreifen.

Die Stunden vergehen langsam, aber unerbittlich. Niemand bekommt noch etwas runter, die Kehle ist wie zugeschnürt. Immer und immer wieder diese bange Frage: Bin ich in einigen Stunden noch unter den Lebenden oder nur noch einer dieser grausigen, von Granaten zerfetzten Kadaver? Die Stunde null kommt näher. Der Zeiger meiner Uhr rückt unaufhörlich weiter, nichts kann ihn aufhalten, nur noch 30, 20, 10 Minuten. Ich sehe nur auf die Uhr und zähle . . . Die Tasche voller Munition, in der Hand das Gewehr eines Toten, richte ich mich nun langsam auf. 17.58 Uhr, 17.59

wie zu einem ungeheuren Trommelwirbel. Was 20 bis 30 Meter weiter vor sich geht, kümmert uns bald nicht mehr. Immer wieder platzen die Granaten der Batterien, die unser kurzes Grabenstückchen zum Ziel genommen hatten, in nächster Nähe mit entsetzlichem Dröhnen. Dabei bröckelt jedes Mal der Dreck von der Decke unserer Höhle. [. . .] Gegen Mittag steigert sich das Feuer zu wahrer Raserei; höchstens dem Tosen des aufgewühlten Meeres zu vergleichen. Wir harren, auf dem Bauche liegend, dem Boden und der Wand angeschmiegt, in Ergebung der Dinge, die da kommen müssen. Endlich um 5 Uhr legt sich der Sturm. [. . .]
Unsere Ruhe bedeutet keine Untätigkeit des Feindes. Er versucht jetzt, durch wildes Feuer die Artillerie niederzukämpfen und das Herankommen von Reserven zu verhindern. Endlich ruht die Artillerie ganz. Jetzt heißt's scharf beobachten. [. . .] Dichte Kolonnen stürmen über das braune Feld in und hinter den Tannenstreifen. Mit Erbitterung schießen meine Leute. [. . .] Jetzt erwacht auch die Artillerie. Ganze Scharen der Gegner werden von den platzenden Granaten [. . .] der Mörser begraben. [. . .] Sie fluten unter Verlusten zurück. Die Nacht war ruhig. Am folgenden Morgen strahlte der Himmel wolkenlos. Aber die feindlichen Fesselballons und ebenso die Flieger, die uns in früher Stunde umkreisten, kündeten nichts Gutes an. Bald setzte das Trommelfeuer ein, aber heute war der Beschuss durch die Flieger vorzüglich geleitet. Schlag auf Schlag platzen Granaten in nächster Nähe. Ein Schrapnellhagel geht über dem Graben nieder. [. . .] Verwundete stürzen in mein Loch, um sich verbinden zu lassen. Es waren grauenhafte Stunden. [. . .] Alles deutet auf einen großen Angriff.

Vizefeldwebel Arthur Goldstein fiel am 7. 4. 1916 (vermisst).

Kriegsbriefe gefallener deutscher Juden, Stuttgart-Degerloch 1961, S. 50 ff.

Uhr, 18.00 Uhr, ich schreie „vorwärts" – plötzlich eine rote Explosion vor meinen Augen, und ich falle nieder. Mein rechtes Knie ist durchschossen, ich habe eine Kugel im Bauch, eine andere hat meine Wange gestreift. Neben mir liegen Verwundete und Tote.

An einer anderen Stelle wurden Infanteristen verschüttet.

Zuerst grabe ich einen Kameraden vom 270. Regiment aus, den ich leichter als die anderen befreien kann. Es sind aber noch andere lebendig begraben. Die Deutschen müssen ihre Schreie auch hören, denn sie bestreichen uns mit Maschinengewehrfeuer; man kann nicht aufrecht arbeiten, und einen Moment lang habe ich fast Lust wegzugehen; aber nein, ich kann doch meine Kameraden nicht so liegen lassen! . . . Ich versuche, den alten Mazé, der immer noch schreit, freizubekommen; je mehr Erde ich beiseite schaffe, umso mehr fällt wieder nieder. Schließlich kann ich ihn bis zur Brust ausgraben, so dass er etwas besser atmen kann. Dann komme ich einem vom 270. zur Hilfe, der nur noch schwach ruft. Mir gelingt es, seinen Kopf bis zum Hals freizubekommen. Er weint und fleht mich an, ihn nicht dazulassen. Zwei weitere Männer müssen noch verschüttet sein, es sind aber keine Hilferufe mehr zu hören. Ich fange wieder zu graben an, um wenigstens ihre Köpfe freizulegen. Ich merke dann, dass alle beide tot sind. Ich lege mich ein wenig hin, denn ich bin am Ende meiner Kräfte; das Bombardement geht weiter.

Marc Ferro, Der große Krieg 1914–1918, Frankfurt/Main 1988, S. 164 f.

Demokratie und Nation: die USA im 19. Jahrhundert

Eine amerikanische Identität entsteht

Jamestown: Von hier nahm die angelsächsische Besiedlung Nordamerikas ihren Anfang. Das im Frühjahr 1607 errichtete Fort war als gleichschenkliges Dreieck mit den Kantenlängen 91 und 127 Meter angelegt. Da Holzbauten und Palisadenwände bereits Anfang 1608 abbrannten, fehlte von der Festung jede Spur. Erst Grabungen in den Jahren 1994 bis 1996 ermöglichten eine Rekonstruktionszeichnung. Bis zur 400-Jahr-Feier im Jahr 2007 hoffen die Archäologen noch auf weitere wichtige Funde.

1604 Französische Soldaten und Händler stoßen ins Landesinnere Nordamerikas vor
1607 In Jamestown (Virginia) entsteht die erste dauerhafte britische Niederlassung
1619 Die ersten Afrikaner werden nach Amerika verkauft
1620 Die ersten religiös verfolgten Gruppen aus England landen in Nordamerika (Pilgrim Fathers)

Der Gründung der *Vereinigten Staaten von Amerika* 1776 (siehe Seite 163 f.) ging ein rund 150 Jahre dauernder Prozess der Kolonisation voraus. Die Erfahrungen aus dieser Epoche beeinflussten Entstehung und Geschichte der USA und wirken bis zum heutigen Tag nach. Drei Faktoren im Besonderen erwiesen sich als bedeutsam:

1. das Aufeinandertreffen dreier unterschiedlicher Kulturen (siehe Seite 156)
2. die ethnische und religiöse Vielfalt der Siedler (siehe Seite 157 f.)
3. die Beziehungen der Kolonien zum englischen Königreich (siehe Seite 159).

„Rot", „Weiß" und „Schwarz" in der „Neuen Welt"

Die „Neue Welt" war nur vermeintlich eine neue Welt, denn die Geschichte Amerikas begann natürlich nicht erst mit der Entdeckung durch die Europäer. Schon 40 000 bis 25 000 Jahre vor Christus siedelten hier die ersten indianischen Ureinwohner. Obwohl seit ca. 1000 n. Chr. skandinavische Seefahrer, Kaufleute und Missionare bis zur nordostamerikanischen Küste Neufundlands segelten, trat erst mit der navigatorischen Pioniertat des *Christoph Kolumbus*[1]) (1492) die westliche Hälfte der Erde in den Gesichtskreis der Europäer.

Ebenso wie in Mittel- und Südamerika wurden auch im Norden die *Indianer* Opfer der europäischen Expansion. Schutzlos waren sie eingeschleppten Krankheiten ausgeliefert; Hungersnöte und Alkoholismus dezimierten ihre Zahl zusätzlich. Der Kultur und Waffentechnik der Weißen unterlegen, wurden die indianischen Stämme von den immer weiter nach Westen vordringenden Siedlern aufgerieben. Heute schätzt man, dass die ursprünglich sechs bis sieben Millionen Ureinwohner auf dem Gebiet der USA und Kanadas gegen Ende des 19. Jahrhunderts um mehr als 90 % dezimiert waren.

Als eine andere, bis in die Gegenwart dauernde Belastung der amerikanischen Gesellschaft sollte sich die Versklavung von *Afrikanern* erweisen. Die ersten Schwarzen waren bereits 1619 von einem holländischen Schiff als Arbeitskräfte in die Kolonie *Virginia* verkauft worden. Anfangs wurden sie nach Ablauf einer gewissen Frist in die Freiheit entlassen, aber etwa ab der zweiten Hälfte des 17. Jahrhunderts blieben sie auf Lebenszeit mit Kind und Kindeskindern persönlicher Besitz ihrer weißen Herren.

1776 lebten etwa 500 000 *Sklaven* in den britischen Kolonien, das waren knapp 20 % der Bevölkerung. Besonders die Plantagenwirtschaft hatte Bedarf an billigen Arbeitern, so dass in manchen südlichen Regionen um diese Zeit schon mehr Schwarze als Weiße lebten. Dort entwickelte sich auch eine besondere afro-amerikanische Kultur mit eigener Sprache und Musik.

Zweifelsohne forderte der Kampf ums Überleben große Entbehrungen von den weißen Siedlern. Sie bewältigten diese allerdings nur um den Preis der (weitgehenden) Ausrottung der Urbevölkerung und der ungezügelten Unterdrückung der ins Land gebrachten Afrikaner.

Der Süden: Koloniegründungen aus wirtschaftlichen Motiven

Im Norden Amerikas drangen die Franzosen seit 1604 über den von *Jacques Cartier* (1491–1557) bereits erkundeten Sankt-Lorenz-Golf in das Landesinnere vor und gründeten 1608 Québec. In gutem Einvernehmen mit den lokalen Indianerstämmen widmeten sie sich vornehmlich dem Pelzhandel und begnügten sich mit der Errichtung einzelner Forts, Missions- und Handelsstationen.

---

[1]) Christoph Kolumbus (1451–1506), stammte wahrscheinlich aus Genua und stand in spanischen Diensten, als er 1492 Amerika entdeckte.

Weiter im Süden erwies sich das 1607 im Auftrag der *London Company of Virginia* gegründete Jamestown als erste lebensfähige Ansiedlung der Engländer. Kaufherren und adelige Geschäftsleute hatten in einem königlichen Freibrief *(charter)* das Recht erhalten, an der Atlantikküste Handel zu treiben und später auch Grundbesitz zu vergeben. Siedlungswillige Engländer erhielten, sofern sie ihre Überfahrt selbst bezahlt hatten, ein Stück Land zugewiesen. Mittellose, die ohne Entgelt die abenteuerliche Reise antraten, aber beispielsweise auch Sträflinge, waren als Arbeitskräfte ebenfalls willkommen. Als Kontraktarbeiter *(indentured servants)* arbeiteten sie für drei bis fünf Jahre auf den Höfen der Siedler, bis sie ihre Überfahrt abverdient oder ihre Schuld gesühnt hatten.
Von den ersten 120 wagemutigen Siedlern, die sich in Jamestown niedergelassen hatten, lebten acht Monate später nur noch 38. Missernten, Krankheiten und Indianerüberfälle stellten das Unternehmen in Frage. Erst nach 25 Jahren stand diese früheste britische Kolonialgründung in Amerika, die den Namen Virginia erhielt, wirtschaftlich auf eigenen Füßen. Sie verdankte dies dem ab 1612 einsetzenden Tabakanbau, den die Siedler von den Indianern erlernten und mit der Arbeitskraft afrikanischer Sklaven betrieben. In der Folgezeit entwickelte sich in den südlichen Regionen ein gesellschaftliches Leben, das sich am Leitbild des englischen Landadels und der englischen Staatskirche orientierte.

Neu-England: Koloniegründungen als religiöse Aufgabe

Nicht aus wirtschaftlichen Motiven, sondern auf der Flucht vor religiöser Verfolgung verließ 1620 eine Gruppe besonders strenggläubiger *Calvinisten*[1]) England. Die ersten *Pilgrims* landeten 1620 in *Neu-England*, nördlich des bisherigen englischen Hoheitsgebiets. Noch an Bord ihres Schiffes *Mayflower* schlossen die 41 Männer der Gruppe eine Art Gesellschaftsvertrag, in dem sie sich, fernab jeder weltlichen Obrigkeit, verpflichteten, den selbst erlassenen Gesetzen zu gehorchen und ein Gott und dem König gefälliges Leben zu führen (⇨ M 1).
Während die sogenannten „Pilgerväter“ *(Pilgrim Fathers)* weltliche Macht und Wohlstand ablehnten, strebte die bald nachfolgende gemäßigte calvinistische Glaubensrichtung der *Puritaner* bewusst nach wirtschaftlichem Erfolg als Zeichen ihrer göttlichen Auserwähltheit. Von elitärem Selbstbewusstsein getrieben, wollten sie in der 1629 vom König genehmigten Kolonie *Massachusetts* ein für die Welt vorbildliches christliches Gemeinwesen errichten. Politische Rechte besaßen aber nur die männlichen puritanischen Kirchenmitglieder – etwa ein Fünftel der Gesamtbevölkerung.
Freiwillig unterwarfen sich die Puritaner einer rigorosen Gruppenmoral. Abweichendes Verhalten wurde von der Gemeinde hart bestraft, die auch in der

[1]) Jean Calvin (1509–1564) wollte die „Halbheiten der lutherischen Reformation“ überwinden. Nach seiner Lehre ist der Mensch von Anfang an von Gott vorherbestimmt *(prädestiniert)*, entweder zum ewigen Heil oder aber zur ewigen Verdammnis.

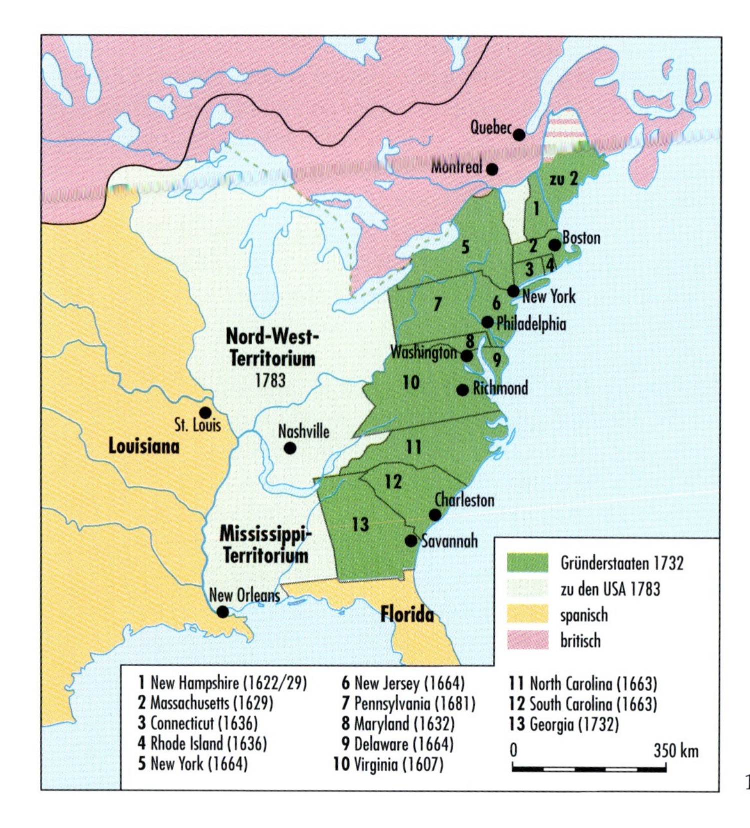

Der Osten Nordamerikas im 17. und 18. Jahrhundert.

„Neuen Welt“ vor Hexenprozessen nicht zurückschreckte. Die Verdrängung und Vernichtung der Indianer war in puritanischen Augen ein Gott wohlgefälliges Werk, da diese „Wilden“ dem göttlichen Gebot, sich die Erde untertan zu machen, nicht nachgekommen waren und demnach keinen Anspruch auf das Land geltend machen konnten.

Die Mittelatlantik-Kolonien: Vielfalt und Toleranz

Wegen der unerbittlich strengen puritanischen Herrschaft in Massachusetts spalteten sich nach und nach drei Kolonien ab. In dem unscheinbaren *Rhode Island* wurden dabei erstmals Kirche und politisches Gemeinwesen getrennt und die religiöse Freiheit des Einzelnen rechtlich abgesichert. Andere religiöse Minderheiten aus dem englischen Königreich siedelten sich beispielsweise in *Maryland (Katholiken)* oder in *Pennsylvania (Quäker)* an.

In diesen *Mittelatlanik-Kolonien* herrschte sowohl in kirchlicher als auch in ethnischer Hinsicht ein buntes Bild. Hier lag das ursprünglich von Niederländern gegründete Hafen- und Finanzzentrum New York, und hier siedelten sich bevorzugt deutsche und skandinavische Einwanderer an. Nirgends sonst lebten so viele ethnische und religiöse Gruppen tolerant und ohne Bevormundung nebeneinander.

Politisches Leben unter dem Schutz der britischen Krone

Während die französischen Besitzungen von einem königlichen Intendanten zentralistisch geleitet wurden, räumten die Freibriefe der englischen Krone den Auswanderern aus der „Alten Welt" innerhalb des Rahmens englischer Rechtsbräuche weitgehende Freiheiten ein. Nach dem Vorbild Virginias bildete sich in den insgesamt 13 Kolonien ein durchaus vergleichbares politisches Leben heraus. Es entstanden eigenständige Volkvertretungen, die dem englischen Ober- und Unterhaus ähnelten. Die Siedler erhielten so im Laufe der Zeit und im Rahmen ihrer Zuständigkeit die Gesetzgebungskompetenz und die Aufsicht über ihren Finanzhaushalt.
Erst allmählich entwickelte das Mutterland ein begrenztes – von der zunehmenden Bedeutung des Kolonialhandels diktiertes – Interesse an den Kolonien. Teilweise wurden bis 1752 die Freibriefe widerrufen und vom König ernannte Gouverneure in den einzelnen Kolonien an die Spitze von Verwaltung, Gerichtswesen und Militär gestellt. Aber überall regelten die Siedler ihre lokalen und regionalen Angelegenheiten relativ autonom.
Politische Mitbestimmungsrechte waren an verschiedene Bedingungen (Eigentum, Steueraufkommen, Aufenthaltsdauer) gebunden. In den nördlichen Kolonien konnten etwa drei Viertel, in den südlichen immerhin noch bis zu 50 % der weißen Männer an den Wahlen zu den Kolonialparlamenten teilnehmen. In England waren dagegen in der Mitte des 18. Jahrhunderts nur 15 % der männlichen Bevölkerung wahlberechtigt. Ganz allgemein waren Standesgrenzen oder Unterschiede zwischen Arm und Reich weitaus geringer ausgeprägt als in Europa.

Wirtschaftliche Expansion der Kolonien

1690 lebten etwa 200 000 Auswanderer in den britischen Kolonien, 1790 waren es bereits 3,9 Millionen. Die überseeischen Besitzungen sollten Rohprodukte (z. B. Baumwolle aus Virginia als Basismaterial der aufblühenden englischen Textilindustrie) billig liefern und im Gegenzug für Fertigwaren aus England als Markt mit anhaltender Massennachfrage dienen. Ein eigener Seehandel war den Kolonien verboten. Es war ihnen nicht einmal erlaubt, einen Nagel aus dem in Neu-England gewonnenen Eisenerz in heimischen Manufakturen selbst herzustellen.
Zum Ausgleich gewannen die Kolonien eine Monopolstellung für den Verkauf ihrer Produkte in England, solange damit keine Konkurrenz für die im Mutterland produzierten Güter entstand. Dieses Zwangssystem wurde vielfach durch einen florierenden, von den Kolonialbehörden kaum unterbundenen Schmuggel umgangen. Seit die Engländer 1713 den Spaniern den Sklaventransport aus Westafrika abgepresst hatten, schalteten sich überdies amerikanische Kaufleute und Reeder immer mehr in dieses Gewinn bringende Geschäft ein. Der transatlantische Handel zwischen Europa, Afrika und Nordamerika darf als eine wesentliche Quelle für den wachsenden Wohlstand der Kolonien angesehen werden.

„The Peaceable Kingdom“, Gemälde des Quäker-Predigers Edward Hicks (1780–1849) aus dem Jahre 1840. Im Hintergrund der allegorischen Darstellung schließt der aus einer reichen englischen Familie stammende William Penn (1644–1718) einen Vertrag mit den Delaware-Indianern über die Abtretung eines Territoriums ab (1682). Dort sollten seine Glaubensbrüder, die Quäker, ihre Religion frei ausüben können.

M 1 Der „Mayflower Compact“

Unter den Auswanderern auf der „Mayflower“ befand sich eine Gruppe englischer Calvinisten. Bevor sie an Land gingen, legten die 41 Familienoberhäupter am 11. November 1620 ein feierliches Gelöbnis (engl. compact) ab.

Bevor wir an diesem Tag vor Anker gingen, hielt man es – da einige wenig Neigung zur Einigkeit und Eintracht, vielmehr Zeichen von Parteisucht erkennen ließen – für angebracht, eine Vereinigung zu bilden und eine Vereinbarung einzugehen, nämlich uns zu einem einzigen Körper zusammenzuschließen und der Regierung und den Leitern zu unterstellen, deren Einrichtung und Wahl wir unter allgemeiner Zustimmung vereinbaren wollten, und uns an das zu machen, was Wort für Wort hier folgt . . .: Im Namen Gottes, Amen. Wir, die Unterzeichner dieses, treue Untertanen unseres erhabenen Herrschers und Herrn König Jakobs I., von Gottes Gnaden Königs von Großbritannien, Frankreich und Irland, Hüters des Glaubens usw., haben zur Ehre Gottes und zur Ausbreitung des christlichen Glaubens und zum Ruhm von König und Vaterland eine Fahrt unternommen, um die erste Kolonie in den nördlichen Teilen von Virginia zu gründen. Und wir kommen hiermit feierlich und wechselseitig, vor Gottes Angesicht und voreinander, überein und vereinigen uns selbst zu einem bürgerlichen politischen Körper; zur besseren Ordnung unter uns und zu Schutz und Förderung der oben genannten Absichten; und kraft dieses wollen wir von Zeit zu Zeit verordnen, errichten und einrichten rechte und billige Gesetze, Verfügungen, Erlässe, Einrichtungen und Ämter, wie es uns am zuträglichsten und zweckmäßigsten für das allgemeine Wohl der Kolonie erscheint: Und wir versprechen dazu alle schuldige Unterwerfung und Gehorsam.

Fritz Wagner, USA. Geburt und Aufstieg der neuen Welt. Geschichte in Zeitdokumenten 1607–1865, München 1947, S. 18 f.

1. *Wozu verpflichten sich die Unterzeichner? Nennen Sie ihre Gründe und ihre Zielsetzung.*
2. *Erörtern Sie anhand von M 1 und der Abbildung das Verhältnis zwischen christlichen Siedlern und den indianischen Ureinwohnern.*

Eine Nation erschafft sich selbst

In der Nacht vom 16. auf 17. Dezember 1773 überfielen 60 als Indianer verkleidete Mitglieder des Geheimbunds Sons of Liberty drei Schiffe der East India Company und warfen die geladenen Teeballen ins Meer. Die nachträglich kolorierte Darstellung der „Boston Tea Party" stammt aus W.D. Coopers 1789 in London erschienener „History of North America".

1763	Aus dem Siebenjährigen Krieg geht England als dominierende Kolonialmacht in Amerika hervor
1773	Die „Boston Tea Party" löst den Amerikanischen Unabhängigkeitskrieg aus
1775–1783	Im Unabhängigkeitskrieg siegen die Kolonien über England
1776	Die Verfassung von Virginia („Virginia Bill of Rights") wird zum Vorbild der internationalen Verfassungsentwicklung
	Die amerikanischen Kolonien erklären ihre Unabhängigkeit
1781	Die 13 Kolonien schließen sich zu einem Staatenbund zusammen
1789	Die USA gründen sich als Bundesstaat
	George Washington wird erster Präsident der USA

Der Widerstand gegen das Mutterland formiert sich

Den Kampf um die Vormachtstellung in Europa und der Welt führten im 18. Jahrhundert vor allem England und Frankreich. Die Auseinandersetzung entschied sich schließlich im *Siebenjährigen Krieg* (1756–1763), dessen Schlachten auch in Nordamerika (bereits seit 1754) und Asien geschlagen wurden. England siegte, und im *Frieden von Paris* (1763) musste Frankreich in Nordamerika auf Kanada und die Gebiete östlich des Mississippi verzichten. Der Macht der britischen Krone schienen zwischen der Hudson Bay im Norden und dem Golf von Mexico im Süden keine Grenzen mehr gesetzt zu sein.

Als kurz darauf König *Georg III.* (1760–1820) zum Schutze der Indianer eine weitere Ausdehnung des Siedlungsgebiets verbot, sorgte dies für eine Entfremdung zwischen den Kolonien und der englischen Regierung. Diese wuchs, als die Kolonisten, die weniger Steuern zahlten als die Bürger im Mutterland, an den Kosten der auch in ihrem Interesse geführten Kriege beteiligt werden sollten: Das britische Parlament hob die Zölle an (*Sugar Act*, 1764) und dehnte eine geringfügige – in England seit langem erhobene – Stempelsteuer für Urkunden und Druckerzeugnisse aller Art auf die Kolonien aus (*Stamp Act*, 1765). Es kam zu offenen Protesten. Die Kolonien proklamierten den Grundsatz: „No taxation without representation." Demgegenüber vertrat das Parlament in London die Auffassung, jeden Engländer, wo immer er lebe, zu repräsentieren (⇨ M 1). Nach Massendemonstrationen und einem Boykott britischer Waren wurde das Gesetz zurückgenommen.
Doch als die Engländer 1767 einen erneuten Versuch unternahmen, Zölle für Einfuhren auf dem amerikanischen Kontinent zu erheben, wurde deutlich, dass es nun ganz grundsätzlich um eine feste Einbindung der Kolonien in das britische Königreich ging. Aus dem Streit um Abgaben war ein Kampf um politische Prinzipien geworden. Bei einer Demonstration gegen die englische Macht starben fünf Menschen unter den Kugeln britischer Soldaten (*Boston Massacre*, 1770). Amerika hatte seine ersten Märtyrer, und erneut musste London nachgeben. Nur der Teezoll blieb bestehen.
1773 gestattete die englische Regierung verbilligte Teeimporte in die Kolonien. Die amerikanischen „Patrioten" befürchteten, dass nun auf diese Weise der seit drei Jahren durchgehaltene Boykott britischen Tees unterlaufen werden sollte. Dies hätte indirekt die Anerkennung der britischen Zollhoheit bedeutet. Der Widerstand entlud sich in der Versenkung einer Teeladung im Hafen von Boston *(Boston Tea Party)*. Für die englische Regierung war dieser Protest ein Akt „offener Rebellion". Sie verstärkte die Truppen, sperrte vorübergehend den Hafen für den Handel, löste das gewählte Oberhaus von Massachusetts auf und machte Gemeindeversammlungen von der Genehmigung des Gouverneurs abhängig. Diese für die Bürger von Massachusetts „unakzeptablen Maßnahmen" *(Intolerable Acts)* lösten eine Welle der Solidarität in den anderen Kolonien aus.

„The Revolutionary War": Der Kampf um die Unabhängigkeit beginnt

Erst die offene Konfrontation mit England führte zu einem Zusammenschluss der Kolonien. Im September 1774 begann der *Erste Kontinental-Kongress (American Continental Congress)* in Philadelphia. 55 Delegierte aus zwölf Kolonien (die Vertreter Georgias fehlten) waren zusammengekommen, um ein gemeinsames Vorgehen abzusprechen. Dieses erste Repräsentativorgan der *Vereinigten Kolonien* stellte zwar „die unveränderlichen Gesetze der Natur" über die englische Verfassung und vereinbarte einen Handelsboykott, doch stand eine Trennung von England nicht zur Diskussion. Nachdem aber Georg III. entschlossen war, die „Rebellen", wie er sie nannte, auch mit

Gewalt zu unterwerfen, kam es im April 1775 in Massachusetts zu den ersten Gefechten. Aus einem Kampf um die Rechte der Kolonien war ein *Unabhängigkeitskrieg* geworden.
Der im Mai 1775 einberufene *Zweite Kontinental-Kongress* organisierte nun den *Revolutionary War.* Zum Oberbefehlshaber der vereinigten Miliztruppen ernannten die Delegierten *George Washington*[1]). Gleichzeitig weckte eine breit angelegte Kampagne für die Unabhängigkeitsbewegung auch bei den zögernden *Loyalisten* der bürgerlichen Mittelschicht die Bereitschaft zur Trennung von England (◊ M 2).

Eine neue Dimension des Rechts: die Erklärung der Grundrechte in Virginia

Ein wichtiger Ausdruck des einsetzenden Unabhängigkeitsstrebens war das Bemühen einer Reihe von Kolonien, sich eigene Verfassungen zu geben. Zu besonderer Bedeutung gelangte die *Virginia Bill of Rights* vom 12. Juni 1776 (◊ M 3). Sie enthielt einen aus dem *Naturrecht*[2]) abgeleiteten Katalog von Grund- und Menschenrechten und schrieb erstmals die Gewaltenteilung, die regelmäßige Wahl der Abgeordneten, Geschworenengerichte, Pressefreiheit und Religionsfreiheit in einer Verfassung fest.
Indem die Erklärung den Vorrang der individuellen Freiheitsrechte des Menschen gegenüber allen Ansprüchen des Staates proklamierte, kommt ihr über den aktuellen Anlass hinaus universale Bedeutung zu. Deutlich wird „das Modell einer Zivilgesellschaft *(civil society),* das keine Trennung von Staat und bürgerlicher Gesellschaft kennt, sondern Politik als Konsequenz des Mehrheitswillens und der öffentlichen Meinung *(public opinion)* definiert" (Jürgen Heideking). Von hier aus wurde die folgende inneramerikanische und die zukünftige internationale Verfassungsentwicklung maßgeblich beeinflusst.

„Selbstverständliche Wahrheiten": die Unabhängigkeitserklärung

Am 4. Juli 1776 verkündeten die Delegierten des Zweiten Kongresses die *Unabhängigkeitserklärung (Declaration of Independence).* Die Urkunde war unter Federführung von *Thomas Jefferson*[3]) von einem Ausschuss erarbeitet worden.

---

[1]) George Washington (1732–1799) brachte es als virginischer Tabakpflanzer durch Erbschaft, Heirat und Bodenspekulation zu Reichtum. Er kämpfte in der kolonialen Miliz gegen Indianer und Franzosen und beteiligte sich früh am Widerstand gegen die britische Regierung.

[2]) Lehre von einem Recht, das im Wesen des Menschen begründet ist – unabhängig von Zeit und Ort, in denen er lebt. Dagegen steht das geschichtlich gewordene, gesetzte und daher veränderliche („positive") Recht.

[3]) Thomas Jefferson (1743–1826), Rechtsanwalt und wohlhabender Pflanzer, wurde als Mitglied des Abgeordnetenhauses von Virginia und des Kontinentalkongresses einer der Führer der Unabhängigkeitsbewegung. Jefferson organisierte in den Anfangsjahren der amerikanischen Republik die politische Opposition der Einzelstaaten gegen eine zu starke Bundesgewalt; zwischen 1801 und 1809 war er dritter Präsident der USA.

Washingtons Übergang über den Delaware am 25. Dezember 1776. Ende 1776 schien Washingtons auf 3000 Mann geschrumpfte „Rebellenarmee“ schon geschlagen. Durch die riskante Flussüberquerung entzog er sich jedoch einer Entscheidungsschlacht und rekrutierte unter Einbeziehung von freien Schwarzen und Sklaven eine neue Armee. Das Gemälde des Deutsch-Amerikaners Gottlieb Leutze (1816–1866) wurde Mitte des 19. Jahrhunderts von der amerikanischen Öffentlichkeit enthusiastisch aufgenommen.

Dessen herausragendste Mitglieder – darunter *John Adams*[1]) und *Benjamin Franklin*[2]) – verkörperten das puritanische Freiheitsbewusstsein und die angelsächsische Rechtstradition der gebildeten und besitzenden Oberschichten der Kolonien.
Die Unabhängigkeitserklärung hatte eine doppelte Funktion: Sie nannte die Vergehen der englischen Krone und begründete damit formal, warum die Kolonien sich von England lossagten. Gleichzeitig legte sie in der Präambel ein politisches Glaubensbekenntnis vor, um den Schritt in die Unabhängigkeit zu legitimieren. Auf dem Fundament der „selbstverständlichen Wahrheiten“ der Gleichheit, der Freiheit und des Strebens nach Glück (*„pursuit of happiness“*) entstand der *„American Dream“* (⇨ M 4).

Ausgang und Ende des revolutionären Krieges

Ihre Freiheit erkämpften sich die „Patrioten“ in einem fast acht Jahre währenden Krieg. Sie hatten dabei nicht nur gegen die Engländer und die etwa 30 000 Söldner aus deutschen Ländern, die sogenannten „Hessians“, zu kämpfen, sondern auch zugleich gegen etwa ein Drittel der Kolonisten, die weiterhin

---

1) John Adams (1735–1826) trat als Führer des kolonialen Widerstandes agitatorisch hervor; er war von 1797–1801 der zweite amerikanische Präsident.

2) Benjamin Franklin (1706–1790), Publizist und Universalgelehrter aus Philadelphia, dem geistigen Zentrum der „Neuen Welt“ im 18. Jahrhundert. Franklin war seit 1764 Repräsentant mehrerer Kolonien bei der britischen Regierung und setzte sich nach einem heftigen Konflikt mit dem Kronrat ab 1775 für die Unabhängigkeit der Kolonien ein.

zur britischen Krone hielten. Insofern war der Unabhängigkeitskrieg auch ein Bürgerkrieg. Militärisch entscheidend wurde die Intervention der Franzosen, die zuerst mit Waffen und Geld, und ab 1778 auch mit Truppen, die aufständischen Amerikaner gegen den „Erzrivalen" England unterstützten. Im *Frieden von Versailles* (1783) musste England die Souveränität der dreizehn Vereinigten Kolonien anerkennen und ihnen das Gebiet zwischen den Appalachen und dem Mississippi abtreten. Die königstreu gebliebenen Loyalisten, über 80 000 an der Zahl, wurden ausgestoßen oder emigrierten freiwillig, meist nach Kanada. In nicht wenigen Fällen wurde ihr Besitz konfisziert und aufgeteilt. Nahezu die Hälfte der kolonialen Oberschicht wurde auf diese Weise ausgetauscht.

Auf dem Weg zu einer Verfassung für den Staatenbund

Noch während des Krieges hatten zwischen 1776 und 1780 elf von dreizehn Kolonien eigenständige Verfassungen verabschiedet und die Regierungsgewalt in Exekutive, Legislative und Judikative geteilt. Alle Verfassungen führten ein Männerwahlrecht ein, das durch Eigentumsklauseln eingeschränkt war. Diese Verfassungen beeinflussten die nun einsetzende Diskussion über eine Bundesverfassung.
In den 1777 angenommenen, aber erst 1781 endgültig ratifizierten *Konföderationsartikeln (Articles of Confederation)* hatten die dreizehn souveränen Kolonien ihre Zusammenarbeit als losen republikanischen Staatenbund organisiert. Nach dem Fortfall der äußeren Bedrohung schien der Zusammenhalt der *United States of America* schnell zu zerbröckeln.
Die Last der Kriegskosten, eine einsetzende Wirtschaftskrise und ein sichtbarer Autoritätsverfall der kolonialen Eliten offenbarten Probleme, die ein hilfloser Kongress mangels Befugnissen nicht lösen konnte. Ein Staatsbankrott drohte. Weitere Argumente für eine stärkere Zentralgewalt lieferte nicht zuletzt eine Rebellion verschuldeter Farmer im Hinterland von Massachusetts. Sie hatten zu den Waffen gegriffen, um von den Behörden eine Reduzierung der Steuerlast und die Erschwerung der Zwangsvollstreckung zu erzwingen (*Shays' Rebellion*, 1786/1787). Die Tatsache, dass das Parlament von Massachusetts dem Druck der Farmer zum Teil nachgab, mochte manchen Angehörigen der politischen Oberschicht in dem Willen bestärkt haben, den einzelstaatlichen Legislativversammlungen durch eine neue Bundesverfassung Zügel anzulegen.

„Checks and Balances": die amerikanische Bundesverfassung

Mit der Verfassungsdiskussion sollte die *„Amerikanische Revolution"* beendet werden. Am 25. Mai 1787 kamen in Philadelphia 55 Delegierte aus zwölf Staaten mit dem Auftrag zusammen, „die Konföderationsartikel zu revidieren". Hinter verschlossenen Türen einigten sich die Delegierten unter dem Vorsitz von George Washington stattdessen auf eine völlig neue Verfassung für eine präsidiale föderalistische Republik. Der Entwurf der Verfassungsväter *(Founding Fathers)* wurde am 17. September 1787 mehrheitlich beschlossen. In mehrfacher Hinsicht bedeutete er ein System der Gewaltenteilung und wechselseitiger Kontrolle *(Checks and Balances)* zwischen Exekutive, Legislative und Judikative:

1. Die *Macht des Bürgers* findet ihren Niederschlag darin, dass alle politische Gewalt vom Volk ausgeht und das Gemeinwohl Maßstab allen staatlichen Handelns ist. Einer Allmacht des Volkes setzt die kontrollierende *Kraft der Rechtsprechung* Grenzen. Diese kann in letzter Instanz durch das Oberste Bundesgericht *(Supreme Court)* auch die Gesetzgebungsakte des Bundes und der Einzelstaaten einer Normenkontrolle unterziehen (ab 1803).
2. Die *Macht des Kongresses,* der aus zwei Kammern, dem *Senat* (Vertreter der Staaten) und dem *Repräsentantenhaus* (direkt gewählte Volksvertreter) besteht, findet ihr Gegengewicht in der *Autorität des Präsidenten,* der zugleich Staatsoberhaupt und Chef der von ihm selbst ausgewählten Regierung ist. Er wird nicht vom Parlament, sondern vom Volk durch Wahlmänner indirekt auf vier Jahre gewählt und kann durch sein aufschiebendes Vetorecht auf die Gesetzgebung einwirken.
3. Der *Einheit des Bundesstaates* (zuständig für Verteidigung, Währung, Außenpolitik und Außenhandel) stehen *selbständige Einzelstaaten* gegenüber (zuständig für Fragen der Kultur, des Verkehrs, der Justiz und der Polizei).
4. Den Interessen der *großen Staaten* wird dadurch Rechnung getragen, dass die Einzelstaaten im Repräsentantenhaus proportional zu ihrer Bevölkerung vertreten sind und allein dieser Kammer das Recht zusteht, Finanzgesetze

Die amerikanische Bundesverfassung von 1789.

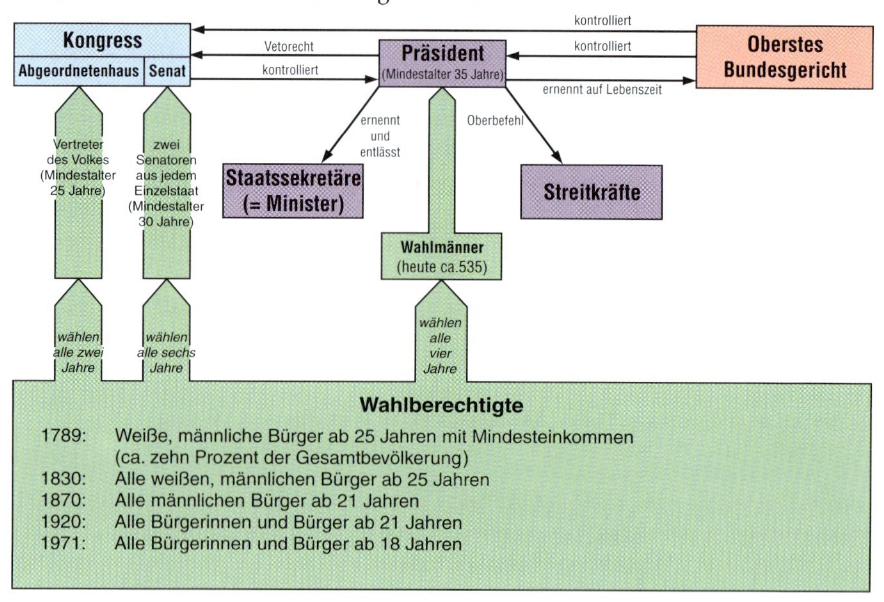

zu verabschieden. Indem alle Staaten im Senat zwei Sitze erhalten, wird gleichzeitig den Interessen der *kleinen Staaten* entgegengekommen.
In der folgenden leidenschaftlichen Auseinandersetzung über die Annahme des Entwurfs bildeten sich zwei politische Lager. Die *Föderalisten (Federalists)*, hinter denen Handel und Gewerbe standen, befürworteten eine starke Bundesgewalt. Demgegenüber misstrauten die *Anti-Federalists* jedem staatlichen Zentralismus und wollten einen staatenbündischen Föderalismus verteidigen. Am Ende nahmen die meisten Staaten die Verfassung an.
Bei den anschließenden Wahlen des Jahres 1789 gewannen die Föderalisten und George Washington wurde der erste Präsident der Vereinigten Staaten. Hauptstadt war zunächst Philadelphia, bevor die Regierung im Jahr 1800 in das weiter südlich gelegene neu gegründete „Washington" umzog. Um Forderungen der Anti-Federalists entgegenzukommen, beschloss der Kongress im Herbst 1789, eine Reihe von Grundrechten *(Bill of Rights)* als Zusätze *(amendments)* in die Bundesverfassung aufzunehmen. Diese Zusatzartikel garantierten jedem Amerikaner unter anderem Glaubens-, Presse- und Versammlungsfreiheit, Unverletzlichkeit der Person, der Wohnung und des Eigentums (⇨ M 5).

Demokratie: Der Begriff stammt aus dem Griechischen und heißt so viel wie *Volksherrschaft*. Indem die athenische Polis die Mitwirkung aller Bürger an den politischen Entscheidungen zur Grundlage des Staatslebens machte, unterschied sie sich grundsätzlich von anderen, im Altertum bekannten Regierungssystemen: der Herrschaft einzelner (*Monarchie* oder *Tyrannis*); der Herrschaft weniger (z.B. *Aristokratie*). Allerdings waren in Athen oder in Rom politische Rechte nur den männlichen Vollbürgern, und diesen nur in abgestufter Form, vorbehalten. Damit kontrollierten Minderheiten die staatlichen Entscheidungsprozesse.
Im Mittelalter lehnte die Kirche die Demokratie als Leugnung der gottgesetzten Verschiedenheit von Menschen ab. Erst in der Neuzeit bereiteten zwei gegenläufige Entwicklungen die moderne Demokratie vor: Der Absolutismus strebte eine Vereinheitlichung der Pflichten aller Untertanen an; die Philosophie der Aufklärung begründete gleiche Rechte der Bürger. Im 19./20. Jahrhundert entstanden auf dieser Basis in Nordamerika und Europa Demokratien modernen Zuschnitts, an denen tatsächlich alle Bürger teilhaben können.
Als Idealbild scheint Demokratie heute international weitgehend unumstritten. Die mit ihr verbundenen Vorstellungen sind jedoch zum Teil höchst unterschiedlich. Es bleibt deshalb eine ständige Aufgabe, sich überall dort für Demokratie einzusetzen, wo ihre Verwirklichung aus historischen, gesellschaftlichen oder religiösen Gründen gefährdet erscheint.

M 1

Stempelsteuer-Kongress contra britisches Parlament

Die Vertreter von neun amerikanischen Kolonien baten in ihrem Kongress-Beschluss vom 19. Oktober 1765 die britische Regierung um die Rücknahme der Sondermaßnahmen, insbesondere der Stempelsteuer.

III. Dass es ein unzertrennlicher Bestandteil der Freiheit eines Volkes und das unzweifelhafte Recht von Engländern ist, dass ihnen Steuern nur mit ihrer eigenen, persönlich oder durch ihre Vertreter erteilten Zustimmung auferlegt werden. IV. Dass die Bevölkerung dieser Kolonien im Unterhaus von Großbritannien nicht vertreten ist und wegen der räumlichen Entfernung nicht vertreten sein kann. V. Dass die Vertreter der Bevölkerung dieser Kolonien nur Personen sein können, die daselbst von ihr selbst gewählt wurden, und dass ihr niemals Steuern auferlegt wurden, noch verfassungsmäßig auferlegt werden können, außer durch ihre entsprechenden gesetzgebenden Körperschaften. VI. Da alle Geldbewilligungen für die Krone freie Spenden des Volkes sind, ist es unbegründet und unvereinbar mit den Grundsätzen und dem Geist der britischen Verfassung, wenn das Volk von Großbritannien Seiner Majestät das Eigentum der Kolonisten bewilligt. [...]
VIII. Dass die Stempelsteuerakte, die den Einwohnern dieser Kolonien Steuern auferlegt, und mit ihr verschiedene andere Akte, [...] offenbar den Umsturz der Rechte und Freiheiten der Kolonisten erstreben.

Obwohl das Stempelsteuer-Gesetz widerrufen wurde, beharrte das britische Parlament in der „ausdrücklichen Akte" vom 18. März 1766 auf seinem Rechtsstandpunkt.

Die genannten Kolonien und Pflanzungen in Amerika waren und sind rechtmäßig und notwendig der Reichskrone und dem Parlament von Großbritannien untergeordnet und von ihnen abhängig; und des Königs Majestät, durch und mit Rat und Zustimmung der geistlichen und weltlichen Lords und der Gemeinen von Großbritannien im versammelten Parlament, besaß und besitzt rechtmäßig und notwendig volle Gewalt und Vollmacht, Gesetze und Statuten zu erlassen, kraft deren die Kolonien und das Volk von Amerika, Untertanen der Krone Großbritannien, in allen erdenklichen Fällen verpflichtet werden ... Und alle Beschlüsse, Abstimmungen, Anordnungen und Verfahren in irgendeiner der genannten Kolonien und Pflanzungen, wodurch die Macht und Vollmacht des Parlaments von Großbritannien, Gesetze und Statuten wie oben gesagt zu erlassen, geleugnet oder bezweifelt wird, sind vollständig nichtig und kraftlos bezüglich aller und jeder Absichten und Zwecke, und sie werden hiermit dazu erklärt.

Fritz Wagner, USA. Geburt und Aufstieg der neuen Welt. Geschichte in Zeitdokumenten 1607–1865, München 1947, S. 44 und 52

1. *Beschreiben Sie die Stellung der amerikanischen Kolonien im britischen Rechts- und Wirtschaftssystem.*
2. *Warum verweigerten die Kolonisten die Stempelsteuer? Auf welche Rechte beriefen sie sich?*
3. *Vergleichen Sie die Argumentation des englischen Parlaments mit den Beschlüssen des Stempelsteuer-Kongresses.*
4. *Untersuchen Sie, inwiefern der Konflikt, der später zwischen Kolonien und Mutterland ausbrechen sollte, bereits im ursprünglichen Kolonialsystem angelegt war.*

M 2

Thomas Paine: Common Sense

Thomas Paine (1737–1809) war erst im November 1774 aus England eingewandert. Seine im Januar 1776 zunächst anonym veröffentlichte Streitschrift „Common Sense"[1]) setzte die Gedanken der europäischen Aufklärung und des Naturrechts in eine einfache und wirkungsvolle Sprache um und wandte sie auf die aktuelle amerikanische Situation an. Das Pamphlet wurde zum ersten politischen Bestseller Amerikas und erreichte innerhalb von drei Monaten eine Auflage von 120 000 Exemplaren. Paine starb nach langem Aufenthalt in Europa arm und unbeachtet in Amerika.

Über die Monarchie und die Erbfolge

Da alle Menschen nach der Ordnung der Schöpfung ursprünglich gleich waren, kann diese Gleichheit nur durch spätere Ereignisse zerstört worden sein [. . .] ohne dass man dabei auf solch harte und böse klingende Begriffe
5 wie Unterdrückung und Habgier zurückgreifen muss. [. . .]
Aber es gibt noch eine andere und wichtigere Unterscheidung, die auf keinen wahrhaft natürlichen oder religiösen Grund zurückgeführt werden kann, nämlich die Unterscheidung der Menschen in KÖNIGE und UNTERTANEN. Die Natur unterscheidet nur nach männlich und weiblich, der Himmel nach gut
10 und böse; aber wie ein Menschengeschlecht auf die Welt kam, das so hoch über den anderen steht und von ihnen unterschieden wird wie eine völlig neue Spezies, und ob es den Menschen Glück oder Unglück gebracht hat, das lohnt sich genauer zu untersuchen. [. . .]
Kurz gesagt: Monarchie und Erbfolge (und dies nicht nur in diesem oder
15 jenem Königreich) haben nichts anderes bewirkt, als die Welt in Schutt und Asche zu legen. Es ist eine Regierungsform, gegen die das Wort Gottes Zeugnis ablegt und die mit Blut befleckt ist. [. . .]
Je mehr sich eine Regierungsform der republikanischen annähert, desto weniger Aufgaben gibt es für einen König. [. . .]
20 In England hat ein König wenig mehr zu tun, als Krieg zu führen und Ämter zu vergeben oder, einfach gesagt, die Nation arm zu machen und Streit zu säen. In der Tat eine schöne Aufgabe für einen Mann, dem man dazu 800 000 Pfund Sterling pro Jahr bewilligt und den man obendrein noch verehrt. *Ein* aufrechter Mann ist für die Gesellschaft und in den Augen Gottes
25 wertvoller als all die gekrönten Schurken, die jemals gelebt haben. [. . .]

Gedanken über den gegenwärtigen Stand der Sache Amerikas

[. . .] Da ganz Europa der Absatzmarkt für unseren Handel ist, sollten wir keine parteiische Verbindung mit einem Teil davon eingehen. Es liegt im wahren Interesse Amerikas, sich aus europäischen Streitigkeiten herauszuhalten, was
30 es niemals tun kann, solange es durch die Abhängigkeit von Großbritannien zum Zugewicht in der Waagschale der britischen Politik wird.
In Europa gibt es einfach zu viele Königreiche, als dass es lange in Frieden leben könnte, und sobald zwischen England und irgendeiner fremden Macht ein Krieg ausbricht, wird der amerikanische Handel *wegen seiner Bindung an*
35 *Großbritannien* ruiniert. [. . .] Alles was wahr und naturgemäß ist, spricht für

---

[1]) Der englische Ausdruck „Common Sense" ist nicht mit einem deutschen Begriff zu übersetzen; er bedeutet zugleich gesunder Menschenverstand, Gemeinsinn, Nüchternheit und praktische Vernunft.

Am 9. Juli 1776 wurde in New York das Standbild des englischen Königs gestürzt (französischer Kupferstich).

die Trennung. Das Blut der Getöteten, die klagende Stimme der Natur schreien: ES IST ZEIT SICH ZU TRENNEN. Sogar die Entfernung voneinander, in der der Allmächtige England und Amerika geschaffen hat, ist ein starker und natürlicher Beweis dafür, dass die Herrschaft des einen über den anderen niemals im göttlichen Plan lag. [. . .] 40

Um die Sache auf einen Punkt zu bringen: Ist die Macht, die eifersüchtig auf unseren Reichtum ist, geeignet, uns zu regieren? Wer auch immer auf diese Frage mit *Nein* antwortet, ist ein *Unabhängiger* [independant], denn Unabhängigkeit bedeutet nichts anderes, als dass entweder wir unsere eigenen Gesetze machen werden, oder der König, der größte Feind, den dieser Kontinent 45 hat oder haben kann, uns sagen wird: *Es soll keine anderen Gesetze geben als solche, die mir gefallen.*

Aber wo bleibt, sagen einige, der König von Amerika? Ich sage dir, mein Freund, er regiert oben im Himmel und richtet keine Gemetzel unter der Menschheit an so wie der königliche Unmensch aus Großbritannien. Aber 50 damit es nicht so aussieht, als ob es uns an irdischen Ehren mangelt, soll man einen Tag bestimmen, an dem feierlich die Charta proklamiert wird: Sie soll dann auf das göttliche Gesetz, das Wort Gottes, gelegt und herbeigebracht werden, darauf eine Krone, an der die Welt erkennen mag, dass, wenn wir eine Monarchie anerkennen, in Amerika ALLEIN DAS GESETZ KÖNIG IST. 55 Denn wie in absoluten Regierungen der König das Gesetz ist, *sollte* in freien Ländern das Gesetz König sein und nichts anderes. Aber damit nicht später Missbrauch betrieben wird, sollte die Krone nach der Zeremonie zerstört und unter das Volk verstreut werden, das ein Recht darauf hat.

Eine eigene Regierung ist unser natürliches Recht; und wenn man ernsthaft 60 über die Vergänglichkeit menschlicher Dinge nachdenkt, wird man zur Überzeugung kommen, dass es sehr viel sicherer und weiser ist, uns gelassen und überlegt eine eigene Verfassung zu schaffen, solange wir noch die Möglichkeit dazu haben, als ihre Entstehung der Zeit und dem Zufall anzuvertrauen.

Thomas Paine, Common Sense, übersetzt und herausgegeben von Lothar Meinzer, Stuttgart 1982, S. 16, 27 ff., 31, 37, 45 und 52 f.

1. *Beschreiben Sie Paines Haltung zur Regierungsform der Monarchie.*
2. *Wie sieht Paine das jetzige und das künftige Verhältnis zwischen den Kolonien und England?*
3. *Vergleichen Sie Paines Argumentationsweise mit der Rechtsauffassung der Verfasser des Stempelsteuer-Protests (siehe M 1).*
4. *Auf welche verfassungsrechtlichen Prinzipien soll das unabhängige Amerika gegründet werden?*

M 3

Die „Virginia Bill of Rights"

Am 15. Mai 1776 forderte der Zweite Kontinental-Kongress die zur Trennung von Großbritannien bereiten Kolonien auf, sich eigene Verfassungen zu geben. Die verfassunggebende Versammlung von Virginia stellte der Constitution am 12. Juni 1776 eine Rechteerklärung voran. Sie sollte zum Vorbild für alle späteren Grundrechtserklärungen werden.

Abschnitt 1. Alle Menschen sind von Natur aus in gleicher Weise frei und unabhängig und besitzen bestimmte angeborene Rechte, welche sie ihrer Nachkommenschaft durch keinen Vertrag rauben oder entziehen können, wenn sie eine staatliche Verbindung eingehen, und zwar den Genuss des 5 Lebens und der Freiheit, die Mittel zum Erwerb und Besitz von Eigentum und das Erstreben und Erlangen von Glück und Sicherheit.

Abschnitt 2. Alle Macht ruht im Volke und leitet sich folglich von ihm her; die Beamten sind nur seine Bevollmächtigten und Diener und ihm jederzeit verantwortlich.

10 Abschnitt 3. Eine Regierung ist oder sollte zum allgemeinen Wohle, zum Schutze und zur Sicherheit des Volkes, der Nation oder Allgemeinheit eingesetzt sein; von all den verschiedenen Arten und Formen der Regierung ist diejenige die beste, die imstande ist, den höchsten Grad von Glück und Sicherheit hervorzubringen [...]; die Mehrheit eines Gemeinwesens hat ein 15 unzweifelhaftes, unveräußerliches und unverletzliches Recht, eine Regierung zu verändern oder abzuschaffen, wenn sie diesen Zwecken unangemessen oder entgegengesetzt befunden wird, und zwar so, wie es dem Allgemeinwohl am dienlichsten erscheint. [...]

Abschnitt 5. Die gesetzgebende und ausführende Gewalt des Staates sollen 20 von der richterlichen getrennt und unterschieden sein; [...].

Abschnitt 6. Die Wahlen der Abgeordneten, die als Volksvertreter in der Versammlung dienen, sollen frei sein; alle Männer, die ihr dauerndes Interesse und ihre Anhänglichkeit an die Allgemeinheit erwiesen haben, besitzen das Stimmrecht. Ihnen kann ihr Eigentum nicht zu öffentlichen Zwecken 25 besteuert oder genommen werden ohne ihre eigene Einwilligung oder die ihrer so gewählten Abgeordneten, noch können sie durch irgendein Gesetz gebunden werden, dem sie nicht in gleicher Weise um des öffentlichen Wohles willen zugestimmt haben.

Abschnitt 8. Bei allen schweren oder kriminellen Anklagen hat jedermann 30 ein Recht, Grund und Art seiner Anklage zu erfahren, den Anklägern und Zeugen gegenübergestellt zu werden, Entlastungszeugen herbeizurufen und eine rasche Untersuchung durch einen unparteiischen Gerichtshof von zwölf Männern seiner Nachbarschaft zu verlangen, ohne deren einmütige Zustimmung er nicht als schuldig befunden werden kann; auch kann er nicht ge-35 zwungen werden, gegen sich selbst auszusagen; niemand kann seiner Freiheit beraubt werden außer durch Landesgesetz oder das Urteil von seinesgleichen. [...]

Abschnitt 9. Es sollen keine übermäßige Bürgschaft verlangt, keine übermäßigen Geldbußen auferlegt, noch grausame und ungewöhnliche Strafen ver-40 hängt werden. [...]

Abschnitt 12. Die Freiheit der Presse ist eine der starken Bollwerke der Freiheit und kann nur durch despotische Regierungen beschränkt werden.

Abschnitt 13. Eine wohl geordnete Miliz, aus der Masse des Volkes gebildet und im Waffendienst geübt, ist der geeignete, natürliche und sichere Schutz

eines freien Staates; stehende Heere sollen in Friedenszeiten als der Freiheit gefährlich vermieden werden; auf alle Fälle soll das Militär der Zivilgewalt streng untergeordnet und von dieser beherrscht werden. [. . .] 45
Abschnitt 15. Eine freie Regierung und die Segnungen der Freiheit können einem Volke nur erhalten werden durch strenges Festhalten an der Gerechtigkeit, Mäßigung, Enthaltsamkeit, Sparsamkeit und Tugend und durch häufiges Zurückgreifen auf die Grundprinzipien. 50
Abschnitt 16. Die Religion oder die Ehrfurcht, die wir unserem Schöpfer schulden, und die Art, wie wir sie erfüllen, können nur durch Vernunft und Überzeugung bestimmt sein und nicht durch Zwang oder Gewalt; daher sind alle Menschen gleicherweise zur freien Religionsausübung berechtigt, entsprechend der Stimme ihres Gewissens; es ist die gemeinsame Pflicht aller, christliche Nachsicht, Liebe und Barmherzigkeit aneinander zu üben. 55

Günther Franz (Hrsg.), Staatsverfassungen, München, 2. Auflage 1964, S. 7 ff.

1. *Beschreiben Sie das Verhältnis zwischen Individuum und Regierung.*
2. *Benennen Sie die zentralen politischen Prinzipien, die für moderne Demokratien unverzichtbar sind.*
3. *Informieren Sie sich in einem Lexikon über die staatsphilosophischen Vorstellungen der Aufklärung. Welche Gemeinsamkeiten mit der Virginia Bill of Rights stellen Sie fest?*

M 4 Die „Declaration of Independence“

Am 2. Juli 1776 beschloss der Zweite Kontinental-Kongress, dass die 13 Vereinigten Kolonien freie und unabhängige Staaten seien. Zwei Tage später, am 4. Juli, billigte der Kongress ohne Gegenstimmen, aber bei Enthaltungen des Staates New York, die Unabhängigkeitserklärung der „Vereinigten Staaten von Amerika“.

Wenn es im Zuge der menschlichen Geschichte für ein Volk notwendig wird, die politischen Bande zu lösen, die es mit einem anderen Volke verbunden haben, und unter den Mächten der Erde den selbständigen und gleichen Rang einzunehmen, zu dem Naturrecht und göttliches Gesetz es berechtigen, so erfordert eine geziemende Rücksichtnahme auf die Meinung der Menschheit, dass es die Gründe darlegt, die es zur Trennung veranlassen. 5
Folgende Wahrheiten halten wir für selbstverständlich: dass alle Menschen gleich geschaffen sind; dass sie von ihrem Schöpfer mit gewissen unveräußerlichen Rechten ausgestattet sind; dass dazu Leben, Freiheit und das Streben nach Glück gehören; dass zur Sicherung dieser Rechte Regierungen unter den Menschen eingesetzt werden, die ihre rechtmäßige Macht aus der Zustimmung der Regierten herleiten; dass, wann immer irgendeine Regierungsform sich als diesen Zielen abträglich erweist, es Recht des Volkes ist, sie zu ändern oder abzuschaffen und eine neue Regierung einzusetzen und diese auf solchen Grundsätzen aufzubauen und ihre Gewalten in der Form zu organisieren, wie es ihm zur Gewährleistung seiner Sicherheit und seines Glückes geboten zu sein scheint. [. . .] 10 15
Die Regierungszeit des gegenwärtigen Königs von Großbritannien ist von unentwegtem Unrecht und ständigen Übergriffen gekennzeichnet, die alle auf die Errichtung einer absoluten Tyrannei über diese Staaten abzielen. Zum Beweise dessen seien der gerecht urteilenden Welt Tatsachen unterbreitet: 20

[Es folgt eine Auflistung von 18 Beschwerden, darunter:]
Er hat wiederholt Abgeordnetenkammern aufgelöst, weil sie mit männlicher Festigkeit seinen Eingriffen in die Rechte des Volkes entgegengetreten sind.
25 Er hat Richter hinsichtlich der Amtsdauer und der Höhe und des Zahlungsmodus ihrer Gehälter von seinem Willen allein abhängig gemacht.
Er hat eine Unzahl neuer Ämter geschaffen und Schwärme von Amtsträgern hierhergesandt, um unser Volk zu drangsalieren und seine Substanz aufzuzehren.
30 Er hat in Friedenszeiten ohne Zustimmung unserer gesetzgebenden Versammlung auf unserem Boden stehende Heere unterhalten.
Er hat danach gestrebt, das Militär von der Zivilgewalt unabhängig zu machen und es ihr überzuordnen.
Er hat sich mit anderen zusammengetan, um uns eine Form der Rechtsprechung aufzuzwingen, die unserer Verfassung fremd und von unseren Geset-
35 zen nicht anerkannt war [. . .].
Er hat seinen Herrschaftsanspruch hier dadurch aufgegeben, dass er uns als außerhalb seines Schutzes stehend erklärte und Krieg gegen uns führte.
Er hat unsere Meere geplündert, unsere Küsten verheert, unsere Städte nie-
40 dergebrannt und unsere Mitbürger getötet.
Er schafft gerade jetzt große Heere fremder Söldner heran, um das Werk des Todes, der Verheerung und der Tyrannei zu vollenden, das er bereits mit Grausamkeit und Treuebrüchen begonnen hat, die ihresgleichen kaum in den barbarischsten Zeiten finden und des Oberhauptes einer Zivilisierten Nation
45 völlig unwürdig sind.
Er hat im Inneren Aufstände in unserer Mitte angezettelt und versucht, die erbarmungslosen indianischen Wilden gegen unsere Grenzbewohner aufzuhetzen, deren Kriegführung bekanntlich darin besteht, ohne Unterschied des Alters, Geschlechts oder Zustands alles niederzumetzeln. [. . .]

Die Väter der nordamerikanischen Republik.

Benjamin Franklin — John Adams
George Washington
Thomas Paine — Thomas Jefferson

Daher tun wir, die in einem gemeinsamen Kongress versammelten Vertreter der Vereinigten Staaten von Amerika, unter Anrufung des Obersten Richters über diese Welt als Zeugen für die Ehrlichkeit unserer Absichten namens und im Auftrag der rechtschaffenen Bevölkerung dieser Kolonien feierlich kund und zu wissen, dass diese Vereinigten Kolonien freie und unabhängige Staaten sind und es von Rechts wegen bleiben sollen, dass sie von jeglicher Treuepflicht gegen die britische Krone entbunden sind, und dass sie als freie und unabhängige Staaten das Recht haben, Krieg zu führen, Frieden zu schließen, Bündnisse einzugehen, Handel zu treiben und alle anderen Handlungen vorzunehmen und Staatsgeschäfte abzuwickeln, zu denen unabhängige Staaten rechtens befugt sind. Und zur Erhärtung dieser Erklärung verpflichten wir uns gegenseitig feierlich in festem Vertrauen auf den Schutz der göttlichen Vorsehung zum Einsatz unseres Lebens, unseres Gutes und der uns heiligen Ehre.

Willi Paul Adams und Angela Meurer Adams (Hrsg.), Die Amerikanische Revolution in Augenzeugenberichten, München 1976, S. 262 ff.

1. *Beschreiben Sie den Aufbau der Unabhängigkeitserklärung. Geben Sie den Inhalt der einzelnen Abschnitte wieder.*
2. *Beurteilen Sie die Funktion und Stichhaltigkeit der gegen den englischen König vorgebrachten Anklagepunkte.*
3. *Erörtern Sie die Wirkung der Erklärung in der amerikanischen Bevölkerung und bei ausländischen Regierungen.*
4. *Worin sehen Sie die über den aktuellen Anlass hinausweisende Bedeutung der Erklärung?*
5. *Inwiefern stellen die Überlegungen von Thomas Paine (siehe M 2), der Virginia Bill of Rights (siehe M 3) und der Unabhängigkeitserklärung einen staatsphilosophischen Neuanfang dar?*

M 5 Politische Rechte für alle?

Viele Frauen hatten sich in den Siebzigerjahren an den patriotischen Demonstrationen und Boykotten beteiligt. In diesem Zusammenhang schrieb Abigail Adams 1776 an ihren Mann, John Adams.

Im neuen Gesetzbuch, von dem ich vermute, dass ihr es erstellen werden müsst, wünsche ich, ihr möchtet der Damen gedenken und mit ihnen großzügiger und wohlwollender verfahren als eure Ahnen. Legt nicht solche grenzenlose Macht in die Hände der Ehemänner. Bedenkt, dass alle Männer Tyrannen wären, wenn sie könnten. Wenn den Damen nicht besondere Sorgfalt und Aufmerksamkeit zuteil wird, werden wir gezwungen sein, eine Rebellion zu schüren, und wir werden uns durch kein Gesetz gebunden fühlen, bei dem wir weder Stimme noch Vertretung haben.

Eleanor Flexner, Hundert Jahre Kampf. Die Geschichte der Frauenrechtsbewegung in den Vereinigten Staaten, Frankfurt/Main 1978, S. 70

1. *Klären Sie die historische Situation zum Zeitpunkt der Entstehung des Briefs.*
2. *Arbeiten Sie die verfassungspolitische Argumentation der Verfasserin heraus.*
3. *Stellen Sie fest, welche Gruppen der Bevölkerung von den Errungenschaften der Verfassungsdebatte in der jungen Republik nicht profitiert haben.*

Ein Kontinent auf dem Weg zur Nation

Emanuel Gottlieb Leutze, „Westwärts geht der Weg des Imperiums“ (1861).

1787	Die Northwest Ordinance regelt die Erweiterung des Siedlungsraumes nach Westen
1803	Die USA kaufen Frankreich das Louisiana-Territorium ab
1845	Das Manifest Destiny formuliert eine neue Form des amerikanischen Sendungsbewusstseins
1890	Mit der Schlacht am Wounded Knee Creek enden die Indianerkriege Mit der Erschließung des Westens kommt die Frontier-Bewegung zu einem Abschluss
1924	Die Indianer erhalten das Bürgerrecht

„Westward“ – ein Kontinent wird erobert

Der nordamerikanische Halbkontinent wurde in drei Schüben erobert, besiedelt und erschlossen.

– Die erste Expansionsphase war mit der Staatsgründung der USA abgeschlossen und umfasste das Territorium der dreizehn Gründerstaaten. Doch noch bevor es eine gemeinsame Bundesverfassung gab, zwangen eigenmächtig nach Westen vordringende Siedler den Konföderationskongress, die Weichen für die Erweiterung des Staatsgebiets zu stellen. Die *Northwest Ordinance* von 1787 versuchte, die Ausbreitung der weißen Amerikaner jenseits der Appalachen in gesetzliche Bahnen zu lenken. Dabei sollten die neu besiedelten Gebiete nach Erreichen einer Mindestbevölkerung von 60 000 Einwohnern als gleichberechtigte Unionsstaaten anerkannt werden. Der Grundstein für die föderative Erweiterung der USA war gelegt.

– Die Bewahrung des Status quo in einem *Zweiten Unabhängigkeitskrieg* (1812–1814) gegen Großbritannien und der Verfall der spanischen Herrschaft (Verkauf von Florida an die USA, 1819) schufen die Voraussetzungen für die

zweite große Phase der amerikanischen Landnahme. Auf der Suche nach fruchtbarem bzw. billigem Land trieben Farmer und Pflanzer die Siedlungsgrenze in die noch weitgehend unerschlossenen Gebiete des Ohio- und Mississippi-Beckens vor.
– Die riesige Landmasse des Louisiana-Territoriums zwischen dem Mississippi und den noch unerforschten Rocky Mountains, die Präsident Jefferson bereits 1803 von Frankreich für 15 Millionen Dollar (nach heutigem Wert etwa 180 Millionen Dollar) erworben hatte, übte auf die Amerikaner zunächst keine Anziehungskraft aus. Man glaubte, dass die trockenen Prärien des *„Wilden Westens"* für eine landwirtschaftliche Nutzung unbrauchbar seien. Erst kurz vor der Jahrhundertmitte setzten Siedler in einer dritten Expansionswelle zur Überwindung der Great Plains an, um in großen Trecks die Pazifikküste anzusteuern. Goldfunde lockten ab 1848 Hunderttausende in den „Fernen Westen". Die kontinuierliche Erschließung des gebirgigen Nordwestens und der Trockengebiete im Südwesten gelang aber erst im Verlauf der zahlenmäßig größten Einwanderungsschübe nach 1890.
Innerhalb von acht Jahren (1845–1853) erweiterte sich das Staatsgebiet der USA von 4,63 auf 7,86 Millionen Quadratkilometer. Die Grenzziehung zu den Nachbarstaaten erfolgte dabei im Falle Kanadas durch Verhandlungen mit der britischen Regierung. Hingegen musste Mexico vor allem als Ergebnis des verlorenen Krieges von 1846–1848 die Hälfte seines Staatsgebiets an die landhungrige Union abgeben („Poor Mexico! So far from God and so near to the United States").

Territoriale Expansion und Marktwirtschaft

Die Besiedlung Nordamerikas in der Epoche der *„Marktrevolution"* (market revolution) wurde angetrieben von drei, einander wechselseitig verstärkenden Faktoren:

1. Ungebremst hielt der Zustrom europäischer Einwanderer an, die getrieben von „Druck-" und „Zugkräften" die Alte Welt jährlich zu Hunderttausenden verließen (⇨ M 1).
2. Der Ausbau der Verkehrswege und die Nutzung neuartiger Massentransportmittel (Dampfschiff und Eisenbahn) beschleunigten die Westwanderung. Um 1860 herum lebte bereits die Hälfte der amerikanischen Bevölkerung in neu gegründeten Bundesstaaten westlich der Appalachen.
3. Das Wirtschaftsleben erfuhr eine weitaus größere Dynamik als in Europa durch
   - die sich rasch vergrößernde Anbaufläche in der Landwirtschaft,
   - die technischen Neuerungen der Frühindustrialisierung[1]) und den ungehinderten Übergang vom Manufakturwesen zum Fabriksystem,
   - den verschwenderischen Umgang mit Energie und Bodenschätzen, die im Übermaß vorhanden waren.

[1]) Amerikanische Erfindungen waren beispielsweise Eli Whitneys Baumwollentkernungsmaschine (1793), Robert Fultons Dampfboot (1807/14), Samuel Morses Telegraf (1838) und Edward Howes Nähmaschine (1845).

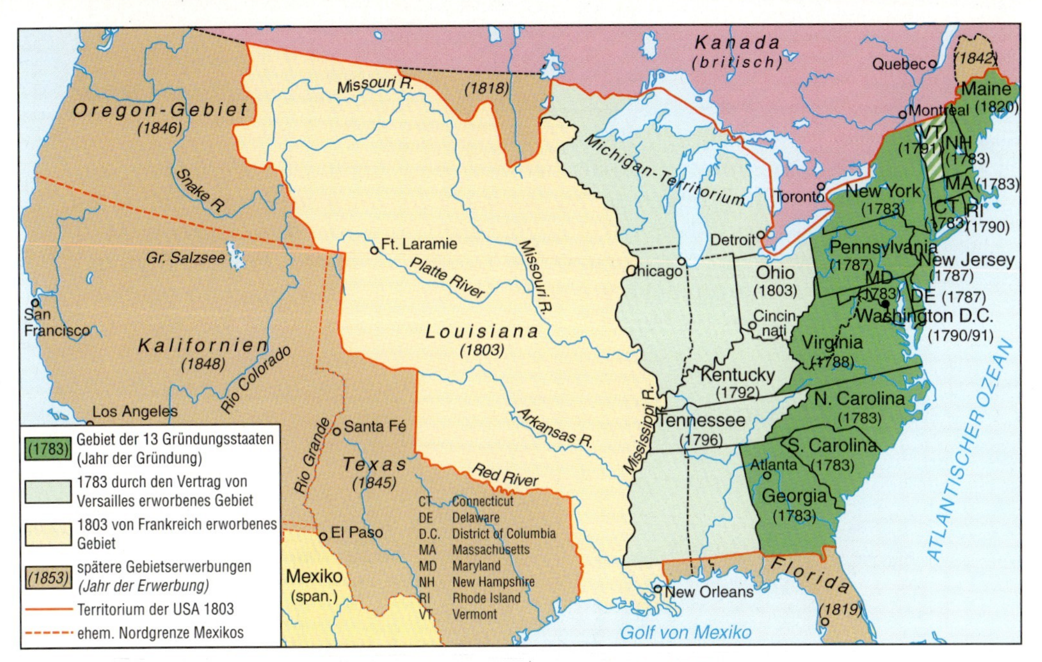

Die Entwicklung der Vereinigten Staaten von Amerika bis 1853.

Was ist ein Amerikaner?

Parallel zu jenen Vorgängen bildeten sich Eigenschaften und Verhaltensweisen aus, die bis heute als typisch „amerikanisch“ gelten. Der Auserwähltheitsglaube der Puritaner und der Fortschrittsoptimismus der Gründerväter hatten von Beginn an das Selbstverständnis der Kolonialamerikaner bestimmt. Hinzu kam der Kampf auf Leben und Tod an der Grenze der Zivilisation, der *frontier*. Er förderte das Freiheits- und Gleichheitsdenken und trieb zu einem fast unbegrenzten Gewinn- und Erfolgsstreben an. Eine ideologische Überhöhung erfuhr der amerikanische Pioniergeist, als der Journalist *John L. Sullivan* 1845 das Schlagwort vom „Manifest Destiny of God's own country“ formulierte. Danach sei es die nationale Bestimmung der Nordamerikaner, ihr Territorium – zugleich aber auch ihre politischen und wirtschaftlichen Ordnungsvorstellungen – über den ganzen Kontinent auszubreiten und ein „Imperium der Freiheit“ zu errichten.

Der Frontier-Geist der Land nehmenden Pioniere im Westen, die sich ihre Lebensgrundlagen selbst schufen und sie unter Einebnung aller Standesunterschiede selbst verteidigten, hatte auch politische Folgen: Das Zensuswahlrecht wurde durch ein gleiches Wahlrecht für alle weißen Männer ersetzt. Allmählich bildete sich ein Parteiensystem heraus. Als Massenspektakel organisierte Wahlkämpfe unterstrichen die demokratische Aufbruchsstimmung in einer zunehmend industriell geprägten Gesellschaft.

Als nach 1890 die Erschließung Amerikas so weit vorangeschritten war, dass es keine Gegenden mehr gab, von denen die prägenden Einflüsse der „Grenze“ ausgingen, glaubte der Historiker *Frederick Jackson Turner* dem nationalen Selbstverständnis seiner Landsleute einen neuen Impuls geben zu müssen. Er vollzog eine Umdeutung der Geschichte, indem er 1893 die fortschrittlichen Züge der politischen und gesellschaftlichen Institutionen Amerikas nicht mit dem Einfluss europäischer Ideen und Traditionen begründete, sondern aus den Erfahrungen der Siedler einen demokratisierenden Einfluss auf die nationale Gesamtentwicklung ableitete (*„grass root democracy"*) (⇨ M 2). Turners Thesen ist oft widersprochen worden, doch der „Frontier-Mythos", die Überzeugung von der besonderen Sendung der USA, prägt die politische Kultur des Landes bis heute.

Weiße und Indianer

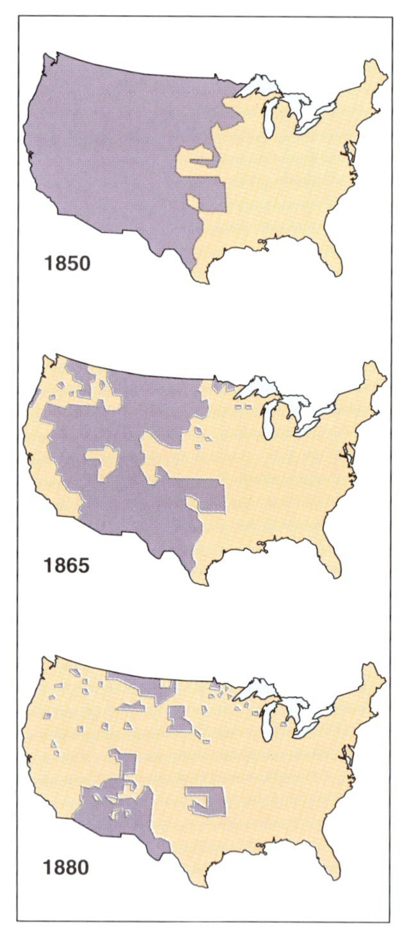

Die Zurückdrängung des indianischen Territoriums im 19. Jahrhundert.

Nur wenige Weiße empfanden Skrupel gegenüber der eigenen Eroberermentalität, wenn sie im Zuge der Besitzergreifung im Westen auf die indianischen Ureinwohner des Landes trafen. Die Mehrheit glaubte, das biblische Gebot „Macht euch die Erde untertan" in frommer Weise umzusetzen. Den Europäern fehlte jedes Verständnis für die indianische Natur- und Lebensphilosophie, wonach die Menschen als Kinder der „Mutter Erde" die Wildnis nicht zu bezwingen, sondern in Harmonie mit der sie umgebenden Natur zu leben hatten (⇨ M 3).

Wo die Indianer dem puritanisch-kapitalistischen Besitzstreben der Siedler im Wege standen, sollten sie „wie Tiere aus den Wäldern in die Felsengebirge" (Jefferson) getrieben werden. Die in der Northwest Ordinance 1787 eingegangene Selbstverpflichtung, den Indianern friedlich und ehrlich zu begegnen und ihr Land und Eigentum „niemals ohne ihre Zustimmung" zu erwerben, blieb wirkungslos.

Über 400 Verträge schloss die Bundesregierung bis 1868 mit verschiedenen Indianerstämmen. Doch selbst die 1834 garantierte „ewige Grenze" des Indianerlandes westlich der Staaten Missouri, Arkansas und Louisiana hielt nur so lange, bis Goldsucher und Siedler auch diese Linie in der zweiten Jahrhunderthälfte in Scharen überschritten und den Verdrängungskampf mit Hilfe der US-Armee in einen offenen Vernichtungs-

krieg überführten. Die Indianer erlagen in dem von beiden Seiten mit grausamen Ausschreitungen geführten Kampf nicht nur dem militärischen Druck der Weißen. In den Prärien des Westens wurde ihr Hungertod sogar systematisch herbeigeführt, indem Büffeljäger den Bison, das Hauptnahrungsmittel der Indianer, gegen Zahlung von Abschussprämien und oft auch aus purer Lust am Jagen so gut wie ausrotteten.
Einen Wandel in der Einstellung der Öffentlichkeit gegenüber den Indianern machte Präsident *Rutherford B. Hayes* (1877–1881) deutlich, als er 1877 das an ihnen begangene Unrecht schonungslos ansprach. Dennoch markierte erst das Massaker am *Wounded Knee Creek*, bei dem 350 Sioux-Indianer 1890 von Regierungstruppen abgeschlachtet wurden, das Ende der 300 Jahre währenden Indianerkriege. In deren Verlauf war die indianische Bevölkerung auf dem Gebiet der USA auf etwa 250 000 Menschen dezimiert worden. Mit der erzwungenen Ansiedlung der Überlebenden in nochmals verkleinerten *Reservaten* und der formalen Gewährung der Bürgerrechte (1924) betrachteten die meisten Amerikaner das Indianerproblem als gelöst.

„The Trail of Tears." Fünf Indianerstämme, die sich in den 13 Gründerstaaten assimiliert hatten, Verfassungen entwarfen und sogar Sklaven hielten, wurden unter Präsident Jackson (1829-1837), gewaltsam nach Westen umgesiedelt. Die Deportation endete mit dem 2000 km langen „Zug der Tränen" (1838). Dabei kam ein Viertel der letzten verbliebenen 17 000 Cherokee-Indianer ums Leben (Gemälde von Robert Lindneux).

M 1

Auswandern nach Amerika?

In Deutschland erschien 1848 das Buch „Ratschläge für Auswanderer“ von Traugott Bromme.

Derjenige Auswanderer, welcher ohne Vermögen, das ihn nährt, hierher kommt [. . .], muss hier recht schwer und mehr als anderwärts arbeiten. Der mit Urwald, Schlingpflanzen und Unkraut überzogene Boden erfordert mehr Kräfte zum Abräumen und zur Bearbeitung als der gewöhnliche Ackerbau in Deutschland. – Die Gewerbe werden zwar frei betrieben, aber diese Freiheit, alle treiben zu dürfen, schickt jedem, der ein einträgliches Geschäft gefunden zu haben glaubt, sogleich eine Menge Konkurrenten auf den Hals, und diese zwingen ihn, alle Kraft aufzubieten, um nicht von anderen aus dem Genuss und dem Besitz seiner Vorteile gedrängt und überflügelt zu werden. [. . .] Die Vorteile, welche Amerika dem Einwanderer verspricht und bietet, sind: ein leicht zu erwerbender Boden, volle Freiheit der Beschäftigungen und Gewerbe, milde Abgaben, allgemeine politische und religiöse Freiheiten, zu denken und zu glauben was er will, seine Meinung unbefangen zu äußern, und seine Einsichten zum Besten seines neuen Vaterlandes geltend zu machen in Schriften und als frei erwählter Vertreter des Volkes. [. . .]
Nach einigen Jahren Aufenthalt erlangt der Einwanderer die Rechte des Bürgers, und kann nun zu allen Ämtern und Würden seines neuen Vaterlandes gelangen – kann Geschworener, Volksvertreter, Beamter, ja selbst die erste Person des Staates werden, wenn er das Vertrauen seiner Mitbürger gewinnt; wer mehr sucht und erwartet, der täuscht sich bitter. Es geschieht in Amerika sonst durchaus nichts für den Fremden; er muss alles sich selbst danken, bedarf aber auch nichts weiter und kann dabei recht wohl bestehen, denn es ist klar, dass ein Mensch, der sich nur sonst zu behelfen und in alles zu finden weiß, tätig, erwerbsfleißig, mäßig, sparsam ist, den Entbehrungen Trotz bieten kann, aber auch nur ein solcher, dort besser als irgendwo sein Glück finden kann.
Wer hier leben und sich gefallen will, muss die europäische Haut abstreifen und nie wieder in sie hineinkriechen; dann aber erwacht auch in ihm ein Gefühl der Superiorität über alle anderen Nationen, das aus dem Bewusstsein hervorgeht: dass hierzulande als Glied der Gesellschaft niemand über ihm steht, dass durch Geburt die Menschen weder höher noch niedriger sind, dass ihr sittlicher und geistiger Wert alles ist. Selbst die Regierungen sind hier nicht Götter, sondern nur Diener des Volkes, das sie nach Wohlgefallen ein- und absetzt.

Maria Wagner, Was die Deutschen aus Amerika berichteten. 1828–1865, Stuttgart 1985, S. 66

1. *Listen Sie die Vor- und Nachteile auf, vor die sich ein Auswanderer aus Deutschland gestellt sah. Berücksichtigen Sie auch das Erscheinungsjahr des Ratgebers.*
2. *Beschreiben Sie den Wandel vom „Einwanderer“ zum „Amerikaner“ und das Entstehen einer amerikanischen Identität.*

Die Bedeutung der Grenze für die amerikanische Geschichte

M 2

Anlässlich der Weltausstellung in Chicago setzte sich der Historiker Frederick J. Turner (1861–1932) 1893 mit den Auswirkungen der Kolonisation des Westens auf den Charakter und das Denken des amerikanischen Volkes auseinander.

Bei den meisten Nationen hat sich die Entwicklung in einem begrenzten Raum abgespielt; und wenn die Nation sich ausdehnte, ist sie auf andere wachsende Völker getroffen, die sie erobert hat. Aber im Fall der Vereinigten Staaten haben wir eine andersartige Erscheinung. Beschränken wir unsere Aufmerksamkeit auf die Atlantikküste, haben wir die vertraute Erscheinung der Entwicklung von Einrichtungen in einem begrenzten Gebiet, wie etwa die Entstehung eines repräsentativen Regierungssystems; die Differenzierung einfacher Kolonialregierungen in vielschichtige Organe; den Fortschritt von einer primitiven Gewerbegesellschaft ohne Arbeitsteilung zur industriellen Zivilisation. Zusätzlich dazu aber haben wir eine Wiederholung des Entwicklungsprozesses in jedem Gebiet des Westens, das im Vorschreiten der Expansion erreicht wird. Derart hat die amerikanische Entwicklung nicht bloß ein Vorrücken entlang einer einzigen Linie dargestellt, sondern die Rückkehr zu primitiven Verhältnissen auf einer ständig vorrückenden Grenzlinie und eine neue Entwicklung für dieses Gebiet. Die gesellschaftliche Entwicklung Amerikas hat an der Grenze ständig wieder von vorn angefangen. Diese beständige Wiedergeburt, dies Fließende des amerikanischen Lebens, diese Expansion westwärts mit ihren neuen Möglichkeiten, ihrer dauernden Berührung mit der Einfachheit primitiver Gesellschaft, stellen die Kräfte, die den amerikanischen Charakter beherrschen. Der wahre Gesichtspunkt in der amerikanischen Geschichte ist nicht die Atlantikküste, sondern der Große Westen. [...]
Das Ergebnis ist, dass der amerikanische Geist seine auffallenden Charakteristika der Grenze verdankt. Jene Rauheit und Kraft verbunden mit Scharfsinn und Wissbegier; jene praktische, erfinderische Denkungsart, rasch im Auffinden von Behelfen; jene meisternde Hand in materiellen Dingen, mangelhaft im Künstlerischen, aber machtvoll zur Erreichung großer Ziele; jene ruhelose, nervöse Tatkraft; jener dominante Individualismus, zum Guten und zum Bösen wirkend, und zu all dem die Spannkraft und Üppigkeit, die mit der Freiheit einhergehen – das sind Züge der Grenze oder Züge, die anderswo auf Grund des Daseins der Grenze hervorgerufen wurden. Seit den Tagen, da die Flotte des Columbus in die Gewässer der Neuen Welt segelte, war Amerika ein anderer Name für Möglichkeit, und das Volk der Vereinigten Staaten hat den Ton aufgenommen von der unaufhörlichen Ausdehnung, die den Leuten nicht nur freistand, sondern sogar aufgezwungen wurde.

Erich Angermann, Der Aufstieg der Vereinigten Staaten von Amerika. Innen- und Außenpolitische Entwicklung 1607–1914, Stuttgart, 2. Auflage 1965, S. 45 f.

1. *Wie definiert Turner den Begriff der „Grenze"? Was geschieht an der „Grenze", wie wird das Leben der Siedler geprägt?*
2. *Vergleichen Sie den Typ des in den Westen ziehenden Pioniers mit den frühen puritanischen Siedlern. Stellen Sie Gemeinsamkeiten und Unterschiede fest.*
3. *Inwiefern nahm Turner eine Umdeutung der bisherigen amerikanischen Geschichte vor? Versuchen Sie, seine These aus der Zeit ihrer Entstehung heraus zu erklären.*

M 3

Aus einer Indianerrede

Die meisten Berichte über die schriftlosen Völker der nordamerikanischen Indianer stammen von „Weißen". Eine andere Perspektive zeigt die folgende Rede auf, die von dem legendären Sioux-Häuptling Sitting Bull (1832–1890) (siehe Foto) im Jahre 1866 gehalten worden sein soll.

Seht, Brüder, der Frühling ist da. Die Sonne hat die Erde umarmt. Bald werden wir die Kinder dieser Liebe sehen.
Jeder Same, jedes Tier ist erwacht. Dieselbe große Kraft hat auch uns geboren. Darum gewähren wir auch unseren Mitmenschen und unseren Freunden, den Tieren, die gleichen Rechte wie uns, auf dieser Erde zu leben. 5
Aber hört, Brüder. Jetzt haben wir es mit einer anderen Art zu tun. Sie waren wenige und schwach, als unsere Großväter die ersten von ihnen trafen; jetzt aber sind sie viele, und sie sind stark und überheblich. 10
Es ist kaum zu glauben, sie wollen die Erde umpflügen. Habgier ist ihre Krankheit. Sie haben viele Gesetze gemacht, und die Reichen dürfen sie brechen, die Armen aber nicht. Sie nehmen das Geld der Armen und Schwachen, um die Reichen und Starken damit zu stützen. Sie sagen, unsere Mutter, die Erde, gehöre ihnen; und sie zäunen uns, ihre Nachbarn, von unserer Mutter ab. Sie beschmutzen unsere Mutter mit ihren Gebäuden und ihrem Abfall. Sie zwingen unsere Mutter, zur Unzeit zu gebären. Und wenn sie keine Frucht mehr trägt, geben sie ihr Medizin, auf dass sie aufs Neue gebären soll. Was sie tun, ist nicht heilig. 15 20
Sie sind wie ein Fluss zur Zeit des Hochwassers. Im Frühling tritt er über die Ufer und zerstört alles auf seinem Weg.
Wir können nicht Seite an Seite leben. Vor sieben Jahren haben wir mit dem weißen Mann einen Vertrag geschlossen. Er versprach uns, dass das Land des Büffels für immer unser sei. Nun droht er, uns auch das zu nehmen. Sollen wir es geben, Brüder? Oder sollen wir sagen: „Bevor du mein Land nimmst, musst du mich töten!" 25

William Arrowsmith/Michael Korth (Hrsg.), Meine Worte sind wie Sterne, sie gehen nicht unter. Reden der Indianerhäuptlinge, München 1986, S. 41 f.

1. *Entwickeln Sie aus der Rede das Natur- und Menschenverständnis der Indianer.*
2. *Welche Vorgänge der Raumerschließung des amerikanischen Westens werden von Sitting Bull beschrieben?*
3. *Worauf gründet sich sein Unverständnis für die Lebensweise des „weißen Mannes"?*
4. *In vielen literarischen und filmischen Darstellungen der Eroberung des „Wilden Westens" wird der Kampf der weißen Amerikaner gegen die Ureinwohner des Landes heroisiert. Diskutieren Sie über die Motive, den Verlauf und das Ergebnis der Indianerkriege.*

Der Bürgerkrieg als Zerreißprobe der amerikanischen Nation

Eine Baumwollplantage am Mississippi (Lithographie von William Walker, 1853).

1860/61	Elf Südstaaten verlassen die Union (Sezession)
1861–65	Der Sieg der Nordstaaten im Amerikanischen Bürgerkrieg erneuert die Einheit der Union und führt zur Sklavenbefreiung im Süden
1896	Die Rassentrennung wird zum gesellschaftlichen Ordnungsprinzip

Der Nord-Süd-Gegensatz spaltet die Union

So sehr die Eroberung des Westens zur Entfaltung amerikanischer Gemeinsamkeiten beitrug, die Folgen der territorialen Expansion zwangen der Nation auch eine Schicksalsfrage auf, an der die USA zu zerbrechen drohten: das Problem der Sklaverei.

Die Bewegung zur Abschaffung der Sklaverei, der *Abolitionismus*, hatte seine Ursprünge bei den Quäkern des 17. Jahrhunderts. Ein Jahrhundert später hatte Thomas Jefferson – als südstaatlicher „Aristokrat" selbst Herr über 500 Sklaven – den Widerspruch zwischen der Anerkennung der Menschenrechte und der Praxis der Sklavenhaltung zum Anlass genommen, die Forderung zur Befreiung der Schwarzen in die Unabhängigkeitserklärung der Vereinigten Staaten hineinzuschreiben. Doch wegen des Widerstands der Südstaatenvertreter blieb die Verfassung von 1789 bei einem Kompromiss stehen: Die Sklaven*haltung* wurde in das Ermessen der Einzelstaaten gestellt, während der Sklaven*handel* zum Ende des Jahres 1807 verboten werden sollte (ein Verbot, das in der Praxis von den Südstaaten unterlaufen wurde).

Im Gegensatz zu den modernen industriell geprägten Industrieregionen im Norden wollte die kleine Schicht der Plantagenbesitzer in den Südstaaten nicht auf die Sklaverei verzichten. Sie beantworteten die im Zuge der Industriellen Revolution in England sprunghaft steigende Nachfrage nach Rohbaumwolle mit der Ausweitung der Anbauflächen und kultivierten diese mit Hilfe der Sklaven.

Ungleich zwischen Nord- und Südstaaten verlief auch die Bevölkerungsentwicklung. Die meisten europäischen Einwanderer suchten Arbeit in den schnell wachsenden Städten des Nordostens. Die von hier aus in Ost-West-Richtung gebauten Eisenbahnrouten erschlossen das Hinterland wesentlich schneller als im Süden. So teilten unterschiedliche Industrialisierungsgrade und Wirtschaftsformen sowie eine ungleichgewichtige Westentwicklung das Land zur Jahrhundertmitte in zwei sich zunehmend auseinanderentwickelnde Hälften.
Für zusätzliches Misstrauen sorgten die sich voneinander entfernenden Mentalitäten. Der religiös begründeten, eifernden Propaganda der Abolitionisten aus dem Norden setzte der Süden seine gesellschaftspolitische Philosophie von der Sklaverei als einem *positive good* entgegen (⇨ M 1): Das Bild des südstaatlichen „Master", der sich fürsorglich um alle Mitglieder seiner großen „Familie" kümmert, wurde zum Gegenentwurf des nordstaatlichen „Yankee", der im System der freien Arbeit seine Untergebenen ausbeutet. Die Verlagerung der Sklavereikontroverse vom wirtschaftlichen auf das moralische Gebiet ließ den Süden seine Kultur als etwas Besonderes begreifen und ein eigenes Selbstwertgefühl entwickeln *(Southern Way of Life)*. Trotz ihrer Unterdrückung entwickelten die Schwarzen in dieser Umgebung ein eigenes Gefühl der Zusammengehörigkeit *(black nation)*. Zeitweilige Unruhen verrieten, wie sehr die Gesellschaft in den Südstaaten in Wahrheit gespalten war.

Die Sezession der Südstaaten

Während ihrer Westexpansion hatten die Vereinigten Staaten immer wieder vor der Frage gestanden, ob die neu hinzukommenden Territorien die Sklaverei zulassen sollten oder nicht. Eine mehrfach drohende Spaltung konnte nur durch hinhaltende Kompromisse vermieden werden. Peinlich genau wurde auf einen Gleichstand zwischen „Sklaven haltenden" und „freien" Staaten geachtet (15:15 im Jahr 1849). Verschärft wurde der Gegensatz durch die verfassungsrechtlich ungeklärte Frage, ob der Kongress der Union in den neuen Gebieten über die Zulassung der Sklaverei entscheiden dürfte, oder ob jeder Staat für sich dafür zuständig sei. Das vor allem im Süden vertretene Vorrecht der Territorien verband sich dabei mit dem Konzept einer lockeren, jederzeit kündbaren Konföderation autonomer Staaten.
Seit 1856 heizten in mehreren Staaten fanatische und gewaltsame Auseinandersetzungen den seit langem schwelenden Konflikt an (⇨ M 2). In dieser Situation glaubten die Südstaaten, die Wahl von *Abraham Lincoln*[1]) zum 16. Präsidenten der USA nicht mehr hinnehmen zu können, da seine Partei – die 1854 neu gegründete *Republican Party* – jedes weitere Vordringen der Sklaverei verhindern wollte. Noch vor Amtsantritt Lincolns erklärte South Carolina seinen Austritt *(secession)* aus der Union (20. Dezember 1860); zehn

[1]) Abraham Lincoln (1809–1865) stammte aus einer armen Frontier-Familie; nach einer Tätigkeit als Anwalt war er Abgeordneter im Parlament von Illinois und im Kongress, seit 1856 übernahm der volkstümliche Redner und geschickte Parteitaktiker leitende Aufgaben in der rasch Zulauf findenden Republikanischen Partei.

weitere Staaten des *Deep South* folgten. Sie schlossen sich zu den *Confederate States of America* zusammen und bildeten eine eigene Regierung.
Präsident Lincoln sicherte den Südstaaten zwar den Bestand der Sklaverei zu, doch war er nicht gewillt, den Austritt der elf Sezessionsstaaten aus der Union hinzunehmen (⇨ M 3).

Der Amerikanische Bürgerkrieg (1861–1865)

Der *Sezessionskrieg (war between the States)* um den Erhalt der Union mündete in den *Amerikanischen Bürgerkrieg*, dessen Fronten quer durch die Bevölkerung aller Staaten, ja sogar durch einzelne Familien verliefen. Erst als entscheidende Erfolge des Nordens ausblieben, kündigte Lincoln mit der Emanzipationserklärung vom 22. September 1862 die Befreiung der Sklaven in den Südstaaten als Kriegsziel an. Unversöhnlich trafen die Kriegsparteien in dem ersten modernen Massenkrieg aufeinander, und erstmals wurde die Formel von der „bedingungslosen Kapitulation" *(unconditional surrender)* als Kriegsziel benutzt. Allein im Staat Georgia wurde ein Gebiet von 100 km Breite und 500 km Länge durch eine Strategie der „verbrannten Erde" verwüstet.
Nach vier Jahren erlag die erschöpfte Konföderation der Südstaaten der Übermacht und dem „Kriegsglück" des Nordens. 618 000 Tote – mehr als in allen weiteren Kriegen der USA zusammengenommen – waren der Preis, den die Amerikaner in dem blutigsten Krieg des 19. Jahrhunderts entrichteten, um die Einheit der Union zu wahren und über vier Millionen Schwarze zu befreien.

Von der Sklavenbefreiung zur Rassentrennung

Noch kurz vor Kriegsende ermordete ein fanatischer Südstaatler am 14. April 1865 Präsident Lincoln. Die von Lincoln eingeleiteten Pläne für den Wiederaufbau und die Wiedereingliederung des Südens (die sogenannte *reconstruction*) trieb nun die republikanische Kongressmehrheit voran. Zwischen 1865 und 1870 setzten drei Verfassungszusätze Lincolns Emanzipationsproklamation in geltendes Recht um: Die Sklaverei wurde generell verboten; alle in den USA geborenen Personen – ausgenommen die „nicht besteuerten Indianer" – erhielten das volle Bürgerrecht; Wahlrechtsbeschränkungen aus rassischen Gründen waren nicht mehr zulässig. Frauen und Indianer wurden nicht erwähnt; sie blieben weiterhin vom politischen Leben ausgeschlossen.
Wenn auch zeitweilig mehrere Hundert Schwarze politische Verantwortung in den Südstaaten mittrugen, so waren doch die Ziele der Rekonstruktions-Politik auf Dauer gegen eine legale und illegale Opposition der weißen Bevölkerung nicht durchzusetzen. Zwar durften die Schwarzen nicht mehr als „Sache" behandelt werden und sahen sich nicht länger grausamen Strafen ihrer Eigentümer ausgesetzt, doch die sozialen Unterschiede zwischen

Sklavenmarkt in Richmond, Virginia. Kolorierter Holzstich nach Zeichnung von Edmond Morin (1824–1882).

„Weiß“ und „Schwarz“ waren noch lange nicht überbrückbar. Vor allem in denjenigen Staaten, in denen die Afro-Amerikaner die Bevölkerungsmehrheit stellten (Mississippi, South Carolina, Louisiana), waren die Vorbehalte der weißen Amerikaner so tief verwurzelt, dass auch Tricks (z.B. Lese- und Bildungstests), mit denen die farbigen Mitbürger an der Ausübung des Wahlrechts gehindert werden sollten, auf allgemeine Zustimmung stießen. Dazu erzeugten terroristische Geheimbünde, wie der *Ku Klux Klan*[1]), ein Klima von Angst und Schrecken, das viele Schwarze veranlasste, auf die Wahrnehmung ihrer verfassungsmäßigen Rechte zu verzichten.
Die Afro-Amerikaner lebten häufig unterhalb der Armutsgrenze in Slums, jegliche Aufstiegschance blieb ihnen verwehrt. Immer mehr sorgten die Behörden für ein getrenntes Nebeneinander der schwarzen und weißen Bevölkerungsteile in öffentlichen Einrichtungen: in Schulen und in der Armee, in Krankenhäusern und Theatern, in Lokalen und sogar auf Friedhöfen. Im Jahr 1896 bestätigte das Oberste Bundesgericht die *Rassentrennung (segregation)* im öffentlichen Verkehrswesen. Der Leitsatz des Urteils *„separate but equal“* diente von nun an als gesellschaftliches Ordnungsprinzip und entsprach letztlich dem Überlegenheitsgefühl der Weißen – auch im Norden.

[1]) Ku Klux Klan, 1866 in Tennessee gegründete rassistische Vereinigung, deren Ziel es war, die traditionelle koloniale Lebensform in den Südstaaten mit Gewalt aufrechtzuerhalten. Nach 1869 wurde der Klan, der zu dieser Zeit etwa 500 000 Mitglieder hatte, verboten und 1872 für verfassungswidrig erklärt.

M 1

Verteidiger und Gegner der Sklaverei

Der Gouverneur von South Carolina Mc Duffie erhob 1835 die Forderung, Agitatoren für die Sklavenbefreiung mit dem Tode zu bestrafen.

Keine menschliche Einrichtung entspricht nach meiner Meinung deutlicher dem Willen Gottes als häusliche Sklaverei, und keine seiner Verordnungen ist mit lesbareren Zeichen geschrieben als diejenige, die die afrikanische Rasse zu dieser Stellung bestimmt: wird sie doch dadurch zu ihrem eigenen Glück geführt, weit mehr als durch alles andere, für das sie empfänglich ist. Ob wir die Heilige Schrift oder die Offenbarungen der Natur und der Vernunft zu Rate ziehen, so tritt uns diese Wahrheit unzählige Male entgegen. [. . .]
Dass der afrikanische Neger von der Vorsehung dazu bestimmt ist, diese Stellung dienstbarer Abhängigkeit einzunehmen, ist nicht weniger offensichtlich. Es steht auf seinem Gesicht geschrieben, auf seiner Haut gestempelt und geht deutlich aus der geistigen Unterlegenheit und natürlichen Sorglosigkeit dieser Rasse hervor . . . Keine menschliche Macht kann die Eigenschaft verleihen, die zum Genuss der Freiheit befähigt. Sie ist eine Gabe Gottes, und eine der seltensten, die er in seiner unerforschlichen Weisheit den Völkern der Erde zu verleihen für gut hielt . . . Es liegt klar am Tage, dass die Bestimmung der Negerrasse entweder die scheußlichste Art politischer Knechtschaft oder jene häusliche Sklaverei ist, wie sie jetzt in den Sklaven haltenden Staaten besteht. Und außer Frage steht der Vorzug häuslicher Sklaverei auch vor der günstigsten Art politischer Versklavung. Es ist nicht bloß die Pflicht, sondern das augenfällige Interesse des Herrn, für gute Nahrung und Kleidung seiner Sklaven zu sorgen; und was für Märchen und übertriebene Geschichten auch verbreitet werden . . .: Auf der ganzen Erde gibt es, ob hoch oder niedrig, keine zweite Volksklasse, die wie diese

Salomon Northup wurde als freier Schwarzer in New York geboren. Dennoch wurde er von Sklavenhändlern auf Plantagen im Süden verkauft, ehe er nach zwölf Jahren seine Identität nachweisen konnte. Seine Berichte über diese Zeit zählen zu den wenigen überlieferten Stimmen der Sklaven. Hier beschreibt er den Tagesablauf auf einer Baumwollplantage.

Der erste Tag (Anlernzeit)
Wenn ein neuer Handlanger, der sich bei der Arbeit noch nicht richtig auskennt, zum ersten Mal aufs Feld geschickt wird, wird er tüchtig mit der Peitsche angetrieben und den Tag lang gezwungen, so schnell wie möglich zu pflücken. Am Abend wird die Ladung gewogen, damit seine Leistung bekannt ist. Nun muss er an jedem folgenden Abend das gleiche Gewicht anbringen. Wird es weniger, so gilt es als Beweis dafür, dass er getrödelt hat, und das wird mit einer größeren oder kleineren Anzahl von Peitschenhieben bestraft. [. . .]

Arbeitszeit
Die Handlanger müssen bei Sonnenaufgang auf den Feldern sein, und, abgesehen von der Mittagspause von 10 bis 15 Minuten, in der sie ihre Ration kalten Specks herunterschlingen, dürfen sie keinen Moment Ruhe genießen, bis es völlig dunkel wird. Wenn Vollmond ist, arbeiten sie oft bis mitten in die Nacht hinein. Nicht einmal zu Mittag wagen sie aufzuhören oder – egal wie spät der Abend wird – ins Quartier zurückzukehren, ehe der Driver ihnen den Befehl gibt.

Das Abwiegen
Wenn die Tagesarbeit auf dem Feld erledigt ist, werden die Körbe ins Entkörnungshaus gebracht, wo die Baumwolle zunächst gewogen wird. Egal wie müde er ist – egal wie sehr er sich nach Schlaf und Ruhe sehnt –, wenn der Sklave sich mit seinem Korb Baumwolle dem Entkörnungshaus nähert, begleitet ihn immer die Angst. Fällt es zu leicht aus – hat er das ihm zugemutete Pensum nicht

völlig frei von Sorgen und Angst ist ... Mit einem Wort, unsere Sklaven sind heiter, zufrieden und glücklich, und zwar weit mehr, als es die menschliche Rasse im Allgemeinen sein kann [...]. Häusliche Sklaverei ist daher keineswegs ein politisches Übel, sondern der Eckstein unseres republikanischen Gebäudes.

Fritz Wagner, USA. Geburt und Aufstieg der neuen Welt. Geschichte in Zeitdokumenten 1607-1865, München 1947, S. 191 f.

Old Kentucky Home. Ölgemälde des New Yorker Künstlers Jonathan Eastman Johnson (1824–1906).

geschafft – dann weiß er, dass er es büßen wird. Sollte er das Soll um zehn oder zwanzig Pfund überschritten haben, wird sein Herr wahrscheinlich die Aufgabe für den nächsten Tag höher einschätzen.
Daher ist, egal ob zu wenig oder zu viel Baumwolle, sein Weg zum Entkörnungshaus nie frei von Furcht und Zittern. [...]

Die Ration
Die Sklaven bekommen nur Mais und Speck. Die Ration wird jeden Sonntagvormittag am Kornspeicher und an der Räucherkammer ausgeteilt. Jeder erhält eine Wochenration von $3^{1}/_{2}$ Pfund Speck und genug Mais für ein Pekh [9 l] Mehl. Das ist alles – kein Tee, kein Kaffee, kein Zucker, und, abgesehen von einer kleinen Prise hie und da, kein Salz.

Das Essen
[...] Die meisten Sklaven besitzen kein Messer, geschweige denn eine Gabel. Sie schneiden ihren Speck mit der Axt am Holzstapel. Das Maismehl wird mit etwas Wasser gemischt, ins Feuer gelegt und gebacken. [...] Der Bewohner der Sklavenhütte darf sich zum Dinieren auf den Boden setzen. Jetzt ist es gewöhnlich schon Mitternacht.

Der Schlaf
Dieselbe Angst vor Strafe, die die Sklaven vor dem Entkörnungshaus erleben, packt sie wieder, wenn sie sich zur Ruhe hinlegen: Jedoch ist es jetzt die Angst, dass sie verschlafen. Dieses Vergehen zöge nicht weniger als 20 Peitschenhiebe nach sich.

Wolfgang Wimmer, Die Sklaven. Eine Sozialgeschichte mit Gegenwart, Reinbek 1979, S. 159 ff.

1. *Beschreiben Sie das Bild, das Gouverneur Mc Duffie von Sklavenhaltern und Sklaven zeichnet.*
2. *Vergleichen Sie diese Schilderung mit dem Alltag auf einer Baumwollplantage, wie ihn der ehemalige Sklave Salomon Northup schildert.*
3. *Europäische Reisende in den Südstaaten schilderten den Tagesablauf der Sklaven oft wesentlich angenehmer als Salomon Northup. Sie stellten dabei Vergleiche an mit dem Alltag der Frauen und Männer in den Fabriken Europas.*
   Worin liegen dennoch die entscheidenden Unterschiede? Sprechen Sie auch über die Problematik eines „gerechten" historischen Urteils.

M 2

Das Dred Scott-Urteil

Der Sklave Dred Scott hatte längere Zeit in sklavenfreien Territorien gelebt. Die Klage Scotts auf Freilassung gegen seinen ehemaligen Eigentümer lehnte der Supreme Court, das höchste Gericht der Vereinigten Staaten, 1857 als unzulässig ab.

Wir stehen vor der Frage, ob die Klasse der Personen, die in dem Antrag, die Hauptverhandlung nicht zuzulassen, beschrieben wird, einen Teil dieses Volkes darstellt und konstituierende Mitglieder dieser Souveränität sind? Wir sind der Ansicht, dass sie dies nicht sind und dass sie nicht darin inbe- 5 griffen sind, und es auch nicht die Absicht war, sie unter den Begriff „Bürger“ in die Verfassung einzubeziehen. Von daher können sie keinen Anspruch auf irgendein Recht und Privileg ableiten, welches dieses Instrumentarium den Bürgern der Vereinigten Staaten zur Verfügung stellt und garantiert. Im Gegenteil, sie wurden zu jener Zeit als untergeordnete und geringe- 10 re Klasse von Lebewesen angesehen, die von der herrschenden Rasse unterjocht wurden und seien sie nun emanzipiert oder nicht, so blieben sie doch Gegenstand deren Autorität und hatten keine Rechte oder Privilegien, außer denen, die diejenigen, die die Macht und Regierung in Händen hielten, zu geben bereit waren.

Henry Steele Commager (Hrsg.), Documents of American History, Band I, New York, 5. Auflage 1949 (Übers.: Dorothee Hartmann-Vincken)

1. *Beschreiben Sie die Rechtsstellung, die das Urteil den Schwarzen zuordnet.*
2. *Überlegen Sie die Wirkung des Urteils in den Süd- und Nordstaaten.*

M 3

Lincolns Kriegsziele

In einem Brief an Horace Greely, den Herausgeber der „New York Tribune“, schreibt Präsident Lincoln am 22. August 1862:

Ich möchte die Union retten. Ich möchte sie auf dem kürzesten verfassungsmäßigen Wege retten. Je früher die nationale Autorität wiederhergestellt werden kann, umso näher wird die Union sein der „Union, wie sie war“. Sollte es Leute geben, die die Union nicht retten wollen, wenn sie nicht gleich- 5 zeitig die Sklaverei zu retten vermögen, so bin ich nicht mit ihnen einverstanden. Sollte es Leute geben, die die Union nicht retten wollen, wenn sie nicht gleichzeitig die Sklaverei vernichten können, so bin ich auch mit ihnen nicht einverstanden. Mein höchstes Ziel in diesem Kampf ist die Rettung der Union, nicht der Schutz oder die Vernichtung der Sklaverei. Wenn ich die Union 10 erretten könnte, ohne einen einzigen Sklaven zu befreien, würde ich es tun; und wenn ich sie retten könnte durch Befreiung aller Sklaven, würde ich es tun; und wenn ich sie retten könnte, indem ich die einen befreite und die anderen nicht, so würde ich auch dies tun. Was ich wegen der Sklaverei und der farbigen Rasse tue, das tue ich, weil ich glaube, dass es beiträgt, die 15 Union zu retten, und was ich unterlasse, das unterlasse ich, weil ich nicht glaube, dass es zur Rettung der Union beitragen kann.

Fritz Wagner, USA, a. a. O., S. 197

1. *Leiten Sie aus der Auseinandersetzung zwischen Federalists und Anti-Federalists (siehe Seite 167) Gründe für die Rechtsposition der Südstaaten her.*
2. *Bestimmen Sie demgegenüber die Position Lincolns.*

Die Wirtschaftsgroßmacht USA

„Bosses of the Senate" (Lithografie von John Keppler).

Die wirtschaftliche Expansion – das „Big Business"

Bereits um 1860 lag der Lebensstandard der US-Bürger über den Einkommensverhältnissen in Westeuropa. Nach 1865 wuchsen die USA endgültig zur wirtschaftlichen Großmacht heran. Sie überholten Großbritannien in der Kohleförderung und produzierten zur Jahrhundertwende mehr Stahl als England, Deutschland und Frankreich zusammen (⇨ M 1). Der Industrialisierungsschub wurde durch mehrere ineinandergreifende Ursachenbündel vorangetrieben:

1. Die *Bevölkerung wuchs* zwischen 1870 und 1890 von 40 auf 60 Millionen Menschen. Die wachsende Massennachfrage nach Wohnraum und Waren forderte die Unternehmen zu raschen Produktionssteigerungen heraus. Gleichzeitig bildeten die Einwanderer aus Europa und Asien ein unerschöpfliches Reservoir an billigen Arbeitskräften.
2. Die *verkehrsmäßige Erschließung des Landes*, vor allem der transkontinentale Eisenbahnbau war noch mehr als in Europa ein Schwungrad der Entwicklung. Um die Jahrhundertwende war das Schienennetz von rund 350 000 km länger als in allen anderen Ländern der Erde zusammengenommen.
3. *Rohstoffe* (Bodenschätze, Holz, Wasser) standen zunächst *unbegrenzt* zur Verfügung.
4. Im Vergleich zu dem kleinstaatlichen Europa war ein *riesiger Binnenmarkt* entstanden, ohne Zollgrenzen im Inneren, aber – zum Schutz der heimischen Industrie – mit hohen Zollschranken nach außen.
5. Wachsende Nachfrage und Konkurrenzdruck zwangen beständig zum *Einsatz neuer Technologien* und zur *Rationalisierung*. In großem Stil entwickel-

Die Hester Street in Manhattan (Postkarte von 1908). Hier versuchten vor allem Einwanderer aus Ost- und Südeuropa eine Existenz in der „Neuen Welt" aufzubauen.

ten die Unternehmen neue Produktionsformen (Fließband), Vertriebsarten (Versandhandel, Warenhausketten), Verkaufsstrategien (Werbung, Markenprodukte) und Finanzierungsmöglichkeiten (Ratenkauf).
6. *Kapitalinvestitionen* kamen nicht mehr nur aus dem eigenen Land, sondern auch aus Europa. Die Ansammlung immer größerer Kapitalmengen in Aktiengesellschaften und *Trusts*[1]) wurde zum Kennzeichen der amerikanischen Wirtschaft im „vergoldeten Zeitalter" *(gilded age).*
7. Nach dem herrschenden Verfassungsverständnis sollte der Staat in Wirtschaftsfragen Zurückhaltung üben. Dieser *Wirtschaftsliberalismus* (Prinzip des „laissez faire") war in Amerika *besonders ausgeprägt* und ließ die Unternehmen ungehinderter als anderswo schalten und walten.
8. Puritanisches Leistungsbewusstsein und Fortschrittsoptimismus, Sparsamkeit und bisweilen rücksichtslose Härte kennzeichneten die *Mentalität* der ersten Wirtschaftsmagnaten. Für *John D. Rockefeller*, der als Gründer des *Standard Oil Trusts* fast alle amerikanischen Ölraffinerien besaß, bewies der ungebremste Wettbewerb im „Big Business" das „Naturgesetz" vom „Sieg des Stärkeren über den Schwächeren" (⇨ M 2).

Die Schattenseiten des „Big Business"

Die großen Einwanderungsschübe seit Ende des 19. Jahrhunderts verstärkten den Trend zur Verstädterung und veränderten Stadtbild und Stadtleben (Wolkenkratzer, Armenviertel) dramatisch (⇨ M 3). Nicht wenige Amerikaner

[1]) Zusammenschluss mehrerer Gesellschaften unter einem Dach

sahen in diesem Wandel eine Bedrohung und Unterwanderung der protestantischen Kultur der weißen Anglo-Amerikaner („White Anglo-Saxon Protestants, WASPs"). Vor allem während konjunktureller Schwächephasen versuchte die Politik deshalb, mit restriktiven Einwanderungsgesetzen den Zuzug zu kanalisieren (⇨ M 4).
Das faszinierende Wirtschaftswachstum verteilte sich nur sehr ungleichmäßig auf die Bevölkerung. So profitierten die Arbeiter wenig von dem steigenden Wohlstand. Ohne rechtlichen und sozialen Schutz litten sie besonders heftig unter den regelmäßig wiederkehrenden Konjunkturkrisen. Kinder im Alter zwischen sechs und elf Jahren arbeiteten zwölf Stunden am Tage in Bergwerken und Textilfabriken. Vor allem die neu eingewanderten Bürger lebten in bitterer Armut, unter primitivsten sanitären Verhältnissen, die immer wieder Seuchen ausbrechen ließen. Die sozialen Spannungen und die Kritik an Korruptionserscheinungen in Wirtschaft und Verwaltung entluden sich in einer Vielzahl von Streiks und Gewalttaten.
Allerdings entwickelte die politische und gewerkschaftliche Organisation der Arbeiterschaft keine durchschlagende Sprengkraft. Zu unterschiedlich waren Herkunft und Interessen ihrer Mitglieder; hinzu kamen die hohe Mobilität und das Vertrauen vieler „kleiner Leute" auf die eigene Leistung. Auch galt der Sozialismus als „unamerikanisch". Bei Wahlen kam die *Socialist Party* über 6 % nicht hinaus.

„Progressive Movement": die Antwort auf das „Big Business" und seine Schattenseiten

Um die Wende zum 20. Jahrhundert wuchs in der amerikanischen Gesellschaft die Einsicht, dass wirtschaftlicher und sozialer Fortschritt immer weiter auseinanderklafften. In der städtischen Mittel- und Oberschicht bildete sich deshalb der Gedanke der *progressiven Bewegung (Progressive Movement)* aus. Die Rückbesinnung auf religiöse Werte und die unübersehbaren rationalen Fortschritte in den Wissenschaften sollten bei der Gestaltung einer effizienten und gerechten Zukunftsordnung zusammenwirken. Vor allem unter den Präsidenten *Theodore Roosevelt*[1]) (1901–1909) und *Woodrow Wilson*[2]) (1913–1921) wurde dem Staat eine wichtigere Rolle bei der Reform der Gesellschaft zuerkannt (⇨ M 5).
Erste Einschränkungen mussten die immer mächtiger werdenden Konzerne hinnehmen. Absprachen zwischen Großunternehmen *(Kartelle)* und *Fusionen* zu marktbeherrschenden Monopolunternehmen bedrohten zunehmend den freien Wettbewerb. Die 1887 einsetzende *Anti-Trust-Gesetzgebung* konnte zumindest allzu machtmissbräuchliche Exzesse unterbinden.

[1]) Theodore Roosevelt (1858–1919), aus wohlhabender Familie stammend, bewährte sich erst als Polizeichef, dann als Gouverneur des Staates New York im Kampf gegen die Korruption. 1901 und 1905 wurde er als Kandidat der Republikaner zum 26. Präsidenten der USA gewählt.
[2]) Woodrow Wilson (1856–1924), Professor der Geschichte und Politiker der Demokratischen Partei. Wilson wurde 1913 als erster Südstaatler seit dem Bürgerkrieg zum Präsidenten gewählt, wobei er von einer vorübergehenden Spaltung der Republikaner profitierte.

Mitglieder der Frauenrechtsbewegung demonstrierten im März 1913 vor dem Capitol in Washington für das Frauenwahlrecht.

Viel später als beispielsweise im Deutschen Reich bemühten sich einzelne Bundesstaaten um eine *Sozialgesetzgebung*. Dazu zählten erste Schritte zu einem Rentensystem, Festsetzung von Mindestlöhnen und Höchstarbeitszeiten, besondere Regelungen für Jugendliche und Frauen. Seit 1913 erhob die Union dann auch eine Einkommensteuer, die bald die Höherverdienenden deutlich stärker belastete.

Nicht minder wichtig als die gesetzgeberischen Veränderungen war der Wandel im öffentlichen Bewusstsein: Unternehmer bekannten sich zu ihrer sozialen Verpflichtung und begannen, durch die Errichtung von Stiftungen gemeinnützige Aufgaben (Krankenhäuser, Bibliotheken, Museen) zu fördern. Vor allem Frauen bauten (ehrenamtlich) die sozialen Dienste aus und kümmerten sich beispielsweise um die Gesundheitsfürsorge und Kindergärten.

Den öffentlichen Bewusstseinswandel verkörperten aber ebenso lautstarke moralistische Kampagnen gegen Glücksspiele, Kinos und anderes mehr. Die Bekämpfung des Alkoholmissbrauches führte 1918 sogar zu einer Ergänzung der Verfassung, die den Verkauf und die Herstellung von Alkohol verbot.

In der Frage der Gleichberechtigung erzielten die amerikanischen Frauenrechtlerinnen trotz vieler Vorbehalte endlich den Durchbruch. Nach 56 Volksentscheiden in den Einzelstaaten und 19 Anträgen an den Kongress wurde den Frauen in der Bundesverfassung das Wahlrecht zugestanden (1920).

Das amerikanische Zweiparteiensystem erfuhr in der Zeit des Progressive Movement seine bis heute gültige Festlegung. Die Einführung von *Vorwahlen (Primaries)* sicherte den Bürgern einen größeren Einfluss auf die Kandidaten und zwang die Parteien zu einer engeren Verbindung mit den sich formierenden „organisierten Interessen“. Seither verfolgt die Republikanische Partei eine eher pragmatische Politik für business and labor, während die *Demokratische Partei,* fußend auf dem puritanischen Moralkodex, sich ethische Forderungen von Reformgruppen zu eigen machte.

M 1

Relative Anteile an der Welt-Industrieproduktion zwischen 1750 und 1913

	1750	*1800*	*1830*	*1860*	*1880*	*1900*	*1913*
Großbritannien	1,9	4,3	9,5	19,9	22,9	18,5	13,6
Habsburger Reich	2,9	3,2	3,2	4,2	4,4	4,7	4,4
Frankreich	4,0	4,2	5,2	7,9	7,8	6,8	6,1
Deutsche Staaten/Deutschland	2,9	3,5	3,5	4,9	8,5	13,2	14,8
Italienische Staaten/Italien	2,4	2,5	2,3	2,5	2,5	2,5	2,4
Russland	5,0	5,6	5,6	7,0	7,6	8,8	8,2
Vereinigte Staaten	0,1	0,8	2,4	7,2	14,7	23,6	32,0
Japan	3,8	3,5	2,8	2,6	2,4	2,4	–
China	32,8	33,3	29,8	19,7	12,5	6,2	–
Indien/Pakistan	24,5	19,7	17,6	8,6	2,8	1,7	–

Zusammengestellt nach Paul Kennedy, Aufstieg und Fall der großen Mächte. Ökonomischer Wandel und militärischer Konflikt von 1500 bis 2000, Frankfurt/Main 1989, S. 237, 309 ff.

1. *Vergleichen Sie die Veränderungen der Produktionsanteile. Welche unterschiedlichen Entwicklungen zeichnen sich ab?*
2. *Beschreiben Sie den Wandel der Rolle der USA im Verhältnis zur Industrieproduktion Europas und Asiens.*

M 2

Entwicklung der Wirtschaft und Bevölkerung in den USA zwischen 1800 und 1900

	1800	*1820*	*1840*	*1860*	*1880*	*1900*
Bevölkerung (Millionen)	5,3	9,6	17,1	31,5	50,3	76,1
Bruttosozialprodukt (Milliarden $ im Wert von 1860)	0,3	0,6	1,6	4,1	8,4	17,3
Durchschnittliche Pro-Kopf-Produktion ($ im Wert von 1860)						
a) In den Vereinigten Staaten	61	64	95	130	167	227
b) Im Süden (Gesamtbevölkerung)	–	–	72	94	85	116
c) Im Mittelwesten und den Präriegebieten	–	–	65	88	164	234
d) Im Fernen Westen	–	–	–	–	317	370
e) Im Nordosten	–	–	128	181	235	311
Verteilung des Privatvermögens						
a) Das reichste 1 % der Bevölkerung besaß	21 % (1810)		–	24 %	–	31 %
b) Die reichsten 10 % der Bevölkerung besaßen	69 % (1810)		–	72 %	–	74 %

Willi Paul Adams (Hrsg.), Die Vereinigten Staaten von Amerika, Frankfurt/Main 1977, S. 179

Werten Sie die Tabelle aus
a) hinsichtlich der regionalen und
b) hinsichtlich der sozialen Veränderungen im 19. Jahrhundert.

M 3

Städtische Bevölkerung der Mächte (in Mio.) und in Prozent der Gesamtbevölkerung zwischen 1890 und 1913

	1890	*1900*	*1910*	*1913*
Großbritannien	11,2 (29,9 %)	13,5 (32,5 %)	15,3 (34,9 %)	15,8 (34,6 %)
Vereinigte Staaten	9,6 (15,3 %)	14,2 (18,7 %)	20,3 (20,0 %)	22,5 (23,1 %)
Deutschland	5,6 (11,3 %)	8,7 (15,5 %)	12,9 (20,0 %)	14,1 (21,0 %)
Frankreich	4,5 (11,7 %)	5,2 (13,3 %)	5,7 (14,4 %)	5,9 (14,8 %)
Russland	4,3 (3,6 %)	6,6 (4,8 %)	10,2 (6,4 %)	12,3 (7,0 %)
Japan	2,5 (6,3 %)	3,8 (8,6 %)	5,8 (10,3 %)	6,6 (12,8 %)

Paul Kennedy, a. a. O., S. 309 f.

1. *Vergleichen Sie den zeitlichen Ablauf der Veränderungen. Erläutern Sie dabei, inwiefern Angaben über die Verstädterung als Indikator für den Entwicklungsstand einer modernen Industriegesellschaft benutzt werden können.*
2. *Paul Kennedy schreibt in seiner Analyse des „Aufstiegs und Falls der großen Mächte": „Die Ära Vasco da Gamas' – die vier Jahrhunderte europäischer Weltherrschaft – ging bereits vor der Katastrophe von 1914 zu Ende." Nehmen Sie dazu unter Einbeziehung von M 1 Stellung.*

M 4

Der „Schmelztiegel" – Anspruch und Wirklichkeit

Zwischen 1907 und 1911 erarbeitete eine von der Regierung eingesetzte Kommission Empfehlungen zur Einwanderungsgesetzgebung.

Nach Abschluss ihrer Untersuchungen ist die Kommission der einhelligen Meinung, dass bei der zukünftigen Gesetzgebung folgende Grundsätze entscheidend berücksichtigt werden sollten:

1. Während das amerikanische Volk die Unterdrückten anderer Länder wie (5) in der Vergangenheit bei sich willkommen heißt, sollte doch dafür gesorgt werden, dass sich die Einwanderung in Bezug auf Qualität und Quantität so vollzieht, dass sich der Eingliederungsprozess nicht zu schwierig gestaltet.
2. Da sich das bestehende Gesetz und eine weitere Gesetzgebung, die in die- (10) sem Bericht empfohlen wird, mit den für eine Einbürgerung körperlich und geistig nicht geeigneten Personen befassen, sollten zukünftige allgemeine Gesetze, die die Zulassung von Ausländern betreffen, vor allem nach wirtschaftlichen und konjunkturellen Gesichtspunkten ausgerichtet sein, die den Wohlstand und das wirtschaftliche Wohlbefinden unseres (15) Volkes berücksichtigen.

Jeder Einwanderer wurde bei der Ankunft in den Vereinigten Staaten einer strengen medizinischen Untersuchung unterzogen. Das Trachom, eine zur Erblindung führende Augenkrankheit, war eine der häufigsten Quarantänegründe.

3. Maßstab für die vernünftige und gesunde Entwicklung eines Landes können das Ausmaß seiner Kapitalinvestitionen, seine Produktionskraft oder seine Im- und Exportziffern nur dann sein, wenn es in Verbindung damit auch entsprechende wirtschaftliche Betätigungsmöglichkeiten für den Bürger gibt, der zu seiner materiellen, geistigen und sittlichen Entfaltung auf Beschäftigung angewiesen ist.
4. Die Weiterentwicklung der Wirtschaft kann durch Mittel erreicht werden, die den Lebensstandard der Arbeitnehmer herunterschrauben. Eine langsame Expansion der Industrie, die eine Anpassung und Eingliederung der neu hinzukommenden Arbeitskräfte erlaubt, sollte einer sehr schnellen industriellen Expansion vorgezogen werden, da diese zur Einwanderung wenig qualifizierter und nicht sehr leistungskräftiger Arbeiter führen würde, die das amerikanische Lohnniveau sowie die Arbeitsbedingungen gefährden würden.

Günter Moltmann, Vereinigte Staaten von Amerika von der Kolonialzeit bis 1917, Paderborn 1980, S. 36

1. *Von welchen Gesichtspunkten ließ sich die Regierungskommission leiten?*
2. *Diskutieren Sie das Spannungsverhältnis zwischen dem Ideal des amerikanischen Selbstverständnisses und seinen praktischen Auswirkungen. Schlagen Sie dazu auch Grafik und Tabelle auf den Seiten 289 und 290 nach.*
3. *Vorschlag für ein Referat: Vergleichen Sie die Entwicklung in den USA mit der Debatte über die Einwanderung von Ausländern in der Bundesrepublik.*

In gestärkten Hemden und mit Weinlaub bekränzt, zechen wohlhabende New Yorker (Foto von 1900/01).

M 5

Auswirkungen des „Progressive Movement“

Eine Anekdote kolportiert den Regierungsstil des populären Präsidenten Theodore Roosevelt.

Im Februar 1902 wies Roosevelt das Justizministerium an, gegen die von J. Pierpoint Morgan, dem „König“ der amerikanischen Bankiers, geschaffene Riesen-Holding der „Northern Securities Company“ wegen Verletzung des Gesetzes zur Verhinderung von Trust-Konglomeraten (Sherman Act) vorzu-
5 gehen. Morgan suchte den Präsidenten im Weißen Haus auf: „Sollten wir irgendetwas falsch gemacht haben, schicken Sie Ihren Mann (den Justizminister) zu meinem Mann (Morgans Anwalt), die können das in Ordnung bringen...!“ – „Ich will das nicht ‚in Ordnung bringen‘ – ich will es abstellen!“ gab „T.R.“ zurück.

Jan Reifenberg, Kraftakt und Vision, Frankfurter Allgemeine Zeitung, 19.10.1996 (Beilage)

Weisen Sie anhand des Textes das „neue Denken“ um die Jahrhundertwende nach.

Der Aufstieg zur Weltmacht

„Measuring Uncle Sam for a new suit." Die Alternative wäre die dargebotene „Anti Expansion Policy". (Karikatur aus der amerikanischen Zeitschrift „Puck", 1900.)

1823	Die Monroe-Doktrin erhebt den Ruf „Amerika den Amerikanern" zum außenpolitischen Grundsatz
1867	Die USA kaufen Russland die Provinz Alaska ab
1898	Nach dem Sieg im spanisch-amerikanischen Krieg werden die USA Kolonialmacht
1906–14	Der Bau des Panama-Kanals eröffnet strategische Vorteile
1917	Die USA treten in den Ersten Weltkrieg ein

Die Frühphase amerikanischer Außenpolitik

Seit der Staatsgründung befolgte die amerikanische Außenpolitik die Empfehlung Präsident Washingtons, der 1796 in seiner Abschiedsbotschaft gemahnt hatte, sich aus den Händeln Europas herauszuhalten. Präsident *James Monroe* (1817-1825) erhob 1823 mit dem Ruf „Amerika den Amerikanern" den *Isolationismus* zur außenpolitischen Doktrin[1]). Vordergründig sollte die *Monroe-Doktrin* die mittel- und südamerikanischen Völker in ihrem Freiheitskampf gegen europäische Interventionen unterstützen. Zugleich diente sie den Vereinigten Staaten von da an als Argumentationshilfe bei der Durchsetzung ihrer hegemonialen (Handels-)Interessen auf dem amerikanischen Kontinent und in der Karibik (⇨ M 1).

---

[1]) Lehre, wegweisender Grundsatz einer bestimmten Politik

Im Verlauf ihrer Westexpansion war die Union Mitte des 19. Jahrhunderts an die Küste des Pazifik vorgestoßen. Von hier aus weiteten sich die amerikanischen Interessen über das Meer aus: 1853/54 erzwangen Kriegsschiffe die Öffnung des japanischen Marktes, ebenso musste China Handelsverträge mit den USA abschließen. Dennoch stieß der Gedanke transkontinentaler Handelsstützpunkte in der Öffentlichkeit zunächst noch auf wenig Gegenliebe. Außenminister *William H. Seward* setzte 1867 im Kongress nur mit Mühe den Erwerb Alaskas von Russland durch.

Grundlagen und Motive der imperialistischen Politik

Gegen Ende des 19. Jahrhunderts wurde die ehemalige britische Kolonie selbst zu einer imperialistischen Macht, die sich am Wettlauf der Industrienationen um die Aufteilung der Welt beteiligte. Mit dem wirtschaftlichen Erfolg waren Selbst- und Sendungsbewusstsein der Amerikaner gestiegen. Die traditionellen Manifest Destiny-Vorstellungen, die der Westexpansion einen geschichtsphilosophischen und religiösen Sinn gegeben hatten, schlugen nun nach Beendigung der Frontierbewegung ins Globale um. Gestützt auf einen weit verbreiteten *Sozialdarwinismus*[1]) glaubten viele an einen Missions- und Erziehungsauftrag der angelsächsischen Rasse „in der Welt". Ein von der Presse unterstützter Nationalismus sehnte sich nach territorialen Eroberungen jenseits der „natürlichen" Grenzen. Ebenso wie die herrschende politische Klasse Europas glaubten viele Amerikaner, Wirtschaftskrisen und soziale Konflikte nur durch die Gewinnung neuer Absatzmärkte vermeiden zu können. So ging der imperialistische Zeitgeist auch an der „Neuen Welt" nicht vorüber.
Viele Amerikaner sahen jedoch in der Unterwerfung fremder Völker einen Verrat an dem historischen Auftrag der eigenen Nation. Sie schlossen sich 1899 in der *Anti-Imperialistischen Liga* zusammen, doch fanden sie bei Wahlen keine Mehrheit (➪ M 2).

Open Door Policy und Interventionspolitik – abgestufte Formen imperialistischer Politik

Die Unterstützung des kubanischen Aufstands gegen das spanische Mutterland nutzten die USA 1898 nach einem kurzen Krieg gegen Spanien zum Erwerb von Protektoratsrechten über Kuba; Puerto Rico, Guam und die Philippinen wurden ebenfalls in Besitz genommen. Kurz darauf sicherten die Annexionen Hawaiis und von Teilen Samoas den Seeweg nach Asien.
Gemeinsam mit Japan und den europäischen Großmächten beteiligten sich die Amerikaner 1900 an der Niederschlagung des chinesischen *Boxer-Aufstands*. Da Regierung und Öffentlichkeit ein militärisches Engagement in

---

[1]) Umdeutung der Evolutionstheorie von Charles Darwin (1809–1882), um den Führungs- und Herrschaftsanspruch einzelner Menschen oder Völker zu „begründen"

Das „amerikanische Empire".

Ostasien aber letztlich scheuten, begnügten sich die USA hier mit einer „Politik der offenen Tür" *(Open Door Policy):* Anders als die übrigen Großmächte hielten sie an der Einheit Chinas fest und forderten keine Herrschafts- oder Einflusszonen. Mit einem gleichen und ungehinderten Zugang zu den Märkten für alle schien den amerikanischen Wirtschaftsinteressen am besten gedient (⇨ M 3).
Auf dem amerikanischen Kontinent verfolgte Präsident Roosevelt das geostrategische Konzept einer Kanalverbindung zwischen Atlantik und Pazifik. Als die kolumbianische Regierung dem Bau nicht zustimmen wollte, zettelte er 1903 eine Rebellion an. Diese war erfolgreich, und nach Gründung der Republik Panama traten die panamesischen Nationalisten eine 32 km breite Kanalzone an die USA ab. Der Kanal wurde zwischen 1906 und 1914 fertig gestellt. Er verkürzte den Seeweg von der Ost- zur Westküste um 15 000 km. Dies brachte der US-Wirtschaft erhebliche Vorteile und verbesserte die Manövrierfähigkeit der mittlerweile zweitstärksten Kriegsmarine der Welt.
Roosevelts Vorgehen in Panama und anderen mittelamerikanischen Staaten machte den Unterschied zur Open Door Policy in Ostasien deutlich. Auf dem „eigenen Kontinent" fühlten sich die USA durchaus gerüstet, mit Hilfe einer militärischen *Interventionspolitik* ihre Hegemonie zu sichern. In drastischer Form brachte der Präsident den Anspruch, als Polizeimacht in den lateinamerikanischen Staaten eingreifen zu dürfen, zum Ausdruck: „Sprich sanft, aber trage stets einen dicken Knüppel mit dir" (⇨ M 4).

Die Nachfolger Roosevelts setzten die amerikanische Interessenpolitik mit den Instrumenten indirekter Einflussnahme fort. Sie unterstützten finanzielle Investitionen im Ausland (*„Dollar-Imperialismus"*) gemäß der Einsicht, dass sich das wachsende amerikanische Wirtschaftspotential am besten in einem friedlichen Umfeld und – wie es der Stahlindustrielle *Andrew Carnegie* formulierte – mit „den unpolitischen Diktaten des freien Marktes" zur Geltung bringen lasse. Auf diese Weise gelang es, die meisten Staaten Mittel- und Südamerikas auf den US-Markt zu fixieren und dadurch dem politischen Einfluss der Hegemonialmacht zu öffnen.

Die USA und Europa

Während die USA bis 1914 in der westlichen Hemisphäre ein Imperium aufgebaut hatten, blieben sie im alten Europa ängstlich auf Distanz zu den Kriegsallianzen bedacht. Mit ihrer Neutralität wollte die Regierung nicht zuletzt innere Konflikte zwischen den Einwanderern verschiedener Nationalitäten gar nicht erst aufkommen lassen.
Dennoch sympathisierte die politische Elite nach Ausbruch des Ersten Weltkriegs von Anfang an mit Großbritannien und Frankreich, denen man sich kulturell verwandt fühlte. Gegen das Wilhelminische Deutschland sprachen zudem nicht vergessene außenpolitische Ungeschicklichkeiten im Pazifik sowie eine befürchtete Störung des europäischen Gleichgewichts. In den Augen der amerikanischen Hochfinanz spielte auch wachsende Rivalität zu der am stärksten expandierenden Wirtschaftsmacht auf dem alten Kontinent eine Rolle. Außerdem erhielten die Westmächte nach und nach Kredite von rund 2 Milliarden Dollar, deren Rückzahlung im Falle einer Niederlage in der Luft hing. So bestimmte zwischen 1914 und 1916 eine „parteiische Neutralität" die Politik der Regierung Wilson.
Überzogene Kriegsziele aller europäischen Regierungen ließen in der Umgebung des Präsidenten die Überzeugung reifen, dass nur ein militärischer Einsatz amerikanischer Truppen die Berücksichtigung der eigenen Interessen bei der Regelung einer Nachkriegsordnung erwarten ließ. In dieser Situation beging die deutsche Politik zwei entscheidende Fehler: Die Wiederaufnahme des *uneingeschränkten U-Boot-Kriegs* richtete sich auch gegen neutrale Staaten; für den endgültigen Stimmungsumschwung sorgte ein abgefangenes Telegramm, in dem die Reichsregierung Mexico ein gemeinsames Bündnis mit Japan gegen die USA vorschlug.
Als schließlich das Ausscheiden Russlands aus dem Bündnis mit Großbritannien und Frankreich drohte (siehe Seite 297 f.), forderte Präsident Wilson am 2. April 1917 in einer grundlegenden Abkehr von der bisherigen amerikanischen Außenpolitik den Kriegseintritt der USA. Ganz im Sinne der traditionellen politischen Gepflogenheiten verband er dies mit dem Versprechen, die amerikanischen demokratischen Ideale an die Stelle der bisherigen europäisch bestimmten Weltordnung zu setzen. Die überwiegende Mehrheit des Kongresses stimmte zu.

M 1 Die Monroe-Doktrin (1823)

Russische Wirtschaftsinteressen an der nordamerikanischen Pazifikküste und vermeintliche Rekolonisierungsabsichten der Mächte der Heiligen Allianz, aber auch britische Wünsche, die unabhängig gewordenen Staaten Südamerikas für den eigenen Handel offen zu halten, veranlassten Präsident James Monroe, die Ziele der amerikanischen Außenpolitik in seiner Jahresbotschaft an den Kongress vom 2. Dezember 1823 darzulegen.

Es ist ein Grundsatz, in welchem die Rechte und Interessen der Vereinigten Staaten inbegriffen sind: dass die amerikanischen Kontinente infolge des freien und unabhängigen Standes, den sie angenommen haben und behaupten, hinfort nicht als Gegenstände für die künftige Kolonisation durch irgendwelche europäischen Mächte zu betrachten sind ... Wir haben niemals an den Kriegen der europäischen Mächte teilgenommen, soweit sie diese allein angingen, und es verträgt sich nicht mit unserer Politik, daran teilzunehmen ... Mit den Vorgängen auf dieser Halbkugel sind wir notwendigerweise unmittelbarer verbunden aus Ursachen, die allen aufgeklärten und unparteiischen Beobachtern klar sein müssen. Das politische System der Allianzmächte ist von dem Amerikas in dieser Beziehung in seinem Wesen verschieden. [...] Wir sind deshalb den freundlichen Beziehungen, die zwischen den Vereinigten Staaten und jenen Mächten bestehen, die aufrichtige Erklärung schuldig, dass wir irgendwelchen Versuch von ihrer Seite, ihr System auf irgendeinen Teil dieser Halbkugel auszudehnen, als gefährlich für unseren Frieden und unsere Sicherheit betrachten würden. In die bestehenden Kolonien oder Dependenzen[1]) irgendwelcher europäischen Macht haben wir nicht eingegriffen und werden wir nicht eingreifen, aber bei den Regierungen, die ihre Unabhängigkeit erklärt und behauptet und deren Unabhängigkeit wir nach vieler Überlegung und aus gerechten Gründen anerkannt haben, könnten wir irgendwelche Dazwischenkunft, um sie zu unterdrücken oder irgendwie sonst ihr Schicksal zu bestimmen, von Seiten irgendeiner europäischen Macht in keinem anderen Licht sehen als in dem einer Bekundung unfreundlicher Gesinnung gegen die Vereinigten Staaten.

Fritz Wagner, USA. Geburt und Aufstieg der neuen Welt. Geschichte in Zeitdokumenten 1607–1865, München 1947, S. 176

1. *Beschreiben Sie das Verhältnis der USA zu den europäischen Mächten und zu den übrigen amerikanischen Staaten.*
2. *Arbeiten Sie die „Rechte und Interessen" der amerikanischen Außenpolitik heraus.*
3. *Man hat die Außenpolitik der USA im 19. Jahrhundert als isolationistisch bezeichnet. Welche Argumente sprechen für diese Einschätzung, welche dagegen?*
4. *Überlegen Sie die innenpolitische Funktion, die der außenpolitischen Selbstbeschränkung der USA zukommt.*

[1]) Besitzungen

M 2

Imperialismus im Widerstreit der Meinungen

Nachdem die USA die Philippinen aus dem Besitz der alten Kolonialmacht Spanien erworben hatten, wurden sie dort in einen Aufstand verwickelt. Bis Ende 1899 zerschlug eine Armee von 70 000 Mann die Rebellion philippinischer Unabhängigkeitskämpfer. Eine Vereinigung prominenter Politiker, Intellektueller und Literaten, die Anti-Imperialist League, nahm zu den Vorgängen 1899 in ihrem Programm Stellung (linke Spalte). Für die Mehrheit im Kongress verfasste ein Jahr später Senator Albert J. Beveridge ein Memorandum (rechte Spalte).

Wir verurteilen nachdrücklich die Politik unserer derzeitigen nationalen Regierung auf den Philippinen. Sie ist darauf gerichtet, den Geist von 1776 auf diesen Inseln auszulöschen. [. . .]
Die Vereinigten Staaten haben stets gegen jene Doktrin des internationalen Rechts protestiert, die eine Unterwerfung der Schwachen durch die Mächtigen zulässt. Ein Staat, der sich selbst regiert, kann nicht die Herrschaft über ein widerstrebendes Volk errichten. Die Vereinigten Staaten können nicht nach der alten Irrlehre handeln, dass Macht Recht schafft.
[. . .] So sehr wir auch den „verbrecherischen Angriffskrieg“ auf den Philippinen verabscheuen, so sehr wir bedauern, dass das Blut der Filipinos an amerikanischen Händen klebt, wir sind doch mehr empört über den Verrat an amerikanischen Ordnungsprinzipien hier bei uns. Das wirkliche Kampffeld liegt nicht in den Vororten von Manila. Der Feind sitzt im eigenen Land. 1861 wurde der Versuch gemacht, unser Land zu teilen. 1899 wird der Versuch gemacht, die fundamentalen Prinzipien und höchsten Ideale dieses Landes zu zerstören.

Günter Moltmann, Die Vereinigten Staaten von Amerika von der Kolonialzeit bis 1917, Paderborn 1980, S. 82

Gott hat die englisch sprechenden germanischen Völker nicht deshalb in einer tausendjährigen Geschichte so geformt, wie sie heute sind, damit sie in einer nutzlosen Selbstbetrachtung und Selbstbewunderung ihre Zeit und ihre Kraft vergeuden. Nein! Gott hat uns zu Organisatoren der Welt bestimmt, mit dem Auftrag, da Ordnung zu schaffen, wo das Chaos herrscht. Er hat den Glauben an den Fortschritt in unser Herz gepflanzt, um uns die Kraft zu geben, die Reaktion in der ganzen Welt zu schlagen. Er hat uns geschickt gemacht in allen Künsten der Regierung, damit wir diese Kunst an wilden und senilen Völkern betätigen. Wenn es eine solche Kraft nicht gäbe, wie wir sie darstellen, so müsste die Welt in Barbarei und Nacht zurückfallen. Und innerhalb unserer Rasse hat Gott das amerikanische Volk gekennzeichnet als ein erwähltes Volk, das bei der Erneuerung der Welt die führende Rolle spielen soll.

Hartmut Wasser, Die USA – der unbekannte Partner, Paderborn 1983, S. 109

1. *Zeigen Sie auf, wie Beveridge traditionelle religiöse, politische und soziale Grundströmungen in den USA aufgreift und ihnen einen neue Richtung weist.*
2. *Einige Historiker haben bereits die Westausdehnung der USA im 19. Jahrhundert als eine besondere Form des Imperialismus bezeichnet. Diskutieren Sie diese These. Berücksichtigen Sie bei Ihrer Antwort auch die in den vorgelegten Texten enthaltenen Denkweisen und Handlungsmaximen.*
3. *Überseeische Ausgriffe der USA hatte es seit der Jahrhundertmitte gegeben. Begründen Sie, weshalb man trotzdem für die USA erst seit dem letzten Jahrzehnt des 19. Jahrhunderts von einer imperialistischen Politik spricht.*

M 3 Open Door Policy

Nach dem Ende seiner Amtszeit erläuterte Theodore Roosevelt seinem Nachfolger William H. Taft in einem Brief die Chancen und Grenzen der Open Door Policy in China.

Ein Bündnis mit China bedeutet angesichts der absoluten militärischen Hilflosigkeit des Landes für uns keine zusätzliche Stärke, sondern eine zusätzliche Verpflichtung, die wir uns aufbürden; und da ich die Politik des Bluffs völlig ablehne, sowohl in der nationalen als auch in der internationalen Politik als auch im Privatleben, und es auch ablehne, die alte Grenzerregel „Zieh nie [den Colt], wenn Du nicht schießen willst" zu verletzen, halte ich es für falsch, Positionen zu beziehen, die wir nicht verteidigen können. Was die Mandschurei anbetrifft, so können wir Japan nicht stoppen, wenn es einen unseren Interessen entgegengesetzten Kurs einschlägt, falls wir nicht zum Kriege bereit sind; und ein erfolgreicher Krieg um die Mandschurei würde von uns eine Flotte so groß wie die englische und eine Armee so stark wie die deutsche verlangen. Die Politik der „offenen Tür" in China war eine gute Sache, und ich hoffe, sie wird es in Zukunft bleiben, solange sie durch allgemeines diplomatisches Übereinkommen gesichert werden kann; aber wie die Geschichte der Mandschurei sowohl unter Russland als auch unter Japan gezeigt hat, verschwindet die ganze Politik der „offenen Tür" de facto völlig, wenn eine mächtige Nation entschlossen ist, sie zu missachten, und lieber ein Kriegsrisiko eingeht als ihre Absichten aufzugeben.

Detlef Junker, Von der Weltmacht zur Supermacht. Amerikanische Außenpolitik im 20. Jahrhundert, Mannheim–Leipzig–Wien–Zürich 1995, S. 30

Arbeiten Sie die Unterschiede zwischen der Open Door Policy und der Monroe-Doktrin heraus.

M 4 Theodore Roosevelts Zusatz zur Monroe-Doktrin (1904)

Die innenpolitische Labilität und finanzielle Schwäche einzelner lateinamerikanischer Staaten veranlassten europäische Mächte wiederholt dazu, durch militärischen Druck die Begleichung von Staatsschulden zu erzwingen. In einer solchen Situation aktualisierte der amerikanische Präsident Theodore Roosevelt in seiner Jahresbotschaft an den Kongress vom 4. Dezember 1904 die Monroe-Doktrin.

Es ist nicht wahr, dass die Vereinigten Staaten irgendwelchen Landhunger verspürten oder irgendwelche Projekte im Hinblick auf die anderen Nationen der westlichen Hemisphäre hegten, außer solchen, die ihrer Wohlfahrt dienen. Alles, was dieses Land wünscht, ist, die Nachbarländer stabil, in Ordnung und wohlhabend zu sehen. Jedes Land, dessen Volk sich gut beträgt, kann auf unsere herzliche Freundschaft zählen. Wenn eine Nation zeigt, dass sie vernünftig und mit Kraft und Anstand in sozialen und politischen Fragen zu handeln versteht, dass sie Ordnung hält und ihre Schulden bezahlt, dann braucht sie keine Einmischung von Seiten der Vereinigten Staaten zu befürchten. Ständiges Unrechttun oder ein Unvermögen, welches hinausläuft auf eine Lockerung der Bande der zivilisierten Gesellschaft, mag in Amerika wie anderswo schließlich die Intervention durch irgendeine Nation fordern, und in der westlichen Hemisphäre mag das Festhalten der Vereinigten Staaten

an der Monroedoktrin sie in flagranten Fällen solchen Unrechttuns oder
15 Unvermögens, wenn auch wider ihren Willen, zur Ausübung einer internationalen Polizeigewalt zwingen. [. . .] Unsere Interessen und die unserer südlichen Nachbarn sind in Wirklichkeit identisch. Sie besitzen große natürliche Reichtümer, und wenn die Herrschaft des Gesetzes und des Rechts innerhalb ihrer Grenzen bestehen bleibt, dann kommt der Wohlstand ganz sicher
20 zu ihnen. Solange sie so den Grundgesetzen der zivilisierten Gesellschaft gehorchen, dürfen sie versichert sein, von uns im Geiste herzlicher und hilfsbereiter Sympathie behandelt zu werden. Wir würden nur im äußersten Falle bei ihnen eingreifen, und nur dann, wenn es offenkundig würde, dass ihre Unfähigkeit oder ihre Abneigung, im Innern und nach außen Recht zu üben,
25 die Rechte der Vereinigten Staaten verletzt hätte oder eine fremde Aggression zum Schaden der Gesamtheit der amerikanischen Nation herausgefordert hätte.

Günter Schönbrunn, Das bürgerliche Zeitalter 1815–1914. Geschichte in Quellen, München 1980, S. 599 f.

1. *Wer sind die Adressaten von Roosevelts Botschaft? Welche Rolle nehmen die USA für sich in Anspruch?*
2. *Vergleichen Sie mit M 1 und M 3. Stellen Sie Gemeinsamkeiten und Unterschiede fest.*
3. *Grenzen Sie die amerikanische Form imperialistischer Einflussnahme vom Imperialismus anderer Mächte ab.*

Allegorie auf den gemeinsamen Kampf der Alliierten gegen Deutschland (Zeichnung von A. Beltrame aus dem Jahr 1917).

Staat und Gesellschaft im Zarenreich

Von Moskau weg, ins neu angelegte, nach Westen blickende St. Petersburg verlegte Zar Peter der Große Anfang des 18. Jahrhunderts den Sitz der Regierung. 30 km entfernt in der Stadt Petrodworez ließ er sein „russisches Versailles" errichten. Die prachtvolle Sommerresidenz wurde im Zweiten Weltkrieg von deutschen Truppen zerstört, danach wieder aufgebaut.

Die ganz überwiegende Mehrheit der russischen Bevölkerung waren Bauern. Sie lebten auf engstem Raum zusammen. Über einem winzigen Herd hängen Lampen, die Bretter an den Wänden dienen als Tisch und Bettgestell. Tabakgeruch verpestet die ohnehin schlechte Luft zusätzlich.

Autokratie zwischen Erstarrung und Reform

1853 – 1856	Die Niederlage Russlands im Krim-Krieg macht die Rückständigkeit des Landes deutlich
1861	Zar Alexander II. leitet die Befreiung der Bauern aus der Leibeigenschaft ein
1864	Die Zemstvo-Reform errichtet gewählte Selbstverwaltungskörperschaften auf dem Land
1870	Die Einführung der Stadtdumen eröffnet den Stadtbürgern erste Mitbestimmungsmöglichkeiten

Der „Sonderweg" des Russischen Reiches

Spätestens seit den Reformen Zar[1]) *Peters des Großen*[2]) war Westeuropa zum Orientierungspunkt und Maßstab der russischen Politik und Entwicklung geworden. Vor allem die zahlenmäßig kleine adelige Elite, die Dienst für die Herrscher tat und politischen Einfluss besaß, übernahm die westlichen Lebensformen. Und nicht zuletzt die zahlreichen Ehen, die das seit 1613 regierende Herrscherhaus der *Romanows* mit Töchtern aus westlichen – vorzugsweise deutschen – Dynastien einging, festigten die Bindungen an Westeuropa.

Allerdings wirkten die liberalen, nationalen und sozialen Erschütterungen, die den europäischen Kontinent zwischen 1789 und 1848/49 überzogen hatten, in den Augen von Krone und Adel abschreckend. So versuchten die Zaren, „aufrührerische" Ideen von ihrem Reich fernzuhalten, beharrten auf ihrer jahrhundertealten Herrschaftsform der *Autokratie* und verzichteten auf durchgreifende gesellschaftliche Reformen.

Seit Peter dem Großen war auch die *orthodoxe Kirche*[3]) in den Staatsapparat eingegliedert. Ihre Priester übernahmen gegenüber der gläubigen Bevölkerung staatliche Überwachungsaufgaben und sollten im Sinne einer „Aufklärung von oben" auf die Menschen einwirken. Die tiefe, oftmals mystische „Religion des Volkes" lebte sich – vor allem auf dem Lande – eher neben der offiziellen Staatskirche aus.

---

[1]) Zar ist die slawische Bezeichnung für die (ost-)römischen Kaiser. Nach dem Untergang des Oströmischen Reiches (1453) übernahmen die Moskauer Großfürsten, die verwandtschaftliche Beziehungen zum byzantinischen Herrscherhaus unterhielten, den Titel.

[2]) Peter der Große (1672 – 1725), Zar seit 1682, bemühte sich, die alten russischen Verhältnisse nach westeuropäischem Vorbild umzugestalten. Durch mitunter unsystematische, aber zielbewusste Reformen und militärische Erfolge formte er Russland zu einer Großmacht.

[3]) Die Auseinanderentwicklung der orthodoxen (d. h. rechtgläubigen) und der römisch-katholischen Kirche folgte seit dem späten Altertum dem politischen Auseinanderleben der zwei Hälften des Römischen Reichs. Unterschiede in Kirchenrecht, Theologie und Kultus führten schließlich zur Kirchenspaltung im Jahr 1054. Beispielsweise lehnt die orthodoxe Kirche den Primat des römischen Bischofs ab – selbst ist sie nicht zentral organisiert.

Autokratie: Die Anrede „autokrat" wurde in der Antike großen militärischen Führern verliehen (z. B. *Alexander dem Großen*) und ist im Grunde eine oströmische Variante des römischen Beinamens „imperator". Seit Ende des 16. Jahrhunderts redeten die Würdenträger der orthodoxen Kirche im Großfürstentum Moskau und später im Russischen Reich die Monarchen, deren Herrschaft als unmittelbar von Gott abgeleitet galt, mit dem Titel „Autokrat" an.
Im allgemeinen Sinne des Wortes meint „Autokratie" jede „Selbstherrschaft" und drückt die (theoretisch) unumschränkte Macht des Herrschers aus. So bestimmten in Russland allein die Zaren über Krieg und Frieden, verfügten über die Einkünfte und Güter des Staates und konnten Gesetze verändern, abschaffen oder neu einführen. Ihre Unabhängigkeit von Adel, Ständen oder Gerichten gab ihnen eine größere Machtfülle als den absolutistischen Herrschern in Westeuropa. Stützen der Autokratie waren dabei neben der Kirche der vermögende Adel beziehungsweise die reichen Gutsbesitzer, die Bürokratie und das Militär.
Bis zum Ende des Zarenreiches (1917) behielten die russischen Monarchen den Begriff „Autokrat" im offiziellen Herrschertitel bei, obwohl seit 1905 das Regierungssystem in eine konstitutionelle Monarchie übergegangen war.

Gänzlich anders geartet als in den übrigen europäischen Staaten war besonders die agrarische Struktur des Landes: Keine andere europäische Großmacht war um die Mitte des 19. Jahrhunderts derart stark von der Landwirtschaft abhängig, und 1897 zählten noch 87 Prozent der über 120 Millionen Einwohner zur ländlichen Bevölkerung.
Die gesellschaftlichen Verhältnisse taten ein Weiteres dazu, das Russische Reich von den westlichen Staaten zu entfremden. Bis Mitte des 19. Jahrhunderts gab es im Grunde keinen *Dritten Stand* – weder einen bedeutenden freien Bauernstand noch ein breites städtisches Bürgertum.
Eine kaum zu bewältigende Herausforderung bedeutete nicht zuletzt die geographische Ausdehnung Russlands: Es war um 1900 etwa doppelt so groß wie die Vereinigten Staaten von Amerika und sechzigmal so groß wie die heutige Bundesrepublik Deutschland. Zahlreiche Völker mit unterschiedlicher Sprache, Religion, Kultur und Lebensweise wurden letztlich zusammengehalten durch ihre Treue gegenüber dem Zaren.
Ein autokratisches Regierungssystem, die einflussreiche Stellung der orthodoxen Kirche, die einseitige agrarische Struktur, eine überholte Gesellschaftsordnung und der unermessliche Raum bildeten die grundlegenden ineinandergreifenden Voraussetzungen für den russischen „Sonderweg" in die Moderne.

Russische Gutsbesitzer pokern um ihre Leibeigenen (Karikatur von Gustav Doré, 1840). Um 1860 waren zwei Drittel aller „männlichen Seelen“ als Sicherheit für die verschuldeten Güter an die staatlichen Banken verpfändet.

Über die Notwendigkeit der „Modernisierung von oben“

Das starre Festhalten der Herrschenden an den bestehenden politischen und sozialen Strukturen und der gleichzeitige Versuch, sich gegenüber den anderen europäischen Großmächten machtpolitisch zu behaupten, brachte das Russische Reich an die Grenze seiner Leistungsfähigkeit. Deutlich wurde dies im *Krim-Krieg* (1853 – 1856). Russland hatte ultimativ die Oberhoheit über alle orthodoxen Christen im geschwächten Osmanischen Reich verlangt. Als der Zar Truppen einsetzte, landeten britische und französische Expeditionskorps zur Unterstützung des Sultan auf der Halbinsel Krim. Ohne ausreichendes Eisenbahnnetz erwies sich die russische Bürokratie als unfähig, den Nachschub im eigenen Land zu organisieren. Schließlich kapitulierte die Festung Sevastopol im ersten Stellungskrieg der modernen Geschichte (siehe Seite 233). In Reaktion auf die als schmählich empfundene Niederlage beschloss Zar *Alexander II.* (1855 – 1881) gegen den zögerlichen Adel eine „Modernisierung von oben“ durchzuführen. Die wirtschaftlichen und militärischen Potentiale des Landes sollten künftig besser genutzt werden.

Als Hauptproblem des russischen Agrarstaats galt die rückständige Landwirtschaft. Mangels geeigneter Absatzmöglichkeiten und Märkte stagnierte die Produktivität. Allen voran hemmte die anderswo längst abgeschaffte *Leibeigenschaft* die Leistungsfähigkeit der ländlichen Bevölkerung und stand jeglichem Fortschritt im Wege. Um die Mitte des 19. Jahrhunderts gab es etwa 22,5 Millionen Menschen (38 Prozent der Bevölkerung), die hörig waren. Die adeligen Gutsherren konnten weitestgehend unkontrolliert über das persönliche Schicksal ihrer Leibeigenen und deren Familien verfügen. Darüber hinaus unterstanden dem Adel auf seinen Ländereien auf Grund angestammter Herrschaftsrechte immer noch Verwaltung, Polizei und ein Teil der Rechtsprechung.

Die „Großen Reformen“

Die *Bauernbefreiung* wurde seit 1861 in mehreren Schritten vollzogen. Einerseits wollten die Reformer die Leibeigenen vor einer Verelendung schützen und die Entstehung eines „landlosen Proletariats“ – wie es beispielsweise nach den preußischen Reformen Anfang des 19. Jahrhunderts entstanden war – verhindern. Andererseits sollte aber auch die wirtschaftliche Grundlage des Adels nicht geschwächt werden. Die unfreien Bauern wurden deshalb zwar persönlich aus der Leibeigenschaft entlassen, eigenes Land sollten sie aber nur gegen Entschädigung der Gutsbesitzer erhalten. Da die Hörigen selten über ausreichende Ersparnisse verfügten, der Staat für langfristige Kredite Zinsen forderte und anbaufähiges Land knapp war, erhielten viele lediglich die Mindestgröße von einem Hektar ablösungsfreien Landes. Dies reichte zur Versorgung einer Familie meist nicht aus.
Nach dem Wegfall der gutsherrlichen Verwaltung erlangte die *Dorfgemeinde* nach dem Muster der alten *Umteilungsgemeinde (Mir)* eine besondere Bedeutung. Die Dorfgemeinde war seit jeher zuständig für die regelmäßige Umteilung des Bodens unter ihren Mitgliedern (⇨ M 1). Jetzt sollte sie den Grundherrn als Vertreter der staatlichen Bürokratie ersetzen und mit diesem über die Abwicklung der Befreiungsgesetzgebung verhandeln. Darüber hinaus haftete die Dorfgemeinde als Ganzes für die Ablösezahlungen an die ehemaligen Grundbesitzer wie auch für die staatlichen Steuern. Nach den Gesetzen des Mir verfügten die Bauern über ihr Land allerdings nur auf Zeit, ehe es wieder zu verteilen war.
Eine weitere, durchaus beabsichtigte Nebenfolge der Bauernbefreiung war die Einführung einer staatlichen *allgemeinen Wehrpflicht*. Bisher hatten nämlich die Grundherren die Auswahl der Rekruten nach eigenem Gutdünken vorgenommen.
Das Ende der traditionellen Grundherrschaft machte eine Neuorganisation der lokalen Verwaltung nötig. Deshalb richtete eine zweite große Reform nach 1864 auf Gouvernements- und Kreisebene gewählte Selbstverwaltungseinrichtungen ein: die *Zemstva* (Singular: *Zemstvo*). Diese „Landschaften“ kümmerten sich um die lokalen Belange der Bevölkerung: um Bildung, ärztliche Versorgung, Armenfürsorge, Förderung der Wirtschaft, um den Wege- und Brückenbau und manches andere. Sie sollten die Aufgaben des Staates verringern und zugleich die Lage der Bevölkerung verbessern. In die Selbstverwaltungseinrichtungen wurden die Vertreter der Gutsbesitzer, der Kaufleute bzw. Unternehmer sowie anderer Haushaltsvorstände (Bauern) getrennt gewählt. Allerdings engten der grundbesitzende Adel und die Zentralverwaltung den Wirkungskreis der Zemstva bald wieder ein.
Eine ähnliche Entwicklung setzte nach 1870 mit der Einführung der *Stadtdumen* ein. Diese – von der preußischen Städteordnung beeinflussten – Selbstverwaltungseinrichtungen wählten die Verwaltung und das Stadtoberhaupt und waren beispielsweise verantwortlich für Handel und Gewerbe, Brandbekämpfung sowie die Einquartierung von Soldaten. Wählen durften nur die reichsten Bewohner (etwa drei bis fünf Prozent der männlichen Bevölkerung

einer Stadt). Trotz der engen Mitbestimmungsmöglichkeiten, die der Staat den Zemstva und den Stadtdumen setzte, fanden hier erste Ansätze einer politischen Debatte statt. Nicht zuletzt deshalb versuchten spätere Regierungen, das Wahlrecht wieder zu beschränken.
Die *Justizreform* von 1864 schrieb vor allem die *Unabhängigkeit der Gerichte* fest und schränkte damit erstmals die Allmacht des Zaren ein. Weitere Grundsätze der von westeuropäischem Rechtsstaatsdenken beeinflussten Reform waren Mündlichkeit und Öffentlichkeit der Gerichtsverfahren oder die Bestellung unabhängiger Geschworener in Strafprozessen. Abgesehen davon, dass es schwierig war, die Reform rasch umzusetzen, weil es an juristisch ausgebildetem Personal mangelte (ein Jurastudium an den Universitäten war erst in den Dreißigerjahren eingerichtet worden) und die Korruption blühte, blieben für die große Mehrheit der Bauern weiterhin in erster Linie die Gerichte der Dorfgemeinschaft zuständig.
Im Bereich *Bildung und Erziehung* wurde der Zugang zu den Schulen und Universitäten für Kinder aus den armen Schichten beträchtlich erleichtert. Die Zemstva sorgten bis zur Jahrhundertwende durch den Aufbau eines Grundschulwesens für das Absinken der Analphabetenrate auf dem Lande auf rund 30 Prozent für Jungen und etwa 50 Prozent für Mädchen. Eine *Allgemeine Schulpflicht* wurde erst nach 1905 eingeführt. Einen Hochschulabschluss erreichten um die Jahrhundertwende jährlich gerade einmal 3000 Personen.

Die Auswirkungen der Agrarreformen

Die Ablösebedingungen der Bauernbefreiung hatten zur Folge, dass die ehemaligen Leibeigenen meist weniger Ackerfläche bewirtschafteten als zuvor. Viele mussten deshalb bei den großen Grundherren zusätzlich Land pachten und sich weiterhin zu Frondiensten verpflichten (⇨ M 2).
Häufig genug fehlten in den Dorfgemeinden auch die Mittel und die Bereitschaft, moderne Geräte und Anbaumethoden zu übernehmen. Obwohl die Bodenerträge Ende des Jahrhunderts schneller als im Deutschen Reich wuchsen, blieb die Produktivität deshalb im Allgemeinen weit hinter dem westlichen Standard. Ungefähr gleichzeitig verdoppelte sich die Bevölkerung zwischen 1850 und 1897. Die kleineren Landstücke reichten daher immer weniger aus, die wachsenden Haushalte (in der Regel acht bis neun Personen; Frauen brachten durchschnittlich sieben Kinder zur Welt) zu ernähren.
Regelmäßig auftretende Missernten machten deutlich, dass eine durchgreifende Verbesserung der Lebensverhältnisse ausblieb. Enttäuschung machte sich in der Landbevölkerung breit. Aber auch der Adel hatte größte Schwierigkeiten, sich auf die neuen Verhältnisse einzulassen. Einer kleinen Gruppe im Reichtum schwimmender Gutsherren stand die Masse verarmter Gutsbesitzer gegenüber. Nach den Agrarreformen sollen in 40 Jahren rund 90 Prozent des adeligen Landbesitzes ihren Besitzer gewechselt haben, fast die Hälfte des Eigentums übernahmen nichtadelige Kreise.

Die „Industrialisierung von oben"

Mit der Industrialisierung der westlichen Staaten war die weltwirtschaftliche Bedeutung des Russischen Reiches gesunken. Die Entwicklung der Roheisenproduktion kann den wirtschaftlichen und technologischen Rückstand exemplarisch verdeutlichen: Noch um 1790 produzierte Russland etwa ein Drittel des Roheisens der Welt, 1858 war dieser Anteil auf vier Prozent gesunken. Zu dieser Entwicklung trugen das Desinteresse der agrarisch orientierten gesellschaftlichen Elite sowie ein fehlendes kapitalkräftiges Bürgertum bei. Erst als die Fortschritte der Industrialisierung in den westlichen Staaten nicht mehr zu übersehen waren und die Einnahmen aus dem Agrar- und Textilbereich nicht mehr ausreichten, um mit diesen Staaten machtpolitisch mithalten zu können, leitete die Regierung gleichzeitig mit den Großen Reformen die „Industrialisierung von oben" ein:

- Die Neugründung der Staatsbank (1860) schuf eine Voraussetzung für die Entfaltung eines kapitalistischen Kreditwesens;
- die Förderung des Eisenbahnbaus legte die Grundlagen für den Aufbau einer einheimischen Schwer- und Rüstungsindustrie, verbesserte die Infrastruktur und trug sowohl zur Bildung eines Binnenmarktes als auch zu besseren Exportmöglichkeiten bei;
- ausländische Geldgeber und Unternehmer wurden durch Zinsgarantien und andere Subventionen für Investitionen gewonnen;
- eine protektionistische Zollpolitik schützte die einheimische Industrie vor der internationalen Konkurrenz.

Der Erfolg dieser Maßnahmen, für die seit den Neunzigerjahren *Sergej J. Witte,* der führende Politiker in der Regierung, verantwortlich war, schien für sich zu sprechen: Das Eisenbahnnetz wuchs zwischen 1860 und 1900 von 1600 km auf 77 000 km, die Kohleförderung konnte von 300 000 (1860) auf 36 Millionen (1913) und die Stahlproduktion von 200 000 auf fast fünf Millionen Tonnen gesteigert werden. Neue Wirtschaftszweige wie die Elektro- und Chemieindustrie entstanden, während ältere Industriezweige wie die Textilindustrie neue Impulse erhielten. Die jährlichen Zuwachsraten der Industrieproduktion in der russischen „Gründerzeit" betrugen über fünf Prozent und übertrafen damit die der westlichen Industriestaaten. Das russische Industriepotential entwickelte sich zum viertstärksten der Welt (siehe Seite 194).
Trotzdem: Der Abstand zu den anderen Großmächten war 1913 gegenüber 1880 nicht geringer geworden (⇨ M 3). Darüber hinaus war dieser Aufstieg „geborgt". Aus Kapitalmangel war er von Anfang an abhängig von französischem, belgischem, deutschem und britischem Know-how und Geld. Die ausländischen Investitionen lagen 1914 schließlich bei 44 Prozent. Außerordentlich problematisch erwies sich außerdem, dass die Industrialisierung stark von den öffentlichen Aufträgen (bis zu 40 Prozent) abhängig war. Der Versuch des Staates, gegen den industriellen Rückstand des Landes anzugehen, ging gleichzeitig zu Lasten der adelig-bäuerlichen Interessen in der Landwirtschaft. Dort verschärften sich die sozialen Spannungen.

Wolgatreidler (Gemälde von Il'ja Repin, 1870/73). Vor allem in ländlichen Regionen blieb die Industrialisierung weit hinter der Entwicklung in den wenigen Ballungszentren zurück.

Die neue Arbeiterklasse

Im Gefolge der Industrialisierung wuchs die städtische Bevölkerung rasch an (siehe Seite 195, M 3). Die Entwicklung konzentrierte sich allerdings auf wenige Metropolen und Regionen: Beispielsweise stieg zwischen 1867 und 1914 die Bevölkerung von St. Petersburg von 500 000 auf über zwei Millionen, und die von Moskau von 350 000 auf 1,8 Millionen Einwohner.
Hinter dem Städtewachstum verbarg sich vor allem ein Vorgang: die Entstehung der Arbeiterschaft. Zwar blieb diese im Vergleich zur übrigen Bevölkerung unbedeutend (1914: 2,3 Millionen Personen = 1,4 Prozent), doch das Erscheinungsbild dieser neuen Klasse, ihre erbärmlichen Lebensverhältnisse prägten die großen Städte (⇨ M 4). Die Industrialisierung konzentrierte sich auf wenige Trusts und riesige Betriebe. Nirgendwo in der Welt waren Arbeiterinnen und Arbeiter so sehr auf wenige große Fabriken konzentriert wie im Russischen Reich. Dazu unterschieden sich die ersten Generationen der russischen Arbeiter von den westeuropäischen vor allem durch ihre bleibenden familiären und gefühlsmäßigen Bindungen zum Land. Nicht wenige verließen im Sommer die Fabrik, um an der Feldarbeit im Dorf teilzunehmen.
Der auf günstige Investitionsbedingungen angewiesene Staat griff erst sehr spät gesetzgeberisch in die Arbeitsbedingungen ein: 1882 schränkte er die Kinderarbeit ein, 1885 verbot er die Nachtarbeit für Jugendliche und Frauen, 1896 wurde eine generelle Verkürzung des Arbeitstages auf 11,5 Stunden unter der Woche und zehn Stunden an Sonn- und Feiertagen festgelegt. Eine Kranken- und Unfallversicherung wurde erst 1912 – in Anlehnung an die Bismarck'sche Sozialgesetzgebung – eingerichtet.

M 1 Eine Beschreibung der russischen Umteilungsgemeinde (Mir)

Der aus Westfalen stammende Privatgelehrte August Freiherr von Haxthausen (1792 – 1866) stellte in seinen zwischen 1847 und 1852 veröffentlichten „Studien über die inneren Zustände, das Volksleben und insbesondere der ländlichen Einrichtungen Russlands" die Dorf- bzw. Umteilungsgemeinde (Mir) dar.

Als Prinzip gilt, dass die ganze Bevölkerung einer Dorfgemeinde als eine Einheit angesehen wird, der die ganze Feldmark von Äckern, Wiesen, Weiden, Waldungen, Bächen, Deichen angehörig sei. Jede lebende männliche Seele nun hat einen Anspruch auf ganz gleichen Anteil an allen Nutzungen des Grund und Bodens. Dieser Anteil ist demnach dem Prinzip nach stets wechselnd, denn jeder, aus einer Familie der Gemeindegenossen neugeborene Knabe tritt mit einem neuen Recht hinzu, und fordert seinen Anteil, dagegen fällt aber auch der Anteil eines jeden Verstorbenen in die Gemeinde zurück. Die Waldungen und Weiden, Jagd und Fischerei bleiben ungeteilt, und jeder nimmt mit gleichem Rechte an ihren Nutzungen Anteil. Äcker und Wiesen werden aber wirklich unter alle männliche Köpfe nach ihrem Werte gleichmäßig verteilt. Diese gleichmäßige Verteilung ist aber natürlich eine sehr schwierige. Die Ackerfeldmark besteht aus guten, aus mittelmäßigen, aus schlechten Grundstücken, diese liegen weit oder nahe, für den Einzelnen bequem oder unbequem. Wie ist das auszugleichen? – Die Schwierigkeit ist groß, dennoch überwinden die Russen sie mit Leichtigkeit. In jeder Gemeinde gibt es gewandte Agrimensoren[1]), die, traditionell ausgebildet, das Geschäft mit Einsicht und zur Zufriedenheit aller ausführen. Zuerst wird die Feldmark nach der entfernten und nahen Lage, nach der Güte oder Schlechtigkeit des Bodens oder nach vorher gegangener vollständiger Bonitierung[2]) in Wannen abgeteilt, so dass jede Wanne einen einigermaßen in jenen Beziehungen homogenen Bestandteil bildet. Dann wird jede Wanne in so viel Anteile in langen Streifen abgeteilt, als Anteilnehmer in den Gemeinden sind, und sodann unter diese verloset. Dies ist das Allgemeine, aber in jeder Gegend, oft in einzelnen Gemeinden, haben sich Lokalgebräuche, Abweichungen und besondere Arten festgestellt. [. . .]
Das Prinzip der gleichen Teilung nach Köpfen ist das ursprünglich slawische, es geht aus dem ältesten Rechtsprinzip der Slawen, dem des ungeteilten Familiengesamtbesitzes und der alleinigen jeweiligen Teilung der Nutzungen hervor [. . .].
Dies Prinzip gibts auch in Russland selbst bei leibeigenen Bauern.

Friedhelm Berthold Kaiser (Hrsg.), Reiseberichte von Deutschen über Russland und von Russen über Deutschland, Köln – Wien 1980, S. 95

1. *Beschreiben Sie das Prinzip des russischen Mir. Woran wird deutlich, dass Haxthausen ein harmonisierendes Bild zeichnet?*
2. *Nennen Sie mögliche Motive der Regierung, bei den Agrarreformen von 1861 den Gedanken der Umteilungsgemeinde aufzugreifen.*
3. *Vergleichen Sie die Berücksichtigung der Mir bei der Bauernbefreiung mit den Reformen in Preußen (siehe Seiten 19 f. und 24 f.) hinsichtlich der freien Verfügbarkeit des Bodens und der freien Wahl von Beruf und Wohnort.*

---
1) Landvermesser
2) Abschätzung, Einstufung

Befreite Bauern beim Mittagsmahl vor einem russischen Bezirksamt (Gemälde von Grigorij Mjassojedow, 1872).

M 2

Auswirkungen der Bauernbefreiung

Der aus höchstem russischem Adel stammende Fürst Petr A. Kropotkin (1842 – 1921) war in den Siebzigerjahren Anarchist geworden. Wegen anarchistischer Agitation musste er in Russland und Frankreich ins Gefängnis. Er lebte bis zu seiner Rückkehr nach Russland (1917) meist in Großbritannien. In seinen 1899 erstmals erschienenen „Memoiren eines Revolutionärs" berichtet er:

Als ich unsere Bauern in Nikolskoe fünfzehn Monate nach der Befreiung sah, konnte ich sie nur bewundern. Ihre angeborene Gutmütigkeit und Sanftmut blieb ihnen, aber jede Spur von unterwürfigem Wesen war verschwunden. Zu ihren Herren redeten sie wie zu ihresgleichen, als hätten niemals 5 andere Verhältnisse zwischen ihnen bestanden. Auch fanden sich in ihren Reihen Männer, die für ihre Rechte einstehen konnten. Das Befreiungsgesetz war ein dickes und schwieriges Buch, dessen volles Verständnis mich einen ziemlichen Aufwand von Zeit kostete. Als aber eines Tages Vasilij Ivanov, der Älteste von Nikolskoe, zu mir kam und mich um die Erklärung einer 10 dunklen Stelle bat, erkannte ich, dass er, der nicht einmal fließend lesen konnte, sich in dem Labyrinth von Gesetzesparagraphen bewundernswert zurechtgefunden hatte.
Die „Hausleute", das heißt die Dienerschaft kam am schlechtesten weg. Sie erhielten kein Land und würden auch kaum gewusst haben, was sie damit 15 anfangen sollten. Nur die Freiheit erhielten sie und weiter nichts. In unserer Gegend gingen fast alle von ihrer Herrschaft weg, im Haushalt meines Vaters verblieb z. B. kein Einziger. Sie suchten sich sonst irgendwo eine Stelle, und viele fanden sie auch sofort bei Mitgliedern des Kaufmannsstandes, die

stolz darauf waren, den Kutscher des Fürsten So und So oder den Koch eines bekannten Generals in Dienst zu haben. Wer irgendein Handwerk verstand, erhielt in den Städten Beschäftigung [. . .]. Dagegen gingen die, welche kein Handwerk verstanden, schweren Zeiten entgegen. Dennoch wollten die meisten sich lieber auf irgendeine Weise durchschlagen, als bei ihren alten Herren bleiben. [. . .] Für viele Herren bedeutete die Freilassung der Leibeigenen ein ausgezeichnetes Geldgeschäft. So wurde Land, das mein Vater in Voraussicht der Emanzipation stückweise zu elf Rubel den Acker verkaufte, jetzt bei den Bauernlosen zu vierzig Rubel gerechnet, also dreieinhalbmal höher als der Marktpreis betrug, und das war in der ganzen Nachbarschaft die Regel, während auf meines Vaters Gute Tambov in den Steppen der „Mir", d. h. die Dorfgemeinde, sein ganzes Land auf zwölf Jahre pachtete und das zu einem Preis, der doppelt so hoch war als das Einkommen, das er daraus bei Bestellung des Landes mit leibeigener Arbeit gezogen hatte.

Petr A. Kropotkin, Memoiren eines Revolutionärs, Frankfurt/Main 1973, S. 162 ff.

1. *Nennen Sie die wichtigsten Folgen der Bauernbefreiung.*
2. *Arbeiten Sie die entstandenen neuen sozialen Probleme heraus.*
3. *Vergleichen Sie die Lage der russischen Bauern – vor und nach der Befreiung – mit der Situation der Sklaven in den USA (siehe Seiten 183 ff). Untersuchen Sie zum Beispiel die rechtlichen, sozialen, religiösen und kulturellen Gegebenheiten.*

M 3 Industrialisierungsniveau pro Kopf im Vergleich 1860 – 1913

	1860	*1880*	*1900*	*1913*
Großbritannien	64	87	[100]	115
Vereinigte Staaten	21	38	69	126
Frankreich	20	28	39	59
Deutsche Staaten / Deutsches Reich	15	25	52	85
Italienische Staaten / Italien	10	12	17	26
Österreich-Ungarn	11	15	23	32
Russisches Reich	8	10	15	20

Paul Kennedy, Aufstieg und Fall der großen Mächte. Ökonomischer Wandel und militärischer Konflikt von 1500 bis 2000, Frankfurt/Main 1989, S. 237 und 309

1. *Beschreiben und interpretieren Sie aus der Sicht des Russischen Reiches die Veränderungen der Industrialisierung im Weltmaßstab.*
2. *Gelegentlich wird behauptet, das Russische Reich hätte das Industriepotential der anderen Großmächte einholen können, wenn nicht der Erste Weltkrieg die Entwicklung gehemmt hätte. Nehmen Sie anhand der Statistik sowie der Tabelle M 1 auf Seite 194 dazu Stellung.*

Buchweizengrütze, Kohlsuppe oder Fisch waren Hauptnahrungsmittel in den Massenküchen, die für das städtische Proletariat entstanden. Die Lebens- und Wohnverhältnisse der russischen Arbeiterschaft waren zu Beginn des 20. Jahrhunderts vergleichbar mit denen der frühen Industrialisierung in Großbritannien und den deutschen Staaten.

M 4

Lebensverhältnisse der Arbeiter

Der Roman „Die Mutter" (1906/07) von Maxim Gorki (1868 – 1936) beginnt mit einer Beschreibung der Lebensverhältnisse der Arbeiter in einer Industriestadt zu Beginn des 20. Jahrhunderts. Vorbild Gorkis war möglicherweise seine Geburtsstadt Nischnij Nowgorod.

Tagtäglich erklangen in der rauchigen, öligen Luft über der Arbeitervorstadt die zitternden, heulenden Töne der Fabriksirene, und ihrem Ruf gehorchend, kamen aus den kleinen grauen Häusern gleich erschreckten Küchenschaben finstere Menschen auf die Straße gelaufen, die ihre Muskeln durch Schlaf nicht
5 hatten erfrischen können. In der kalten Dämmerung gingen sie auf der ungepflasterten Straße zu den hohen Steinkäfigen der Fabrik, die sie mit gleichmütiger Sicherheit erwartete und den schmutzigen Weg durch Dutzende fettiger, quadratischer Augen erleuchtete. Der Schlamm schmatzte unter den Füßen. Heisere Rufe verschlafener Stimmen ertönten, grobe, böse Schimpfreden
10 durchschnitten die Luft, während gleichzeitig andere Geräusche, schwerer Maschinenlärm und das Zischen des Dampfes, den Menschen entgegenschollen. Düster und streng schimmerten undeutlich die hohen, schwarzen Schornsteine, die sich wie dicke Pfähle über der Vorstadt erhoben.
Abends, wenn die Sonne unterging und ihre roten Strahlen müde in den

Fensterscheiben der Häuser glänzten, stieß die Fabrik die Menschen gleich übrig gebliebenen Schlacken aus ihrem Steinschoße aus, und verrußt, mit schwarzen Gesichtern, in denen die hungrigen Zähne schimmerten, gingen sie wieder durch die Straßen und verbreiteten in der Luft den klebrigen Geruch des Maschinenöls. Jetzt klangen ihre Stimmen lebhaft und sogar feurig. Für heute war die Fronarbeit beendet, zu Hause harrten ihrer das Abendessen und die Ruhe.
Wieder war ein Tag von der Fabrik ausgezehrt, die Maschinen hatten aus den Muskeln der Menschen so viel Kraft gesogen, wie sie brauchten. Der Tag war spurlos aus dem Leben ausgelöscht, der Mensch war dem Grabe wieder einen Schritt nähergekommen, doch er sah jetzt den Genuss des Ausruhens, die Freuden der rauchigen Schenke dicht vor sich und – war zufrieden.
An Feiertagen schlief man bis gegen zehn Uhr, dann zogen die Bejahrteren und Verheirateten ihre besten Kleider an und gingen zur Messe; unterwegs schimpften sie auf die jungen Leute wegen ihrer Gleichgültigkeit gegen die Kirche. Aus der Kirche kehrten sie nach Hause zurück, aßen Piroggen[1]) und legten sich wieder schlafen – bis zum Abend.
Die durch Jahre aufgespeicherte Müdigkeit hatte den Menschen die Esslust geraubt, und um essen zu können, tranken sie viel und reizten den Magen mit scharf beizendem Branntwein.
Abends schlenderten sie durch die Straßen, und wer Galoschen[2]) hatte, zog sie an, auch wenn es trocken war, wer einen Regenschirm besaß, nahm ihn mit, selbst wenn die Sonne schien.
Begegneten sie einander, so sprachen sie über die Fabrik, über die Maschinen, schimpften auf die Meister; ihre Reden und Gedanken beschäftigten sich nur mit Dingen, die die Arbeit betrafen. Kaum dass vereinzelt Funken unbeholfener, kraftloser Gedanken in dem langweiligen Einerlei der Tage aufleuchteten. Nach Hause zurückgekehrt, zankten sie sich mit ihren Frauen und schlugen sie oft, ohne die Fäuste zu schonen. [. . .] Von der Arbeit erschöpft, wurden die Menschen schnell berauscht, und in ihrer Brust erwachte eine unverständliche, krankhafte Gereiztheit, die einen Ausweg forderte. Sie griffen krampfhaft nach jeder Möglichkeit, dieses Gefühl der Unruhe zu entladen, und fielen wegen geringfügiger Kleinigkeiten ergrimmt wie wilde Tiere übereinander her. So entstanden blutige Schlägereien. Mitunter endeten sie mit schweren Verletzungen, hin und wieder aber auch mit einem Totschlag. [. . .]
Das Leben war von jeher so gewesen – es floss wie ein trüber Strom gleichmäßig und langsam jahraus, jahrein dahin und wurde durch die starre, uralte Gewohnheit, Tag für Tag ein und dasselbe zu denken und zu tun, gänzlich in Fesseln gehalten. Und niemand hatte das Verlangen, eine Änderung zu versuchen.

Maxim Gorki, Die Mutter, Berlin und Weimar 1965, S. 5 ff.

1. *Arbeiten Sie die Informationen, die dieser literarische Text über die sozialen Lebensverhältnisse der Arbeiter enthält, heraus und überlegen Sie deren Auswirkungen auf die politischen Verhältnisse.*
2. *Vorschlag für ein Referat: Maxim Gorki und seine Rolle in der russischen Literatur.*

[1]) Pastete, Kuchen
[2]) Überschuhe

Die eingeschränkte Autokratie in der Krise

Nach seiner Krönung verlässt Zar Nikolaus II. die Moskauer Archangel-Kathedrale (nach einer Aufnahme aus dem Jahr 1896).

1903	Die russische Arbeiterpartei spaltet sich in Bolschewiki und Menschewiki
1905	Der „Blutsonntag" (9. Januar) in St. Petersburg löst eine Welle revolutionärer Aktionen aus
	Zar Nikolaus II. kündigt bürgerliche Freiheiten, eine Verfassung und eine Volksvertretung (Reichsduma) an (Oktobermanifest)
1906	Der Zar erlässt die „Grundgesetze"
1910 – 1911	Die Agrarreformen Stolypins sollen ein breites selbständiges Bauerntum schaffen

Eine revolutionäre Bewegung entsteht

Als in der zweiten Hälfte des 19. Jahrhunderts die engen Grenzen der amtlichen Reformpolitik deutlich wurden und die Lebensverhältnisse sich kaum verbesserten, machten sich Angehörige der kleinen adelig-bürgerlichen Schicht der *Intelligenzija* zu Sprechern der bäuerlichen Volksmehrheit. Die sogenannten *Westler* wiesen auf den offenkundigen Entwicklungsrückstand gegenüber dem Westen hin. Ihre Reformvorschläge orientierten sich dabei an den konstitutionellen Verhältnissen in Großbritannien oder den Vereinigten Staaten und an westlichen Philosophen. Dagegen forderten die *Slawophilen* eine Erneuerung Russlands durch Besinnung auf altslawische religiöse, kulturelle und soziale Traditionen. Beide Denkrichtungen überlagerten sich bald und führten zur Bildung verschiedener Gruppierungen. Eine politische Vereinsbildung war allerdings verboten. Die zahlreichen kleinen, oftmals konspirativen Organisationen arbeiteten deshalb zumeist im Untergrund oder im Exil.

Die Ende der Sechzigerjahre entstandene Gruppe der *Narodniki* („Volksfreunde", von „narod" Volk) und die sich daran anschließende Bewegung der *Volkstümler* verbanden slawophile Vorstellungen mit radikaler sozialer und politischer Kritik an den bestehenden Verhältnissen. Sie idealisierten die altrussische Umteilungsgemeinde als Modell für den russischen Weg zum Sozialismus. Hauptsächlich Studenten aus begüterten Verhältnissen gingen in Bauernkleidung in die Dörfer, um den Bauern die Revolution zu predigen. Doch die Angesprochenen reagierten abweisend, vielfach verrieten sie die jungen Männer sogar an die Polizei, 700 Narodniki wurden verhaftet.
Nach diesem Misserfolg glaubte ein Flügel der Bewegung, nur durch politischen Terror einen Umsturz erzwingen zu können. 1881 gelang zwar ein Attentat auf Alexander II., doch die Massen blieben ruhig und trauerten um „ihren" Zaren. Die neue kaiserliche Regierung unter *Alexander III.* (1881 – 1894) reagierte mit verschärfter Zensur, Massenverhaftungen und harten Verbannungsstrafen. Darüber hinaus schränkte sie die gerade erst erlassenen Reformen wieder ein, begrenzte die Kompetenzen der Zemstva und verschärfte die Strafgesetze (⇨ M 1). Jede „private" Einmischung in politische Angelegenheiten wurde als Straftat geahndet.

Industriearbeiter – Bauern – Bürger: Woher kommt die Befreiung?

Ein anderer Teil der revolutionären Bewegung lehnte terroristische Anschläge ab. Einige führende Mitglieder gründeten 1883 im Schweizer Exil die Gruppe *Befreiung der Arbeit*, die mit Karl Marx in Kontakt stand. Diese Gruppe und von ihr beeinflusste kleine sozialdemokratische Organisationen sahen nicht bei den Bauern, sondern im städtischen Proletariat und der Industriearbeiterschaft die einzig mögliche revolutionäre Kraft. Nach dem Zusammenschluss zur *Russischen Sozialdemokratischen Arbeiterpartei* wurde 1898 das erste gemeinsame Programm veröffentlicht.
Auf dem eigentlichen Gründungskongress in Brüssel und London kam es 1903 – eher zufällig und noch vorläufig – zur Spaltung der Partei in *Menschewiki* („Minderheitler") und *Bolschewiki* („Mehrheitler"). Um 1912 führte der Streit um die richtige politische Strategie zur endgültigen Trennung. Die Menschewiki, die bis 1917 die Mehrheit der Theoretiker und Mitglieder der Sozialdemokratischen Partei stellten, hielten an der Lehre von Marx fest, wonach eine sozialistische Gesellschaftsordnung erst nach einer bürgerlich-demokratischen Revolution zu verwirklichen sei. Das liberale Bürgertum betrachteten die Menschewiki deshalb vorläufig als potentiellen Bündnispartner. Dagegen setzte die kleine Gruppe der Bolschewisten um *Lenin*[1]) auf eine

---

[1]) Wladimir I. Lenin, eigentlich W. I. Uljanow (1870 – 1924), Sohn eines in den Adel aufgestiegenen Gouvernementsinspektors für das Schulwesen und einer Arzt- und Gutsbesitzertochter. Lenin wurde geprägt durch die Hinrichtung seines Bruders wegen der Vorbereitung eines Attentats auf den Zaren (1887). Nach einem Jurastudium arbeitete er als Rechtsanwalt und engagierte sich in sozialdemokratischen Kreisen. Letzteres brachte ihm eine Verbannung nach Sibirien ein (1897 – 1900). Von 1900 bis 1917 lebte Lenin – mit einer kurzen Unterbrechung zwischen 1905 und 1907 – in Westeuropa. In dieser Zeit entwickelte er eine eigene marxistische Theorie.

straff organisierte Kaderpartei von Berufsrevolutionären. Diese sollten eine sozialistische Revolution ohne Umwege herbeiführen.
Noch ausgehend von den agrarsozialistischen Ideen der „Volkstümler" organisierte sich 1901/1902 im Untergrund die *Sozialrevolutionäre Partei*. Ihr Ziel war eine Revolution aller Unterdrückten in Stadt und Land (also nicht nur des städtischen Proletariats) und eine entschädigungslose Enteignung der Großgrundbesitzer. Die Größe ihrer Organisation und ihre blutigen Terrorakte machten die Sozialrevolutionäre zum gefährlichsten Gegner der Autokratie.
Ebenfalls um die Jahrhundertwende wuchs auch eine sozialliberale Opposition gegen die autokratische Regierung heran. Sie setzte sich zusammen aus Kreisen der Zemstva: reformwillige Adelige, Wirtschaftsbürgertum und Angehörige der Intelligenz. Der um 1904 gegründete *Bund der Befreiung* forderte eine Verfassunggebende Versammlung, Versammlungs-, Rede- und Pressefreiheit, den Achtstundentag, eine Rentenversorgung für die Arbeiter und mehr Land für die Bauern.

Die Revolution von 1905

Zu Beginn des 20. Jahrhunderts hatte die schlimme soziale Lage eine spannungsgeladene Atmosphäre erzeugt. Ein unpopulärer und schlecht geführter *Krieg gegen Japan* (1904/05) (siehe Seite 232), der nicht zuletzt von den inne-

Während der Streikaktionen im Sommer 1905 meuterten auch die Matrosen des Panzerkreuzers Potemkin. Als zarentreues Militär eingriff, fielen auf der Hafentreppe von Odessa über 1200 Menschen dem blutigsten Massaker der Revolution zum Opfer. Der Regisseur Sergej Eisenstein verherrlichte 1927 den Aufstand in seinem weltberühmt gewordenen (Stumm-)Film als Ankündigung der siegreichen Revolution von 1917.

ren Problemen ablenken sollte, untergrub endgültig die Autorität des Regimes. Am 9. Januar 1905, einem Sonntag, zogen über 100 000 Frauen, Männer und Kinder mit Fahnen, Ikonen und Zarenbildern vor das Winterpalais in St. Petersburg, um dem als „gütig" und „gerecht" verehrten *Nikolaus II.* (Zar seit 1894) eine Petition mit sozialen und politischen Forderungen zu überreichen (◊ M 2). Als kopflos gewordene Offiziere auf das Volk schießen ließen, wurden 150 bis 200 Menschen getötet, an die tausend Personen verletzt; die Schüsse trafen auch den alten Zarenmythos tödlich.
Unmittelbar nach dem „Blutsonntag" brachen in fast allen größeren Städten Arbeiterstreiks und -demonstrationen aus, die sich an der Peripherie des Reiches, in Polen, den baltischen Provinzen und im Kaukasus rasch mit nationalen Unabhängigkeitsbestrebungen verbanden.
In dieser krisenhaften Situation bildeten sich die ersten *Sowjets (Räte).* Die Wurzeln der Räte lagen in den Arbeiterausschüssen der Fabriken, die bereits seit den Neunzigerjahren im Geheimen existierten und sich jetzt in vielen Fabriken auf halblegalem Weg zu Selbstverwaltungsorganen der Arbeiter entwickelten. Die Sowjets wurden in direkten Wahlen bestimmt und konnten jederzeit wieder abberufen werden. Sie und neu gegründete Berufsverbände wurden in den großen Städten zu politischen Führungsorganen der Arbeiterschaft. Von den sozialistischen Parteien erreichten erst im Verlauf der Revolution vor allem die Menschewiki stärkeren Einfluss auf die Räte.
Neben der Arbeiterschaft organisierten sich auch nichtproletarische Interessenverbände (◊ M 3). Sie lagen meist auf der Linie des „Bundes der Befreiung", dessen gemäßigte Mehrheit im Oktober 1905 die Partei der *Konstitutionellen Demokraten (Kadetten)* gründete.
Unter dem Eindruck des eskalierenden Widerstands gegen das autokratische System und eines Generalstreiks verkündete Nikolaus II. schließlich auf Anregung Wittes (◊ M 4) am 17. Oktober das „Manifest über die Vervollkommnung der staatlichen Ordnung". Das *Oktobermanifest* versprach eine gewählte Versammlung mit gesetzgebenden Vollmachten *(Reichsduma)* und die Verwirklichung der bürgerlichen Freiheiten (u. a. Versammlungs-, Rede-, Pressefreiheit). Anhaltende Aufstände der (vor allem ärmeren) Bauern schlug das Militär 1906 blutig nieder.

Die Grundgesetze von 1906

Das Wahlgesetz zur ersten Duma enttäuschte, denn das Wahlrecht war stark eingeschränkt: Es galt nicht für Frauen, Studenten, Arbeiter aus Betrieben mit weniger als 50 Beschäftigten, Soldaten und landlose Bauern. Überdies wurden die Stimmen in einem indirekten Wahlverfahren durch die Einbeziehung von Wahlmännern ungleich gewichtet. Das Votum eines Grundbesitzers entsprach etwa den Stimmen von 3,5 Stadtbewohnern, 15 Bauern oder 45 Arbeitern.

Ein Abgeordneter notiert die Beschwerden eines barfüßigen Sprechers der Wählerschaft.

Erst beim siebenten Attentat von Revolutionären kam Ministerpräsident Stolypin ums Leben (September 1911). Den hier abgebildeten Anschlag auf sein Sommerhaus (Datscha) überlebte er zwar, doch seine vierzehnjährige Tochter Natalja verlor beide Beine.

Die erste russische Verfassung, die Nikolaus II. am 23. April 1906 oktroyierte, bestätigte dem Zaren die – wenn auch nicht mehr unumschränkte – *„Oberste Selbstherrschende Gewalt"* (Artikel 4). Der Zar besaß das Vetorecht gegenüber jeder Gesetzesvorlage der Duma; Militärwesen und Außenpolitik einschließlich des Rechts auf Kriegserklärung und Friedensschluss blieben ihm allein vorbehalten. Überdies konnte er die Duma jederzeit auflösen.
Diese – sowie weitere – Bestimmungen veranlassten den deutschen Soziologen *Max Weber* schon 1906 zu der These vom *Scheinkonstitutionalismus* im Russischen Reich. Webers These wurde von vielen Historikern übernommen. Sie verkennt allerdings den Fortschritt gegenüber der Zeit vor 1906, in der es weder zugelassene Parteien gab noch eine Volksvertretung, ohne deren Zustimmung jetzt kein Gesetz mehr verabschiedet werden konnte. Darüber hinaus unterschätzte Weber – wie die Entwicklung nach 1906 zeigte – die Wirkungsmöglichkeiten der Duma auf die politische Öffentlichkeit und damit zunächst indirekt auf Regierungsentscheidungen. Richtig ist allerdings, dass die Verfassung kein Verfahren schuf, in dem gesellschaftliche Konflikte zu einem Ausgleich durch allgemein anerkannte Repräsentationsorgane gebracht werden konnten.

Die St. Petersburger Oberschicht auf dem „Ball der farbigen Perücken“ im Palast der Gräfin Schuwalowa. Hier erlebte man die angenehmen Seiten des Lebens.

Autokratisches Beharren und Reformversuche vor 1914

Nikolaus II. löste die Duma wiederholt auf, weil sie auf radikalen Reformen bestand: zum Beispiel Verantwortlichkeit der Minister gegenüber dem Parlament, Enteignung der privaten Gutsbesitzer und umfangreiche Sozialgesetzgebung für Arbeiter. Schließlich schränkte der Zar unter Bruch der Verfassung das Wahlrecht weiter drastisch zu Gunsten der Großgrundbesitzer und des städtischen Großbürgertums ein.

Der seit Juli 1906 amtierende Ministerpräsident *Pjotr A. Stolypin*[1]) leitete eine Politik der „Repression zum Zweck der Reformen“ ein. Gegen aufständische Bauern, Revolutionäre und Mitglieder der Arbeiterbewegung griff er rücksichtslos durch, um „den Traum von einer sozialistischen Revolution in Russland ein für alle Mal zu beenden“. Gleichzeitig leitete er aber ein auf zwei Jahrzehnte angelegtes Wirtschaftsprogramm ein, mit dem er die Grundlage für ein modernes Russland legen wollte. Im Mittelpunkt stand die Agrarreform: Bauern erhielten die Möglichkeit, aus der Zwangsgemeinschaft des Mir unter Mitnahme des in ihr Eigentum übergehenden Grund und Bodens auszuscheiden. An die Stelle der Dorfgemeinde sollte eine breite Schicht selbständiger und leistungsfähiger Einzeleigentümer treten. Doch diese und andere Reformen konnten nicht in dem geplanten Umfang verwirklicht werden, da sie in dem ungeregelten Machtgefüge zwischen Zar, Regierung, Parlament, Adel und anderen gesellschaftlichen Kräften liegen blieben. Außerdem fehlten die notwendigen finanziellen Mittel.

Auch der „Goldregen“, den der konjunkturelle Aufschwung nach 1910 mit sich brachte und viele Hoffnungen erzeugte, erwies sich letztlich als „Scheinprosperität“. Die Vorteile erreichten nur wenige, wie die ab 1910 wieder steigende Streikwelle zeigte. Mehr als in anderen Ländern warteten am Vorabend des Ersten Weltkrieges die politischen, ökonomischen und sozialen Probleme auf eine Lösung.

---

[1]) Der 1862 in Dresden geborene Pjotr A. Stolypin galt als vorbehaltloser Verfechter der zaristischen Selbstherrschaft. Er fiel 1911 einem Attentat der Sozialrevolutionäre zum Opfer.

M 1

Zar und Untertan im russischen Strafgesetzbuch

George Kennan, ein kenntnisreicher amerikanischer Beobachter der Entwicklung des Russischen Reiches, stellt 1887/88 in einem Aufsatz zum russischen Strafgesetzbuch von 1885 folgende Vergleiche an:

Um die außergewöhnliche Strenge der Gesetze zum Schutze der geheiligten Person, der Würde und der allerhöchsten Autorität des Zaren voll ermessen zu können, braucht man sie nur mit den in Titel X enthaltenen Gesetzen zum Schutz der persönlichen Rechte und Ehre von Privatpersonen zu vergleichen. Aus einem solchen Vergleich ergibt sich, dass die Beschädigung eines Porträts, Standbildes, einer Büste oder anderen Darstellungen des Zaren ein schwereres Verbrechen ist als ein tätlicher Angriff auf eine Privatperson, durch den diese beide Augen, die Zunge, einen Arm, ein Bein oder das Gehör verliert. (Vergleiche Paragraph 246 mit Paragraph 1477.) Eine Vereinigung zu gründen oder ihr anzugehören, die den Zweck verfolgt, die Regierung zu stürzen oder die Regierungsform zu ändern, ist, auch wenn diese Vereinigung nicht die Anwendung von Gewalt oder eine direkte Aktion beabsichtigt, ein ernsteres Verbrechen, als einen Menschen so zu prügeln, zu misshandeln oder zu quälen, dass er dadurch teilweise den Verstand verliert. (Vergleiche Paragraph 250 mit Paragraph 1490.) In einer Rede oder einem Buch die Unverletzlichkeit der Rechte oder Privilegien der allerhöchsten Autorität zu bestreiten oder anzuzweifeln ist eine Straftat, die ebenso schwer wiegt wie die Vergewaltigung einer Frau. (Vergleiche Paragraph 252 mit Paragraph 1525.) Eine Person, die böse Absichten gegen das Leben, das Wohlergehen oder die Ehre des Zaren hat, auch nur zu verstecken oder jemandem, der den Vorsatz gefasst hat, eine Schmälerung der Rechte oder Privilegien der allerhöchsten Autorität herbeizuführen, Zuflucht zu gewähren, zählt schwerer als vorsätzlicher Mord an der eigenen Mutter. (Vergleiche Paragraph 243 mit Paragraph 1449.) Schließlich begeht nach der Auffassung des Strafgesetzbuches ein Bürger, der eine Karikatur der geheiligten Person des Zaren anfertigt oder verbreitet, um die persönlichen Charaktereigenschaften des Herrschers oder die Art, wie er das Reich verwaltet, herabzusetzen, ein abscheulicheres Verbrechen als ein Gefängniswärter, der einen hilf- und wehrlosen weiblichen Häftling von fünfzehn Jahren in seiner Zelle mit Todesfolge notzüchtigt. (Vergleiche Paragraph 245 mit Paragraph 1525, 1526 und 1527.)

Richard Pipes, Russland vor der Revolution. Staat und Gesellschaft im Zarenreich, München 1977, S. 317

1. *Arbeiten Sie anhand des Strafgesetzbuchs die Stellung des russischen Zaren heraus.*
2. *Versuchen Sie, die politischen und gesellschaftlichen Auswirkungen der aufgeführten Strafgesetze zu ermitteln.*

M 2

Aus der Petition der Petersburger Arbeiter

Folgende Bittschrift, die von etwa 135 000 Arbeiterinnen und Arbeitern unterschrieben worden war, sollte am 9. Januar 1905 dem Zaren überreicht werden:

Herrscher!
Wir, die Arbeiter der Stadt Petersburg, unsere Frauen, Kinder und hilflosen greisen Eltern sind zu Dir, Herrscher, gekommen, Wahrheit und Schutz zu suchen. [. . .]
Wir haben geduldig alles ertragen, aber wir werden immer tiefer und tiefer in den Abgrund des Elends, der Rechtlosigkeit und Unwissenheit gestoßen; uns würgen Despotismus und Willkür, und wir ersticken. Wir haben keine Kraft mehr, Herrscher. Die Geduld hat ihre Grenze erreicht. Für uns ist jener furchtbare Augenblick eingetreten, wo der Tod besser ist als die Fortsetzung der unerträglichen Leiden.
Und nun haben wir die Arbeit niedergelegt und unseren Unternehmern erklärt, dass wir nicht eher die Arbeit wieder aufnehmen werden, bis sie unsere Forderungen erfüllt haben. Wir haben nicht viel verlangt. Wir wollen etwas, ohne das das Leben kein Leben, sondern ein Zuchthaus, eine ewige Qual ist.
Unsere erste Bitte war, dass die Unternehmer zusammen mit uns unsere Nöte besprechen, aber auch das – das Recht, über unsere Nöte zu sprechen – wurde abgelehnt, weil sie fanden, dass das Gesetz uns ein solches Recht nicht zuerkennt. Als ungesetzlich erwiesen sich auch unsere Bitten, die Zahl der täglichen Arbeitsstunden auf acht zu verkürzen und die Preisfestsetzung für unsere Arbeit zusammen und im Einvernehmen mit uns vorzunehmen, unsere Missverständisse mit der unteren Administration des Betriebes zu prüfen, den ungelernten Arbeitern und den Frauen ihren Arbeitslohn auf einen Rubel täglich zu erhöhen, die Überstunden abzuschaffen, uns sorgsam und ohne Beleidigung zu heilen, die Werkstätten so einzurichten, dass man in ihnen arbeiten kann und nicht, dass man dort den Tod findet infolge von schrecklichen Zugwinden, von Regen und Schnee.
[. . .] Herrscher, wir sind hier mehr als 300 000, und sie alle sind nur dem Aussehen nach, nur ihrem Äußeren nach Menschen, in Wirklichkeit erkennt man uns kein menschliches Recht zu, wir dürfen nicht einmal sprechen, denken, uns versammeln, unsere Nöte besprechen, Maßnahmen zur Verbesserung unserer Lage ergreifen.
Jeden von uns, der es wagt, seine Stimme für die Verteidigung der Interessen der Arbeiterklasse zu erheben, wirft man ins Gefängnis, schickt man in die Verbannung [. . .]. Herrscher, steht das im Einklang mit den göttlichen Gesetzen, durch deren Gnade Du herrschest? [. . .]
Bist Du doch zum Glück für das Volk bestellt, dieses Glück aber reißen uns die Beamten aus den Händen, es gelangt nicht zu uns, wir bekommen nur Leid und Demütigungen.
[. . . .] Russland ist viel zu groß, seine Nöte sind viel zu mannigfach und zahlreich, als dass die Beamten allein es verwalten könnten. Es ist notwendig, dass das Volk selbst sich helfe – kennt es doch allein seine Nöte. Stoße seine Hilfe nicht von Dir: Nimm sie an, befiehl sofort, gleich, die Vertreter aller Klassen und Stände der russischen Erde einzuberufen. Mögen da der Kapitalist und der Arbeiter und der Geistliche und der Doktor und der Lehrer vertreten sein; mögen alle, wer sie auch seien, ihre Vertreter wählen, möge jeder

im Rechte, zu wählen, gleich und frei sein, – und zu diesem Zwecke sollst Du befehlen, dass die Wahlen zur konstituierenden Versammlung unter der Bedingung der allgemeinen, geheimen und gleichen Stimmabgabe stattfin-
50 den. Das ist unsere Hauptbitte [. . .].
Aber eine einzige Maßnahme ist dennoch nicht imstande, alle unsere Wunden zu heilen; notwendig sind auch noch andere Maßnahmen, und wir sprechen zu Dir, Herrscher, darüber fest und offen, wie zu einem Vater. Notwendig sind:

55 I. Maßnahmen gegen die Unwissenheit und Rechtlosigkeit des russischen Volkes:
1. Freiheit und Unantastbarkeit der Person, Redefreiheit-, Presse- und Versammlungsfreiheit, Gewissensfreiheit in Angelegenheiten der Religion.
60 2. Allgemeine und obligatorische Volksbildung auf Kosten des Staates.
3. Verantwortlichkeit der Minister vor dem Volke und Garantien der Gesetzlichkeit der Verwaltung.
4. Gleichheit aller ohne Ausnahme vor dem Gesetz.
5. Sofortige Rückkehr aller, die für ihre Überzeugungen gelitten haben.

65 II. Maßnahmen gegen die Armut des Volkes:
1. Abschaffung der indirekten Steuern und ihre Ersetzung durch eine direkte progressive Einkommensteuer.
2. Abschaffung der Ablösungszahlungen; billiger Kredit und allmähliche Übergabe des Grund und Bodens an das Volk.

70 III. Maßnahmen gegen den Druck des Kapitals über die Arbeit:
1. Schutz der Arbeit durch das Gesetz.
2. Freiheit der konsum- und produktivgenossenschaftlichen gewerkschaftlichen Verbände.
3. Achtstündiger Arbeitstag und Regelung der Überstunden.
75 4. Freiheit des Kampfes zwischen Arbeit und Kapital.
5. Mitwirkung der Arbeiter an der Ausarbeitung eines Gesetzentwurfes über die staatliche Versicherung der Arbeiter.
6. Mindestarbeitslohn.

Dies, Herrscher, sind unsere Hauptnöte, mit denen wir zu Dir gekommen
80 sind. Befiehl und schwöre, sie zu erfüllen, und Du wirst Russland glücklich und ruhmreich machen [. . .]; befiehlst Du es aber nicht, so wollen wir hier auf diesem Platz vor Deinem Palais sterben. [. . .] Wir haben nur zwei Wege: entweder zur Freiheit und zum Glück oder in das Grab. Zeige, Herrscher, einen dieser Wege – wir werden ihn ohne Murren beschreiten, und sei es
85 auch der Weg des Todes.

Wladimir I. Lenin, Sämtliche Werke. Einzige vom Lenin-Institut in Moskau autorisierte Ausgabe, Band VII, Wien – Berlin 1929, S. 557 ff.

1. *Arbeiten Sie die Haltung der Bittsteller zur autokratischen Herrschaft heraus.*
2. *Welche Forderungen konnten von einem breiten gesellschaftlichen Konsens ausgehen, welche nicht? Vergleichen Sie dazu auch M 3.*
3. *Die Petition stammt von den Arbeitern und enthält trotzdem Forderungen, die die Landbevölkerung betreffen; geben Sie dafür eine Erklärung.*
4. *Vergleichen Sie anhand der Petition die Lage der Arbeiterschaft in Russland, Deutschland und den USA um die Jahrhundertwende.*

M 3

Industrielle fordern politische Rechte für Arbeiter

Eigene Forderungen erhoben im Januar 1905 auch Moskauer Industrielle.

Die russische Industrie hat oft seitens der von ihr beschäftigten Arbeiter Äußerungen angestauter Unzufriedenheit erlebt, die im Rahmen einer festen Rechtsordnung, im Rahmen einer Gleichheit aller vor dem Gesetz, im Rahmen absolut garantierter Unantastbarkeit der Person, im Rahmen der Koalitionsfreiheit verschiedener, aber durch allgemeine Interessen verbundener Gesellschaftsgruppen, sich in ruhigen, gesetzlichen Formen des Kampfes hätte äußern können, wie man es in Westeuropa und in Amerika beobachten kann, wo die Industrie darunter nicht nur nicht gelitten, sondern, im Gegenteil, eine Prosperität erreicht hat, von der wir in Russland noch weit entfernt sind.
Arbeiter- und Bauernunruhen zersetzen unaufhörlich die russische Industrie und fügen ihr hohe Verluste zu, indem sie mit heftigem Wellengang bald diese, bald jene Gegend Russlands ergreifen. Es ist naiv, diese Erscheinungen auf die Agitation revolutionärer Elemente zurückzuführen. Nein, die Hauptursache der periodischen Arbeiterunruhen liegt vielmehr in den Mängeln unserer staatlichen Einrichtungen, im Fehlen politischer Rechte.

Valentin Gitermann, Geschichte Russlands, Band 3, Hamburg 1949, S. 623

1. *Was sagen diese Forderungen über das bisherige Verhältnis von Wirtschaft und Staat aus?*
2. *Welche Aufgabe kommt nach Ansicht der Unternehmer dem Staat zu?*

M 4

Aus der Oktober-Denkschrift Wittes

Sergej J. Graf (seit 1905) Witte (1849 – 1915) hatte zwischen 1892 und 1906 verschiedene Ministerposten inne. Er prägte vor allem die Finanz- und Wirtschaftspolitik. In der berühmt gewordenen Oktober-Denkschrift von 1905 legte Witte dem Zaren eine Analyse der Ereignisse vor und wagte einen prophetischen Blick in die Zukunft.

Noch ist kein Jahr verstrichen, da das allgemeine Wahlrecht nur von den radikalsten Elementen der Gesellschaft gefordert wurde. Heute gibt es keinen Verband und keine Zeitung, die es nicht verlangen, es wird nicht einmal mehr darüber gestritten. Als selbstverständlich sind die politische Gleichberechtigung der Frau, die Nationalisierung des Grundbesitzes und eine soziale Neuordnung des Staates mit inbegriffen. Die Selbständigkeit Polens und Finnlands, ja sogar Armeniens und Georgiens bildet nicht mehr das Endziel der Föderalisten. Es erheben sich Stimmen für eine Autonomie der Provinzen überhaupt, d. h. für die Umwandlung Russlands in einen Bundesstaat freier, über sich selbst bestimmender Völker. Wir leben in einer Zeit der extremsten Ideen. Man zerbricht sich nicht den Kopf, ob das gesetzte Ziel zu erreichen ist. Sogar die konstitutionelle Verfassung erfährt strenge Kritik. Sozialistische Tendenzen bedrohen die individuelle Freiheit, wirtschaftliche Probleme ersticken die rechtlichen. [. . .]
Der historische Fortschritt ist unaufhaltsam. Entweder wird die bürgerliche Freiheit durch Reformen verwirklicht oder durch eine Revolution. Im zweiten Fall aber wird diese Freiheit erst spät aus dem Aschenhaufen eines zerstörten tausendjährigen geschichtlichen Daseins erstehen. Die russische Revolution, sinnlos und erbarmungslos, wird alles wegfegen, alles in Trümmer

Noch behilft sich das autokratische System mit Verbannungen. Die Verbannten lebten in Dörfern um das sibirische Irkutsk, mehr als 1000 km von der nächsten Bahnstation entfernt. Auf dem Foto aus dem Jahr 1916 stehen als dritter von links Josef Stalin, in der Mitte Lew Kamenew, später Mitglied des Politbüros der KPdSU, und als zweiter von rechts Jakow Swerdlow, der zwei Jahre später die Ermordung der Zarenfamilie anordnen sollte.

20 schlagen. In welcher Form Russland aus dieser beispiellosen Prüfung hervorgehen wird – das übersteigt unser Darstellungsvermögen. Aber die Schrecken der russischen Revolution werden alles übertreffen, wovon die Geschichte berichtet. Es ist möglich, dass durch ausländische Einmischung das Reich in Stücke gerissen wird. Man wird versuchen, die Ideale des theoretischen So-
25 zialismus zu verwirklichen; diese Versuche werden umsonst sein, aber dennoch von einschneidender Wirkung. Sie werden die Familie zerstören, das religiöse Leben vernichten, das Eigentum beseitigen und alle Rechtsgrundlagen untergraben.

Wladimir von Korostowetz, Graf Witte, der Steuermann in der Not, Berlin 1929, S. 229 und 16

1. *Bestimmen Sie die Funktion dieser Denkschrift.*
2. *Fassen Sie die Hauptprobleme, die Witte beschreibt, zusammen. Worin sieht er die besonderen Gefahren?*
3. *Beenden Sie diese Denkschrift mit eigenen Worten. Beginnen Sie Ihren Text mit „Die Staatsgewalt ...“*

Nationalismus und Imperialismus als Stützen des Vielvölkerstaates

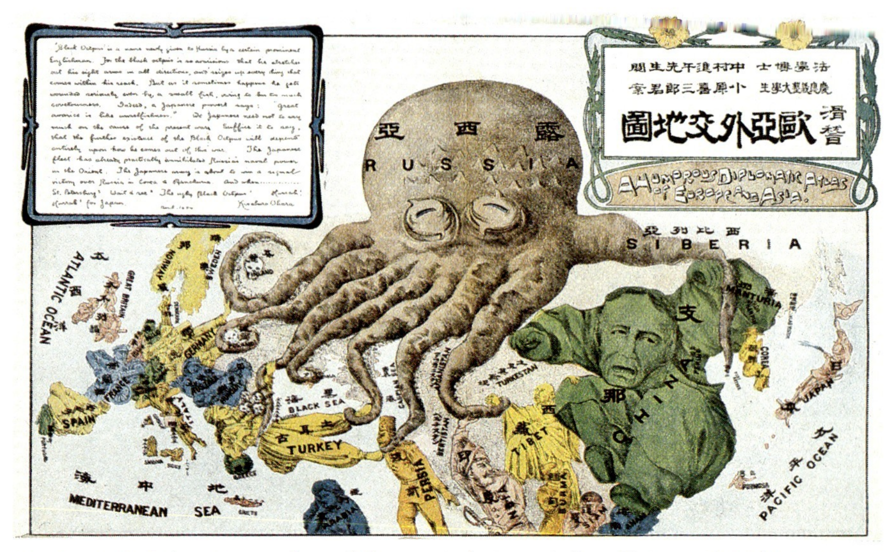

Russland als Polyp. Eine während des russisch–japanischen Krieges (1904/05) entstandene japanische Karikatur.

1853	Die russische Durchdringung Zentral- und Ostasiens beginnt
1859	Der Pazifikhafen Wladiwostok wird gegründet
1867	Russland verkauft Alaska an die Vereinigten Staaten von Amerika
1878	Auf dem Berliner Kongress fühlt sich die russische Diplomatie um die Früchte des Siegs gegen das Osmanische Reich betrogen
1891	Der Bau der Transsibirischen Eisenbahn wird begonnen
1904 – 1905	Russland verliert im Krieg gegen Japan
1914	Mit der allgemeinen Mobilmachung am 31. Juli tritt Russland in den Ersten Weltkrieg ein

Nationalismus im Vielvölkerstaat

Das seit Jahrhunderten ständig gewachsene Russische Reich bestand am Ende des 19. Jahrhunderts aus über hundert Völkern und Völkerschaften, unter denen die Russen gerade noch 44 Prozent der Gesamtbevölkerung stellten. Dennoch war auch in Russland seit der Französischen Revolution und den Befreiungskriegen gegen Napoleon ein eigenes Nationalbewusstsein gewachsen. Der seit den Sechzigerjahren eingeleitete Umwandlungsprozess ließ vor allem die gesellschaftstragenden Schichten (Gutsbesitzer, Beamte, Offiziere, Bildungsbürger) verstärkt nach einer neuen einheitsstiftenden Kraft suchen. Beeinflusst von den Nationalbewegungen anderer Völker (Italiener, Deutsche) und von slawophilen Vorstellungen entwickelte sich ein besonderer russischer Nationalismus, der sich nicht zuletzt aus antipolnischen und antideutschen Feindbildern nährte. Die Zaren sahen in der nationalistischen

Idee zwar eine Beschränkung ihrer autokratischen Unabhängigkeit, doch besonders in Zeiten innenpolitischer Schwäche versuchten sie durch Anpassung Anschluss an die öffentliche Stimmungslage zu halten.
Der einflussreiche Publizist *Michail N. Katkov* fasste 1867 zusammen, was die Nationalisten forderten: „Russland braucht einen einheitlichen Staat und eine starke russische Nationalität. Schaffen wir eine solche Nationalität auf der Grundlage einer allen Bewohnern gemeinsamen Sprache, eines gemeinsamen Glaubens und der slawischen Gemeinschaft im Frieden." Im Einklang mit dem publizistisch vehement vorgetragenen Nationalismus eröffneten die Regierenden in St. Petersburg eine *Russifizierungspolitik* gegenüber den unterworfenen Völkern. In den Randgebieten des Reiches wurde die russische Sprache in Verwaltung, Justiz und Schulen eingeführt, nichtrussische Kulturen wurden unterdrückt, Völker wie die Krimtataren und Tscherkessen aus ihren angestammten Gebieten vertrieben. Die dadurch provozierten Befreiungsbewegungen (Balten, Finnen, Kaukasier, Polen, Ukrainer, Weißrussen) sorgten seit Ende des 19. Jahrhunderts neben den allgemeinen gesellschaftlichen Konflikten für eine zusätzliche Destabilisierung der Monarchie.
Gegenüber den alteingesessenen Bewohnern Sibiriens und Asiens verfolgte die russische Elite hingegen eine betonte Politik der Abgrenzung. Vergleichbares galt für die Juden, die zahllosen Diskriminierungen unterworfen waren: Sondersteuern, Einschränkungen der Berufsausübung sowie der Wahl des Wohnorts und anderes mehr. Juden galten sowohl als Drahtzieher anarchistischer Anschläge als auch angeblicher kapitalistischer Weltherrschaftspläne. Seinen Höhepunkt fand der Antisemitismus in *Pogromen* (russ.: Verwüstungen) nach der Ermordung des Zaren Alexander II. (1881) und während der Revolution von 1905.

Der Panslawismus

Seit Mitte des 19. Jahrhunderts verbanden sich in Russland nationale mit *panslawistischen*[1]) Vorstellungen. Ausgehend von der religiösen Führungsrolle der orthodoxen Kirche forderten die Panslawisten den Zusammenschluss aller slawischen Völker unter russischer Führung (⇨ M 1, 2).
Problematisch war dabei, dass nur etwa drei Viertel der Gesamtbevölkerung des Vielvölkerreiches Slawen waren, und auch in den anderen Ländern Osteuropas gab es die unterstellte einheitliche „Welt der Slawen" nicht. So gehörten Slawen nicht nur der orthodoxen Kirche an, sondern lebten in Polen, Slowenien und Kroatien als Katholiken oder in Bulgarien, Makedonien, Bosnien und Herzegowina als Muslime. Zum Teil lebten slawische Nachbarn auch in erbitterter Feindschaft: Polen und Ukrainer, Tschechen und Slowaken, Serben und Kroaten. Die kleineren Völker verstanden den Panslawismus deshalb vorwiegend als Stärkung ihrer traditionellen Kultur – gerade in Abgrenzung zu Vormachtsansprüchen der Monarchien Russlands und Österreich–Ungarns.

---

[1]) griech. pan: alle. Der Begriff „Panslawismus" bezeichnete ursprünglich die Verwandtschaft der slawischen Sprachen.

Der Kontinentalimperialismus Russlands

Nach der prestigeträchtigen Niederlage im Krim-Krieg wollte die politische und militärische Elite der eigenen Bevölkerung und anderen Großmächten imperiale Macht demonstrieren. In großem Stile dehnte das Russische Reich seinen Einflussbereich beziehungsweise seine Grenzen in Asien aus, errichtete aber nicht wie die anderen imperialistischen Staaten Kolonien in anderen Kontinenten. Der Verkauf von Alaska im Jahre 1867 an die Vereinigten Staaten von Amerika ist vor dem Hintergrund dieser Form der Expansionspolitik verständlich. Zum Stillstand kam die russische Ausdehnung letztlich immer erst dann, wenn sie auf eine militärisch ebenbürtige Großmacht traf. Beispielsweise endete die Expansion in *Zentralasien* um 1880 an den Grenzen Persiens und Afghanistans, als Großbritannien das Vorfeld seiner indischen Kolonie bedroht sah.
Die Expansion nach *Ostasien* war zunächst auf wenig Widerstand gestoßen. China erkannte 1858/60 die russischen Territorialgewinne nördlich des Amur und östlich des Ussuri an. Bereits 1859 war am Pazifik ein Hafen mit dem programmatischen Namen Wladiwostok („Beherrsche den Osten!") gegründet worden (⇨M 3).
Die ausgedehnte Eroberungspolitik wurde mit dem nationalen Sendungsbewusstsein gerechtfertigt oder als eine Art „Expansion wider Willen" verbrämt (⇨M 4). Zusätzlich wollte die Regierung im Zusammenhang mit der „Industrialisierung von oben" die Rückständigkeit des Russischen Reiches gegenüber den westlichen Großmächten aufholen und einen umfassenden Beitrag zur Überwindung der inneren Probleme leisten (⇨ M 5). Einer der Hebel der imperialistischen Politik, die – im Gegensatz zu der Politik Großbritanniens und der Vereinigten Staaten – Ausdruck ökonomischer Schwäche war, sollte der Bau von Eisenbahnen sein. Mit Hilfe der längsten Eisenbahnlinie der Welt, der *Transsibirischen Eisenbahn* (Baubeginn 1891) und der *Mandschurischen Bahn* (1896) erhoffte man beispielsweise, neue Rohstoffquellen und Märkte erschließen zu können. Im Fernen Osten sahen die Verantwortlichen in St. Petersburg vor allem Absatzchancen für die in den westlichen Ländern nicht konkurrenzfähigen russischen Produkte. Doch zur Umsetzung dieser Ziele war die Regierung – wie bei der Industrialisierung – auf finanzielle Unterstützung aus dem Ausland angewiesen.

Auch stellte sich heraus, dass im Fernen Osten die imperialistischen Interessen gleich mehrerer Großmächte aufeinandertrafen. Schon bald stieß das russische Engagement deshalb in China und Korea auf den direkten Widerstand Japans und den indirekten Großbritanniens und der Vereinigten Staaten. Der 1904 von Russland leichtsinnig riskierte und von Japan begonnene Krieg endete für die russische Seite mit einer katastrophalen Niederlage und dem Verlust erst wenige Jahre zuvor eroberter Gebiete.

Hegemoniestreben auf dem Balkan

Südosteuropa war während des 19. Jahrhunderts im Zusammenhang mit dem allmählichen Machtverfall des Osmanischen Reiches zum Schauplatz zahlreicher Rivalitäten und Konflikte der europäischen Großmächte geworden. Nach dem verlorenen Krim-Krieg büßte das Russische Reich im *Pariser Frieden* (1856) seine Vormacht auf dem europäischen Kontinent ein. Es musste

1. Territorien im Donaumündungsgebiet abtreten,
2. das Protektorat über die Donaufürstentümer (seit 1861 Rumänien) aufgeben,
3. auf die Schutzherrschaft über die orthodoxen Christen im Osmanischen Reich verzichten,
4. (vorübergehend) seine Flotte aus dem Schwarzen Meer abziehen.

Diese Regelungen wurden in der russischen Öffentlichkeit als Demütigung empfunden. Als sich 1875/76 mehrere Völker auf dem Balkan gegen die türkische Herrschaft auflehnten, drängten deshalb starke panslawistische Kreise darauf, dass Russland an der Spitze der slawischen Bundesgenossen seiner „heiligen Verpflichtung" nachkomme. Angesichts der inneren Probleme und der erwarteten diplomatischen Verwicklungen stellte sich Zar Alexander II. nur zögernd an die Spitze des Feldzugs (1877/78), gab aber schließlich der patriotischen Erregung nach. Als Anfang 1878 russische Truppen vor Konstantinopel standen, musste das Osmanische Reich in *San Stefano* einen harten (Vor-)Frieden unterschreiben: Serbien, Montenegro und Rumänien sollten durch türkische Gebietsabtretungen vergrößert und autonom werden. Vor allem aber die Schaffung eines von Russland abhängigen großbulgarischen Staates, der vom Schwarzen Meer bis zur Ägäis reichen sollte, hätte das Kräfteverhältnis in Südosteuropa empfindlich verändert. Dagegen protestierten Großbritannien und Österreich-Ungarn, britische Kriegsschiffe liefen ins Marmarameer ein, ein Krieg schien unmittelbar bevorzustehen.

Da bot sich der deutsche Reichskanzler Bismarck an, um als „ehrlicher Makler" einen Ausgleich zwischen den Großmächten herbeizuführen. Auf dem *Berliner Kongress* (1878) erhielten Montenegro, Serbien und Rumänien die Unabhängigkeit. Das von russischen Diplomaten angestrebte „Großbulgarien" wurde auf zwei Fünftel des vorgesehenen Umfangs verkleinert und blieb von der Ägäis abgeschnitten. Russlands eigene bescheidene Landgewinne im Kaukasus und in Bessarabien wurden außerdem dadurch entwertet, dass Österreich-Ungarn auf Kosten des Osmanischen Reichs das Besatzungsrecht in Bosnien und Herzegowina erhielt.

Die illusionären Hoffnungen panslawistischer Kreise, die nach dem Sieg über die Osmanen bereits die Herrschaft über Konstantinopel in Reichweite gesehen hatten, waren gescheitert. Hingegen steigerte das Konferenzergebnis die Animositäten der russischen Öffentlichkeit gegenüber Deutschland, das sie für die Nichterfüllung ihrer überspannten Erwartungen verantwortlich machten. Erstmals wurde die Gefahr eines germanisch-slawischen „Rassenkrieges" heraufbeschworen.

Der Balkan nach dem Berliner Kongress (1878).

30 Jahre später, nach der Niederlage im Fernen Osten und der Revolution von 1905, versuchte die Führung in St. Petersburg einmal mehr, ihr angeschlagenes Prestige in Südosteuropa aufzubessern. Dort hatten sich mittlerweile die Interessen aller europäischen Großmächte konzentriert. Mit Hilfe französischer Kredite wurde die Aufrüstung forciert. Bis 1916/17 wollte die Regierung das Rüstungsniveau der anderen Großmächte erreicht haben, um in deren diplomatischen Spiel wieder eine gleichberechtigte Rolle spielen zu können. Unterstützt wurden diese Pläne von der Reichsduma, in der die Anhänger nationalistischer Großmachtvorstellungen die Mehrheit besaßen.
Als Österreich-Ungarn am 23. Juli 1914 an Serbien, Russlands einzig verbliebenen Verbündeten auf dem Balkan, sein Ultimatum richtete, waren die Militärs für einen „Großen Krieg" eigentlich noch nicht gerüstet. Wenn der Zar dennoch am 31. Juli zögernd den Befehl für die Generalmobilmachung der Truppen gab, so geschah dies aus Unsicherheit über die Haltung der deutschen Regierung und aus der Angst des Generalstabs, den militärischen Mechanismus zu spät in Gang zu setzen. Hinzu kam aber auch die Gewissheit der Regierung, dass die kriegerische Unterstützung der serbischen Slawen den Beifall der Nation finde. Einen Tag später erklärte die deutsche Regierung Russland den Krieg – der Erste Weltkrieg begann.

M 1

Ein Bekenntnis zur Nation

In seinem 1870/71 in Dresden begonnenen, 1872 in St. Petersburg beendeten Roman „Die Dämonen" legt der russische Schriftsteller Fjodor M. Dostojewskij (1821 – 1881) einem jungen Mann folgendes Bekenntnis zur Nation in den Mund:

Wenn ein großes Volk nicht glaubt, dass ihm allein die Wahrheit ist [. . .], wenn es nicht glaubt, dass es ganz allein fähig und berufen sei, alle anderen mit seiner Wahrheit auferstehen zu lassen und zu erlösen, dann verwandelt es sich sogleich in ethnographisches Material und hört auf, ein großes Volk zu sein. Ein wahrhaft großes Volk kann sich niemals mit einer Rolle zweiten Ranges in der Menschheit zufriedengeben, oder selbst mit einer Rolle ersten Ranges, sondern es muss unbedingt und ausschließlich die erste Rolle beanspruchen. Ein Volk, das diesen Glauben an sich selbst einbüßt, ist bereits kein Volk mehr. Aber es gibt nur eine Wahrheit und folglich kann nur ein einziges Volk den wahren Gott haben, selbst wenn die übrigen Völker ihre eigenen und großen Götter verehren. Das einzige „Gottträgervolk" ist – das russische Volk [. . .].

Fjodor M. Dostojewskij, Die Dämonen, München 1956, S. 346

Der Biologe und Publizist Nikolaj J. Danilewskij veröffentlichte 1869 ein geschichtsphilosophisches Buch mit dem Titel „Russland und Europa". Am Ende der 1880er-Jahre übte das Werk eine starke Wirkung auf weite Kreise aus und ging als „Bibel des Panslawismus" in die Geschichtsschreibung ein.

Da Russland seiner inneren Wesensart nach der europäischen Welt fremd ist, da es zudem allzu stark und mächtig ist, um den Platz eines der Mitglieder der europäischen Familie einzunehmen, um eine von den europäischen Großmächten zu sein, vermag es nicht anders eine seiner des Slawentums würdige Stellung in der Geschichte einzunehmen, als indem es zum Haupte eines besonderen, selbständigen politischen Staatensystems wird und Europa in seiner ganzen Gemeinschaft und Ganzheit zum Gegengewicht dient. [. . .]
Früher oder später, ob wir es wollen oder nicht, ist der Kampf mit Europa (oder wenigstens mit dem bedeutendsten Teile von ihm) unvermeidlich um der orientalischen Frage willen, d. h. um die Freiheit und Unabhängigkeit der Slawen, um die Herrschaft über die Zarenstadt [gemeint ist Konstantinopel], um alles das, was nach der Meinung Europas den Gegenstand unberechtigter Ehrliebe Russlands ausmacht, hingegen nach der Meinung jedes Russen, der dieses Namens würdig ist, die unerlässliche Forderung seiner historischen Berufung bedeutet.

Nikolaj J. Danilewskij, Russland und Europa. Eine Untersuchung über die kulturellen und politischen Beziehungen der slawischen zur germanisch–romanischen Welt, Stuttgart und Berlin 1920, S. 197 und 236

1. *Untersuchen Sie die Argumentation Dostojewskijs.*
2. *Welche Rolle weist Danilewskij anderen Völkern inner- und außerhalb des Russischen Reichs zu?*
3. *Vergleichen Sie die Positionen von Danilewskij und Dostojewskij und stellen Sie Ähnlichkeiten und Unterschiede fest.*

M 2

Nationaler Egoismus und seine Folgen

Der Religionsphilosoph und Schriftsteller Wladimir S. Solowjow (1853 – 1900), der für eine Versöhnung der orthodoxen mit der katholischen Kirche eintrat und großen Einfluss auf die russische Literatur hatte, schrieb in seinem 1891 veröffentlichten Werk „Die nationale Frage in Russland“:

Ein aufs Höchste gespannter Nationalismus stürzt das Volk, das sich in ihn verstrickt hat, ins Verderben und macht es zum Feinde der Menschheit, die sich immer stärker erweisen wird als ein einzelnes Volk. Das Christentum, das den Nationalismus aufhebt, bringt Rettung den Völkern, denn eine „übernationale“ Gesinnung bedeutet noch nicht eine „nichtnationale“ (unvolkstümliche) Gesinnung. [. . .] Selbstbespiegelung, Selbstgefälligkeit und Selbstvergötterung können niemals einen Volksgeist stärken, sondern diese Gefühle wirken auf ihn im Gegenteil schwächend und zersetzend. Wenn ein Volk mit sich selbst beschäftigt ist, dann hat es keine Zeit für Opfertaten zum Besten der Gesamtmenschheit. [. . .] Der wahre Patriotismus verlangt nicht nur persönliche, sondern auch nationale Selbstverleugnung.

Hannah Vogt, Nationalismus gestern und heute, Opladen 1967, S. 146 f.

Der Gymnasiallehrer Nikolai Tschernyschevskij (1828 – 1889), dessen Roman „Was tun?“ (1863) das Bild einer sozialistischen Zukunftsgesellschaft entwarf und die junge russische Intelligenz stark beeinflusste, war 1862 wegen seiner radikal-sozialistischen Ideen zu zwanzig Jahren sibirischer Zwangsarbeit verurteilt worden. Im selben Jahr schrieb er über den russischen Expansionsdrang:

Es wäre unrichtig, wollte man diese Konzentration aller geistigen und materiellen Ressourcen[1]) der Gesellschaft auf das Ziel der Eroberung den bisherigen Regierungen anlasten. Die Gesellschaft selbst hat diese [expansionistische] Politik der Regierung gefordert und unterstützt. [. . .] Erinnern wir uns nur daran, wie zu Beginn des letzten Krieges [des Krim-Krieges] 99 von 100 eigentlich gebildeten Leuten bei dem Gedanken, dass wir bald Konstantinopel erobern würden, geradezu jubilierten. [. . .]
Bis vor kurzem war die Politik Russlands hauptsächlich auf Expansion gerichtet, und diese Aufgabe, die mit sehr großem Erfolg ausgeführt wurde, hat die wirkliche Kraft unseres eigenen Volkes geschmälert. Es ist uns niemals gelungen, wirklich zivilisiert zu werden noch auch nur gesunde wirtschaftliche Verhältnisse zu schaffen, weil wir niemals die Zeit und die Kraft aufgebracht haben, uns um unsere inneren Angelegenheiten zu kümmern. [. . .] Bei uns sind die Rohstoffe, die man für den Pflug und die Sichel benötigt, immer gebraucht worden, um Schwerter und Speere zu schmieden, und das ist der Grund, warum wir nicht imstande gewesen sind, unser Land ordentlich zu kultivieren.

Adam B. Ulam, Russlands gescheiterte Revolutionen. Von den Dekabristen bis zu den Dissidenten, München 1985, S. 140

[1]) Alle Mittel und Faktoren, die für die Herstellung von Gütern bzw. Werten notwendig sind, z. B. Boden, Rohstoffe, Kapital sowie Arbeit, Bildung und Erfindungsgeist.

1. *Nennen Sie mögliche Gründe dafür, weshalb Solowjows Einstellung bei den gesellschaftstragenden Schichten des Russischen Reiches keine breite Resonanz fand.*
2. *Formulieren Sie auf der Grundlage der Ausführungen von Tschernyschevskij ein politisches Programm. Klären Sie vorab, an wen es sich vorrangig richten soll.*
3. *Diskutieren Sie die in M 1 und M 2 vorgetragenen Argumente unter Berücksichtigung der historischen Entwicklung seit 1860.*

M 3

Die Expansion des Russischen Reiches

1. *Beschreiben Sie anhand der Karte die Stationen des russischen Expansionsstrebens.*
2. *Welche Faktoren haben die Erweiterung des Russischen Reiches erleichtert beziehungsweise behindert?*

M 4

Über die Mechanismen der kolonialen Expansion

Am 21. November 1864 begründete der russische Außenminister Fürst Alexander M. Gortschakow in einer Zirkulardepesche Sinn und Zweck der Expansionspolitik in Zentralasien:

Die Lage Russlands in Mittelasien ist die aller zivilisierten Staaten, die in Kontakt mit halbwilden, umherschweifenden Völkerschaften ohne feste gesellschaftliche Organisation kommen. In einem solchen Fall verlangt das Interesse an der Sicherheit der Grenzen und an Handelsbeziehungen immer, dass der zivilisierte Staat eine gewisse Autorität über seine Nachbarn hat, 5 die infolge ihrer wilden und ungestümen Sitten sehr unbequem sind. Er beginnt zunächst mit der Bändigung ihrer Einfälle und Raubzüge. Um ihnen Einhalt zu gebieten, ist er gewöhnlich gezwungen, die benachbarten Völkerschaften in eine mehr oder weniger direkte Unterwerfung zu bringen. Ist dies Resultat erreicht, nehmen jene zwar ruhigere Sitten an, doch werden sie 10 jetzt ihrerseits von Überfällen entfernterer Stämme heimgesucht. Der Staat ist verpflichtet, sie vor diesen Raubzügen zu schützen und jene dafür zu bestrafen. Daraus ergibt sich die Notwendigkeit weiterer, langwieriger periodischer Expeditionen gegen den Feind, der auf Grund seiner Gesellschaftsordnung nicht einzufangen ist. [. . .] So muss sich der Staat entscheiden: Ent- 15 weder muss er diese unaufhörliche Arbeit aufgeben und seine Grenzen ständiger Unordnung preisgeben, [. . .] oder er muss immer tiefer in die wilden Länder vordringen [. . .]. Dies war das Los aller Staaten, die diese Bedingungen antrafen. Die Vereinigten Staaten in Amerika, Frankreich in Afrika, Holland in seinen Kolonien, England in Ost-Indien – alle wurden weniger aus 20 Ehrgeiz als aus Notwendigkeit auf diesen Weg der Vorwärtsbewegung gezogen, auf dem es sehr schwierig ist, wieder anzuhalten.

Andreas Kappeler, Russland als Vielvölkerreich. Entstehung – Geschichte – Zerfall, München 1992, S. 163

1. *Bestimmen Sie die Aufgabe dieser Depesche.*
2. *Nennen Sie Gründe, die gegen die vorgelegten Mechanismen der kolonialen Expansion sprechen.*

M 5

Über das Verhältnis von Imperialismus und Industrialisierung

Im Februar 1900 erklärte Minister Witte dem Zaren:

Die internationale Konkurrenz wartet nicht. Wenn jetzt nicht energische Maßnahmen ergriffen werden, um in den nächsten Jahrzehnten unsere Industrie instand zu setzen, mit ihren Produkten die Bedürfnisse Russlands und der asiatischen Länder, die unter unserem Einfluss stehen oder unter unseren Einfluss gebracht werden sollen, zu decken, dann wird die rasch 5 wachsende ausländische Industrie unsere Zollmauern durchbrechen und in unser Vaterland eindringen wie in die genannten asiatischen Länder, und sie kann dann schrittweise auch den noch gefährlicheren politischen Einflüssen des Auslands die Wege bahnen. Denn die Herrschaft der Metropolen über die Kolonien wird jetzt ungleich stärker durch die Kraft nicht der Waffen, 10 sondern des Handels gefestigt, und den Diener Ew. Majestät bedrückt der Gedanke, dass das langsame Anwachsen unserer Industrie dem Monarchen die Erfüllung seiner großen politischen Aufgaben erschweren könnte, dass

die anhaltende industrielle Gefangenschaft des russischen Volkes seine politi-
15 sche Macht schwächen wird, dass das Ungenügen der ökonomischen Entwicklung sowohl die politische wie die kulturelle Rückständigkeit des Landes nach sich ziehen kann.

Dietrich Geyer, Der russische Imperialismus. Studien über den Zusammenhang von innerer und auswärtiger Politik 1860–1914, Göttingen 1977, S. 158

1. *Mit seinen Ausführungen reagierte Witte auf die Kritiker seiner Finanzpolitik. Arbeiten Sie aus dem Text heraus, was seine Widersacher ihm vorgeworfen haben.*
2. *Nennen Sie die von Witte angeführten Unterschiede zwischen dem Imperialismus der westlichen Staaten und dem des Russischen Reiches. Von welcher Entwicklung macht er die Chancen Russlands abhängig?*
3. *Fassen Sie die Funktionen der „Außenpolitik des Finanzministers" zusammen.*

Zar Nikolaus II., umgeben von seinen Generalen, segnet mit einer Ikone die Soldaten eines Regiments. Die Truppen wurden anschließend in den Krieg gegen Japan geschickt (Foto von Schloss Peterhof bei St. Petersburg, 1904).

Die Herausforderung des American Dream im 20. Jahrhundert

Wirtschaft und Gesellschaft nach dem Ersten Weltkrieg

21 000 Soldaten dankten 1919 in Camp Sherman (Ohio) dem US-Präsidenten Woodrow Wilson, indem sie sein Konterfei nachstellten.

1920	Der Versailler Vertrag erhält im Senat nicht die erforderliche Mehrheit
1921–1929	Die „Golden Twenties“: Wirtschaft und Kultur blühen auf

Die USA während des Ersten Weltkriegs

Der Erste Weltkrieg zog die Vereinigten Staaten bei weitem nicht so nachhaltig in Mitleidenschaft wie die Staaten des europäischen Kontinents. Die Opfer unter den Soldaten waren weitaus niedriger (rund 110 000 Tote), und die Zivilbevölkerung litt zu keinem Zeitpunkt Mangel. Im Gegenteil: Die staatlich angekurbelte Rüstungsproduktion sorgte für ein kräftiges Wirtschaftswachstum, das allerdings von einer raschen Geldentwertung begleitet war.
Die amtliche Propaganda des „Kreuzzugs für die Demokratie“ ließ in der Bevölkerung ein Klima der Hysterie aufkeimen: Organisationen deutschsprachiger Einwanderer wurden heftig angefeindet und Gegner des Krieges scharf überwacht. Daran beteiligt war das *Bureau of Investigation*, aus dem 1935 das *FBI (Federal Bureau of Investigation)* hervorging. Gesetze schränkten die Grundrechte der Meinungs- und Pressefreiheit ein, und öffentliche Reden gegen den Krieg wurden mit langjährigen Gefängnisstrafen belangt.

Die Folgen des Krieges

Am Ende des Krieges waren die USA zwar die stärkste Wirtschaftsmacht der Erde und das Gläubigerland Europas, doch der Siegestaumel verflog rasch. Die Ergebnisse der Versailler Friedenskonferenz enttäuschten die amerikanische Öffentlichkeit, denn der Frieden in der Welt schien jetzt keineswegs sicherer. Man war der europäischen Streitigkeiten überdrüssig und befürchtete vor allem, durch einen Beitritt zum *Völkerbund* (siehe Seiten 389 ff.) unausweichlich in künftige militärische Konflikte hineingezogen zu werden. Die Republikanische Partei machte sich zum Sprachrohr der wiederentdeckten isolationistischen Grundhaltung. Wegen des Widerstands der Opposition im Senat scheiterte der Versailler Vertrag an der notwendigen Zweidrittelmehrheit (1920). Die USA waren nicht bereit, als Garant für eine von ihnen selbst miterkämpfte Nachkriegsordnung aufzutreten.
Die Umstellung der Kriegs- auf eine Friedenswirtschaft ließ die Zahl der Arbeitslosen in die Höhe schnellen. Streiks und Attentate sowie die Angst vor (bolschewistischen) Unruhen nach europäischem Muster (siehe Seiten 296 ff., 372 ff., 398 und 407) vergifteten das öffentliche Leben. In dieser Phase der „Angst vor den Roten" *(red scare)* wurden Tausende ohne Haftbefehl inhaftiert oder gar außer Landes deportiert. Eine Wiederbelebung erfuhr der Ku-Klux-Klan. Seine Einschüchterungskampagnen und Terrorakte richteten sich nicht mehr ausschließlich gegen die Schwarzen, sondern gegen Einwanderer, Katholiken und Juden, Intellektuelle, Gegner der Prohibition und Arbeiterführer. Sie alle galten als „unamerikanisch" und Zerstörer der puritanischen Werteordnung. Um 1925 gehörten dem Klan fast fünf Millionen Mitglieder an, ehe er wieder an Bedeutung verlor.
In der aufgeheizten Atmosphäre eroberten sich die Republikaner das Präsidentenamt von der Demokratischen Partei zurück. *Warren G. Harding* (1921–1923) und *Calvin Coolidge* (1923–1929) trafen mit ihren Slogans „Zurück zur Normalität" und „Amerikas Geschäft ist das Geschäft" die Gefühlslage der weißen Mehrheit am besten.

Prosperity

Auf die Nachkriegsrezession folgte zwischen 1921 und 1929 eine Phase der Hochkonjunktur. Die Wirtschaft wuchs im Durchschnitt jährlich um 5 %. Im selben Tempo erhöhten sich die Realeinkommen der Arbeitnehmer in Industrie und Handel, und gar doppelt so schnell stiegen die Unternehmensgewinne. Es gab kaum mehr Arbeitslose. Die republikanischen Regierungen förderten das Big Business durch Schutzzölle und Steuersenkungen, während die sozialreformerischen Ideen des Progressive Movement aus der Vorkriegszeit keine Rolle mehr spielten.
Technischer Fortschritt und die gestiegene Kaufkraft breiter Bevölkerungsschichten verhalfen der ersten „Massenkonsumgesellschaft" zum Durchbruch. Neue arbeitssparende Geräte wie Waschmaschine, Kühlschrank,

Im Warner's Theatre in New York fand 1927 die Premiere des ersten Tonfilms „The Jazz Singer" statt.

Staubsauger und Bügeleisen fanden rasch Eingang in die Haushalte. Viele Aufsteiger konnten sich den Traum von einem eigenen Heim in der grünen Vorstadt (*suburb*) erfüllen. Die Söhne und (zunehmend) Töchter aus den Mittelschichten nutzten sich anbietende Bildungschancen: Seit der Jahrhundertwende vervierfachte sich die Zahl der High-School-Absolventen.

Mehr als alles andere wurde jedoch das Automobil zum Symbol des *American Way of Life*. Innerhalb eines Jahrzehnts nahm die Zahl der Fahrzeuge bis 1930 von acht auf 23 Millionen zu. Acht von zehn Autos in der Welt fuhren in den USA. Möglich war diese Entwicklung nur, weil die großen Automobilfirmen konsequent die Produktivitätsfortschritte von Fließband oder Akkordarbeit nutzten. Der Preis des erfolgreichsten Modells, des *Ford T*, sank von 950 Dollar (1909) auf 320 Dollar (1926) und damit auf ein Viertel des Jahreseinkommens eines Industriearbeiters. So konnte sich jeder fünfte Amerikaner ein eigenes Auto leisten – eine vergleichbare Motorisierung wurde in Europa erst lange nach dem Zweiten Weltkrieg erreicht. Der wachsende Verkehr beflügelte wiederum den Straßenbau und den Ausbau der Infrastruktur. 1924 wurde die erste Verkehrsampel in den USA aufgestellt.

In vielerlei Hinsicht nahm die amerikanische Gesellschaft nach und nach Abschied von den alten, aus Europa mitgebrachten Lebensformen. Ein weit verbreiteter Materialismus, Konsum aus dem Supermarkt (*Coca-Cola* und Konservendosen) sowie Freizeitvergnügungen, die man sich erstmals leisten konnte, prägten nun in vielen Familien den Alltag. Die unübersehbaren Erfolge des „American Way of Life" zogen auch die Arbeiterschaft in ihren Bann. Der Aufstieg von Millionen in die Gruppe der „White collar workers" führte ganz offensichtlich die Überlegenheit der liberal-kapitalistischen Wirtschaftsordnung vor Augen. Anders als in Europa konnten sich sozialistische Ideen deshalb gegen den allgemeinen Fortschrittsglauben nicht durchsetzen.

Roaring Twenties

Hand in Hand mit der prosperierenden Wirtschaft ging in den „stürmischen Zwanzigern" (*roaring twenties*) eine ebenso überschäumende kulturelle Aufbruchstimmung. Mit Radio und Film ergänzten neue Medien das bisherige Angebot und wirkten bald stilbildend. Die wie Pilze aus dem Boden schießenden Radiostationen sorgten den ganzen Tag für Unterhaltung und trugen durch ihre Werbeeinblendungen überall im Land zum Siegeszug der neuen Massenkonsumartikel bei. Gleichzeitig erzielte im kalifornischen Hollywood die weltweit führende Filmindustrie ihren Durchbruch. 1927 wurde der erste abendfüllende Tonfilm aufgeführt. Im Durchschnitt sah jeder Amerikaner fast wöchentlich einen Film. Hier erfuhr er die aktuellen modischen Trends, hier wurden die verschiedenen kulturellen Gruppen in dem riesigen Land mit dem Norm setzenden Lebensstil des „American Way of Life" konfrontiert.
Neben Kinos und Musicaltheatern zählten Jazzlokale zu den neuen Attraktionen. Schwarze Musiker machten die folkloristische Jazzmusik, in der afrikanische und europäische Musiktraditionen zusammengeflossen waren, auf dem gesamten Kontinent populär. Die Schallplattenindustrie entstand. Ebenso professionell wurden Sportveranstaltungen aufgezogen. Die Massen feierten ihre Stars, Baseballspieler oder Boxer, häufig junge Männer aus den Unterschichten, die bewiesen, dass jeder Amerikaner zu Reichtum und gesellschaftlichem Ansehen gelangen konnte.

Liberalismus – Antimodernismus

Mit dem Zugewinn an Kaufkraft und Freizeit während der „goldenen Zwanziger" setzten sich in den Städten liberalere Moralvorstellungen durch. Dies zeigte sich unter anderem beim erfolgreichen Kampf für die Aufhebung des Alkoholverbots (1933). Eine Mehrheit setzte die Ansicht durch, dass der Staat nicht berechtigt sei, seine Bürger so weitgehend zu kontrollieren.
Gegen die Liberalisierung der Sitten und eine angebliche Dekadenz stemmten sich allerdings weite Kreise des „White Anglo-Saxon Protestantism". Sie stammten vorwiegend aus den ländlichen Regionen, die an dem rasanten wirtschaftlichen Aufschwung kaum teilgenommen hatten. Zum Schutz des „wahren Amerika" wollten die „Antimodernisten" vor allem die Einwanderung fremder Volksgruppen begrenzen (⇨ M 1). Ein strenges Quotensystem bremste seit 1924 die Immigration. Besonders betroffen waren Süd- und Osteuropäer, der Zuzug von Asiaten wurde gar gänzlich verboten.
Am vehementesten wehrten sich bibeltreue, fundamentalistische Religionsgemeinschaften gegen den städtischen, wissenschaftlichen Aufbruch in die Moderne (⇨ M 2). Wie stark das Lager der Traditionalisten war, zeigte der Präsidentschaftswahlkampf 1928: Der Quäker *Herbert C. Hoover* aus dem Mittleren Westen, der amerikanischen Individualismus und eine puritanische Werteordnung verkörperte, schlug deutlich den New Yorker *Al Smith*, einen Katholiken irischer Abstammung, der das städtische, multiethnische Amerika repräsentierte.

M 1

Babbitt

Sinclair Lewis (1885–1951) schuf in seinem Roman „Babbitt" (erschienen 1922) die Figur des kleinbürgerlichen Durchschnittsamerikaners. Als kritischer Analytiker der Gesellschaft in seiner Heimat nur widerstrebend anerkannt, erhielt der Schriftsteller 1930 als erster Amerikaner den Nobelpreis für Literatur. Das nachfolgende Gespräch erlebt Babbitt im Abteil eines Nachtzuges.

Der Diener kam herein – ein Neger in weißer Jacke mit Messingknöpfen.
„Wie viel Verspätung haben wir, George?", knurrte der dicke Mann.
„Ich weiß wirklich nicht, Herr. Glaube, wir sind pünktlich", sagte der Diener, während er Handtücher zusammenlegte und sie geschickt in das Netz über der Waschschüssel schleuderte. Die Versammlung starrte ihn düster an, 5 und als er wieder verschwunden war, klagten sie:
„Ich weiß nicht, was heutzutage in diese Neger gefahren ist, man kriegt keine höfliche Auskunft mehr von ihnen."
„Das ist wahrhaftig wahr. Jetzt sind sie schon so, dass sie gar kein bisschen Respekt mehr aufbringen. Der Nigger von ehedem war ein großartiger Kerl 10 – hielt die Grenze genau ein –, aber diese jungen Schwarzen wollen nicht mehr Diener oder Arbeiter in den Baumwollplantagen sein. I wo! Sie müssen um jeden Preis Professoren und Rechtsanwälte und Gott weiß was alles sein! Ich sage euch, es fängt an, ein ernstes Problem zu werden. Wir sollten uns alle zusammentun und dem schwarzen Mann, und selbstverständlich auch 15 dem gelben Mann, seine Position klarmachen. Na, ich zum Beispiel, ich habe kein Tüttelchen Vorurteil gegen andere Rassen. Ich bin der erste, der sich freut, wenn ein Neger es zu etwas bringt – aber nur solange er dort bleibt, wo er hingehört, und nicht versucht, die rechtmäßige Autorität und die geschäftlichen Möglichkeiten des weißen Mannes an sich zu reißen." 20
„Ausgezeichnet! Ganz meine Auffassung! Und was wir noch außerdem tun müssen", sagte der Mann mit dem Velourhut (dessen Name Kopliansky war), ist, diese verfluchten Ausländer rauszuekeln. Gott sei Dank, die Einwanderung wird jetzt beschränkt. Die Welschen und Hunnen müssen endlich begreifen, dass dieses Land der weißen Rasse gehört und dass man sie 25 hier nicht brauchen kann. Wenn wir die Fremdlinge, die jetzt hier sind, assimiliert und ihnen die Grundprinzipien des Amerikanismus beigebracht haben werden und sie in ordentliche Menschen umwandeln, ja dann lassen wir vielleicht wiederum ein paar herein."
„Jawohl, und das ist eine Tatsache", stimmten sie zu und gingen zu leichte- 30 ren Dingen über. Sie erledigten rasch die Automobilpreise, die Leistungsfähigkeit der Gummibereifung, Petroleumaktien, das Fischen und die Ernteaussichten für Weizen in Dakota.

Sinclair Lewis, Babbitt, Reinbek 1976, S. 122

1. *Informieren Sie sich anhand einer Literaturgeschichte oder eines Lexikons über Sinclair Lewis und seine Rolle in der englischsprachigen Literatur.*
2. *Der abgedruckte Text stammt aus einem Roman. Inwieweit darf man ihn dennoch als „authentisch" bezeichnen? Diskutieren Sie diese Frage auch in Ihrem Englischunterricht.*
3. *Welches Menschenbild wird deutlich? Vergleichen Sie mit dem russischen Panslawismus oder dem Rassismus der Nationalsozialisten in Deutschland.*

Hollywood bemächtigte sich immer gerne der amerikanischen Geschichte. Der 1959 gedrehte Film „Wer den Wind sät" („Inherit the wind") erzählte den „Affenprozess" nach. In den Hauptrollen Spencer Tracy als Verteidiger Darrow, Frederic March als Nebenkläger Bryan und Gene Kelly (im Hintergrund) als John Scopes.

Der „Affenprozess"

M 2

Im Juli 1925 wurde der Lehrer John Scopes in Dayton angeklagt. Er hatte im Biologieunterricht anstelle der biblischen Schöpfungsgeschichte die Evolutionstheorie Darwins gelehrt. Trotz eines Freispruchs in zweiter Instanz blieb das Verbot der Evolutionslehre in Tennessee und anderen Südstaaten noch jahrzehntelang in Kraft. Während des Prozesses befragte der Verteidiger Darrow den ehemaligen Außenminister Bryan, der als Nebenkläger auftrat.

Darrow fragte Bryan: Beantworten Sie folgende Frage: Glauben Sie, dass die Bibel überall wörtlich zu nehmen ist?
Bryan: Ich glaube alles, wie es geschrieben ist. Natürlich bedeutet Salz der Erde nicht, dass Menschen richtiges Salz sind.
5 Darrow: Glauben Sie, dass Jonas von dem Walfisch verschlungen wurde, drei Tage in dessen Magen lebte und dann unverletzt herauskam?
Bryan: Wenn ich lese, dass jener Fisch Jonas verschlang, dann glaube ich es. Gott kann Menschen und Fische schaffen, die das Geschilderte erleben konnten.
10 Darrow: Glauben Sie, dass dieser Fisch eigens für den Zweck, Jonas zu verschlingen, geschaffen wurde?
Bryan: Ich weiß es nicht und denke auch nicht darüber nach.
Darrow: Wenn wir nachdenken, dann haben wir wenigstens die Möglichkeit, die Wahrheit kennenzulernen. Sie haben also keine Meinung darüber,
15 wie der Fisch geschaffen wurde?

Bryan: Ich glaube an Wunder so leicht wie jeder andere.
Darrow: Genau wie Ihnen gilt mir jedes Wunder gleich. Sie glauben also, dass Jonas ebenso gut hätte den Fisch verschlingen können?
Bryan: Jawohl, wenn Gott gewollt hätte. Aber davon steht nichts in der Bibel.
Darrow: Glauben Sie, dass Josua der Sonne befahl, stillzustehen? 20
Bryan: Unbedingt.
Darrow: Glauben Sie, dass die Sonne damals um die Erde kreiste?
Bryan: Nein, die Erde umkreiste die Sonne.
Darrow: Wusste das der Schreiber jener Erzählung?
Bryan: Das ist mir unbekannt. Jedenfalls war er inspiriert und brauchte also die Dinge, die er schrieb, gar nicht zu verstehen. 25
Darrow: Müsste man nicht glauben, dass die Sonne die Erde umkreiste, wenn man die Möglichkeit, den Tag zu verlängern, zugibt?
Bryan: Gott ist allmächtig, ihm konnte Derartiges keine Schwierigkeiten machen. 30
Darrow: Wissen Sie, was der Erde passieren würde, wenn sie plötzlich auf höheren Befehl stillstehen müsste?
Bryan: Nein, aber ich weiß, dass Gott auch in solchem Falle vorsorgen würde.
Darrow: Glauben Sie an die Sintflut?
Bryan: Ja. 35
Darrow: Wann war sie?
Bryan: Ich weiß es nicht und denke auch nicht darüber nach.
Darrow: Sie glauben, dass alle Rassen somit von Noah abstammen?
Bryan: Ja, entsprechend der Bibel. Ich bin kein Freund von Spekulationen.
Darrow: Wissen Sie, dass auch andere Völker Sintflutversionen kennen? 40
Bryan: Nein, interessiert mich auch nicht. Mich gehen Konkurrenzreligionen nichts an. Die Bibel genügt.
Darrow: Glauben Sie, dass die Lehren des Konfuzius[1]) älter als das Christentum sind?
Bryan: Ich glaube nicht, was die Leute mir darüber weismachen wollen, die selbst nicht an die Bibel glauben. 45
In dieser Art ging die Verhandlung am Nachmittag weiter, teilweise von Beifall und Entrüstung unterbrochen.

Vossische Zeitung Nr. 174, 22. 7. 1925

1. *Der deutsche Amerikakorrespondent der Vossischen Zeitung kommentierte, „dass das düstere Puritanertum des siebzehnten Jahrhunderts und seine mit Blut geschriebenen Religionsgesetze an den Wänden des Gerichtssaales sichtbar wurden". Überprüfen Sie diese Wertung.*
2. *Welche Schlüsse ziehen Sie aus dem Prozessverlauf in Bezug auf das öffentliche Bewusstsein in der amerikanischen Gesellschaft der Zwanzigerjahre?*

---

[1]) Konfuzius (um 551– um 479 vor Chr.) prägte mit seinen Morallehren in entscheidender Weise die chinesische Gesellschaft bis zur Gegenwart.

Das amerikanische System in der Bewährung

Wirtschaftskrise in den Dreißigerjahren: Eine Frau, die ihre Farm verlassen musste, lebt mit ihren Kindern in einem Zelt.

1929	Die „Große Depression" mündet in die Weltwirtschaftskrise
1933	Mit der New-Deal-Politik übernimmt Präsident Roosevelt verstärkt staatliche Verantwortung in der Wirtschafts- und Sozialpolitik

Ursachen der amerikanischen Wirtschaftskrise

Die überragende Stellung der USA in der Weltwirtschaft und der fulminante Aufschwung fanden 1929 ein unerwartet schnelles Ende. Es folgte die schwerste Krise seit Beginn der Industriellen Revolution.
Die Prosperitätsphase der Zwanzigerjahre hatte an der New Yorker Aktienbörse ein hektisches Spekulationsfieber ausgelöst. Viele Anleger kauften Wertpapiere auf Kredit, um sie nach einem Kursanstieg wieder Gewinn bringend veräußern zu können. In wenigen Jahren vervierfachte sich der Wert der Aktien und übertraf damit den tatsächlichen Wert der Unternehmen bei weitem. Am 24. Oktober 1929 *(Black Thursday)*[1]) und noch einmal am 29. Oktober brach die Börse zusammen, manche Papiere verloren bis zu 90 % ihres Wertes.
Was waren die Gründe? Während die Kaufkraft der Bevölkerung in den Zwanzigerjahren wegen der anhaltenden Krise in der Landwirtschaft nur um 9 % gestiegen war, war die Produktion der Betriebe und des Agrarsektors in die Höhe geschnellt. Im Industriebereich wurde die Überproduktion eine Zeit lang durch die wuchernden Ratenkaufverträge verschleiert. Hingegen musste die Landwirtschaft die wachsenden Überschüsse mit sinkenden Preisen „bezahlen". Als immer mehr Farmer ihre Hypothekenzinsen nicht tilgen konnten, gerieten kleine und mittlere Banken in Zahlungsschwierigkeiten.

[1]) Wegen der Zeitverschiebung datiert man in Europa den Kurssturz auf den 25. Oktober („Schwarzer Freitag").

Panikreaktionen von Anlegern, die aus Angst um ihre Ersparnisse die Geldinstitute stürmten oder ihre Aktien verkauften, verschärften die Liquiditätsprobleme. Das gesamte amerikanische Wirtschaftssystem brach wie ein Kartenhaus zusammen.

The Great Depression

Der Kurssturz hatte die Krise erst eingeleitet. In den folgenden Monaten mussten über 9000 Banken und mehr als 100 000 Betriebe Konkurs anmelden, die Industrieproduktion sank um rund 10 %, die Agrarpreise fielen um weitere 60 % ins Bodenlose und das Bruttosozialprodukt halbierte sich. Nach Massenentlassungen waren 1932/1933 rund 15 Millionen Menschen arbeitslos, das war ein Viertel der arbeitsfähigen Bevölkerung (⇨ M 1).
Da es kein staatliches Sozialsystem gab, waren die in Not Geratenen auf die völlig unzureichende Hilfe von Gemeinden, privaten Organisationen und Kirchen angewiesen. Tausende Obdachlose kampierten am Rande der Großstädte in zynisch „Hoovervilles" genannten Barackensiedlungen. Der durch die Wirtschaftskrise ausgelöste Schock verstörte die ganze Nation. Das Vertrauen in das bislang so erfolgreiche Wirtschaftssystem war gestört. Dazu trug bei, dass Präsident Hoover nahezu ausschließlich auf die Selbstheilungskräfte des Marktes setzte. Einzelne Hilfsmaßnahmen kamen zu zögerlich oder zu spät.
Die Krise in den USA musste sich angesichts der internationalen Wirtschaftsverflechtungen auch auf andere Länder auswirken. Um zahlungsfähig zu bleiben, zogen die amerikanischen Banken ihre kurzfristigen Kredite wieder aus Europa ab. Außerdem erhöhten Präsident Hoover und andere Regierungen zum Schutz der eigenen Industrien drastisch die Importzölle. Die dadurch ausgelöste Drosselung des Welthandels sowie das in Europa fehlende Kapital für Neuinvestitionen lösten einen Flächenbrand aus. Aus der Great Depression wurde die *Weltwirtschaftskrise* (siehe Seite 429). Dabei muss man den verantwortlichen Politikern jedoch zugute halten, dass die Komplexität wirtschaftlicher Prozesse damals noch keineswegs erforscht war (⇨ M 2).

Die erste Phase des New Deal

Im Gegensatz zu Europa konnten radikale Gruppen von links und rechts in den USA aus der dramatischen Verarmung der Bevölkerung und der lautstarken Kritik an der Regierung kein Kapital schlagen. Bei den Wahlen 1932 löste die Demokratische Partei wieder die Republikaner ab. Ihr Kandidat *Franklin D. Roosevelt*[1]) forderte im Wahlkampf „eine Neuverteilung der Karten" (New Deal) und vermittelte damit den Wählern endlich eine Perspektive (⇨ M 3).

---

[1]) Franklin Delano Roosevelt (1882–1945), ein Verwandter des früheren Präsidenten Theodore Roosevelt, war seit einer Erkrankung an Kinderlähmung (1921) schwer gehbehindert. Dennoch wurde er 1929 Gouverneur von New York und setzte sich in der Demokratischen Partei als Präsidentschaftskandidat durch. Er wurde einer der bedeutendsten Präsidenten der Vereinigten Staaten.

Die Karikatur von John Baer stammt aus dem Jahr 1931. Gegenübergestellt sind bestimmte gesellschaftliche Gruppen.

Der New Deal, den Roosevelt dann ab 1933 auf den Weg brachte, war kein in sich stimmiges Konzept. Vielmehr handelte es sich um eine Fülle zum Teil widersprechender Einzelmaßnahmen, die Roosevelt je nach Verlauf der Dinge zu korrigieren bereit war. Entscheidend war das energiegeladene Vorgehen des Präsidenten. Endlich tat die Regierung etwas und ließ die Nation wieder mit Optimismus nach vorne blicken.

Banken: Die Einlagen der Kunden wurden versichert, Börsenspekulationen überwacht und die Rückzahlung gefährdeter Hypotheken erleichtert. Rasch kehrte das Vertrauen der Sparer zurück.

Währung: Der Dollar wurde abgewertet, die umlaufende Geldmenge vergrößert und die Zinsen gesenkt. Damit erhielt die Industrie gegenüber der ausländischen Konkurrenz einen Vorteil und es entstand ein Anreiz für Investitionen. Allerdings verhinderten protektionistische Gegenmaßnahmen anderer Staaten die eigentlich notwendige Belebung des Welthandels.

Industrie: Unternehmen und Gewerkschaften sollten unter Aufsicht des Staates enger zusammenarbeiten und Wettbewerbsregeln einen aggressiven Preiskampf zwischen Firmen verhindern. Die Absprachen zwischen den Wettbewerbern verstärkten aber in der Folgezeit wieder die Monopolbildung.

Landwirtschaft: Staatlich unterstützte Anbau- und Zuchtbeschränkungen sowie Subventionen sorgten für eine Erhöhung der Agrarpreise. Durch Unzulänglichkeiten im Verteilungssystem profitierten aber fast nur die größeren Farmer von den Zuschüssen.

Arbeitsbeschaffung: Neu gegründete staatliche Behörden vergaben Aufträge für Schul- und Straßenbau, den Landschaftsschutz (Anlage von Nationalparks) oder die Regulierung von Flüssen. Millionen Menschen fanden so Arbeit, doch stieg das Haushaltsdefizit.

Die zweite Phase des New Deal

Als alle Maßnahmen die Wirtschaft nur unzureichend ankurbelten, geriet die Regierung unter den Druck der Verbände. Überdies verwarf der Oberste Gerichtshof eine Reihe von Gesetzen als verfassungswidrig. Roosevelt trat nun verstärkt als Sachwalter des „vergessenen kleinen Mannes“ auf und setzte zwischen 1935 und 1938 weitere Reformen durch.
Industrie: Das Wettbewerbsrecht wurde wieder verschärft, Mindestarbeitsbedingungen festgelegt (darunter Verbot der Kinderarbeit) und die Rechte der Gewerkschaften als Tarifpartner gesichert. Die Zahl der Trade-Union-Mitglieder stieg daraufhin bis 1941 von rund drei auf acht Millionen an.
Arbeitsbeschaffung: Infrastrukturprojekte wurden mit noch größerem finanziellem Aufwand vorangetrieben. Die Einbeziehung von Künstlern sollte zusätzlich eine kulturelle Aufbruchstimmung im Land herstellen.
Soziale Absicherung: Nach europäischem Vorbild wurden Versicherungen für Renten, Arbeitsunfälle und Arbeitslose eingerichtet, die sich aus Beiträgen von Arbeitgebern und Arbeitnehmern finanzierten. Eine nationale Krankenversicherung kam nicht zustande.
Steuern: Höhere Einkommen und Unternehmensgewinne wurden stärker besteuert.
Der Beifall der Wähler für all diese Maßnahmen bescherte Roosevelt bei den Präsidentenwahlen 1936 einen „Erdrutschsieg“.

Der New Deal im Rückblick

Die Jahre des New Deal werden von den Historikern heute sehr differenziert beurteilt. Die Auswirkungen der wirtschaftspolitischen Reformen waren wohl nur begrenzt. Die Arbeitslosenzahlen halbierten sich zwar zunächst von 15 auf sieben Millionen, doch schnellten sie 1938 bereits wieder auf elf Millionen hoch. Die Frauen blieben in der Berufswelt benachteiligt: Sie waren in den staatlichen Beschäftigungsprogrammen unterrepräsentiert und erhielten in der Industrie nach wie vor, aber jetzt von der Regierung bestätigt, bei gleicher Arbeit niedrigere Mindestlöhne als Männer.
Auf der anderen Seite: Die Beziehungen zwischen Staat und Wirtschaft waren nicht mehr die alten. Staatliche Förderung von Arbeitnehmern und Gewerkschaften, staatlich finanzierte Erschließungsvorhaben und Arbeitsbeschaffung, Subventionen für die Landwirtschaft sowie staatlich kontrollierte Sozialversicherungen entsprachen bis dahin gar nicht dem amerikanischen Politikverständnis (⇨ M 4). Das Programm des New Deal verwirklichte „den Übergang der amerikanischen Nation vom ‚Laissez-faire‘-Staat des klassischen Liberalismus zum modernen demokratischen Sozialstaat“ (Erich Angermann). Gleichzeitig hielt die Gesellschaft in ihrer Mehrheit an den Grundfesten des „American Dream“, an dem Glauben an individuelle Leistung und Freiheit fest. Anders als in Europa löste die wirtschaftliche Depression in den USA keine Krise des demokratischen Systems aus (⇨ M 5).

Schicksale während der Wirtschaftskrise

M 1

Im September 1932 berichtete die amerikanische Zeitschrift „Fortune" über das Elend der Arbeitslosen.

Die wiederholte Feststellung, dass Hunderttausende von Menschen sich mit zum Unterhalt ungenügender Arbeitslosenunterstützung vor dem Verhungern sahen oder sehen, erzeugt lediglich Ungläubigkeit. „Sie sind noch nicht verhungert", bemerkt der Leser. „Sie werden schon irgendwie zurechtkommen."

Es stimmt, sie kommen irgendwie zurecht. Aber wie sie eben zurechtkommen, ist etwas anderes. Elf Tage lang waren letzten April in Philadelphia die privaten Hilfsfonds erschöpft und öffentliche Fonds noch nicht greifbar. Während dieser Periode studierten die Fürsorgeorganisationen 91 Familien, um zu sehen, wie wohl die Leute unter solchen Umständen zurechtkommen. Sie haben es herausgefunden. Eine Frau lieh sich 50 Cents, kaufte altbackenes Brot zu 3 1/2 Cents den Laib, und die Familie lebte elf Tage lang davon. Eine andere legte die letzte Lebensmittelbestellung in Fleischbrühe und Gemüse an und machte Suppe. Wenn jemand von der Familie hungrig war, aß er so wenig wie möglich. Eine andere sammelte an den Docks entlang verdorbenes Gemüse, und die Familie aß es, außer an drei Tagen, die ganz ohne Essen blieben. Eine andere kochte ein Eintopfgericht von ihrem letzten Esseneinkauf, das sie täglich immer wieder aufkochte, um es nicht schlecht werden zu lassen. Eine andere Familie lebte von Löwenzahn. Eine andere von Kartoffeln. Eine andere hatte 2 1/2 Tage lang kein Essen. Und je eine unter zehn dieser Frauen war schwanger und je eines von drei Kindern im Stillalter. Und sie „kamen zurecht". [. . .]

Aber zusammen mit ihrem Elend hat die Depression ihre sozialen Kuriositäten hervorgebracht, von denen nicht die geringste die Wanderbevölkerung ist, die sie auf die Straßen ergossen hat. Die Fortbewegungsmittel variieren, aber der Zweck ist stets der gleiche – woandershin. Niemand hat noch eine Schätzung der Zahl der Anhalter vorgenommen, deren Daumen die amerikanische Überlandstraße entlangdeuten, noch eine der Zahl spatlahmer Fords, die Not leidende Familien von Stadt zu Stadt schleppen auf der Suche nach einem zahlungsfähigen Verwandten oder einem großzügigen Freund. Aber die gesamte wandernde Bevölkerung des Landes ist auf 600 000 bis 1 000 000 angesetzt worden.

Erich Angermann, Die Vereinigten Staaten von Amerika als Weltmacht, Stuttgart 1987, S. 32 f.

1. *Vergleichen Sie den Zeitungsartikel mit Berichten aus der gleichen Zeit in Deutschland (siehe Seite 431 f.). Stellen Sie Gemeinsamkeiten und Unterschiede fest.*
2. *Versuchen Sie die Reaktionen der Arbeitslosen nachzuvollziehen. Erkennen Sie Unterschiede zu Verhaltensweisen von Arbeitslosen, beispielsweise in Deutschland? Worin könnten diese begründet sein?*

M 2

Die Große Depression im Spiegel der Statistik

a) Industrieproduktion in führenden Industrienationen (1913–1939)

Jahr	*USA*	*Deutschland*	*Großbritannien*	*UdSSR*
1913	100	100	100	100
1920	122	59	93	13
1925	148	95	86	70
1929	181	117	100	181
1930	148	102	91	236
1931	122	85	82	294
1932	94	70	83	326
1933	112	79	83	363
1934	122	102	100	437
1935	140	117	108	534
1936	171	128	119	693
1937	186	138	128	772
1938	143	149	118	857

b) Einkommen und Arbeitslosigkeit in den USA (1920–1939)

	Anteil der Spitzenverdiener am Gesamteinkommen		*Durchschnittliches Jahreseinkommen eines Vollbeschäftigten in Dollar*		*Arbeitslosenquote (in % der Erwerbstätigen)*
	1% d. Höchstverdienenden	*5 % d. Höchstverdienenden*	*Industrie*	*Landwirtschaft*	
1920	12,34	22,07	1.532	528	5,2
1929	14,50	26,09	1.543	401	3,2
1930	14,12	26,19	1.488	388	8,7
1933	12,48	25,34	1.086	232	24,9
1936	13,14	24,35	1.287	308	16,9
1937	12,84	23,80	1.376	360	14,3
1938	11,45	22,80	1.296	369	19,0
1939	11,80	23,45	1.363	385	17,2

c) Die öffentlichen Haushalte der USA in Mrd. Dollar (1929–1941)

Jahr	*Einnahmen*	*Ausgaben*	*Staatsschuld*	*Jahr*	*Einnahmen*	*Ausgaben*	*Staatsschuld*
1929	4,0	3,3	16,9	1936	4,1	8,5	33,8
1930	4,2	3,4	16,2	1937	5,0	7,8	36,4
1931	3,1	3,6	16,8	1938	5,6	6,8	37,2
1932	1,9	4,7	19,5	1939	5,0	8,9	40,4
1933	2,0	4,6	22,5	1940	5,1	9,1	43,0
1934	3,1	6,7	27,0	1941	7,1	13,3	49,0
1935	3,7	6,5	28,7				

Statistiken nach: Paul Kennedy, Aufstieg und Zerfall der großen Mächte, Frankfurt/Main 1991, S. 451; U.S. Bureau of the Census, Historical Statistics of the United States, Washington 1975, S. 126 ff.

1. *Beschreiben Sie die wirtschaftliche Entwicklung der Vereinigten Staaten im internationalen Vergleich. Suchen Sie nach Gründen für auffällige Abweichungen.*
2. *Erfahren wir etwas über die tatsächliche industrielle Leistungsstärke der vier Nationen? Ziehen Sie zur Beantwortung auch die Tabelle M 1 auf Seite 194 heran.*
3. *Stellen Sie einen Zusammenhang her zwischen der Industrieproduktion der USA und der Einkommenssituation/dem Beschäftigungsgrad der Bevölkerung.*
4. *Stellen Sie die Auswirkungen der New-Deal-Politik fest.*

M 3

Die Idee des New Deal

Als Präsidentschaftskandidat der Demokratischen Partei kündigte Franklin D. Roosevelt erstmals am 2. Juli 1932 sein sozialpolitisches Programm des New Deal an.

Überall in der ganzen Nation erwarten Männer und Frauen, die in der politischen Konzeption der Regierung der letzten Jahre praktisch nicht berücksichtigt worden sind, von uns Führerschaft und gerechtere Chancen, um bei der Verteilung des nationalen Reichtums ihren Anteil zu bekommen. [. . .]
5 Ich gelobe euch und ich gelobe mir selbst, dass für das amerikanische Volk die Karten neu verteilt werden [I pledge you, I pledge myself, to a new deal for the American people]. Wir alle, die wir hier versammelt sind, müssen uns neu formieren, als Künder einer neuen Ordnung, gegründet auf Sachverstand und Mut. Das ist mehr als nur eine politische Kampagne, es ist ein Ruf zu
10 den Waffen. Gebt mir eure Unterstützung – nicht nur, um Stimmen zu gewinnen, sondern um diesen Kreuzzug zu gewinnen, durch den wir Amerika seinen Bürgern wiedergeben wollen.

Günter Moltmann, Die Vereinigten Staaten von Amerika von 1917 bis zur Gegenwart, Paderborn 1987, S. 21

Die Umsetzung des New Deal konkretisierte Roosevelt erst nach seiner Wahl in der Antrittsbotschaft vom 4. März 1933.

Unsere große Nation wird durchhalten, wie sie bisher durchgehalten hat, wird wieder aufblühen und gedeihen. Lassen Sie mich also vor Ihnen erst
15 einmal meine feste Überzeugung aussprechen, dass das Einzige, was wir zu fürchten haben, die Furcht selbst ist [. . .].
Unsere alles beherrschende Aufgabe ist es, den Menschen wieder Arbeit zu verschaffen. Diese Aufgabe ist nicht unlösbar, wenn wir sie klug und unerschrocken anpacken. Teilweise kann das Problem durch direktes Eingreifen
20 der Regierung gelöst werden, indem wir an unsere Aufgabe so großzügig herangehen, wie wir im Fall eines Krieges handeln würden; aber gleichzeitig müssen wir bei der öffentlichen Arbeitsbeschaffung so vorgehen, dass durch sie dringend notwendige Verbesserungen für den Gebrauch unserer natürlichen Hilfsmittel erfolgen.
25 Gleichzeitig müssen wir anerkennen, dass unsere Industriegebiete übervölkert sind und dass es im nationalen Interesse gelegen ist, eine Umschichtung und Neuverteilung der Menschen in unserem Land durchzuführen, – eine Neuverteilung, die eine bessere Ausnützung des Landes durch diejenigen, die sich dazu am besten eignen, ermöglicht.
30 Gefördert kann die Erfüllung dieser Aufgabe werden durch zielbewusste Maßnahmen zur Erhöhung der Preise der ländlichen Produkte und durch die dadurch zu erreichende Steigerung der Kaufkraft der ländlichen Bevölkerung, von der dann wieder die Städte den Nutzen haben. Sie kann weiter gefördert werden dadurch, dass man der sich immer noch verschärfenden
35 Tragödie, die mit der Enteignung kleiner Heimstätten und Landgüter und den dabei erwachsenden Verlusten verbunden ist, tatkräftig einen Riegel vorschiebt. Ferner ist es unumgänglich nötig, dass die Bundes-, Staats- und Lokal-Regierungen in Zukunft ihre Ausgaben ganz erheblich verringern. Außerdem muss eine Vereinheitlichung all der zahlreichen Hilfsmaßnahmen
40 durchgesetzt werden, die heute noch vielfach auseinanderfließen und unwirtschaftlich und nicht genügend durchdacht sind. [. . .]

Der Mount Rushmore in South Dakota mit den aus dem Fels gehauenen Porträts wichtiger US-Präsidenten. Von links: George Washington, Thomas Jefferson, Theodore Roosevelt und Abraham Lincoln. Die jahrelangen Arbeiten wurden mit Geldern aus einem New Deal-Programm finanziert.

Damit wir aber bei der Durchführung unserer Arbeit und bei der Wiederbelebung der Wirtschaft nicht wieder in die alten Übelstände zurückgleiten, haben wir Schutzwälle für unser Werk aufzurichten: Es muss eine scharfe Beaufsichtigung des ganzen Bankwesens, der Kreditwirtschaft und der Kapitalanlagen eintreten, und es muss der Spekulation mit anderer Leute Geld ein Ende bereitet werden. Und es muss für eine mit der Wirklichkeit in Einklang stehende, aber gesunde Währung gesorgt werden. [...] (45)
Machen wir uns dieses Aktionsprogramm zu eigen, so werden wir unser Haus wieder in Ordnung bringen und das Gleichgewicht von Einnahmen und Ausgaben wieder herstellen. Unsere internationalen Handelsbeziehungen, von so weit tragender Bedeutung sie auch sein mögen, kommen gegenüber diesen vordringlichen Aufgaben erst an zweiter Stelle. Die Sorge um sie steht hinter dem Aufbau einer gesunden nationalen Wirtschaft zurück. [...] (50, 55)
Sollte aber der Kongress versagen, wenn es sich darum handelt, einen notwendigen Beschluss zu fassen, und sollte die nationale Not in einem solchen Zeitpunkt noch ebenso groß sein wie heute, so werde ich meiner Pflicht nicht ausweichen. Ich werde dann den Kongress ersuchen, mir das in einem solchen Fall noch einzig verbleibende Mittel zur Überwindung der Krise zu geben und mich mit Exekutivgewalt auf allerbreitester Basis auszustatten, damit ich der Not den Krieg erklären kann, also den Kongress ersuchen, mir uneingeschränkte Gewalt zu geben, wie ich sie beanspruchen könnte, wenn wir den Einbruch eines ausländischen Feindes abzuwehren hätten. (60)

Herbert Schambeck, Helmut Widder, Marcus Bergmann (Hrsg.), Dokumente zur Geschichte der Vereinigten Staaten von Amerika, Berlin 1993, S. 452 ff.

1. *Beschreiben Sie die politischen Grundüberzeugungen Roosevelts. Welche Rolle spielen darin die Bürger, die Politiker, das Ausland, das Selbstverständnis der amerikanischen Nation?*
2. *Nehmen Sie Stellung zu der These, Roosevelts Politik des New Deal bedeute eine Abkehr von der traditionellen amerikanischen Wirtschafts- und Sozialpolitik.*

M 4

Kritik am New Deal

Roosevelts Vorgänger Herbert C. Hoover äußerte sich während des Präsidentschaftswahlkampfes von 1936 zur Politik der vergangenen vier Jahre.

Während der letzten vier Jahre hat sich der New-Deal-Angriff auf die freien Institutionen als die Schicksalsfrage in Amerika entpuppt. Alle Menschen, die heute in der Welt nach Macht streben, bedienen sich derselben Waffen. Sie singen dieselben Lieder. Sie alle versprechen die Freuden des Elysiums[1]) ohne Anstrengung. Aber ihre Philosophie gründet sich auf den Zwang und die erzwungene Organisation von Menschen. Eine wirkliche liberale Regierung gründet sich auf die Freiheit der Menschen. [. . .]
Ich lehnte immer die großen Monopole und die Preisfestsetzung durch Absprachen ab. Das konnte nur den kleinen Geschäftsmann schädigen, der dadurch unter die Fuchtel des „großen Bruders" geriet. Dieser Gedanke wurde in bestimmten amerikanischen Großunternehmen geboren und entwickelte sich zum „Nationalen Hilfsgesetz". [. . .] Ich verwarf alle Pläne, die Regierung zum wirtschaftlichen Rivalen ihrer Bürger zu machen. Dieser Gedanke stammte von Karl Marx. Ich wehrte mich gegen die Idee, die Wirtschaft mit Hilfe gewaltiger öffentlicher Ausgaben wieder anzukurbeln. [. . .] Ich vereitelte alle Versuche, Hilfsmaßnahmen in Washington um politischer und sozialer Experimente willen zu zentralisieren. Ich durchkreuzte andere Pläne, die Staatsrechte zu beeinträchtigen und die Macht in Washington zu konzentrieren. [. . .] Ich unterband Versuche, die Währung zu inflationieren und die Regierungsverbindlichkeiten nicht mehr anzuerkennen. Das war Betrug an den Versicherungsunternehmern, den Besitzern von Bankguthaben und den Lohnabhängigen. [. . .] Ich wies alles dies zurück, weil es nicht nur die wirtschaftliche Erholung verzögern musste, sondern weil ich gewiss war, dass es am Ende die Freiheit der Menschen einschränken würde. [. . .] Die Vertreter des New Deal sagen, dass alles, was wir vorschlagen, einem veralteten System entstammt; dass dieses Maschinenzeitalter neuartige Maßnahmen erfordert, für die wir einen Teil der menschlichen Freiheit opfern müssen. Hier hat man sich in die verworrene Vorstellung verirrt, Regierungen hätten Maschinen zu bedienen. Von Menschen gemachte Maschinen können nicht wertvoller sein als die Menschen selbst. [. . .] Die freie Regierung ist die schwierigste aller Regierungsformen. Aber es ist auf ewig wahr, dass die einfachen Leute weniger Fehler machen als eine noch so mächtige Einzelgruppe. Die freie Regierungsform führt in einem Volke zu wachsamem Denken, mutigem Leben und Selbständigkeit. Lassen Sie mich Ihnen sagen, dass jede Maßnahme, die die Deiche unserer Freiheit bricht, das Land mit Elend überfluten wird.

Joachim Rohlfes (Hrsg.), Politische Weltkunde II. Die Vereinigten Staaten von Amerika, Stuttgart 1980, S. 69 f.

1. *Arbeiten Sie Hoovers weltanschauliche Vorstellungen heraus.*
2. *Diskutieren Sie die Berechtigung eines liberalen Standpunkts angesichts der Erfolge und Misserfolge des „New Deal".*

[1]) nach der griechischen Mythologie ein Gefilde der Glückseligen am Westrand der (als Scheibe vorgestellten) Erde

M 5

Bilanz des New Deal

Der Historiker Horst Dippel bewertet den New Deal aus heutiger Sicht.

Rückblickend erwies sich Roosevelts Amtsantritt am 4. März 1933 als der Beginn einer neuen Epoche. Drei Gründe sprechen für diese Zäsur. 1. Franklin D. Roosevelt war der erste moderne Präsident der Vereinigten Staaten, der das Präsidentenamt mit einem neuen Verständnis und neuer Zielsetzung ausgeübt hat. Die in der Verfassung angelegte und zuvor von einigen Präsi- 5 denten ausgefüllte dominierende Rolle des Chefs der Exekutive wurde von ihm systematisiert und institutionell auf eine neue Grundlage gestellt, darunter das gewaltig ausgebaute *Executive Office of the President*. 2. Roosevelt gelang es, die politischen Strukturen des Landes anhaltend zu verändern, indem er die Demokratische Partei auf eine neue Wählerbasis aus Arbeitern, 10 Intellektuellen und ethnischen Minderheiten, die sogenannte *New Deal*-Koalition, stellte und sie damit von der sektionalen Partei zur neuen Mehrheitspartei auf nationaler Ebene machte. 3. Seine Politik bewirkte eine Neudefinition des Verhältnisses von Wirtschaft und Gesellschaft zueinander und die Begründung des amerikanischen Sozialstaates, der zwar nicht unbesehen 15 mit der europäischen Variante gleichzusetzen ist, aber dennoch die Aufgaben des Staates gegenüber Wirtschaft und Gesellschaft grundlegend neu definierte.

Daraus ergab sich ein wesentlicher Unterschied zu Deutschland und anderen Ländern Europas: In der Stunde der Krise verkündete die Roosevelt'sche 20 Politik statt des Rückfalls in die Verängstigung und Verunsicherung, des Klammerns an vermeintlich sichere Werte und der Paralysierung aus Furcht den mutigen Schritt nach vorn, um „die Rückkehr zu den Übeln der alten Ordnung" zu verhindern. Roosevelt sprach damit einen Grundtenor amerikanischer Politik aus, der dann bei Kennedy und in ganz anderer Weise 25 erneut bei Reagan anzutreffen war und der die amerikanische Politik immer wieder rein europäischen Erklärungsversuchen entzieht. Denn hier wird Politik weder nach einem ausgefeilten Plan noch nach einem in sich stimmigen parteipolitischen Konzept gemacht, sondern mit dem Vorsatz, möglichst viele, selbst gegensätzliche Wege auszuprobieren, um dann den Erfolg ver- 30 sprechenden dem Kongress und damit dem Volk zu präsentieren.

Horst Dippel, Geschichte der USA, München 1996, S. 95 f.

1. *Arbeiten Sie die grundlegenden Wesenszüge der US-Innenpolitik seit der Amtszeit Roosevelts heraus.*
2. *Lassen sich daraus Lehren für die Politik der Bundesrepublik ziehen? Sprechen Sie in Ihrem Kurs über diese Frage.*

Die USA im Zweiten Weltkrieg

Pearl Harbor während des japanischen Luftangriffs am 7. Dezember 1941.

1939	Mit dem Cash-and-Carry-Gesetz lockert der Kongress erstmals seine Neutralitätsgesetze
1941	Das Leih- und Pachtgesetz ermöglicht der Regierung die Unterstützung befreundeter Staaten
	Das Atomwaffenprogramm (Manhattan Project) wird eingeleitet
	Nach dem japanischen Luftangriff auf Pearl Harbor treten die USA in den Zweiten Weltkrieg ein

US-Außenpolitik: „unabhängiger Internationalismus"

Bei allem Desinteresse der amerikanischen Bevölkerung an den Vorgängen in Europa und Asien, konnte die US-Außenpolitik nach 1919 doch nicht mehr vollständig zu dem vormals gepflegten Isolationismus zurückkehren. Zu groß war das wirtschaftliche Engagement in den anderen Kontinenten geworden. So bemühte sich die amerikanische Diplomatie international um eine Senkung der Kriegsgefahr durch Ächtung des Krieges und Rüstungskontrollen sowie generell um eine Stabilisierung der bestehenden Verhältnisse durch gute Beziehungen zu allen Großmächten, auch zum ehemaligen Kriegsgegner Deutschland. Die Open-Door-Doktrin galt weiterhin, um günstige Voraussetzungen für die Exportindustrie zu schaffen.

Der Kurs eines „unabhängigen Internationalismus" sollte nach dem Wunsch der öffentlichen Meinung auch nicht verlassen werden, als in den Dreißigerjahren Nazi-Deutschland, das faschistische Italien und Japan zu Störenfrieden der Weltordnung wurden. Im Gegenteil: Um jedes Kriegsrisiko auszuschalten, verabschiedete der Kongress bis 1937 mehrere Neutralitätsgesetze, die der Regierung eine Unterstützung Krieg führender Mächte, etwa durch Waffenlieferungen, mehr oder minder unmöglich machen sollten. Und als Präsident Roosevelt im selben Jahr erstmals in seiner „Quarantäne-Rede" eine Warnung an die aggressiven Mächte richtete, stieß er in der amerikanischen Öffentlichkeit auf Ablehnung.

Roosevelts Abkehr von der Neutralität

Erste Nachdenklichkeit in der öffentlichen Meinung riefen im Winter 1938/39 die Ausschreitungen gegen Juden in Deutschland sowie der deutsche Überfall auf die Tschechoslowakei hervor. Aber trotz der Flucht von 80 000 Juden aus Europa lehnten Politiker und Bevölkerung eine Erhöhung der Einwanderungsquote für deutsche Juden ab. Lediglich zu einer Aufstockung der Verteidigungsausgaben war der Kongress bereit, eine Maßnahme, die zudem die Beschäftigungspolitik des New Deal unterstützte.
Mit dem Einmarsch deutscher und sowjetischer Truppen in Polen brach im September 1939 in Europa der Krieg aus. Ähnlich wie während des Ersten Weltkriegs entzündete sich nun eine heftige innenpolitische Diskussion um den Kurs der Regierung. Roosevelt versuchte mit allen Mitteln die Bevölkerung von einer machtvollen Unterstützung Großbritanniens zu überzeugen. Ansonsten drohe der Verlust der Märkte in Europa und nach einer Niederlage der Engländer sei in einer kleiner werdenden Welt die Sicherheit der Meere und damit des eigenen Landes bedroht. Außerdem verpflichteten in den Augen Roosevelts die demokratischen Ideale der USA, notfalls mit eigenen Truppen für Freiheit und Selbstbestimmungsrecht der Völker einzustehen. In mehreren Etappen setzte der Präsident gegenüber einem zögernden Kongress und der misstrauischen Öffentlichkeit seinen Willen durch, wobei er die Ereignisse in Europa geschickt nutzte.[1])
1. In der *Erklärung von Panama* legten die Staaten Nord- und Südamerikas eine Dreihundert-Meilen-Sicherheitszone um ihren Kontinent (1939).
2. In den USA lockerte die erneuerte *Cash-and-Carry-Klausel* die Neutralitätsgesetze (1939): Waffen durften wieder an Krieg führende Mächte verkauft werden, wenn das Material zuvor bar bezahlt war (cash) und auf Schiffen der neuen Eigentümer außer Landes transportiert wurde (carry).
3. Im *Destroyer-for-bases*-Handel tauschte die US-Regierung 50 Kriegsschiffe gegen sechs britische Flottenstützpunkte in der Karibik und vor Kanada (1940).

[1]) Wegen der Kriegsereignisse wurde Roosevelt entgegen dem US-Verfassungsverständnis 1940 und 1944 noch ein drittes und viertes Mal als Präsident wiedergewählt. Um seine Außenpolitik abzusichern, nahm er einflussreiche republikanische Politiker in sein Kabinett auf. Seit 1951 begrenzt die Verfassung die Präsidentschaft auf zwei Amtszeiten.

Die Gesamtkriegskosten der USA beliefen sich auf ca. 370 Millarden Dollar. Zu 60 % wurden sie aus dem Verkauf von Anleihen, vor allem der War Bonds, aufgebracht (Plakate aus den Jahren 1943/44).

4. Der Kongress führte erstmals in Friedenszeiten die *Wehrpflicht* ein (1940). Damit einher ging bis 1945 ein beispielloses Aufrüstungsprogramm.
5. Das *Leih- und Pachtgesetz* (Lend Lease Act) räumte dem Präsidenten wieder das Recht ein, kriegswichtiges Gerät an fremde Nationen zu verkaufen, verleihen oder verpachten, wenn diese Staaten dem „vitalem Interesse" der Vereinigten Staaten dienten (1941). Von dem Gesetz profitierte besonders die von Hitler-Deutschland überfallene Sowjetunion.
6. Bei einem Treffen im Atlantik vereinbarten Roosevelt und der englische Premierminister *Winston Churchill*[1]) die gemeinsamen Ziele einer Nachkriegsordnung (*Atlantik-Charta*, 1941) (⇨ M 1).
7. Ab Herbst 1941 gab die US-Flotte britischen Konvois im Atlantik bewaffneten Geleitschutz.
8. Roosevelt genehmigte das *Manhattan Project*, das streng geheime amerikanisch-britische Atomrüstungsprogramm (1941) (⇨ M 2).

Kriegsausbruch

Parallel zu dem deutschen Vordringen in Europa besetzte Japan die französischen Kolonien in Indochina (Vietnam, Laos, Kambodscha) und drang in China weiter vor. Die USA und Großbritannien reagierten mit Wirtschaftssanktionen und – nach gescheiterten Verhandlungen – mit einem weltweiten Ölembargo[2]). Vor die Alternative Rückzug oder Krieg gestellt, ließ die japanische Regierung am 7. Dezember 1941 den US-Stützpunkt Pearl Harbor auf Hawaii bombardieren. Einen solchen Überraschungsschlag hatte die amerikanische Führung den unterschätzten Japanern nicht zugetraut. Über 2400 Amerikaner kamen bei dem Überfall ums Leben, ein Teil der Pazifikflotte war zerstört. Einen Tag später erklärten die Vereinigten Staaten Japan den Krieg. Die Entscheidung über einen amerikanischen Kriegseintritt in Europa trafen Deutschland und Italien selbst: Sie brachen ihrerseits am 11. Dezember 1941 die diplomatischen Beziehungen zu den USA ab.

---

[1]) Winston Leonard Churchill (1874–1965) war seit 1900 als Abgeordneter und in verschiedenen Regierungsämtern einer der profiliertesten (konservativen) englischen Politiker. 1940 wurde er Premierminister (bis 1945), ein Amt, das er noch einmal von 1951 bis 1955 innehatte.
[2]) Embargo: Handelsverbot

Die amerikanische Gesellschaft im Krieg

Der Schock von Pearl Harbor mobilisierte mit einem Schlag die amerikanische Kriegsproduktion. Schon ein Jahr später stellte das „größte Waffenarsenal der Welt" mehr Kriegsgeräte her als Deutschland, Italien und Japan zusammen (⇨ M 3).
Nicht der New Deal verhalf der amerikanischen Wirtschaft zu stabilen Wachstumsraten und Vollbeschäftigung, sondern die Rüstungsanstrengungen im Zweiten Weltkrieg. Zwischen 1939 und 1945 verdoppelten sich Industrieproduktion und Bruttosozialprodukt. Sechs Millionen Menschen verließen die krisengeschüttelte Landwirtschaft und fanden Arbeit in den Industriezentren des Westens. Am meisten profitierten die Unter- und Mittelschichten von dem Boom. Dies lag auch daran, dass immer mehr Frauen in Unternehmen und Behörden beschäftigt wurden. Viele Familien verfügten damit über ein zweites Einkommen. Die hier eingeleitete Entwicklung veränderte die Rolle der Frauen in der Gesellschaft dauerhaft.
Während die Bevölkerung also zu keiner Zeit Not litt, war die militärische Strategie bemüht, die Opfer unter den Soldaten möglichst gering zu halten. Von knapp 16 Millionen Armeeangehörigen fielen etwa 260 000; Deutsche und Russen verloren 15- bzw. 53-mal so viel Soldaten – nicht gerechnet die Opfer unter der Zivilbevölkerung.

Die Rolle der Minderheiten

Die Kriegsereignisse stärkten ein einheitliches Nationalgefühl im amerikanischen Vielvölkerstaat. Die Lage der Schwarzen verbesserte sich: Sie dienten in der Army (wenn auch in gesonderten Einheiten) und fanden verstärkt Arbeit in der Rüstungsindustrie, die aber meist schlecht bezahlt wurde. Ihr 1942 gegründeter *Congress of Racial Equality (CORE)* rief auf, den weltweiten Kampf gegen Unterdrückung auch im eigenen Land zu führen. Wegen der plötzlichen Zuwanderung von Schwarzen in die Städte des Nordens brachen noch während des Krieges Unruhen aus. Das seit dem vorigen Jahrhundert schlummernde Rassenproblem geriet wieder in Bewegung.
Leidtragende der überschäumenden patriotischen Begeisterung waren hingegen die etwa 110 000 Einwanderer japanischer Abstammung, die als „feindliche Rasse" (*enemy race*) behandelt wurden. Sie wurden in Lager gebracht und fast vollständig enteignet. Erst in den Achtzigerjahren entschuldigte sich die Regierung und entschädigte die Opfer mit je 20 000 Dollar.
Zu den Minderheiten zählten auch etwa 200 000 Emigranten aus Deutschland. Unter ihnen befanden sich viele Angehörige der geistigen Elite: die Schriftsteller *Bertolt Brecht, Thomas* und *Heinrich Mann,* die Architekten *Walter Gropius* und *Mies van der Rohe,* Filmregisseure wie *Ernst Lubitsch* und *Billy Wilder,* der Physiker *Albert Einstein* und viele andere mehr. Während das intellektuelle Leben in Deutschland sich von diesem Aderlass nicht mehr erholen sollte, verhalfen die Emigranten der bislang in Europa belächelten amerikanischen Kultur zu einer noch nie gekannten Blüte.

M 1

Die Atlantik-Charta

Am 12. August 1941 trafen sich Präsident Roosevelt und der britische Premierminister Winston Churchill auf einem Kriegsschiff vor der amerikanischen Küste. Die USA waren zu diesem Zeitpunkt noch nicht in den Zweiten Weltkrieg eingetreten. Dennoch vereinbarten die beiden Regierungschefs ihre gemeinsamen Kriegsziele. Die Erklärung, die keine völkerrechtliche Verbindlichkeit besaß, wurde kurz darauf von zahlreichen Staaten – darunter die Sowjetunion – gegengezeichnet.

Der Präsident der Vereinigten Staaten und Premierminister Churchill als Vertreter Seiner Majestät Regierung des Vereinigten Königreiches halten es nach gemeinsamer Besprechung für richtig, gewisse allgemeine Grundsätze der nationalen Politik ihrer beiden Länder bekannt zu machen, auf die sie ihre Hoffnung auf eine bessere Zukunft für die Welt gründen:
1. Ihre Länder erstreben keinerlei Gebiets- oder sonstige Vergrößerung;
2. Sie wünschen keine Gebietsveränderungen, die nicht mit den frei zum Ausdruck gebrachten Wünschen der betreffenden Völker übereinstimmen;
3. Sie anerkennen das Recht aller Völker, die Regierungsform zu wählen, unter der sie leben wollen; und sie wünschen, dass denen souveräne Rechte und Selbstregierung zurückgegeben werden, die ihrer gewaltsam beraubt worden sind;
4. Sie werden sich unter gebührender Berücksichtigung ihrer bestehenden Verpflichtungen bemühen, allen Staaten, groß oder klein, Siegern oder Besiegten, fördernd zu helfen, dass sie unter gleichen Bedingungen Zutritt zum Handel und zu den Rohstoffen der Welt haben, die zu ihrem wirtschaftlichen Gedeihen notwendig sind; [. . .]
6. Sie hoffen, dass nach der endgültigen Zerstörung der Nazityrannei ein Frieden geschaffen wird, der allen Nationen die Möglichkeit gibt, in Sicherheit innerhalb ihrer eigenen Grenzen zu leben, und der Gewähr dafür bietet, dass alle Menschen in allen Ländern der Welt ihr Leben frei von Furcht und Mangel leben können;
7. Ein solcher Friede sollte es allen Menschen ermöglichen, die Meere und Ozeane ungehindert zu überqueren;
8. Sie glauben, dass aus sachlichen wie aus ideellen Gründen alle Nationen der Welt dazu gelangen müssen, auf die Anwendung von Gewalt zu verzichten. Da künftig kein Friede erhalten werden kann, wenn von Nationen, die mit Angriffen außerhalb ihrer Grenzen drohen oder drohen könnten, weiterhin ihre Land-, See- und Luftrüstungen aufrechterhalten werden, glauben sie, dass bis zur Schaffung eines umfassenderen und dauerhaften Systems allgemeiner Sicherheit die Entwaffnung solcher Nationen wesentlich ist. Sie werden ebenso alle anderen durchführbaren Maßnahmen unterstützen und fördern, die den friedliebenden Völkern die erdrückende Last der Rüstung erleichtern.

Herbert Schambeck, Helmut Widder, Marcus Bergmann (Hrsg.), Dokumente zur Geschichte der Vereinigten Staaten von Amerika, Berlin 1993, S. 480 f.

1. *Trennen Sie die Kriegsziele, die jeweils für die Vereinigten Staaten beziehungsweise für Großbritannien besonders bedeutsam waren.*
2. *Überlegen Sie, inwieweit die Atlantik-Charta einen Bruch mit der traditionellen US-Außenpolitik darstellt.*

M 2

„Dieses neue Phänomen . . .“

Bis 1939 fand die wissenschaftliche Erforschung der Kernenergie in den USA ohne Unterstützung der Regierung statt. Nach dem Brief des aus Deutschland emigrierten Nobelpreisträgers Albert Einstein (1879–1955) an Präsident Roosevelt (2. August 1939) wurden 1940/41 insgesamt 16 verschiedene Forschungsvorhaben genehmigt, die im Manhattan Project zusammengefasst wurden.

Mein Herr:
Eine neue Arbeit von E. Fermi und L. Szilard[1]), die mir im Manuskript zugeschickt wurde, erweckt in mir die Hoffnung, dass der Grundstoff Uran in unmittelbarer Zukunft in eine neue, bedeutsame Energiequelle umgesetzt werden könnte. Bestimmte Gesichtspunkte der entstandenen Lage scheinen mir die Wachsamkeit und nötigenfalls rasches Handeln der Regierung zu erfordern. Deshalb halte ich es für meine Pflicht, Ihre Aufmerksamkeit auf folgende Tatsachen und Empfehlungen zu lenken.
Im Laufe der letzten vier Monate hat die Arbeit Joliots[1]) in Frankreich wie auch Fermis und Szilards in Amerika es wahrscheinlich möglich gemacht, eine nukleare Kettenreaktion in einer großen Menge Uran hervorzurufen, die gewaltige Energien und große Mengen neuer radiumähnlicher Elemente erzeugen würde. Es scheint nun beinahe gewiss, dass dies in naher Zukunft erreicht werden kann.
Dieses neue Phänomen kann auch zum Bau von Bomben führen, und es ist denkbar, wenn auch durchaus nicht sicher, dass äußerst wirksame Bomben eines neuen Typs gebaut werden können. Eine einzige Bombe dieses Typs, die zu Schiff in einen Hafen befördert und dort zur Explosion gebracht würde, könnte gut den ganzen Hafen sowie einen Teil der benachbarten Gebiete vernichten. Indessen könnten sich solche Bomben für den Lufttransport als zu schwer erweisen. [. . .]
Wie ich höre, hat Deutschland jetzt den Verkauf von Uran aus den von ihm übernommenen tschechoslowakischen Minen eingestellt. Dass es diesen Schritt so früh unternommen hat, erklärt sich vielleicht daraus, dass der Sohn des deutschen Unterstaatssekretärs von Weizsäcker dem Kaiser-Wilhelm-Institut in Berlin angehört, wo einige der amerikanischen Versuche mit Uran zurzeit gerade wiederholt werden.

Ihr sehr ergebener
A. Einstein

Thilo Koch, Nordamerika. Texte – Bilder – Dokumente, München 1972, S. 141

1. *Stellen Sie die Motive der am Manhattan Project beteiligten Wissenschaftler und Regierungsbeamten fest.*
2. *Alle hier genannten Forscher engagierten sich in der pazifistischen Bewegung. Welcher inneren Zerreißprobe waren sie ausgesetzt? Die Problematik lässt sich gegebenenfalls intensiv in einem fächerübergreifenden Projekt (Physik/Chemie/Deutsch/Religion) diskutieren. Zusätzliche Impulse könnte eine Aktualisierung des Themas (Gentechnik) erbringen.*

[1]) Enrico Fermi (1901 – 1954), italienischer Physiker, Nobelpreisträger im Jahr 1938, lehrte seit 1939 in New York; Leo Szilard (1898 – 1964), ungarischer Kernphysiker, wanderte über England 1938 in die USA aus; Frédéric Joliot (1900 – 1958), französischer Nobelpreisträger für Chemie (1935).

M 3

Das legendärste Kriegsfoto der Vereinigten Staaten. Am 23. Februar 1945 eroberte das US-Marinekorps in einem blutigen Angriff die Pazifikinsel Iwo Jima. Fast 7000 amerikanische Soldaten fielen. Gegen Ende der Kämpfe hissten die siegreichen Truppen ihre Bataillonsfahne auf der Bergspitze der Insel. Weil die Flagge jedoch zu klein war, wurde sie wenige Stunden später ausgetauscht. Diesen Moment hielt der Fotograf Joe Rosenthal fest.
Das Motiv erschien auf Briefmarken und in der Werbung für Kriegsanleihen, es wurde von Künstlern verwendet und als hundert Tonnen schweres Bronzemonument auf dem Soldatenfriedhof Arlington aufgestellt – ja sogar Butter, Eiscreme und Würstchen wurden der Szene nachgestaltet.
Drei der sechs Soldaten auf dem Foto erlebten das Kriegsende nicht.

Die Kosten des Krieges

a) Die Militärausgaben der Vereinigten Staaten (in Millionen Dollar) und ihr Anteil am Gesamthaushalt

1940	1.798	19,9 %	1946	43.151	71,5 %	1952	40.536	62,1 %
1941	6.252	47,2 %	1947	14.769	37,9 %	1953	44.014	59,4 %
1942	22.905	67,3 %	1948	11.983	36,4 %	1954	40.626	57,3 %
1943	63.414	79,9 %	1949	13.988	35,4 %	1955	35.630	52,0 %
1944	75.975	80,0 %	1950	13.440	44,0 %	1960	43.969	47,7 %
1945	80.537	81,9 %	1951	20.857	47,4 %	1965	47.179	39,8 %
						1970	78.360	39,9 %

b) Ausgaben im Rahmen des Leih- und Pachthilfegesetzes für alliierte Bündnispartner während des Zweiten Weltkriegs (in Millionen Dollar)

Lateinamerika	501	British Commonwealth	31.384	Sowjetunion	10.982
China	1.627	Frankreich	3.224	Sonstige	2.526
				gesamt	50.244

Statistiken nach: U.S. Bureau of the Census, Historical Statistics of the United States, Washington 1975, S. 1140 f.; World Almanac and Book of Facts, New York 1977; Samuel Flagg Bemis, A Diplomatic History of the United States, New York, 4. Auflage 1955, S. 749

1. *Erklären Sie die Entwicklung des Militärhaushalts. Berücksichtigen Sie dabei sowohl die außenpolitischen Ereignisse als auch die Rückwirkungen auf das Wirtschaftsleben und die Innenpolitik.*
2. *Nach Kriegsende wurde die Pacht- und Leihhilfe eingestellt. Bewerten Sie diesen Vorgang aus der Sicht der US-Regierung sowie der betroffenen Staaten, besonders der Sowjetunion.*

Supermacht zwischen äußerer Bedrohung und innerem Wohlstand

1944	Die internationale Konferenz von Bretton Woods legt die Nachkriegswirtschaftsordnung fest
1945	In San Francisco gründen 51 Staaten die UNO Nach den Atombombenabwürfen auf Hiroshima und Nagasaki kapituliert Japan am 2. September: Ende des Zweiten Weltkriegs
1947	Die Containment-Politik Präsident Trumans will das Vordringen des Kommunismus in der Welt eindämmen
1950–54	In der Phase des „McCarthyismus" wird die „Gesinnung" von Millionen Amerikanern öffentlich überprüft

80 Zweidollarscheine (Siebdruck). Die „Massenkultur" (popular culture) der amerikanischen Nachkriegsgesellschaft fand ihren Ausdruck in der neuen Kunstrichtung der Pop(ular)Art. In einer scheinbar unpersönlichen, distanzierten Bildsprache kommentiert der Künstler Andy Warhol (1928–1987) die Vorkommnisse des täglichen Lebens.

Die Stellung der USA in der Welt bei Kriegsende

Am 8. Mai 1945 endete der Krieg in Europa mit der Kapitulation des Deutschen Reiches. Nachdem amerikanische Bomber am 6. und 9. August 1945 über *Hiroshima und Nagasaki die ersten Atombomben* abgeworfen hatten, kapitulierte auch Japan.

Die USA waren nun die führende Macht in der Welt. Sie verfügten über das Atomwaffenmonopol und ihre wirtschaftliche Leistungskraft war angesichts der Zerstörungen in Europa überlegener denn je. Konsequenterweise trug die Weltwirtschaftsordnung nach 1945 die amerikanische Handschrift. Bereits auf der *Konferenz von Bretton Woods* (1944) hatte die US-Regierung die Bindung aller Währungen an das Gold und an den Dollar als Leitwährung durchgesetzt. Die Abhängigkeit der Schuldnerländer von amerikanischem Kapital sicherte bis auf weiteres den Einfluss auf die internationale Wirtschafts- und Finanzpolitik, und der freie Welthandel entsprach nicht nur einer alten liberalen Forderung, sondern nutzte natürlich in erster Linie der stärksten Wirtschaftsmacht.

Zur Sicherung des Friedens gründeten am 25. Juni 1945 51 Staaten die *UNO (United Nations Organization)*. Sie nahm ihren Sitz in New York. Die UNO war nicht mehr wie der Völkerbund in der Zwischenkriegszeit eine Versammlung gleichberechtigter Nationen, sondern entsprach den Visionen Präsident Roosevelts. Die vier Siegermächte des Weltkriegs erhielten zusammen mit China einen herausragenden Status zugebilligt (ständiger Sitz im *Sicherheitsrat*, Vetorecht) und sollten die Rolle des „Weltpolizisten" spielen. Solange Einigkeit unter den Großmächten herrschte, konnte dieses Konzept aufgehen.

Die Anfänge des Kalten Kriegs

Der neue US-Präsident *Harry S. Truman*[1]) beeilte sich nach Kriegsende zunächst mit dem Abbau der Streitkräfte. Damit folgte er der isolationistischen Grundhaltung des Landes. Gleichzeitig setzte die Sowjetunion in den von der *Roten Armee* eroberten Ländern im östlichen Europa kompromisslos ihr eigenes Staats- und Gesellschaftssystem durch und verfolgte auch in anderen Teilen der Welt einen aggressiven Kurs. Truman korrigierte deshalb die auf enge Zusammenarbeit mit der UdSSR angelegte Außenpolitik Roosevelts. Ab 1947 gingen die USA zu einer Politik der *Eindämmung (containment)* über, was die sowjetische Parteispitze wiederum als Beeinträchtigung ihrer Interessen empfand.
Nach dem ersten erfolgreichen Atombombentest der Sowjetunion, dem Sieg der Kommunisten im *Chinesischen Bürgerkrieg* (1949) und dem Ausbruch des *Koreakriegs* (1950-1953) wuchs in den Vereinigten Staaten das Gefühl der Bedrohung durch den Kommunismus. Zugleich waren Politiker und Öffentlichkeit durchdrungen von der Überzeugung, erneut Freiheit und Demokratie gegen eine totalitäre Gefahr verteidigen zu müssen. Nur die Rollen von „Gut" und „Böse" auf der Welt vergab das amerikanische Publikum neu. Wenige Jahre nach Beendigung des Zweiten Weltkriegs war ein *Kalter Krieg* zwischen der kommunistischen Ideologie der „Weltherrschaft" und dem amerikanischen Sendungsbewusstsein ausgebrochen (⇨ M 1, M 2).

Antikommunismus

Der Kalte Krieg sowie einige Aufsehen erregende Spionagefälle entfachten in den USA ein hysterisches Klima des Antikommunismus. Im Mittelpunkt stand ein schon vor dem Krieg eingerichteter „Ausschuss für unamerikanische Umtriebe", der seit 1947 in öffentlichen Anhörungen Millionen Amerikaner überprüfte. Betroffen waren vor allem Staatsangestellte, Künstler, Wissenschaftler und Gewerkschaftsfunktionäre. Der Ausschuss durchleuchtete deren Privatleben und brandmarkte „verdächtige" Abweichungen vom gesellschaftlichen Grundkonsens als kommunistische Unterwanderung. Allein 3000 Angehörige der Bundesverwaltung verloren ihren Arbeitsplatz.

---

[1]) Harry S. Truman (1884-1972), Politiker der Demokratischen Partei, kam als Vizepräsident nach dem Tod Roosevelts am 12. April 1945 ins Amt. 1948 wurde er für eine weitere Amtsperiode bestätigt.

Die Anhörungen steigerten sich unter dem Einfluss des republikanischen Senators *Joseph McCarthy* zur „Hexenjagd", begleitet von Beifall aus der weißen Unter- und Mittelschicht. McCarthy machte auch vor Halbwahrheiten und Fälschungen nicht Halt, um die Opfer seiner Gesinnungskontrolle öffentlich bloßzustellen. Als er auch die amerikanische Armee angriff, und das Fernsehen die Arroganz und Brutalität der Diffamierungskampagnen entlarvte, verurteilte der Senat 1954 die Praktiken McCarthys (⇨ M 3, M 4). Damit verschwand der „McCarthyismus" von der Bildfläche, während der Antikommunismus auch künftig Wesenszug des politischen Lebens in den USA blieb.

Wohlstandsgesellschaft (Affluent Society)

Unter Präsident Truman und seinem Nachfolger *Dwight D. Eisenhower*[1]) erlebten die Vereinigten Staaten in den „goldenen Fünfzigerjahren" einen langanhaltenden Wirtschaftsboom. In wesentlichem Umfang trugen dazu die steigenden Staatsausgaben bei, denn der Staat engagierte sich immer mehr in öffentlichen Bereichen und verbesserte soziale Maßnahmen – ein Erbe der New-Deal-Ära. Die Zahl der Staatsbediensteten stieg zwischen 1950 (7,5 Millionen) und 1970 (17 Millionen) auf mehr als das Doppelte an.
Ein in Friedenszeiten ungekanntes Ausmaß nahmen die Investitionen für militärische Projekte ein. (Sogar zu Strahlenexperimenten an Soldaten und Zivilisten waren die Behörden bereit, um im Wettrüsten mit der Sowjetunion einen Vorsprung zu erzielen.) Amerikanische Rüstungsunternehmen und multinational tätige Konzerne waren führend in der Welt. Daneben entstanden gänzlich neue Branchen wie die Freizeitindustrie (die Imbisskette *Mc Donald's* wurde 1954 gegründet), die vom wachsenden Wohlstand breiter Massen profitierte. Als erste Nation machten die USA den Schritt von einer Produktions- zu einer Dienstleistungsgesellschaft.
Die dort tätigen Arbeitnehmer fühlten sich auf Grund ihrer betrieblichen Funktionen mentalitätsmäßig nicht mit den Zielen der Gewerkschaftsfunktionäre verwandt. Wie später in anderen Industriestaaten auch, sank die Zahl der Mitglieder in den Gewerkschaften. Eingeleitet worden war dieser Prozess bereits 1947, als die Republikaner im *Taft-Hartley-Act* das *Closed-shop-Prinzip* abschafften: Arbeitnehmer konnten nicht länger gezwungen werden, der für „ihr Unternehmen" zuständigen Trade Union beizutreten.

Frau mit Einkaufswagen (1970). Der Hyperrealismus amerikanischer Künstler wie Duane Hanson (geb. 1925) versteht sich als objektives Gegenstück einer „Kultur der Anhäufung".

[1]) Dwight D. Eisenhower (1890–1969) wurde während des Krieges als Oberbefehlshaber der amerikanischen Truppen in Europa populär. Als Kandidat der Republikaner wurde er zweimal zum Präsidenten gewählt (1953–1961).

M 1

Das NSC 68

Im April 1950 legte Außenminister Dean Acheson Präsident Truman ein geheimes Dossier vor. Das National Security Memorandum No. 68, das seither als das maßgebliche Grundlagenpapier der US-Außenpolitik galt, kommt unter anderem zu den folgenden Empfehlungen:

19 a. Die Reduzierung der Macht und des Einflusses der UdSSR auf ein Maß, welches keine weitere Bedrohung für den Frieden, die nationale Unabhängigkeit und Stabilität der Weltfamilie darstellt. [...]
20. Wir sollten uns darum bemühen, unsere Ziele bei der Durchführung nachfolgender Aufgaben ohne Krieg zu erreichen:
a. Die allmähliche Zurücknahme des übertriebenen russischen Machteinflusses im Bereich der traditionellen russischen Grenzen und die Entwicklung der Satellitenstaaten zu von der UdSSR unabhängigen Einheiten zu fördern und zu unterstützen.
b. Unter den russischen Völkern die Entwicklung von Haltungen zu fördern, die dazu beitragen könnten, die gegenwärtige sowjetische Haltung zu ändern [. . .].
c. Den Mythos auszurotten, durch den Völker außerhalb des sowjetischen Militärbereichs in einer Position der Unterwürfigkeit gegenüber Moskau gehalten werden, und die Welt schließlich dazu zu veranlassen, die wahre Natur der UdSSR und des Weltkommunismus [...] zu sehen und zu verstehen und ihr gegenüber eine logische und realistische Haltung einzunehmen. [...]
21. Das Erreichen dieser Ziele erfordert, dass
a. die USA einen Status der militärischen Bereitschaft entwickeln, welcher so lange aufrechterhalten werden kann, wie eine Abschreckung gegenüber der sowjetischen Aggression notwendig ist, als unverzichtbare Unterstützung unserer politischen Haltung gegenüber der UdSSR, als eine Quelle der Ermutigung gegenüber Nationen, die sich der sowjetischen politischen Aggression entgegenstellen und als eine geeignete Basis einer sofortigen militärischen Verantwortung und einer schnellen Mobilisierung im unvermeidlichen Kriegsfalle.
b. Eine Absicherung der inneren Sicherheit der Vereinigten Staaten gegenüber Gefahren von Sabotage, Subversion und Spionage.
c. Die Steigerung unseres wirtschaftlichen Potenzials [...].
d. Eine Stärkung der Orientierung der nicht-sowjetischen Nationen in Richtung der Vereinigten Staaten; und die Hilfe gegenüber solchen Nationen, die in der Lage und bereit sind, einen wichtigen Beitrag für die US-Sicherheit zu leisten, indem ihre wirtschaftliche und politische Stabilität vergrößert und die militärischen Voraussetzungen geschaffen werden.
e. Das Ausüben des größtmöglichen Drucks auf die sowjetische Machtstruktur, insbesondere jedoch auf die Beziehungen zwischen Moskau und seinen Satellitenstaaten.
f. Eine vollkommene Aufklärung der amerikanischen Öffentlichkeit in Hinblick auf die Bedrohung unserer nationalen Sicherheit, so dass diese bereit ist, die Maßnahmen, die wir in diesem Zusammenhang ergreifen müssen, zu unterstützen. [...]
Unsere Position als Zentrum der Macht in der freien Welt legt der US-Führung eine immense Verantwortung auf. Wir müssen die Energien und Ressourcen der freien Welt in einem positiven Friedensprogramm organisieren und gewinnen, welches die Absichten des Kreml zur Anpassung zwingt. Ohne ein solches gemeinschaftliches Bemühen unter der Führung der Verei-

„Es wird hier dauernd von Frieden gesprochen – meine Herren, der Friede bin ich!"
Die Karikatur „Das Veto der Bombe" von H.M. Brockmann wurde am 19. Mai 1956 im Simplicissimus veröffentlicht.

nigten Staaten werden wir uns unter Druck allmählich zurückziehen müssen, bis wir eines Tages entdecken, dass wir Positionen von lebenswichtigem Interesse geopfert haben. [...]
Die Durchführung eines solchen Aufbaus erfordert jedoch ein Programm der USA, welches über ein bloßes defensives Programm gegenüber der sowjetischen Bedrohung hinausgeht. 50
Dieses Programm muss den Weg zum Frieden und zur Ordnung unter den Nationen in einem System basierend auf Freiheit und Gerechtigkeit aufzeigen, wie dies in der Charta der Vereinten Nationen gesehen wird. Weiterhin muss es die politischen und wirtschaftlichen Maßnahmen vorsehen, mit 55 denen und hinter deren militärischen Schild die freie Welt arbeiten kann, um den Kreml zu schwächen durch die Strategie eines Kalten Krieges; denn jede Überlegung der Treue gegenüber unseren fundamentalen Wertvorstellungen und unserer nationalen Sicherheit gebietet es, dass wir unsere Ziele durch die Strategie des Kalten Krieges erreichen, indem wir unsere militärische Stär- 60 ke ausbauen, in der Hoffnung, sie möge nicht zum Einsatz kommen. Der einzig wahre Sieg liegt in der Schwächung des Kreml durch eine ständige Entwicklung der moralischen und materiellen Stärke der freien Welt und ihre Projektion in die sowjetische Welt, damit auf diese Weise ein interner Wandel im sowjetischen System vonstatten gehen kann. [...] 65
Dieses Programm sollte einen Verhandlungsplan mit der Sowjetunion enthalten, der, zusammen mit unseren Alliierten entwickelt und abgestimmt, und mit unseren Zielen in Einklang steht. Die Vereinigten Staaten und ihre Alliierten, insbesondere Großbritannien und Frankreich, sollten immer darauf vorbereitet sein, mit der Sowjetunion unter Einhaltung unserer Zielsetzungen 70 zu verhandeln. [...]
Der ganze Erfolg des vorgeschlagenen Programms hängt letztlich von der Erkenntnis dieser Regierung, des amerikanischen Volkes und aller freien Völker ab, dass der Kalte Krieg tatsächlich ein wirklicher Krieg ist, in welchem das Überleben der freien Welt auf dem Spiel steht. 75

Foreign Relations of the United States 1950, Band I, Washington 1977, S. 289 ff. (Übers.: Dorothee Hartmann-Vincken)

1. *Arbeiten Sie heraus, wie die allgemein beschriebenen „Gegenmaßnahmen" der US-Politik sich konkret auswirken konnten. Stellen Sie dabei Bedeutung und Grenzen militärischer Mittel fest.*
2. *Vergleichen Sie das Dokument mit Roosevelts Version der „einen Welt". Welche Abweichungen werden deutlich?*

M 2

Die neue Verantwortung der Großmächte

Anlässlich einer Konferenz 1955 in Genf sprachen die vier Siegermächte des Zweiten Weltkriegs erstmals über gemeinsame Abrüstungsanstrengungen. Der Journalist Walter Lippmann kommentierte in der New York Herald Tribune.

Was sich ereignet hat, ist, wie ich denke, dass bei bis jetzt unveränderter Politik in dem Konflikt die Bedeutung der offenen Fragen zwischen den beiden Ländern überprüft, dann herabgesetzt und schließlich entwertet wurde. Beide Regierungen, welche von einer steigenden öffentlichen Meinung vor-
5 wärts und rückwärts getrieben werden, sind zu dem Entschluss gekommen, dass die spezifischen offenen Fragen – Deutschland, China, Formosa, die Satelliten, Vietnam, die Basen – nicht von einer solch vitalen Bedeutung sind, dass sie mit dem Risiko eines Atomkrieges gelöst werden müssten. Beide Länder können leben, sie leben auch in der Tat, ohne dass diese offenen Fra-
10 gen gelöst sind. Ein jedes würde es natürlich vorziehen, sie nach den eigenen Bedingungen zu lösen. Aber sie wollen lieber höflich über die Fragen reden und abwarten als das Risiko eines Krieges auf sich nehmen.
Diese Entwertung – die Minderbewertung der Politik und die Höherbewertung der Kriegsgefahr – ereignete sich in Westeuropa vor mehr als zwei Jah-
15 ren. Sie wurde von Churchill deutlich ausgesprochen. Sein Aufruf zu einem Treffen auf höchster Ebene vom Mai 1953 wurde von der Überzeugung geleitet, dass die Staatsmänner, wenn sie einmal erfasst hätten, was die Atomwaffen bedeuten (denn sie hatten dies damals noch nicht erfasst), in der Vermeidung des Krieges übereinstimmen müssten. Wieder einmal hat sich der gro-
20 ße alte Mann als wahrer Prophet erwiesen. In den beiden vergangenen Jahren trat dieses Erfassen bei beiden ein, den Russen und Amerikanern, und hat nicht so sehr die spezifischen Bedingungen, sondern den Geist ihrer Politik in dem Konflikt tief beeinflusst.
Dieses Erfassen hat auch die Ausbalancierung politischer Kräfte innerhalb
25 eines jeden Landes tief beeinflusst. Es wird in den öffentlichen Dokumenten kundgetan, dass in dem sowjetischen militärischen Denken ein großer Wechsel eingetreten ist, auf Grund einer neuen und eben erst erfolgten Einschätzung der Atomwaffen. Es ist außerdem deutlich, dass die sowjetische Außenpolitik tief, vielleicht sogar direkt von den neu geschulten militärischen Füh-
30 rern der Sowjetunion beeinflusst ist.
In den Vereinigten Staaten war es neben den direkten Gründen des Zusammenbruchs des McCarthyismus und des Zurückgehens der Kriegspartei die Einsicht des Volkes, dass ein moderner Krieg nicht geduldet werden kann. Präsident Eisenhower stand immer in Opposition zur Kriegspartei. Aber so-
35 gar noch zu einem so späten Zeitpunkt wie dem letzten Januar widerstand er ihr nur unter Schwierigkeiten und sah sich gezwungen, sie beträchtlich zu beruhigen. In jedem Falle hatte Eisenhower dieses ganze Land hinter sich, seit die Sowjets zu zeigen begannen, dass auch sie sich vor dem Kriege fürchteten. Er konnte nach Genf gehen mit dem höchsten Anliegen der Vermei-
40 dung eines Krieges.

Keesing's Archiv der Gegenwart, XXV. Jahrgang, Essen 1955, S. 5289

1. *Wodurch haben sich die „Spielregeln" der Außenpolitik geändert?*
2. *Vergleichen Sie den Kommentar mit M 1. Befolgt die amerikanische Regierung ihre eigene Doktrin?*

M 3

Hexenjagd in Hollywood

Der Journalist und Filmwissenschaftler Hans Schmid beschreibt in einem Zeitungsartikel, mit welchen Verfahren der „Ausschuss zur Untersuchung für unamerikanische Umtriebe" Angehörige der Filmbranche überprüfte.

Im Oktober 1947 begannen die Anhörungen in Washington; alle großen Zeitungen hatten ihre Reporter, die Fernsehsender ihre Kamerateams geschickt. Die erste Woche der Anhörungen wurde von Zeugen bestritten, die Thomas[1]) als „freundlich" bezeichnete, weil sie die Arbeit des Ausschusses unterstützten. [. . .] 5
Die zweite Woche war zehn „unfreundlichen Zeugen" vorbehalten. Sie verweigerten genaue Angaben zu ihren politischen Überzeugungen und beriefen sich auf den ersten Zusatzartikel zur amerikanischen Verfassung, der ihnen das Recht auf Rede- und Versammlungsfreiheit garantierte. Einer der „Hollywood Ten", Ring Lardner, hatte ihre Position so beschrieben: „Alles, was ich 10 über die Geschichte der Inquisition weiß, bekräftigt mich in meiner Meinung, dass es kaum einen Unterschied gibt, ob man einen Menschen zwingt zu sagen, was er für Überzeugungen hat, oder ob man ihm die Überzeugung aufzwingt, die er haben sollte." [. . .]
Bald [. . .] traten die zehn „unfreundlichen" Zeugen Haftstrafen zwischen 15 einem halben und einem Jahr wegen Aussageverweigerung und daher „Missachtung des Kongresses" an. [. . .]
Als die zehn aus dem Gefängnis kamen, standen sie auf der schwarzen Liste, die es offiziell nicht gab, und waren arbeitslos. Die Produzenten Hollywoods hatten sich zunächst vehement gegen eine solche Liste ausgesprochen 20 – bis sie sich im November 1947 im New Yorker Waldorf-Astoria-Hotel mit ihren Finanziers von der Ostküste trafen und folgende Sprachregelung fanden: „Wir sind gegen eine schwarze Liste, aber wir beschäftigen keine Kommunisten." Damit erkauften sie sich einige Jahre Ruhe.
In Zukunft machten „unfreundliche" Zeugen von ihrem verfassungsmäßigen 25 Recht Gebrauch, die Aussage zu verweigern, weil sie dadurch sich oder andere belasten könnten. Das war nicht justiziabel[2]), wurde aber auch mit Arbeitslosigkeit bestraft; wer vorgeladen wurde und nicht aussagte, galt automatisch als schuldig. [. . .] „Wie wir zu sagen pflegten", schrieb Ben Hecht dazu, „die freie Meinungsäußerung ist Amerikas wertvollstes Gut. In meiner 30 Jugend war dieser Satz ein Klischee, ohne das ein Politiker weder zum Hundefänger noch zum Präsidenten gewählt werden konnte. Heute kann er einem Wähler eine kleine Gefängnisstrafe einbringen." [. . .]
Anfang 1951 begann in Washington eine zweite große Anhörungsrunde. Noch war nicht klar, wie Opfer der schwarzen oder grauen Liste sich rehabi- 35 litieren konnten. Sterling Hayden hatte mit einer Rolle in John Hustons *The Asphalt Jungle* (1950) gerade seinen Durchbruch als Schauspieler erlebt, als er sich auf dem Abstellgleis wiederfand. Sein Anwalt (einige Juristen hatten sich längst spezialisiert) empfahl den Gang zum FBI. Hayden gestand ein, eine Weile KP-Mitglied gewesen zu sein, nannte Namen und arbeitete bald 40 wieder. [. . .]

---

[1]) der Vorsitzende des Ausschusses
[2]) will sagen: konnte nicht gerichtlich verfolgt werden

Joseph McCarthy auf einem von ihm selbst verbreiteten Propagandafoto, aufgenommen im Januar 1952 vor dem Capitol in Washington.

Wer kooperierte, wurde rehabilitiert. Die Prozedur war immer dieselbe. Am Anfang sprach man mit einem FBI-Agenten und gab bereitwillig Auskunft. Dann bat man den Ausschuss, gehört zu werden, um seine Vergangenheit und 45 Kommunisten zu denunzieren oder solche, die man dafür hielt. Wer bekannt genug war, verfasste anschließend einen Zeitungsartikel, in dem er noch einmal seine Reue bekundete und dem Ausschuss für seine Arbeit dankte. [. . .]
Von 110 Männern und Frauen, die zur zweiten Anhörungsrunde vorgeladen wurden, entschieden sich 58 zur vorher abgesprochenen Aussage. Wer nie 50 KP-Mitglied gewesen war und keine Kommunisten nennen konnte, erhielt vom FBI eine Liste mit den ohnehin bekannten Namen, damit die Schauveranstaltungen ganz nach Drehbuch ablaufen konnten. Im Schnitt nannte jeder Informant gut zwei Dutzend Namen; da viele mehrfach genannt wurden, ergab das etwa 2000 (meist ehemalige) Kommunisten. [. . .]
55 Besonders verdächtig waren Kontakte zur DDR, die vielen als bester Beweis für die These galt, aus Nazis (weil fanatisch und Vernunftgründen kaum zugänglich) würden nur schwer Demokraten, sehr leicht aber Kommunisten (ebenfalls fanatisch und unvernünftig). Charles Laughton, der in New York mit Brecht zusammengearbeitet hatte, rief deshalb sofort seinen Anwalt an, als ihn 60 das Ostberliner Ministerium für Kultur nach Brechts Ableben um eine Stellungnahme bat. Der Anwalt kontaktierte das FBI, erhielt eine Unbedenklichkeitserklärung, und Laughton schickte ein Beileidstelegramm. Das war 1956.

Hans Schmid in Süddeutsche Zeitung Nr. 68, 22./23. 3. 1997, Feuilleton-Beilage, S. 1

1. *Beschreiben Sie die unmittelbaren und mittelbaren Folgen der Anhörungsverfahren für die Betroffenen.*
2. *Die „Hollywood Ten" fanden zunächst medienwirksame Unterstützung. Als sich herausstellte, dass neun von ihnen Mitglieder der Kommunistischen Partei waren, schlug die öffentliche Meinung um. Bewerten Sie die Ursachen und sprechen Sie über die „Macht" der (veröffentlichten) Mehrheitsmeinung. Gibt es dagegen Schutzmechanismen?*

M 4

Dem Senat ist nicht wohl

Bereits 1950 kritisierte der Senat sein eigenes Mitglied McCarthy wegen seiner skrupellosen „Kommunistenjagd". McCarthys Einfluss endete allerdings erst 1954 nach einer formellen Rüge des Senats wegen finanzieller Unregelmäßigkeiten.

Obwohl er im Senat, in der Öffentlichkeit und vor diesem Unterausschuss abgestritten hat, die folgende Äußerung getan zu haben, ersehen wir aus dem zusammengetragenen Beweismaterial, dass Senator Joseph R. McCarthy am 9. Februar 1950 in Wheeling, West Virginia, gesagt hat: „Meine Damen und Herren! Ich habe zwar nicht die Zeit, alle diejenigen Männer im Außenministerium aufzuzählen, die als aktive Mitglieder der Kommunistischen Partei und als Mitglieder eines Spionagerings genannt worden sind, aber ich habe hier in meiner Hand eine Liste mit 205 Namen, eine Liste mit den Namen derjenigen, von denen der Außenminister erfahren hat, dass sie Mitglieder der Kommunistischen Partei sind und – dessen ungeachtet – immer noch im State Department arbeiten und dessen Politik mitgestalten."
Unsere Untersuchung hat ergeben, dass die vorstehenden Anschuldigungen falsch sind, vor allem dass Senator McCarthy nie eine solche Liste, wie behauptet, besessen hat [. . .].
Unsere Untersuchung hat ergeben, dass dieses Problem mit größter Kompetenz behandelt wurde, dass illoyale Personen tatsächlich ausgeschieden wurden und dass auch weiterhin wirksame Anstrengungen unternommen und entsprechende Verfahren durchgeführt werden, um die Sicherheit des Außenministeriums zu gewährleisten. [. . .]
Zu einer Zeit, in der wiederum amerikanisches Blut vergossen wird, um unsere Vision der Freiheit aufrechtzuerhalten[1]), sehen wir uns genötigt, die Anschuldigungen McCarthys und die Methoden, mit denen diesen Glaubwürdigkeit verliehen werden sollte, mutig und offen als das zu bezeichnen, was sie wirklich sind: als Betrug und Schwindel zum Schaden des Senates der Vereinigten Staaten und des amerikanischen Volkes. Sie sind wohl die schändlichste Kampagne von Halbwahrheiten und Unwahrheiten in der Geschichte dieser Republik. Zum ersten Mal in unserer Geschichte haben wir sehen müssen, wie die totalitäre Propagandatechnik der „großen Lüge" über längere Zeit hin angewendet worden ist. Als Ergebnis ist das amerikanische Volk zu einer Zeit, da es stark und einig sein sollte, verunsichert und gespalten worden, und zwar in einem weit höheren Maße als es sich selbst die Kommunisten, deren Geschäft doch aus Verunsicherung und Spaltung besteht, hätten erträumen können. In einer solchen desillusionierenden Konstellation wissen wir mehr als je zuvor unsere Menschenrechte, die Pressefreiheit und das freiheitliche Erbe, das diese Nation groß gemacht hat, zu schätzen.

Günter Moltmann, Die Vereinigten Staaten von Amerika von 1917 bis zur Gegenwart, Paderborn 1987, S. 58 f.

1. *Benennen Sie die Vorwürfe, die der Senat gegen McCarthy erhebt.*
2. *Suchen Sie nach den Ursachen, dass McCarthy sein Treiben noch weitere vier Jahre fortsetzen konnte.*

[1]) Es ist die Zeit des Koreakriegs.

Die amerikanische Nachkriegsgesellschaft im Umbruch

Der PopArt-Künstler Roy Lichtenstein (geb. 1923) benutzt die Bildformen der modernen Massenmedien (zum Beispiel Comic Strips), übersteigert aber deren Klischees. Kriegshelden werden in ihrer Macho-Pose zur Karikatur ihrer selbst. „War Comics" wie das Bild „Whaam!" (1963) sollten den Zeitgeist des Kalten Kriegs in Zweifel ziehen.

1954	Der Supreme Court erklärt die Rassentrennung in öffentlichen Schulen für verfassungswidrig
1956	Die schwarze Bürgerrechtsbewegung erzwingt in Montgomery die Gleichberechtigung in öffentlichen Verkehrsmitteln
1961	Präsident Kennedy beginnt sein Programm des New Frontier
1964	Der Civil Rights Act schafft gleiche Bürgerrechte für alle Amerikaner
1965–1975	Im Vietnamkrieg verlieren 58 000 Amerikaner ihr Leben (bis 1973)
1968	Martin Luther King wird ermordet
	Die Protestbewegung in den USA erreicht ihren Höhepunkt
1969	Der Amerikaner Neil Armstrong betritt als erster Mensch den Mond
1974	Präsident Nixon muss wegen des Watergate-Skandals zurücktreten

New Frontier und Great Society

Um 1960 hatte der Glaube der meisten Amerikaner, vorwiegend durch Wirtschaftswachstum alle inneren Probleme lösen zu können, Risse bekommen. Fast ein Viertel der Bevölkerung (45 Millionen Menschen) war von den Segnungen der Wohlstandsgesellschaft ausgeschlossen und lebte unter der Armutsgrenze von 3000 Dollar im Jahr. Neuen Optimismus verbreitete der junge, charismatische Präsident *John F. Kennedy*. („Und so, meine amerikanischen Mitbürger: Fragt nicht, was euer Land für euch tun wird – fragt, was ihr für euer Land tun könnt.") Mit sozialen Reformen und ganz allgemein einem Aufbruch zu *Neuen Grenzen (New Frontier)* wollte er die Gegensätze in der Gesellschaft abbauen (⇨ M 1).
Anders als geplant musste Kennedy sein Augenmerk jedoch vor allem auf den zugespitzten Ost-West-Gegensatz richten (Bau der Berliner Mauer am 13. 8. 1961). Als 1962 gar sowjetische Raketen vom kommunistisch regierten

Kuba aus die USA unmittelbar bedrohten, konnte der Präsident nur mit Hilfe einer geschickten Diplomatie einen (atomaren) Krieg zwischen den Supermächten vermeiden. Der Kalte Krieg trieb nun vor allem die Verteidigungsausgaben in die Höhe, zumal der erste sowjetische Satellit im Weltall (*Sputnik*, 1957) in der Öffentlichkeit einen Schock ausgelöst hatte. In diesem Klima blockierte der Kongress die meisten sozialpolitischen Initiativen der Regierung. Die New-Frontier-Idee versandete.
Als aber Kennedy am 22. November 1963 in Dallas einem Attentat zum Opfer fiel, nutzte sein Nachfolger *Lyndon B. Johnson*[1]) den Mythos, der sich um den ermordeten Präsidenten rankte. Jetzt stimmte auch der Kongress wesentlichen Sozialreformen zu. Dazu zählten der „bedingungslose Kampf gegen die Armut" (beispielsweise durch die Verteilung von Lebensmittelkarten), eine staatliche Krankenversicherung, Verbesserungen in der Ausbildung, Förderung unterentwickelter Regionen, Sanierung heruntergekommener Stadtviertel, ein liberales Einwanderungsgesetz und vieles mehr. Die Bundesstaaten erhielten für die Finanzierung der Reformen umfangreiche Mittel von der Zentralregierung. Sie gerieten dadurch in eine für das amerikanische Verfassungsverständnis ungewohnte Abhängigkeit.
Johnsons Vision der *Großen Gesellschaft* (*Great Society*) blieb nach Anfangserfolgen schließlich wegen der Verstrickung der USA in den *Vietnamkrieg* unvollendet (siehe Seite 276). Die immensen Militärausgaben führten wieder zu Kürzungen bei den Sozialprogrammen. Enttäuscht wandten sich die Wähler von Johnson und der Demokratischen Partei ab.

Der Kampf gegen die Rassendiskriminierung

Zu einem bleibenden Erfolg der Präsidenten Kennedy und Johnson sollte der Kampf für die Bürgerrechte der Schwarzen werden. Die Afroamerikaner und die immer zahlreicher werdenden spanischsprachigen Einwanderer lebten in der Wohlstandsgesellschaft der Nachkriegszeit immer noch auf der Schattenseite des „American Way of Life". In den Industriestädten des Nordens wucherten die Slums, Asozialität und Kriminalität machten sich breit, die Lebenserwartung der farbigen Bevölkerung blieb weit hinter der weißen Bevölkerung zurück.
Bereits unter Präsident Eisenhower kam es zu einer ersten Korrektur: 1954 erklärte das Oberste Bundesgericht die Rassentrennung in öffentlichen Schulen für verfassungswidrig. Angesichts einer immer wichtiger werdenden qualifizierten Ausbildung in der modernen Industrie- und Dienstleistungsgesellschaft bedeutete dieses Urteil einen wichtigen Fortschritt auf dem Weg zur Gleichberechtigung der Farbigen (⇨ M 2). Die Entscheidung zog jedoch – vor allem im Süden der Vereinigten Staaten – eine Welle von Protesten und Ausschreitungen der weißen Bevölkerung nach sich. In Little Rock (Arkansas)

[1]) Lyndon B. Johnson (1908–1973), Senator von Texas, unterlag Kennedy in den innerparteilichen Auseinandersetzungen um die Präsidentschaftskandidatur und wurde dessen Vizepräsident. 1964 gewann er als amtierender Präsident selbst die Wahlen.

Der erste Schultag. Nationalgardisten begleiten einen von sieben farbigen Schülern der Sturgis High School in Kentucky (September 1956).

setzte Eisenhower sogar Bundestruppen ein, um dem Gerichtsbeschluss zur Rassenintegration Achtung zu verschaffen.
Inzwischen hatten die Farbigen begonnen, mit Demonstrationen, Boykotts, Sit-ins und anderen gewaltlosen Aktionen für die Verwirklichung ihrer Bürgerrechte zu kämpfen. Ihren ersten großen Erfolg erreichten sie 1955/56 in Montgomery (Alabama): Nach einem fast dreizehn Monate dauernden Busboykott wurde die Rassentrennung in öffentlichen Verkehrsmitteln aufgehoben. Der farbige Baptistenpfarrer *Dr. Martin Luther King,* der im Laufe der Auseinandersetzungen über zwanzig Mal zu Gefängnisstrafen verurteilt worden war, wurde der unumstrittene Führer der *gewaltlosen Bürgerrechtsbewegung* (◊ M 3). Der Streik hatte den Afroamerikanern bewiesen, dass sie nach Jahrhunderten der Fügsamkeit durchaus in der Lage waren, ihre soziale Lage selbst zu verbessern.
Auf der anderen Seite versuchten viele Weiße weiterhin, die Integration der Farbigen durch Einschüchterung, Gewalt und Ignoranz aufzuhalten. Noch 1964 gingen in den Südstaaten lediglich zwei Prozent der afroamerikanischen Kinder auf integrierte Schulen. Doch der Widerstand der *Black Revolution* gegen die Rassentrennung nahm zu, und Anfang der Sechzigerjahre drohte die Auseinandersetzung zu eskalieren.

Die rechtliche Gleichstellung der Afroamerikaner

Präsident Kennedy hatte 1963 ein *Bürgerrechtsgesetz* (*Civil Rights Act*) vorgelegt, das jegliche Rassendiskriminierung verbot. Eine Kommission sollte Verstöße überwachen. Aber erst ein Jahr später setzte sein Nachfolger Johnson gegen den hinhaltenden Widerstand des Südens die Vorlage durch (◊ M 4).

Ein weiteres Gesetz schaffte die Wahlsteuern einiger Südstaaten ab und sorgte damit endlich für ein ungehindertes Wahlrecht aller Bürger. Es dauerte nicht lange, bis Afroamerikaner in politische Ämter der Gemeinden und Parlamente gewählt oder (noch unter Johnson) zum Minister ernannt wurden.
Die rechtliche Gleichstellung der schwarzen Bevölkerung änderte nichts an ihrer Armut und sozialen Unterlegenheit. Gewalttätige Gruppen, vor allem die *Black Power* und *Black Panther,* gewannen daher an Einfluss. Sie verbanden die Ideen der Bürgerrechtsbewegung mit dem Aufruf zum revolutionären „Klassenkampf". Der Gedanke der Integration wurde als würdelose Anpassung an die weiße Gesellschaft verurteilt. Ein eigener Rassismus unter der Losung *„Black is beautiful"* löste die Forderung nach Gleichberechtigung der Rassen ab. Rassenunruhen mit Hunderten Toten versetzten die amerikanischen Städte noch jahrelang in Schrecken. Sie steigerten sich zu bürgerkriegsähnlichen Zuständen, als 1968 ein weißer Sträfling Martin Luther King ermordete.
In den Siebzigerjahren ebbten die Auseinandersetzungen ab. Seither gelingt zwar immer mehr Schwarzen der Aufstieg aus der Unterschicht, doch bleibt das Zusammenwachsen der Rassen ein immer noch unbewältigtes Problem der amerikanischen Gesellschaft (⇨ M 5, M 6).

Der Vietnamkrieg (1965–1975)

Wie Deutschland und Korea war auch Vietnam nach dem Zweiten Weltkrieg in einen kommunistischen Landesteil im Norden und ein von den Vereinigten Staaten abhängiges Südvietnam geteilt worden. Seit 1961 hatte Präsident Kennedy Militärberater entsandt, die das südvietnamesische Regime im Kampf gegen von Nordvietnam gesteuerte Partisanen unterstützen sollten.
Die krisenhafte Situation weitete sich jedoch aus. 1965 ordnete Präsident Johnson deshalb den Einsatz von Truppen an. Im Sinne der Eindämmungspolitik wollte er nicht dafür verantwortlich sein, dass ein weiterer „Domino-Stein" dem Kommunismus in die Hände fiel. Bald stieg die Zahl der eingesetzten US-Soldaten auf über 500 000 an. Die Luftstreitkräfte warfen im „Dschungelkrieg" mehr Bomben ab als während des Zweiten Weltkriegs. Das Fernsehen verbreitete mit täglichen schonungslosen Bildberichten Schrecken und Abneigung im heimatlichen Wohnzimmer. Immer deutlicher wurde die Verrohung der eigenen Armee. Die Berichterstattung riss die Amerikaner aus dem Märchentraum vom gerechten und guten Krieg (⇨ M 7).
1973 gaben die Vereinigten Staaten ihre in den Augen der (Welt-)Öffentlichkeit unhaltbar gewordene Stellung auf und zogen ihre Truppen zurück. Damit überließen sie ihren Bündnispartner seinem Schicksal. 1975 kapitulierte Südvietnam und das Land wurde zur Sozialistischen Republik Vietnam vereinigt (⇨ M 8).

Studentenprotest

In der zweiten Hälfte der Sechzigerjahre schienen die Werte, auf denen die amerikanische Gesellschaft fußte, von einer Sinnkrise erfasst. Am heftigsten reagierte die studentische Jugend, deren Protest sich aus drei Strömungen speiste.

1. Viele weiße Intellektuelle und Jugendliche hatten sich in der schwarzen Bürgerrechtsbewegung engagiert. Über die Forderung nach Gleichstellung der Afroamerikaner hinaus interpretierte die liberale *Civil Rights Movement* die Freiheitsrechte der Verfassung neu. Die Grundrechte sollten den Einzelnen nicht mehr nur vor Übergriffen des Staates schützen, sondern ihm einen möglichst vollkommenen Anspruch auf Rechts- und Chancengleichheit sowie autonome Selbstbestimmung einräumen.
2. Großen Einfluss an den Universitäten gewannen die marxistischen Philosophen der *Neuen Linken (New Left)*. Gemäß ihrer Ideologie kritisierten sie die westliche Klassengesellschaft, die im eigenen Land und in der Dritten Welt die Massen unterdrücke.
3. Immer fragwürdiger erschien der Sinn des Krieges in Vietnam. Die *Antikriegsbewegung* wurde zur Massenbewegung, als die Regierung 1966 auch Studenten der Wehrpflicht unterstellte, um sie nach Vietnam zu schicken.

Zu dem politischen Protest der Jugend gesellte sich der Bruch mit den Konventionen der Elterngeneration. Rockmusik, lange Haare und „Schäbigkeitslook", freizügige Sexualmoral oder Einnehmen von Drogen sollten den provokativen Protest gegen das „Establishment" schon rein äußerlich kundtun. Eine eigene „Jugendkultur" entstand, der sich die Jugend in Westeuropa begeistert anschloss.

Frauenbewegung

In den Ruf nach Gleichberechtigung stimmten in den Sechzigerjahren auch *Frauenrechtsgruppen* ein. Die 1966 gegründete *National Organization of American Women (NOW)* kämpfte vor allem für die Gleichstellung von Frauen im Beruf. Die Einstellungschancen von Frauen in den Behörden verbesserten sich daraufhin deutlich. Allerdings gelang dies meist nur durch Quotenregelungen, die bald auch auf ethnische Minderheiten angewandt wurden. Der Wandel war jedoch unübersehbar: 1960 übte nur ein Drittel der arbeitsfähigen Frauen einen Beruf aus, dreißig Jahre später waren es bereits knapp 60 Prozent.

Ein Durchbruch aus Sicht der Frauenbewegung war 1973 die Freigabe der Abtreibung in den ersten drei Monaten einer Schwangerschaft. Diese sogenannte „Fristenlösung" beruhte auf einem Urteil des Supreme Court, der die Selbstbestimmung der Bürger in seinen Urteilen mittlerweile sehr weit interpretierte.

Karikatur aus der amerikanischen Zeitung „Newsweek" (Mai 1974).

Watergate

Die außenpolitischen Krisen und die innere Unruhe stärkten die konservativen Grundströmungen in der verunsicherten Bevölkerung. Der neue Präsident *Richard Nixon*[1]) wurde getragen von der Zustimmung der Mittelschichten, die das liberale und intellektuelle Ostküsten-Establishment für den Niedergang der „amerikanischen" Grundwerte verantwortlich machten.
Ein erster Erfolg fiel Nixon mit der Mondlandung zweier amerikanischer Astronauten am 21. Juli 1969 in den Schoß. Damit hatte die amerikanische Weltraumbehörde den Wettlauf mit den sowjetischen Wissenschaftlern gewonnen.
In der Außenpolitik befreite sich Nixon vom Dogma der Eindämmungsdoktrin. Angeleitet vom Präsidentenberater und späteren Außenminister *Henry Kissinger* strebte er ein „Gleichgewicht" der fünf Machtzentren an: USA, UdSSR, China, Japan und Europa. Die Balance zwischen den Blöcken sollte unabhängig von der inneren Ordnung der Staaten gelten. Die USA verzichteten damit auf ihre „missionarische Stellung" und gingen daran, ihre Beziehungen zu den kommunistischen „Gegenmächten" UdSSR und China vorsichtig zu verbessern. Unter diesen Vorzeichen konnte Nixon nach langen Geheimverhandlungen vor allem das bewerkstelligen, was die Nation am meisten von ihm erwartete: den Abzug der Truppen aus Nordvietnam (1973).
Trotz der unbestreitbaren außenpolitischen Erfolge stürzte Nixon sein Land in eine unheilvolle Krise. Während des Präsidentschaftswahlkampfes waren 1972 fünf Männer in das Wahlkampfhauptquartier der Demokratischen Partei im Watergate-Komplex in Washington eingebrochen, um Abhörgeräte anzubringen. Sie wurden dabei gestellt und verhaftet. Bei der Aufklärung des Vorfalls zogen sich die Fäden vom Wahlkampfstab der Republikaner bis hin zum Weißen Haus. Die folgenden Enthüllungen, die insbesondere von zwei Reportern der „Washington Post" vorangetrieben wurden, offenbarten allmählich ein erschreckendes Ausmaß an Machtmissbrauch, Korruption und Kriminalität von führenden Politikern. Einem drohenden Amtsenthebungsverfahren (*Impeachment*) kam der Präsident im August 1974 nur durch seinen Rücktritt zuvor.

---

[1]) Richard M. Nixon (1913-1994), zwischen 1952 und 1960 Vizepräsident unter Präsident Eisenhower, war von 1969 bis 1974 37. Präsident der Vereinigten Staaten.

M 1

Die Vision einer New Frontier

John Fitzgerald Kennedy (1917–1963), Senator von Massachusetts, wurde von der Demokratischen Partei als Präsidentschaftskandidat aufgestellt. In einer Rede an die Delegierten beschrieb er am 15. Juli 1960 sein Programm. Den Wahlkampf gewann Kennedy gegen den republikanischen Kandidaten Richard Nixon und wurde 1961 der jüngste und erste katholische Präsident der USA.

Viele sagen heute, dass alle Horizonte erforscht worden und alle Kämpfe siegreich beendet worden sind; dass es also keine amerikanische Grenze mehr gebe. [. . .]
Aber ich vertraue darauf, dass niemand in dieser großen Versammlung solche Ansichten teilt. Denn keineswegs sind alle Probleme gelöst oder alle Kämpfe bestanden; sondern wir stehen heute vor einer „Neuen Grenze", der Grenze der Sechzigerjahre, einer Grenze voll unbekannter Chancen und Risiken, voll unerfüllter Hoffnungen und Bedrohungen. [. . .] Die „Neue Grenze", von der ich spreche, besteht nicht aus Versprechungen – vielmehr aus Herausforderungen. Sie lässt sich nicht in dem fassen, was ich dem amerikanischen Volk anzubieten beabsichtige, sondern in dem, was ich von ihm verlangen will. Sie appelliert an den Stolz der Amerikaner, nicht an ihr Scheckbuch – sie wirbt mit dem Versprechen größerer Opferbereitschaft statt mit mehr Sicherheit. [. . .] Hinter dieser Grenze liegen noch nicht kartographierte Gebiete der Wissenschaft und des Weltraums, ungelöste Probleme von Frieden und Krieg, unbezwungene Inseln von Unwissenheit und Vorurteil, unbeantwortete Fragen von Armut und Überfluss. Es wäre einfacher, sich von dieser Grenze fernzuhalten, die sichere Mittelmäßigkeit der Vergangenheit zu betrachten und sich von guten Vorsätzen und hehrer Rhetorik einlullen zu lassen – und diejenigen, die einen solchen Weg vorziehen, sollten mich, ganz unabhängig von Parteizugehörigkeiten, nicht wählen.
Aber ich glaube, dass unsere Zeit Erfindungsaufgabe, Erneuerungswillen, Einbildungskraft und Entscheidungsfähigkeit verlangt. Ich fordere alle auf, neue Pioniere an der „Neuen Grenze" zu werden. [. . .] Es ist eine harte Tatsache, dass wir an dieser Grenze stehen, an einem Wendepunkt der Geschichte. Wir müssen wieder ganz von vorne beginnen und den Beweis erbringen, ob diese Nation [. . .] noch lange überleben kann, ob unsere Gesellschaft mit ihrer Freiheit der Wahl, ihrer Breite der Chancen und ihrer Spannweite von Alternativen den Wettbewerb mit dem eindimensionalen Fortschreiten des kommunistischen Systems bestehen kann. [. . .]
Die ganze Menschheit wartet auf unsere Entscheidung. Eine ganze Welt sieht zu, was wir tun werden. Wir können ihr Vertrauen nicht enttäuschen, wir müssen den Versuch wagen.

Hartmut Wasser, Die USA – der unbekannte Partner, Paderborn 1983, S. 95

1. *Orientieren Sie sich über die Frontier-Bewegung des 19. Jahrhunderts, auf die Kennedy bewusst anspielt.*
2. *Stellen Sie fest, was Kennedy unter einer Neuen Grenze versteht.*
3. *Arbeiten Sie Unterschiede zwischen Frontier, New Deal und New Frontier heraus.*

M 2

Die Rassentrennung vor Gericht – und vierzig Jahre danach

Anfang der Fünfzigerjahre war die Rassentrennung an öffentlichen Schulen noch in 17 Einzelstaaten festgeschrieben. Dagegen entschied der Supreme Court am 17. Mai 1954.

Werden durch die Trennung der Kinder in den öffentlichen Schulen allein auf Grund ihrer Zugehörigkeit zu einer bestimmten Rasse, und obwohl die physischen Fähigkeiten und andere „handgreifliche" Faktoren gleich sind, den Kindern der Minorität die gleichen Erziehungsmöglichkeiten genommen? Wir glauben, dass dies zutrifft. [. . .] Die Auswirkung einer derartigen Trennung auf die Bildungschancen wurde durch die Begründung im Kansas-Fall durch ein Gericht treffend dargelegt [. . .].

„Die Trennung von weißen und farbigen Kindern in den öffentlichen Schulen übt einen schädlichen Einfluss auf die farbigen Kinder aus. Die Einwirkung ist umso stärker, wenn die Trennung gesetzlich sanktioniert ist, denn im Allgemeinen wird die Rassentrennungspolitik als ein Kennzeichen der Minderwertigkeit der Neger ausgelegt. Das Gefühl der Minderwertigkeit beeinflusst jedoch die innere Bereitschaft eines Kindes zum Lernen. Gesetzliche Rassentrennung hat daher die Tendenz, die Bildungs- und geistige Entwicklung der Negerkinder zu verzögern [. . .]."

Daher ist die „Trennungs- und Gleichheitstheorie" auf dem Gebiet der öffentlichen Erziehung fehl am Platze. Rassenmäßig getrennte Bildungsmöglichkeiten sind ihrem Wesen nach ungleich. Wir sind daher der Ansicht, dass die Kläger [. . .] auf Grund der Rassentrennung, über die sie Klage führen, der Gleichheit aller vor dem Gesetz [. . .] beraubt sind.

Herbert Schambeck, Helmut Widder, Marcus Bergmann (Hrsg.), Dokumente zur Geschichte der Vereinigten Staaten von Amerika, Berlin 1993, S. 534 f.

Die Schulwirklichkeit an der Little Rock Central High School, einem Zentrum der Auseinandersetzungen vierzig Jahre zuvor, beschrieb 1997 der Journalist Leo Wieland.

Central High hat inzwischen rund 1800 Schüler, den dritten schwarzen Direktor und einen überregional guten Ruf. Die Zahlenverhältnisse haben sich von Grund auf verändert: Fast sechzig Prozent der Schüler sind jetzt schwarz, knapp vierzig Prozent weiß. [. . .] Zwar schildern schwarze und weiße Schüler ihr Verhältnis als freundliche und friedliche Koexistenz. In den Klassen und vor allem den Pausen geht man aber überwiegend getrennte Wege.

In den „honors classes", in denen viel verlangt und viel gearbeitet wird, dominieren [. . .] die Weißen, in den regulären Klassen überwiegen die Schwarzen. Letztere, so ergänzte die Tageszeitung „New York Times", schnitten bei den Prüfungen nur halb so gut ab wie die Weißen und schieden doppelt so häufig vorzeitig aus. Bei disziplinarischen Verstößen und Sanktionen lägen sie hingegen überproportional weit vorn. Die Gründe dafür sind vielfältig. Das Elternhaus, die Motivation, die Vorbildung und Vorbereitung schlagen den schwarzen Schülern aus einkommensschwachen Verhältnissen und „problematischen" Vierteln oft zum Nachteil aus. Dass man in der Pause in ethnisch getrennten Gruppen sitzt und in der Cafeteria zumeist auch nicht zusammen isst, ist ein neuer Trend.

Denn das Oberste Gericht konnte einst zwar die Türen für jedermann öffnen. Es konnte aber nicht bestimmen, wer mit wem am Tisch sitzt.

Leo Wieland in: Frankfurter Allgemeine Zeitung Nr. 223, 25. 9. 1997, S. 3

1. *Mit dem Urteil korrigierte der Supreme Court praktisch die von ihm selbst entwickelte „Separate-but-equal-Doktrin". Informieren Sie sich über diese Doktrin und überlegen Sie die Gründe der Neubewertung.*
2. *Sprechen Sie in Ihrem Kurs über die langfristigen Auswirkungen des Urteils.*

Der Traum von einem anderen Amerika

M 3

In einer von allen Rundfunk- und Fernsehsendern übertragenen Ansprache wandte sich Präsident Kennedy am 11. Juni 1963 an die gesamte Nation.

Das farbige Kind, das heute in Amerika geboren wird, hat, gleichgültig in welchem Teil unseres Landes es zur Welt kommt, nur etwa die Hälfte der Chancen, eine höhere Schulbildung abzuschließen, wie ein weißes Kind, das am gleichen Ort am gleichen Tag geboren wird – nur ein Drittel der Chancen, eine College-Bildung zu erhalten, nur ein Drittel der Chancen, einen freien Beruf zu ergreifen, die doppelte Chance, arbeitslos zu werden, nur etwa ein Siebtel der Chance, 10 000 $ im Jahr zu verdienen. Seine Lebenserwartung ist um 7 Jahre geringer und seine Verdienstaussichten sind nur halb so gut. [...] Gesetze allein können den Menschen nicht zur richtigen Einsicht bringen. Wir stehen hier in erster Linie vor einer moralischen Frage. Sie ist so alt wie die Heilige Schrift und so klar wie die amerikanische Verfassung. Der Kern der Frage ist, ob alle

Am 28. August 1963 demonstrierten etwa 200 000 schwarze und weiße Anhänger der Bürgerrechtsbewegung mit einem Marsch nach Washington. Höhepunkt war eine Rede Dr. Martin Luther Kings. Ein Jahr später erhielt King den Friedensnobelpreis. Seit 1986 ist der Geburtstag Kings (15. Januar) nationaler Feiertag in den USA.

Es gibt Menschen, die den Bürgerrechtskämpfern die Frage stellen: „Wann werdet ihr zufrieden sein?" Wir können nie zufrieden sein, solange wir, deren Körper nach einer Reise schwer vor Müdigkeit sind, keine Unterkunft in den Motels der Autostraßen und den Hotels der Städte bekommen. Wir können nicht zufrieden sein, solange der Neger lediglich die Freiheit hat, aus einem kleineren Ghetto in ein größeres zu ziehen. Wir können nie zufrieden sein, solange unseren Kindern ihr Selbst genommen wird und sie ihrer Würde beraubt werden durch Schilder mit der Aufschrift „Nur für Weiße". Wir können nicht zufrieden sein, solange der Neger in Mississippi nicht wählen kann und der Neger in New York glaubt, dass er nichts zu wählen hat. Nein, nein, wir sind nicht zufrieden und wir werden nicht zufrieden sein, bis das Recht offenbart wird wie

Amerikaner wirklich gleiche Rechte und gleiche Chancen erhalten sollen, ob wir unsere amerikanischen Mitbürger so behandeln, wie wir behandelt werden wollen. Wenn ein Amerikaner, nur weil seine Haut dunkel ist, nicht in einem Restaurant essen kann, das der Öffentlichkeit zugänglich ist, wenn er seine Kinder nicht auf die beste vorhandene öffentliche Schule schicken kann, wenn er nicht die öffentlichen Bediensteten wählen kann, die ihn vertreten, wenn er, kurz gesagt, sich nicht des vollen und freien Lebens erfreuen kann, das wir uns alle wünschen, wer wäre dann bereit, die Farbe seiner Haut ändern zu lassen und an seine Stelle zu treten? [. . .] Seit Präsident Lincoln die Sklaven befreite, sind 100 Jahre vergangen, und doch sind ihre Erben, ihre Enkel noch nicht ganz frei. Sie sind noch nicht von den Fesseln der Ungerechtigkeit befreit. Sie sind noch nicht frei von sozialer und wirtschaftlicher Unterdrückung, und unsere Nation wird bei all ihren Hoffnungen und all ihrem Stolz nicht ganz frei sein, solange nicht alle ihre Bürger frei sind. Wir predigen in der ganzen Welt die Freiheit, und wir meinen es ehrlich, und wir halten unsere Freiheit hier im eigenen Lande hoch. Aber wollen wir der Welt, und was noch wichtiger ist, uns untereinander vielleicht sagen, dass unser Land ein Land der Freien – die Neger ausgenommen – ist; dass wir keine Bürger zweiter Klasse haben außer den Negern; dass wir kein Klassen- oder Kastensystem, keine Ghettos und keine Herrenrasse haben, die Neger ausgenommen? Für unsere Nation ist jetzt die Zeit gekommen, ihre Versprechen zu erfüllen.

Keesing's Archiv der Gegenwart, XXXIII. Jahrgang, 1963, 10685

Wasser und die Gerechtigkeit wie ein starker Strom. [. . .]

Ich sage euch heute, meine Freunde: Obwohl wir den Schwierigkeiten von heute und von morgen gegenüberstehen, habe ich immer noch einen Traum. Dieser Traum wurzelt tief im Amerikanischen Traum. Ich habe einen Traum, dass eines Tages diese Nation aufstehen und nach dem echten Sinn ihres Glaubensbekenntnisses leben wird: „Wir halten es für selbstverständliche Wahrheit, dass alle Menschen gleich geschaffen sind."

Ich habe einen Traum, dass eines Tages auf den roten Bergen Georgias die Söhne früherer Sklaven und die Söhne früherer Sklavenhalter sich werden zusammen an den Tisch der Brüderlichkeit setzen können.

Ich habe einen Traum, dass eines Tages sogar der Staat Mississippi, ein Staat, der unter der Glut der Ungerechtigkeit schmachtet, der unter der Glut der Unterdrückung schmachtet, in eine Oase der Freiheit und der Gerechtigkeit verwandelt wird. Ich habe einen Traum, dass meine vier kleinen Kinder eines Tages inmitten einer Nation leben werden, in der man sie nicht nach ihrer Hautfarbe, sondern nach ihrem Charakter beurteilt. Ich habe heute einen Traum.

Ich habe einen Traum, dass eines Tages unten in Alabama mit seinen bösartigen Rassisten, mit seinem Gouverneur, von dessen Lippen die Worte Einschreiten und Ungültigmachen triefen – dass eines Tages dort in Alabama kleine schwarze Jungen und Mädchen kleinen weißen Jungen und Mädchen als Brüder und Schwestern die Hände reichen können.

Herbert Schambeck u. a. (Hrsg.), a.a.O., S. 575 f.

1. *Benennen Sie die Benachteiligungen und Enttäuschungen, denen Menschen schwarzer Hautfarbe ausgesetzt sind.*
2. *Stellen Sie fest, ob die beiden Redner konkrete Maßnahmen zur Beseitigung der Ungleichheit vorschlagen.*
3. *Wenn Regierung und Demonstranten dasselbe Anliegen verfolgen, woran könnte es liegen, dass die Gleichstellung der Schwarzen noch immer auf sich warten lässt?*

M 4

Das Bürgerrechtsgesetz von 1964

99 Jahre nach der Sklavenbefreiung bedeutete der Civil Rights Act einen weiteren großen Schritt hin zur Integration der Schwarzen in die amerikanische Gesellschaft.

[Betrifft Behandlung in öffentlichen Räumen:]
a) Alle Personen haben das Recht auf volle und gleichberechtigte Nutznießung von Waren, Dienstleistungen, Einrichtungen, Rechten, Vorteilen und Annehmlichkeiten, die in öffentlichen Räumen, wie in diesem Abschnitt definiert, angeboten werden, und dies ohne Diskriminierung oder Trennung
5 aufgrund von Rasse, Hautfarbe, Religion oder nationaler Herkunft.
b) Öffentliche Räume im Sinne dieses Abschnitts sind [. . .]:
(1) alle Gasthäuser, Hotels, Motels und andere Einrichtungen, die durchreisenden Gästen Unterkunft gewähren [. . .];
(2) alle Restaurants, Cafeterias, Imbissstuben, Schnellimbisse, Schankstätten
10 und andere Einrichtungen, in denen hauptsächlich Nahrung zum Verzehr am Ort verkauft wird [. . .];
(3) alle Lichtspielhäuser, Theater, Konzerthallen, Sportstätten, Stadien und andere Vorführungs- und Vergnügungsstätten [. . .].

[Betrifft Arbeitsplatz:]
a) Folgende Einstellungspraktiken von Arbeitgebern sind ungesetzlich:
15 (1) Eine Person aufgrund ihrer Rasse, Hautfarbe, Religion, ihres Geschlechts oder ihrer nationalen Herkunft nicht einzustellen oder zu entlassen oder sie anderweitig im Hinblick auf Entlohnung, Vertragsbedingungen, Arbeitsbedingungen oder besondere Rechte zu benachteiligen oder
(2) Angestellte aufgrund von Rasse, Hautfarbe, Religion, Geschlecht oder
20 nationaler Herkunft auf eine Weise einzuschränken, zu trennen oder einzustufen, die geeignet ist, jemanden seiner Chancen in der Arbeitswelt zu berauben oder anderweitig seinen Status als Arbeitnehmer zu beeinträchtigen.

Günter Moltmann, Die Vereinigten Staaten von Amerika von 1917 bis zur Gegenwart, Paderborn 1987, S. 73 f.

1. *Welche Benachteiligungen von Minderheiten lassen sich dem Gesetz entnehmen?*
2. *Sprechen Sie über eigene Erfahrungen: Inwieweit lässt sich der Umgang mit „Minderheiten" (im Freundeskreis, in der Klasse, in Ihrer Gemeinde) durch Vorschriften regeln?*

M 5

Arbeitslosigkeit nach Geschlecht und ethnischer Herkunft (in %)

	1970	*1975*	*1980*	*1983*	*1985*	*1990*	*1992*	*1998*
Männer	3,7	9,0	6,8	11,9	7,8	5,6	7,5	4,4
Frauen	4,9	9,5	6,7	9,7	7,4	5,4	6,9	6,3
Weiße	3,9	8,9	6,0	9,7	6,6	4,7	6,5	4,0
Schwarze	6,7	14,7	13,4	21,0	15,6	11,3	14,1	8,2
Hispanics	—	12,8	9,2	16,3	11,3	8,0	11,4	7,6

Statistical Abstract of the United States, Bureau of the Census, Washington D. C.; Federal Statistics, Washington D. C. 1998

M 6

Durchschnittliche Familieneinkommen der farbigen Amerikaner

(im Verhältnis zu dem durchschnittlichen Familieneinkommen der weißen Amerikaner, 1947–1992)

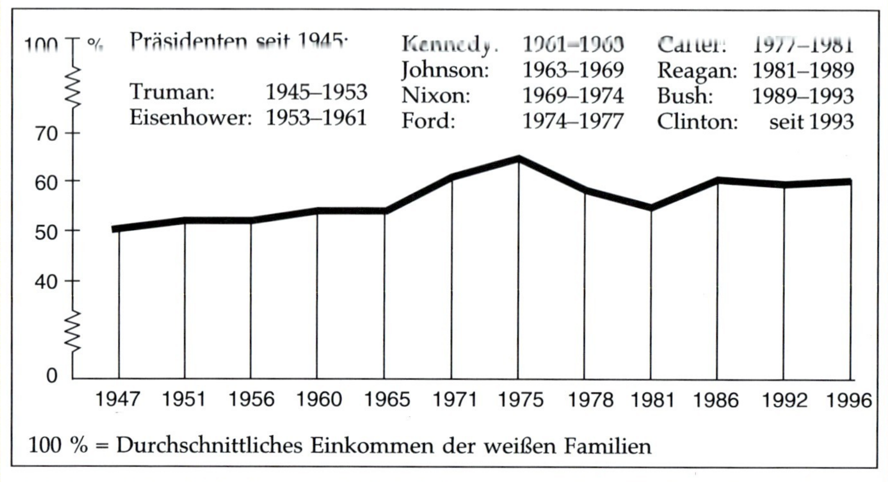

Nach: Erwin Helms, USA – Staat und Gesellschaft, Hannover, 9. Auflage 1993, S. 232; Bureau of the Census, Washington D. C. 1998

1. *Werten Sie die Statistiken M 5 und M 6 hinsichtlich ihrer zentralen Aussagen aus.*
2. *Benennen Sie die Gründe für die schlechtere soziale Lage der benachteiligten Gruppen. Sprechen Sie über die Rolle des Staates: Inwieweit hat er das Ungleichgewicht verstärkt/vermindert?*
3. *Vergleichen Sie mit der heutigen Situation in Deutschland. Welche Unterschiede oder welche Parallelen stellen Sie fest?*

M 7

Machtpolitik im Ausland oder vollkommene Demokratie zu Hause?

William Fulbright (1905–1995) war über lange Jahre der einflussreiche Vorsitzende des Außenpolitischen Ausschusses im Senat. Dort hielt er am 8. August 1967 eine Rede.

Gegenwärtig ist ein großer Teil der Welt abgestoßen von Amerika und dem, wofür Amerika in der Welt zu stehen scheint. Sowohl in unseren auswärtigen Angelegenheiten wie in unserem Leben daheim vermitteln wir ein Bild der Gewalttätigkeit. [. . .] In der Ferne sind wir in einen barbarischen und erfolglosen Krieg gegen arme Leute einer kleinen und rückständigen Nation (5) verwickelt. Zu Hause – weitgehend aus Nachlässigkeit infolge von 25 Jahren vorwaltender Beschäftigung mit fremden Angelegenheiten – bersten unsere Städte in gewaltsamem Protest gegen Generationen sozialen Unrechts. Amerika, das noch vor ein paar Jahren der Welt ein Muster an Demokratie und sozialer Gerechtigkeit schien, ist ein Symbol für Gewaltsamkeit und disziplinlose (10) Macht geworden . . . Mit unserer undisziplinierten Anwendung physischer Gewalt haben wir uns selbst einer stärkeren Macht entkleidet: der Macht des Vorbildes . . .

Während der Tribut an Toten in Vietnam steigt, steigt er auch im Krieg zu
15 Hause. In einer einzigen Woche des Juli 1967 wurden in Vietnam 164 Amerikaner getötet und 1442 verwundet, während bei Unruhen in Städten der Vereinigten Staaten 65 Amerikaner getötet und 2100 verwundet wurden. Wir führen wahrhaftig einen Zweifrontenkrieg und führen ihn an beiden schlecht. Jeder der beiden Kriege zehrt vom anderen, und obwohl uns der
20 Präsident versichert, wir hätten die Mittel, beide zu gewinnen, gewinnen wir faktisch keinen von beiden.

Erich Angermann, Die Vereinigten Staaten von Amerika als Weltmacht, Stuttgart 1987, S. 77

1. *Beschreiben Sie das Dilemma, in dem Fulbright die amerikanische Politik sieht.*
2. *Diskutieren Sie die Auswirkungen des Vietnamkriegs auf die innenpolitischen Probleme der Vereinigten Staaten.*

Vietnam – Wendepunkt der US-Politik

M 8

Detlef Junker beschäftigte sich als Direktor des Deutschen Historischen Instituts in Washington besonders mit der US-Geschichte.

Die moralische und geistige Revolte gegen den Vietnamkrieg stellte auf breiter Front die Grundlage amerikanischer Weltpolitik in Frage, den amerikanischen Globalismus und die überparteiliche Überzeugung, dass Eurasien, ja die ganze Welt von vitalem Interesse für die USA sei. Die inneramerikani-
5 schen Kritiker, besonders die „neue Linke", nahmen Amerika das gute Gewissen eines freiheits- und friedensstiftenden Weltpolizisten. Selbst Amerikas „gerechtester Krieg", der Zweite Weltkrieg, geriet in den Strudel der Kritik. Links von der Mitte wurde Amerikas Geschichte neu gedeutet: Nicht die Sowjetunion, sondern die USA seien die imperiale Macht der Gegenwart.
10 Seit der Gründung der Union im Jahre 1776 sei US-Außenpolitik immer ein Reflex des aus innerer wirtschaftlicher Notwendigkeit auf äußere Expansion angewiesenen liberal-kapitalistischen Systems gewesen. Dieser Zwang äußere sich in dem unablässigen Versuch, eine globale, den Handels- und Kapitalbedürfnissen dieser Wirtschaft angepasste Pax Americana zu errichten und
15 notfalls gegen alle revolutionären Bewegungen mit Gewalt zu konservieren. Der Kalte Krieg sei entstanden, weil sich die Sowjetunion diesem Anspruch widersetzt habe.
Als 1975 der letzte amerikanische Hubschrauber aus Saigon ausflog, hatten die USA nicht nur zum ersten Mal seit 1814 einen Krieg verloren, sondern –
20 vorübergehend – auch die Unschuld einer selbstbewussten Supermacht, die von sich glaubte, immer und in allen Teilen der Welt im Recht zu sein.

Detlef Junker, Von der Weltmacht zur Supermacht. Amerikanische Außenpolitik im 20. Jahrhundert, Mannheim – Leipzig – Wien – Zürich 1995, S. 89

1. *M 7 und M 8 sind aus der Sicht des handelnden Politikers beziehungsweise des urteilenden Historikers geschrieben. Stellen Sie einen Vergleich an.*
2. *Wägen Sie die folgende These sorgfältig ab: „Nicht die Sowjetunion, sondern die USA seien die imperiale Macht der Gegenwart." Lesen Sie dazu gegebenenfalls* *die Seiten 343 ff.*

Die USA am Ende des 20. Jahrhunderts

Der amerikanische Maler Mark Tansey demonstriert in seinem 1984 geschaffenen Gemälde „Der Triumph der New York School" die Wachablösung in der zeitgenössischen Kunst und Kultur. Französisch-europäische Künstler wie Picasso und Matisse (in Uniformen des Ersten Weltkriegs) kapitulieren vor ihren amerikanischen Kollegen (in Uniformen des Zweiten Weltkriegs).

1981	Die Politik der Reaganomics führt die USA in einen lang anhaltenden Wirtschaftsaufschwung
1990	Mit dem Ende des Kalten Kriegs sind die Vereinigten Staaten die führende Weltmacht

Machtverfall im Weißen Haus

Nach Vietnam und Watergate war das Vertrauen der Bevölkerung in die politischen Institutionen auf einen Tiefpunkt gesunken. Daran änderten auch die Nachfolger Nixons, *Gerald Ford*[1]) und *Jimmy Carter*[2]), nichts. Im Gegenteil: Im Gefolge der weltweiten Ölkrisen 1973/74 und 1979/80 gerieten die USA in ihre tiefste Wirtschaftskrise seit den Dreißigerjahren. Weder gegen Inflation und Arbeitslosigkeit noch gegen steigende Handels- und Haushaltsdefizite hatte die Administration der immer noch führenden Wirtschaftsmacht ein Rezept.

[1]) Gerald R. Ford (geboren 1913), republikanischer Führer im Repräsentantenhaus, wurde 1973 von Nixon zum Vizepräsidenten ernannt. Er übernahm nach dessen Rücktritt 1974 das Präsidentenamt. Nicht zuletzt, weil er Nixon durch eine Amnestie vor Strafverfolgung geschützt hatte, unterlag Ford bei den Wahlen 1976 dem demokratischen Kandidaten Carter.

[2]) James E. Carter (geboren 1924), war Gouverneur von Georgia. Seine von hohem moralischen Anspruch getragene Politik entsprach dem Zeitgeist nach Watergate (Präsident von 1977 bis 1981).

Zudem gewannen die Amerikaner trotz ihrer weltweiten militärischen Präsenz den Eindruck, dass die UdSSR Nutzen aus der Verunsicherung der politischen Führung in Washington ziehen wolle (verstärkte Rüstungsanstrengungen, Unterstützung von „Befreiungskriegen" in Afrika, Einmarsch in Afghanistan 1979) (siehe Seite 346). Als es einem US-Einsatzkommando nicht gelang, vom Iran in Teheran festgehaltene amerikanische Geiseln zu befreien, hatte Präsident Carter seinen Kredit vollständig verspielt. Er verlor deutlich die Wahlen gegen den republikanischen Herausforderer *Ronald Reagan*[1]), der den moralischen Aufstand des konservativen Amerika verkörperte und den Patriotismus wiederbelebte.

Hochrüstung und Ende des Kalten Kriegs

Ronald Reagan beendete endgültig die schon von Jimmy Carter aufgegebene Gleichgewichtspolitik und kehrte zu der alten amerikanischen Mission zurück, den Völkern der Welt zu Freiheit und Demokratie zu verhelfen. Die Militärausgaben wurden in gigantische Dimensionen erhöht (300 Milliarden Dollar pro Jahr) und ein Forschungsprogramm für ein Raketenabwehrsystem im Weltraum *(Strategic Defense Initiative, SDI)* eingeleitet. Die Hochrüstung mag in der Sowjetunion die Einsicht bestärkt haben, dass ein weiterer Wettlauf für ihr marodes Wirtschaftssystem nicht zu gewinnen sei. Der von der Spitze der KPdSU 1985 eingeleitete Reformprozess endete schließlich mit dem Zusammenbruch des sowjetischen Imperiums und dem Sieg der Vereinigten Staaten im Kalten Krieg (siehe Seiten 352 ff.).

Reaganomics

Eine grundlegende Wende erfuhr unter Präsident Reagan die amerikanische Wirtschafts- und Gesellschaftspolitik. Viele Länder der westlichen Welt folgen seither dem amerikanischen Modell. Bestandteil der sogenannten *Reaganomics* waren eine Zurückdrängung staatlicher Aufgaben, Senkung der Einkommensteuer (um 25 %) und Befreiung des Wirtschaftslebens von einengenden Regeln, um den Wettbewerb anzukurbeln. (In der Folge betrug der Anteil der Staatsausgaben am Bruttosozialprodukt nur noch rund 34 %. Zum Vergleich: Deutschland ca. 50 %.) Insgesamt war diese Politik überaus erfolgreich: Millionen von Arbeitsplätzen wurden (im Dienstleistungsgewerbe) neu geschaffen und die Arbeitslosigkeit – meist über fünf Prozent pendelnd – blieb weit unter europäischen Verhältnissen. Die prosperierende Wirtschaft verhalf Reagan und seinem Nachfolger *George Bush*[2]) noch zu zwei weiteren republikanischen Wahlsiegen.

[1]) Ronald W. Reagan (geboren 1911), ursprünglich Filmschauspieler, war von 1966 bis 1974 Gouverneur von Kalifornien. Während seiner Präsidentschaft (1981 bis 1989) nutzte er perfekt die Möglichkeiten des Medienzeitalters.

[2]) George H. Bush (geboren 1924), zwischen 1981 und 1989 Vizepräsident, Präsident von 1989 bis 1993. Die Wiederwahl des außenpolitisch erfolgreichen Politikers scheiterte in erster Linie an einer kurzzeitigen Konjunkturschwäche.

Ronald Reagan, erst als Siebzigjähriger ins Amt des Präsidenten gekommen, nutzte bei Fernsehansprachen und öffentlichen Pressekonferenzen geschickt die Möglichkeiten des Medienzeitalters („Fernsehpräsidentschaft“). Die Mehrheit der Amerikaner überzeugte sein Führungsstil: eine klare ideologische Linie, verbunden mit taktischer Flexibilität und einer gewissen Lässigkeit in Detailfragen.

Dennoch fällt die Bilanz der Reaganomics nicht uneingeschränkt positiv aus. Der aufgeblähte Rüstungsetat türmte im Verbund mit den gesunkenen Staatseinnahmen einen gewaltigen Schuldenberg auf, der sich zwischen 1980 und 1995 auf 4,7 Billionen Dollar verfünffachte. Das Gläubigerland USA wurde zur größten Schuldnernation der Welt. Auch kam der Wirtschaftsaufschwung nur einer Minderheit zugute. Seit dem Zweiten Weltkrieg waren die Einkommensunterschiede zwischen Arm und Reich noch nie so groß. Und während der geschäftlich erfolgreiche *young urban professional (Yuppie)* zum Leitbild der Gesellschaft stilisiert wurde, stagnierten die Realeinkommen der meisten Arbeitnehmer und der Mittelschichten. Der Anteil der unter der Armutsgrenze lebenden Bevölkerung sank in der Reagan-Ära nur geringfügig auf 13,5 Prozent oder 33,6 Millionen Menschen (1990). Zusätzliche Härten entstanden jedoch, weil die Regierung aus Haushaltsgründen die Sozial- und Bildungsausgaben beschnitt.
Den Ausgleich des gewaltigen Haushaltsdefizits übernahm der Nachfolger Bushs *Bill Clinton*[1]) als eines der dringendsten Probleme der Vereinigten Staaten (⇨ M 1). Obwohl der Demokratischen Partei angehörend, steuerte Clinton einen gemäßigt konservativen Kurs, da er seit 1995 mit einer republikanischen Mehrheit im Kongress zusammenarbeiten musste.

Der „Schmelztiegel“ Amerika an der Schwelle zum dritten Jahrtausend

Die Bevölkerung der Vereinigten Staaten wächst unaufhörlich, von 1960 bis in die Neunzigerjahre von knapp 180 Millionen auf über 260 Millionen. Maßgeblichen Anteil daran hat die Tatsache, dass Jahr für Jahr mehrere hunderttausend Menschen zuwandern. Da fast 90 Prozent der Einwanderer aus

[1]) William J. Clinton (geboren 1946) wurde als Gouverneur von Arkansas 1993 der 42. Präsident der Vereinigten Staaten. Vier Jahre später wurde er in seinem Amt bestätigt.

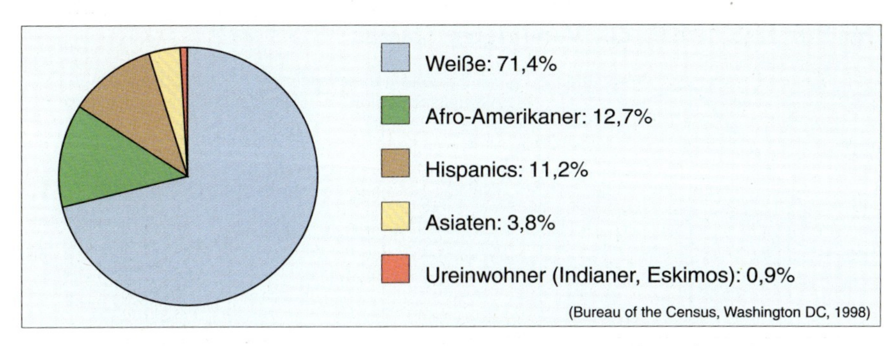

Ethnische Zusammensetzung der 250 Millionen Amerikaner im Jahr 1990.

Südamerika, der Karibik und Asien stammen, verliert die britisch-europäische Kultur langsam, aber sicher ihre prägende Kraft in der Öffentlichkeit. Dies gilt in besonderem Maße für die Südstaaten. In Kalifornien gehört mittlerweile fast die Hälfte der Bevölkerung den sogenannten „Minderheiten" an. Inwieweit der Weg in eine „multikulturelle Gesellschaft" gelingt, muss die Zukunft zeigen (➪ M 2).

Verbessert hat sich die Lage der über 30 Millionen Afroamerikaner. Viele haben den Aufstieg in die Mittelschicht geschafft (fast die Hälfte lebt in einem eigenen Haus), und einem kleinen Kreis ist darüber hinaus der Sprung auf einflussreiche Positionen in Politik, Militär oder Wirtschaft gelungen. Aber nach wie vor sind Schwarze weit überdurchschnittlich von Arbeitslosigkeit und Armut betroffen. Gut ein Drittel lebt in den Slums der Großstädte, ohne Chancen, dem Teufelskreis von Hoffnungslosigkeit, Drogen, Aids, Gewalt und Verbrechen zu entrinnen. Auch viele *Hispanics* durchleben ein ähnliches Schicksal, während die asiatischen Immigranten sich durchweg erfolgreich in der Gesellschaft behaupten.

Ob die Vereinigten Staaten im 21. Jahrhundert ihre Führungsrolle in der Welt behalten werden, wird nicht zuletzt davon abhängen, ob sie ihre inneren soziokulturellen Probleme mit Erfolg bewältigen werden (➪ M 3, M 4).

M 1

Der Bundeshaushalt der Vereinigten Staaten

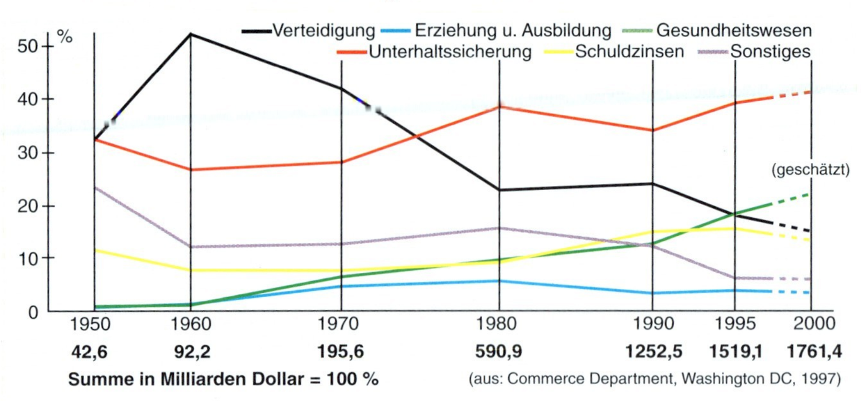

Jahr	*Staatsschulden in Tausend US-Dollar*	*Staatsverschuldung in US-Dollar pro Kopf*
1960	283 330 761	1 596
1970	370 918 707	1 825
1980	907 700 000	3 985
1985	1 823 100 000	7 598
1990	3 233 300 000	13 000
1993	4 351 200 000	16 689
1997	5 413 100 000	20 200

Udo Sautter, Lexikon der amerikanischen Geschichte, München 1997, S. 435; Bureau of the Census, Washington DC 1998

1. *Stellen Sie fest, inwieweit Schwerpunkte der jeweiligen Regierungspolitik sich im Haushalt der USA niedergeschlagen haben.*
2. *Diskutieren Sie die Chancen und Risiken einer wachsenden Staatsverschuldung. Bedenken Sie dabei auch die seit 1960 gewachsenen Einkommen.*

M 2

Herkunft der Einwanderer in die Vereinigten Staaten (in Tausend)

Zeitraum	*Dtl.*	*Italien*	*Engl.*	*Irland*	*Russl.*	*Asien*	*Mex.*	*Karib.*	*Gesamt*
1820–1850	595	4	370	1 042			15	30	2 464
1851–1880	2 457	77	1 579	1 787	42	231	10	34	7 725
1881–1910	2 299	3 005	1 605	1 382	2 315	469	53	137	17 730
1911–1940	670	1 633	700	380	1 018	375	700	214	10 371
1941–1970	905	450	555	127	26	635	804	693	6 871
1971–1990	136	163	266	57	127	4 451	2 290	1 653	11 831
gesamt	7 062	5 332	5 075	4 765	3 528	6 161	3 872	2 761	56 994

1. *Welche auffälligen Veränderungen können Sie aus der Tabelle herauslesen?*
2. *Suchen Sie eine Erklärung dafür, welche Gründe in den Heimatländern der Einwanderer die Auswanderungswellen jeweils verursacht haben.*

M 3

Der amerikanische Traum am Ende des Jahrtausends

Zu seiner zweiten Amtseinführung am 20. Januar 1997 wandte sich Präsident Bill Clinton an die gesamte Nation.

Das Versprechen für Amerika wurde im 18. Jahrhundert aus der stolzen Überzeugung heraus geboren, dass wir alle gleich geschaffen sind. Es wurde im 19. Jahrhundert erweitert und erhalten, als unsere Nation sich auf dem Kontinent ausbreitete, die Union rettete und die schreckliche Geißel der Sklaverei abschaffte.
Dann katapultierte sich dieses Versprechen in Aufruhr und Triumph auf die Weltbühne, um dieses Jahrhundert zum amerikanischen Jahrhundert zu machen.
Und was für ein Jahrhundert es war. Amerika wurde zur mächtigsten Industrienation der Welt, rettete in zwei Weltkriegen und einem langen Kalten Krieg die Welt vor der Tyrannei und reichte immer wieder über den Globus hinweg Millionen Menschen die Hand, die sich wie wir nach den Segnungen der Freiheit sehnten.
Auf dem Weg dorthin brachte Amerika eine großartige Mittelschicht und die Alterssicherung hervor, baute beispiellose Lerneinrichtungen und öffnete die öffentlichen Schulen für alle, spaltete das Atom und erforschte die Himmel, erfand den Computer und den Mikrochip, vertiefte den Urquell der Gerechtigkeit durch eine Revolution der Bürgerrechte für Afroamerikaner und alle Minderheiten und erweiterte den Kreis der Staatsbürgerschaft, Chancen und Würde auf die Frauen.
Jetzt liegt zum dritten Mal ein neues Jahrhundert vor uns und wiederum eine Zeit der Entscheidungen. Wir begannen das 19. Jahrhundert mit der Entscheidung, unsere Nation von Küste zu Küste auszubreiten. Wir begannen das 20. Jahrhundert mit der Entscheidung, die Industrielle Revolution für unsere Werte des freien Unternehmertums, des Naturschutzes und der Menschenwürde zu nutzen. Diese Entscheidungen bewirkten den Unterschied. Beim Anbruch des 21. Jahrhunderts muss ein freies Volk sich jetzt entscheiden, die Kräfte des Informationszeitalters und der globalen Gesellschaft zu formen, das unbegrenzte Potential all unserer Menschen freizusetzen und eine perfektere Union zu bilden. [...]
Jeder Einzelne von uns muss auf seine Weise persönliche Verantwortung übernehmen – nicht nur für uns und unsere Familien, sondern für unsere Nachbarn und unsere Nation. Unsere größte Verantwortung besteht darin, einen neuen Gemeinsinn für ein neues Jahrhundert zu entwickeln. Damit jeder von uns Erfolg haben kann, müssen wir als ein Amerika Erfolg haben. [...]
Die Trennung der Rassen ist der ewige Fluch Amerikas. Und jede neue Welle von Einwanderern ist ein neues Ziel für alte Vorurteile. Mit dem Vorwand religiöser oder politischer Überzeugung bemäntelte Vorurteile und Verachtung unterscheiden sich davon nicht. Diese Kräfte haben in der Vergangenheit beinahe unsere Nation zerstört. Sie plagen uns immer noch. Sie heizen den Fanatismus des Terrors an. Und sie quälen Millionen Menschen in gespaltenen Nationen auf der ganzen Welt. [...]
Unser Gefüge rassischer, religiöser und politischer Vielfalt wird im 21. Jahrhundert ein Gottesgeschenk sein. Diejenigen, die zusammen leben, lernen und arbeiten sowie neue Bande knüpfen können, die zusammenschmieden, werden reichhaltig belohnt werden. [...]

New York: die Skyline einer Weltstadt.

Die Welt ist nicht länger in zwei feindliche Lager gespalten. Stattdessen knüpfen wir Beziehungen zu Nationen an, die einst unsere Gegner waren. Die wachsende Verbindung von Wirtschaft und Kultur gibt uns die Chance, den Menschen auf der ganzen Welt ein besseres Leben zu ermöglichen. Und erstmals in der Geschichte leben auf diesem Planeten mehr Menschen in einer Demokratie als in einer Diktatur. [. . .] 50

Vor 34 Jahren hielt der Mann, dessen wir heute gedenken, [. . .] eine Rede, die die ganze Nation aufrüttelte. Wie ein Prophet aus alten Zeiten sprach er über seinen Traum, dass sich Amerika eines Tages erhebt und alle seine Bürger als gleichberechtigt vor dem Gesetz und im Herzen behandelt. Martin Luther Kings Traum war der amerikanische Traum. Sein Streben ist unser Streben: das endlose Streben, unseren wahren Glauben zu leben. Unsere Geschichte wurde auf solchen Träumen und Mühen aufgebaut. Und mit unseren Träumen und Mühen werden wir im 21. Jahrhundert das Versprechen Amerikas erfüllen. [. . .] 55 60

Mögen die Generationen, deren Gesichter wir noch nicht sehen und deren Namen wir vielleicht nie kennen werden, von uns sagen können, dass wir unser geliebtes Land in ein neues Jahrhundert geführt haben, in dem der Amerikanische Traum für alle Kinder wahr wird – in dem das amerikanische Versprechen einer perfekteren Union für alle Menschen Realität ist und Amerikas helle Flamme der Freiheit auf der ganzen Welt leuchtet. 65

Blätter für deutsche und internationale Politik, Bonn, Heft 3/1997, S. 373 ff.

1. *Benennen Sie die Erfolge und Probleme der amerikanischen Geschichte. Gibt Bill Clinton Ihrer Ansicht nach ein vollständiges Bild der Entwicklung?*
2. *Vergleichen Sie die Rede mit Kennedys New Frontier-Vision (M 1, Seite 279).*
3. *Arbeiten Sie aus der Rede Selbstverständnis und Vision der politischen Klasse in den USA heraus.*

Illegale mexikanische Einwanderer versuchen in der Nähe von Tijuana die Grenze in die USA zu überwinden (Foto vom November 1991).

Die amerikanischen Probleme am Ende des Jahrhunderts

Der britische Historiker Paul Kennedy riskiert aus der Kenntnis der Geschichte und Gegenwart einen Blick ins 21. Jahrhundert.

Nichts spricht dafür, dass die Debatte über die Zukunft der amerikanischen Außenpolitik bald beendet sein wird.
Solch eine Debatte kann man nicht von innenpolitischen Belangen trennen, einfach weil die Aufrechterhaltung der weltweiten Position der Vereinigten Staaten einen hohen Preis hat. Dreihundert Milliarden Dollar pro Jahr erkauften militärische Sicherheit für die Vereinigten Staaten, aber sie lenkten auch Ressourcen – Kapital, das Personal der Streitkräfte, Materialien, Facharbeiter, Ingenieure und Wissenschaftler – von der nichtmilitärischen Produktion ab. 1988 zum Beispiel wurden über 65 Prozent der Forschungs- und Entwicklungsgelder des Bundes der Verteidigung zugeteilt, verglichen mit nur 0,5 Prozent für den Umweltschutz und 0,2 Prozent für industrielle Entwicklung. Während sich Amerika mit der Sowjetunion einen teuren Rüstungswettlauf lieferte, musste es mit Alliierten wie Japan und Deutschland um Anteile am Weltmarkt konkurrieren. Diese beiden Länder steckten weit kleinere Prozentsätze ihrer nationalen Ressourcen in das Militär, setzten auf diese Weise Kapital, Personal, Forschung und Entwicklung für kommerzielle Unternehmungen frei, die Teile der amerikanischen Industriebasis untergruben. [...]
Ein Großteil der Kontroverse um Amerikas „Abstieg und Erneuerung" konzentriert sich natürlich auf die Wirtschaft, aber im Gespräch sind auch die Schwächen des Erziehungssystems, die sozialen Probleme, der abnehmende Wohlstand der Mittelklasse, sogar die politische Kultur im Ganzen. [...]
Der täglichen Leserschaft von Amerikas Zeitungen ist die Liste der Gebrechen bis zum Überdruss vertraut: eine Gesundheitsfürsorge-„Industrie" zum Beispiel, welche die Zahl ihrer Angestellten in den 80er-Jahren verdoppelt –

und auf diese Weise die Gesamtarbeitsproduktivität gedrückt hat. Sie verbraucht etwa 12 Prozent des Bruttosozialprodukts, mehr als das Doppelte der Verteidigungsausgaben, aber sie schafft es keineswegs, eine anständige Gesundheitsfürsorge für die Bürger des Landes zu schaffen. Tatsächlich haben etwa 37 Millionen Amerikaner überhaupt keine Krankenversicherung und leiden dementsprechend. Gegen Ende der 80er stieg die Zahl armer Menschen mit Gesundheitsproblemen stetig an. In der Schwarzengemeinde, wo die Hälfte der Kinder unter sechs unterhalb der Armutsgrenze leben, sind die Gesundheitsprobleme enorm und werden durch die Armut verschärft. Da die Vereinigten Staaten kein nationales Gesundheitssystem besitzen, „steht das Land auf dem letzten Rang unter den bedeutenden Industrieländern ... in Kindessterblichkeit, Lebenserwartung und Arztbesuchen". [...]
Verschärft wird die Situation durch den hohen Drogenkonsum in den Vereinigten Staaten; nach einer Schätzung konsumiert die amerikanische Bevölkerung – die nur vier bis fünf Prozent der Weltbevölkerung ausmacht – 50 Prozent des Kokains in der Welt. [...]
Drogen ihrerseits speisen die Kriminalität, die in den USA bedeutend höher ist als irgendwo sonst in der entwickelten Welt. [...] Die Amerikaner besitzen geschätzte sechs Millionen Handfeuerwaffen und 120 Millionen Gewehre, und sie bringen einander mit einer Rate von etwa 19 000 pro Jahr um, hauptsächlich mit Handfeuerwaffen. Die Mordraten pro Kopf sind vier- oder fünfmal höher als in Westeuropa, Vergewaltigung liegt siebenmal und Raub vier- bis zehnmal höher. Experten verweisen darauf, dass diese Gewalttätigkeit kulturelle Wurzeln besitzt und nicht einfach auf die Armut zurückgeführt werden kann. Die Mordrate in New York ist sehr viel höher als die in den Slums von Kalkutta zum Beispiel. [...]
Die Auflösungserscheinungen in Amerikas Sozialordnung sind nur schwer zu bekämpfen, weil Reformen in einer politisch dezentralisierten, libertären Gesellschaft kaum durchzusetzen sind. Jeder Versuch, die Obdachlosigkeit und Armut in den Stadtzentren – und im ländlichen Süden – zu mildern, würde sehr viel Geld kosten und einen Transfer von Ressourcen von den Wohlhabenderen (die wählen) auf die Ärmeren (die das nicht tun) bedeuten. [...]
Dafür könnten die Vereinigten Staaten mit einiger Rechtfertigung behaupten, eines der besten Systeme höherer Bildung in der Welt zu besitzen. Neben vielen exzellenten Colleges gibt es staatliche Universitätssysteme (in Kalifornien zum Beispiel oder in Wisconsin), die eine beeindruckende Anzahl von Studenten ausbilden. Vor allem aber besitzt das Land der Welt größtes Angebot an Forschungsuniversitäten und wissenschaftlichen Instituten, mit Professoren, die aus allen Ländern der Erde nach Amerika kommen und eine unverhältnismäßig hohe internationale Anerkennung genießen, was sich zum Beispiel an der Zahl der nach Amerika vergebenen Nobel-Preise zeigt. [...]
Sieht man indessen von der höheren Bildung ab, ist das Bild sehr viel weniger günstig. Viele Amerikaner sorgen sich darum, dass offensichtlich das *allgemeine* Niveau der staatlichen Schulausbildung relativ mittelmäßig ist. Seit den frühen 60ern sind die Ergebnisse von schulischen Eignungstests – was immer die wert sein mögen – beträchtlich gefallen. Trotz der Möglichkeiten, welche das kostenfreie staatliche Schulsystem bietet, verlassen die Schüler es in Rekordzahlen; zwischen 600 000 und 700 000 gehen jedes Jahr vorzeitig von der High School ab, was einem Fünftel aller High-School-Schüler gleichkommt (in den Schulen der Stadtzentren nähert sich der Anteil 50 Prozent). [...]

75 Was heißt dies im internationalen Vergleich? In einem kürzlichen standardisierten Wissenschaftstest, der Neuntklässlern in siebzehn Ländern vorgelegt wurde, schlossen die amerikanischen Schüler hinter denen von Japan, Südkorea und jedem westlichen europäischen Land ab, hinter ihnen lagen nur noch die Schüler aus Hongkong und den Philippinen. [. . .] Nur 15 Prozent aller 80 High-School-Schüler lernen *irgendeine* fremde Sprache, und winzige zwei Prozent tun das auf mehr als zwei Jahre. Überprüfungen von durchschnittlichen High-School-Schülern auf grundlegendes Geschichtswissen sind auf große Ignoranz gestoßen (zum Beispiel wussten nur wenige, was die Reformation bedeutet). Überboten wurde das nur noch von der geografi- 85 schen Unwissenheit der Amerikaner. Einer von sieben Erwachsenen, die in den letzten Jahren einen Test machten, konnte nicht einmal sein eigenes Land auf einer Weltkarte finden. [. . .]

Prosaischer ausgedrückt könnte man feststellen, dass die Proportionen von Amerikas Bildungsausgaben anders sind als in anderen Ländern. Unverhält- 90 nismäßig hohe 40 Prozent gehen an die höhere Bildung (was erklären mag, warum die amerikanischen Universitäten international so hohen Rang genießen), während der Anteil, der an die primäre und sekundäre Erziehung geht, dem in anderen Ländern unterlegen ist. [. . .]

Obwohl verschiedene Reformbewegungen ihre Sorgen über die Implikatio- 95 nen der globalen und inneren Trends für die Vereinigten Staaten ausgedrückt haben, macht das Wesen der amerikanischen Gesellschaft und Politik es unwahrscheinlich, dass so etwas wie ein nationaler „Plan" für das 21. Jahrhundert auftauchen könnte – wie vielleicht in Frankreich oder Japan. Stattdessen wird es sehr differenzierte Reaktionen und örtliche Initiativen geben – 100 in der traditionellen amerikanischen Weise: Einzelstaaten und Regionen werden ihre eigenen Projekte vorantreiben; die Gemeinden werden mit den örtlichen Umweltproblemen kämpfen; Klein- und Großstädte werden auf ihre Weise versuchen, mit dem Problem der städtischen Armut fertig zu werden; einige Regionen werden von neuen ausländischen Investitionen profitieren, 105 andere werden leiden, da amerikanische Konzerne wahrscheinlich die Produktion weiterhin nach Übersee verlegen werden; in der Geschäftswelt insbesondere wird die „Vorbereitung auf das 21. Jahrhundert" als Sache individueller Firmenstrategie angesehen werden, nicht als Resultat eines Plans, der von Washington formuliert wird.

110 Nicht wenig spricht für diese Art der differenzierten, dezentralisierten, individualistischen Reaktionen auf den Wandel: Sie entspricht der Tradition des amerikanischen freien Unternehmertums und der freiheitlichen Kultur des Landes; und die Nation ist an diese Art Reaktion gewöhnt.

Paul Kennedy, In Vorbereitung auf das 21. Jahrhundert, Frankfurt/Main 1993, S. 374, 385 ff. und 411 f.

1. *Arbeiten Sie die zentralen Aussagen des Textes heraus und listen Sie positive und negative Aussagen über die Situation der Vereinigten Staaten auf.*
2. *Projektauftrag: Vergleichen Sie die Probleme der USA mit der Situation in der Europäischen Union, in Russland, China und Japan. Wer scheint Ihnen am besten auf das 21. Jahrhundert „vorbereitet" zu sein? Vergleichen Sie getrennt nach Bereichen wie Wirtschaftsleben, soziale Stabilität, Bildungsstandard, politisches System, Auswirkungen militärischer Stärke.*

Die Sowjetunion im 20. Jahrhundert: Utopie und Gewalt

Revolution in Russland

„Friede den Hütten, Krieg den Palästen!"
Das Bild malte der russisch-jüdische Maler Marc Chagall (1887–1985) 1918/19 in Witebsk. Chagall, der seit 1910 vor allem in Frankreich lebte, war zwischen 1914 und 1922 nach Russland zurückgekehrt.

1870 – 1924	Wladimir Iljitsch Uljanow, genannt Lenin
1917	Nach der Februarrevolution dankt der Zar ab
	Eine Provisorische Regierung und das Exekutivkomitee der Sowjets führen während ihrer „Doppelherrschaft" den Krieg gegen die Mittelmächte weiter
	Nach der Oktoberrevolution übernehmen Bolschewiki und linke Sozialrevolutionäre die Macht
	Demokratische Wahlen zur Konstituierenden Versammlung ergeben eine Mehrheit für die rechten Sozialrevolutionäre
1918	Die Bolschewisten lösen die Konstituierende Versammlung gewaltsam auf

Februar 1917: demokratische Revolution in Russland

Während die Vereinigten Staaten im Verlauf des Ersten Weltkriegs ihre wirtschaftliche Überlegenheit ausspielen konnten, zeigte sich schon bald nach Kriegsausbruch, dass Russland auf die militärische Auseinandersetzung nicht ausreichend vorbereitet war. Industrie und Infrastruktur waren überfordert, den Bedarf für das Millionenheer und die Zivilbevölkerung zu decken. In den Städten des Zarenreiches verschlechterten sich die Lebensbedingungen im Winter 1916/17 radikal.

Inflation, kriegsbedingte Mehrarbeit, anhaltende Versorgungskrisen und die sich wegen der hohen Menschenverluste immer stärker ausbreitende Kriegsmüdigkeit führten zu Unruhen gegen das Regime. Am 23. Februar (8. März) 1917[1]) demonstrierten hungernde Frauen in Petrograd spontan gegen die unzumutbare Ernährungslage. Obwohl die revolutionären Parteien völlig überrascht waren, weitete sich die Bewegung in kürzester Zeit zum Generalstreik aus. Wie schon während der Revolution im Jahr 1905, wählten die Fabrikarbeiter in Petrograd Deputierte in einen Rat, der ihre Interessen vertreten sollte. Nach diesem Beispiel bildeten sich im ganzen Land *Sowjets der Arbeiter* und bald auch der *Soldaten* und *Bauern*. Als gemeinsame Vertretung der revolutionären Massen gründeten Petrograder Räte ein *Exekutivkomitee der Sowjets,* in dem gemäßigte Menschewiki und Sozialrevolutionäre die Mehrheit stellten.

Gleichzeitig bildete die Duma am 27. 2. (12. 3) ein *Provisorisches Komitee* aus Vertretern der bürgerlich-liberalen Opposition, um die öffentliche Ordnung aufrechtzuerhalten. Das alte Regime fand nirgends mehr Unterstützung. Als sogar die Armeeführung den Zar zum Rücktritt aufforderte, dankte Nikolaus II. am 2. 3. (15. 3) ab. Am selben Tag nahm eine liberale *Provisorische Regierung* unter Fürst *Lwow* die Arbeit auf. Regierung und Exekutivkomitee der Sowjets teilten sich in eine Art „Doppelherrschaft“, da den Sowjets jegliche administrative Erfahrung fehlte, während die Provisorische Regierung auf das Komitee als Repräsentanz der revolutionären Massen angewiesen war.

Die Zeit der „Doppelherrschaft“

Rasche Ergebnisse erzielten beide Institutionen bei der Inkraftsetzung politischer Freiheitsrechte, der Abschaffung entehrender Strafen sowie der Gleichberechtigung von nationalen Minderheiten und Juden. Uneinigkeit bestand in erster Linie über die Fortsetzung des Krieges. Zwar akzeptierte die Mehrheit der Sowjets die Fortführung eines Verteidigungskampfes, im Gegensatz zur Regierung strebte sie allerdings keinen „Siegfrieden“ an, sondern eine „Verständigung der Unterdrückten über die nationalen Grenzen hinweg“.

Um den Kriegsgegner in dieser Frage weiter zu spalten, erlaubte die deutsche Regierung Lenin und anderen führenden Revolutionären im April 1917

---

[1]) Bis Februar 1918 galt in Russland der Julianische Kalender, der im 20. Jahrhundert 13 Tage hinter dem Gregorianischen zurückblieb.

die Rückkehr aus dem Schweizer Exil über Deutschland nach Russland. Lenin wollte mit allen Mitteln den Sturz der bisherigen Ordnung erreichen. Mit seinen *Aprilthesen* (⇨ M 1) radikalisierte er die revolutionäre Bewegung. Doch noch war eine Mehrheit in den Sowjets bereit, gemeinsam mit der Regierung die Situation zu stabilisieren. Im Mai traten deshalb sechs Vertreter der Menschewiki und Sozialrevolutionäre in die Regierung ein.
Indem die neue Regierung weiter Soldaten einzog und sogar eine (erfolglose) Offensive einleitete, verhalf sie der kleinen Minderheit radikaler Kräfte zum Aufstieg. Die Bauern in der Armee wollten endlich nach Hause. Ihre Erbitterung wuchs zusätzlich, weil die Regierung trotz sozialrevolutionärer Minister die alte Forderung nach entschädigungsloser Enteignung der Großgrundbesitzer nicht in die Tat umsetzte. Ähnlich enttäuscht waren die städtischen Industriearbeiter, deren Empörung sich gegen die Regierung und gegen eine auf privates Eigentum gegründete Wirtschaftsordnung richtete.
Anfang Juli brachen in Petrograd bewaffnete Demonstrationen aus. Die bolschewistische Partei wurde verboten, ihre Führer verhaftet. Lenin gelang die Flucht nach Finnland. Trotzdem kehrte keine Ruhe ein, so dass Ende Juli gemäßigte Kräfte der Sozialrevolutionäre und Menschewiki unter *Alexander Kerenskij*[1]) die Regierung übernahmen.

Die Oktoberrevolution 1917

Ein rasch zusammengebrochener Putsch konservativer Militärkreise unter General *Kornilow* trieb den Radikalen weitere Wählermassen zu. Bei den Petrograder Stadtratswahlen wurden die Bolschewiki mit 33,4 % erstmals zweitstärkste Partei nach den Sozialrevolutionären, in Moskau erreichten sie mit einem Sprung von 11,5 % auf 50,9 % gar die absolute Mehrheit. Auch in den Sowjets änderten sich die Mehrheitsverhältnisse: In Petrograd übernahm *Leo Trotzki*[2]) den Vorsitz von einem Menschewik.
Während die Führung der Bolschewiki auf die Mehrheit in einer allgemein gewählten *Konstituierenden Versammlung* warten wollte, setzte Lenin gemeinsam mit Trotzki am 10. (23.) Oktober im *Zentralkomitee der Partei* die Planung eines bewaffneten Aufstandes durch. Trotzki ließ als Vorsitzender des Petrograder Sowjets – durchaus im Einverständnis mit den gemäßigten Parteien – ein *Revolutionäres Militärkomitee* bilden, das von den Bolschewiki kontrolliert wurde. Das Komitee erhob den Anspruch, alle Befehle gegenzuzeichnen, was die militärische Führung ablehnen musste. Daraufhin ernannte das Komitee eigenmächtig von ihm abhängige Offiziere und konnte nach diesem Handstreich über die Truppen der Hauptstadt verfügen. Mit deren Hilfe und

---

[1]) Alexander Kerenskij (1881–1970), Rechtsanwalt, Mitglied der Partei der Sozialrevolutionäre und Abgeordneter in der Duma seit 1912 und Heeres- und Marineminister seit 1917. Nach der Oktoberrevolution floh er nach Frankreich und lebte später im Exil in den USA.

[2]) Lew Dawidowitsch Bronstein (1879–1940), Sohn eines jüdischen Gutsbesitzers, nahm während seiner Untergrundtätigkeit für die sozialistische Bewegung den Namen Trotzki an. Er gehörte zum engsten Führungskreis um Lenin. 1940 wurde er im Auftrag Stalins in Mexiko ermordet.

Anlässlich des II. Allrussischen Rätekongresses verkündet Lenin den Sieg der Revolution. Der Maler Wladimir Alexandrowitsch Serow verklärt den tatsächlichen Hergang der nächtlichen Sitzung.

der Unterstützung *Roter Garden* (bewaffnete Arbeitermilizen) ließ Trotzki am 25. Oktober (7. November) alle wichtigen Punkte der Hauptstadt besetzen und die Provisorische Regierung verhaften. Nur Kerenskij konnte fliehen. Das System der Februar-Revolution war ohne Gegenwehr zusammengebrochen.

Machtergreifung der Bolschewiki

Als am Abend des Umsturztages der II. Allrussische Rätekongress begann, verließen die Menschewiki und die rechten Sozialrevolutionäre aus Protest gegen den Staatsstreich den Kongress (➪ M 2). Mit der Mehrheit aus Bolschewiki und linken Sozialrevolutionären beschloss der Kongress, „die Regierungsmacht in seine Hände zu nehmen". Damit war die Befehlsgewalt an den radikalen Flügel der Sowjets übergegangen (➪ M 3). Die neue Mehrheit verkündete bereits am folgenden Tag drei bedeutsame Dekrete:

1. *Die Forderung nach einem sofortigen Frieden ohne Annexionen und Kontributionen.*
2. *Die Einsetzung eines Rates der Volkskommissare* unter Lenins Vorsitz als Provisorische Regierung. Lenin überging mit dieser Entscheidung das nach wie vor amtierende Exekutivkomitee der Sowjets, um die Alleinherrschaft der Bolschewiki auch gegen andere sozialistische Kräfte durchzusetzen.
3. *Die entschädigungslose Enteignung des Großgrundbesitzes.*

Der Text des Dekrets entsprach bis in einzelne Formulierungen dem alten Programm der Sozialrevolutionäre. Doch während deren rechte Fraktion in monatelanger Regierungsarbeit ihre Forderungen nicht durchsetzen konnte, gewannen die neuen Machthaber mit ihrer Ankündigung sofort die Rückendeckung der Bauern für ihre „städtische Revolution".
Eine weitere Absicherung bedeutete auch die starke Beteiligung der linken Sozialrevolutionäre an der Regierung, denn diese besaßen auf dem Lande – im Gegensatz zu den Bolschewiki – eine starke Anhängerschaft. Der Einfluss des starken *Kongresses der Bauerndeputierten* wurde gebrochen, indem die radikale Linke für die Fusionierung mit dem Arbeiter- und Soldatenrat stimmte. Dort waren die Mehrheitsverhältnisse im Sinne des Rates der Volkskommissare gesichert.
Trotz aller Maßnahmen konnten die Gegner der Oktoberrevolution bei den noch von Kerenskij angesetzten Wahlen zu einer Konstituierenden Versammlung eine deutliche Mehrheit hinter sich bringen. Als die gewählten Abgeordneten bei ihrer ersten Sitzung am 5. 1. (18. 1.) 1918 den Antrag der Bolschewiki ablehnten, alle Staatsgewalt den Sowjets zu übertragen, ließ Lenin mit Zustimmung der linken Sozialrevolutionäre am nächsten Tag die Verfassunggebende Versammlung von Truppen auflösen. Das Verbot der Kadetten und erste Verhaftungen hatten schon vor diesem Gewaltstreich die beginnende Diktatur angekündigt. So regte sich auch jetzt kaum Widerstand. Die bolschewistische Revolution hatte gesiegt (⇨ M 4).

Ergebnis der Wahlen zur Konstituierenden Versammlung im November 1917[1])

	Zahl der Sitze (707)	Abgegebene Stimmen in Russland (44,4 Mio.)	in Petrograd	in Moskau
rechte Sozialrevolutionäre	370[2])	17,9 (40,4 %)	16,2 %	8,1 %
Bolschewiki	175	10,7 (24,0 %)	45,0 %	47,9 %
Menschewiki	16	1,1 (2,6 %)	3,1 %	2,8 %
Linke Sozialrevolutionäre	40	0,5 (1,0 %)	0,2 %	0,03 %
Sonstige sozialistische Parteien	2	0,4 (0,9 %)	—	4,6 %
Kadetten	17	2,1 (4,7 %)	26,2 %	34,2 %
Sonstige nicht-sozialistische Parteien	–	1,3 (2,8 %)	6,9 %	1,7 %
Nationale Minderheiten	86	5,9 (13,4 %)		
Ohne Zuordnung	1	4,5 (10,2 %)		

Daten nach Richard Pipes, Die Russische Revolution, Band 2, Berlin 1992, S. 346 ff., und Oliver H. Radkey, Russia Goes to the Polls, Ithaca und London 1990, S. 23 und 36

[1]) Wahlberechtigt waren Männer und Frauen ab dem 20. Lebensjahr. Über das exakte Wahlergebnis und die Zahl der gewählten Abgeordneten gibt es unterschiedliche Angaben.
[2]) Darunter 81 Abgeordnete aus der Ukraine, die unter anderem in nationalstaatlichen Fragen von der übrigen Partei abwichen.

M 1

Aus Lenins „Aprilthesen" (1917)

Lenin veröffentlichte seine noch im Exil entwickelten Ansichten sofort nach der Ankunft in Russland am 7. April 1917 in der Prawda. Es gelang ihm, sie gegen anfänglichen Widerstand in der Partei der Bolschewiki durchzusetzen.

1. In unserer Stellung zum Krieg, der von Seiten Russlands auch unter der neuen Regierung Lwow und Co. – infolge des kapitalistischen Charakters dieser Regierung – unbedingt ein räuberischer imperialistischer Krieg bleibt, sind auch die geringsten Zugeständnisse an die „revolutionäre Vaterlandsverteidigung" unzulässig. [. . .]
2. Die Eigenart der gegenwärtigen Lage in Russland besteht im *Übergang* von der ersten Etappe der Revolution, die infolge des ungenügend entwickelten Klassenbewusstseins und der ungenügenden Organisiertheit des Proletariats der Bourgeoisie die Macht gab, *zur zweiten* Etappe der Revolution, die die Macht in die Hände des Proletariats und der ärmsten Schichten der Bauernschaft legen muss. [. . .]
3. Keinerlei Unterstützung der Provisorischen Regierung, Aufdeckung der ganzen Verlogenheit aller ihrer Versprechungen, insbesondere hinsichtlich des Verzichts auf Annexionen. [. . .]
4. Anerkennung der Tatsache, dass unsere Partei in den meisten Sowjets der Arbeiterdeputierten in der Minderheit, vorläufig sogar in einer schwachen Minderheit ist [. . .].
Solange wir in der Minderheit sind, besteht unsere Arbeit in der Kritik und Klarstellung der Fehler, wobei wir gleichzeitig die Notwendigkeit des Übergangs der gesamten Staatsmacht an die Sowjets der Arbeiterdeputierten propagieren, damit die Massen sich durch die Erfahrung von ihren Irrtümern befreien.
5. Keine parlamentarische Republik – von den Sowjets der Arbeiterdeputierten zu dieser zurückzukehren wäre ein Schritt rückwärts –, sondern eine Republik der Sowjets der Arbeiter-, Landarbeiter- und Bauerndeputierten im ganzen Lande, von unten bis oben.
Abschaffung der Polizei, der Armee, der Beamtenschaft.[1])
Entlohnung aller Beamten, die durchweg wählbar und jederzeit absetzbar sein müssen, nicht über den Durchschnittslohn eines guten Arbeiters hinaus.
6. [. . .] Konfiskation aller Gutsbesitzerländereien.
Nationalisierung des *gesamten* Bodens im Lande; die Verfügungsgewalt über den Boden liegt in den Händen der örtlichen Sowjets der Landarbeiter- und Bauerndeputierten.

W. I. Lenin, Ausgewählte Werke, Band II, Berlin, 7. Auflage 1970, S. 39 ff.

1. *Welche künftige politisch-gesellschaftliche Ordnung Russlands soll die bolschewistische Partei anstreben? Welche Haltung soll sie zum Krieg und gegenüber der Provisorischen Regierung einnehmen?*
2. *In den Räten (Sowjets) hatten sich die unzufriedenen städtischen Massen organisiert. Nach einem bekannten Ausspruch Stalins dienten die Sowjets als „Transmissionsriemen", mit deren Hilfe die Partei die Massen lenken konnte. Warum konnten die Sowjets die ihnen zugedachte Rolle zunächst noch nicht erfüllen? Welche Taktik gegenüber den Räten empfiehlt Lenin seinen Anhängern?*

---

[1]) D. h. Ersetzung des stehenden Heeres durch die allgemeine Volksbewaffnung (Anmerkung von Lenin).

M 2

Die Spaltung der Sowjets

Während der nächtlichen Sitzung des II. Allrussischen Rätekongresses am 25. Oktober (7. November) prallten die Standpunkte von gemäßigten und radikalen Sowjets in einer hitzigen, ungemein aufgeladenen Atmosphäre aufeinander. Für die Menschewiki sprach Julij Martov (linke Spalte), die Sache der Bolschewiki vertrat Trotzki.

Das ist der beginnende Bürgerkrieg, Kameraden! Die allererste Frage muss sein: Wie können wir diese Krisis friedlich überwinden? ... In den Straßen erschießt man unsere Brüder. In diesem Moment, da, noch vor der Eröffnung des Sowjetkongresses, eine der revolutionären Parteien den Versuch macht, die Frage der Macht durch eine militärische Verschwörung zu entscheiden ... (hier wurde seine Stimme einen Moment lang von dem rasenden Tumult übertönt) ... Es ist Pflicht aller revolutionären Parteien, sich die Tatsachen vor Augen zu führen ... Wir müssen eine Macht schaffen, die von der gesamten Demokratie anerkannt wird ... Die Möglichkeit einer friedlichen Lösung liegt allein in der Errichtung einer gemeinsamen demokratischen Gewalt ... Wir müssen eine Delegation wählen, um mit den andern sozialistischen Parteien und Organisationen zu verhandeln.

Günter Schönbrunn, Geschichte in Quellen. Weltkriege und Revolutionen 1914–1945, München 1961, S. 77

Der Aufstand der Massen bedarf keiner Rechtfertigung. Was geschehen ist, war ein Aufstand und keine Verschwörung ... Wir haben den Willen der Massen offen für einen Aufstand geschmiedet, nicht für eine Verschwörung. Die Volksmassen folgten unserem Banner, und unser Aufstand hat gesiegt. Und nun schlägt man uns vor: Verzichtet auf euren Sieg, erklärt euch zu Konzessionen bereit, schließt einen Kompromiss. Mit wem? Ich frage: Mit wem sollen wir einen Kompromiss schließen? Mit jenen kläglichen Gruppen, die hinausgegangen sind, oder die diesen Vorschlag machen? ... Hinter ihnen steht doch niemand mehr in Russland ... Nein, hier ist kein Kompromiss mehr möglich. Denen, die hinausgegangen sind und denen, die uns Vorschläge machen, müssen wir sagen: Ihr seid klägliche Bankrotteure, eure Rolle ist ausgespielt; geht dorthin, wohin ihr gehört: auf den Kehrichthaufen der Geschichte.

Manfred Hildermeier, Die Russische Revolution 1905–1921, Frankfurt/Main 1989, S. 241

1. *Vergleichen Sie das Staats- und Demokratieverständnis, das aus den Reden von Martov und Trotzki spricht.*
2. *Welche Folgen ergaben sich daraus, dass nach der Rede Trotzkis Menschewiki und rechte Sozialrevolutionäre den Sowjetkongress verließen?*

M 3

Die neue Staatsmacht konstituiert sich

Nachdem der rechte Flügel der Sowjets den II. Sowjetkongress der Arbeiter-, Soldaten- und Bauerndeputierten verlassen hatte, wurde in den frühen Morgenstunden des 26. Oktober (8. November) 1917 folgender Aufruf beschlossen:

An die Arbeiter, Soldaten und Bauern!
Der Zweite Allrussische Sowjetkongress der Arbeiter- und Soldatendeputierten ist eröffnet. Auf diesem Kongress ist die gewaltige Mehrheit der Sowjets vertreten. Auf dem Kongress ist auch eine Reihe von Delegierten der Bauernsowjets anwesend. Die Vollmachten des paktiererischen Zentralvollzugskomitees sind abgelaufen. Gestützt auf den Willen der gewaltigen Mehrheit der

Arbeiter, Soldaten und Bauern, gestützt auf den in Petrograd vollzogenen siegreichen Aufstand der Arbeiter und der Garnison, nimmt der Kongress die Macht in seine Hände.
Die Provisorische Regierung ist gestürzt. Die meisten Mitglieder der Provisorischen Regierung sind bereits verhaftet.
Die Sowjetmacht wird sofort allen Völkern einen demokratischen Frieden und den sofortigen Waffenstillstand an allen Fronten vorschlagen. Sie wird die entschädigungslose Übergabe der Gutsbesitzer-, Kron- und Klosterländereien in die Verfügungsgewalt der Bauernkomitees sicherstellen, die Rechte der Soldaten schützen, indem sie die volle Demokratisierung der Armee durchführt, sie wird die Arbeiterkontrolle über die Produktion einführen und die rechtzeitige Einberufung der Konstituierenden Versammlung gewährleisten, sie wird dafür sorgen, dass die Städte mit Brot und die Dörfer mit Gegenständen des dringendsten Bedarfs beliefert werden, sie wird allen in Russland lebenden Völkern das wirkliche Recht auf Selbstbestimmung sichern.
Der Kongress beschließt: Die ganze Macht geht überall an die Sowjets der Arbeiter-, Soldaten- und Bauerndeputierten über, die eine wirkliche revolutionäre Ordnung zu gewährleisten haben.
Der Kongress ruft die Soldaten in den Schützengräben zu Wachsamkeit und Standhaftigkeit auf. Der Sowjetkongress ist überzeugt, dass die revolutionäre Armee es verstehen wird, die Revolution gegen jegliche Anschläge des Imperialismus zu verteidigen, bis die neue Regierung den Abschluss eines demokratischen Friedens erzielt hat, den sie unmittelbar allen Völkern vorschlagen wird. Die neue Regierung wird alle Maßnahmen treffen, um durch eine entschlossene Politik von Requisitionen und Besteuerung der besitzenden Klassen die revolutionäre Armee mit allem Nötigen zu versorgen, und wird auch die Lage der Soldatenfamilien verbessern.
Die Kornilowleute[1]) – Kerenskij, Kaledin u. a. – versuchen, Truppen gegen Petrograd zu führen. Einige Truppenteile, die Kerenskij auf betrügerische Weise in Bewegung gesetzt hat, sind auf die Seite des aufständischen Volkes übergegangen.
Soldaten, setzt dem Kornilowmann Kerenskij aktiven Widerstand entgegen!
Seid auf der Hut!
Eisenbahner, haltet alle Truppentransporte an, die Kerenskij gegen Petrograd schickt!
Soldaten, Arbeiter, Angestellte! Das Schicksal der Revolution und das Schicksal des demokratischen Friedens liegt in euren Händen!
Es lebe die Revolution!

Manfred Hellmann (Hrsg.), Die russische Revolution 1917. Von der Abdankung des Zaren bis zum Staatsstreich der Bolschewiki, München, 6. Auflage 1987, S. 318 f.

1. *Aus welchen Gründen behauptet der Aufruf, dass auf dem Kongress „die gewaltige Mehrheit der Sowjets vertreten" sei? Nehmen Sie dazu Stellung.*
2. *An welche Gruppen der Bevölkerung wendet sich der Aufruf besonders? Worin dürfte sein Erfolg bestanden haben?*
3. *Das Manifest gilt als Gründungsakt des Sowjetregimes. An welcher Stelle wird deutlich, dass der Kongress keine parlamentarische Demokratie beabsichtigt?*

[1]) Lavrentij G. Kornilow (1870–1918), weißrussischer General, den Kerenskij zum Oberbefehlshaber der russischen Streitkräfte gemacht hatte. Dennoch war Kornilow an der Spitze des Putschversuchs vom Sommer 1917 gestanden.

M 4

Ursachen der Revolution in Russland

Der Göttinger Historiker Manfred Hildermeier listet die wichtigsten internationalen und innerrussischen Ursachen der Revolution auf.

Ohne die Zerreißprobe des Ersten Weltkriegs ist das Ende des Zarismus sicher nicht zu verstehen. Die Extremsituation brachte die Schwächen der Wirtschaft und staatlichen Verwaltung umso greller ans Licht. Krieg und Revolution gehörten in ähnlicher Weise zusammen wie nachher Revolution und Krieg.
Desgleichen zählte zu den internationalen Aspekten der Umwälzungen die Ideologie, die sie speiste. Ohne Übertreibung lässt sich sagen, dass alle Parteien, die wesentlichen Anteil am großen Spiel um die Zukunft Russlands hatten, ihr theoretisches Rüstzeug in erheblichem Maße aus Westeuropa bezogen. [. . .]
Über Russland hinaus wies schließlich auch ein langfristiger Vorgang: der Aufbruch ins industrielle Zeitalter und die vielgestaltigen sozialen Verwerfungen, die er mit sich brachte. Nicht nur der Anstoß zu dieser kolossalen Anstrengung kam von außen – aus der Erkenntnis, dass andernfalls der Großmachtstatus des Reiches nicht zu sichern war. Der Staat fand auch die Mittel, deren er sich als treibender Kraft bediente, großenteils im Ausland: Kapital, technisch-administrative Fertigkeiten, unternehmerische Initiative und nicht zuletzt das mentale Kostüm, das es Russland anzupassen galt. Das Zarenreich bewegte sich seit der zweiten Hälfte des 19. Jahrhunderts bei allen bleibenden Eigenarten abermals mit stürmischem Anlauf auf Europa zu. Aus wohlverstandenem Eigeninteresse verschrieb es sich einem Umbruch, der hohe Anforderungen an seine Integrations- und Konfliktfähigkeit stellte. Die russische Revolution ist als eines unter anderen denkbaren und möglichen Resultaten des letztlichen Unvermögens zu sehen, dem Druck unter der zusätzlichen Last des Kriegs standzuhalten. [. . .]
Zur unbestrittenen Erkenntnis gehört, dass, erstens, die Revolution als Gesamterscheinung von der Strukturkrise nicht zu trennen ist, die der agrarische Bereich in der zweiten Hälfte des 19. Jahrhunderts durchlief. [. . .]
Freilich gilt auch, dass die Empörung der Bauern kaum ausgereicht hätte, um die zaristische Herrschaft mit allem, was sie trug und symbolisierte, zu Fall zu bringen. Was gut drei Jahrhunderte überstanden hatte, brach nicht durch den Loyalitätsentzug nur einer Untertanenschicht zusammen.
Eine weitere große Gefahr ging, zweitens, von der Entstehung der Arbeiterschaft aus. Gewiss blieb diese noch lange eine Insel im Meer der bäuerlichen Bevölkerung. [. . .] Dennoch kam der städtisch-industriellen Unterschicht wachsendes Gewicht zu. Besser informiert, bald höher gebildet, aufgrund der Zusammenballung leichter organisierbar und näher am Puls des politischen Geschehens, beschleunigte sie den Prozess der sozialen Gärung im ausgehenden Zarenreich maßgeblich. Die Arbeiterschaft war ein Fremdkörper in der traditionalen Agrargesellschaft und ein Symbol der heraufziehenden industriellen Ordnung.
Ebenfalls als Produkt der neuen Zeit konnte, drittens, diejenige Schicht gelten, die den umfassenden Wandel von Staat und Gesellschaft ins öffentliche Bewusstsein hob und soziale wie politische Forderungen daraus ableitete: die Intelligenz. Kein Zweifel kann darüber bestehen, dass ihr unter den russischen Bedingungen eine besonders prominente Rolle im Modernisierungs-

Ergebnis der Revolution war auch, dass die Standbilder von Zaren geschleift wurden wie hier in Rostow am Don. (Rund ein Dreivierteljahrhundert später ereilte die Monumentaldenkmäler der kommunistischen Ära dasselbe Schicksal.)

prozess zufiel. Ausgestattet mit konkurrenzloser Einsichts- und Ausdrucksfähigkeit, zog sie die Debatte über Russlands Zukunft weitgehend an sich. [. . .] Großenteils wurde sie dabei von einem Staat, der überängstlich an seinem
50 Entscheidungsmonopol festhielt, in die Opposition gedrängt. Bei aller ideologischen Verschiedenheit fand sie sich in der Vorstellung zusammen, dass die zaristische Herrschaft in der tradierten Form nicht Teil der russischen Zukunft sein könne. Die Intelligenz wurde zum schärfsten Kritiker und, soweit sie die unzufriedenen Unterschichten in Stadt und Land um sich scharte, zum
55 gefährlichsten Gegner der „Selbstherrschaft", der Autokratie. In dieser Rolle ersetzte sie in gewissem Maße das moderne Bürgertum, das im Zarenreich spät entstand und sich erst nach der Revolution von 1905 aus der politischen Vormundschaft des Staates zu befreien vermochte.
Von selbst versteht sich, dass die genannten Auflösungserscheinungen nur
60 in dem Maße an Boden gewinnen konnten, wie, viertens, die Staatsgewalt dies zuließ.

Manfred Hildermeier, Die Russische Revolution 1905–1921, Frankfurt/Main 1989, S. 8 ff.

1. *Benennen Sie die Gründe, die der Autor als Voraussetzungen der russischen Revolution aufführt.*
2. *Manfred Hildermeier hält die Revolution für „eines unter anderen denkbaren . . . Resultaten". Welches Geschichtsbild spricht aus dieser Bemerkung?*
3. *Nicht genannt wird in dem Text der Einfluss der Bolschewiki. Diskutieren Sie die Frage, welche Bedeutung ihnen für den Verlauf der Revolution zukommt.*

Russland unter Lenin: Machtbehauptung zwischen Krieg und Frieden

Symbol der Sowjetmacht und Ausdruck des Personenkults um den triumphierenden Lenin sollte der Palast der Sowjets werden, der Anfang der Dreißigerjahre nach einem internationalen Architektenwettbewerb in Auftrag gegeben wurde. Obwohl das Projekt 20 Jahre später endgültig aufgegeben wurde, dokumentiert der Plan eindrucksvoll den Geist der Epoche. Auf Geheiß Stalins sollte der Palast 420 Meter hoch werden, um damit als höchstes Gebäude der Welt den Pariser Eiffelturm und das Empire State Building in New York zu übertreffen. Als Krönung des Komplexes war eine monumentale, 70 Meter hohe Lenin-Statue gedacht (allein der Zeigefinger Lenins sollte sechs Meter messen).

Wie sehr auch viele europäische Intellektuelle von den Errungenschaften des Sowjetstaates geblendet waren, macht ein Artikel des deutschen Schriftstellers Lion Feuchtwanger (1884–1958) deutlich. 1937 schrieb er: „Es ist ein wahrer Turm von Babel, doch ein solcher, der nicht die Menschen dem Himmel, sondern den Himmel den Menschen näher bringen will. [. . .] Es tut wohl, nach all der Halbheit des Westens ein solches Werk zu sehen, zu dem man von Herzen Ja, Ja, Ja sagen kann.“

1918	Friedensvertrag von Brest-Litowsk: Russland muss umfangreichen Gebietsabtretungen zustimmen
	Umbenennung der bolschewistischen Partei in „Kommunistische Partei Russlands" (Bolschewiki)
	Proklamation der Russischen Sozialistischen Föderativen Sowjetrepublik (RSFSR)
1918 – 1920	Bürgerkrieg in Russland
1919	Erneute Gründung der Komintern als internationale Vereinigung kommunistischer Parteien

Der Marxismus in Russland

Die marxistische Ideologie war das unantastbare Leitbild der russischen sozialistischen Revolutionäre. Allerdings sah sich Lenin, der ein vielbändiges philosophisches Werk hinterließ, genötigt, die ursprüngliche Lehre weiterzuentwickeln. Er tat dies, indem er die Leitgedanken von Karl Marx auf die besonderen Verhältnisse Russlands übertrug und indem er eine eigene Taktik der proletarischen Revolution konzipierte. Theorie und Politik Lenins lassen drei grundlegende Neuorientierungen erkennen:
1. Der historische Materialismus hatte das Endziel der Geschichte, nämlich die klassenlose Gesellschaft, wissenschaftlich exakt vorherbestimmt. Lenin zufolge setzt sich die geschichtliche Notwendigkeit jedoch keinesfalls von alleine durch, sie bedarf des Kampfes unter Führung der Speerspitze des Proletariats, der *Partei*. Der Arbeiterklasse, von der Engels 1885 noch glaubte, sie brauche keine Organisation, weil „das Gefühl der Solidarität ausreiche, die Partei des Proletariats zu schaffen", traute Lenin keine große Durchschlagskraft zu. An die Spitze des gesetzmäßig ablaufenden historischen Prozesses stellte er deshalb eine „Partei neuen Typs". Diese sollte nicht in Konkurrenz zu anderen Gruppen im Staat treten, sondern – wissenschaftlich gerechtfertigt – ein Machtmonopol ausüben, dem sich auch die Arbeiterbewegung zu beugen hatte (⇨ M 1, M 2).
2. Nach Marx sollte im klassenlosen Endstadium der Geschichte die Gesellschaft konfliktfrei nach der These leben: „Jeder nach seinen Fähigkeiten, jedem nach seinen Bedürfnissen." Der Staat wäre damit überflüssig. Lenin übernahm zwar die Marx'sche Heilsidee, doch wiederum ohne Vertrauen auf einen selbsttätig ablaufenden Prozess. Die Umformung menschlichen Bewusstseins, der „neue Mensch", könne nur gelingen unter der Regie der regulierenden und überwachenden Avantgarde. Selbst in einer Zukunft ohne Staat war die Partei als Motor und Korrektiv menschlichen Zusammenlebens unerlässlich.
3. Gemäß der kommunistischen Lehre ist der Mensch zur Freiheit bestimmt. Zu seiner Selbstverwirklichung gehört dabei durchaus auch die Arbeit, die der menschlichen Natur entspricht. Spätestens mit dem Einsetzen der Arbeitsteilung sei die Arbeit jedoch zum Selbstzweck geraten, der Mensch sich selbst „entfremdet" worden.

Ideologie: Als Ideologie (griech.: Lehre von den Ideen) bezeichnet man ein System von Meinungen und Überzeugungen, das zur Rechtfertigung oder Verhüllung von Herrschaftsinteressen dient.
Schon in der Antike versuchten die Herrschenden mit Hilfe öffentlichkeitswirksamer Maßnahmen (Errichtung großartiger Bauwerke, Münzprägung, Förderung der Künste), den eigenen Machtanspruch gegenüber dem eigenen Volk und/oder fremden Staaten zu legitimieren. Die Kaiser und Könige des Mittelalters und der Neuzeit knüpften daran an, indem sie ihr Sendungsbewusstsein von den römischen Kaisern oder gar von Gott herleiteten.
Im 19. Jahrhundert setzte sich Karl Marx kritisch mit allen Ideologien auseinander. Allerdings schuf er eine neue Ideologie, als er die Aufhebung aller Klassengegensätze durch die revolutionäre Klasse des Proletariats als Ziel der Geschichte postulierte. Die Lehre von Marx wurde zum Ausgangspunkt der bolschewistischen Ideologie.
Der Bolschewismus in der Sowjetunion und der Nationalsozialismus in Deutschland nutzten ihre Ideologien jeweils dazu, Feindbilder zu erzeugen, die Massen gleichzuschalten und eine Einheit zwischen dem Willen der politischen Führung und dem Volk herzustellen.

Lenin ignorierte den humanistischen Gedanken von Marx, der den Menschen seiner ursprünglichen Bestimmung wieder zuführen wollte. Die bolschewistische Führung bemühte sich nur bedingt um verbesserte Arbeitsbedingungen oder gar um eine Zurückführung des arbeitsteiligen Produktionsprozesses. Auch sollte die forcierte Industrialisierung weniger die Lebensverhältnisse der arbeitenden Bevölkerung an den Standard westlicher Länder angleichen; vorrangiges Ziel war vielmehr ein (wirtschafts-)politischer Machtstatus, der es ermöglichen sollte, von Russland aus die „Weltrevolution" unter die Völker zu tragen.

Außenpolitik zwischen Anspruch und Wirklichkeit

Wichtigste Voraussetzung für die Durchsetzung des bolschewistischen Programms war die sofortige Beendigung des Kriegs gegen die Mittelmächte. Diese Aufgabe wurde Trotzki übertragen, der mittlerweile Volkskommissar des Äußeren geworden war. Trotzki glaubte, „einige revolutionäre Proklamationen an die Völker zu erlassen und dann die Bude schließen zu können", denn die bevorstehende Weltrevolution werde das Ende aller internationalen Konflikte bringen. Mit dem Sieg der sozialistischen Bewegung in allen Ländern werde es auch keine Interessengegensätze zwischen den Staaten mehr geben – Außenpolitik werde überflüssig.
Ganz auf dieser Basis hatten die neuen Machthaber in ihrem ersten Dekret am 26. Oktober/8. November 1917 ihre Bereitschaft zu einem Frieden ohne Annexionen und Reparationen auf der Basis des Selbstbestimmungsrechts

der Völker signalisiert. Noch im Dezember begannen die Friedensverhandlungen mit den Mittelmächten in Brest-Litowsk. Als die deutsche Delegation das „Selbstbestimmungsrecht" auch auf Polen, Litauen und Kurland, die ihren Austritt aus dem russischen Staatenverband erklärt hatten, anwenden wollte, brach die russische Regierung die Verhandlungen ab. Erneut rückten deutsche Truppen – nahezu ohne Gegenwehr – vor.
Derart unter Druck gesetzt, unterzeichnete die Sowjetregierung schließlich doch den *Frieden von Brest-Litowsk* (3. März 1918, Zusatzvertrag 27. August 1918). Russland musste auf Estland, Livland, Kurland, Litauen und Polen verzichten sowie jetzt auch die Unabhängigkeit der Ukraine und Finnlands anerkennen. Es verlor ungefähr ein Viertel seiner Bevölkerung, des anbaufähigen Landes, der Textilindustrie und des Eisenbahnnetzes sowie drei Viertel der Montanindustrie. Petrograd lag nun nahe der gefährdeten Grenzen, weshalb die Regierung ihren Sitz nach Moskau verlegte.
Lenin gelang es nur unter größten Mühen, die Annahme der Bedingungen in der *Kommunistischen Partei Russlands (Bolschewiki)* (wie sich seine Partei jetzt nannte) durchzusetzen. Außerdem verlor er wegen der Anerkennung des Vertrags die linken Sozialrevolutionäre als seine letzten Bündnispartner außerhalb der Partei. Dennoch konnte er im Ergebnis den deutschen Diktatfrieden für seine Ziele nutzen, denn die Bolschewisten hatten nun im Rat der Volkskommissare die Macht allein in Händen.
Trotz des von den Deutschen erzwungenen Nachgebens hatte sich gezeigt, dass die Sowjetregierung entgegen ihrer internationalistischen Ideologie außenpolitisch durchaus die Rolle einer Sachwalterin traditioneller nationaler Staatsinteressen annahm. In der Folge betrieben die Volkskommissare des Äußeren eine „klassische" Machtpolitik. Ein zusätzliches Element ihrer Außenpolitik war die weltumspannende ideologische Auseinandersetzung mit dem Klassenfeind. Diese Aufgabe übernahm seit 1919 die *III. Kommunistische Internationale* (*Komintern*). Ihr gehörten alle kommunistischen Parteien an, mit deren Unterstützung die hegemoniale russische KP künftig auf die Verhältnisse in den bürgerlich regierten Ländern Einfluss nahm.

Zerfällt das Russische Reich?

Seit Sommer 1917 hatten mehrere nichtrussische Nationalitäten ihre Unabhängigkeit erklärt: Finnland, Estland, Lettland, Litauen, Weißrussland, Ukraine, Georgien, Armenien, Aserbeidschan. Die neue Sowjetregierung versuchte, sich direkt nach der Machtübernahme an die Spitze der Unabhängigkeitsbewegung zu stellen, und proklamierte am 15. November 1917 das „Selbstbestimmungsrecht" auch für die Völker des einstigen Zarenreichs. Die „Deklaration der Rechte der Völker Russlands" legalisierte einen Prozess, der von der Zentralmacht schon längst nicht mehr zu steuern war, und schien den Bolschewiki angesichts der nahen Weltrevolution ein geringes Risiko.

Grenzverschiebungen zwischen 1917 und 1922.

In den meisten unabhängig gewordenen Gebieten brachen Bürgerkriege aus. In deren Verlauf wurden die nationalen Bewegungen zum Teil von deutschen Truppen, später auch von alliierten Einheiten unterstützt. Die von Trotzki neu formierte *Rote Armee* behielt jedoch am Ende fast überall die Oberhand: 1919 wurden Weißrussland und die Ukraine Sowjetrepubliken und Bündnispartner der *Russischen Sozialistischen Föderativen Sowjetrepublik (RSFSR)*. Im Süden scheiterte ein Zusammenschluss der drei kaukasischen Staaten am Streit zwischen den christlichen Armeniern und den islamischen Aserbeidschanern um die Provinz Berg Karabach. 1920/21 setzte auch hier die Armee Trotzkis der Unabhängigkeit ein Ende. Lediglich Finnland und den baltischen Staaten bestätigte das bolschewistische Russland 1920 noch

einmal „freiwillig und auf alle Zeiten" die in Brest-Litowsk unterschriebene uneingeschränkte Souveränität.
Zu kriegerischen Auseinandersetzungen kam es vor allem mit Polen (1918–1920), das einen Vielvölkerstaat unter Einbeziehung von Litauern, Ukrainern und Weißrussen anstrebte. Polnische Truppen stießen zeitweise bis Kiew vor. Bei der Grenzziehung im *Frieden von Riga* 1921 gerieten vier Millionen ukrainischer Volksangehörige unter polnische Herrschaft.
Trotz großer Gebietsverluste hatte die Sowjetmacht das territoriale Erbe des Zarenreichs mit militärischer Gewalt vor dem Auseinanderfallen bewahrt. Seit dem 30. Dezember 1922 nannte sich der neue Staat *Union der Sozialistischen Sowjetrepubliken (UdSSR).*

Bürgerkrieg zwischen „Weiß" und „Rot"

Die nationalen Erhebungen an der Peripherie des Großrussischen Reichs waren nicht die einzigen kriegerischen Auseinandersetzungen, denen sich die bolschewistische Regierung ausgesetzt sah. Im Inneren waren konservative und liberale Kreise von Anfang an zur Gegenwehr entschlossen. Militärische Unterstützung fanden sie bei Verbänden unter der Führung zaristischer Generäle, bei Kosakenführern[1]) und den Alliierten, die vor allem Waffen und finanzielle Mittel zur Verfügung stellten. Der *Bürgerkrieg* zwischen „Weißen" und „Roten", der im Frühjahr 1918 ausbrach, wurde von beiden Seiten mit großer Brutalität geführt. Ende 1920 hatten die „Roten" endgültig die Oberhand gewonnen. Was waren die Gründe?
Wesentlich war, dass es Trotzki unter schwierigen Umständen gelang, eine effiziente Armee zu organisieren. Im Kampf um die Macht hob er bedenkenlos Errungenschaften der Revolution wie die Wahl der Offiziere durch die Mannschaften wieder auf. Vormals bekämpfte militärische Grundsätze wie Disziplin und Gehorsam wurden mit drakonischen Strafen durchgesetzt. Für die Führung der Roten Armee holte Trotzki ehemals zaristische Offiziere zurück, denen politische Kommissare zur Schulung der Truppen an die Seite gestellt wurden. Zugute kam der Regierung auch, dass sie die wirtschaftsstarken Kernlande des Reichs und damit die Rüstungsproduktion unter Kontrolle hielt. Vielleicht noch entscheidender waren aber die Fehler der „Weißen". Sie brachten keine einheitliche politische und militärische Führung zustande und hatten nichts aus den Versäumnissen der „Februar-Regierung" gelernt. Sogar Dekrete, die breite Zustimmung gefunden hatten wie die Bodenreform oder die Anerkennung des Selbstbestimmungsrechts der Völker wollten sie zurücknehmen. Auf diese Weise verscherzten sie sich die Sympathien der Bauern und nationalen Unabhängigkeitsbewegungen, die mehr als alles andere eine Rückkehr zu „zaristischen Verhältnissen" fürchteten.

[1]) Die Kosaken waren ursprünglich tatarische freie Reiterverbände. Sie lebten vor allem im Süden und Westen des Russischen Reichs. Trotz verschiedener Aufstandsbewegungen mussten sie sich nach und nach den Staatsverwaltungen unterstellen. Ihre Heere wurden von den Zaren bevorzugt an gefährdeten Grenzen eingesetzt.

M 1

Wer hilft dem Marxismus an die Macht?

Die programmatische Schrift „Was tun?“ verfasste Lenin bereits in den Jahren 1901/1902 in seinem Exil in München. Die Grundsätze der Abhandlung prägten später den Aufbau der bolschewistischen Partei in Russland und der kommunistischen Parteien aller Länder.

Wir haben gesagt, dass die Arbeiter ein sozialdemokratisches Bewusstsein *gar nicht haben konnten*. Dieses konnte ihnen nur von außen gebracht werden. Die Geschichte aller Länder zeugt davon, dass die Arbeiterklasse ausschließlich aus eigener Kraft nur ein trade-unionistisches[1]) Bewusstsein hervorzubringen vermag, d. h. die Überzeugung von der Notwendigkeit, sich in Verbänden zusammenzuschließen, einen Kampf gegen die Unternehmer zu führen, der Regierung diese oder jene für die Arbeiter notwendigen Gesetze abzutrotzen u. a. m. [. . .] 5

Der politische Kampf der Sozialdemokratie[2]) ist viel umfassender und komplizierter als der ökonomische Kampf der Arbeiter gegen die Unternehmer und die Regierung. Genauso (und infolgedessen) muss die Organisation der revolutionären sozialdemokratischen Partei unvermeidlich *anderer Art* sein als die Organisation der Arbeiter für diesen Kampf. Die Organisation der Arbeiter muss erstens eine gewerkschaftliche sein; zweitens muss sie möglichst umfassend sein; drittens muss sie möglichst wenig konspirativ sein (ich spreche natürlich hier und weiter unten nur vom autokratischen Russland). Die Organisation der Revolutionäre dagegen muss vor allem und hauptsächlich Leute erfassen, deren Beruf die revolutionäre Tätigkeit ist (darum spreche ich auch von der Organisation der *Revolutionäre*, wobei ich die revolutionären Sozialdemokraten im Auge habe). Hinter dieses allgemeine Merkmal der Mitglieder einer solchen Organisation *muss jeder Unterschied zwischen Arbeitern und Intellektuellen*, von den beruflichen Unterschieden der einen wie der anderen ganz zu schweigen, *völlig zurücktreten*. Diese Organisation muss notwendigerweise nicht sehr umfassend und möglichst konspirativ sein. [. . .] 10 15 20 25

Die Konzentrierung aller konspirativen Funktionen in den Händen einer möglichst geringen Zahl von Berufsrevolutionären bedeutet keineswegs, dass die Berufsrevolutionäre „für alle denken werden“, dass die Menge keinen tätigen Anteil an der *Bewegung* nehmen wird. Im Gegenteil, die Menge wird diese Berufsrevolutionäre in immer größerer Anzahl hervorbringen, denn die Menge wird dann wissen, dass es nicht genügt, wenn sich ein paar Studenten und Arbeiter, die einen ökonomischen Kampf führen, zusammentun, um ein „Komitee“ zu bilden, sondern dass es notwendig ist, sich durch jahrelange Arbeit zu einem Berufsrevolutionär auszubilden. 30

W. I. Lenin, Ausgewählte Werke, Band I, Berlin, 7. Auflage 1970, S. 166 f., 241 und 253

1. *Weisen Sie nach, mit welchen Aussagen Lenin über die bisherige Lehre des Marxismus hinausgeht.*
2. *Lenin geht es offensichtlich nicht um die Mehrheit in einer demokratischen Wahl. Von welchen Voraussetzungen geht seine Argumentation aus?*

---
[1]) Trade unions hießen die Gewerkschaften in England.
[2]) Im Jahr 1902 umfasste der Begriff „Sozialdemokratie“ noch die gesamte marxistische Bewegung.

M 2

„Freiheit ist immer nur die Freiheit des anders Denkenden"

Rosa Luxemburg (1870–1919), eine deutsche Politikerin polnischer Herkunft, war seit 1898 Mitglied der SPD, seit 1917 der USPD. Am 1. Januar 1919 war sie Mitbegründerin der KPD. Dies hinderte sie nicht, kritisch die Entwicklung des Sowjetregimes zu verfolgen. Ihre Gedanken, die sie seit September 1918 in der Haft niederschrieb, wurden erst posthum veröffentlicht.

Lenin sagt: Der bürgerliche Staat sei ein Werkzeug zur Unterdrückung der Arbeiterklasse, der sozialistische zur Unterdrückung der Bourgeoisie. Es sei bloß gewissermaßen der auf den Kopf gestellte kapitalistische Staat. Diese vereinfachte Auffassung sieht von dem Wesentlichsten ab: Die bürgerliche Klassenherrschaft braucht keine politische Schulung und Erziehung der ganzen Volksmasse, wenigstens nicht über gewisse eng gezogene Grenzen hinaus. Für die proletarische Diktatur ist sie das Lebenselement, die Luft, ohne die sie nicht zu existieren vermag. [...]
Gerade die riesigen Aufgaben, an die die Bolschewiki mit Mut und Entschlossenheit herantraten, erforderten die intensivste politische Schulung der Massen und Sammlung der Erfahrung.
Freiheit nur für die Anhänger der Regierung, nur für die Mitglieder einer Partei – mögen sie noch so zahlreich sein – ist keine Freiheit. Freiheit ist immer nur die Freiheit des anders Denkenden. Nicht wegen des Fanatismus der „Gerechtigkeit", sondern weil all das Belehrende, Heilsame und Reinigende der politischen Freiheit an diesem Wesen hängt und seine Wirkung versagt, wenn die „Freiheit" zum Privilegium wird. [...]
Es ist die historische Aufgabe des Proletariats, wenn es zur Macht gelangt, an Stelle der bürgerlichen Demokratie sozialistische Demokratie zu schaffen, nicht jegliche Demokratie abzuschaffen. Sozialistische Demokratie beginnt aber nicht erst im gelobten Lande, wenn der Unterbau der sozialistischen Wirtschaft geschaffen ist, als fertiges Weihnachtsgeschenk für das brave Volk, das inzwischen treu die Handvoll sozialistischer Diktatoren unterstützt hat. Sozialistische Demokratie beginnt zugleich mit dem Abbau der Klassenherrschaft und dem Aufbau des Sozialismus. Sie beginnt mit dem Moment der Machteroberung durch die sozialistische Partei. Sie ist nichts anderes als die Diktatur des Proletariats.
Jawohl: Diktatur! Aber diese Diktatur besteht in der *Art der Verwendung* der *Demokratie,* nicht in ihrer *Abschaffung,* in energischen, entschlossenen Eingriffen in die wohlerworbenen Rechte und wirtschaftlichen Verhältnisse der bürgerlichen Gesellschaft, ohne welche sich die sozialistische Umwälzung nicht verwirklichen lässt. Aber diese Diktatur muss das Werk der *Klasse* und nicht einer kleinen, führenden Minderheit im Namen der Klasse sein, d. h. sie muss auf Schritt und Tritt aus der aktiven Teilnahme der Massen hervorgehen, unter ihrer unmittelbaren Beeinflussung stehen, der Kontrolle der gesamten Öffentlichkeit unterstehen, aus der wachsenden politischen Schulung der Volksmassen hervorgehen.

Rosa Luxemburg, Zur russischen Revolution, in: Politische Schriften III, Frankfurt/Main 1968, S. 131 f. und 139

1. *Mit welchen Argumenten kritisiert Rosa Luxemburg Lenins Auffassung von der Diktatur des Proletariats?*
2. *Zeigen Sie demgegenüber ihre Ansicht von der Diktatur des Proletariats auf.*
3. *Welches Verständnis von Freiheit und Diktatur wird deutlich?*

Modernisierung im Zeichen des Terrors

„Der Bolschewik", Gemälde von Boris M. Kustodijew (1920). Ein siegreicher, ins Riesenhafte vergrößerter Arbeiter schreitet mit wehendem rotem Banner durch die Innenstadt von Moskau.

seit 1918	„Feinde der Arbeiterklasse" werden zu Tausenden hingerichtet
1921	Truppen schlagen den Kronstädter Matrosenaufstand nieder
	Die letzten zugelassenen Parteien (Menschewiki und Sozialrevolutionäre) werden verboten
1921–1927	Die „Neue Ökonomische Politik" (NEP) nimmt revolutionäre Maßnahmen zurück, um das wirtschaftliche Chaos zu überwinden
1922	Proklamation der Union der Sozialistischen Sowjetrepubliken (UdSSR)

Die Diktatur entledigt sich ihrer Gegner

Am 10. Juli 1918 erhielt die RSFSR eine neue Verfassung. Formal an der Spitze der (Räte-)Republik stand aus revolutionärer Tradition das Exekutivkomitee der Sowjets. Unter Berufung auf die Ausnahmesituation des Bürgerkriegs konzentrierte Lenin aber die Staatsmacht in den Händen seiner engsten Vertrauten im Rat der Volkskommissare. Dieser war sowohl für die Regierung als auch für die Gesetzgebung zuständig, konzentrierte Exekutive und Legislative also in einem Organ.
Das gleiche Wahlrecht, eine Errungenschaft des Jahres 1917, wurde wieder beseitigt. Es galt nicht mehr für selbständige Unternehmer, Rentiers, Geistliche und ehemalige Polizisten. Ganz im Sinne seines Parteienverständnisses

ließ Lenin auch die freie Konkurrenz politischer Gruppierungen beseitigen. Die bürgerlichen Parteien mussten sich auflösen, Menschewiki und Sozialrevolutionäre wurden aus dem Exekutivkomitee der Sowjets ausgeschlossen. Die Pressefreiheit war bereits Ende 1917 aufgehoben worden, erscheinen durften nur noch Zeitungen der Regierungsparteien.
Ebenfalls noch im Dezember 1917 wurde die *Allrussische Außerordentliche Kommission für den Kampf gegen Konterrevolution und Sabotage* (russisch: *Tscheka*) als eine Art geheime Staatspolizei gegründet. Die Zahl der Mitarbeiter wucherte von zwei Dutzend bei ihrer Gründung auf 137 000 im Jahr 1921. Die Tscheka praktizierte staatlich sanktionierte Terrorakte gegen die „Feinde der Arbeiterklasse" ebenso wie bald auch gegen Vertreter abweichender Meinungen aus dem eigenen Lager. Seit dem Sommer 1918 durfte dieses Sonderorgan selbst Todesurteile fällen und vollstrecken. Man schätzt die Zahl der bis 1922 vorgenommenen Hinrichtungen heute auf 280 000. Kritik bolschewistischer Parteigenossen am Vorgehen der Geheimpolizei wischte Lenin als „Spießergerede" vom Tisch.

Veränderungen in Partei und Gesellschaft

Nicht einmal an der Struktur der KP selbst ging der Umbruch spurlos vorüber: An die Spitze des Zentralkomitees stellte Lenin drei neue Gremien: das *Politbüro* (für Grundsatzfragen der Politik), das *Orgbüro* (dem die organisatorische Durchführung der Entscheidungen des Politbüros oblag) und ein *Sekretariat* (das die technische Ausführung unter Kontrolle des Orgbüros übernahm). Die eigentliche Machtzentrale war das siebenköpfige Politbüro. In ihm entschieden die wichtigsten Volkskommissare in ihrer Eigenschaft als Parteifunktionäre die Leitlinien der Politik des Staates.
Ohne Zögern nahm das Sowjetregime die Umgestaltung der Gesellschaft in Angriff. Innerhalb kürzester Zeit wurden europäische Entwicklungen des 19. Jahrhunderts nachgeholt: die Trennung von Staat und Kirche (bis hin zum Verlust kirchlicher Eigentumsrechte) oder die Einführung der Zivilehe; in manchem war man den Gesellschaften West- und Mitteleuropas gar voraus: Die Emanzipation der Frau wurde formalrechtlich vollzogen, und das Ausbildungswesen öffnete sich den Unterschichten. Am revolutionärsten veränderten Eingriffe in die Wirtschaftsordnung das soziale Gefüge. Nach der Enteignung der Gutsbesitzer verlangte die marxistische Ideologie auch die Verstaatlichung aller Unternehmen, nur Kleinbetriebe durften selbständig bleiben.

Der Kronstädter Aufstand

Seit ein Ende des Bürgerkriegs absehbar war, regte sich innerhalb der Kommunistischen Partei Widerstand gegen die Entwicklung im Land. Sichtbarster Ausdruck, wie weit sich das Regime von den ursprünglichen Idealen entfernt hatte, war ein spontaner *Matrosenaufstand in Kronstadt* an der Ostsee (März 1921). Die Aufständischen forderten unter anderem Neuwahlen der

Während des Krieges gegen Polen hielten die Politbüromitglieder Lenin (auf der Rednertribüne), Trotzki und Kamenew im Mai 1920 Ansprachen an die Rote Armee. Die Fotos auf den Seiten 316/317 wurden unmittelbar hintereinander aufgenommen.

Sowjets nach einem gleichen und geheimen Wahlrecht, Rede- und Pressefreiheit für linkssozialistische und anarchistische Gruppen sowie Freiheit der Gewerkschaften. „Das Proletariat selbst erhob sich gegen die Diktatur des Proletariats" (Karl-Heinz Ruffmann).
Der Führungszirkel reagierte prompt: Trotzki ließ die Erhebung der „Konterrevolutionäre" zusammenschießen, bald darauf wurden die letzten noch zugelassenen Parteien der Menschewiki und Sozialrevolutionäre verboten, Schauprozesse stellten sozialistische Parteiführer an den Pranger. Auch jegliche innerparteiliche Opposition wurde endgültig verhindert: Der X. Parteikongress beschloss 1921 das Verbot von Fraktionsbildungen innerhalb der KP und bezeichnete unabhängige Gewerkschaften als „unvereinbar mit der Lehre des Marxismus". Die Diskussion oder gar Durchsetzung politischer Alternativen war damit unmöglich geworden. Es galt das Meinungsmonopol der Parteispitze, die in Säuberungsaktionen ein Drittel aller Mitglieder aus der Partei ausschließen ließ.

„Kriegskommunismus"

Weltkrieg, Bürgerkrieg und revolutionäre Eingriffe in die Wirtschaftsordnung hatten die Versorgungslage in Russland völlig zerrüttet. Waren und Rohstoffe waren knapp; ihre Verteilung unterstellte die Regierung deshalb einer staatlichen Kontrolle. Ein freier Markt existierte nicht mehr, dafür blühte der Schwarzhandel. Da es nur wenige Verbrauchsgüter zu kaufen gab, waren die Bauern kaum bereit, ihre Ernte abzugeben. Militärkommandos mussten eingesetzt werden, um die Ernährung der Städte sicherzustellen;

Als nach dem Tod Lenins Trotzki und Kamenew des Landes verwiesen beziehungsweise hingerichtet worden waren, wurden sie von der offiziellen Geschichtsdarstellung in der Sowjetunion totgeschwiegen. Das Foto durfte nur noch in der retuschierten Fassung veröffentlicht werden.

die gewaltsam eingetriebenen Nahrungsmittel wurden anschließend kostenlos an die Verbraucher verteilt.
Kriegskosten und ein Rückgang der Industrieproduktion auf etwa 15 % des Vorkriegsniveaus hatten eine galoppierende Inflation entfacht, die jährlich zwischen 670 und 1560 % lag. Dies machte weitgehend den Übergang zu einer Art Naturalwirtschaft notwendig. Neben Konsumgütern wurden Energie und öffentliche Dienstleistungen gratis abgegeben, auch das Wohnen in den enteigneten Mietshäusern kostete nichts. Die „proletarische Naturalwirtschaft" war zwar keineswegs beabsichtigt, wurde jedoch von den Machthabern propagandistisch idealisiert (⇨ M 1).

Neue Ökonomische Politik (NEP)

Während Lenin am Machtmonopol der revolutionären Avantgarde kompromisslos festhielt, akzeptierte er eine Liberalisierung der Wirtschaftsordnung. Angesichts der katastrophalen Versorgungslage im Winter 1920/21 musste er schon deshalb Abweichungen von der bisherigen Doktrin zulassen, um einer systemgefährdenden Kritik bei Arbeitern und Bauern zuvorzukommen. Die Kurskorrektur nahm der X. Parteikongress im März 1921 mit der Einführung der *Neuen Ökonomischen Politik* (russisch: *NEP*) vor. Die mit Zwangseintreibungen durchgesetzte Abgabepflicht der Bauern wurde aufgehoben und durch eine Naturalsteuer ersetzt. Darüber hinaus produzierte Naturalien durften die Bauern auf eigene Rechnung mit Gewinn auf einem wiederhergestellten freien Markt verkaufen.

Unter der Überschrift „Das Kapital & Co" stellte ein Plakat 1920 die Verantwortlichen für alle Bedrückungen des Proletariats an den Pranger. Von links oben die Regierungschefs Frankreichs, der USA und Großbritanniens: Clemenceau, Wilson und Lloyd George; darunter konservative und liberale Gegner der Sowjets während des Bürgerkriegs sowie rechts außen ein Vertreter des (abtrünnigen) finnischen Parlaments. In der untersten Reihe: Rabbi, Priester, Mullah, Großbauer, Pope, Fabrikant, Spion, Kadett etc.

Auch andere Maßnahmen ließen erkennen, dass die vorübergehend in Kraft gesetzten marxistischen Theorien sich in der Praxis nicht bewährt hatten. Vor allem fiel die einheitliche Lohnstaffel für alle Berufsgruppen; das Dekret vom 16. September 1921 stellte ausdrücklich fest, dass „jegliche Gedanken an Gleichmacherei fallen gelassen werden müssen". Der vormals scharf kritisierte Leistungslohn behielt von da an im Sowjetstaat seine Gültigkeit. Eine Rückkehr zu mehr Marktwirtschaft verrieten auch die weitgehende Zulassung eines freien Binnenhandels und die Konzessionierung privater (Klein-)Unternehmer (⇨ M 2).
Allmählich begann die NEP zu greifen. Während in den Jahren 1921/22 mindestens fünf Millionen Menschen verhungerten, wuchsen Wirtschaftsleistung und Bevölkerung in der darauf folgenden Periode rasch an. 1926 war das Vorkriegsniveau in etwa wieder erreicht.
Am Ende des Jahrzehnts hatte sich die Sozialstruktur gegenüber 1913 deutlich verschoben. Während der Anteil der Arbeiter und Angestellten an der Bevölkerung praktisch unverändert geblieben war (ca. 17 %), waren die Kapitalisten deutlich dezimiert worden (von 16 auf 5 %) zu Gunsten der Bauern (65 auf 73 %). Auf dem Land war die Zahl größerer Landwirte *(Kulaken)* stark geschrumpft, dort überwog jetzt deutlich ein starkes mittleres Bauerntum *(Serednjaki).* Auch gab es weiterhin ein verarmtes Proletariat, so dass trotz der Enteignung der Gutshöfe die sozialen Verhältnisse recht unterschiedlich blieben. Die proletarische Revolution hatte auf alle Fälle ihre Herrschaft durchgesetzt und konsolidiert (⇨ M 3).

M 1

Der „Kriegskommunismus"

Victor Serge, der eigentlich Viktor L. Kibaltschitsch hieß, 1890 in Brüssel als Kind russischer Emigranten zur Welt kam und 1947 im mexikanischen Exil starb, hatte an der Revolution aktiv teilgenommen. In seinen 1942/43 niedergeschriebenen Erinnerungen schreibt er über die Situation nach der Oktoberrevolution und die Einführung des „Kriegskommunismus".

Das wunderbare System der Ernährung [. . .] lief leer. Ein Redner im Sowjet rief aus: „Der Apparat ist ausgezeichnet, aber die Suppe ist schlecht!" [. . .] In Wirklichkeit musste man, um sich zu ernähren, tagaus tagein spekulieren. Und die Kommunisten taten das genauso wie die anderen. Die Banknoten 5 waren nichts mehr wert, kluge Theoretiker sprachen von der nahe bevorstehenden Abschaffung des Geldes. Zum Druck der Briefmarken fehlten Farben und Papier. Durch ein Dekret wurde das Porto aufgehoben: eine neue sozialistische Errungenschaft. Dass Straßenbahnfahren nichts kostete, erschöpfte das Material, das von Tag zu Tag mehr verfiel.

10 Die von den verstaatlichten Kooperativen verteilten Rationen waren winzig: Schwarzbrot (manchmal durch Hafer ersetzt), einige Heringe im Monat, ein winziges bisschen Zucker für die erste Kategorie (Handarbeiter und Soldaten), fast nichts für die dritte (Nicht-Arbeiter). Das Wort des heiligen Paulus, das überall angeschlagen war: „Wer nicht arbeitet, der soll auch nicht es- 15 sen!", wurde zur Ironie, denn um sich zu ernähren musste man sich ja gerade auf dem Schwarzmarkt umtun statt zu arbeiten. Die Arbeiter brachten in den toten Fabriken ihre Zeit damit hin, dass sie Maschinenteile in Taschenmesser und Transmissionsriemen in Schuhsohlen umarbeiteten, um sie dann auf dem Schwarzmarkt zu tauschen. Im Ganzen war die Industrieproduktion 20 auf weniger als 30 Prozent der Produktion von 1913 gefallen. Um ein wenig Mehl, Butter oder Fleisch zu bekommen, musste man Bauern, die dergleichen unerlaubterweise in die Stadt brachten, Textilien oder irgendwelche Gegenstände geben. Glücklicherweise enthielten die Wohnungen der vormaligen Bourgeoisie in den Städten nicht wenig Teppiche, Wandbehänge, Wäsche 25 und Geschirr. Aus dem Leder von Sofas stellte man ganz brauchbare Schuhe her, aus den Wandbehängen Kleider. Da die Spekulation die Eisenbahnen desorganisierte, die ohnehin heruntergekommen waren, untersagten die Behörden den Transport von Lebensmitteln durch Privatleute, legten Sonderabteilungen in die Bahnhöfe, die erbarmungslos den Sack Mehl der Hausfrau 30 konfiszierten, ließen die Märkte durch die Miliz umzingeln, die Warnschüsse in die Luft abgab und inmitten von Geschrei und Tränen die Waren beschlagnahmte. Die Sonderabteilungen und die Miliz machten sich dadurch verhasst. Das Wort „Kommissariokratie" ging um. Die Altgläubigen verkündeten das Ende der Welt und das Reich des Antichrist.

35 Der Winter war für die Bewohner der Stadt eine wahre Qual. Keine Heizung, kein Licht, und dazu der nagende Hunger! Schwache Kinder und Greise starben zu Tausenden. Der Typhus, von den Läusen verbreitet, räumte gründlich auf. Das alles habe ich vielfach gesehen und miterlebt. In den großen verlassenen Wohnungen von Petrograd drängten sich die Leute in einem 40 einzigen Zimmer zusammen und lebten dicht gedrängt um einen kleinen Kanonenofen aus Ziegelsteinen, den sie auf dem Parkett aufgestellt hatten und dessen Kaminrohr eine Fensterecke mit Ruß schwärzte. Man speiste ihn mit dem Parkett der Nachbarzimmer, mit den letzten Möbeln, mit Büchern. Ganze Bibliotheken sind auf diese Weise verschwunden. Ich selbst ließ, um

Hunger.

eine mir nahe stehende Familie zu wärmen, mit echter Genugtuung die Sammlung der *Reichsgesetze* verbrennen. Man nährte sich von ein bisschen Hafer und halbverfaultem Pferdefleisch, man teilte im Kreis der Familie ein Stück Zucker in winzige Partikeln auf, und jeder Bissen, den einer außer der Reihe ergatterte, beschwor wahre Tragödien herauf. Die Kommune tat viel für die Ernährung der Kinder; aber dieses Viel blieb lächerlich gering. 45 50

Um die Genossenschaftsversorgung aufrechtzuerhalten, die in erster Linie ein bitter und hoffnungslos gewordenes Proletariat, die Armee, die Flotte, die Parteigliederungen beliefern sollte, schickte man Requisitionskommandos in entfernte Landesteile, die von den Muschiks[1]) oft mit Mistgabeln vertrieben und manchmal massakriert wurden. Rasende Bauern schlitzten dem Kommissar den Bauch auf, füllten ihn mit Weizen und ließen ihn am Straßenrand liegen, damit man sie richtig verstehe. So endete einer meiner Genossen, ein Buchdrucker, in der Umgebung von Dno, wohin ich mich später selbst begab, um einem verzweifelten Dorf zu erklären, dass die Schuld an der imperialistischen Blockade liege. Das war wahr, aber die Bauern forderten nichtsdestoweniger mit Recht das Ende der Requisitionen, die Legalisierung des Tauschhandels. 55 60

Victor Serge, Erinnerungen eines Revolutionärs, Hamburg 1991, S. 134 ff.

1. *Der Autor zeichnet ein anschauliches Bild von der Versorgungslage während des Bürgerkriegs. Arbeiten Sie heraus, welche Wechselwirkungen zwischen der wirtschaftlichen Situation und Maßnahmen der Regierung deutlich werden.*
2. *Versetzen Sie sich in die Lage eines Arbeiters, eines Bauern, eines Bürgerlichen, eines Parteifunktionärs. Mit welchen Argumenten dürften diese Personenkreise jeweils auf die geschilderten Verhältnisse reagiert haben?*
3. *Klären Sie die Einstellung des Autors während der Phase des „Kriegskommunismus“ und zur Zeit der Niederschrift seiner Erinnerungen.*

---

[1]) So wurden die Bauern im zaristischen Russland bezeichnet.

M 2

Die NEP

Anlässlich des XI. Parteitages der KP zog Lenin am 27. März 1922 in seinem „Politischen Bericht“ ein vorläufiges Resümee über die Neue Ökonomische Politik.

Die ganze Bedeutung der Neuen Ökonomischen Politik [. . .] liegt darin und nur darin: den Zusammenschluss zwischen der bäuerlichen Wirtschaft und der neuen Wirtschaft herzustellen, die wir mit ungeheurer Anstrengung schaffen. [. . .]
5 Unser Ziel ist, den neuen Zusammenschluss herzustellen, dem Bauern durch Taten zu beweisen, dass wir mit dem beginnen, was ihm verständlich, vertraut und heute bei all seiner Armut erreichbar ist, nicht aber mit etwas, was vom Standpunkt des Bauern fern und fantastisch ist. Unser Ziel ist, zu beweisen, dass wir ihm zu helfen verstehen, dass die Kommunisten dem
10 verarmten, verelendeten, qualvoll hungernden Kleinbauern, der sich jetzt in einer schweren Lage befindet, sofort praktisch helfen. Entweder werden wir das beweisen, oder er wird uns zum Teufel jagen. Das ist völlig unausbleiblich. [. . .]
Die zweite, speziellere Lehre ist die Überprüfung der staatlichen und der
15 kapitalistischen Betriebe durch den Wettbewerb. [. . .] Wir haben bisher Programme geschrieben und Versprechungen gemacht. Seinerzeit war das absolut notwendig. Ohne ein Programm und ohne Versprechungen kann man nicht mit der Weltrevolution kommen. [. . .]
Was gebraucht wird, ist eine echte Prüfung. Nebenan ist der Kapitalist tätig,
20 er handelt wie ein Räuber, er schindet Profite, aber er versteht seine Sache. Ihr aber – ihr probiert es auf neue Art: Profite gibt es bei euch nicht, die Grundsätze sind kommunistisch, die Ideale gut – mit einem Wort, ihr seid wahre Heilige, ihr solltet schon bei Lebzeiten in den Himmel kommen –, aber versteht ihr praktisch zu arbeiten? [. . .]
25 Den Kommunisten wurde jeder mögliche Aufschub gewährt, es wurde ihnen so viel Kredit gegeben, wie keiner anderen Regierung gegeben worden ist. Natürlich haben die Kommunisten geholfen, die Kapitalisten, die Gutsbesitzer loszuwerden, die Bauernschaft schätzt das, und sie hat Kredit gegeben, Aufschub gewährt, aber alles bis zu einem gewissen Termin. Dann aber erfolgt
30 schon die Prüfung: Versteht ihr es, nicht schlechter zu wirtschaften als die anderen? Der alte Kapitalist versteht es, ihr aber versteht es nicht. [. . .]
Entweder werden wir im nächsten Jahr das Gegenteil beweisen, oder die Sowjetmacht kann nicht weiterexistieren. [. . .]
Der Kommunist, der Revolutionär, der die größte Revolution der Welt voll-
35 bracht hat, auf den, wenn nicht vierzig Jahrhunderte von den Pyramiden, so doch vierzig europäische Länder mit der Hoffnung auf Erlösung vom Kapitalismus blicken – er muss von einem simplen Handlungsgehilfen lernen, der zehn Jahre in einer Mehlhandlung herumgelaufen ist, der das Geschäft versteht, während er, der verantwortliche Kommunist und ergebene Revolutio-
40 när, weit davon entfernt, es zu verstehen, nicht einmal versteht, dass er es nicht versteht.

W. I. Lenin, Ausgewählte Werke, Band III, Berlin, 7. Auflage 1970, S. 770 ff.

1. *Aus welcher Erkenntnis heraus dürfte sich Lenin für einen Wechsel in der Wirtschaftspolitik eingesetzt haben?*
2. *Lenin greift in seiner Rede auch die eigenen Parteigenossen an. Überlegen Sie, gegen welche Argumente er vermutlich ankämpfen musste.*

M 3

Was hat sich geändert?

Der Göttinger Historiker Manfred Hildermeier zieht aus heutiger Sicht ein Resümee der bolschewistischen Machtergreifung in Russland.

Trotz Versorgungsdiktatur und Hungersnot gingen vorerst die Bauern als hauptsächliche Gewinner aus der Asche des Krieges hervor. Gewiss kamen die Arbeiter nicht nur verbal zu hohen Ehren. Auch in der Wirklichkeit erklommen sie eine höhere Sprosse in der sozialen Stufenleiter. Aber in Heller und Pfennig, in ihren konkreten Arbeits- und Lebensbedingungen zahlte sich die ideologische Verklärung kaum aus. Obwohl die Arbeitspflicht mit dem Ende der proletarischen Naturalwirtschaft aufgehoben wurde, wechselten die Arbeiter im Wesentlichen ihre Herren. Den neuen Forderungen waren sie ohne gewerkschaftliche Interessenvertretung alter Art überdies in mancher Hinsicht schutzloser ausgeliefert als zuvor. Die Bauern dagegen retteten die wichtigste Trophäe ihres Aufstandes, das hinzugewonnene Land, durch alle Wirren. [. . .]
Zwei Millionen Emigranten rissen vor allem ein tiefes Loch in die Reihen derer, die den Konstitutionalismus nach 1906 getragen hatten. Nicht nur der allergrößte Teil der gemäßigt-sozialistischen und liberalen Intelligenz floh, die „Gesellschaft“ von Besitz und Bildung als solche, die soziale Stütze der politischen und ökonomischen Modernisierung, löste sich auf. Angesichts dessen hätte es gezielter Anstrengungen bedurft, um mit der Gegenrevolution und „Bourgeoisie“ nicht auch die bürgerliche Freiheit zu zertreten, die im angestrebten Sozialismus aufgehoben sein sollte. Die Bolschewiki waren für diese Aufgabe denkbar ungeeignet. Ihre Organisation trug am ehesten den Stempel der zentralistisch-autoritären Ordnung, gegen die sie ankämpfte. Im Bemühen um „Waffengleichheit“ übernahmen sie Eigenschaften, die ihnen halfen, in der Auseinandersetzung zu bestehen, demokratische Willensbildung und föderalistischen Pluralismus aber nicht eben förderten. Die Rede von den „roten Zaren“ ist gewiss polemisch und vereinfachend. Aber es bleibt der Tatbestand, dass sich weder bürgerlicher Parlamentarismus noch proletarische Rätedemokratie entfalten konnten. Obrigkeitliche Machtfülle und kaum beschränkte administrative Verfügungsgewalt, Erbschaften der alten Ordnung, behielten die Oberhand. Auch wenn der neuen Gestalt, die sie annahmen, über die Partei und sonstigen Massenorganisationen vermittelt, ein plebiszitäres, in Grenzen sogar partizipatorisches Element zuwuchs, entstand daraus kein Regiment der Mehrheit, sondern nur eine andere Form der Minderheitenherrschaft.
Der Beginn des Wiederaufbaus gab schließlich auch die Sicht frei auf *Kontinuitäten der praktischen Politik.* Dass die Union der Sowjetrepubliken, von Polen und Finnland abgesehen, fast dieselben Territorien umfasste wie das Zarenreich, verlangte geradezu nach symbolischer Deutung. Spätestens in den Dreißigerjahren sahen sich die betroffenen Völker mit einem großrussischen Herrschaftsanspruch konfrontiert, der den zarischen an Rücksichtslosigkeit noch übertraf. [. . .] Am deutlichsten aber trat das Erbe zarischer Politik auf wirtschaftlichem Gebiet zutage. Lenins viel zitierte Formel, Kommunismus bedeute Sowjetmacht plus Elektrifizierung, verkündete 1920 in alle Welt, was der neue Staat als seine Hauptaufgabe betrachtete: dasselbe wie der alte – schnellen industriellen Fortschritt. Gleich dem Zarenreich setzte

Soldaten der Roten Armee lassen sich von ehemaligen Offizieren die Schuhe putzen.

Adel und Bürgertum waren ihrer wirtschaftlichen Basis beraubt. Frauen der „früheren Klassen" verkaufen ihre Habe, um zu überleben.

sich das Revolutionsregime zum Ziel, die führenden Wirtschaftsnationen einzuholen. [. . .]
Die Wende von 1917 erscheint als Teil des umfassenden Modernisierungsprozesses, der nach dem Krimkrieg begann. Dieser Vorgang entfaltete seine größ-
50 te Dynamik im sozialen und wirtschaftlichen Bereich. Zugleich setzte er politische Ansprüche gegen die überkommene Ordnung frei, die selbst kaum einen Zoll Boden abtrat. Alle wesentlichen Ziele und Motive wurden aus Westeuropa erborgt. Das galt für die technisch-industriellen Errungenschaften ebenso wie für das demokratische Verfassungsideal und die liberalen,
55 marxistischen und sozialistischen Anschauungen, denen sich die verschiedenen Strömungen der Opposition verschrieben. Insofern kam die Revolution, die den Kulminationspunkt des Wandels bildete, unbeschadet ihrer autochthonen[1]) Kraftquellen in der Tat „von außen". Sie entsprang dem spezifischen Spannungsverhältnis zwischen Russland und Europa, das Staat und
60 Gesellschaft im Zarenreich seit seiner Öffnung nach Westen entscheidend prägte.

Manfred Hildermeier, Die russische Revolution 1905–1921, Frankfurt/Main 1989, S. 303 ff.

1. *Konkretisieren Sie die Auswirkungen kommunistischer Politik auf einzelne Gruppen der Gesellschaft: Bauern, Arbeiter, Bürgertum, nichtrussische Völker.*
2. *Arbeiten Sie Gemeinsamkeiten und Unterschiede zwischen der zaristischen und der bolschewistischen Ära heraus. Entscheiden Sie selbst, wo Sie den Schwerpunkt sehen.*
3. *Vergleichen Sie die Urteile der Zeitzeugin Rosa Luxemburg (M 2, Seite 313) und des mit 70 Jahren Abstand deutenden Historikers. Achten Sie auf die unterschiedlichen Blickwinkel.*

---

[1]) ureigenen

Die UdSSR unter Stalin: Ausbau eines totalitären[1]) Systems

Spätestens nach Lenins Tod übertrug der Sowjetstaat die in der russisch-orthodoxen Tradition verwurzelte Verehrung von Heiligen oder Zaren auf sich selbst. Stalin wurde in der Kunst des sozialistischen Realismus ausschließlich als Held, in entrückter Pose oder als Heiliger stilisiert. Kein „Ingenieur der menschlichen Seele" – so nannte Stalin die Künstler – hätte es gewagt, die körperlichen Schwächen des „verehrten Führers" darzustellen: Stalin war nur 1,60 m groß, pockennarbig und hatte einen verkümmerten Arm. Das Gemälde aus dem Jahr 1939 stammt von Aleksandr Gerasimov (1881–1963), einem mehrfachen Stalin-Preisträger und hohen Kulturfunktionär.

1879–1953	Josif W. Dschugaschwili, genannt Stalin
1924	Nach Lenins Tod übernimmt das Politbüro die kollektive Führung Stalins These vom „Sozialismus in einem Land" räumt dem Aufbau des Sozialismus in der UdSSR den Vorrang ein
1928	Beginn der Zwangskollektivierung auf dem Land
1929	Der erste Fünfjahresplan gibt Ziele für die Industrialisierung vor
1930	Stalin ist unumstrittener Führer in der Partei
1937/38	Höhepunkt des „Großen Terrors"

[1]) totus (lat.): ganz; die Tendenz eines diktatorisch regierten Staates, den „ganzen" Menschen für sich zu vereinnahmen, bezeichnet man als totalitär.

Der Machtkampf

Lenin, der nach mehreren Schlaganfällen an Einfluss in der Parteispitze verloren hatte, starb am 21. Januar 1924. Die Entscheidung im schon lange schwelenden Kampf um seine Nachfolge fiel unter Ausschluss der Öffentlichkeit hinter den verschlossenen Türen von Politbüro und Zentralkomitee der KPdSU (⇨ M 1). Ursprünglich galt Trotzki, der Chefideologe der Partei, als Favorit. Er hatte die Lehre von der „permanenten Revolution" formuliert, wonach der Sozialismus nur vollständig verwirklicht werden könne, wenn die Revolution sich zur Weltrevolution ausbreite. Dagegen entwickelte *Stalin*[1]), ein anderer Weggefährte Lenins, die These vom „Sozialismus in einem Land": Der Sozialismus müsse zuerst in der UdSSR errichtet werden, bevor diese die Führungsrolle in einem stufenförmigen Prozess zur Weltrevolution übernehmen werde. Damit setzte Stalin sich in den Parteikadern durch.
Eine weitere, diesmal entscheidende Niederlage erlitt Trotzki mit seiner Forderung einer forcierten Industrialisierung zum Aufbau des Sozialismus. Stalin und die Mehrheit lehnten ab, Trotzki und seine Anhänger verloren 1927 ihre Sitze im Politbüro und wurden später aus der Partei ausgeschlossen.
Nach diesem Sieg wechselte Stalin den Kurs. Der wachsende Rückstand gegenüber den westlichen Industrienationen schien nun doch den massierten Ausbau der Schwer- und Rüstungsindustrie zu gebieten (siehe Seite 327 f.). Wieder wurden die Mitglieder der unterlegenen „Fraktion" als „Abweichler" aus dem Politbüro oder der Partei ausgeschlossen. Ende 1930 hatte Stalin alle Genossen, die bei Lenins Tod Mitglied der kollektiven Führung waren, aus dem Politbüro eliminiert. Stalin war der unumstrittene Führer *(Woschd)* der Partei.

Kollektivierung

Ende der Zwanzigerjahre begannen die Bauern wieder, ihr Getreide zu horten, da sie für die erzielten Erlöse kaum Waren kaufen konnten. Mit den 1928/29 einsetzenden Maßnahmen wollte die Führung alle mit der Landwirtschaft bestehenden Probleme radikal lösen.
1. Rückkehr zu den Zwangsrequirierungen des „Kriegskommunismus": In Dörfern, die ein festgelegtes Ablieferungssoll nicht erreichten, beschlagnahmten Sonderkommandos unter Gewaltanwendung die einbehaltene Ernte.
2. Liquidierung des Kulakentums: Stalin brandmarkte die Großbauern, die nichts mit den Grundherren aus zaristischer Zeit gemein hatten, in einem Propagandafeldzug als Ausbeuter und „Agenten des Imperialismus", die wegen ihrer Feindschaft zum proletarischen Staat für alle Versorgungseng-

[1]) Josif Wissarionowitsch Dschugaschwili aus Georgien durchlief die Ausbildung zum orthodoxen Priester, beteiligte sich aber ab 1898 an der sozialdemokratischen Untergrundorganisation. Seit 1903 Bolschewik, gab er sich den Decknamen Stalin („Mann aus Stahl") und machte rasch Karriere (Berufung ins Politbüro 1919). Als Generalsekretär des Orgbüros (seit 1922) baute er einen straffen Apparat auf, war für Parteisäuberungen zuständig und verhalf Personen seines Vertrauens zu einflussreichen Positionen.

Glückliche Bauern beim gemeinsamen Mittagessen auf dem Feld. Dies war die offizielle Version der Kollektivierung.
Die Millionen Opfer rechtfertigte Stalin gegenüber dem britischen Premierminister Churchill: „Wir mussten es tun, um unsere Landwirtschaft zu mechanisieren. Am Schluss hat sich die landwirtschaftliche Produktion verdoppelt. Was bedeutet schon eine Generation?"

pässe verantwortlich seien. Gleichzeitig beschloss das Politbüro die Umsiedlung von über einer Million Kulakenfamilien. (Da auch viele Mittelbauern in die Aktionen einbezogen wurden, dürften nach neueren sowjetischen Forschungen mehr als drei Millionen Höfe liquidiert worden sein und mindestens 15 Millionen Menschen ihre Bleibe verloren haben.) Wenn sie Glück hatten, wurden die Kulaken am Rande ihrer alten Dörfer angesiedelt, oder sie konnten als Arbeiter in die Städte fliehen. Die meisten wurden jedoch in unwirtliche Gegenden Nordrusslands oder Sibiriens deportiert, wieder andere verschwanden in Arbeitslagern oder wurden gleich erschossen.
3. Zusammenfassung von 25 Millionen Bauernhöfen zu 240 000 landwirtschaftlichen Großbetrieben *(Kolchosen)*: In den zwischen 1928 und 1938 zwangsweise gegründeten Kollektivwirtschaften verloren die Bauern wieder den 1917 erst zugeteilten Boden. Wie die Leibeigenen vor 1861 wurden sie an die Scholle gebunden, durften also ohne Erlaubnis nicht ihr Dorf verlassen. Wer sich weigerte, „freiwillig" den Kolchosen beizutreten, erhielt nur unfruchtbare Felder oder kein Saatgut. Überdies musste er ein höheres Ablieferungssoll erfüllen.
Mit der Aktion einher ging die Unterdrückung der orthodoxen Kirche, die auf dem Land ihre stärksten Bastionen hatte. Priester und Nonnen wurden verschleppt, Klöster und Kirchen geschlossen (bis 1930 etwa 80 %).
Gegen die Vernichtung der bisherigen Ordnung auf dem Lande regte sich Widerstand, doch wurden Geheimpolizei und Rote Armee der Aufstände rasch Herr. In ihrer Verzweiflung schlachteten die Bauern ihr Vieh zu Millionen ab. Zur Überwachung der Arbeitsleistungen und Abgabepflichten auf dem Land baute die sowjetische Führung eine aufgeblähte Bürokratie auf, die allerdings nicht in der Lage war, den Umbruch zu steuern und die eingetriebenen Vorräte zu verteilen. Die Verweigerungshaltung der Bauern und die staatliche Misswirtschaft lösten 1932/33 eine unbeschreibliche Hungersnot aus, während gleichzeitig Getreide gegen Devisen exportiert wurde. Neueste Schätzungen

Das neue Moskau, Juri Pimenow (1937). Seit 1917 waren die USA zum kulturellen und industriellen Leitbild in Europa und der Sowjetunion aufgestiegen. Ganze Fabrikanlagen ließ der Arbeiter- und Bauernstaat aus der Hochburg des Kapitalismus importieren. Stalin selbst prägte 1924 die Formel von der „Verbindung von amerikanischer Methode und bolschewistischem Geist". Doch für Massenkonsum wie für Massenkultur amerikanischen Zuschnitts fehlte die wirtschaftliche und gesellschaftliche Basis. Vergeblich forderte Stalin 1932: „Amerika einholen! Amerika überholen!". Der Alltag in Moskau und anderswo blieb vom ersehnten Vorbild weit entfernt.

besagen, dass zwischen 1930 und 1936 8,7 Millionen Menschen Opfer von Hunger und Zwangsmaßnahmen geworden sind (⇨ M 2).
Um die Versorgung zu verbessern, gestand Stalin 1935 jeder Bauernfamilie einen halben Hektar Land zur privaten Nutzung zu. Bereits zwei Jahre später wurden hier mehr als die Hälfte der Gemüse- und Obsternte sowie über 70 % der Milch- und Fleischproduktion erwirtschaftet.

Industrialisierung und Planwirtschaft

Seit 1929 verkündeten *Fünfjahrespläne* ein gigantisches Industrialisierungsprogramm. Die zu ehrgeizig bemessenen Planvorgaben ließen sich zwar meist nicht erreichen, doch es gelang, während der Dreißigerjahre die UdSSR von einem Agrarstaat in einen Industriestaat zu verwandeln. Neue Zentren der Schwerindustrie entstanden, und das Verkehrsnetz wurde ausgebaut. Die gesamte Industrieproduktion stieg zwischen 1928 und 1937 um rund 400 %, während die westlichen Industrienationen gleichzeitig in Stagnation verharrten. Allerdings dürfte sich der Lebensstandard der Bevölkerung seit 1927 eher verschlechtert haben, da der Zuwachs der Wirtschaftskraft für Importe von Maschinen und den weiteren Ausbau von vorwiegend Großprojekten benötigt wurde (⇨ M 3).
Stalin wusste, dass er für den industriellen Fortschritt Fachleute benötigte. Um sie zur Leistung anzustacheln, setzte er sie einerseits unter Druck (Prozesse wegen angeblicher Sabotage und ähnlicher Delikte waren keine Seltenheit), andererseits gewährte er der neuen Elite Privilegien (finanzielle

Vergünstigungen, Zugang zu knappen Waren oder größeren Wohnungen[1])). Auch beschnitt er die Rechte von Partei und Gewerkschaften in den Betrieben, um unternehmensgerechte Entscheidungen zu erleichtern.
Arbeiter waren demselben System von Pression und Prämie ausgesetzt: Drakonische Strafen, selbst bei geringen Verstößen, erzwangen die Einhaltung der Arbeitsdisziplin, und ein ausgeklügeltes Akkordsystem sollte die menschliche Arbeitskraft dem proletarischen Staat im größtmöglichen Ausmaß dienstbar machen.
Anders als die Revolution von 1917 veränderte Stalins „Revolution von oben" die Sozialstruktur des Landes völlig. Nur noch die Hälfte der Bevölkerung waren Bauern, während die Arbeiterschaft sich zwischen 1926 und 1939 auf 32,5 % verdreifachte. Der Anteil der Angestellten versechsfachte sich von 3 % (1913) auf 18 % (1939). Vor allem die junge Generation war motiviert und bereit, am Aufschwung mitzuarbeiten, sie strebte nach Bildung und beruflichem Aufstieg. Die *Nomenklatura*[2]) kündigte sich an.

Die Partei wird ausgeschaltet

An den Auswüchsen der rücksichtslos durchgepeitschten Wirtschaftspolitik und an dem keinerlei Widerspruch duldenden Führungsstil Stalins entzündete sich immer wieder Kritik in der KPdSU. Wieder einmal waren Säuberungen in der Partei (allein 800 000 Ausschlussverfahren im Jahr 1933), Prozesse und Haftstrafen die Antwort.
Wie sehr sogar in Funktionärskreisen der Wunsch nach Mäßigung um sich griff, bestätigte der XVII. „Parteitag der Sieger" Anfang 1934: Stalin wurde nur deshalb ins Zentralkomitee wiedergewählt, weil nicht mehr Kandidaten aufgestellt worden waren, als Sitze vergeben wurden. Zusätzlich ließ er die Wahl fälschen: Statt der abgegebenen 270 Gegenstimmen durften nur drei bekanntgegeben werden – ebenso viele wie der neue Parteiliebling *Sergej Kirow* erhalten hatte. Noch im selben Jahr wurde Kirow ermordet – vermutlich auf Weisung Stalins.
Den Anlass nutzend, setzte Stalin von nun an systematisch den Terror gegen die eigene Partei als Mittel zur Stabilisierung seiner Herrschaft ein: Von den auf dem Parteitag 1934 139 gewählten Mitgliedern und Kandidaten des Zentralkomitees wurden innerhalb weniger Jahre 110 verhaftet und erschossen, von den knapp 2000 Delegierten wurde mehr als die Hälfte der „Konterrevolution" beschuldigt, nur 59 traten fünf Jahre später auf dem nächsten Parteitag in Erscheinung. Aber sogar angesichts der sicheren Verurteilung in einem Schauprozess bereuten hohe Parteifunktionäre noch „ihr Abgehen von der Position des Bolschewismus als Übergang zum politischen konterrevolutionären Banditentum" *(Bucharin)*. Der Glaube an die unbedingte Einheit der proletarischen Avantgarde begleitete sie in den Tod.

---

[1]) Durchschnittlich standen für eine Person 4 qm Wohnraum zur Verfügung.

[2]) Angehörige der Nomenklatura hatten die Führungspositionen in Partei, Staat, Wirtschaft und Kultur inne.

„Die Große Säuberung“: Terror wird zum Prinzip

Organe Stalins bei der Beseitigung seiner angeblichen Gegner waren das *Volkskommissariat für Innere Angelegenheiten (NKWD)* und die von Lenin gegründete Geheimpolizei, die jetzt *GUGB* hieß. Die Verhaftungen erfolgten bei wichtigen Personen auf alleinigen Befehl Stalins oder im Übrigen nach Quoten, die in jedem Bezirk für Trotzkisten, Spione oder Saboteure festgesetzt waren. Während der Verhöre durften die Beschuldigten nach einem Beschluss des Zentralkomitees auch gefoltert werden. Ziel war immer, die Opfer zu einem Geständnis zu bewegen, da häufig genug andere Beweismittel nicht vorlagen. Hohe Wirtschaftsführer oder Funktionäre präsentierte man der Öffentlichkeit in spektakulären Schauprozessen, deren Urteile „Tod durch Erschießen“ meist schon vorher feststanden (➪ M 4).
Für die große Mehrheit ordnete das NKWD jedoch ohne Gerichtsverfahren Verbannungen oder Lagerhaft an. Die Verwaltung der Arbeitslager *(GULAG)* verteilte die Häftlinge vor allem in lebensfeindliche Gegenden, wo sie unter menschenunwürdigen Verhältnissen Zwangsarbeit ableisten mussten.
Ein weiteres Objekt von Stalins Verfolgungswahn war das Offizierskorps der Roten Armee. Nach jüngsten russischen Veröffentlichungen wurden in den Jahren 1937/38 von den 499 höchsten Befehlshabern 436 liquidiert. Weitere 40 000 Offiziere wurden entlassen und zum großen Teil erschossen. Historiker vermuten, dass Stalin mit der Ausschaltung der selbstbewussten Armeespitze jegliches Risiko eines Militärputsches ausschalten wollte.
Nicht einmal NKWD und Geheimpolizei entgingen dem Misstrauen des Diktators: Von der gesamten Führungsspitze, die anfangs den Terrorfeldzug organisiert hatte, überlebte am Ende keiner. Wehrlos den Verhaftungs- und Todeskommandos ausgesetzt waren auch Tausende von ausländischen Kommunisten, die in Moskau Zuflucht gefunden hatten.
Insgesamt wurden 1937/38 mindestens 1,6 Millionen Menschen verhaftet, knapp die Hälfte wurde hingerichtet. Aber auch die in Gefängnissen und Lagern Inhaftierten überlebten zumeist nicht.
Das Ergebnis der brutalen Säuberungen war ein fast vollständiger Austausch der Eliten. Das Politbüro als kollektives Führungsorgan war entmachtet und trat bis zu Stalins Tod nur noch selten zusammen. In den leitenden Positionen befanden sich nun endgültig bürokratische Apparatschiks. Die Bevölkerung verharrte in Angst und Schweigen. Gegenseitiges Misstrauen isolierte den Einzelnen in der Gesellschaft und lähmte jegliche Privatinitiative. Gewalt, von der bolschewistischen Lehre als Instrument des politischen Kampfes ausdrücklich sanktioniert, konnte sich in einem Staat, der keine demokratischen Kontrollmechnismen kannte, ungehemmt entfalten. Der jugoslawische Kommunist *Milovan Djilas* beschrieb es so: „Mein Besuch bei Stalin ließ mich erkennen, dass diese Männer glaubten, sie hätten den Auftrag, das Volk gegen seinen Willen zu regieren. Sie handelten wie eine Gruppe von Verschwörern. . . in einem eroberten Land, das nicht ihr eigenes war. Macht war für Stalin eine Verschwörung, in der er selbst der Hauptverschwörer und zugleich das Hauptopfer war.“

M 1

Lenins „Brief an den Parteitag“

Nach einem Schlaganfall diktierte Lenin zwischen dem 23. Dezember 1922 und dem 4. Januar 1923 Briefe an den Parteitag, die als sein „Testament“ bezeichnet werden. Die Papiere sollten erst nach seinem Tode veröffentlicht werden, wurden jedoch, vermutlich durch eine Indiskretion seiner Sekretärin, Stalin und anderen Politbüromitgliedern vorzeitig zugespielt. Nach dem Tod Lenins bestand seine Witwe auf der Veröffentlichung, was aber die Mehrheit im Politbüro verhinderte, um Trotzki keinen Vorteil zu verschaffen. In Kenntnis gesetzt wurden lediglich die höchsten Parteifunktionäre.
Die Weltpresse publizierte das Dokument im Oktober 1926. Ein Jahr später wurde es im Zentralkomitee zum Streitgegenstand zwischen Trotzki und Stalin, eine Woche später wurde Trotzki aus der Partei ausgeschlossen und kurz darauf nach Alma Ata verbannt. Die Bevölkerung erfuhr von Lenins sogenanntem Testament erst nach dem Tod Stalins im Jahr 1956.

Lenin erörterte am 24. Dezember 1922 Maßnahmen gegen eine Spaltung des Zentralkomitees, um seine Stabilität zu sichern:

Ich denke, ausschlaggebend sind in der Frage der Stabilität unter diesem Gesichtspunkt solche Mitglieder des ZK wie Stalin und Trotzki. Die Beziehungen zwischen ihnen stellen meines Erachtens die größere Hälfte der Gefahr jener Spaltung dar, die vermieden werden könnte und zu deren Vermeidung meiner Meinung nach unter anderem die Erhöhung der Zahl der Mitglieder des ZK auf 50, auf 100 Personen dienen soll.
Gen. Stalin hat, nachdem er Generalsekretär geworden ist, eine unermessliche Macht in seinen Händen konzentriert, und ich bin nicht überzeugt, dass er es immer verstehen wird, von dieser Macht vorsichtig genug Gebrauch zu machen. Andererseits zeichnet sich Gen. Trotzki, wie schon sein Kampf gegen das ZK in der Frage des Volkskommissariats für Verkehrswesen bewiesen hat, nicht nur durch hervorragende Fähigkeiten aus. Persönlich ist er wohl der fähigste Mann im gegenwärtigen ZK, aber auch ein Mensch, der ein Übermaß von Selbstbewusstsein und eine übermäßige Vorliebe für rein administrative[1]) Maßnahmen hat. [. . .]

Stalin nahm am 23. Oktober 1927 vor dem ZK zu dem Brief Lenins Stellung:

Man sagt, Genosse Lenin habe in diesem „Testament“ dem Parteitag vorgeschlagen, man solle sich im Hinblick auf Stalins „Grobheit“ überlegen, ob man nicht Stalin als Generalsekretär durch einen anderen Genossen ersetzen solle. Das stimmt durchaus. Ja, Genossen, ich bin grob gegen diejenigen, die grob und verräterisch die Partei zersetzen und spalten. Ich habe das nicht verheimlicht und verheimliche es nicht. Möglich, dass hier eine gewisse Milde gegenüber den Spaltern erforderlich ist. Aber das bringe ich nicht fertig. [. . .]
In der Tat, es ist eine Tatsache, dass Lenin in seinem „Testament“ Trotzki des „Nichtbolschewismus“ beschuldigt und in Bezug auf Kamenews und Sinowjews[2]) Fehler während des Oktober feststellt, dass dieser Fehler kein „Zufall“ ist. Was bedeutet das? Das bedeutet, dass man weder Trotzki, der an „Nichtbolschewismus“ leidet, *politisch* vertrauen darf noch Kamenew und Sinowjew, deren Fehler kein „Zufall“ sind und sich wiederholen können und müssen.
Es ist bezeichnend, dass über Fehler Stalins in dem „Testament“ kein einziges Wort, keine einzige Andeutung enthal-

[1]) Darunter verstand man im Sprachgebrauch der Partei Zwangsmaßnahmen.
[2]) Lew Kamenew (1883–1936) und Grigorij Sinowjew (1883–1936) zählten schon während der Emigration Lenins zu seinen engsten Mitarbeitern, stimmten aber im Oktober 1917 gegen den bewaffneten Aufstand. Von 1919 bis 1926 waren sie Mitglieder des Politbüros; ihre Ämter verloren sie, als sie sich auf die Seite Trotzkis schlugen. Kamenew und Sinowjew wurden in einem der ersten Schauprozesse während der „Großen Säuberung“ 1936 zum Tode verurteilt.

Ergänzung zum Brief vom 24. Dezember 1922

Stalin ist zu grob, und dieser Mangel, der in unserer Mitte und im Verkehr zwischen uns Kommunisten durchaus erträglich ist, kann in der Funktion des Generalsekretärs nicht geduldet werden. Deshalb schlage ich den Genossen vor, sich zu überlegen, wie man Stalin ablösen könnte, und jemand anderen an diese Stelle zu setzen, der sich in jeder Hinsicht von Gen. Stalin nur durch *einen* Vorzug unterscheidet, nämlich dadurch, dass er toleranter, loyaler, höflicher und den Genossen gegenüber aufmerksamer, weniger launenhaft usw. ist. Es könnte so scheinen, als sei dieser Umstand eine winzige Kleinigkeit. Ich glaube jedoch, unter dem Gesichtspunkt der Vermeidung einer Spaltung und unter dem Gesichtspunkt der von mir oben geschilderten Beziehungen zwischen Stalin und Trotzki ist das keine Kleinigkeit, oder eine solche Kleinigkeit, die entscheidende Bedeutung erlangen kann.

W. I. Lenin, Ausgewählte Werke, Band III, Berlin, 7. Auflage 1970, S. 838 ff.

ten ist. Dort ist nur von der Grobheit Stalins die Rede. Aber Grobheit ist kein Fehler in der *politischen* Linie beziehungsweise Position Stalins und kann es nicht sein. [. . .]

Sinowjew und Trotzki regten sich hier mächtig auf, als sie behaupteten, wir bereiteten den Parteitag mittels Repressalien vor. [. . .]

Ja, die Partei wendet Repressalien gegen die Desorganisatoren und Spalter an und wird sie anwenden, denn die Partei darf unter keinen Umständen gespalten werden, weder vor dem Parteitag noch während des Parteitags. [. . .]

Man spricht von Verhaftungen der aus der Partei ausgeschlossenen Desorganisatoren, die eine antisowjetische Tätigkeit entfalten. Ja, wir verhaften sie, und wir werden sie verhaften, wenn sie nicht aufhören, die Partei und die Sowjetmacht zu untergraben. (*Zurufe:* „Richtig! Sehr richtig!") [. . .]

Lenin sagte, dass die Partei völlig zugrunde gerichtet werden kann, wenn man den Desorganisatoren und Spaltern gegenüber Nachsicht übt. Das ist völlig richtig. Gerade deshalb ist es, denke ich, an der Zeit, mit der Nachsicht gegenüber den Führern der Opposition Schluss zu machen, ist es an der Zeit, die Konsequenz zu ziehen und Trotzki und Sinowjew aus dem ZK unserer Partei auszuschließen. (*Zurufe:* „Sehr richtig!") Das ist die elementare Schlussfolgerung und die elementare Minimalmaßnahme, die wir ergreifen müssen, um die Partei vor der Spalterarbeit der Desorganisatoren zu schützen.

J. W. Stalin, Werke. Band 10, Berlin 1953, S. 153 f., 164 ff.

1. *Überlegen Sie, warum nach Lenins Ansicht „Grobheit" gerade bei der Person des Generalsekretärs nicht geduldet werden sollte.*
2. *Aus welchen Gründen könnten Trotzki und seine Anhänger auf eine Bekanntmachung des „Testaments" in der UdSSR verzichtet haben?*
3. *Diskutieren Sie die Frage, ob das Vorgehen Stalins gegen Oppositionelle aus der eigenen Partei mit der Theorie und Politik Lenins übereinstimmt.*
4. *Vergleichen Sie die Vorgänge mit einem Regierungswechsel in der Bundesrepublik Deutschland.*

Typisch für die Zwangsmaßnahmen in der Sowjetunion war, dass die Betroffenen der Unterdrückung offiziell zustimmen mussten. Das Foto zeigt Kulaken, die mit einem Spruchband demonstrieren, dessen zweite Zeile lautet: „Liquidiert die Kulaken als ganze Klasse!“

Folgen der Kollektivierung auf dem Land

Der aus Kiew in der Ukraine stammende Schriftsteller Lew Kopelew (1912 – 1997) durfte als Dissident 1980 die Sowjetunion verlassen und lebte bis zu seinem Tod in Deutschland. Er berichtet über seine Jugend, in der er als Aktivist an der Kollektivierungskampagne teilnahm.

Als äußerste Maßnahme gegen böswillige Nichtablieferer war den dörflichen Machthabern die „bedingungslose Requirierung“ gestattet:
Eine Brigade von mehreren jungen Kolchosbauern und Angehörigen des Dorfsowjets [. . .] durchsuchte Haus, Scheune und Hof und beschlagnahmte alle der Ablieferung unterliegenden Körnerfrüchte, führte Kuh, Pferd und Schweine fort, nahm auch das Viehfutter mit.
Manchmal ließen sie aus Mitleid Kartoffeln, Erbsen und Mais da, damit die Familie zu essen hatte. Strengere Brigaden nahmen alles fort, hinterließen den Hof wie gefegt. In besonders schweren Fällen wurden auch „alle Wertsachen und überschüssige Kleidung“ beschlagnahmt: Ikonen mit silbernen Beschlägen, Samoware, kleine Bildteppiche, selbst metallenes Geschirr – es konnte ja aus Silber sein! – außerdem in Verstecken aufgefundenes Geld. Eine besondere Anweisung schrieb vor, dass Gold, Silber und ausländisches Geld zu beschlagnahmen seien. [. . .]
Freunde, die mich während meiner Krankheit besuchten, erzählten, die Bahnhöfe seien vollgestopft mit Bauern. Ganze Familien mit Greisen und Kindern versuchten wegzufahren, einerlei wohin, vor dem Hunger zu fliehen. Viele strichen durch die Straßen und bettelten. Jede Nacht wurden mit besonderen Autos auf den Bahnhöfen, unter Brücken, in Torwegen und Einfahrten die Leichen eingesammelt. Diese mit Leinwandplanen zugedeckten Lastwagen fuhren in den späten Nachtstunden herum, wenn niemand das Haus verließ.

In den Dreißigerjahren setzte die offizielle Propaganda vielfach Plakate ein, um ihre Ziele den zahlreichen Analphabeten nahe zu bringen. Die Werktätigen sollten zum Einsatz für den Sozialismus herausgefordert werden, und zugleich sollte ihnen Stolz auf die Vorreiterrolle der Sowjetunion suggeriert werden.

Andere Autos sammelten die Obdachlosen ein, die Kranken und völlig Entkräfteten wurden in Krankenhäuser eingeliefert. Alle Kliniken der Stadt, ebenso alle Leichenschauhäuser waren überfüllt. Elternlos gewordene Kinder wurden in Waisenhäuser gebracht. Erwachsene, die noch halbwegs bei Kräften waren, fuhr man einfach aus der Stadt hinaus und überließ sie sich selbst.

Lew Kopelew, Und schuf mir einen Götzen. Lehrjahre eines Kommunisten, Hamburg 1979, S. 302 und 320

Ein Mitarbeiter Stalins sagte über die Kollektivierung: „Sie hat Millionen Menschenleben gekostet, aber das System der Kolchosen bleibt bestehen." Sprechen Sie darüber, welchen Grenzen staatliches Handeln unterliegen muss.

Stalins Appell an den Patriotismus der Sowjetbürger

M 3

Am 4. Februar 1931 sprach Stalin vor Wirtschaftsfunktionären.

Das Tempo verlangsamen, das bedeutet zurückbleiben. Und Rückständige werden geschlagen. Wir aber wollen nicht die Geschlagenen sein. Nein, das wollen wir nicht! Die Geschichte des alten Russland bestand unter anderem darin, dass es wegen seiner Rückständigkeit fortwährend geschlagen wurde. [. . .] Wegen seiner militärischen Rückständigkeit, seiner kulturellen Rückständigkeit, seiner staatlichen Rückständigkeit, seiner industriellen Rückständigkeit, seiner landwirtschaftlichen Rückständigkeit. Es wurde geschlagen, weil das einträglich war und ungestraft blieb. [. . .] Das Gesetz der Ausbeuter ist nun einmal so – die Rückständigen und Schwachen werden geschlagen. Das ist das Wolfsgesetz des Kapitalismus. Du bist rückständig, du bist schwach – also bist du im Unrecht, also kann man dich schlagen und unterjochen. Du bist mächtig – also hast du recht, also muss man sich vor dir hüten.

Das ist der Grund, warum wir nicht länger zurückbleiben dürfen.
In der Vergangenheit hatten wir kein Vaterland und konnten keines haben. Jetzt aber, wo wir den Kapitalismus gestürzt haben und bei uns die Arbeiter an der Macht stehen, haben wir ein Vaterland und werden seine Unabhängigkeit verteidigen. Wollt ihr, dass unser sozialistisches Vaterland geschlagen wird und seine Unabhängigkeit verliert? Wenn ihr das nicht wollt, dann müsst ihr in kürzester Frist seine Rückständigkeit beseitigen und ein wirkliches bolschewistisches Tempo im Aufbau seiner sozialistischen Wirtschaft entwickeln. Andere Wege gibt es nicht. Darum sagte Lenin zur Zeit des Oktober: „Entweder Tod oder die fortgeschrittenen kapitalistischen Länder einholen und überholen."
Wir sind hinter den fortgeschrittenen Ländern um 50 bis 100 Jahre zurückgeblieben. Wir müssen diese Distanz in zehn Jahren durchlaufen. Entweder bringen wir das zustande oder wir werden zermalmt.

Günter Schönbrunn, Geschichte in Quellen. Weltkriege und Revolutionen 1914–1945, München 1961, S. 142 f.

1. *Wie lässt sich mit Stalins These vereinbaren, dass das Zarenreich trotz seiner Niederlagen zu einer gewaltigen Landmacht (ein Sechstel der Erde) wurde?*
2. *Der Historiker Adam Ulam gibt der russischen Geschichte eine andere Deutung: „Der Staat wurde fett, während das Volk abmagerte. Seine eigenen Herrscher schlugen das Volk – und immer aus demselben Anlass: die Größe des Staates erforderte es." Trifft diese auf die Zaren bezogene Wertung auch auf die Stalin-Ära zu?*
3. *Arbeiten Sie Gemeinsamkeiten und Unterschiede zwischen der Politik Lenins und Stalins heraus. Vergleichen Sie dabei unter anderem die Funktion des „Vaterlandes" in der marxistisch-leninistischen Ideologie und bei Stalin.*

M 4 Der „Konveyer" (das „Fließband")

Robert Conquest lehrte an der amerikanischen Stanford University. Er schildert auf der Basis sowjetischer Veröffentlichungen die Vernehmungsmethoden in der Stalin-Zeit.

Die hauptsächlichste NKWD-Methode, Geständnisse zu erzwingen und den Angeklagten zu brechen, war der „Konveyer" – ununterbrochene Vernehmung durch einander ablösende Polizisten über Stunden und Tage hin. [. . .]
Nach längerer Zeit wird er zu „einer unheimlichen Tortur", die dazu führt, dass das Opfer nach zwei, drei Tagen tatsächlich durch Übermüdung vergiftet ist. Wir hören sogar, dass manche Häftlinge zwar Foltern widerstanden, dass aber der Konveyer immer zum Erfolg führte, wenn man ihn nur lange genug anwandte. Es wird berichtet, dass eine Woche genügte, um fast jeden zu brechen. Eine neuere Darstellung von einer sowjetischen Schriftstellerin, die den Konveyer erlebte, spricht von sieben Tagen ohne Schlaf und ohne Essen, wobei sie am siebten Tag stehen musste; die Marter endete mit einem physischen Zusammenbruch. Dem folgte eine fünftägige Vernehmung in milderer Form, bei der ihr drei Stunden Ruhe in ihrer Zelle gewährt wurde, allerdings immer noch mit dem Verbot, zu schlafen. [. . .]

15 Schon bei kürzeren Konveyer-Fristen wird berichtet, dass die Häftlinge etwa alle zwanzig Minuten zusammenbrachen und mit kaltem Wasser oder mit Schlägen wieder zu sich gebracht werden mussten. Vierzehn Stunden lang auf einem Stuhl zu sitzen ist, wie ein Opfer schreibt, schmerzhafter als an der Wand zu stehen, wo man sein Gewicht wenigstens von einem Bein aufs 20 andere verlegen kann. Die Leistengegend schwillt an, und heftige Schmerzen setzen ein. [. . .]
Das Vernehmungssystem, das viele Häftlinge so zermürbte, dass sie ihre Geständnisse sogar im öffentlichen Prozess aufrechterhielten, beruhte auf anderen Grundsätzen. Es zielte auf eine allmähliche, aber vollständige Zerstö-25 rung des Widerstandswillens ab. Bei Intellektuellen und Politikern dauerte der Prozess oft lange – bei einigen (mit Unterbrechungen) bis zu zweieinhalb Jahren. Der Durchschnitt soll, wie man meint, bei vier bis fünf Monaten gelegen haben.
Während der ganzen Periode wurde der Häftling an ausreichendem Schlaf 30 gehindert und in Zellen gehalten, die entweder zu heiß oder (was häufiger war) zu kalt waren, und bekam unzureichendes, wenn auch schmackhaft zubereitetes Essen. Der spanische Kommunistengeneral El Campesino spricht von 100 Gramm Schwarzbrot und Suppe, die „gut und schmackhaft" zweimal am Tag ausgeteilt wurde, was oft Skorbut zur Folge hatte, der offenbar 35 eingeplant war.
Die Verhöre fanden gewöhnlich nachts statt. Dazu wurden die Häftlinge meist unmittelbar vorher geweckt – oft kaum eine Viertelstunde, nachdem sie eingeschlafen waren. Die grellen Lampen bei der Vernehmung hatten eine desorientierende Wirkung. Ständig wurde die völlige Ohnmacht des Opfers 40 betont. Die Untersuchungsrichter konnten – jedenfalls schien es gewöhnlich so – endlos weitermachen. Deshalb glaubte der Beschuldigte den Kampf von vornherein verloren. Die ständige Wiederholung einer Reihe von Fragen rief, wie immer wieder berichtet wird, ebenfalls Verwirrung und Erschöpfung hervor und schien sowohl im Hinblick auf die Wortbedeutung als auch auf 45 die Erinnerung oder Interpretation von Tatsachen desorientierend zu wirken. [. . .]
Natürlich ergibt sich nicht nur die Frage, weshalb die Angeklagten die Geständnisse ablegten, sondern auch, weshalb die Staatsanwaltschaft sie wünschte. [. . .]
50 Stalin wollte seine alten Gegner nicht nur ums Leben bringen, sondern sie überdies moralisch und politisch vernichten. [. . .]
Ein Geständnis bleibt, selbst wenn es unglaubwürdig erscheint, eine eindrucksvolle Demonstration der Macht des Staates über seine Gegner. [. . .]
Aber es steht fest, dass man grundsätzlich das Geständnis forderte, selbst 55 von ganz gewöhnlichen Opfern, denen man heimlich den Prozess machte. Die Hauptarbeit der ganzen riesigen Polizeiorganisation im Land war darauf gerichtet, solche Geständnisse zu erpressen. Wenn wir in Fällen ohne besondere Bedeutung und in solchen, die nie bekannt gemacht wurden, lesen, dass das Konveyer-System angewandt wurde, gewinnt man nicht nur den 60 Eindruck von abscheulicher Grausamkeit, sondern auch von wahnwitzigem Festhalten an einer sinnlosen Formalität. Die Angeklagten hätten ebensogut ohne diesen furchtbaren Unsinn erschossen oder verurteilt werden können.

Robert Conquest, Am Anfang starb Genosse Kirow, Düsseldorf 1970, S. 171 ff. und 180 f.

Der Zweite Weltkrieg und das Ende der Ära Stalin

Schlacht um eine Eisenbahnlinie (1944). Partisanen und deutsche Truppen auf dem Rückzug zerstörten an vielen Stellen das Eisenbahnnetz – eine schwere Hypothek für den Wiederaufbau nach dem Krieg.

1939	Die Sowjetunion und Deutschland teilen (Ost-)Mitteleuropa in zwei Interessensphären auf Deutschland eröffnet den Zweiten Weltkrieg
1941	Nach dem deutschen Überfall auf die UdSSR verkündet Stalin den „Großen Vaterländischen Krieg"
1945	Die Sowjetunion gehört zu den Siegern des Zweiten Weltkriegs
1953	Stalin stirbt

Sowjetische Ziele am Beginn des Zweiten Weltkriegs

Ende der Dreißigerjahre rückten die außenpolitischen Verwicklungen in Europa verstärkt in den Blickpunkt der bislang isolierten Sowjetunion. Stalin ließ sich vorwiegend von zwei Überlegungen leiten: Zum einen wollte er in Kenntnis der Schwäche des Sowjetstaates das eigene Land möglichst lange aus einem großen Krieg heraushalten. Zum anderen hatte das bolschewistische Regime nie die Rückeroberung der Grenzen des ehemaligen Zarenreichs aus den Augen verloren. Beide Ziele schienen am besten mit dem kriegswilligen nationalsozialistischen Deutschland erreichbar. Der *Hitler-Stalin-Pakt* vom 23. August 1939 teilte (Ost-)Mitteleuropa in zwei Interessensphären auf. Der deutsche Angriff auf Polen (1. September 1939) löste den von Stalin erwarteten Krieg zwischen den kapitalistischen Staaten aus und gab das Startzeichen zum Vorrücken der Roten Armee. Ende 1939/40 annektierte die Sowjetunion Ostpolen, kleinere Gebiete Finnlands, Bessarabien und die Bukowina. Estland, Lettland und Litauen mussten als sozialistische Sowjetrepubliken Antrag auf Aufnahme in die UdSSR stellen.

Der „Große Vaterländische Krieg"

Gegen die Erwartungen Stalins überfielen deutsche Truppen am 22. Juni 1941 die Sowjetunion. Zunächst schienen die Deutschen von Sieg zu Sieg zu eilen. Russische Kampfverbände ergaben sich ohne große Gegenwehr. Die Bevölkerung im Baltikum, in Weißrussland und der Ukraine begrüßte die einmarschierenden Truppen nicht selten als Befreier. Vor allem auf dem Lande erhoffte man sich die Auflösung der Kolchosen, die Wiedereröffnung der Kirchen und die nationale Befreiung.
Doch die rassistische und ideologische Besatzungspolitik gegen slawische „Untermenschen" und – besonders brutal – gegen Bolschewiken und Juden führte bald zu einem Umdenken in der Zivilbevölkerung (⇨ M 1). Dazu trugen auch die dringlichen Appelle der Sowjetführung an die patriotische Gesinnung der Bürger bei. In Erinnerung an den Vaterländischen Krieg von 1812 gegen Napoleon ließ Stalin sich in eine Reihe mit den Helden der russischen Geschichte stellen. Das innenpolitische Klima entspannte sich, wirtschaftliche Zwangsmaßnahmen wurden ausgesetzt und die Unterdrückung der orthodoxen Kirche hatte ein Ende. Stalin wusste: „Für uns Kommunisten würde die Bevölkerung nicht kämpfen; aber sie wird für Mütterchen Russland kämpfen."
Die vom „Generalissimus" zentralistisch geleitete Kriegswirtschaft arbeitete im Verlauf des Krieges immer effektiver und verstand es, Menschen und Material in großem Umfang zu mobilisieren und an strategisch wichtigen Punkten zu konzentrieren. Bereits in den ersten Wochen nach Kriegsbeginn waren rund 1500 Fabrikanlagen im Westen der UdSSR demontiert und anschließend von umgesiedelten Arbeitern hinter dem Ural wieder aufgebaut worden. Die Konzentration auf die Rüstungsproduktion gelang trotz der riesigen Rohstoffverluste in den besetzten Gebieten ausgesprochen rasch. Die Menschen duldeten ungebrochen die gegenüber den Dreißigerjahren nochmals dramatisch schlechter gewordene Versorgungslage.

Der Sieg der Roten Armee

Die Einkesselung der VI. deutschen Armee in Stalingrad 1942/43 symbolisierte die Kriegswende. In der Folge warf die Rote Armee ihre personelle und materielle Überlegenheit immer mehr in die Waagschale (⇨ M 2). Die Belieferung mit kriegswichtigen Gütern durch die USA und der Partisanenkrieg im Rücken der deutschen Front taten ein Übriges.
Trotz aller Erfolge waren Terror und drakonische Strafen weiterhin integrale Bestandteile des Regimes. Seit 1941 wurden für unzuverlässig erachtete nicht russische Minderheiten wie Wolgadeutsche, Tschetschenen und andere aus ihren angestammten Gebieten zwischen Kaukasus und Wolga nach Mittelasien deportiert. Später war das Vordringen der Roten Armee nach Westen überall begleitet von Massenverhaftungen, Verschleppungen und

Hinrichtungen. Betroffen waren vor allem Völkerschaften, die in Verdacht standen, mit den Deutschen kollaboriert zu haben. Betroffen waren aber ebenso aus deutscher Kriegsgefangenschaft befreite Soldaten, die als Deserteure behandelt wurden.
Zwischen 1943 und 1945 eroberten sowjetische Truppen das verloren gegangene Territorium zurück und drangen bis zum Balkan und nach Berlin vor. Das Deutsche Reich kapitulierte am 8./9. Mai 1945.

Graue Nachkriegszeit

Kriegszerstörungen nach sowjetischen Angaben	
1 710 Städte und Siedlungen über 70 000 Dörfer und Weiler über 6 Mio. Gebäude (ca. 25 Mio. Obdachlose)	31 850 Industriebetriebe 65 000 km Eisenbahngleise 4 100 Bahnhöfe
100 000 Kolchosen und Staatsgüter (Die Verluste des Viehbestandes beliefen sich auf 7 Mio. Pferde, 17 Mio. Rinder, 20 Mio. Schweine, 27 Mio. Schafe und Ziegen.)	40 000 Krankenhäuser 84 000 Schulen, Lehranstalten und Forschungsinstitute

Die Sowjetunion hatte die Hauptlast des Krieges tragen müssen. Kein Land hatte mehr Opfer zu beklagen: vermutlich zwischen 27 und 32 Millionen Tote sowie weitere Millionen Kriegsversehrte und Waisen. Dennoch: Der Kommunismus hatte seine Überlebenskraft aller Welt eindrucksvoll unter Beweis gestellt. Im Kalten Krieg, der seit Ende der Vierzigerjahre die Kriegsallianz aufgelöst hatte, demonstrierte Stalin nach außen uneingeschränkt die Stärke der zweiten Weltmacht hinter den USA (➪ M 3).
Im Inneren war die UdSSR allerdings ein zerstörtes Land. Um die darniederliegende Wirtschaft zu fördern, knüpfte Stalin an die ökonomische Politik der Dreißigerjahre an. Fünfjahrespläne bevorzugten einseitig die Schwer- und Rüstungsindustrie, um den neuen Weltmachtstatus zu sichern. Auf dem Lande wurden die Kriegszugeständnisse an einen freien Markt rückgängig gemacht. Hungerkatastrophen brachen aus. Es dauerte bis zur zweiten Hälfte der Fünfzigerjahre, ehe die landwirtschaftliche Produktion erstmals seit der Revolution wieder das Niveau der Zarenzeit erreichte.
Auch in Wissenschaft und Kultur zeigte sich, dass alle Hoffnungen auf eine Liberalisierung unbegründet waren. Die Wissenschaft musste sich der Parteilehre unterordnen, an ein vorurteilsfreies Forschen war nicht zu denken. Schriftsteller sollten an der „ideologischen Front" stehen und für die „Erziehung menschlicher Seelen" verantwortlich sein. Wer dagegen verstieß, wurde praktisch mit einem Publikationsverbot belegt. Jeder westliche und vor allem jüdische Einfluss galt als verpönt. Jüdische Intellektuelle verschwanden im GULAG und jüdische Kultureinrichtungen mussten schließen.

1953 wurde eine angebliche Verschwörung jüdischer Ärzte aufgedeckt. Der von Pogromen begleitete öffentliche Prozess war Bestandteil des Kampfes gegen den Zionismus in allen Satellitenstaaten der Sowjetunion. Er ging einher mit neuerlichen „Säuberungsaktionen", von denen die Spitze der Partei ebenso betroffen war wie nationale Minderheiten sowie Abweichler und Oppositionelle in den soeben „befreiten" Ländern.

Stalinkult und Stalins Tod

Unangetastet von der Tristesse des privaten und öffentlichen Lebens blieb das väterliche Bild des „geliebten Woschd". Stalin trat fast nie öffentlich auf. Umso mehr hatte er schon seit den Dreißigerjahren eine Verherrlichung seiner Person gefördert, die sich nach dem gewonnenen Krieg ins Maßlose steigerte. Entgegen der kommunistischen Tradition knüpfte er damit an den mythischen großrussischen Personenkult um die Zaren an. Nach Stalins Tod am 5. März 1953 war die Trauer in seinem Imperium echt.
Der sowjetische Stalinkult prägte auch den Begriff *Stalinismus*. Damit sollten die wissenschaftlichen und politischen Leistungen des zweiten Parteiführers gleichrangig neben den Marxismus und den Leninismus gestellt werden. Die westliche Forschung verwendete den Begriff Stalinismus hingegen zur Beschreibung einer marxistischen Einparteienherrschaft, in der persönlicher Machtmissbrauch und Terror jegliche Rechtsstaatlichkeit außer Kraft setzten und das Privatleben der Bürger dem Regime ausgeliefert war.

Am 75. Jahrestag der Oktoberrevolution demonstrierten 1992 30 000 Menschen in Moskau. Manche hatten Stalinbilder mitgebracht.

M 1

Überlebensbedingungen

Leningrad (seit 1991 wieder St. Petersburg) war seit September 1941 mehr als zweieinhalb Jahre lang von deutschen Truppen eingeschlossen. Mehr als 660 000 Menschen starben in dieser Zeit an Hunger, Kälte oder durch militärische Einwirkungen. Der Tagebucheintrag des Lehrers Georgi Zim stammt vom 27. Januar 1942. Zim starb kurz nach Befreiung der Stadt.

Sehr kalt. Die Stadt ist in einem schrecklichen Zustand. Die Straßen werden nicht gereinigt. Es ist sehr schwer, sich zu bewegen. Man sieht viele Menschen mit Schlitten und Leichen, viele Leichen. Die Brotration ist erhöht worden, aber es gibt keine Möglichkeit, Brot zu kaufen. Vor den Brotgeschäften stehen riesengroße Schlangen. Heute gibt es wieder kein Brot. [. . .] 5
Auf den Straßen sieht man viele Leichen, auf den Schlitten und einfach am Straßenrand. Ohne Särge. Andere sind einfach in irgendetwas eingewickelt, nur die Füße ragen heraus. Einmal begegnete mir ein Lkw, vollgestopft mit Leichen. Es ist nicht zu glauben, dass es Menschen sind, man denkt, es sind Modellpuppen, die man so unordentlich gestapelt hat. Man kann nicht ein- 10 mal sagen, dass die Leichen aufgetürmt sind wie Holz, das doch in einer bestimmten Ordnung geschichtet wird. Die Menschen auf den Straßen sehen schrecklich aus: Die einen sind angeschwollen vor Hunger mit schmutzigen dunklen Gesichtern [. . .], die anderen bleich-grün, magere, lebendige Leichen, nur mit offenen, leblosen Augen. An der Fontanka[1]) sind viele Eislö- 15 cher, und hungrige, müde, geschwächte Menschen rutschen das vereiste schräge Ufer runter, um Wasser zu holen. Mit dem Wasser kriechen sie langsam, oft auf den Knien, nach oben. Manchmal stürzen sie ab, verletzen sich. [. . .] Die Toiletten und die Kanalisation funktionieren nicht. Alle Abfälle werden in den Hof getragen. Dort wurden zwei Löcher für die Abfälle ausge- 20 hoben, aber um die Löcher herum ist alles so verunreinigt, dass man an sie nicht herantreten kann. Was kommt, wenn es warm wird? Es gibt einen Befehl, den Hof im Laufe von fünf Tagen sauber zu machen! Aber es gibt niemanden, der das tut. Alle sind so schwach bei dieser Brotration (125 Gramm). [. . .] Eine junge Hebamme erzählte, wie sie heute im Entbindungsheim arbei- 25 ten muss: Wäsche gibt es nicht, man braucht nicht zu waschen, die Gebärenden werden nicht gewaschen. Sie sind verlaust, und die Läuse kriechen auf das Personal über. Kinder bringt man beim Licht einer Fackel zur Welt, die eine hält die Fackel, und die andere nimmt das Kind entgegen. Unter solchen Bedingungen ist die Sterblichkeit schrecklich hoch. Der Artilleriebeschuss 30 erinnert daran, dass es noch schlimmer sein kann: Man wird wieder die Stadt beschießen, deine Wohnung zerstören, und dann geh, wohin du willst, ohne Sachen, ohne Wäsche und sei noch dankbar, dass du noch nicht zum Krüppel gemacht worden bist.

Antje Leetz (Hrsg.), Blockade. Leningrad 1941–1944, Dokumente und Essays von Russen und Deutschen, Reinbek 1992, S. 71 ff.

Der Tagebucheintrag gibt eine sachliche Beschreibung des Alltags. Welche Gefühle dürften die Menschen in der eingeschlossenen Stadt empfunden haben?

---

[1]) Name einer Uferstraße

Frauen ziehen einen Pflug. Die Versorgung der Bevölkerung und der Armee mit den notwendigen Nahrungsmitteln wurde unter unsäglichen Schwierigkeiten von Frauen, Halbwüchsigen, Greisen und Kriegsinvaliden geleistet. Die Aufnahme aus dem Jahr 1943 stammt aus dem Gebiet von Smolensk, das die Rote Armee zuvor von den Deutschen zurückerobert hatte.

„Keinen Schritt zurück!"

M 2

Im Sommer 1942 erließ Stalin den Befehl Nr. 227 mit der Losung „Keinen Schritt zurück!". Erst 1988 wurde der Befehl im vollen Wortlaut der sowjetischen Öffentlichkeit bekannt.

Keinen Schritt zurück! Das muss jetzt unsere Hauptlosung sein. Jede Stellung, jeder Meter sowjetischen Territoriums muss hartnäckig, bis zum letzten Blutstropfen verteidigt werden. Es ist notwendig, sich an jeden Fußbreit sowjetischen Bodens zu klammern und ihn bis zum Letzten zu halten. [. . .]
5 Es mangelt an Ordnung und Disziplin. [. . .] Hier liegt jetzt unser Hauptmangel. Wir müssen in unserer Armee strengste Ordnung und eiserne Disziplin schaffen, wenn wir die Lage meistern und unsere Heimat verteidigen wollen. [. . .]
Panikmacher und Feiglinge müssen auf der Stelle vernichtet werden. [. . .]
10 Kommandeure [. . .], Kommissare und Politarbeiter, die ohne Befehl von oben aus ihren Kampfpositionen zurückweichen, sind Vaterlandsverräter. Mit solchen Kommandeuren und Politarbeitern muss auch wie mit Vaterlandsverrätern verfahren werden. [. . .]
Das Oberkommando der Roten Armee befiehlt: [. . .]
15 – Rückzugsstimmungen in der Truppe bedingungslos zu liquidieren und mit eiserner Hand Propaganda darüber zu unterbinden, dass wir angeblich weiter nach Osten zurückweichen können und müssen, dass ein solcher Rückzug keinen Schaden brächte. [. . .]
– Strafbataillone [. . .] zu bilden[1]), wohin Kommandeure der mittleren und

[1]) Die nach dieser Anordnung zusammengestellten Strafbataillone für Offiziere und Strafkompanien für einfache Soldaten erfassten im Kriegsverlauf rund 1,5 Millionen Personen.

unteren Ebene und entsprechende Politarbeiter [. . .] geschickt werden, die Disziplinverstöße aus Feigheit oder mangelnder Beharrlichkeit verschuldeten, diese an die schwierigsten Frontabschnitte zu stellen und damit ihnen die Möglichkeit geben, ihre Vergehen an der Heimat mit Blut zu sühnen. [. . .] – bewaffnete Auffangsabteilungen [. . .] zu bilden, sie unmittelbar hinter nicht standhaften Divisionen aufzustellen und sie zu verpflichten, bei Panik und ungeordnetem Rückzug von Teilen der Division Panikmacher und Feiglinge an Ort und Stelle zu erschießen [. . .].

Der Große Vaterländische Krieg 1941–1945. Ereignisse, Menschen, Dokumente, Moskau 1990, S. 435 (russ.)

1. *Beschreiben Sie die militärischen Auswirkungen des Befehls.*
2. *Was sagt der Befehl über das Denken der militärischen und politischen Führung aus?*

M 3 Der Dank des Siegers

Nach dem Sieg über das nationalsozialistische Deutschland brachte Stalin am 24. Mai 1945 einen Trinkspruch zu Ehren der Befehlshaber der Truppen der Roten Armee aus.

Ich möchte einen Toast auf das Wohl unseres Sowjetvolkes und vor allem auf das des russischen Volkes ausbringen [. . .], weil es die hervorragendste Nation unter allen zur Sowjetunion gehörenden Nationen ist.
Ich bringe einen Toast auf das Wohl des russischen Volkes aus, weil es sich in diesem Kriege die allgemeine Anerkennung als die führende Kraft der Sowjetunion unter allen Völkern unseres Landes verdient hat.
Ich bringe einen Toast auf das Wohl des russischen Volkes aus, nicht nur weil es das führende Volk ist, sondern auch weil es einen klaren Verstand, einen standhaften Charakter und Geduld besitzt.
Unsere Regierung hat nicht wenig Fehler gemacht, wir hatten in den Jahren 1941–1942 Augenblicke einer verzweifelten Lage, als unsere Armee zurückwich und die uns lieben und teuren Dörfer und Städte der Ukraine, Belorusslands, der Moldau, des Leningrader Gebiets, der baltischen Länder und der Karelisch-Finnischen Republik aufgab, weil kein anderer Ausweg vorhanden war. Ein anderes Volk hätte zu seiner Regierung sagen können: Ihr habt unsere Erwartungen nicht gerechtfertigt, macht, dass ihr fortkommt, wir werden eine andere Regierung einsetzen, die mit Deutschland Frieden schließt und uns Ruhe sichert. Doch das russische Volk hat nicht so gehandelt, denn es glaubte daran, dass die Politik seiner Regierung richtig war, und brachte Opfer, um die Niederwerfung Deutschlands zu gewährleisten. Und dieses Vertrauen des russischen Volkes zur Sowjetregierung hat sich als der entscheidende Faktor erwiesen, der den historischen Sieg über den Feind der Menschheit, über den Faschismus, gesichert hat.
Dem russischen Volk sei für dieses Vertrauen gedankt.

J. W. Stalin, Über den Großen Vaterländischen Krieg der Sowjetunion, Berlin 1952, S. 226 f.

1. *Beschreiben Sie die Gründe, die Stalin zu seinem Toast veranlasst haben und überlegen Sie die Alternativen, die der Bevölkerung gegeben waren.*
2. *Welche Konsequenzen birgt die Haltung des Sowjetführers?*

Das Sowjetimperium in der Krise

Die Parteispitze bei der Totenwache an Stalins Sarg (von links nach rechts): Molotow (bis 1956 wiederholt Außenminister, 1957 aller Parteiämter enthoben), Marschall Woroschilow (Staatsoberhaupt bis 1961), Geheimdienstchef Berija (1953 hingerichtet), Malenkow (Vorsitzender im Ministerrat, 1955 gestürzt), Bulganin (Nachfolger Malenkows von 1955–58, dann aus dem Präsidium des ZK ausgeschlossen), Chruschtschow (von September 1953 bis 1964 Erster Sekretär der Partei, seit 1958 auch Vorsitzender des Ministerrats), Kaganowitsch (Mitglied im Präsidium des ZK und mehrfach Minister, mit Molotow abgesetzt) und Mikojan (Minister in verschiedenen Ressorts, 1964/65 Staatsoberhaupt).

1956	Nikita Chruschtschow gibt in einer Geheimrede vor dem XX. Parteikongress der KPdSU die Verbrechen Stalins bekannt
1957	Die Sowjetunion startet den ersten Sputnik
1961	Jurij Gagarin umkreist als erster Mensch in einem Raumschiff die Erde
1964	Das Präsidium des Zentralkomitees der Partei stürzt Chruschtschow und ernennt Leonid Breschnew zum Ersten Sekretär
1982	Breschnew stirbt

Entstalinisierung

Nachfolger Stalins als Vorsitzender des Ministerrats und damit Regierungschef wurde *Georgij Malenkow*. Allerdings sollten die wichtigsten Ämter in Staat und Partei künftig getrennt und von einer „kollektiven Führung" ausgeübt werden. Nach und nach gelang es aber *Nikita Chruschtschow*[1]), dem Ersten Sekretär des Zentralkomitees der KPdSU, seine Konkurrenten in der Partei auszuschalten. 1958 übernahm er zusätzlich den Vorsitz im Ministerrat und vereinigte damit das höchste Partei- und Regierungsamt in seiner Person. Mit ihm gewann die Partei ihre Führungsrolle zurück, die Stalin seit der Kriegszeit zum Teil auf die staatlichen Behörden übertragen hatte.
Chruschtschow stellte sich an die Spitze der seit 1953 vorsichtig eingeleiteten Abkehr vom Massenterror der Stalinzeit. Die Zahl der GULAG-Häftlinge sank von 2,75 Millionen auf rund 900 000, Strafgefangene wurden amnestiert

[1]) Nikita Sergejewitsch Chruschtschow (1894–1971) stammte aus der Ukraine, nahm als Wirtschaftsfachmann in der Stalinzeit einen steilen Aufstieg in der Partei und war seit 1939 Mitglied des Politbüros. Im September 1953 übernahm er von Malenkow das Amt des Ersten Sekretärs des Zentralkomitees. Den damit verbundenen Einfluss nutzte er in der Folgezeit.

und die Allmacht der Geheimpolizei gebrochen. Höhepunkt dieser *Entstalinisierung* war 1956 eine Geheimrede Chruschtschows auf dem XX. Parteitag der KPdSU, in der er Stalin persönlich für die Verbrechen der Vergangenheit verantwortlich machte (⇨ M 1).
Auch wenn die Kritik am Diktator zehn Jahre später wieder eingeschränkt wurde, so brachte die Entstalinisierung doch dauerhaft wesentliche Verbesserungen: Die Durchforstung des Strafrechts und Aufhebung von Sondergerichten stellte wieder eine größere Rechtssicherheit her – ohne dass man freilich von einer unabhängigen Justiz sprechen kann. Ebenso war ein übersteigerter Personenkult künftig nicht mehr vorstellbar. Beibehalten wurde allerdings die totalitäre Herrschaft einer Partei – gerechtfertigt durch die marxistisch-leninistische Theorie. Für einzelne Auswüchse machte Chruschtschow deshalb nicht das „System" verantwortlich, sondern Charakterschwäche und Persönlichkeitskult an der Spitze. Auch eine „innerparteiliche Demokratie" (etwa durch Bildung von Fraktionen) wurde von der Führung weiterhin nicht geduldet.

Chruschtschows „Moskauer Frühling"

Durch eine umfangreiche Reformpolitik suchte die sowjetische Führung seit 1953 die offensichtliche Entfremdung zwischen Staat und Gesellschaft zu überbrücken. Vor allem Chruschtschow ging es darum, durch eine Verbesserung der Lebensbedingungen das System zu stabilisieren und die Überlegenheit des Sozialismus nachzuweisen. Die Leicht- und Konsumgüterindustrie erfuhr eine Aufwertung, und die Landwirtschaft wurde durch finanzielle Verbesserungen für die Bauern sowie eine groß angelegte Neulandgewinnung in Kasachstan vorübergehend auf Wachstumskurs gebracht.
International Aufsehen erregende Fortschritte gelangen der militärischen Forschung: 1953 wurde die erste Wasserstoffbombe gezündet; am 4. Oktober 1957 umkreiste der erste Satellit *(Sputnik)* die Erde und demonstrierte den sowjetischen Vorsprung bei der Entwicklung von Interkontinentalraketen; am 12. April 1961 flog der Kosmonaut *Jurij Gagarin* gar als erster Mensch in den Weltraum (⇨ M 2).
Verschiedene Reformen sollten die Verkrustung des Systems auf allen Ebenen aufbrechen: In mehreren Schritten wurde die Einheit zwischen Staats- und Wirtschaftsverwaltung gelöst, eine Dezentralisierung der Wirtschaftsorganisation versucht und eine Umstrukturierung und Verjüngung der Parteispitzen angeordnet. Das Ergebnis bestand jedoch in weitgehender administrativer Konfusion.
Das „Tauwetter"[1]) erfasste auch den Kulturbetrieb. 1962 durfte die Erzählung „Ein Tag im Leben des Iwan Denissowitsch" erscheinen. Darin machte der Schriftsteller *Alexander Solschenizyn* erstmals die Existenz der Lager zu einem öffentlichen Thema. Solschenizyn, *Boris Pasternak* und andere leiteten eine Art „Dissidenzkultur" ein, die fortan trotz aller Unterdrückung im Geheimen

---

[1]) benannt nach einem 1954 erschienen Roman des Schriftstellers Ilja Ehrenburg

Onkel Sams Satellit liegt am Boden. Karikatur aus „Sowjet Kirgisistan“ vom Dezember 1957.

weiterflorierte. Dass „Tauwetter“ und die Verdammung des Stalinkults dem kommunistischen System einen irreparablen Verlust an Glaubwürdigkeit bescherten, war in jenen Jahren noch nicht absehbar.

Chruschtschows Sturz

Nach Anfangserfolgen bei der Hebung des allgemeinen Lebensstandards blieb in den Sechzigerjahren die wirtschaftliche Leistung wieder zunehmend hinter den Planvorgaben der Partei zurück. Ursächlich dafür war letztlich, dass alle Umstrukturierungsversuche „von oben“ vorgegeben waren und auch Chruschtschow nicht bereit war, die ökonomischen Kräfte von politisch-administrativer Kontrolle zu befreien. Mitte der Sechzigerjahre lag die Sowjetunion in der Pro-Kopf-Produktion weltweit erst an 20. Stelle. Die ständigen Parolen vom Ein- und Überholen der USA machten die Kluft zwischen Realität und Propaganda nur noch deutlicher.
Zur allgemeinen Enttäuschung kam die Gegnerschaft der um ihre Privilegien besorgten Partei und Nomenklatura, die Chruschtschow mit seinen häufig sprunghaften Reformen heraufbeschworen hatte. Als man dem Partei- und Regierungschef auch noch außenpolitische Rückschläge (Kuba-Krise) anlastete, zwang ihn das Präsidium der KPdSU im Oktober 1964 zum Rücktritt.

Die alternde Diktatur

Erneut wurden die höchsten Ämter getrennt. *Leonid Breschnew*[1]) nahm als Generalsekretär der Partei in der wiederhergestellten kollektiven Führung den ersten Rang ein, an der Spitze der Regierung stand *Aleksej Kossygin*. In Abkehr von Chruschtschows Reformen wurde ein neuer Versuch unternommen, das Verhältnis von Partei, Administration und Wirtschaftsbetrieben effizienter zu gestalten, wobei der Staatsapparat wieder gleichberechtigt

1) Leonid I. Breschnew (1906–1982), aus der Region von Dnepropetrowsk (Ukraine), stieg in der Partei als Zögling Chruschtschows auf. 1957 wurde er Mitglied im Präsidium des ZK (Politbüro) und war von 1961 bis 1964 zugleich Staatsoberhaupt.

Die Sowjetführer bei einer Sitzung des Obersten Sowjets im Oktober 1980. Rechts unten Leonid Breschnew; in der obersten Reihe von links: Verteidigungsminister Ustinow, Geheimdienstchef Andropow und Außenminister Gromyko.

neben die Partei trat. Die erhoffte Belebung der Wirtschaft scheiterte aber an den unveränderten planwirtschaftlichen Strukturen. Sie scheiterte zusätzlich an den stark anwachsenden Ausgaben für die Rüstung. Diese Mittel fehlten für die Verbesserung des Lebensstandards (◊ M 3).

Der Konsens mit unterschiedlichen Interessengruppen, den Breschnew zur Absicherung seiner Position suchte, machte grundsätzliche Veränderungen unmöglich. Die Nomenklatura baute ihre Privilegien (gesonderte Einkaufsmöglichkeiten, Bevorzugung bei Wohnungssuche oder Krankenhausaufenthalten etc.) aus, während die Bevölkerung in Lethargie versank. Kennzeichnend war ein weit verbreiteter Alkoholismus: 1972 wurden etwa 26 Milliarden Rubel für Spirituosen bezahlt. (Zum Vergleich: Für Fleischwaren wurden 14 Milliarden ausgegeben und für die allgemeinbildenden Schulen knapp acht Milliarden Rubel.)

Die immer tiefer gehende Unzufriedenheit bereitete den Boden für eine *Menschen- und Bürgerrechtsbewegung*. Diese trug gravierende Verstöße der Behörden gegen anerkannte Rechtsgrundsätze in die Öffentlichkeit. Die Herrschenden antworteten mit Haft, Zwangsarbeit, Einweisungen in psychiatrische Anstalten, Verbannungen in die Provinz (im Falle des prominenten Atomphysikers *Andrej Sacharow*) und letztlich Ausweisungen. Tatsächlich gelang es, den Widerstand zu isolieren, doch die Symptome, die ihn ausgelöst hatten, blieben bestehen (◊ M 4).

International behauptete die Sowjetunion sich in der Ära Breschnew als Supermacht. Sie demonstrierte militärische Stärke (Einmarsch in der Tschechoslowakei, 1968, und in Afghanistan, 1979) und angesichts der gleichzeitigen Schwäche der USA (siehe Seite 286 f.) schien es so, als könne der Kommunismus als Sieger aus dem „Wettstreit der Systeme" hervorgehen.

Im Inneren war die überalterte politische Elite (das Durchschnittsalter im Politbüro betrug fast 70 Jahre) jedoch nicht mehr in der Lage, das Land aus seiner Stagnation zu befreien. Die Kluft zwischen Regime und Gesellschaft schien im Jahr von Breschnews Tod (1982) nicht mehr zu überbrücken.

M 1

Chruschtschows Abrechnung mit Stalin

Am 25. Februar 1956 sprach Chruschtschow zum Abschluss des XX. Parteitags.

Nach dem Tode Stalins begann das ZK der Partei, exakt und konsequent eine Politik durchzuführen, die darin bestand, nachzuweisen, dass es unzulässig und dem Geist des Marxismus-Leninismus fremd ist, eine einzelne Person herauszuheben und sie in eine Art Übermensch mit übernatürlichen, gottähnlichen Eigenschaften zu verwandeln. Dieser Mensch weiß angeblich alles, sieht alles, denkt für alle, vermag alles zu tun, ist unfehlbar in seinem Handeln.
Eine solche Vorstellung über einen Menschen, konkret gesagt über Stalin, war bei uns viele Jahre lang verbreitet. [. . .]
Stalin handelte nicht mit dem Mittel der Überzeugung, der Erklärung, der geduldigen Arbeit mit den Menschen, sondern durch das Aufzwingen seiner Konzeptionen, indem er die absolute Unterordnung unter seine Meinung forderte. Wer sich dem entgegenstellte oder versuchte, seinen eigenen Gesichtspunkt und die Richtigkeit seines Standpunktes zu begründen, war zum Ausschluss aus dem Leitungskollektiv und in der Folge zur moralischen und physischen Vernichtung verurteilt. So war es insbesondere im Zeitraum nach dem XVII. Parteitag[1]), als dem Despotismus Stalins viele ehrliche, der Sache des Kommunismus ergebene, hervorragende Parteifunktionäre und einfache Parteiarbeiter zum Opfer fielen.
Stalin führte den Begriff „Volksfeind"[2]) ein. Dieser Terminus befreite umgehend von der Notwendigkeit, die ideologischen Fehler eines oder mehrerer Menschen, gegen die man polemisiert hatte, nachzuweisen; er erlaubte die Anwendung schrecklichster Repressionen, wider alle Normen der revolutionären Gesetzlichkeit, gegen jeden, der in irgendetwas mit Stalin nicht übereinstimmte, der nur gegnerischer Absichten verdächtigt, der einfach verleumdet wurde. Dieser Begriff „Volksfeind" schloss im Grunde genommen schon von sich aus die Möglichkeit irgendeines ideologischen Kampfes oder der Darlegung der eigenen Ansichten zu dieser oder jener Frage auch praktischen Inhalts aus. Als hauptsächlicher und im Grunde genommen einziger Schuldbeweis wurde entgegen allen Normen der heutigen Rechtslehre das „Geständnis" der Verurteilten betrachtet, wobei dieses „Bekenntnis" – wie eine spätere Überprüfung ergab – durch physische Mittel der Beeinflussung des Angeklagten erreicht wurde. [. . .]
Genossen! Beschäftigen wir uns mit einigen anderen Tatsachen. Die Sowjetunion wird zu Recht als Muster eines multinationalen Staates angesehen, denn bei uns wurden in der Praxis Gleichheit und Freundschaft aller Völker gewährleistet, die unsere große Heimat bewohnen.
Umso ungeheuerlicher sind die Aktionen, deren Initiator Stalin war und die eine brutale Vergewaltigung der grundlegenden Lenin'schen Prinzipien der Nationalitätenpolitik des Sowjetstaates waren. Die Rede ist von der Massenumsiedlung ganzer Völker aus ihren heimatlichen Orten, [. . .], wobei derartige Aussiedlungsaktionen durch keinerlei militärische Beweggründe diktiert waren. [. . .]

---

[1]) Anfang 1934
[2]) Chruschtschow „irrte", denn dieser Begriff wurde schon zur Zeit der Oktoberrevolution 1917 gebraucht.

24 Stunden nach Chruschtschows Geheimrede war das Stalin-Denkmal auf dem Moskauer Flughafen verhängt.

Genossen! Der Personenkult trug dazu bei, im Parteiaufbau und in der wirtschaftlichen Tätigkeit fehlerhafte Methoden zu verbreiten, er bewirkte die brutale Verletzung der innerparteilichen und Sowjetdemokratie, nacktes Administrieren, verschiedenartige Verzerrungen, das Vertuschen von Fehlern, das Schönfärben der Realität. Es wimmelte bei uns von Speichelleckern, Lobhudlern und Betrügern.
Man darf auch nicht daran vorbeisehen, dass infolge der zahlreichen Verhaftungen von Partei-, Sowjet- und Wirtschaftsfunktionären viele unserer Mitarbeiter ängstlich zu arbeiten begannen, übermäßige Vorsicht an den Tag legten, sich vor allem Neuen, ja vor dem eigenen Schatten fürchteten, dass sie weniger Initiative in der Arbeit zu zeigen begannen.
Und nehmen wir die Beschlüsse der Partei- und Sowjetorgane. Man begann sie nach einer Schablone anzufertigen, häufig ohne Berücksichtigung der konkreten Situation. [. . .] All das beschwor die Gefahr der Schaffung einer Beamtenpartei, die Bürokratisierung des Apparates herauf. [. . .]
Einige Genossen können fragen: Wo waren denn die Mitglieder des Politbüros des ZK, weshalb sind sie nicht rechtzeitig gegen den Personenkult aufgetreten und tun das erst in letzter Zeit? [. . .]
Versuche, gegen unbegründete Verdächtigungen und Anklagen aufzutreten, führten dazu, dass der Protestierende der Repression zum Opfer fiel. [. . .]
Wir müssen uns der Frage des Personenkults mit ganzem Ernst widmen. Wir dürfen diese Frage nicht aus der Partei heraustragen, noch weniger in die Spalten der Presse. Ebendeshalb referieren wir sie auf einer geschlossenen Sitzung des Parteitages. Man muss das Maß kennen, den Feinden keine Nahrung geben, ihnen nicht unsere Blößen enthüllen.

Nikita Chruschtschow, Rechenschaftsbericht des Zentralkomitees der KPdSU am XX. Parteitag, Berlin 1956, S. 8 f., 14 f., 16 f., 42, 56 f., 68, 74, 78 f. und 83)

1. *Arbeiten Sie die Charakterzüge Stalins heraus. Vergleichen Sie mit „Lenins Testament“ (siehe M 1, Seite 330 f.).*
2. *Klären Sie die Gründe für Chruschtschows Rede. Denken Sie dabei auch an die personelle Situation in der sowjetischen Führung Anfang 1956.*
3. *Was sagt Chruschtschow über die Mitverantwortung der Partei bzw. der übrigen Parteiführer für die Verbrechen?*
4. *Äußern Sie sich zur Aufforderung nach parteiinterner Geheimhaltung.*

Die ersten sowjetischen Kosmonauten (1962): Gleich mehrmals pro Jahr feierte die Sowjetunion auf Briefmarken ihre Erfolge in der Raumfahrt.

M 2

Der erste Mensch im Weltraum

Am 12. April 1961 richteten die führenden Gremien der UdSSR folgende Botschaft an die „Völker und Regierungen aller Länder“:

Großes ist geschehen. Zum ersten Mal in der Geschichte hat ein Mensch einen Flug in den Kosmos unternommen.
Am 12. April 1961 um 9.07 Uhr Moskauer Zeit ist das Weltraumschiff „Wostok“ mit einem Menschen an Bord in den Kosmos gestartet und ist, nachdem es die Erde umflogen hat, wohlbehalten zur heiligen Erde unserer Heimat, des Landes der Sowjets, zurückgekehrt.
Der erste Mensch, der in den Kosmos vorgestoßen ist, ist ein Sowjetmensch, ein Bürger der Union der Sozialistischen Sowjetrepubliken!
Das ist ein beispielloser Sieg des Menschen über die Kräfte der Natur, die größte Errungenschaft der Wissenschaft und Technik, ein Triumph der menschlichen Vernunft. Der Auftakt für die Flüge des Menschen in den Weltraum ist gegeben.
In dieser Heldentat, die in die Jahrhunderte eingehen wird, verkörpern sich der Genius des Sowjetvolkes und die machtvollen Kräfte des Sozialismus. [. . .]
Unser Land hat alle anderen Staaten der Welt überflügelt und als erstes den Weg in den Kosmos gebahnt. [. . .]
Unsere Errungenschaften und Entdeckungen stellen wir nicht in den Dienst des Krieges, sondern in den Dienst des Friedens und der Sicherheit der Völker!
[. . .] Machen wir Schluss mit allem Wettrüsten! Verwirklichen wir die allgemeine und vollständige Abrüstung unter strenger internationaler Kontrolle! Das wird ein entscheidender Beitrag zur heiligen Sache des Friedens sein.

NEUES DEUTSCHLAND vom 13. April 1961

1. *Analysieren Sie den Ton der Pressemitteilung. Welche Bedeutung für die Sowjetunion folgern Sie daraus?*
2. *Nennen Sie mögliche Gründe dafür, weshalb die Mitteilung mit einem Friedensappell verbunden wurde.*

M 3 Wirtschaftsalltag in der Breschnew-Ära

Heiko Haumann, Professor für Osteuropäische Geschichte, beschreibt die „Planerfüllung" im real existierenden Sozialismus

Eingeübte Praktiken und Verhaltensweisen aus der Stalin-Zeit – etwa auf Instruktionen übergeordneter Stellen zu warten, die Pläne scheinbar genau zu erfüllen und sie gleichzeitig zu umgehen, 5 um möglichst viel für den Betrieb, die Gruppe oder sich selbst herauszuholen – wirkten weiter, die sogenannte Tonnenideologie konnte nicht überwunden werden. Chruschtschow selbst gab einmal 10 ein bezeichnendes Beispiel. Der Plan für Kronleuchter war in Tonnen festgelegt worden. Die entsprechenden Betriebe stellten deshalb besonders schwere Kronleuchter her, damit sie rascher die 15 Planziele erfüllen konnten. Die Folge davon war, dass die Leuchter von den Decken herabfielen. Bei einer Vielzahl lebenswichtiger Produkte stellten sich solche Erscheinungen ein. Die Lebens- 20 mittelläden bekamen ihre Planziele in Form eines geforderten Brutto-Umsatzes in Rubel. Um die Schwierigkeiten zu umgehen, die die oft stockende Lieferung von Agrarprodukten mit sich 25 brachte, verkaufte man einfach mehr Alkohol und erfüllte auf diese Weise den Plan.

Heiko Haumann, Geschichte Russlands, München 1996, S. 600

Der Journalist Rudolph Chimelli berichtet über die Sorgen der Verbraucher in der „Planwirtschaft".

Mangel an Verbrauchsgütern und Lebensmitteln, schäbige oder am Geschmack des Verbrauchers vorbeiproduzierte Waren, ruppiges Personal und die Schwerfälligkeit der staatlichen Handels- 5 organisation machen die Besorgung alles Notwendigen oder Angenehmen im Leben zu einer Nervenprobe, welcher der durchschnittliche Sowjetmensch nahezu so viel Energie widmet wie seiner Ar- 10 beit. Die Schlange vor der Ladentür, an der Kasse, an der Verkaufstheke hat als Symbol der Schwächen sowjetischer Verteilungstechnik Notzeiten und Rationierungen um Jahrzehnte überlebt. Mentali- 15 tät und Kaufverhalten sind von ihr so nachhaltig geprägt, dass bei ihrem Anblick fast jeder seinen Weg unterbricht und die bezeichnende Frage stellt: *„Schto dajut?"* („Was wird ausgegeben?") [. . .] 20 Für den einzelnen Erwachsenen läuft es nach den Feststellungen der Fachleute darauf hinaus, dass er jährlich 25 bis 30 Tage in Schlangen und Geschäften verbringt – mehr als bei der Erholung oder 25 beim Sport. Wer ein Pfund Wurst erwerben will, muss dafür im typischen *Gastronom* Folgendes tun: Zur Wursttheke gehen und nachschauen, ob es Wurst gibt; sich an der Kasse anstellen und für ein 30 Pfund Wurst bezahlen; sich mit dem Kassenbon an der Wursttheke anstellen und sich sein Pfund auswiegen lassen. Will der gleiche Käufer auch noch Milch, Kaffee oder Orangen, vervierfacht sich 35 die Prozedur, die sich nur durch simultane Anmeldung bei mehreren Schlangen etwas rationalisieren lässt.

Rudolph Chimelli, In der Sowjetunion ist der Kunde kein König, in: Süddeutsche Zeitung, 30./31.7.1977

Vergleichen Sie mit dem Wirtschaftsalltag in einem kapitalistischem Staat. Erörtern Sie die wichtigsten Unterschiede in Bezug auf Effizienz sowie Auswirkungen auf Mitarbeiter der Betriebe beziehungsweise Konsumenten.

M 4

Dissidenten schreiben an das Politbüro

Im März 1970 schrieben drei renommierte Wissenschaftler, darunter der Atomphysiker und Friedensnobelpreisträger Andrej Sacharow, an das Politbüro. Der Brief blieb ohne Antwort.

Wir schlagen in dem folgenden Programmentwurf eine Reihe von Maßnahmen vor, die im Laufe von vier, fünf Jahren verwirklicht werden könnten:

1. Erklärung der höchsten Partei- und Staatsorgane über die Notwendigkeit einer weiteren Demokratisierung und über Zeitablauf und Methoden ihrer Einführung. Veröffentlichung von Artikeln in der Presse, in denen die Probleme der Demokratisierung diskutiert werden.
2. Begrenzte Verbreitung von Informationen über die Lage des Landes und von theoretischen Arbeiten über gesellschaftliche Probleme, über die eine allseitige Diskussion noch nicht erwünscht ist, in Parteiorganen, Betrieben und Verwaltungsbehörden. Stufenweise Erweiterung des Zugangs zu diesen Materialien bis zur völligen Aufhebung der Begrenzung. [...]
4. Beendigung der Störung ausländischer Radiosendungen. Freier Verkauf ausländischer Bücher und Zeitungen. [...]
5. Eröffnung eines Instituts zur Erforschung der öffentlichen Meinung. [...]
6. Amnestie für politische Häftlinge. Verfügung der Veröffentlichungspflicht für Protokolle von allen politischen Prozessen. [...]
7. Einführung von Maßnahmen zur Verbesserung der Funktion der Gerichte und der Staatsanwaltschaften sowie Absicherung ihrer Unabhängigkeit von Exekutive, lokalen Einflüssen, Vorurteilen und Beziehungen. [...]
10. Annahme eines Gesetzes über Presse und Information, Zulassung neuer Presseorgane für gesellschaftliche Organisationen und Gruppen von Bürgern. Völlige Abschaffung der Vorzensur in jeglicher Form. [...]
12. Schrittweise Einführung der Praxis, an jedem Ort mehrere Kandidaten für die Wahlen von Partei- und Sowjetorganen auf allen Ebenen aufzustellen, auch bei indirekten Wahlen. [...]
14. Wiederherstellung der Rechte der unter Stalin deportierten Nationalitäten und ihrer nationalen Autonomie sowie Erlaubnis zur Rückkehr an ihre angestammten Wohnsitze. [...]

Was steht unserem Lande bevor, falls es nicht den Kurs auf eine Demokratisierung nimmt?
Es wird im Laufe der zweiten industriellen Revolution hinter die kapitalistischen Länder zurückfallen und schrittweise zu einer zweitklassigen Provinzmacht werden (die Geschichte kennt entsprechende Beispiele); die wirtschaftlichen Schwierigkeiten werden weiter zunehmen; die Beziehungen zwischen Partei- und Staatsapparat und Intelligenz werden noch angespannter werden; ein Bruch zwischen „Links" und „Rechts" droht; die nationale Frage wird sich verschärfen, und in den Unionsrepubliken wird die von unten ausgehende Bewegung für Demokratisierung immer mehr nationalistische Züge annehmen.

Boris Lewytzkyj, Politische Opposition in der Sowjetunion 1960–1972. Analyse und Dokumentation, München, 2. Auflage 1973, S. 129 ff.

1. *Stellen Sie die wichtigsten Problemkreise zusammen. Was erfahren Sie daraus über die Situation in der UdSSR?*
2. *Welche Haltung nehmen die Oppositionellen gegenüber der Partei beziehungsweise ihrem Land ein? Was beabsichtigen sie offensichtlich nicht?*

Das Ende des Sowjetimperiums

Generalsekretär Gorbatschow vor dem Zentralkomitee am 2. November 1987.

1985	Michail Gorbatschow wird Generalsekretär der KPdSU
1986	Ein Block des Kernkraftwerks von Tschernobyl explodiert
1989	Wahl zum Volksdeputiertenkongress: Erstmals darf die Bevölkerung zwischen mehreren Kandidaten entscheiden
1990	Gorbatschow wird Staatspräsident der Sowjetunion
	Der Führungsanspruch der KPdSU wird aus der Verfassung gestrichen
1991	Boris Jelzin wird zum Präsidenten der Republik Russland gewählt
	Der Putschversuch einer reaktionären Führungsclique scheitert
	Die KPdSU wird in Russland verboten
	An Stelle der aufgelösten Sowjetunion entsteht die „Gemeinschaft Unabhängiger Staaten“ (GUS)
	Gorbatschow tritt als Staatspräsident zurück

Neues Denken in der Außenpolitik

Nach Breschnew übernahmen kurzzeitig noch zwei weitere Vertreter der alten Garde die Parteiführung: *Jurij Andropow* starb am 19. Februar 1984 und *Konstantin Tschernenko* im März 1985. Aber nun war die Reihe an dem erst 54-jährigen *Michail Gorbatschow*[1]), der die auch von der Parteiführung für notwendig gehaltene Erneuerung auf den Weg bringen sollte.

---

[1]) Michail Sergejewitsch Gorbatschow (geboren 1931), stammte aus dem nördlichen Kaukasusgebiet, wo er nach einem Jurastudium zum Parteisekretär aufstieg. Wegen guter Ernteergebnisse in seiner Region wurde er 1978 als Landwirtschaftssekretär ins ZK-Sekretariat nach Moskau berufen. Auf Empfehlung Andropows wurde er bereits 1980 als jüngstes Mitglied in das Politbüro aufgenommen.

Das Kernkraftwerk Tschernobyl nach dem Unglück im April 1986.

Um dafür den Rücken frei zu bekommen, musste Gorbatschow die Sowjetunion aus den Zwängen des internationalen Wettrüstens befreien, das US-Präsident Reagan mit seinem SDI-Programm bewusst auf die Spitze getrieben hatte. Tatsächlich gelang es dem sowjetischen Parteichef internationales Vertrauen zu erwerben, indem er gemeinsam mit den Amerikanern die Atomwaffen begrenzte, die Rote Armee aus Afghanistan zurückzog (1989) und das von Breschnew in der Dritten Welt eingegangene Engagement reduzierte. Indem Gorbatschow der Sowjetunion einen Platz in einem „gemeinsamen europäischen Haus" zuweisen wollte, gab er den alten marxistischen Anspruch auf die Weltherrschaft auf.

Das Erbe der Breschnew-Ära

Die Wirtschaft der Sowjetunion war Mitte der Achtzigerjahre im Weltmaßstab noch weiter zurückgefallen. Die Grundversorgung der Bevölkerung wurde zwar ausreichend und preisgünstig zu staatlich subventionierten Preisen erfüllt, doch blieb die Qualität des Angebots auf bescheidenem Niveau. Schlecht war nach wie vor die Versorgung mit Wohnraum, zumal die häufig überbelegten Wohnungen oft nicht über fließend Wasser, Bad, Kanalisation oder Zentralheizung verfügten. Dringend benötigte Güter besorgten sich Betriebe und Sowjetbürger gezwungenermaßen im Tauschhandel oder durch Korruption, da die Planwirtschaft keinen freien Markt zuließ.
Erschreckend waren die Belastungen für die Umwelt, auf die das schematische Wachstumsdenken der Planer keinerlei Rücksicht nahm. Wertvolles Ackerland war durch Bodenerosion verloren gegangen. Flüsse und Seen waren von Austrocknung oder Versalzung bedroht. Die Sorglosigkeit der Bürokratie wurde offenkundig, als am 26. April 1986 ein Block des technisch nicht ausgereiften Kernkraftwerks von *Tschernobyl* explodierte und radioaktive Substanzen über ganz Europa verstreute. Über 100 000 Menschen in der Umgebung des Reaktors wurden (zu spät) evakuiert, viele tausend Krebserkrankungen wird man als Folgeschäden zu den unmittelbaren Opfern der Katastrophe hinzuzählen müssen.

Perestrojka

Die dringend notwendige Reform zur Lösung der Wirtschaftsprobleme betrieb Gorbatschow unter dem Leitwort *Perestrojka* (Umbau). Zunächst versuchten die Wirtschaftsplaner den industriellen Prozess mittels schon bekannter Kampagnen für mehr Disziplin in den Betrieben oder durch Einschränkungen beim Verkauf von Alkohol zu beschleunigen. 1987 leitete die Gesetzgebung dann einen radikalen Strukturwandel ein. Die Unternehmen sollten mehr Selbstverantwortung und größeren Freiraum gegenüber Partei und Behörden erhalten und sogar Verbindungen mit ausländischen Firmen eingehen dürfen. Erlaubt wurde jetzt auch die Gründung kleinerer Privatbetriebe, womit das gesellschaftliche Eigentum an den Produktionsmitteln, eine der Grundlagen des Sozialismus, infrage gestellt wurde. In eine ähnliche Richtung wies die Erlaubnis, Grundbesitz und Betriebe pachten zu dürfen. Arbeitnehmer erhielten verstärkte Mitspracherechte. Die Partizipation aller in der Wirtschaft tätigen Menschen sollte sture Planerfüllung ersetzen (⇨ M 1, M 2).

Glasnost

An der marxistisch-leninistischen Ideologie und der führenden Rolle der KPdSU wollte Gorbatschow keineswegs rütteln. Aber die Idee eines kreativen Pluralismus sollte vor der Partei nicht Halt machen, schon allein deshalb, weil starke konservative Kräfte sich einem allzu forcierten Wandel widersetzten. In kürzester Zeit wurden die Spitzen der Kader ausgetauscht – mehrheitlich gegen Befürworter eines Reformkurses.
Glasnost (Offenheit, Transparenz) hieß das zweite große Schlüsselwort Gorbatschows. Partei und Administration sollten sich erstmals der Kritik stellen. Die öffentliche Diskussion sollte politische Entscheidungsprozesse durchschaubarer machen und den Reformkurs im Lande beschleunigen. Zeitungen durften über Missstände berichten oder die Haltlosigkeit der Statistiken anprangern, gegen Bürgerrechtler verhängte Strafen wurden aufgehoben und schließlich konnte die lange unterdrückte orthodoxe Kirche sich wieder in der Öffentlichkeit zurückmelden.
War die Öffnung der Politik von Gorbatschow noch bewusst gesteuert, so ging die Offenheit im Kulturleben bald weiter als von ihm beabsichtigt. Ausgehend von Enthüllungen über den Staatsterror der Stalinzeit geriet nach und nach die gesamte sowjetische Geschichte in den Strudel immer bohrenderer Fragen. 1988 mussten an den Schulen im Fach Geschichte die Prüfungen ausfallen, weil weder Lehrer noch Schüler wussten, welches Geschichtsbild zu gelten habe. Sollte Glasnost ursprünglich zur Reformierung des Systems beitragen, so zerstörte sie jetzt die in sieben Jahrzehnten gewachsenen Mythen der herrschenden Partei, die damit alle Glaubwürdigkeit verlor (⇨ M 3).
Geradezu sensationell mutete eine Liberalisierung des Wahlsystems an, die Gorbatschow 1988 gegen heftige Widerstände des Apparats durchpeitschte: Bei der Wahl zum neu geschaffenen *Volksdeputiertenkongress* im März 1989 konnten die Wähler – trotz mancher Einschränkungen – erstmals zwischen

Panzer vor dem Pressezentrum von Wilna/Litauen. Zuvor hatte Militär das Haus besetzt (Foto vom 11. 1. 1991).

mehreren Kandidaten entscheiden. Die zu zwei Drittel frei gewählten 2250 Abgeordneten beriefen sodann den *Obersten Sowjet*, der anders als seine Vorgänger als „ständig arbeitendes Gesetzgebungs- und Kontrollorgan“ gedacht war. Vorsitzender des Obersten Sowjet wurde Gorbatschow, der ein Jahr später auch das Amt des Präsidenten mit umfassenden Vollmachten übernahm.

Das System löst sich auf

Im Jahr 1990 verlor Gorbatschow zunehmend die Kontrolle über die Entwicklung, wobei mehrere Faktoren zusammenwirkten.
1. *Das schwächste Glied in der Kette: die sozialistischen Bruderstaaten*
Die osteuropäischen Volksdemokratien hatten seit Mitte der Achtzigerjahre zum Teil den Moskauer Reformen nachgeeifert. 1989 nutzten die Völker die Chance, die sowjetische Bevormundung abzuschütteln, denn Gorbatschow war – anders als seine Vorgänger – nicht bereit, Truppen einzusetzen. Der englische Historiker *Timothy Garton Ash* umschrieb die Ereignisse dieses Jahres so: „Was in Polen zehn Jahre gedauert hatte, dauerte in Ungarn nur noch zehn Monate, in Ostdeutschland zehn Wochen und in der Tschechoslowakei zehn Tage.“
2. *„Explosion des Ethnischen“: Der Vielvölkerstaat zerfällt*
Seit dem Zweiten Weltkrieg hatte die slawisch-russisch dominierte Führung das Nationalitätenproblem in der UdSSR weitgehend im Griff behalten. Glasnost und wirtschaftlicher Niedergang lösten nun besonders dort den Ruf nach Selbstbestimmung aus, wo ein antirussischer Nationalismus immer lebendig geblieben war: im Baltikum, in der Ukraine, in Georgien und Armenien. In vielen Teilen des Riesenreiches brachen Unruhen aus, und der Reihe nach erklärten sich alle 15 Unionsrepubliken für souverän. Die baltischen Staaten Litauen, Lettland und Estland, die auf Grund des Hitler-Stalin-Pakts annektiert worden waren, gingen anderen voran: Sie erklärten im Frühjahr 1990 ihren Austritt aus der Union, den Gorbatschow allerdings verweigerte (⇨ M 4).

3. *„Das Alte funktioniert nicht mehr und das Neue noch nicht": der wirtschaftliche Niedergang.*
Die Wirtschaftsreformen hatten einen Schwebezustand zwischen Plan- und Marktwirtschaft hergestellt. Doch vor einem freien Markt und Privatisierung schreckte Gorbatschow zurück. Die Folge seiner halbherzigen Maßnahmen waren eine ernste Versorgungskrise, Schwarzmarkt und eine galoppierende Inflation. Die „alten Seilschaften" in Behörden und Betrieben zogen ihren Nutzen aus dem Zusammenbruch des zentralen Verteilungssystems – oft in „Arbeitsteilung" mit dem organisierten Verbrechen. Gleichzeitig wuchs die Armut großer Teile der Bevölkerung.
4. *Sowjetische Demokratisierung: Demontage sowjetischer Macht*
Die KPdSU verlor schlagartig Mitglieder und Einfluss. Auf der anderen Seite fand die Bewegung *Demokratisches Russland* immer mehr Zulauf. Schließlich blieb dem Volksdeputiertenkongress nichts anderes übrig als das längst ausgehöhlte Machtmonopol der KPdSU als „führende und leitende Kraft der Sowjetgesellschaft" aus der Verfassung zu streichen. Der Weg zu einem Mehrparteiensystem war freigegeben. Bei regionalen Wahlen verlor die „Partei" zumeist die Mehrheit gegen die sich in Windeseile neu gründenden politischen Gruppierungen. Gorbatschow schloss sich derweil immer enger dem reaktionären Establishment an.

Die GUS löst die UdSSR ab

Zum entscheidenden Widersacher des Staatspräsidenten wurde der populäre „Radikalreformer" *Boris Jelzin*[1]), der im Juni 1991 vom Volk in freien Wahlen zum Präsidenten der Sowjetrepublik Russland bestimmt worden war. Von dieser größten und wichtigsten Teilrepublik aus wollte Jelzin die verbliebene Macht der kommunistischen Partei endgültig zerschlagen und einen dezentralisierten Unionsvertrag aushandeln.
Um die „alte" Sowjetunion zu bewahren, putschte am 18./19. August 1991 eine Gruppe aus der engsten Umgebung Gorbatschows. Dank des entschlossenen Widerstands Jelzins, der die Bevölkerung hinter sich hatte, brach der schlecht organisierte Staatsstreich innerhalb von drei Tagen zusammen. Gorbatschow legte am 24. August seine Funktion als Generalsekretär der diskreditierten KPdSU nieder und zuletzt wurde die Partei in Russland sogar als verfassungswidrig verboten.
Der gescheiterte Putsch löste eine Welle von Unabhängigkeitserklärungen der Sowjetrepubliken aus. Im Dezember proklamierten Jelzin und die Präsidenten Weißrusslands und der Ukraine die *Gemeinschaft Unabhängiger Staaten*

[1]) Boris Jelzin (geboren 1931), stammte aus dem Gebiet von Swerdlowsk, arbeitete als Bauingenieur und stieg erst spät im Rahmen der Reformpolitik Gorbatschows in der KPdSU auf. Als Befürworter von Marktwirtschaft und einer umfassenden Demokratisierung verlor er 1987/88 seine einflussreichen Positionen (Kandidat des Politbüros), doch wählte ihn die Bevölkerung von Moskau 1988 mit über 90 % der Stimmen in den Volksdeputiertenkongress. Im Sommer 1990 gab Jelzin seine Mitgliedschaft in der Partei auf und wurde der führende Politiker der Allianz „Demokratisches Russland".

(GUS) als Nachfolgeorganisation der UdSSR. Neun weitere Republiken (ohne die baltischen Staaten) schlossen sich nach und nach an. Da die Sowjetunion damit aufgelöst war, trat Gorbatschow am 25. Dezember 1991 als Staatspräsident zurück.

Russland und die anderen Republiken stehen seither vor der Aufgabe, die Folgen der mehr als siebzigjährigen kommunistischen Herrschaft aufzuarbeiten. Vor allem gilt es

- die jungen Regierungssysteme auf demokratischem Wege zu stabilisieren
- leistungsfähige Volkswirtschaften aufzubauen und
- einen „goldenen" Mittelweg zwischen dem russischen Erbe und westlichem Ideengut zu finden.

Russlands Wirtschaftsentwicklung zwischen 1993 und 1996

	Einheit	*1993*	*1994*	*1995*	*1996*
Produktion und Investitionen					
Bruttoinlandsprodukt	Mrd. US-$	735,0	656,0	626,0	601,0
Bruttoinlandsprodukt	1992 = 100	91,6	79,4	76,3	71,8
Industrieproduktion	1992 = 100	86,2	67,8	65,8	61,8
Landwirtschaftliche Produktion	1992 = 100	96,1	84,5	77,5	72,1
Soziales					
Privater Verbrauch	1993 = 100	100,0	109,9	102,7	101,7
Anteil der Armen	% der Bevölk.	28,6	22,5	24,7	21,4
Beschäftigte	Millionen	70,9	68,5	66,4	66,0
Arbeitslosenquote	Prozent	5,7	7,5	8,8	6,8

M 1

Ziele der Perestrojka

Michail Gorbatschow war maßgeblich beteiligt an der Fixierung von zehn Thesen für die XIX. Allunionistische Parteikonferenz vom 28. 6. bis 1. 7. 1988.

1. These: Die Umgestaltung hat eine neue politisch-ideologische Lage geschaffen und ist zur Realität geworden. Nur langsam aber geben die Anhänger dogmatischer Vorstellungen vom Sozialismus ihre Positionen auf. Das ZK der Partei unterstützt die Meinungsvielfalt, unterstreicht dabei jedoch, dass Diskussionen nur auf dem Boden des Sozialismus und für den Sozialismus fruchtbringend sind. Sie dürfen nicht zu politischer Konfrontation, nicht zur Entzweiung der sozialen Kräfte führen. Was wir brauchen, ist ein ständig wirkender Mechanismus der Gegenüberstellung von Ansichten, der Kritik und der Selbstkritik. In dem Einparteiensystem, das sich in unserem Land herausgebildet und durchgesetzt hat und sich heute organisch mit den Prozessen der Demokratisierung verbindet, ist diese Frage lebensnotwendig.
2. These: Die Jahre der Stagnation haben das Land an den Rand einer Wirtschaftskrise gebracht. Das mit hohem Aufwand verbundene extensive System der Wirtschaftsführung hat sich völlig erschöpft. Die Reform soll den Übergang von zumeist administrativen zu ökonomischen Leitungsmethoden sichern und bei den Kollektiven wie beim Einzelnen größeres Interesse an den Ergebnissen ihrer Arbeit wecken. [. . .]
4. These: Eine objektive Analyse des in den vergangenen drei Jahren wirtschaftlich, sozial und kulturell Erreichten sowie eine Bewertung der damit verbundenen Probleme führen zu der Erkenntnis, dass eine Reform des politischen Systems der Gesellschaft notwendig ist. Ziel muss es sein, die Massen der Werktätigen in die Steuerung staatlicher und gesellschaftlicher Belange einzubeziehen und die Errichtung des sozialistischen Rechtsstaates zu vollenden. Das politische System ist von allem zu befreien, was mit Personenkult, mit Kommandostil und administrativen Leitungsmethoden, mit Bürokratismus, Entfremdung der Werktätigen von der Macht und Abweichungen von den Lenin'schen Normen des Partei- und Staatslebens verbunden ist. Was bisher getan wurde, ist nur der erste Schritt zur Demokratisierung von Partei und Gesellschaft. [. . .]
6. These: Hauptrichtung der Demokratisierung von Staat und Gesellschaft ist die Wiederherstellung der Vollmachten für die Sowjets (Räte) der Volksdeputierten.

Frankfurter Allgemeine Zeitung, 25. 6. 1988

1. *Nennen Sie die wichtigsten von Gorbatschow geforderten Reformen.*
2. *Gorbatschow selbst hat die Perestrojka als eine „Revolution von oben" bezeichnet. Überprüfen Sie diese Behauptung anhand der abgedruckten Thesen.*

M 2

„Ich kann meine Prinzipien nicht preisgeben"

Große Publizität erzielte ein Leserbrief der Chemiedozentin Nina Andrejewa, der im März 1988 in der Tageszeitung „Sowjetskaja Rossija" abgedruckt wurde. Angeblich war der Beitrag im Büro des Politbüromitglieds Ligatschow überarbeitet worden. Ligatschow war zu diesem Zeitpunkt der führende Vertreter eines reformfeindlichen Kurses im Politbüro.

Vor kurzem machte mich eine meiner Studentinnen durch die Offenbarung stutzig, der Klassenkampf ebenso wie die führende Rolle des Proletariats seien veraltete Begriffe. [. . .]
Der erste, besonders kräftige ideologische Strom, der im Zuge der Perestrojka hervorgetreten ist, nimmt für sich das Modell eines gewissen linksliberalen, intellektuellen Sozialismus in Anspruch, er fühlt sich als Vertreter des wahren, vom Ballast des Klassendenkens befreiten, „reinen" Humanismus. (. . .) Gerade bei den Anhängern des „linksliberalen Sozialismus" zeigt sich die Tendenz, die Geschichte des Sozialismus zu verfälschen. Sie suggerieren uns, dass es in Wirklichkeit in der Vergangenheit des Landes nur Fehler und Verbrechen gab. Dabei verschweigen sie die bedeutenden früheren und jetzigen Errungenschaften. [. . .]
So wie sich die „Neoliberalen" am Westen orientieren, versucht ein anderer [. . .] „alternativer Turm", die „Bewahrer und Traditionalisten", „den Sozialismus durch eine Rückwärtsbewegung zu überwinden". [. . .] Die „Traditionalisten" haben zweifellos Verdienste bei der Offenlegung von Korruption, bei den Bemühungen um eine gerechte Lösung der ökologischen Probleme, im Kampf gegen den Alkoholismus, beim Schutz von historischen Denkmälern und beim Widerstand gegen die Übermacht der mit Recht als Konsumpsychose eingeschätzten Massenkultur . . .
Zugleich verstehen die Ideologen des „bäuerlichen Sozialismus" nicht die historische Bedeutung des Oktobers[1]) für das Schicksal unseres Vaterlandes, sie bewerten die Kollektivierung ganz einseitig als eine „schreckliche Willkür gegenüber den Bauern" [. . .].
Die Erziehung der Jugend wird auch dadurch erschwert, dass im Fahrwasser von „neoliberalen" und „neoslavophilen" Ideen informelle Organisationen und Vereinigungen entstehen. [. . .] In letzter Zeit deutet sich die Politisierung dieser selbständigen Organisationen auf der Grundlage eines ganz und gar nicht sozialistischen Pluralismus an. Nicht selten sprechen die Leader dieser Organisationen von der „Teilung der Macht" auf der Grundlage eines „parlamentarischen Regimes", über „freie Gewerkschaften" und „autonome Verlage" usw. usf. All das erlaubt nach meiner Meinung den Schluss, dass die wichtigste und kardinale Frage aller zurzeit im Land laufenden Diskussionen die Frage nach der Anerkennung oder Nichtanerkennung der führenden Rolle der Partei und der Arbeiterklasse beim sozialistischen Aufbau und das heißt auch in der Perestrojka ist.

Gerhard und Nadja Simon, Verfall und Untergang des sowjetischen Imperiums, München 1993, S. 243 ff.

1. *In einem Artikel der „Prawda" wurde der Leserbrief als „Manifest der Gegner der Perestrojka" bezeichnet. Belegen Sie diesen Vorwurf.*
2. *Welchen Stellenwert erhält der Beitrag durch die vermutete Beteiligung Ligatschows?*

[1]) Gemeint ist die Oktoberrevolution 1917

M 3

Über die Notwendigkeit von Glasnost

Der Krieg in Afghanistan kostete 15 000 sowjetische Soldaten das Leben, etwa 37 000 wurden verwundet. Auf welche Weise die Presse vor Glasnost über den Krieg informierte, gibt der Bericht eines ehemaligen Kriegsberichterstatters wieder.

Ich hatte einen Essay über einen verstümmelten Soldaten geschrieben. Der Soldat hatte einem Offizier das Leben gerettet und dabei beide Beine verloren. Ich kam zum Militärzensor. 5
„Wovon handelt der Essay?", fragte der, ohne zu lesen. Ich erklärte es ihm. „Wirf ihn weg und vergiss die Sache." „Warum?" „Hast du nicht vor kurzem einen Essay über eine Verwundung veröffentlicht?" 10 „Ja." „Das sollte doch genügen. Von einem hast du berichtet. Das reicht wohl." „Verwundete gibt es aber viele. Tausende!", schrie ich.
„Und mir", sagte der Zensor gelassen, 15 „mir wurde ein Limit von vier für das ganze Halbjahr für alle zentralen Moskauer Zeitungen gesetzt: vier erwähnte Verwundete und ein erwähnter Toter. Hast du das verstanden?" 20

Gennadi Botscharow, Die Erschütterung. Afghanistan – Das sowjetische Vietnam, Berlin 1991, S. 64

Gegen die freiere Berichterstattung sowie ganz allgemein gegen Glasnost führten Teile der Sowjetbürger regelrechte Leserbriefkampagnen.

Sehr geehrte Bürger Liberale!
[. . .] Überall sieht man den Verfall der Disziplin, einen allgemeinen Zerfall und Zersetzung. Die Union zerfällt – so weit hat uns das liberale Gelispel gebracht. 5
Nein, jetzt fehlt uns wie die Luft vor allem strengste Disziplin. Unser Entwicklungsweg unterscheidet sich von dem der westeuropäischen Länder und Nordamerikas. 10 Wir sind nicht reif genug, um unter den Bedingungen viel zu großer Freiheiten zu leben – und ganz besonders betrifft das die Völker der südlichen Republiken. [. . .]
Jetzt wird von unseren Massenmedien 15 herumposaunt, wir seien hinter den westlichen Ländern zurückgeblieben. Worin denn? Im Lebensstandard? Na und, von mir aus sollen sie ruhig besser leben: 20 Ist etwa der Besitz von einem PKW, einem Landhaus oder Videorecorder das Wichtigste im Leben? Wir haben doch Schuhe, Kleider, wir sind satt – was braucht man noch zum Leben?
Das Wichtigste ist doch die hohe Vertei- 25 digungsfähigkeit! Wir dürfen keine Kosten für unsere Armee scheuen, zur gleichen Zeit muss man dort Ordnung schaffen und die höchste Disziplin wiederherstellen, 30 d. h. bei Verstößen gegen die Disziplin muss man strafen, strafen und nochmals strafen. [. . .]
In dem Augenblick, in dem unser Staat und unsere Gesellschaft eine unerhörte Krise erleben, 35 kann uns nur eins retten – eine strenge und allumfassende Disziplin. Natürlich wird mir kein Mensch Gehör schenken – jetzt ist ein anderer Trend in –, aber die Gesellschaft wird ein hohes Lehrgeld 40 für diese sogenannte „Glasnost" bezahlen müssen.

Gerhard und Nadja Simon, a.a.O., S. 255 f.

1. *Erörtern Sie anhand der Episode des Journalisten die Rolle der Medien im Sowjetstaat.*
2. *Versuchen Sie die Ursachen für die Warnungen des Leserbriefschreibers festzustellen.*
3. *Erörtern Sie anhand beider Auszüge die Bedeutung von Glasnost für die Sowjetunion.*
4. *Sammeln Sie gegebenenfalls Leserbriefe aus aktuellen Tageszeitungen, die dem heutigen „Zeitgeist" in Deutschland widersprechen. Diskutieren Sie über die Berechtigung von deren Veröffentlichung für die politische Auseinandersetzung.*

M 4

Nationalitätenkonflikt auf Sowjetart

Um Litauen und Lettland in das Imperium zurückzuholen, erklärten auf Geheiß der KPdSU vor Ort gebildete „Nationale Rettungskomitees" die Machtübernahme (11. und 15. 1. 1991). Die Rote Armee unterstützte den Umsturz, insgesamt 20 Menschen kamen bei den Kämpfen ums Leben. Eine Gruppe liberaler Intellektueller protestierte in der Moskauer Presse gegen den Staatsstreich.

Am blutigen Sonntag, dem 13. Januar, erschoss man in Wilna die Demokratie. Zum ersten Mal wurde jener Macht ein Schlag versetzt, die frei vom Volk gewählt worden war.
Jetzt, wo die letzte Stunde des Regimes naht, ist es zur entscheidenden
5 Schlacht angetreten: Die Wirtschaftsreform wird blockiert, die Presse- und Fernsehzensur wird wiederbelebt, eine hemmungslose demagogische Phraseologie wird aktiv eingesetzt. Und das Wichtigste: Den Republiken wurde der Krieg erklärt.
Die Führung der kommunistischen Partei Litauens – eine Abteilung der
10 KPdSU – wurde faktisch zum Leiter des Umsturzversuchs in Litauen. Die KPdSU ist zum Schutz ihres Eigentums im Baltikum angetreten, zum wievielten Mal benutzt sie dabei für ihre eigene Sache den Staat in Gestalt von Armee und Innenministerium?
Das Selbstbestimmungsrecht der Nationen wurde mit Füßen getreten. Alles,
15 was in Litauen geschah, ist eindeutig zu qualifizieren – es ist ein *Verbrechen*. Ein Verbrechen gegen das eigene Volk, das in den Bürgerkrieg gestoßen wird. Um die Union zu erhalten, muss man sie keineswegs in ein „Massengrab" verwandeln. [. . .]
Wie viel ist nach dem blutigen Sonntag in Wilna von dem geblieben, was wir
20 so oft in den letzten Jahren vom Präsidenten gehört haben: „humaner Sozialismus", „neues Denken", „gesamteuropäisches Haus"? Fast nichts ist übrig geblieben.

Gerhard und Nadja Simon, a.a.O., S. 295 f.

1. *Arbeiten Sie knapp die Gründe für das Unabhängigkeitsstreben der baltischen Republiken heraus.*
2. *Gorbatschow hatte der litauischen Führung vorgeworfen, „eine bürgerliche Ordnung" einführen zu wollen. Bewerten Sie diese Aussage und den Einsatz von Truppen vor dem Hintergrund seiner Reformpolitik.*

Die Weimarer Republik

Die Front kann nicht mehr. Erschöpfte deutsche Gefangene nach der Schlacht bei Amiens (8.–11. August 1918).

Am Ende des Krieges waren Frauen aus den Industriebetrieben gar nicht mehr wegzudenken: Sie stellten 34 % der Belegschaften (gegenüber rund 20 % vor dem Krieg). Vor allem in der Munitionsindustrie arbeiteten sie unter extrem gefährlichen Bedingungen. 1917 fanden bei einer Explosion in Quickborn 120 Frauen den Tod, 150 wurden zum Teil schwer verletzt.

Weltkrieg und Revolution in Deutschland

6.–8. 4.	1917	Die USPD spaltet sich von der SPD ab
8. 1.	1918	Der amerikanische Präsident Wilson verkündet 14 Punkte als Grundlage einer Nachkriegsordnung
ab 7. 11.	1918	Die deutschen Monarchien stürzen
9. 11.	1918	Philipp Scheidemann ruft die Republik aus

Der Krieg an der „Heimatfront"

Der Ausbruch des Ersten Weltkrieges hatte im Deutschen Reich ebenso wie in anderen Ländern vor allem im Bildungsbürgertum einen lauten „Hurrapatriotismus" ausgelöst. Viele Intellektuelle sahen den Krieg als Chance, ihre Nationen aus der Modernitätskrise herauszuführen und dem Leben des Einzelnen wieder tieferen Sinn zu geben.
Überall traten die gesellschaftlichen Spannungen und innenpolitischen Gegensätze der Vorkriegszeit in den Hintergrund. In Deutschland schlossen die Parteien einen *Burgfrieden*, den Kaiser Wilhelm II. in die Worte fasste: „Ich kenne keine Parteien mehr, ich kenne nur noch Deutsche."
Der Kriegsalltag machte in allen Staaten das „Augusterlebnis" rasch vergessen. Versorgungsprobleme wurden für die Menschen immer spürbarer. In Deutschland wurden sie durch die englische Seeblockade noch zusätzlich verstärkt. Seinen Höhepunkt erreichte der Mangel im berüchtigten „Kohlrübenwinter" 1916/17. „Schon fünf Wochen keine Kartoffeln, Mehl und Brot knapp [. . .]. Nur die ewigen Rüben, ohne Kartoffeln, ohne Fleisch, alles in Wasser gekocht", klagte eine Mutter. Mit Lebensmittelkrawallen protestierten vor allem Frauen gegen die unzureichende Verteilung der Lebensmittel.
Hunger und Kriegsmüdigkeit steigerten seit Anfang 1917 die Unzufriedenheit. Vor allem anlässlich von großen Streikaktionen Anfang 1918 wurden die Rufe nach innenpolitischen Reformen immer lauter.

Der Burgfrieden zerfällt

Hatten im August 1914 noch alle Parteien im Reichstag die Kriegskredite bewilligt, so wandte sich bald innerhalb der SPD eine *Gruppe Internationale* unter der Führung von *Rosa Luxemburg* und *Karl Liebknecht* entschieden gegen den ihrer Ansicht nach imperialistischen Eroberungskrieg. Anfang 1916 konstituierte sich aus dieser Gruppe linksradikaler Intellektueller der *Spartakusbund*.
Im selben Jahr wurden 18 Abgeordnete, die gegen weitere Kriegsanleihen gestimmt hatten, aus der SPD-Fraktion ausgeschlossen. Sie gründeten mit Gleichgesinnten im April 1917 die *Unabhängige Sozialdemokratische Partei Deutschlands (USPD)*, die sich von der SPD, aber auch von radikalen Revolutionären deutlich abgrenzte. Der Spartakusbund schloss sich der USPD an, blieb jedoch als „Partei in der Partei" eine politisch selbständige Kraft.

Die unterschiedlichen Ansichten über Kriegsziele und Friedensresolutionen lösten auch in anderen Parteien heftige Auseinandersetzungen aus. 1917 bildeten SPD, Zentrum und die liberale *Fortschrittliche Volkspartei* im Reichstag einen *Interfraktionellen Ausschuss*. Die von ihnen mit Mehrheit verabschiedete Friedensresolution suchte die Regierung auf einen Verständigungsfrieden ohne erzwungene Gebietsabtretungen festzulegen.
Dagegen gründeten nationalistische Kreise die *Deutsche Vaterlandspartei*. Sie fanden dabei Unterstützung bei der *Obersten Heeresleitung (OHL)*, die seit August 1916 unter der Leitung von Generalfeldmarschall *Paul von Hindenburg*[1]) und General *Erich Ludendorff*[2]) stand. Diese nutzten ihr hohes Ansehen in der Öffentlichkeit, das sie seit der 1914 bei Tannenberg gegen die russischen Armeen gewonnenen Schlacht besaßen, um sich auch massiv in die Innenpolitik einzumischen. Unter ihrem Einfluss glich Deutschland in den letzten beiden Kriegsjahren weitgehend einer Militärdiktatur; Reichstag und Reichsregierung blieben ohnmächtig.

Der Zusammenbruch

Am 8. Januar 1918 verkündete der amerikanische Präsident Wilson vor dem Kongress *14 Punkte*, die als Basis für die Errichtung einer Weltfriedensordnung nach dem Krieg dienen sollten. Er forderte darin unter anderem den Verzicht auf Geheimdiplomatie, die Freiheit der Schifffahrt, Rüstungsbeschränkungen, die Räumung besetzter Gebiete, die Abtretung Elsass-Lothringens an Frankreich und die Errichtung eines unabhängigen polnischen Staats. Ein internationaler Völkerbund sollte künftig die politische Unabhängigkeit und territoriale Integrität für alle Völker gewährleisten. Zur selben Zeit traten im Reich mehr als eine Million Arbeiter der Rüstungsindustrie in den Streik und verlangten die Beendigung des Krieges. Doch erst nach dem Scheitern der letzten großen Offensiven (März bis August) gab die OHL die Hoffnung auf einen Sieg auf und drängte Ende September die Regierung zum Abschluss eines sofortigen Waffenstillstands auf der Grundlage der 14 Punkte Wilsons.
Das Eingeständnis der Niederlage durch die OHL traf die Mehrzahl der Politiker und die unvorbereitete Öffentlichkeit wie ein Schock. Ludendorff bemühte sich in der Folgezeit vor allem darum, die militärische Führung vom Makel der Niederlage freizuhalten. Er, der bisher ein Gegner jeglicher parlamentarischer Reformen gewesen war, forderte jetzt die Bildung einer von der Reichstagsmehrheit getragenen Regierung. Diese sollte die Verantwortung für die Waffenstillstandsverhandlungen und den Zusammenbruch übernehmen (⇨ M 1).

---

[1]) Paul von Hindenburg (1847–1934) war Teilnehmer an den Kriegen von 1866 und 1870/71. 1914 wurde er Generalfeldmarschall, 1918 zog er sich vom aktiven Dienst zurück.
[2]) Erich Ludendorff (1865–1937), seit 1914 Generalstabschef Hindenburgs. Nach seiner Verabschiedung 1918 betätigte er sich politisch in sehr weit rechts stehenden Kreisen.

Der letzte vom Kaiser am 3. Oktober ernannte Kanzler, der liberale *Prinz Max von Baden,* musste unter dem Druck der OHL die Sondierungen bei Wilson aufnehmen. In wochenlangem Notenwechsel kristallisierten sich die Forderungen der Alliierten immer deutlicher heraus: bedingungslose Kapitulation Deutschlands und Abdankung des Kaisers.
Während der Verhandlungen hielten die erschöpften Truppen gegen eine Übermacht an Menschen und Material die Frontlinie. Auf Grund der ausweglosen Situation blieb der Regierung schließlich keine andere Wahl, als am 11. November in Compiègne den Waffenstillstand zu unterzeichnen.
Die politische Rechte sträubte sich jedoch, die militärische Niederlage zu akzeptieren. Als Hindenburg vor einem parlamentarischen Untersuchungsausschuss, der die Ursachen des Zusammenbruchs klären sollte, die *Dolchstoßlegende* ins Leben rief, schien eindeutig erwiesen: Die Heimat war dem siegreichen Heer in den Rücken gefallen, die Revolution und die sie tragenden Kräfte waren verantwortlich für die Niederlage. Damit hatte man alle Schuld den Linksparteien zugeschoben, während gleichzeitig das Versagen der Führungskräfte des Kaiserreichs vertuscht wurde (⇨ M 2).

Von der Oktoberreform zur Novemberrevolution

Parallel zum Notenwechsel mit Wilson konnte Prinz Max von Baden mit Unterstützung des Interfraktionellen Ausschusses eine Verfassungsreform verabschieden, die den Kanzler an das Vertrauen des Reichstages band und die Kommandogewalt des Kaisers erheblich einschränkte. Mit dieser *Oktoberverfassung* vom 28. 10. 1918 hatte das Deutsche Reich den Übergang zur parlamentarischen Monarchie vollzogen, von der Öffentlichkeit, die andere Sorgen plagten, allerdings weitgehend unbeachtet.
Die militärische Führung war anfänglich nicht gewillt, sich den Anordnungen der neuen Reichsregierung zu fügen. Ende Oktober befahl die Seekriegsleitung ohne Wissen der Regierung einen Vorstoß der Flotte in Richtung Themsemündung, um nicht kampflos und damit ehrlos kapitulieren zu müssen. Die Mannschaften befürchteten, für eine militärisch sinnlose Verzweiflungsschlacht ihr Leben riskieren zu müssen, und verweigerten auf einigen vor Wilhelmshaven liegenden Schiffen den Befehl. Mehr als 1000 Matrosen wurden daraufhin festgenommen und in Kiel inhaftiert. In den folgenden Tagen verlangten Matrosenabordnungen die Freilassung ihrer Kameraden. Es kam zu Massenkundgebungen und zur Bildung von *Soldatenräten* in den Kasernen Kiels. Am 4. November war die Stadt in den Händen von etwa 40 000 meuternden Matrosen und Soldaten.
Obwohl die spontanen Aktionen kriegsmüder Soldaten nicht von langer Hand vorbereitet waren, breitete sich die revolutionäre Bewegung sehr schnell in den größeren Städten Deutschlands aus. Am 7. November stürzte in München als erste Dynastie die der *Wittelsbacher*. Auch die Monarchien in den anderen deutschen Staaten fielen bald kampflos. Für eine kurze Zeit lag die politische Macht bei lokalen Arbeiter- und Soldatenräten.

Der 9. November 1918 in Berlin: Einzug der revolutionären Matrosen durch das Brandenburger Tor.

Berlin, 9. November 1918: das Ende des Kaiserreiches

Am 9. November erreichte die Revolution Berlin. Hunderttausende marschierten durch die Straßen und forderten die sofortige Beendigung des Krieges und die Abdankung des Kaisers, der in ihren Augen das Haupthindernis für einen schnellen Friedensschluss war. Da der Kaiser sich jedoch bis zuletzt beharrlich weigerte, gab Max von Baden gegen Mittag des 9. November auf eigene Verantwortung die *Abdankung Wilhelms* bekannt.
Sein Amt als Reichskanzler übertrug er, nicht durch die Verfassung, aber durch die revolutionären Ereignisse legitimiert, an *Friedrich Ebert*[1]), den Vorsitzenden der Sozialdemokraten, die im Reichstag die stärkste Fraktion stellten. Ebert, eher ein gemäßigter als revolutionärer Politiker, wollte die Entscheidung über die künftige Staatsform einer *gewählten Nationalversammlung* überlassen. Deshalb machte er seinem Parteifreund *Philipp Scheidemann* heftige Vorwürfe, als dieser ohne Absprache mit ihm gegen 14.00 Uhr von einem Balkon des Reichstagsgebäudes aus *die deutsche Republik ausrief*. Scheidemann sah sich zu dieser Eile veranlasst, weil er befürchtete, der radikale Spartakusführer Karl Liebknecht würde die Initiative an sich reißen. Liebknecht verkündete dann tatsächlich zwei Stunden später vor dem Berliner Schloss die sozialistische Republik Deutschland (⇨ M 3).

[1]) Friedrich Ebert (1871–1925), ursprünglich Sattler, später Journalist, schloss sich 1889 der SPD an. Ebert setzte auf eine enge Zusammenarbeit mit den Gewerkschaften. Nach Bebels Tod wurde er 1913 Vorsitzender der SPD und seit 1916 auch Fraktionsvorsitzender (gemeinsam mit Philipp Scheidemann).

M 1

Die militärische Situation und das Ersuchen um Waffenstillstand durch die OHL

Oberst von Thaer, Chef des Stabs beim Generalquartiermeister II im Großen Hauptquartier, berichtet in seinen Tagebuchnotizen, wie Ludendorff am 1. 10. 1918 vor den versammelten Offizieren der OHL die militärische Niederlage eröffnete.

Furchtbar und entsetzlich! Es ist so! In der Tat! Als wir versammelt waren, trat Ludendorff in unsere Mitte, sein Gesicht von tiefstem Kummer erfüllt, bleich, aber mit hoch erhobenem Haupt. Eine wahrhaft schöne germanische Heldengestalt! Ich musste an Siegfried denken mit der tödlichen Wunde im
5 Rücken von Hagens Speer.
Er sagte ungefähr Folgendes: Er sei verpflichtet, uns zu sagen, dass unsere militärische Lage furchtbar ernst sei. Täglich könne unsere Westfront durchbrochen werden. [. . .] „Die OHL und das deutsche Heer seien am Ende; der Krieg sei nicht nur nicht mehr zu gewinnen, vielmehr stehe die endgültige
10 Niederlage wohl unvermeidlich bevor. Bulgarien sei abgefallen. Österreich und die Türkei, am Ende ihrer Kräfte, würden wohl bald folgen. Unsere eigene Armee sei leider schon schwer verseucht durch das Gift spartakistisch-sozialistischer Ideen. Auf die Truppen sei kein Verlass mehr. [. . .]
So sei vorauszusehen, dass dem Feinde schon in nächster Zeit mit Hilfe der
15 kampffreudigen Amerikaner ein großer Sieg, ein Durchbruch in ganz großem Stile gelingen werde. [. . .]
Diese Katastrophe müsse unbedingt vermieden werden. Aus den angeführten Gründen dürfe man sich nun nicht mehr schlagen lassen. Deshalb habe die OHL von Sr. M.[1]) und dem Kanzler gefordert, dass ohne jeden Verzug
20 der Antrag auf Herbeiführung eines Waffenstillstandes gestellt würde bei dem Präsidenten Wilson von Amerika zwecks Herbeiführung eines Friedens auf der Grundlage seiner 14 Punkte. [. . .]
Ich habe [. . .] S. M. gebeten, jetzt auch diejenigen Kreise an die Regierung zu bringen, denen wir es in der Hauptsache zu danken haben, dass wir so
25 weit gekommen sind. Wir werden also diese Herren jetzt in die Ministerien einziehen sehen. Die sollen nun den Frieden schließen, der jetzt geschlossen werden muss. Sie sollen die Suppe essen, die sie uns eingebrockt haben!

Gerhard A. Ritter und Susanne Miller (Hrsg.), Die deutsche Revolution 1918–1919, Frankfurt/Main, 2. Auflage 1983, S. 25 ff.

1. *Aus welchen Überlegungen heraus drängte die OHL ungeduldig auf die Herbeiführung eines Waffenstillstandes?*
2. *Erläutern Sie, wie Ludendorff sich und die militärische Führung der Verantwortung für die Niederlage zu entziehen versuchte.*
3. *Warum berief sich Ludendorff bei seiner Forderung nach Waffenstillstandsverhandlungen so nachdrücklich auf die 14 Punkte Wilsons?*

[1]) Seiner Majestät

M 2

Die Dolchstoßlegende

Vor einem parlamentarischen Untersuchungsausschuss verlas der ehemalige Chef der OHL, Generalfeldmarschall Paul von Hindenburg, am 18. November 1919 eine Erklärung, die als Dolchstoßlegende in die Geschichte einging. Zu seinem Auftreten und der Wirkung seiner Aussagen schreibt der Historiker Hagen Schulze:

Immerhin hatte es die Mehrheit der Nationalversammlung fertiggebracht, einen Untersuchungsausschuss einzusetzen, der die Ursachen des Zusammenbruchs ergründen sollte. Aber dieser Untersuchungsausschuss, der eigentlich als Anklageforum gegen die kaiserliche Reichsregierung und die Oberste Heeresleitung gedacht war, wandelte sich dank des Ungeschicks der 5 untersuchenden Abgeordneten zur triumphalen Propagandaplattform der Angeklagten. Am 18. November 1919 trat Hindenburg vor dem Ausschuss auf. „Der Feldmarschall war in Uniform, einer wuchtigen Bildsäule gleichend", so beschrieb einer der anwesenden Sachverständigen die Szene. „Grau im Gesicht und an Gestalt, hätte er das in Stein gehauene, menschge- 10 wordene Götzenbild irgendeines heidnischen Preußenstamms sein können ... Er schien ein Überrest aus einem früheren Erdzeitalter zu sein, als alle Geschöpfe in riesigeren Ausmaßen und nach einem einfacheren Aufriss geschaffen waren ... Eintönig leierte der Feldmarschall sein Pensum herunter. Es klang so langweilig wie eine abgespielte Grammophonplatte – und 15 war doch mit Dynamit geladen." Was Hindenburg vor dem Ausschuss monoton vom Blatt ablas – formuliert hatte es der ehemalige Vizekanzler und jetzige DNVP-Reichstagsabgeordnete Karl Helfferich – schlug in der Öffentlichkeit wie eine Bombe ein: Die Parteien hätten den Widerstandswillen der Heimat erschüttert, hinzugekommen sei „die heimliche planmäßige Zerset- 20 zung von Flotte und Heer" und „revolutionäre Zermürbung" der Front: „So mussten unsere Operationen misslingen, es musste der Zusammenbruch kommen; die Revolution bildete nur den Schlussstein. Ein englischer General sagte mit Recht: ‚Die deutsche Armee ist von hinten erdolcht worden.'"
Damit war ein genial konzipierter Mythos in die Welt gesetzt, der die Kriegs- 25 niederlage auch dem einfachsten Verstand einleuchtend zu erklären schien: Verrat, das war's! Die deutsche Rechtsopposition besaß von jetzt an ein Schlüsselwort, mit dem sie ihre Ängste und ihre Wut benennen konnte.

Hagen Schulze, Weimar. Deutschland 1917–1933, Berlin 1982, S. 206 f.

1. *Arbeiten Sie heraus, worin nach Hindenburgs Ansicht die Gründe für den Zusammenbruch Deutschlands lagen.*
2. *Nehmen Sie anhand der Ihnen bekannten historischen Fakten zu diesen Vorwürfen Stellung (siehe dazu auch M 1).*
3. *„Die Dolchstoßlegende wurde zu einer tragenden Säule der konservativ-nationalistischen Rechtfertigungs- und Kampfideologie" (Eberhard Kolb). Erläutern Sie diese Aussage.*

Die Bewertung der Revolution in der modernen Geschichtsforschung

M 3

Thomas Nipperdey setzt sich kritisch mit der Bedeutung der Oktoberreform und ihrer Rückwirkung auf die Novemberrevolution auseinander.

Das Reich war ein parlamentarischer Staat geworden, das war auch nicht rückgängig zu machen. Und es drohte im November 1918 auch weder eine sozialistische Revolution gegen die Eigentumsverhältnisse noch eine bolschewistische Revolution gegen die Demokratie, das wissen wir heute. War also 5 die Revolution des Novembers ein Missverständnis, überflüssig und eigentlich schädlich für die demokratisch-parlamentarische Entwicklung, die nun doch eingeleitet war? [. . .]
Die Revolution war nicht überflüssig und nicht „zufällig", sie hatte ihre eigene Notwendigkeit. Ihr Ausbruch ist verständlich genug. Für die Lebenswelt der 10 Menschen war der Obrigkeitsstaat mehr, viel mehr, als dass er durch einige, wenn auch fundamentale Änderungen von Verfassungsnormen hätte aus der Welt geschafft werden können. Die Monarchie, das autoritäre System mit seinen Hierarchien und Privilegien, die Kastengesellschaft, vor allem der Militarismus (im internen Militärbetrieb wie gegenüber der Zivilgesellschaft), – das 15 waren die großen Realitäten und auch die großen Symbolsysteme des Lebens. Sie zu überwinden, dazu reichte eine Verfassungsreform jedenfalls in kurzen oder mittleren Fristen nicht. [. . .] Die Menschen wollten nicht einen bloßen Übergang von alter zu neuer Ordnung, mit all den Halbheiten solchen Übergangs. Sie wollten die Absage an das Alte, den Bruch mit der Kontinuität, sie 20 wollten einen – verzweifelten – Aufbruch zum Neuen. Auch wenn die Verfassungsreform Machtwechsel war, genügte sie nicht.
Ein zweites Motiv dafür, dass die Reform, die „Revolution von oben", von der Revolution von unten überholt wurde, war der Eindruck, dass der parlamentarische Staat nicht gesichert sei. Man konnte Halbheiten bemerken, die 25 Restkompetenzen von Kaiser und Militär. Die Abreise, die „Flucht" des Kaisers von Berlin nach Spa, zu seinen Militärs, der letzte anscheinend eigenmächtige Aktionsplan der Seekriegsleitung, dann die Tatsache, dass nicht ein „Volksmann", sondern ein Prinz Reichskanzler war – das alles ließ die Neuordnung zusätzlich im Zwielicht.

Thomas Nipperdey, Deutsche Geschichte 1866–1918, Band 2: Machtstaat vor der Demokratie, München 1992, S. 868 f.

1. *Warum war es nach Ansicht des Autors unvermeidlich, dass die Revolution trotz „Oktoberverfassung" folgen musste?*
2. *Welche Anhaltspunkte erwecken nach Ansicht Nipperdeys den „Eindruck, dass der parlamentarische Staat noch nicht gesichert sei"? Führen Sie weitere Gründe an.*
3. *Die Revolution weckte bei vielen Bürgern mehr emotionale Feindschaft als die Oktoberreform, obwohl letztere bereits das politische System umgestaltet hatte. Worin sehen Sie die Gründe dafür?*

Entscheidung für die parlamentarische Demokratie

So warben die Parteien der jungen Republik um Wähler.

10. 11.	1918	Der Rat der Volksbeauftragten übernimmt die Regierung
1. 1.	1919	Spartakus und andere linksradikale Gruppen verbinden sich zur Kommunistischen Partei Deutschlands (KPD)
5.–12. 1.	1919	Der Spartakusaufstand in Berlin wird von Regierungstruppen und Freikorps niedergeschlagen

Der Rat der Volksbeauftragten

Ebert hatte das übertragene Amt des Reichskanzlers nur wenige Stunden inne, denn die linksradikalen Gruppen, allen voran die Spartakisten und die *Revolutionären Obleute*[1]), strebten eine sozialistische *Räterepublik* an. Sie setzten bereits für den nächsten Vormittag, den 10. November, in den Berliner Betrieben und Kasernen Wahlen für Arbeiter- und Soldatenräte an. Die neu ernannten Rätevertreter sollten dann am selben Nachmittag bei einer Versammlung im Zirkus Busch eine von den Linksradikalen gesteuerte Regierung bestimmen. Ebert gelang es jedoch rechtzeitig, mit der USPD eine Verständigung zustande zu bringen. Die beiden Parteien bildeten am Morgen des 10. 11. auf paritätischer Grundlage den *Rat der Volksbeauftragten*: Ebert, Scheidemann, *Landsberg* von der SPD, *Haase, Dittmann* und *Barth* von der USPD.
Der Großteil der etwa 3000 Delegierten der Berliner Arbeiter und Soldaten, meist SPD- bzw. zum rechten Flügel ihrer Partei zählende USPD-Anhänger, nahm die Mitteilung über die Einigung der beiden sozialistischen Parteien mit stürmischem Beifall auf und bestätigte den Rat der Volksbeauftragten unter Eberts Führung als provisorische Regierung.

Auf der Suche nach Stabilität

Nachdem die Mehrheitssozialdemokraten die Führung im Staat übernommen hatten, entfiel für sie jeder Grund einer gewaltsamen Änderung der inneren Verhältnisse. Dies hätte nur unnötig die Lösung der durch die Niederlage entstandenen Probleme erschwert. Ebert bemühte sich deshalb, die Revolution, die er nicht gewollt hatte, so schnell wie möglich zu beenden und die Regierungsgeschäfte bis zur Wahl der Nationalversammlung als Treuhänder zu führen. Dagegen versuchten die Linksradikalen, vor allem die Spartakisten, weiterhin, durch Demonstrationen und Straßenkämpfe die Massen zu radikalisieren.
Um die innere Sicherheit zu gewährleisten, akzeptierte Ebert die Loyalitätserklärung, die General *Groener* am Abend des 10. November namens der OHL gegenüber der Regierung abgab. Groener versprach Hilfe im Kampf gegen Unruhen und erwartete als Gegenleistung den bedingungslosen Kampf gegen den Linksradikalismus und die Unterstützung der Regierung bei der Anerkennung der Gehorsamspflicht der Soldaten gegenüber ihren Vorgesetzten. Außerdem erhoffte er sich für das Offizierskorps auch im neuen Staat einen Teil der Macht (sogenanntes *Ebert-Groener-Abkommen*).

[1]) Die Revolutionären Obleute waren eine kleine Gruppe von etwa 100 Mann, angesehene Arbeiterführer, die einen beträchtlichen Rückhalt in den Berliner Großbetrieben besaßen. Politisch standen sie dem Programm des Spartakusbundes nahe.

Neben der Übereinkunft mit der Reichswehr entschloss sich der Rat der Volksbeauftragten in der Folgezeit, die Bildung von privat gegründeten Selbstschutzverbänden, so genannten *Freikorps*, zu forcieren. Die Freikorps gehörten nicht zu den regulären Truppenverbänden. Ehemalige Berufssoldaten und Abenteurer, aber auch Studenten und Schüler, meist Männer, die kein Zuhause und keine Arbeit hatten oder nach dem Krieg den Weg ins bürgerliche Leben nicht mehr fanden, bildeten den Kern dieser Verbände. Sie unterwarfen sich einer strengen Disziplin. Die meisten Verbände waren extrem antirepublikanisch und antibolschewistisch. Im Sommer 1919 waren die Freikorps mit 250 000 Mann allen bewaffneten Organisationen überlegen. Offiziell wurden die Freikorpsverbände auf Druck der Alliierten 1920 aufgelöst, viele blieben jedoch als Untergrundorganisationen oder als Kampfbünde der Parteien bestehen.
Der Stabilisierung der wirtschaftlichen Verhältnisse diente ein Abkommen, das am 15. 11. 1918 der Großindustrielle *Hugo Stinnes* als Vertreter der Unternehmerverbände und der Vorsitzende der Generalkommission der Freien Gewerkschaften, Carl Legien, schlossen (*„Zentralarbeitsgemeinschaft"*). Es sollte die drängenden wirtschaftlichen und sozialen Probleme der Nachkriegszeit bewältigen. Die Arbeitgeberseite erreichte durch sozialpolitische Zugeständnisse (Achtstundentag[1]) bei vollem Lohnausgleich, Anerkennung der Gewerkschaften als Vertreter der Arbeiterschaft), dass die Gewerkschaften auf die Forderung nach Sozialisierung von Eigentum verzichteten.

Demokratische oder sozialistische Republik?

In der ersten Novemberwoche 1918 waren in nahezu allen Großstädten Deutschlands Arbeiter- und Soldatenräte entstanden. Sie hatten sich spontan gebildet, ohne festes politisches Konzept und ohne überregionale Organisation. Häufig wurden Mitglieder der örtlichen Parteivorstände von SPD und des rechten Flügels der USPD gewählt. Die meisten Arbeiterräte orientierten sich nicht an der Theorie des Rätesystems (◊ M 1), sondern an den praktischen Aufgaben, die sich aus dem Zusammenbruch ergaben, wie Fragen der Lebensmittelversorgung und der öffentlichen Ordnung. Sie unterstützten den Rat der Volksbeauftragten und traten allgemein für die Demokratisierung von Militär, Verwaltung und Wirtschaft ein.
Dies bestätigte sich, als vom 16.–20. Dezember in Berlin der *Reichskongress der Arbeiter- und Soldatenräte* tagte. Die 489 Delegierten beließen die gesetzgebende und vollziehende Gewalt bis zur Einberufung der Nationalversammlung beim Rat der Volksbeauftragten. Als Kontrollinstanz dieser Interimsregierung bestimmte der Kongress einen *Zentralrat der Arbeiter- und Soldatenräte Deutschlands*. Der Antrag, am Rätesystem als Grundlage der Verfassung für eine sozialistische Republik festzuhalten, wurde mit großer Mehrheit abgelehnt. Mit etwa 400 gegen 50 Stimmen setzte der Kongress den Termin für die Wahl zur Nationalversammlung auf den 19. Januar 1919 fest (◊ M 2).

---

[1]) Gearbeitet wurde noch an sechs Tagen in der Woche.

Das Rätesystem: In der Theorie der *direkten Demokratie* entscheidet das Volk alle gemeinsamen Angelegenheiten unmittelbar selbst. Demgegenüber delegiert der Bürger in der *repräsentativen Demokratie* die Beteiligung an politischen Entscheidungen an gewählte Repräsentanten, da er in der Praxis nicht in jedem Einzelfall mitwirken kann.
Das Rätesystem versucht, Elemente der direkten Demokratie zu bewahren. In seiner idealtypischen Form werden alle wichtigen Entscheidungen von der Urwählerschaft getroffen, die sich auf Betriebs- oder Wohnebene organisiert. Aufgaben, die von den Basisgruppen nicht selbst gelöst werden können, delegieren sie an auf unterster Ebene gewählte Räte. Diese wählen ihrerseits übergeordnete Räte. So entsteht ein hierarchischer Aufbau mit einem Zentralrat an der Spitze. Die Räte tagen öffentlich und verfügen über alle legislativen, exekutiven und judikativen Befugnisse. Die Mandatsträger stehen unter permanenter Kontrolle ihrer Wähler, sind an deren Anordnungen gebunden *(imperatives Mandat)* und können jederzeit abberufen werden *(recall)*. Ehrenamtliche Tätigkeit sowie Ämterrotation sollen eine gefährliche Machtkonzentration verhindern. Parteienpluralismus und Gewaltenteilung kennt das Rätesystem nicht.
Der Rätegedanke setzt einen so hohen Grad an politischer Interessiertheit voraus, dass mit großer Wahrscheinlichkeit nur eine aktive Minderheit die Politik bestimmen würde. Diese Tendenz wird dadurch verstärkt, dass die fehlende Gewaltenteilung der jeweiligen Minderheit den Schutz durch eine unabhängige Justiz nimmt. Eine weitere Gefahr besteht in der fehlenden Kontrolle übergeordneter Räte durch die Basis.
Erstmalig wurde das Räteprinzip 1871 in dem von deutschen Truppen belagerten Paris verwirklicht. Die *Pariser Kommune* diente späteren Rätebewegungen als Vorbild, zum Beispiel in den russischen Revolutionen von 1905 und 1917. Aber angesichts des Machtmonopols der Kommunistischen Partei besaßen die Räte in der Sowjetunion keinerlei Einfluss.

Sozialistische Revolution auch in Deutschland?

Vor und nach dem Kongress waren in Berlin Unruhen ausgebrochen: Am 23./24. Dezember bedrohte eine in Berlin stationierte Volksmarinedivision die Regierung. Ebert bat die OHL um Hilfe. Es kam zu einer blutigen Straßenschlacht, die letztendlich zum Austritt der USPD aus dem Rat der Volksbeauftragten führte. Die tiefere Ursache lag jedoch in der grundsätzlichen Differenz zwischen SPD und USPD über das „Ebert-Groener-Abkommen".
Am 30. Dezember 1918 trennte sich der Spartakusbund von der USPD und gründete am 1. Januar 1919 zusammen mit anderen linksradikalen Gruppierungen die *Kommunistische Partei Deutschlands (KPD)*. Zusammen mit einem Teil der Revolutionären Obleute und dem linken Flügel der USPD forderte die äußerste Linke nun die sofortige Übernahme der Macht durch die Arbei-

Arbeiter, Bürger!

Das Vaterland ist dem Untergang nahe.

Rettet es!

Es wird nicht bedroht von außen, sondern von innen:

Von der Spartakusgruppe.

Schlagt ihre Führer tot!

Tötet Liebknecht!

Dann werdet ihr Frieden, Arbeit und Brot haben!

Die Frontsoldaten

Öffentlicher Plakatanschlag im Dezember 1918.

ter- und Soldatenräte sowie den Verzicht auf die Einberufung der Nationalversammlung, weil sie sich dort keine Mehrheit erwartete.

Der spontan ausgebrochene *Spartakusaufstand* (5.–12. 1. 1919) einiger tausend Radikaler in Berlin fand nach schweren Straßenkämpfen unter den Gewehren von Regierungstruppen und den erstmals in Erscheinung tretenden Freikorps ein blutiges Ende. Rosa Luxemburg und Karl Liebknecht wurden verhaftet und am 15. 1. von Offizieren ermordet.

Das brutale Vorgehen der Truppen rief bei großen Teilen der Bevölkerung Abscheu hervor; es entfachte in anderen Großstädten wie Bremen, Hamburg, Leipzig, Stuttgart, in Sachsen und Thüringen sowie in den Industriebetrieben an der Ruhr großflächige Streiks und Aufstände. Besonders blutig verliefen die Unruhen in Bayern: Der im November 1918 von einem „Rat der Arbeiter, Soldaten und Bauern" zum provisorischen Ministerpräsidenten ernannte *Kurt Eisner* (USPD) zögerte nach einer vernichtenden Niederlage bei Landtagswahlen seinen Rücktritt hinaus. Als er am 21. 2. 1919 in München erschossen wurde, folgten Wochen des politischen Chaos und gewalttätiger Auseinandersetzungen. Im Mai beendeten Regierungstruppen und Freikorpsverbände auch in Bayern den Versuch einer Räterepublik. Insgesamt fanden etwa 600 Menschen den Tod.

In Berlin forderten streikende Arbeiter Anfang März 1919 die Sozialisierung von Eigentum sowie die Auflösung der Freikorps. Erneut gingen die Regierungstruppen gewaltsam vor („Berliner Blutwoche" mit rund 1200 Toten). Anders als in Russland hatte die radikale Linke in Deutschland über keine entschlossene und fähige Spitze verfügt, die imstande gewesen wäre, mit Hilfe der Arbeitermassen einen kommunistischen Umsturz herbeizuführen.

Die Parteien der Weimarer Nationalversammlung

Um die Stimmen bei den Wahlen zur Nationalversammlung am 19. 1. 1919 bewarben sich im Wesentlichen die Parteien, die sich nach 1848 und in der Zeit des Kaiserreichs in vier Hauptströmungen herausgebildet hatten.
Der *Liberalismus* konnte die im letzten Drittel des 19. Jahrhunderts vollzogene Spaltung nicht überwinden. Auf der linken Seite bildete sich in Nachfolge der Fortschrittspartei die *Deutsche Demokratische Partei (DDP)*. Ihre Mitglieder kamen überwiegend aus dem Bildungsbürgertum, aus der Schicht der mittelständischen Gewerbetreibenden und Kaufleute sowie aus der Beamten- und Angestelltenschaft. Die Nationalliberalen schlossen sich mehrheitlich der *Deutschen Volkspartei (DVP)* an, die lange Zeit noch an der Monarchie als Staatsform festhielt. Sie vertrat vor allem die Interessen der Großindustrie.
Der *Sozialismus* hatte sich im Verlauf des Ersten Weltkrieges in mehrere Flügel zersplittert. Die USPD löste sich schließlich zwischen 1920 und 1922 auf. Erst durch den Beitritt ihres linken Flügels zur KPD wurde Letztere Ende 1920 zur Massenpartei. Der rechte Flügel der USPD kehrte 1922 zur SPD zurück.
Das Sammelbecken für den *Konservativismus* wurde die *Deutschnationale Volkspartei (DNVP)*, die ihre Anhänger vor allem im Adel, im national geprägten Protestantismus, bei Großgrundbesitzern und im höheren Bürgertum fand. Sie bekannte sich in ihrem Programm zur Monarchie und bekämpfte entschieden die Republik, obwohl sie zwischen 1925 und 1928 an zwei Koalitionsregierungen beteiligt war.
Das Zentrum als Partei des *politischen Katholizismus* war neben der SPD die einzige Partei, die ihren Namen unverändert beibehalten hatte. Ihre Wähler kamen aus allen sozialen Schichten der Bevölkerung, hauptsächlich natürlich aus katholischen Kreisen. Ihre Wahlergebnisse blieben in der Zeit der Weimarer Republik vergleichsweise stabil (⇨ M 3).
Aus der Wahl zur Nationalversammlung ging die SPD als weitaus stärkste Partei hervor, während die USPD ein für sie enttäuschendes Ergebnis hinnehmen musste. Die KPD hatte zum Boykott der Wahl aufgerufen und sich damit die Chance verbaut, die Tribüne der Nationalversammlung für ihre politische Agitation zu benützen. Das Ergebnis zeigte, dass sich die deutschen Wähler eindeutig gegen das Rätesystem aussprachen. Die Mehrheit in der Nationalversammlung besaßen die bürgerlichen Parteien (52,9 %). Auf Grund des Wahlergebnisses ergab sich ganz natürlich die Zusammenarbeit der drei größten Fraktionen, die schon während des Krieges als Mehrheitsparteien im Reichstag kooperiert hatten: SPD, Zentrum und Deutsche Demokratische Partei. Sie bildeten die sogenannte *Weimarer Koalition*, die mit 76,1 % der Wählerstimmen eine Zweidrittelmehrheit hinter sich vereinigte (329 von insgesamt 421 Mandaten).

M 1

Vergleich von Grundprinzipien der parlamentarischen Demokratie mit dem Rätemodell

Merkmal	*Parlamentarische Demokratie*	*Rätemodell*
(1) Wählerschaft und Willensbildung	Gesellschaftsmitglieder in der Rolle des *einzelnen „Staatsbürgers“* Individuelle Meinungsbildung oft durch Parteien unterstützt. Wahl der „freien“ Repräsentanten	Basiseinheiten (Arbeiter eines Betriebes, Wohneinheiten) [. . .] in allen gesellschaftlichen Bereichen. Permanente öffentliche Diskussion (herrschaftsfreier Dialog); dabei einheitliche Willensbildung des *Kollektivs*
(2) Repräsentation	*Abgeordnete* auf mehreren Ebenen von Parteien nominiert, unter Einfluss von (organisierten) Interessen; von Wahlberechtigten für bestimmte Perioden gewählt	*Räte* als System von Delegationskörperschaften („Pyramide“) gewählt von den jeweils nachgeordneten Ebenen. Keine Parteien, keine Verbände; alle öffentlichen Ämter durch Wahl besetzt
(3) Mandat	*freies Mandat* (nur dem Gewissen unterworfen), mit faktischen Einengungen (Fraktions- und Parteidisziplin)	*imperatives Mandat;* jeder kann jederzeit abberufen werden (recall); Beschlüsse der entsendenden Einheiten sind zu vertreten (Rückkoppelung); Ämterrotation
(4) Gewaltenteilung	*zentrales Prinzip,* insbesondere Regierung/Opposition (mit Minderheitenschutz), unabhängige Gerichte	*unnötig* (nach Aufhebung der Klassenherrschaft), Räte übernehmen exekutive, legislative und judikative Funktionen gleichzeitig
(5) Menschenbild	Mensch mit begrenzten Fähigkeiten und Möglichkeiten; jeder kann nicht alles machen. Persönliches Machtstreben begrenzen. Geringes Maß an sozialer Gleichartigkeit. Vielfalt der Interessen und Ideen	„Neuer Mensch“ mit umfassenden analytischen, theoretischen und praktischen Fähigkeiten; kann verschiedenste Funktionen wahrnehmen. Kein persönliches Machtstreben. Hohes Maß an sozialer Gleichartigkeit

Carl Böhret u. a., Innenpolitik und politische Theorie, Opladen, 2. Auflage 1982, S. 431

1. *Stellen Sie die wesentlichen Unterschiede heraus, und diskutieren Sie, ob das Rätesystem eine echte Alternative zur parlamentarischen Demokratie darstellen kann.*
2. *Gegen welche Artikel unseres Grundgesetzes verstoßen wesentliche Prinzipien des Rätemodells?*
3. *„Der Weg von der Rätedemokratie zur Diktatur einer Minderheit ist kurz“ (G. A. Ritter). Erläutern Sie diese Aussage.*

Mit Plakaten warben die Kommunisten für einen Boykott der Wahlen zur Nationalversammlung.

M 2

Nationalversammlung oder Rätesystem?

Aus der Debatte auf dem Kongress der Arbeiter- und Soldatenräte Deutschlands in Berlin (16.–20. 12. 1918).

Max Cohen-Reuß (1876–1963) war von 1912 bis 1918 sozialdemokratischer Reichstagsabgeordneter, 1918/19 Vorsitzender des vom Rätekongress gewählten Zentralrats der Arbeiter- und Soldatenräte.

In jedem Falle drücken die *Arbeiter- und Soldatenräte nur einen Teilwillen,* niemals aber den Willen des ganzen Volkes aus. Diesen festzustellen, darauf kommt es an. [. . .] Ich glaube, dass wir eine geregelte Verwaltung in Deutschland nur durch die Nationalversammlung herstellen können, die uns die demokratische Verfassung gibt und das Deutsche Reich wieder aufbaut und seine auseinanderstrebenden Teile zusammenhält. [. . .]
Um nun auf das zu kommen, was mich und meine Freunde von den Genossen der U.S.P. und wahrscheinlich auch von dem Korreferenten, dem Genossen Däumig, trennt, möchte ich Folgendes hervorheben. Die Genossen sagen: Wenn eine baldige Nationalversammlung zu-

Ernst Däumig (1866–1922) war von 1911 bis 1916 Redakteur des SPD-Parteiorgans „Vorwärts". 1918 trat er zur USPD über und wurde 1919 Parteivorsitzender. 1920 wechselte er zur KPD.

Die alte bürgerliche Demokratie mit ihrem Stimmzettel und ihren Parlamenten ist keine Ewigkeitserscheinung; sie hat ihre historische Bedingtheit, und wie der Sozialismus als neues Grundprinzip der Welt aufzieht, so ist selbstverständlich damit auch verbunden, dass dieser bürgerlichen Demokratie die proletarische Demokratie folgen muss: wie sie ihren organisatorischen Ausdruck in dem Rätesystem findet. [. . .]
Man spricht in Bezug auf das Rätesystem von der *Diktatur,* und jeder Spießer malt sich darunter etwas Gruseliges vor; er denkt an Browningpistolen, an Maschinengewehre und andere Dinge. [. . .]
Die Diktatur ist zweifellos mit dem Rätesystem verbunden. Aber was sich in

sammentritt, bekommen wir keine sozialistische Mehrheit, wir müssen deshalb die Sozialisierung vorher so schnell wie möglich beschließen. Parteigenossen, ich bin direkt der gegenteiligen Auffassung. Wenn wir eine *sozialistische Mehrheit* bekommen wollen, müssen wir die Nationalversammlung so schnell wie möglich einberufen. [. . .] Lassen Sie mich bei der Gelegenheit noch eines sagen! Es ist selbstverständlich, dass wir alle so viel Sozialismus wollen, wie durchführbar ist. Aber persönlich habe ich die Überzeugung, *es wird nicht mehr Sozialismus durchführbar sein, als die Mehrheit des Volkes will.* [. . .]

Parteigenossen, schätzen Sie wirklich bei ganz ruhiger, nüchterner Überlegung den *Widerstand der bürgerlichen Kreise* und der Intelligenz so gering ein, dass wir, wenn wir sie politisch entrechten, gegen ihren Willen die Wirtschaft führen können? [. . .]

Nehmen wir einmal an, wir hätten ein Rätesystem in Deutschland. Dieses Rätesystem würde [. . .] *auf der Friedenskonferenz auf die äußersten Schwierigkeiten* stoßen; denn man hat es auf der Friedenskonferenz mit Ländern zu tun, die seit Jahrhunderten die Demokratie im Innersten in sich aufgenommen haben, und die nicht so leicht mit einem Rätesystem verhandeln würden. [. . .]

Im Interesse des deutschen Volkes und besonders der Arbeiterschaft und im Interesse der neu aufzubauenden Menschheitsorganisation vom Standpunkt der Demokratie und des Sozialismus aus *brauchen wir* die Nationalversammlung, die den Willen des deutschen Volkes feststellt.

Russland durch die historischen Gesetze aufzwang, braucht noch lange nicht in Deutschland der Fall zu sein. Ich gehöre nicht zu denen, die mechanisch und sklavisch das *russische Beispiel* nachzuahmen versuchen. Ich bin Deutscher und bin stolz darauf, Deutscher zu sein. [. . .]

Das ist eine Frage der Technik, das Rätesystem so zu vervollkommnen, dass wir für ganz Deutschland ein *einheitliches Wahlsystem* durchführen können, in erster Linie natürlich *für die Arbeiterschaft* und, soweit es notwendig, für die Soldatenräte, die ja mehr und mehr in den großen proletarischen Kreis aufgenommen werden, und auch für die Bauernräte, wo es erforderlich ist. Wenn ein solches einheitliches Wahlsystem durchgeführt wird, dann kann auch eine Nationalversammlung zusammentreten, und die ist, soweit die Reichseinheit in Betracht kommt, ein viel stärkerer Kitt als die Nationalversammlung, die aus den bürgerlichen Elementen heraus zusammenkommt.

Gerhard A. Ritter und Susanne Miller (Hrsg.), Die deutsche Revolution 1918–1919, Frankfurt/Main, 2. Auflage 1983, S. 372 ff. und 379 ff.

1. *Stellen Sie die wesentlichen Argumente der beiden Redner zusammen und erörtern Sie dann deren Gewichtigkeit für und wider demokratischen Parlamentarismus bzw. Rätesystem.*
2. *Warum sind die Befürworter der Räterepublik so entschieden gegen die Einberufung der Nationalversammlung?*

M 3

Die wichtigsten Parteien der Weimarer Republik

Staatsform	*Außenpolitische Grundsätze*	*Wirtschaftspolitische Grundsätze*
KPD/Spartakus: Abschaffung aller Einzelstaaten; einheitliche deutsche sozialistische Republik. Beseitigung aller Parlamente und Gemeinderäte und Übernahme ihrer Funktionen durch Arbeiter- und Soldatenräte.	Aufnahme der Verbindung mit den Bruderparteien des Auslandes, um die sozialistische Revolution auf internationale Basis zu stellen und den Frieden durch die [. . .] revolutionäre Erhebung des Weltproletariats zu gestalten und zu sichern.	Konfiskation aller dynastischen Vermögen [. . .]. Enteignung [. . .] aller landwirtschaftlichen Groß- und Mittelbetriebe. [. . .] Enteignung aller Banken, Bergwerke, Hütten sowie aller Großbetriebe in Industrie und Handel; Übernahme durch die Räterepublik.
SPD: Die Sozialdemokratische Partei [. . .] betrachtet die demokratische Republik als die durch die geschichtliche Entwicklung unwiderruflich gegebene Staatsform. [. . .] Sie kämpft [. . .] für Abschaffung der Klassenherrschaft und der Klassen selbst und für gleiche Rechte und gleiche Pflichten aller.	Internationaler Zusammenschluss der Arbeiterklasse auf demokratischer Grundlage als beste Bürgschaft des Friedens.	In grundsätzlichem sozialistischen Geiste wollen wir Gebiete des Wirtschaftslebens vergesellschaften, die dazu reif sind. [. . .] Nur dort, wo die sozialistische Wirtschaftsweise höhere Erträge bringt, [. . .] ist der Sozialismus am Platze.

Erstmals gehen auch Jugendliche zu einer Demonstration auf die Straße: In Berlin kämpft die SPD für die weltliche Schule.

Zentrum: Wahrung der Reichseinheit [. . .]. Erhaltung des bundesstaatlichen Charakters des Reiches [. . .]. Verständnisvolles Zusammenarbeiten von Kirche und Staat.	Feststellung und Durchführung eines den christlichen Grundsätzen entsprechenden Völkerrechts.	Freie Bahn zum Aufstieg der Tüchtigen aus allen Volksschichten; [. . .] grundsätzliche Erhaltung der auf persönlichem Eigentum beruhenden [. . .] Privatwirtschaft.
DDP: Wir erstreben die [. . .] Einheit des Reiches, aber unter Berücksichtigung und Erhaltung der Eigenart der deutschen Stämme.	Revision der Friedensverträge von Versailles und St. Germain. [. . .] Anspruch auf kolonisatorische Betätigung.	Wir [. . .] halten an der Privatwirtschaft [. . .] fest.
DVP: Die DVP fordert den deutschen Einheitsstaat mit weitgehender Selbstverwaltung und Sicherung der Eigenart der einzelnen [. . .] Landschaften.	Sie erstrebt eine politische und wirtschaftliche Völkerversöhnung, hält diese aber für unmöglich, solange die Ehre des deutschen Volkes von unseren Feinden zertreten [. . .] wird.	Die tiefste Quelle unserer Volkskraft liegt in der deutschen Familie. [. . .] Die DVP hält fest an dem Recht auf Privateigentum.
DNVP: Ein fest geeintes Deutschland ist die wichtigste Grundlage deutscher Größe. [. . .] Für das Reich erstreben wir die Erneuerung des von den Hohenzollern aufgerichteten deutschen Kaisertums.	Wir erstreben die Änderung des Versailler Vertrages, die Wiederherstellung der deutschen Einheit und den Wiedererwerb der für unsere wirtschaftliche Entwicklung notwendigen Kolonien.	Jede lebensfähige Volkswirtschaft baut sich aus dem Privateigentum [. . .] auf.

Herbert Michaelis und Ernst Schraepler (Hrsg.), Ursachen und Folgen. Vom deutschen Zusammenbruch 1918 und 1945 bis zur staatlichen Neuordnung Deutschlands in der Gegenwart, Band 3, Berlin, S. 152 ff.

Arbeiten Sie die wesentlichen Unterschiede der einzelnen Parteien heraus im Hinblick auf
a) ihr Verhältnis zur republikanischen Staatsform
b) außenpolitische Grundsätze
c) die künftige Wirtschaftsordnung.

Die Weimarer Verfassung: Anspruch und Wirklichkeit

Bei den Wahlen zur Nationalversammlung am 19. Januar 1919 durften erstmals in Deutschland Frauen wählen und sich selbst um Sitze im Parlament bewerben. Ein Gruppenbild zeigt die versammelten Politikerinnen.

19. 1. 1919	Männer und Frauen wählen die verfassunggebende Nationalversammlung
14. 8. 1919	Die Weimarer Reichsverfassung tritt in Kraft

Die Nationalversammlung beschließt eine neue Verfassung

Die Nationalversammlung trat am 6. Februar 1919 in Weimar zusammen. Für dieses thüringische Städtchen hatte man sich entschieden, um die parlamentarischen Beratungen dem Druck der Straße im unruhigen Berlin zu entziehen. Außerdem wollte man symbolhaft zum Ausdruck bringen, dass der Geist von Potsdam durch den Geist von Weimar überwunden werden sollte. Die vordringlichste Aufgabe der Nationalversammlung war die Schaffung einer vorläufigen Reichsgewalt für die „Übergangszeit" bis zur Wahl des 1. Reichstages (6. 6. 1920). Friedrich Ebert wurde am 11.2. zum ersten *Reichspräsidenten* gewählt. Noch am selben Tag beauftragte er Philipp Scheidemann, eine Regierung zu bilden.
Das neue Verfassungswerk nahm die Weimarer Nationalversammlung nach über fünfmonatigen Beratungen mit 262 gegen 75 Stimmen aus DNVP, DVP und USPD am 31. Juli 1919 an. Mit der Unterschrift des Reichspräsidenten am 11. August (Verfassungstag) wurde das *Reich zu einer parlamentarischen Republik*. Erstmals in einer deutschen Verfassung musste das monarchische Prinzip dem Grundsatz der Volkssouveränität weichen: Alle Macht des Staates lag beim Volk als dem Inhaber der verfassunggebenden Gewalt. Repräsentant der Volkssouveränität war bis Juni 1920 die Nationalversammlung, danach der Reichstag.

Wahlrecht für Frauen

Schon während der Kriegsjahre waren vor allem Frauen aus der Arbeiterbewegung politisch aktiv gewesen und hatten sich an der Organisation von Streiks beteiligt. Nach der Revolution mischten sich auch bürgerliche Frauen, die der Rätebewegung misstrauisch gegenüberstanden, in das politische Geschehen ein und forderten ein parlamentarisches System. In dieser Situation lag es nahe, dass der Rat der Volksbeauftragten bei den Wahlen zur Nationalversammlung eine alte sozialistische Forderung erfüllte: das aktive und passive Wahlrecht für Frauen.

Mit einer Wahlbeteiligung von 82,3 Prozent machten die Frauen von ihrem neuen Recht regen Gebrauch. Von 310 Frauen, die 1919 kandidierten, wurden 41, das waren 9,6 Prozent der Abgeordneten, gewählt (⇨ M 1, M 2). Innerhalb der Parteien beharrten die männlichen Politiker aber weiterhin auf ihren führenden Positionen.

Die neue Reichsverfassung bestätigte das Frauenwahlrecht. Frauen hatten nun „grundsätzlich dieselben staatsbürgerlichen Rechte und Pflichten" wie Männer. Außerdem wurde für alle Bürger das Wahlalter von 25 auf 20 Jahre herabgesetzt.

Der Wähler als Souverän

Um jede einzelne Stimme gleichermaßen zur Geltung zu bringen, entschied sich die Weimarer Verfassung für das *Verhältniswahlrecht*. Jede Partei erhielt für 60 000 gültige Stimmen ein Mandat zugesprochen. Eine Sperrklausel, die den kleinen Parteien den Zutritt zum Reichstag hätte verwehren können, gab es nicht. Da der Reichstag ein getreues Spiegelbild des Volkswillens sein sollte, galt der Wahlmodus als besonders gerecht und demokratisch.

Dabei übersah man allerdings, dass Wahlen nicht bloß der demokratischen Gerechtigkeit dienen sollen. Das wesentliche Ziel, regierungsfähige Mehrheiten zu bilden, wurde in der Folge durch die Parteienvielfalt immer wieder erschwert, zumal bei den größeren Parteien kaum Bereitschaft zu Kompromissen vorhanden war.

Als Gegengewicht zum Reichstag führte die Weimarer Verfassung Elemente der direkten Demokratie ein: *Volksbegehren* und *Volksentscheid*. Die Staatsbürger sollten die Möglichkeit erhalten, sich durch Plebiszite[1]) direkt an der staatlichen Willensbildung zu beteiligen:

- Der Reichspräsident konnte ein Gesetz, mit dem er oder der Reichsrat nicht einverstanden waren, zum Volksentscheid bringen.
- Das Staatsvolk konnte durch Volksbegehren und Volksentscheid selbst die Gesetzesinitiative übernehmen.

Die plebiszitäre Komponente der Verfassung konnte jedoch in der politischen Praxis ihre eigentliche Aufgabe, nämlich ein „Gegengewicht zum Parteienstaat" zu bilden, nicht verwirklichen. Vielmehr wurden Volksabstimmungen später von den Gegnern der Republik als Instrument der Manipulation der Massen missbraucht.

---

[1]) plebis scitum (lat.): Volksbeschluss, Volksabstimmung

Die Verfassungsorgane

Neben dem Recht auf Gesetzgebung oblag dem Parlament nun auch die Kontrolle der Exekutive, was dem kaiserlichen Reichstag noch verwehrt geblieben war. Kanzler und Minister bedurften zu ihrer Amtsführung des Vertrauens des Reichstages, d. h. jeder von ihnen konnte durch einfaches Misstrauensvotum zum Rücktritt gezwungen werden (Art. 54). Es bestand dabei jedoch keine Pflicht, gleichzeitig mit der Abwahl des Kanzlers einen neuen Regierungschef zu wählen.
Mit besonderen Vollmachten stattete die Verfassung den *Reichspräsidenten* aus. Wie der Reichstag wurde er direkt vom Volk gewählt. Die Stimmen der Staatsbürger konzentrierten sich bei der Wahl des Reichspräsidenten jedoch auf *eine* Persönlichkeit, bei der des Parlaments auf Hunderte von anonymen Parteienvertretern. Das gab dem Amt des Reichspräsidenten mehr Bedeutung und Ansehen. Verstärkt wurde diese Tendenz durch die siebenjährige Amtsdauer, die dazu führte, dass den häufig wechselnden Reichstagen (sieben) und Regierungen (20) nur zwei Präsidenten gegenüberstanden.
Der Reichspräsident ernannte und entließ den Kanzler und die Minister (Art. 53), ohne dabei an den Reichstag gebunden zu sein. Da Kanzler und Minister zugleich des Vertrauens des Parlaments bedurften, war ihre Position zwischen den beiden direkt gewählten Institutionen deutlich geschwächt.
Weiterhin konnte der Reichspräsident den Reichstag auflösen, jedoch nur einmal aus demselben Anlass (Art. 25), während das Parlament seinerseits mit Zweidrittelmehrheit das Volk zur Absetzung des Reichspräsidenten auffordern konnte.
Artikel 48 der Weimarer Verfassung berechtigte den Reichspräsidenten, gegen ein Land, das seine durch die Verfassung oder durch Reichsgesetze vorgeschriebenen Pflichten nicht erfüllte, mit Hilfe der Reichswehr vorzugehen. Weiterhin konnte er bei Störung der „öffentlichen Sicherheit und Ordnung" die zu ihrer Wiederherstellung „nötigen Maßnahmen" treffen – notfalls sogar mit Hilfe der bewaffneten Macht. Dabei durfte er eine Reihe von Grundrechten vorübergehend außer Kraft setzen.
Der ursprünglich nur zur Bekämpfung von Putschversuchen und schweren Unruhen vorgesehene Artikel wurde im Lauf der Jahre verstärkt zur Lösung wirtschaftlicher und sozialer Probleme herangezogen. Von den über 250 Anwendungen des Artikels 48 erließ Ebert bis Oktober 1924 allein 135, davon 44 mit wirtschaftlichem Inhalt. Sein Nachfolger, Paul von Hindenburg, setzte den Notverordnungs-Artikel von Juli 1930 bis März 1933 insgesamt 116-mal ein, meistens zur „Sicherung von Wirtschaft und Finanzen".
Der Reichspräsident war damit in die Rolle des „Ersatzgesetzgebers" geschlüpft, da das zur Mehrheitsbildung unfähige Parlament spätestens ab 1930 sich seiner politischen Bedeutung selbst beraubte.
Die Bundesstaaten des Kaiserreiches verloren ihre staatliche Souveränität: Aus Staaten wurden Länder. Auch in Bezug auf die Gesetzgebung und die Verwaltung konnten die Rechte des Reiches gegenüber den Ländern ausgebaut werden: Reichsrecht brach Länderrecht (Art. 13). Besonders spürbar

wirkte sich dies in der neu geschaffenen Reichsfinanzverwaltung aus, die dem Reich mit der Einkommens-, Körperschafts- und Umsatzsteuer alle wichtigen Einnahmen zubilligte. Das Reich hörte damit auf, ein „lästiger Kostgänger" der Länder zu sein. Bayern und Württemberg mussten ihre Sonderrechte bei Militär, Post und Verkehrswesen aufgeben.
Zur Vertretung der Länder bei der Gesetzgebung und Verwaltung des Reiches wurde ein Reichsrat gebildet, dessen Kompetenzen im Vergleich zu der herausgehobenen Stellung des Bundesrates im Kaiserreich allerdings erheblich eingeschränkt wurden (⇨ M 3, M 4).

Die Stellung der Grundrechte

Zu den klassischen liberalen Rechten wie Rechtsgleichheit, Freizügigkeit, Freiheit der Person, Recht der freien Meinungsäußerung, Glaubens- und Gewissensfreiheit, Petitionsrecht, Vereins- und Versammlungsfreiheit, Unverletzlichkeit der Wohnung und Briefgeheimnis traten in der Weimarer Verfassung neue soziale Rechte und Pflichten: Schutz des Staates für die Ehe und Familie, Gleichberechtigung der beiden Geschlechter, Fürsorge für kinderreiche Familien, Schutz der Jugend gegen Ausbeutung und Verwahrlosung, Trennung von Kirche und Staat, Recht auf Eigentum, aber auch die Möglichkeit der Enteignung zum Wohle der Allgemeinheit, staatliche Anerkennung der Arbeitnehmer- und Arbeitgeberorganisationen, Sorge für den notwendigen Unterhalt eines jeden Deutschen, soweit ihm eine „angemessene Arbeitsgelegenheit nicht nachgewiesen werden kann" (Art. 163).
Der wichtigen Aufgabe der Kontrolle von Staatsmacht konnte dieser Katalog nicht in vollem Umfang nachkommen, da viele Grundrechte in Krisenzeiten durch Artikel 48 außer Kraft gesetzt werden konnten. Vor allem aber waren die Grundrechte nicht justitiabel, d. h. der Bürger konnte ihre Verletzung durch die Staatsgewalt vor Gericht nicht geltend machen. Aus diesen Erfahrungen heraus hat das Grundgesetz Gesetzgeber, vollziehende Gewalt und Rechtsprechung an die Grundrechte als unmittelbar geltendes Recht gebunden (Art. 1 Abs. 3 GG).

Verfassung ohne Entscheidung

Die Weimarer Verfassung war der politischen Wirklichkeit nur wenig angemessen. Die Deutschen sollten eine Verfassung erhalten, die sie zum „freiesten Volk der Erde" machen würde. Dass Freiheit aber auch missbraucht werden konnte, wollten die Väter und Mütter der Verfassung nicht wahrhaben. Sie gaben der Republik eine wertneutrale Verfassung ohne normative Einschränkung, die den Gegnern der Demokratie von links und rechts die Möglichkeit bot, den Staat massiv zu bekämpfen. Die verantwortlichen Politiker sahen das Wesen der Demokratie ausschließlich in der Mehrheitsentscheidung, unabhängig davon, in welche Richtung sie ging. Gesellschaftspolitische Prozesse sollten bewusst nicht vorweggenommen werden, sondern dem freien Spiel der Kräfte überlassen bleiben (⇨ M 5).

M 1

Einführung des allgemeinen Frauenwahlrechts

1869	Wyoming (USA)	1921	Schweden
1869/1931	Spanien	1928	Großbritannien
1906	Finnland	1934	Türkei
1913	Norwegen	1945	Jugoslawien
1917	Sowjetunion	1946	Frankreich, Italien, Rumänien
1918	Dänemark, Polen, Österreich	1947	Japan, Südafrika
1918/22	Irland	1948	Belgien
1919	Deutschland, Luxemburg, Niederlande, Ungarn, USA	1952	Griechenland
		1971	Schweiz
1920	Tschechoslowakei	1974	Portugal

M 2

Frauen im Parlament der Weimarer Republik

Anlässlich der 70-jährigen Wiederkehr der Wahl zur Nationalversammlung erinnert Professor Kurt Nemitz an die Parlamentarierinnen der ersten Stunde.

Knüpft man exemplarisch am Werdegang dieser [. . .] weiblichen Abgeordneten an, so ist an erster Stelle die Sozialdemokratin Marie Juchacz zu nennen. Ihr fiel am 11. Februar 1919 die Aufgabe zu, die Erwähnung in den Geschichtsbüchern verdiente: Sie war die erste Frau, die in einem deutschen Parlament zu Wort kam. Ihre Rede verdient nachgelesen zu werden. Selbstbewusst wies sie darauf hin, dass die Frauen der Regierung für die Anerkennung als gleichberechtigte Staatsbürgerinnen „nicht etwa im althergebrachten Sinne Dank schuldig" seien. Was die Regierung getan habe, sei eine „Selbstverständlichkeit" gewesen: Sie habe „den Frauen gegeben, was ihnen bis dahin zu Unrecht vorenthalten worden ist". [. . .]
Um sich die Atmosphäre jener Tage vor Augen zu führen, mögen auch einige Randerscheinungen von Interesse sein. Als Marie Juchacz, der gespannten Aufmerksamkeit des Hauses sicher, ihre Ausführungen nicht mit der Anrede „Meine Damen und Herren" begann, sondern mit „Meine Herren und Damen", löste das, was im Protokoll der Nationalversammlung vermerkt ist, Heiterkeit aus. Kurz vorher hatten die Frauen, wie es in einem zeitgenössischen Bericht heißt, „die sehr vernünftige Vereinbarung getroffen", zu den Sitzungen „ohne Hut zu erscheinen", weil das ihre Anwesenheit unauffälliger mache, was „sonst wohl bei verschiedenartiger Kopfbedeckung" nicht der Fall gewesen wäre.

Kurt Nemitz, 70 Jahre Frauen in deutschen Parlamenten, in: Das Parlament Nr. 49/1. Dezember 1989, S. 16

1. *Diskutieren Sie, aus welchen Gründen das Wahlrecht für Frauen in vielen europäischen Staaten so spät eingeführt wurde.*
2. *Informieren Sie sich über Frauen(organisationen) des 19. Jahrhunderts und ihren Kampf um Gleichberechtigung. Worin sehen Sie Unterschiede und Gemeinsamkeiten zu Forderungen der Frauen in unserer Zeit?*
3. *Überlegen Sie, warum Frauen auch heute noch in den Parlamenten unterrepräsentiert sind. Welche Vorteile hätte es, wenn mehr Frauen in den Parlamenten vertreten wären?*

M 3

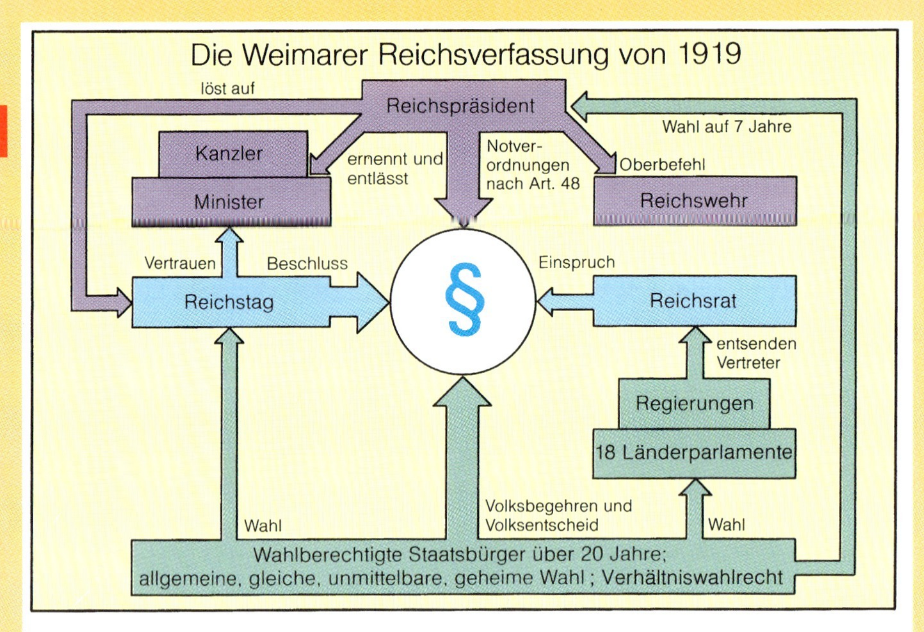

1. *Arbeiten Sie Gemeinsamkeiten und Unterschiede zwischen den Verfassungen von 1919 und 1871 heraus (siehe Seiten 92 ff.).*
2. *Erstellen Sie nach dem vorgegebenen Muster ein Organigramm des Staatsaufbaus der Bundesrepublik und erläutern Sie die wesentlichen Neuerungen.*

M 4

Schützt die Weimarer Verfassung die Verfassung?

Art. 48. Wenn ein Land die ihm nach der Reichsverfassung oder den Reichsgrenzen obliegenden Pflichten nicht erfüllt, kann der Reichspräsident es dazu mit Hilfe der bewaffneten Macht anhalten.
Der Reichspräsident kann, wenn im Deutschen Reiche die öffentliche Sicherheit und Ordnung erheblich gestört oder gefährdet wird, die zur Wiederherstellung der öffentlichen Sicherheit und Ordnung nötigen Maßnahmen treffen, erforderlichenfalls mit Hilfe der bewaffneten Macht einschreiten. Zu diesem Zwecke darf er vorübergehend die in den Artikeln 114, 115, 117, 118, 123, 124 und 153 festgesetzten Grundrechte ganz oder zum Teil außer Kraft setzen[1]). Von allen gemäß Abs. 1 oder Abs. 2 dieses Artikels getroffenen Maßnahmen hat der Reichspräsident unverzüglich dem Reichstag Kenntnis zu geben. Die Maßnahmen sind auf Verlangen des Reichstages außer Kraft zu setzen. [...]
Art. 76. Die Verfassung kann im Wege der Gesetzgebung geändert werden. Jedoch kommen Beschlüsse des Reichstags auf Abänderung der Verfassung nur zustande, wenn zwei Drittel der gesetzlichen Mitgliederzahl anwesend sind, und wenigstens zwei Drittel der Anwesenden zustimmen. [...]

Günther Franz (Hrsg.), Staatsverfassung, München, 2. Auflage 1964, S. 191 ff.

Vergleichen Sie den Schutz der Verfassungsartikel in der Weimarer Verfassung und im Grundgesetz. Welche politischen Auswirkungen stellen Sie fest?

[1]) Betroffen sind folgende Grundrechte: Freiheit der Person, Unverletzlichkeit der Wohnung, Briefgeheimnis, Meinungsfreiheit, Versammlungsfreiheit, Vereinigungsfreiheit, Eigentumsrecht.

M 5

Das Grundgesetz – Lehren aus Weimar

Der Publizist Sebastian Haffner untersucht, welche Konsequenzen die Gestalter des Grundgesetzes aus den Erfahrungen mit der Weimarer Verfassung gezogen haben.

Von 1945 bis 1949 lagen reichlich drei Jahre zwischen dem demokratischen Neuanfang und der nationalsozialistischen Niederlage – und was für einer Niederlage, und was für Jahre! Diesmal war kein Raum für eine Dolchstoßlegende. Hitlers Deutschland hatte bis fünf Minuten nach zwölf gekämpft, die 5 Niederlage war total, und ihre Folgen, die jeder drei Jahre lang am eigenen Leib erfuhr, waren fürchterlich. Welches System Schutt und Asche, Hunger und Elend zu verantworten hatte, darüber blieb kein Zweifel möglich, und seiner nachträglichen Verklärung war gründlich vorgebaut, als 1948/49 der demokratische Neubeginn gemacht wurde. [. . .]

10 Auf die Frage, wodurch sich eigentlich die Bonner Demokratie von der Weimarer unterscheidet, haben die meisten Leute nur ein Achselzucken. Für sie ist Demokratie Demokratie. Aber die Unterschiede sind gewaltig.

Der einfachste und grundlegendste Unterschied ist wohl dieser: Die Weimarer Verfassungsarchitekten waren Optimisten, die Väter und Mütter des 15 Grundgesetzes eher Pessimisten. [. . .]

Die Weimarer Verfassung zeigt in ihren wesentlichen Einrichtungen – Volksbegehren und Volksentscheid, Volkswahl des Reichspräsidenten, leichte Auflösbarkeit des Reichstags – ein fast unbegrenztes Vertrauen in die demokratische Vernunft und staatsbürgerliche Verantwortung des Wählers. Das 20 Bonner Grundgesetz ist eher von Misstrauen geprägt, seine Verfasser waren gebrannte Kinder: Sie hatten erlebt, wie verführbar und schwankend in seinen Stimmungen der Wähler sein kann, wie leicht eine Demokratie gerade durch zu schrankenlose Demokratie sich selbst zugrunde richten kann, und sie wollten es nicht noch einmal erleben. Die Weimarer Verfassung setzte ein 25 Volk von unbeirrbaren Demokraten und musterhaften Staatsbürgern voraus. Das Bonner Grundgesetz will eine demokratische Verfassung sein, die auch unter fehlbaren und verführbaren, unvollkommenen Menschen funktionieren kann, es will die Demokratie auch vor sich selber schützen. [. . .]

Für die Lehren, die das Grundgesetz aus dem Scheitern der Weimarer Repu-30 blik gezogen hat, ließen sich Beispiele in Menge anführen. Ich will mich auf die [. . .] wichtigsten beschränken: die Stabilisierung der Regierung [. . .] und [. . .] die Mediatisierung des Wählers.

Die Weimarer Republik hat in den vierzehn Jahren ihres Bestehens dreizehn Reichskanzler verbraucht. [. . .]

35 Das Bonner Grundgesetz macht es sehr schwer, einen einmal gewählten Bundeskanzler zu stürzen: Der Bundespräsident kann es überhaupt nicht, der Bundestag nur, indem er einen anderen Kanzler wählt.

Dieses berühmte „konstruktive Misstrauensvotum" [. . .] stellt keineswegs die einzige Erschwerung des Kanzlersturzes dar, die ins Grundgesetz einge-40 baut wurde. Mindestens ebenso wichtig sind die vielen Hindernisse, die das Grundgesetz einer vorzeitigen Auflösung des Bundestages in den Weg legt: Denn eine neue Bundestagswahl bedeutet ja auch eine neue Kanzlerwahl, und die will das Grundgesetz eben nicht so leicht machen. Nicht jede Schwankung in der Wählerstimmung soll sofort auf Parlament und Regierung durch-45 schlagen. [. . .]

Viel stärkere, immer wieder einmal aufflammende Kritik hat die grundgesetzliche Mediatisierung des Wählers gefunden. [. . .] Da ist zunächst einmal die peinliche Wahrheit der Ausgangslage. Gewiss hat zum Untergang der Weimarer Demokratie die Instabilität der Regierungen, die übermäßige Häufigkeit der Wahlen, die allzu starke Machtposition des Reichspräsidenten und ihr Missbrauch beigetragen. Aber nicht zu leugnen ist, dass schließlich der deutsche Wähler selbst der Weimarer Republik den Todesstreich versetzt hat. Auch wenn Hitlers Nationalsozialisten in freien Wahlen nie die absolute Mehrheit erreicht haben: Im letzten Jahr der Republik waren sie die bei weitem stärkste Partei, und zusammen mit den Kommunisten konnten sie seit Juli 1932 jede verfassungskonforme, auf eine parlamentarische Mehrheit gestützte Regierung verhindern. Es ist nicht daran vorbeizukommen: Spätestens 1932 stimmte eine Wählermehrheit, so oder so, für den Sturz der demokratischen Republik. Der Wähler ist der demokratische Souverän. Die Wählermehrheit entscheidet: Das ist die Quintessenz jeder demokratischen Verfassung. Wie aber, wenn die Wählermehrheit gegen die Demokratie entscheidet? Ist es dann die Pflicht der Demokratie, im Namen der Demokratie Selbstmord zu begehen? Umgekehrt: Begeht nicht eine Demokratie auch dann Selbstmord, wenn sie – im Namen der Demokratie – die Entscheidung der Wählermehrheit missachtet? Gehört es zum Wesen demokratischer Freiheit, dass sie auch sich selbst zur Disposition des Wählers stellen muss? Oder darf sie sagen: Keine Freiheit für die Feinde der Freiheit? [. . .]

Unlösbares Dilemma! Jede Antwort ist unbefriedigend. Festzustellen aber ist, dass die Weimarer Verfassung und das Bonner Grundgesetz entgegengesetzte Antworten gegeben haben beziehungsweise geben. Weimar war bereit, sich dem Wählerwillen unbedingt unterzuordnen – bis zur Selbstpreisgabe. Bonn ist es nicht. Das Grundgesetz [. . .] proklamiert eindeutig das Prinzip: Keine Freiheit für die Feinde der Freiheit! Die Artikel 18 und 21 sind in dieser Hinsicht eisenhart. [. . .]

Sodann ist die Gesetzgebung an die verfassungsmäßige Ordnung gebunden, und darüber wacht das Bundesverfassungsgericht – eine sehr mächtige Institution, die keine frühere deutsche Verfassung kannte. Die meisten Regierungen, die die Bundesrepublik bisher gehabt hat, haben das Bundesverfassungsgericht mehr gefürchtet als die Opposition im Parlament, und das mit Grund. Dem Bundesverfassungsgericht hat das Grundgesetz eine sehr wirksame Waffe in die Hand gegeben in der Gestalt der Grundrechte, die, wiederum anders als in Weimar, nicht nur Programm künftiger Gesetzgebung, sondern unmittelbar geltendes Recht sind und nur mit verfassungsändernden Mehrheiten – zum Teil sogar überhaupt nicht – abgeändert oder eingeschränkt werden können. Das setzt der Macht der gesetzgebenden Körperschaften oft peinlich enge Schranken.

Sebastian Haffner, Im Schatten der Geschichte, Stuttgart 1985, S. 191 ff.

1. *Worin sieht Haffner den entscheidenden Unterschied in der Entstehungsgeschichte der Weimarer Verfassung und unseres Grundgesetzes?*
2. *Arbeiten Sie heraus, welche Lehren die Väter und Mütter des Grundgesetzes aus der Weimarer Verfassung gezogen haben. Beurteilen Sie die Bedeutung dieser Lehren im Hinblick auf die Stellung der Regierung.*
3. *Vergleichen Sie die Stellung des Bundesverfassungsgerichts mit dem Supreme Court der USA (siehe Seite 166). Benennen Sie Beispiele, aus denen die „peinlich engen Schranken" für den deutschen Gesetzgeber deutlich werden.*

Der Friedensvertrag von Versailles und seine Auswirkungen auf die Republik

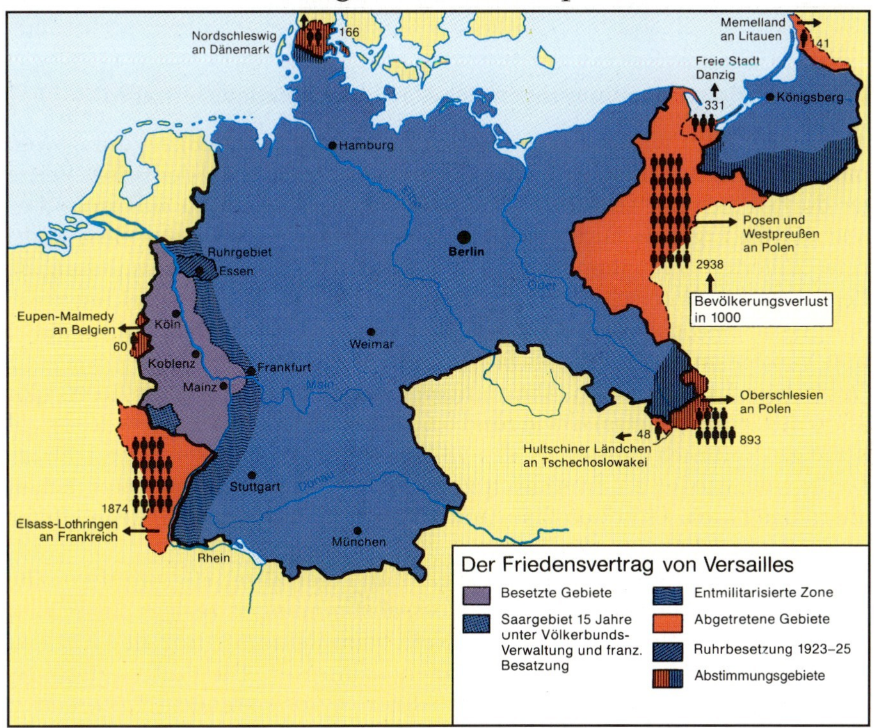

Gebiets- und Bevölkerungsverluste nach dem Ersten Weltkrieg.

Die Position der Siegermächte

Am 18. Januar 1919 wurde in Paris die Friedenskonferenz ohne Beteiligung der Besiegten eröffnet. Die wichtigsten Entscheidungen traf der *Rat der Vier*: Woodrow Wilson, USA, *David Lloyd George*, England, *Georges Clemenceau*, Frankreich, und *Vittorio Orlando*, Italien.[1])
Lloyd George ging es in erster Linie um die Annexion der deutschen Kolonien. In den Fragen der Grenzveränderungen Deutschlands trat er häufig dem französischen Hegemonialstreben entgegen, auch im Sinne der Erhaltung des Gleichgewichts auf dem Kontinent. Außerdem sollte Deutschland als ein leistungsfähiger Kunde und Lieferant des britischen Handels erhalten bleiben. Clemenceaus Ziel war es, Deutschland möglichst dauerhaft zu schwächen, um Frankreich Sicherheit vor dem bevölkerungsmäßig und industriell

[1]) David Lloyd George (1863–1945); britischer Staatsmann, Premierminister von 1916–1922
Georges Clemenceau (1841–1929), seit 1906 mehrmals französischer Ministerpräsident; einer der schärfsten Widersacher Deutschlands
Vittorio Orlando (1860–1951); Jurist und Staatsmann, italienischer Ministerpräsident von 1917–1919

überlegenen Nachbarn zu verschaffen. US-Präsident Wilson sah sich häufig als Vermittler. Ihm ging es in erster Linie um die Gründung des Völkerbundes als Garanten einer dauerhaften Friedensordnung.

Die territorialen Bestimmungen des Versailler Friedensvertrages

Am 7. Mai 1919 wurde der deutschen Delegation das fertige Vertragswerk mit seinen insgesamt 440 Artikeln in Versailles vorgelegt. Die deutschen Vertreter durften sich nur schriftlich innerhalb von 14 Tagen dazu äußern und erreichten im Ergebnis auch praktisch keine Verbesserung. Unter dem Druck eines alliierten Ultimatums musste schließlich die Nationalversammlung die Regierung zur Unterschrift ermächtigen. Am 28. Juni 1919 unterzeichneten im Spiegelsaal des Schlosses von Versailles Außenminister *Hermann Müller* (SPD) und Verkehrsminister *Johannes Bell* (Zentrum) das Vertragswerk.
Deutschland verlor durch Abtretungen Grenzgebiete von über 70 000 qkm (13 % des Staatsgebietes) sowie rund 6,6 Millionen Menschen (10 % der Bevölkerung). Natürlich musste es das 1871 erst gewonnene Reichsland Elsass-Lothringen wieder an Frankreich zurückgeben. Den größten Anteil bekam allerdings Polen. Es erhielt fast ganz Posen und Westpreußen, Teile Hinterpommerns und Ostpreußens.
Für Oberschlesien, das ursprünglich ganz an Polen abgetreten werden sollte, wurde auf den 20. März 1921 eine Volksabstimmung festgelegt. Sie brachte eine deutliche Mehrheit für den Verbleib beim Reich (61 Prozent), während nur 39 Prozent den Anschluss an Polen wünschten. Die Polen versuchten daraufhin, durch einen Aufstand die Alliierten vor vollendete Tatsachen zu stellen. In blutigen Kämpfen wehrten deutsche Selbstschutzeinheiten den polnischen Angriff ab. Trotz des eindeutigen Votums für Deutschland teilte der Völkerbund im Oktober 1921 Oberschlesien, wobei das wichtige Industriegebiet nahezu ganz an Polen fiel, während der zwar größere, industriell aber weniger wertvolle Teil bei Deutschland verblieb. Insgesamt musste das Deutsche Reich rund 46 000 qkm mit etwa 3,9 Millionen Einwohnern an Polen abtreten.
Das kohlenreiche Saarland wurde für 15 Jahre unter Verwaltung des Völkerbunds gestellt, ehe eine Volksabstimmung über die künftige Staatszugehörigkeit entscheiden sollte. Die erzwungenen Gebietsverluste schwächten Deutschlands Wirtschaft erheblich. Rund 20 % des Bergbaus und der Eisenindustrie und 15 % der landwirtschaftlichen Erzeugung gingen verloren. Weiterhin musste das Deutsche Reich auf alle überseeischen Kolonien verzichten.
Im linksrheinischen Gebiet und in einer 50 Kilometer breiten neutralen Zone rechts des Rheins durften die Deutschen kein Militär stationieren. Die Alliierten setzten auch eine umfassende Abrüstung des Reiches durch: Verbot der allgemeinen Wehrpflicht und Reduzierung der Reichswehr auf ein Berufsheer von maximal 100 000 Soldaten (zusätzlich 15 000 Mann in der Marine). Die Einhaltung all dieser Bestimmungen überwachten bis 1927 alliierte Militär-Kontrollkommissionen.

Diktatfrieden?

Die Bestimmungen des Friedensvertrages lösten in der deutschen Öffentlichkeit, wo man auf einen milden „Wilson-Frieden“ gehofft hatte, einen psychologischen Schock aus. Vor allem der Artikel 231 des Vertragswerkes, der sogenannte *Kriegsschuldartikel,* wurde in Deutschland als moralische Ächtung des ganzen Volkes empfunden. Hier hatte die emotionalisierende Wirkung des gesamten Vertrages ihre tiefgreifende Ursache, denn nach wie vor glaubte die Bevölkerung an die Einkreisung durch neidische Mächte und an die erzwungene Reaktion des Reiches im Jahre 1914.
Den Politikern, die sich unter dem Druck der Verhältnisse bereit erklärt hatten, die Unterschrift zu leisten, gestanden anfänglich alle Parteien ehrenhafte Motive zu. Doch schon bald hetzten die rechten Gruppen gegen die „Erfüllungspolitiker“, denen sie „Verrat an Deutschland“ vorwarfen.
Für die Alliierten besaß der Kriegsschuldartikel nicht diese in Deutschland so vehement in den Vordergrund gerückte moralische Kategorie. Er bedeutete für sie in erster Linie die juristische Anspruchsgrundlage für die geforderten *Reparationszahlungen,* deren Höhe nach Ermittlung aller Kriegsschäden festgelegt werden sollte (siehe Seiten 404 und 413 ff.). Auch erwarteten die Menschen in den Siegerstaaten, die ebenfalls schwere Opfer auf sich genommen hatten, jetzt eine angemessene Bestrafung des Gegners und Entschädigung für sich selbst. Vor allem in den Augen vieler Franzosen behandelte der Vertrag Deutschland viel zu milde (⇨ M 1).

Diskussion über die Kriegsschuldfrage bis heute

Die meisten deutschen Historiker fühlten sich verpflichtet, die angebliche Alleinschuld Deutschlands für den Ausbruch des Krieges zu widerlegen. Dabei konnten sie sich auf den britischen Premierminister Lloyd George berufen, der die Ansicht vertrat, kein führender Staatsmann habe den Krieg gewollt, sondern sie seien aus Torheit hineingetaumelt.
Auch ausländische Historiker rückten vor und nach dem Zweiten Weltkrieg von der deutschen Alleinschuld ab. Erst der Hamburger Geschichtsprofessor *Fritz Fischer* löste 1961[1]) mit seiner Ansicht, dass Deutschland aus Hegemonialstreben heraus den Krieg bewusst gewollt und deshalb auch begonnen habe, jahrelange heftige Diskussionen aus. Er deutete die weit ausgreifenden Kriegsziele des Kaiserreichs, wie sie bald nach Kriegsausbruch formuliert worden waren, nicht nur als eine Folgeerscheinung des zunächst erfolgreich verlaufenden Krieges, sondern als Ausdruck einer schon länger bestehenden, auf zusätzliche Machterweiterung zielenden offensiven Politik. Der Traum von deutscher Weltmacht habe auch das Verhalten der Reichsführung in der Julikrise bestimmt (⇨ M 2). Wenn auch Fischers Thesen bis heute umstritten sind, so führten sie doch zu einer deutlich kritischeren Auseinandersetzung mit der Politik des Kaiserreiches im Sommer 1914 (⇨ M 3).

[1]) Fritz Fischer, Griff nach der Weltmacht. Die Kriegszielpolitik des kaiserlichen Deutschland 1914/18, Düsseldorf, 4. Auflage 1971

M 1

Der gescheiterte Friede

Der Historiker Hagen Schulze beschreibt in einem Zeitungsartikel anlässlich des 70. Jahrestages des Versailler Vertrages die Auswirkungen auf das Denken und Verhalten der Menschen.

Am 28. Juni 1919 entstiegen auf dem Bahnhof von Versailles zwei grau gekleidete Herren dem Zug, wurden hastig von französischen Gendarmen in ein geschlossenes Automobil verfrachtet, um zum nahen Schloss gefahren zu werden, durch ein Spalier johlender, Fäuste schüttelnder Zuschauer. Es waren der deutsche Reichsaußenminister und Parteivorsitzende der Sozialdemokraten, Hermann Müller, und der der Zentrums-Partei angehörende Reichspostminister Johannes Bell, die es auf sich genommen hatten, die letzte und schwerste Folgerung aus einem verlorenen Krieg zu ziehen. Im Spiegelsaal drängten sich bereits mehr als tausend Menschen, am einen Ende die Presse, am anderen die Angehörigen der alliierten Delegationen. In der Mitte stand der Tisch, an dem die Unterzeichnung vor sich gehen sollte, dahinter eine hufeisenförmige Tafel; hier hatten die Bevollmächtigten der Entente-Regierungen Platz genommen, in der Mitte als Gastgeber Georges Clemenceau, der französische Ministerpräsident. [. . .]

Harold Nicolson, Mitglied der britischen Delegation, berichtet: „[. . .] Und dann, abgesondert und bedauernswert, kommen die beiden deutschen Delegierten. Die Stille ist beklemmend. Ihre Schritte auf dem Parkettstreifen zwischen den Savonnerie-Teppichen hallen hohl im Doppeltakt wider. Sie halten die Blicke von diesen zweitausend sie anstarrenden Augen weggerichtet, zum Deckenfries empor. Sie sind totenbleich. Sie schauen nicht aus wie die Repräsentanten eines brutalen Militarismus . . . Das Ganze ist höchst peinvoll. [. . .]

Wir blieben noch sitzen, während die Deutschen abgeführt wurden wie Sträflinge von der Anklagebank, die Augen noch immer auf irgendeinen fernen Punkt am Horizont gerichtet . . . Wir reden kein Wort miteinander. Das Ganze ist zu widerlich gewesen.“ [. . .]

Der Friede scheiterte [. . .] vor allem auch an der Unvereinbarkeit von politischer Vernunft und Massenemotionen. In allen beteiligten Staaten war während des Kriegs die „öffentliche Meinung“ im Sinne der Kriegsziele total mobilisiert worden, und in der Stunde des Sieges forderte sie ihren Tribut. Das war das eigentlich Neue, das der Friedensschluss von Versailles brachte: Kein demokratisch legitimierter Politiker konnte ohne Rücksicht auf die öffentliche Stimmung seines Landes entscheiden, und in einem Klima, das Winston Churchill „a turbulent collision of embarassed demagogues“[1]) genannt hat, erwiesen sich die Leidenschaften stärker als das politische Kalkül. [. . .]

Tatsächlich war der materielle Inhalt des Versailler Vertrags nicht entscheidend für die Wirkungen, die sich daraus ergaben. Gebietsabtrennungen, Kontributionen, militärische Beschränkungen: das kannte man aus früheren Verträgen, das gehörte zur Normalität des Friedenschließens. Gewiss gingen die Sieger in Versailles viel weiter als die Sieger von 1871 oder von 1815 [. . .]. Aber schwerer als diese – zweifellos schweren – Lasten wogen die psychologischen Auswirkungen des Versailler Vertrags; nicht sein Inhalt war das eigentliche Problem, sondern seine Wirkung auf das Denken und Verhalten der Menschen.

[1]) ein turbulenter (gewaltsamer) Zusammenstoß verwirrter Volksführer

So sahen nicht nur der Karikaturist Th. Heine, sondern alle in Deutschland die Friedensbedingungen von Versailles. Dargestellt sind Lloyd George, Georges Clemenceau und Woodrow Wilson.
(Aus der satirischen Zeitschrift Simplicissimus vom 3. Juni 1919).

„Auch Sie haben noch ein Selbstbestimmungsrecht: wünschen Sie, dass Ihnen die Taschen vor oder nach dem Tode ausgeleert werden?“

Während nach dem Zusammenbruch des „Dritten Reichs“ der totale Bruch mit der Vergangenheit offenkundig war, sahen sich nach 1918 die wenigsten Deutschen imstande, die Niederlage überhaupt zu begreifen. [. . .]
Wann hatte es das bisher jemals gegeben, dass ein Krieg verloren war, ohne dass auch nur ein einziger feindlicher Soldat die Grenze überschritten hatte?

Anderes kam hinzu. Bis 1919 hatten sich Volk und Reichsleitung der Illusion hingegeben, man könne auf der Grundlage der Vierzehn Punkte des Präsidenten Wilson einen milden Frieden bekommen. Der Schock, den das Bekanntwerden der alliierten Friedensbedingungen in Deutschland auslöste, war ungeheuer und wirkte lange nach. Vor allem waren da die sogenannten „Schmachparagraphen“ des Friedensvertrages: die Forderung nach Auslieferung deutscher „Kriegsverbrecher“, die Einziehung der deutschen Kolonien wegen angeblich besonderer Unfähigkeit der deutschen Kolonialverwaltung, vor allem aber der sogenannte „Kriegsschuldartikel“ 231, nach dem Deutschland und seinen Verbündeten die alleinige Kriegsschuld zugeschrieben wurde.
Dies war der schwerste Fehler, den die Alliierten in ihrem Bestreben eingingen, das deutsche Problem für die Zukunft zu entschärfen: Sie beschränkten sich nicht auf sachliche Maßnahmen, sondern suchten ihre Forderungen als Sieger mit moralischen Argumenten zu untermauern.

Hagen Schulze, Frankfurter Allgemeine Zeitung Nr. 143, 24. Juni 1989

1. *Worin sieht der Autor die entscheidenden Gründe für die emotionalisierende Wirkung des Friedensvertrages in Deutschland?*
2. *Welche Gefahr barg dieser Friedensvertrag für die junge deutsche Republik im Speziellen und für Europa im Allgemeinen?*

M 2

Fritz Fischer: Mutwillen war es ...

Anlässlich des Wiener Historikertages 1965 vertrat Fritz Fischer seine Überzeugung von einem deutschen „Kriegswillen" vor und während der Julikrise 1914 in einem Beitrag der Wochenzeitung „Die Zeit".

Deutschland hat im Juli 1914 nicht nur das Risiko eines eventuell über den österreichisch-serbischen Krieg ausbrechenden großen Krieges bejaht, sondern die deutsche Reichsleitung hat diesen großen Krieg gewollt, dementsprechend vorbereitet und herbeigeführt. [. . .]
Der Krieg war im Sommer 1914 geistig, militärisch, politisch-diplomatisch und wirtschaftlich wohl vorbereitet. Er musste nur noch ausgelöst werden. [. . .]
Der Mord an dem österreichisch-ungarischen Thronfolger, Erzherzog Franz Ferdinand, aber bot den idealen Anlass zur Herbeiführung des Krieges. Denn Österreich, dessen militärischer Macht Deutschland so dringend für den geplanten Krieg bedurfte, musste mitgehen, und die deutsche Reichsleitung konnte vor der Welt und der eigenen Nation eine Bedrohung Österreichs durch das von Russland protegierte Serbien behaupten.
Das österreichische Ultimatum an Serbien, dessen Hauptinhalt Berlin lange vor Überreichung bekannt war, hatte im deutschen Kalkül nur eine Funktion: Es sollte eine den Krieg herbeiführende Provokation gegen Russland sein. Nur insofern zeigte die deutsche Reichsleitung Interesse am Inhalt des Ultimatums, nur in diese Richtung liefen die ständigen Anfragen und das deutsche Drängen in Wien. [. . .]
Eine Einigung zwischen Wien und Petersburg hätte die Krise ohne den Krieg, den Deutschland bejaht und eingeleitet hatte, vorübergehen lassen. Nach der Anbahnung der direkten österreichisch-russischen Gespräche verbürgte selbst die inzwischen beschlossene, am 31. Juli bekannt gegebene russische Gesamtmobilmachung nicht mehr den Krieg. Deshalb beschloss die deutsche Reichsleitung, an Frankreich wie an Russland Ultimaten zu schicken, in denen von Russland nicht nur die Einstellung aller Mobilmachungsmaßnahmen gegen Deutschland, sondern auch gegen das selbstmobilisierte Österreich-Ungarn und von Frankreich als Pfand für sein Wohlverhalten im Falle eines isolierten russisch-deutschen Krieges die Herausgabe der Festungen Toul und Verdun verlangt wurden.
Die russische Antwort vom 1. August auf das auf zwölf Stunden befristete Ultimatum war – wie von der Reichsleitung erwartet – ablehnend; aber Sazonov betonte ausdrücklich, dass Russland sich, solange die Gespräche fortdauerten, aller kriegerischen Maßnahmen enthalten werde. Pourtalès, der deutsche Botschafter in Petersburg, überreichte dem russischen Außenminister daraufhin die deutsche Kriegserklärung.

Fritz Fischer in: Die Zeit vom 3. 9. 1965, S. 30, und vom 1. 10. 1965, S. 46

1. *In welchem Sinne kam der Mord von Sarajevo nach Fischers Interpretation der deutschen Reichsleitung gelegen?*
2. *Vergleichen Sie die hier gegebene Deutung der Julikrise mit dem Textteil dieses Buches (siehe Seite 150) sowie mit M 1 auf Seite 152.*

M 3

Politik des „kalkulierten Risikos"

In einer von Fritz Fischer abweichenden Form erklärt Andreas Hillgruber Motive und Überlegungen der deutschen Reichsregierung nach dem Attentat von Sarajevo.

Von einer zielbewusst auf den großen Krieg hin orientierten Reichspolitik, wie sie Fritz Fischer zu sehen meint, kann [. . .] keine Rede sein. [. . .] Vielmehr sah sich die Reichsleitung nach dem Attentat von Sarajewo (28. 6. 1914) vor einem ihr unausweichlich erscheinenden Dilemma. Sie glaubte, aktiv
5 werden zu müssen, aus bündnispolitischen Gründen (um der zunehmenden Schwächung Österreich-Ungarns entgegenzuwirken), aus innenpolitischer Rücksichtnahme (Druck von „rechts"), aber auch – entscheidend – aus einem eigenen außenpolitischen Kalkül heraus. Sie meinte, dabei das Risiko eines großen Krieges, ja, eines Weltkrieges auf sich nehmen zu müssen, spekulier-
10 te jedoch darauf, ihn dennoch vermeiden zu können, weil es auch die anderen Mächte bei einer bloß diplomatisch-politischen Kraftprobe belassen würden. Sie ging davon aus, dass die anderen Mächte, und das hieß vor allem Russland, wie 1908/09 sich eingedenk der noch unfertigen Rüstungen rational verhalten würden. [. . .]
15 Dementsprechend ging es konkret in der Julikrise 1914 zunächst darum, zu ergründen, ob Russland eine von der deutschen Reichsleitung zur Stützung des verbündeten Österreich-Ungarn und zur erneuten Stärkung von dessen Prestige auf dem Balkan für notwendig erachtete „Strafexpedition" der Habsburger Monarchie gegen Serbien in Gestalt eines lokalisierten, sozusagen ei-
20 nes „Stellvertreter"-Krieges, d. h. eine „kleine" Machtverschiebung, hinnehmen würde, weil damit zwar Russlands Prestige, aber [. . .] nicht seine Lebensinteressen berührt wurden. [. . .] Zeigten sich die Russen jetzt kriegsbereit, dann war umso mehr zu erwarten, dass sie es sein würden, wenn es in den folgenden Jahren und eben unter für Deutschland ungünstigen Umstän-
25 den zu Krisen und Machtproben kommen würde. [. . .]
Der Zar und seine Regierung, voran der vom Prestige der russischen Großmacht aus urteilende Außenminister Sazonov, reagierten jedoch nicht [. . .] rational, sondern unter dem Druck der nationalistischen Petersburger Gesellschaft, die ihrerseits aus Furcht vor einer sozialen Revolution eine „Flucht
30 nach vorn" in den Krieg anstrebte, ohne Rücksicht auf das noch nicht abgeschlossene Rüstungsprogramm mit Mobilmachungsmaßnahmen. [. . .] In dem rationalen Kalkül der deutschen politischen Reichsleitung fehlte demnach eine angemessene Berücksichtigung der [. . .] vom Prestigedenken bestimmten Reaktion Russlands auf die beabsichtigte begrenzte Machtverschie-
35 bung der deutsch-österreichisch-ungarischen Mächtegruppe auf dem Balkan. [. . .] Am 29. 7. fiel sowohl in Deutschland als auch in Russland die Entscheidung zum Kriege. [. . .] Auf dem Höhepunkt der Krise hatte sich der Generalstab mit dem Argument durchgesetzt, dass ein weiteres Zuwarten angesichts des Termindrucks, der von der russischen Mobilmachung ausgehe,
40 nicht vertretbar sei, da dies einem kampflosen militärischen „Matt"-Setzen gleichkomme.

Andreas Hillgruber, Die gescheiterte Großmacht. Eine Skizze des Deutschen Reiches 1871–1945, Düsseldorf, 4. Auflage 1984, S. 44 ff.

1. *Beschreiben Sie die „Theorie des kalkulierten Risikos" und deren Begrenztheit.*
2. *Wägen Sie die Argumente in M 2 und M 3 gegeneinander ab.*

Die Republik und ihre inneren Gegner

Der Kapp-Lüttwitz-Putsch ist gescheitert. Die Freikorps-Truppen ziehen wieder aus Berlin ab. Sie werden von einmarschierenden Reichswehreinheiten abgelöst.

13.–16. 3.	1920	Der Kapp-Lüttwitz-Putsch scheitert
März/ April	1920	Kommunistische Aufstände in Sachsen, Thüringen und im Ruhrgebiet werden von Reichswehr und Freikorps niedergeschlagen
6. 6.	1920	Wahlen zum Ersten Reichstag
26. 8.	1921	Die Organisation Consul ermordet Matthias Erzberger
24. 6.	1922	Die Organisation Consul ermordet Walther Rathenau

Republik ohne Republikaner

Friedensvertrag und Verfassung brachten der ersten deutschen Republik nicht die erhoffte innenpolitische Beruhigung. Bis 1923 mussten sich die häufig wechselnden Kabinette mit einer großen Zahl wirtschaftlicher und politischer Probleme auseinandersetzen, die den Bestand des Staates mehrfach gefährdeten. Äußerste Linke und Rechte strebten nicht nach Regierungsverantwortung innerhalb der vorgegebenen Verfassungsordnung, sondern bekämpften mit allen Mitteln den Parlamentarismus (◊ M 1).
Viele Deutsche, die dem pompös-militaristischen Auftreten der Führungsschichten des Kaiserreiches nachtrauerten, vermochten die neue Staatsform innerlich nicht zu akzeptieren, fanden sich aber aus Vernunftsgründen mit

ihr ab. Auch in der Beamtenschaft besaß die Republik keine Stütze. Wegen des Mangels an qualifizierten Fachleuten wurde der alte obrigkeitsstaatliche Justiz- und Verwaltungsapparat aus dem Kaiserreich ohne nennenswerte personelle Veränderungen übernommen. In ihrer großen Mehrzahl blieben die Beamten konservativ-monarchisch gesinnt. Nicht ohne Grund forderte der SPD-Politiker *Otto Wels*[1]), man müsse die Landrats- und Regierungspräsidentenstuben aufreißen und die dumpfe, muffige Luft der Reaktion hinausfegen.

Putschbewegungen von rechts und links

Die Regierung hatte den an den Ostgrenzen des Reiches kämpfenden Freikorps die Übernahme in die Reichswehr zugesagt. Dieses Versprechen konnte wegen der durch den Versailler Vertrag verfügten Truppenreduzierung nicht eingehalten werden; Freikorpssoldaten und ihre Offiziere fühlten sich betrogen. Eine rechtsextreme Gruppe um General Ludendorff und *Wolfgang Kapp*, die seit Sommer 1919 den Sturz der Regierung plante, machte sich diese Stimmung zunutze und sammelte unzufriedene Soldaten hinter sich.
Auslösender Funke für den Putsch war Ende Februar 1920 der Beschluss der Regierung, die bei Berlin lagernde, über 5000 Mann starke und schwer bewaffnete Marinebrigade des ehemaligen Korvettenkapitäns *Ehrhardt* aufzulösen. *General von Lüttwitz*, der Befehlshaber der Truppen in und um Berlin, widersetzte sich dieser Anordnung. Als er deswegen am 11. März entlassen wurde, bereitete er mit Ehrhardt den Marsch auf Berlin vor.
Die meisten Reichswehrkommandeure standen zwar dem Putsch der als rechtsradikal eingestuften Marinebrigade ablehnend gegenüber, weigerten sich allerdings auch, die Armee einzusetzen. Angeblich wollten sie verhindern, dass Reichswehreinheiten aufeinander schießen müssten. In aller Deutlichkeit zeigte sich, wie reserviert die Armee der Republik gegenüberstand. Bisher war die Reichswehr ausschließlich gegen Putschversuche von links zum Einsatz gekommen und hatte sich dabei mit aller Härte durchgesetzt. Jetzt, da die Republik zum ersten Mal von rechts bedroht war, trat die Reichswehr nicht für ihren Schutz ein (⇨ M 2).
Als dann am Morgen des 13. März Ehrhardt mit seinen Soldaten durch das Brandenburger Tor marschierte, flohen der Reichspräsident und die Regierung nach Stuttgart. Wolfgang Kapp, der von dem überhasteten Unternehmen selbst überrascht wurde, scheiterte, weil die Ministerialbürokratie die Anordnungen des selbst ernannten „Kanzlers" nicht ausführte und die Gewerkschaften den Generalstreik ausriefen. Sogar die Rechtsparteien gingen auf Distanz, so dass die Marinebrigade am 17. März unverrichteter Dinge wieder aus Berlin abziehen musste. Kapp floh nach Schweden.
Der *Kapp-Lüttwitz-Putsch* hatte in der Arbeiterschaft eine ungeheure Erregung hervorgerufen, die sich vielerorts in Streiks und der Bildung von bewaffneten

[1]) Otto Wels (1873–1939), 1912–1918 und 1920–1933 Mitglied der SPD-Fraktion im Reichstag, 1931–1933 Vorsitzender der Partei, Leiter der Exil-SPD

Reichswehr und Bundeswehr: Die Armee des Kaiserreiches unterstand unmittelbar dem Monarchen und war jeder parlamentarischen Kontrolle entzogen. Das Militär war „ein abgesonderter Körper, [. . .] in den niemand mit kritischen Augen hineinsehen" durfte (Wilhelm von Hahncke).

Nach dem Zusammenbruch des Kaiserreiches blieb die Reichswehr in der Hand von Offizieren, die der alten Ordnung anhingen. Ihr erklärtes Ziel war es, die Traditionen des kaiserlichen Heeres lebendig zu halten, die Soldaten vom „Spaltpilz" Politik fernzuhalten und die Armee als „Staat im Staate" aufzubauen. Die Forderungen nach einer stärkeren parlamentarischen Kontrolle lehnte General *Hans von Seeckt*, der Chef der Heeresleitung, als unzulässige Politisierung ab. Die Reichswehr unterstand zwar dem Oberbefehl des Reichspräsidenten, sollte aber ein zuverlässiges Instrument in der Hand ihrer Offiziere und nicht der häufig wechselnden Regierungen sein.

1934 wurden alle Offiziere und Soldaten nicht mehr auf den Staat, sondern auf den „Führer und Reichskanzler" Adolf Hitler persönlich vereidigt. Nicht zuletzt dadurch wurde die Wehrmacht ein willfähriges Instrument der nationalsozialistischen Expansionspolitik. Viele Offiziere, die sich unter Berufung auf die positiven Traditionen der Armee dem Widerstand gegen Hitler anschlossen, brachte ihr Eid in heftige Gewissenskonflikte.

Nach dem Zweiten Weltkrieg betonte die Bundesrepublik bei der Einführung der Bundeswehr (1955) das Konzept der „Inneren Führung". Grundgedanken waren der „Staatsbürger in Uniform" und die Integration der Streitkräfte in die demokratische Gesellschaft. Nun wurde die Armee auch der Kontrolle des Parlaments unterstellt, das seither über die personelle und finanzielle Ausstattung der Truppen, die Einstellung von Soldaten zum Staat und den Einsatz der Bundeswehr in Notsituationen oder militärischen Auseinandersetzungen wacht.

Selbstschutzeinheiten niederschlug. In Sachsen und Thüringen bekämpften sich Selbstschutzeinheiten und Freikorpsverbände. Im Ruhrgebiet formierten KPD und USPD eine Rote Armee von ungefähr 50 000 Mann, die den eingesetzten Regierungstruppen wochenlange blutige Kämpfe lieferte. Leidtragende war die Bevölkerung, die sich „rotem" und „weißem" Terror hilflos ausgeliefert sah. Erst Anfang Mai wurden die Aufstände im Ruhrgebiet und in Mitteldeutschland niedergeschlagen.

Noch ganz unter dem Eindruck dieser bürgerkriegsähnlichen Auseinandersetzungen fanden am 6. Juni 1920 die *Wahlen zum ersten Reichstag* statt. Enttäuscht von der Zusammenarbeit der SPD mit den alten Kräften, wandten sich viele Wähler von den Sozialdemokraten ab. Die Parteien der Weimarer Koalition verloren ihre parlamentarische Mehrheit, die sie später nie mehr zurückgewinnen konnten.

Politische Morde

„Die Sphinx mit dem Monokel." General Hans von Seeckt führte das deutsche Heer und das Offizierskorps nach der Niederlage aus der Verunsicherung. Er arrangierte sich zwar mit der Republik, auch wenn er die parlamentarische Republik innerlich nicht zu akzeptieren vermochte. Als Chef der Heeresleitung (1920–1926) prägte er den „Geist der Armee".

Mit dem gescheiterten Kapp-Lüttwitz-Putsch waren die Aktionen der radikalen Rechten gegen „Judenrepublik" und „Erfüllungspolitiker" keineswegs beendet. Illegale Nachfolgeorganisationen der Freikorps agierten unter Tarnnamen weiter. Am berüchtigtsten war die *Organisation Consul (O. C.),* die der seit dem gescheiterten Kapp-Putsch steckbrieflich gesuchte Ehrhardt aufgebaut hatte. Mord wurde zum Mittel der politischen Auseinandersetzung (⇨ M 3). Das national gesinnte Bürgertum brachte den brutalen Ausschreitungen häufig sogar Verständnis entgegen und verhalf Attentätern zur Flucht. Wurde doch einmal ein Attentäter vor Gericht gestellt, konnte er mit weitgehendem Entgegenkommen der Justizbehörden für seine „nationale" Tat rechnen. Ab Ende 1920 setzte eine Serie von Mordanschlägen gegen führende Repräsentanten der Demokratie ein. Am 26. August 1921 brachten Angehörige der O. C. *Matthias Erzberger*[1]) um. Die Mörder erhielten von dem nationalsozialistischen Münchener Polizeipräsidenten *Pöhner* falsche Pässe für die Flucht ins Ausland. Drei Wochen nach einem missglückten Anschlag auf Philipp Scheidemann wurde der amtierende Außenminister *Walther Rathenau*[2]), wiederum von Angehörigen der O. C., ermordet (24. 6. 1922). Dieser Mord an einem Mann, der in weiten Kreisen des Bürgertums sehr angesehen war, erregte die gesamte deutsche Öffentlichkeit. Mit dem *Gesetz zum Schutz der Republik* sollte dem Treiben der Terrorgruppen wirksamer begegnet werden. Die erhoffte Wirkung blieb jedoch weitgehend aus, da die Justizbehörden Terroranschläge von „links" bzw. „rechts" nicht gleichermaßen verfolgten (⇨ M 4).

[1]) Matthias Erzberger (1875–1921), Politiker und Publizist; Erzberger unterzeichnete 1918 den Waffenstillstand; von Juni 1919 bis März 1920 war er Finanzminister.

[2]) Walther Rathenau (1867–1922), Wirtschaftsfachmann und Politiker, 1915 Präsident der AEG, 1922 Reichsaußenminister

M 1

Antidemokratisches Denken in der Weimarer Republik

Oswald Spengler (1880–1936), dessen pessimistische Kultur- und Geschichtsphilosophie nach dem verlorenen Krieg vom deutschen Bürgertum mit Begeisterung gelesen wurde, war ein entschiedener Gegner der Demokratie und des Parlamentarismus, lehnte jedoch den Nationalsozialismus gleichfalls ab.

Über den Trümmern der deutschen Weltmacht, über zwei Millionen Leichen umsonst gefallener Helden, über dem in Elend und Seelenqual vergehenden Volke wird nun in Weimar mit lächelndem Behagen die Diktatur des Parteiklüngels aufgerichtet, derselben Gemeinschaft beschränktester und schmutzigster Interessen, welche seit 1917 unsere Stellung untergraben und jede Art von Verrat begangen hatte, vom Sturz fähiger Leute ihrer Leistungen wegen bis zu eigenen Leistungen im Einverständnis mit Northcliffe[1]), mit Trotzki, selbst mit Clemenceau. [. . .] Nachdem sich die Helden der Koalition[2]) vor dem Einsturz in alle Winkel geflüchtet hatten, kamen sie mit plötzlichem Eifer wieder hervor, als sie die Spartakisten allein über der Beute sahen. *Aus der Angst um den Beuteanteil* entstand auf den großherzoglichen Samtsesseln und in den Kneipen von Weimar die deutsche Republik, keine Staatsform, *sondern eine Firma.* In ihren Satzungen ist nicht vom Volk die Rede, sondern von Parteien; nicht von Macht, von Ehre und Größe, sondern von Parteien. Wir haben kein Vaterland mehr, sondern Parteien; keine Rechte, sondern Parteien; kein Ziel, keine Zukunft mehr, sondern Interessen von Parteien. Und diese Parteien [. . .] entschlossen sich, dem Feinde alles was er wünschte auszuliefern, jede Forderung zu unterschreiben, den Mut zu immer weitergehenden Ansprüchen in ihm aufzuwecken, nur um im Inneren ihren eigenen Zielen nachgehen zu können. Sie waren entschlossen, jeden Grundsatz, jede Idee, jeden Paragraphen der eben beschworenen Verfassung für ein Linsengericht von Ministersitzen preiszugeben. Sie hatten diese Verfassung für sich und ihre Gefolgschaft gemacht, nicht für die Nation. [. . .]
In Weimar betranken sich die bekanntesten Helden dieses Possenspieles an dem Tage, wo in Versailles unterzeichnet wurde, und es geschah nicht viel später, dass mit großen Ämtern ausgestattete Führer des Proletariats sich in einer Berliner Schiebervilla mit Nackttänzerinnen betranken, während Arbeiterdeputationen vor der Tür warteten. Das ist kein Zwischenfall, *sondern ein Symbol.* So ist der deutsche Parlamentarismus. Seit fünf Jahren keine Tat, kein Entschluss, kein Gedanke, nicht einmal eine Haltung, aber inzwischen bekamen diese Proletarier Landsitze und reiche Schwiegersöhne, und bürgerliche Hungerleider mit geschäftlicher Begabung wurden plötzlich stumm, wenn im Fraktionszimmer hinter einem eben bekämpften Gesetzantrag der Schatten eines Konzerns sichtbar wurde.

Oswald Spengler, Neubau des Deutschen Reiches, München 1924, S. 8 f.

1. *Arbeiten Sie thesenartig die Vorwürfe Spenglers gegen die Republik heraus.*
2. *Worin sah er den „Krebsschaden für die deutsche Nation"?*
3. *Erläutern Sie seine Aussage, die deutsche Republik sei keine „Staatsform, sondern eine Firma".*

[1]) Lord Alfred Northcliffe (1865–1922), englischer Pressemagnat, der durch eine Pressekampagne die Reduzierung der deutschen Reparationslasten verhinderte

[2]) Gemeint sind die Parteien des Interfraktionellen Ausschusses, die später die Weimarer Koalition bildeten (SPD, Zentrum, DDP).

M 2

Die Stellung des Soldaten im Staat

Das Reichswehrgesetz vom 23. 3. 1921

§ 36

Die Soldaten dürfen sich politisch nicht betätigen. Innerhalb des Dienstbereiches ist eine solche Betätigung auch den Militärbeamten untersagt.
Den Soldaten ist die Zugehörigkeit zu politischen Vereinen und die Teilnahme an politischen Versammlungen verboten. Für die Soldaten ruht das Recht zum Wählen oder die Teilnahme an Abstimmungen im Reiche, in den Ländern und Gemeinden. [. . .]
Die Angehörigen der Wehrmacht haben das Recht, nach freier Wahl Zeitungen zu halten. Der Reichswehrminister kann bestimmte Zeitungen verbieten, sofern ihr Inhalt die militärische Zucht und Ordnung oder die Aufrechterhaltung der Verfassung gefährdet.

Reichsgesetzblatt Jahrgang 1921, Teil I, Nr. 35, S. 337

Gesetz über die Rechtsstellung der Soldaten (Soldatengesetz) vom 19. 3. 1956

§ 6 Staatsbürgerliche Rechte des Soldaten

Der Soldat hat die gleichen staatsbürgerlichen Rechte wie jeder andere Staatsbürger. [. . .]

§ 15 Politische Betätigung

(1) Im Dienst darf sich der Soldat nicht zu Gunsten oder zu Ungunsten einer bestimmten politischen Richtung betätigen. Das Recht des Soldaten, im Gespräch mit Kameraden seine eigene Meinung zu äußern, bleibt unberührt.
(2) Innerhalb der dienstlichen Unterkünfte und Anlagen findet während der Freizeit das Recht der freien Meinungsäußerung seine Schranken an den Grundregeln der Kameradschaft. Der Soldat hat sich so zu verhalten, dass die Gemeinsamkeit des Dienstes nicht ernstlich gestört wird. Der Soldat darf insbesondere nicht als Werber für eine politische Gruppe wirken, indem er Ansprachen hält, Schriften verteilt oder als Vertreter einer politischen Organisation arbeitet. Die gegenseitige Achtung darf nicht gefährdet werden.
(3) Der Soldat darf bei politischen Veranstaltungen keine Uniform tragen.
(4) Ein Soldat darf als Vorgesetzter seine Untergebenen nicht für oder gegen eine politische Meinung beeinflussen.

Helmut Krause und Karlheinz Reif, Die Welt seit 1945. Geschichte in Quellen, München 1980, S. 241 f.

1. *Erläutern Sie die hinter dem Reichswehrgesetz stehende Intention. Welche Stellung wird dem Soldaten im Staat bzw. innerhalb der Reichswehr zugeordnet?*
2. *Welche Lehren aus dem Reichswehrgesetz zieht der Gesetzgeber in der Bundesrepublik hinsichtlich*
   a) der staatsbürgerlichen Rechte des Soldaten,
   b) ihrer politischen Betätigungsmöglichkeiten?

M 3

Mordhetze gegen demokratische Politiker

Die Hasstiraden von rechts und links gegen demokratische Politiker nahmen zwischen 1919 und 1922 Besorgnis erregende Formen an. In rechtsradikalen, deutsch-völkischen Kreisen wurde eine Unmenge Verse folgender Art kolportiert:

„Haut immer feste auf den Wirth,
Haut seinen Schädel, dass es klirrt.
Auch Rathenau, der Walther,
Erreicht kein hohes Alter.
Knallt ab den Walther Rathenau,
Die gottverfluchte Judensau!“

In der deutschnationalen Täglichen Rundschau von 1919 konnte man lesen:

Erzberger setzt den Ausverkauf Deutschlands fort, hat uns noch stets hereingelegt, hat einen förmlichen Hass gegen alles Aufrechte, verscharrt das deut- 5 sche Volk eiligst wie eine Pestleiche, ist Fronvogt der Entente, [. . .] Erzverderber des Reiches, der den Sieg sabotiert hat. [. . .] Ganze Generationen können in harter Fron nicht wieder erarbeiten, was Erzberger verschleudert hat. [. . .] Wen dann die Menge als Urheber des namenlosen Elends ansieht, der wird einst totgeschlagen wie ein toller Hund. Das wissen Erzberger, Scheidemann 10 und Genossen, diese Siegverderber, Kriegsverlängerer, Friedensvernichter. Sie kämpfen um ihr Leben, die Wahrheit muss von ihnen totgeschlagen werden, sonst ist ihr Leben keinen Pfifferling mehr wert.

Wilhelm Hoegner, Die verratene Republik. Deutsche Geschichte 1919–1933, München, Neuausgabe 1979, S. 57

1. *Arbeiten Sie die Vorwürfe gegen Erzberger heraus und nehmen Sie dazu Stellung.*
2. *Worin lagen Ihrer Meinung nach die tieferen Gründe für die Hetze der „nationalen“ Rechten gegen die demokratischen Politiker?*

M 4

Die Sühne der politischen Morde 1918–1922

	Politische Morde begangen				
	von Linksstehenden		*von Rechtsstehenden*		*Gesamtzahl*
Gesamtzahl der Morde		22		354	376
davon ungesühnt	4		326		330
teilweise gesühnt	1		27		28
gesühnt	17		1		18
Zahl der Verurteilungen		38		24	
Geständige Täter freigesprochen		–		23	

Emil Julius Gumbel, Vier Jahre politischer Mord, Berlin 1924, S. 81

1. *Welche Rückschlüsse auf den politischen Standort der Justiz lassen sich aus den Urteilen ziehen?*
2. *Beurteilen Sie aufgrund des vorliegenden Materials die Aussage des Reichstagsabgeordneten Otto Wels (SPD): „Die Justiz in unserem Lande ist ein Skandal. [. . .] Die in ihr betätigte Reaktion unterdrückt die Grundfesten der Republik.“*

Selbstbehauptung der Republik gegen Inflation und Putschversuche

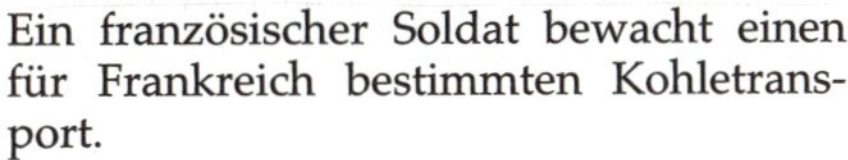

Ein französischer Soldat bewacht einen für Frankreich bestimmten Kohletransport.

Auf Plakaten rief die Reichsregierung zum passiven Widerstand gegen die Ruhrbesetzung auf.

11. 1.	1923	Frankreich und Belgien besetzen das Ruhrgebiet als Pfand für unerfüllte Reparationszahlungen
Oktober	1923	Separatistische Bewegungen im Rheinland und in der Pfalz scheitern am Widerstand der Bürger Reichswehr geht gegen kommunistische Erhebungsversuche in Sachsen und Thüringen vor
8./9. 11.	1923	Der Hitler-Putsch wird in München von Polizei niedergeschlagen
November	1923	Höhepunkt der Inflation: Ein Dollar entspricht 4,2 Billionen Mark
15. 11.	1923	Die Einführung der Rentenmark beendet die Inflation

Die Inflation in Deutschland

Der Weltkrieg hatte das Deutsche Reich gewaltige Summen gekostet, die aus dem Staatshaushalt nicht aufgebracht werden konnten. Steuererhöhungen wollte die Regierung während des Krieges nicht vornehmen. Deshalb finanzierte sie die Militärausgaben durch verzinste Anleihen bei der Bevölkerung und eine enorme Papiergeldvermehrung (von 2 Milliarden Reichsmark im Jahr 1913 auf 45 Milliarden im Jahr 1919). Allerdings hielt die Güterproduktion mit der Geldmengenvermehrung nicht Schritt. Das Ergebnis waren ein rasches Ansteigen der Preise und ein Wertverlust der Mark, also eine *Inflation.*

Als Folge dieser Wirtschaftspolitik musste die junge Republik eine völlig zerrüttete Währung mit 154 Milliarden Mark Staatsschulden übernehmen. Zusätzlich zu den laufenden Staatsausgaben hatte das Reich noch gewaltige Summen aufzubringen für Reparationszahlungen, Demobilisierungsmaßnahmen, Kriegsopferversorgung und andere soziale Aufgaben sowie für die Erhöhung der dringend nötigen Lebensmittelimporte. Gleichzeitig sanken die Staatseinnahmen aufgrund der Schutzzollpolitik der Siegermächte und eines „stillen Boykotts" deutscher Waren im Ausland.
Obwohl die Währung nur durch drastische Maßnahmen zu sanieren gewesen wäre, führten auch nach dem Krieg die Weimarer Regierungen die Inflationspolitik fort und glichen bis 1923 das Haushaltsdefizit durch weitere Erhöhungen der Papiergeldmenge aus.
Neuere Untersuchungen bezeichnen diese Politik als das „kleinere Übel" im Vergleich zu möglichen Auswirkungen einer deflationären[1]) Haushaltspolitik. Zumindest blieb Deutschland von der internationalen Wirtschaftskrise der Jahre 1920/21 fast völlig verschont und erlebte eine Phase weitgehender Vollbeschäftigung.

Reparationsverpflichtungen

Ein wesentlicher Grund für die Zurückhaltung der Reichsregierungen bei der Bekämpfung der Inflation waren die im Versailler Vertrag auferlegten Reparationskosten. Mit Hilfe der Inflation wollte man die hohen Forderungen der Alliierten unterlaufen, die sich im Januar 1921 in Paris auf die Summe von 226 Milliarden Goldmark, zahlbar innerhalb von 42 Jahren, geeinigt hatten. Als die deutschen Vertreter auf der *Londoner Konferenz* im März 1921 ablehnten, besetzten die Ententemächte Düsseldorf, Duisburg und Ruhrort. Wenige Wochen später senkte eine interalliierte Kommission die Schadenssumme zwar auf 132 Milliarden Goldmark, drohte aber gleichzeitig mit der Besetzung des gesamten Ruhrgebiets als Pfand (*Londoner Ultimatum* vom 5. Mai 1921).
Mit Reichskanzler *Joseph Wirth* (10. 5. 1921–22. 11. 1922) und Außenminister Walther Rathenau änderte sich die deutsche Reparationspolitik von Grund auf. Nach den Vorstellungen der beiden Politiker sollte Deutschland bis an die Grenzen seiner Leistungsfähigkeit versuchen, die Reparationen zu erfüllen, um gerade dadurch ihre Unerfüllbarkeit deutlich zu machen. Diese von den Rechtsparteien heftig bekämpfte *Erfüllungspolitik* scheiterte an der unnachgiebigen Haltung Frankreichs. Der konservative Ministerpräsident *Raymond Poincaré* wollte die Reparationsfrage dazu benutzen, das Ruhrgebiet unter seine Kontrolle zu bringen. Aus dieser Position heraus hoffte er, das durchzusetzen, was die angelsächsischen Alliierten den Franzosen 1919 verwehrt hatten: die Abtrennung der linksrheinischen Gebiete von Deutschland.

[1]) Deflation: Verminderung der Geldumlaufmenge

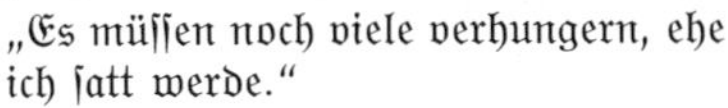
„Es müssen noch viele verhungern, ehe ich satt werde."

Der Geldschein aus dem November 1923 zeigt den größten „Wert", der je auf eine Banknote gedruckt wurde.
Die Karikatur zeigt den französischen Ministerpräsidenten Raymond Poincaré (1860–1934), der in der deutschen Presse als erbitterter Feind des Reichs dargestellt wurde (Simplicissimus, 28. Jahrgang [1923], Nr. 37, S. 464).

Der Ruhrkampf und seine Auswirkungen

Im Dezember 1922 befand sich Deutschland mit seinen Lieferungen bei Holz und Kohle geringfügig im Rückstand. Poincaré benutzte dies als Vorwand, um am 11. Januar 1923 60 000 französische und belgische Soldaten ins Ruhrgebiet einmarschieren zu lassen. Eine Gruppe französischer Beamter und Ingenieure sollte die deutsche Kohle- und Stahlproduktion kontrollieren und die strikte Einhaltung der Lieferungsverpflichtungen sicherstellen.
Die empörte Bevölkerung war bereit, sich mit allen Mitteln zur Wehr zu setzen. Sämtliche Reparationslieferungen wurden sofort eingestellt, Beamte und Bevölkerung von der Reichsregierung zum *passiven Widerstand* gegen die Besatzungsbehörden aufgerufen. Doch schon bald mussten die Menschen immer größere Entbehrungen auf sich nehmen. Außerdem erschöpfte sich die Leistungsfähigkeit Deutschlands: Im September 1923 kostete der Ruhrkampf das Reich täglich 40 Millionen Goldmark.
Die Staatsverschuldung erreichte eine neue Rekordhöhe, denn die ständig steigenden Ausgaben ließen sich nur noch zu etwa einem Zehntel durch reguläre Staatseinnahmen decken. Wieder mussten die Notenpressen das Defizit im Reichshaushalt ausgleichen. 150 Druckereien mit 2000 Pressen druckten Tag und Nacht. Der Wert der Mark verfiel rapide. Lag der Dollarkurs im April 1923 noch bei 20 000 Mark, so notierte man im November 4,2 Billionen Mark für den Dollar. Löhne und Gehälter wurden wöchentlich, stellenweise sogar täglich ausbezahlt. Noch am Zahltag gaben die Menschen das Geld aus, bevor es durch die nächste Preiserhöhung wertlos wurde. Ein Kilogramm Butter kostete z. B. am 23. Juli 1923 in Hamburg 128 000 Mark, am 24. September 120 Millionen Mark (⇨ M 1).

Auf dem Höhepunkt der Inflation müssen die Betriebe die Papiergeldmengen in Säcken und Waschkörben von den Banken abheben.

Tauschhandel war an der Tagesordnung, das Geld hatte seine Funktion als Wertmesser verloren. Der Währungszusammenbruch traf alle, die ihre Ersparnisse auf Konten angelegt hatten. Die Besitzer von Sachwerten erlitten durch die Inflation kaum Verluste, oft konnten sie sogar Gewinne erzielen, wenn sie aufgenommene Kredite mit entwertetem Geld zurückzahlten. Gewinner der Inflation war auch der größte deutsche Schuldner, das Reich. Seine gesamten Kriegsschulden von 154 Milliarden Mark hatten am 15. November 1923 nur noch den Wert von 15,4 Pfennigen (⇨ M 2).
Am 13. August 1923 bildete *Gustav Stresemann*[1]) eine Regierung der „Großen Koalition" (SPD, DDP, Zentrum, DVP). Er brach am 26. September den sinnlos gewordenen Widerstand im Ruhrgebiet ab und ordnete die Wiederaufnahme der Reparationsleistungen an Frankreich und Belgien an.
Um die Inflation zu beenden, griff die Reichsregierung Ende November 1923 zu einer währungspolitischen Maßnahme: Der Wechselkurs zwischen Mark und Dollar wurde neu festgelegt (1 Dollar = 4,20 Mark), und statt durch Goldreserven der Reichsbank wurde die *Rentenmark* durch eine Hypothek auf Grundbesitz und industrielle Sachwerte gedeckt. Die Bevölkerung schenkte dem neuen Zahlungsmittel sofort Vertrauen. Bereits Anfang 1924 war die Inflation überwunden, und man konnte zur ursprünglichen Bindung der Mark an die Gold- und Devisenbestände zurückkehren *(Goldmark)*.

---

[1]) Gustav Stresemann (1878–1929), Mitglied des Reichstages von 1907–1912 und 1914–1918 für die Nationalliberale Partei; 1920–1929 Fraktionsführer der von ihm gegründeten DVP. Als „Republikaner aus Vernunft" führte er seine Partei allmählich zur konstruktiven Parlamentsarbeit. 1923 Reichskanzler, 1923–1929 Außenminister.

Die Hyperinflation und die *Währungsreform* von 1923 blieben bei vielen Menschen als traumatisches Ereignis in Erinnerung. Weite Teile des Mittelstandes, kleine Unternehmer, Handwerker, Händler, Beamte, Angestellte und Rentner verloren ihre Ersparnisse. Sie fühlten sich von der Republik betrogen und bestohlen und waren deswegen anfällig für radikale Parolen, die ihnen Rettung vor dem Absinken ins Proletariat versprachen.

Separatistische Bewegungen im Reich

Die wirtschaftlichen Schwierigkeiten, die der Ruhrkampf heraufbeschworen hatte, ließen die schon seit 1919 schwelenden separatistischen Bewegungen erneut aufflammen. Die Parole „Los vom Reich" war in vielen Teilen der Republik zu hören. Von den französischen Besatzungstruppen wurden diese Aktivitäten unterstützt, weil sich die Regierung in Paris davon den schon lange gewünschten rheinischen Pufferstaat erhoffte. In den Monaten August bis November 1923 besetzten bewaffnete separatistische Gruppen die Rathäuser der meisten großen Städte im Rheinland und in der Pfalz. Im Oktober wurden die *Rheinische Republik* und die *Autonome Pfalz* ausgerufen. Die Mehrheit der Bevölkerung stand diesen Bewegungen jedoch ablehnend gegenüber und bereitete dem Spuk bald ein Ende. Nicht einmal die französischen Truppen konnten die wenigen Separatisten schützen, als diese von aufgebrachten Bürgern gewaltsam aus den Rathäusern vertrieben wurden.

Kommunistische Gefahr aus Mitteldeutschland

In Sachsen und Thüringen besaßen Sozialdemokraten und Kommunisten zusammen die parlamentarische Mehrheit. Die KPD nahm das Mitte Oktober 1923 vom sächsischen Ministerpräsidenten *Zeigner* (SPD) unterbreitete Angebot über eine Regierungsbeteiligung an. Auch in Thüringen traten kommunistische Minister in die Regierung ein. Auf Geheiß und mit Mitteln der bolschewistischen Führung in Moskau sollte aus dieser strategisch günstigen Position heraus der „Deutsche Oktober" vorbereitet werden. Die neu ernannten Minister sollten die Bewaffnung der Arbeiter organisieren. Außerdem genossen in Sachsen und Thüringen die *Proletarischen Hundertschaften,* das waren andernorts verbotene paramilitärische Verbände der KPD, ungehinderte Bewegungsfreiheit.
Zeigner wurde von der Reichsregierung ultimativ aufgefordert, die Proletarischen Hundertschaften aufzulösen und die kommunistischen Minister zu entlassen, da diese zum bewaffneten Aufruhr im Reich aufgerufen hatten. Als er sich weigerte, verhängte die Berliner Regierung unter Anwendung des Artikels 48 die *Reichsexekution* über Sachsen und ließ Reichswehreinheiten einmarschieren. Zeigner wurde gewaltsam seines Amtes enthoben. Auch in Thüringen lösten sich daraufhin die Proletarischen Hundertschaften auf, die kommunistischen Minister traten zurück. Damit hatte sich die Hoffnung der KPD auf eine Revolution im Reich zerschlagen.

Die Angst vor der bolschewistischen Gefahr aus Preußen beherrschte in Bayern nicht nur rechtsextreme Kreise, sondern war auch in weiten Teilen des Bürgertums verbreitet. Die Bayerische Volkspartei erhielt bei den Wahlen 1919 35 % der Stimmen.

Konflikt zwischen Bayern und dem Reich

Die Republik von Weimar erfreute sich bis 1923 in Bayern nie großer Beliebtheit. Ursächlich dafür waren sowohl der Verlust bayerischer Sonderrechte in der neuen Verfassung als auch die Ereignisse der Revolutionswirren vom Frühjahr 1919 in München. „Das christliche, nationale Bayern gegen das verjudete, marxistische Berlin" lautete das Motto in München, wo eine verwirrende Zahl von vaterländischen Gruppen Bayern zu einem Sammelbecken der rechten Kräfte in Deutschland machte. Eine der auffälligsten Gruppen war die *Nationalsozialistische Deutsche Arbeiterpartei (NSDAP)* unter ihrem Vorsitzenden *Adolf Hitler*[1]). Mit gehässigen Reden gegen die Republik und maßloser Hetze gegen die Juden machte Hitler die NSDAP bald zum Tagesgespräch in München.
In Reaktion auf die Einstellung des passiven Widerstands an der Ruhr und um drohenden Aktionen der äußersten Rechten zuvorzukommen, erklärte die bayerische Staatsregierung im Herbst 1923 den Ausnahmezustand. *Gustav Ritter von Kahr* wurde zum *Generalstaatskommissar* mit diktatorischen Vollmachten ernannt. Die Reichsregierung antwortete ihrerseits sofort mit der Ausrufung des Reichsausnahmezustandes. Die vollziehende Gewalt im Reich lag jetzt formal beim Reichswehrminister *Geßler*, faktisch jedoch beim Chef der Heeresleitung, General von Seeckt.
Zum offenen Konflikt zwischen Bayern und dem Reich kam es, als Geßler den *Völkischen Beobachter*, das Sprachrohr der Nationalsozialisten, wegen Beleidigung der Reichsregierung verbot und General *von Lossow*, den Befehlshaber der 7. Reichswehrdivision in Bayern, mit der Durchführung dieses Verbots beauftragte. Als dieser sich weigerte, wurde er entlassen.

---

[1]) Adolf Hitler (1889-1945), Sohn eines österreichischen Zollbeamten aus Braunau am Inn, nahm am Ersten Weltkrieg als Freiwilliger in einem bayerischen Regiment teil. 1919 trat er in München der Deutschen Arbeiterpartei bei, die sich seit 1920 NSDAP nannte. Als „Führer" des Deutschen Reiches war er zwischen 1933 und 1945 verantwortlich für eine menschenverachtende Diktatur, den Zweiten Weltkrieg und den Völkermord an Millionen Juden, Sinti und Roma.

Die bayerische Regierung wertete den Vorfall als Einmischung in ihre inneren Angelegenheiten und vereidigte die 7. Division und ihren Kommandanten auf den bayerischen Staat – ein offener Bruch der Verfassung. Lossow ließ nun, in Übereinstimmung mit Kahr und *Seißer,* dem Chef der bayerischen Polizei, keinen Zweifel mehr an seinem Ziel, dem „Marsch nach Berlin".
Eine Reichsexekution wie gegen Sachsen und Thüringen war nach Aussage General von Seeckts wegen der militärischen Stärke Bayerns und wegen einer befürchteten Spaltung der Reichswehr zu riskant. Aus Protest verließen daraufhin die sozialdemokratischen Minister am 3. 11. das Kabinett Stresemann.

München, 8./9. November 1923: der Hitlerputsch

Seeckt trug sich selbst mit Plänen für eine Diktatur, allerdings nicht auf gewaltsamem Wege, sondern in Absprache mit dem Reichspräsidenten unter weiter Auslegung des Artikels 48. Ebert lehnte entschieden ab. Trotzdem gab Seeckt den Gedanken an ein mit besonderen Vollmachten ausgestattetes Reichsdirektorium unter seiner Führung nicht auf. Ein Putsch aus Bayern würde diese Pläne gefährden. Deshalb richtete er ein Schreiben an Kahr, in dem er vor unbesonnenen Maßnahmen, die die Autorität des Reiches gefährden könnten, warnte. Kahr, Lossow und Seißer verstanden den Hinweis und stellten ihre Putschpläne zurück. Hitler dagegen, der bereits umfangreiche Vorbereitungen zum Marsch auf Berlin getroffen hatte, wollte nicht länger warten.
Die Gelegenheit zum „Losschlagen" ergab sich, als Kahr am Abend des 8. November im Münchener Bürgerbräukeller seine Anhänger zusammengerufen hatte. Hitler erschien in Begleitung eines bewaffneten Stoßtrupps während der Rede Kahrs, verschaffte sich durch einen Schuss in die Decke Gehör und verkündete den Ausbruch der *nationalen Revolution.* Dann zwang er Kahr, Lossow und Seißer, sich seinem Putsch anzuschließen. In einer vor der jubelnden Versammlung verkündeten Proklamation wurde die Reichsregierung für abgesetzt erklärt und eine neue provisorische Nationalregierung mit Ludendorff, Hitler, Lossow und Seißer ausgerufen. Ein Marsch nach Berlin sollte den Umsturz vollenden.
Noch in derselben Nacht zogen jedoch Kahr, Lossow und Seißer ihre Zusagen zurück und ordneten die Niederschlagung des Aufstands an. Ludendorff und Hitler versuchten daraufhin am Vormittag des 9. November mit einem Demonstrationszug zur Feldherrnhalle, die Bevölkerung für ihre Umsturzpläne zu gewinnen. Doch die Landespolizei stoppte den Zug mit Waffengewalt. Es gab 16 Tote und zahlreiche Verwundete.
Den Verantwortlichen machte man vor dem Münchener Volksgerichtshof den Prozess. Der populäre Ludendorff wurde freigesprochen; Hitler erhielt fünf Jahre Festungshaft in Landsberg, wurde jedoch bereits nach neun Monaten wieder entlassen. Während der Haftzeit entstand der erste Teil seines Buches „Mein Kampf". Nach der Entlassung änderte Hitler nicht sein Ziel, sondern nur die Taktik. Anstatt durch Putsch wollte er nun auf legalem Wege die Regierung übernehmen.

M 1

Auswirkungen der Inflation auf die Menschen

Aus den Erinnerungen des Schriftstellers Stefan Zweig (1881–1942):

Mit einem Ruck stürzte die Mark, und es gab kein Halten mehr, ehe nicht die phantastischen Irrsinnszahlen von Billionen erreicht waren. Nun erst begann der wahre Hexensabbat von Inflation [. . .]. Sie zu erzählen mit ihren Einzelheiten, ihren Unglaublichkeiten, würde ein Buch fordern, und dieses Buch würde auf die Menschen von heute wie ein Märchen wirken. Ich habe 5 Tage erlebt, wo ich morgens fünfzigtausend Mark für eine Zeitung zahlen mußte und abends hunderttausend; wer ausländisches Geld wechseln mußte, verteilte die Einwechslung auf Stunden, denn um vier Uhr bekam er das Mehrfache von dem, was er um drei, und um fünf Uhr wieder das Mehrfache von dem, was er sechzig Minuten vorher bekommen hätte. [. . .] Man 10 zahlte in der Straßenbahn mit Millionen, Lastwagen karrten das Papiergeld von der Reichsbank zu den Banken, und vierzehn Tage später fand man Hunderttausendmarkscheine in der Gosse: ein Bettler hatte sie verächtlich weggeworfen. Ein Schuhsenkel kostete mehr als vordem ein Schuh, nein mehr als ein Luxusgeschäft mit zweitausend Paar Schuhen, ein zerbrochenes 15 Fenster zu reparieren mehr als früher das ganze Haus, ein Buch mehr als vordem die Druckerei mit ihren hunderten Maschinen. Für hundert Dollar konnte man reihenweise sechsstöckige Häuser am Kurfürstendamm kaufen, Fabriken kosteten umgerechnet nicht mehr als früher ein Schubkarren. Halbwüchsige Jungen, die eine Kiste Seife im Hafen vergessen gefunden, sausten 20 monatelang in Autos herum und lebten wie Fürsten, indem sie jeden Tag ein Stück verkauften, während ihre Eltern, einstmals reiche Leute, als Bettler herumschlichen. Austräger gründeten Bankhäuser und spekulierten in allen Valuten. Über ihnen allen erhob sich gigantisch die Gestalt des Großverdieners Stinnes. Er kaufte, indem er unter Ausnutzung des Marksturzes seinen 25 Kredit erweiterte, was nur zu kaufen war, Kohlengruben und Schiffe, Fabriken und Aktienpakete, Schlösser und Landgüter, und alles eigentlich mit Null, weil jeder Betrag, jede Schuld zu Null wurde. Bald war ein Viertel Deutschlands in seiner Hand, und perverserweise jubelte ihm das Volk, das sich in Deutschland immer am sichtbaren Erfolge berauscht, wie einem Genius zu. 30 Die Arbeitslosen standen zu Tausenden herum und ballten die Fäuste gegen die Schieber und Ausländer in den Luxusautomobilen, die einen ganzen Straßenzug aufkauften wie eine Zündholzschachtel; jeder, der nur lesen und schreiben konnte, handelte und spekulierte, verdiente und hatte dabei das geheime Gefühl, daß sie alle sich betrogen und betrogen wurden von 35 einer verborgenen Hand, die dieses Chaos sehr wissentlich inszenierte, um den Staat von seinen Schulden und Verpflichtungen zu befreien.

Stefan Zweig, Die Welt von Gestern. Erinnerungen eines Europäers, Stockholm 1942, S. 356 f.

1. *Wer profitierte von der Inflation, wer waren ihre Opfer?*
2. *Bei wem liegt nach Ansicht des Autors die Schuld an der Inflation?*
3. *Beschreiben Sie den Alltag der Menschen, und überlegen Sie, welche gesellschaftlichen und politischen Auswirkungen die Inflation hatte.*

M 2

Die Inflation in der historischen Forschung

Die deutsche Inflation von 1914 bis 1923 ist seit einigen Jahren ein Schwerpunkt der wirtschafts- und sozialgeschichtlichen Forschung. Der Historiker Eberhard Kolb fasst einige wesentliche Aspekte zusammen.

Den entscheidenden Anstoß erhielt die Inflation – dies ist mittlerweile unumstritten – im Jahr 1916, als die Regierungsausgaben die Einnahmen aus den Inlandsanleihen überschritten. [. . .]
Damit ist bereits ein weiterer zentraler Problemkreis angesprochen: die 5 Frage nach Gewinnern und Verlierern des Inflationsprozesses wird in der jüngsten Forschung intensiv diskutiert. Sie ist schon deshalb von großer Bedeutung, weil nach Auffassung vieler Historiker ein unmittelbarer oder mittelbarer Zusammenhang zwischen der traumatischen Erfahrung und den sozialen Folgen der Hyperinflation einerseits, dem Aufstieg der NS-10 Bewegung und dem Sieg Hitlers andererseits besteht; ein *unmittelbarer* Zusammenhang, insofern die Inflation weite Teile des Mittelstandes proletarisierte, politisch haltlos und für den Nationalsozialismus anfällig machte; ein *mittelbarer* Zusammenhang, weil während der Weltwirtschaftskrise die deutsche Regierung aus Inflationsfurcht davon abgehalten wurde, die 15 zur Linderung der Arbeitslosigkeit geeigneten Maßnahmen zu ergreifen. [. . .]
Die weit verbreitete Vorstellung von der „Vernichtung des Mittelstandes" durch die Inflation ist nach einhelliger Auffassung der Wirtschafts- und Sozialhistoriker falsch. Der „Mittelstand" bestand aus sehr verschiedenen 20 Gruppen, die in sehr unterschiedlicher Weise die Auswirkungen der Inflation – die nahezu totale Entwertung aller Geldvermögen und die damit einhergehende totale Entschuldung aller Schuldner (einschließlich der öffentlichen Hände) – zu spüren bekamen. Während Sparer, Hypothekengläubiger und Inhaber öffentlicher Anleihen ihr Vermögen verloren und 25 die Schicht der Kapitalrentner ganz verschwand, litten Kleingewerbetreibende, Kleinhändler und Handwerker unter der Inflation kaum in nennenswertem Maße und machten gute Geschäfte, auch die Landwirtschaft wahrte insgesamt ihren sozialen Besitzstand [. . .].
Allerdings lässt sich nicht bestreiten, dass der Umverteilungsprozess in-30 nerhalb der deutschen Mittelschicht die Auflösung des deutschen „Bürgertums" als eines sozialen und politischen Machtfaktors beschleunigte, die Interessengegensätze innerhalb der bürgerlichen Parteien erheblich verstärkte und nachhaltig auf die Konfiguration[1]) des deutschen Parteiensystems zurückwirkte.

Eberhard Kolb, Die Weimarer Republik, München, 3. Auflage 1993, S. 187 f. und 191

1. *Erläutern Sie, warum gerade die Mittelschicht so stark von der Inflation betroffen war.*
2. *Begründen Sie, warum die Reichsregierungen bis 1923 kein gesteigertes Interesse daran hatten, die Inflation entschieden zu bekämpfen.*
3. *Vorschlag für ein Referat: Die Deutschen und ihre Währungen: Reichsmark – Rentenmark – Deutsche Mark – Euro.*

[1]) Gestaltung

Außenpolitik zwischen Revision und Versöhnung

Für die Aussöhnung zwischen Frankreich und Deutschland setzten sich die Außenminister Aristide Briand[1]) (links) und Gustav Stresemann leidenschaftlich ein. Für ihre Bemühungen um die Erhaltung des Friedens in Europa erhielten sie 1926 gemeinsam den Friedensnobelpreis.

1922	Der Vertrag von Rapallo zwischen Deutschland und der Sowjetunion beendet die außenpolitische Isolation beider Staaten
1923–1929	Stresemann ist Außenminister der Weimarer Republik
1924	Der Dawes-Plan legt erstmals die jährlichen Reparationszahlungen des Reichs fest
1925	Vertrag von Locarno: Deutschland erkennt seine Westgrenzen an
1926	Deutschland wird in den Völkerbund aufgenommen
1929	Der Young-Plan setzt die Gesamtsumme deutscher Reparationen fest
1932	Auf der Konferenz von Lausanne wird eine einmalige Abschlusszahlung für die Reparationsleistungen vereinbart (die von Deutschland nicht mehr erbracht wird)

Außenpolitische Isolierung des Reiches

Vorrangiges außenpolitisches Ziel aller Regierungen der Weimarer Republik blieb die Revision des Versailler Friedensvertrages. Dabei standen neben der Senkung der Reparationsforderungen die Räumung der besetzten Westzonen und die Wiedergewinnung der verlorenen Gebiete, vor allem im Osten, im Vordergrund. Allerdings waren die Alliierten vorerst nicht bereit, die Deutschen als gleichgestellte Verhandlungspartner auf politischem, wirtschaftlichem und militärischem Gebiet zu akzeptieren. Die deutsche Diplomatie

[1]) Aristide Briand (1862–1932), französischer Staatsmann; er war mehrfach französischer Ministerpräsident, von 1926–1932 Außenminister

wandte sich deshalb nach Osten, um die außenpolitische Isolation zu durchbrechen. Zwar hatte die Moskauer Parteispitze nach 1918 durch die Unterstützung von kommunistischen Umsturzversuchen in deutschen Ländern das deutsch-sowjetische Verhältnis belastet, doch fühlten sich beide Staaten verbunden in ihrem schroffen Gegensatz zu den westlichen Siegermächten. Ebenso waren beide Regierungen nicht bereit, sich mit den erzwungenen Gebietsabtretungen an Polen abzufinden. Auf militärischer Ebene kam es bald zu begrenzter Zusammenarbeit, die die Reichswehr zur Ausbildung ihrer Soldaten an schweren Waffen in Russland nützte.

Der Vertrag von Rapallo

Vom 10. April bis 19. Mai 1922 fanden sich 28 Staaten in Genua zu einer Konferenz über die wirtschaftlichen Probleme der europäischen Staaten zusammen. Als die deutsche Delegation von den Westmächten wieder übergangen wurde, schloss Reichskanzler Wirth am 16. April 1922 in *Rapallo*, einem Vorort von Genua, ein Abkommen mit der Russischen Sozialistischen Föderativen Sowjetrepublik (RSFSR). Beide Staaten verzichteten darin auf den Ersatz von Kriegskosten und Kriegsschäden und verpflichteten sich, die wirtschaftlichen Kontakte auszubauen und wieder diplomatische Beziehungen aufzunehmen. Deutschland stellte keine Ansprüche wegen der in Russland enteigneten Besitztümer und Vermögenswerte deutscher Staatsbürger.
Der Vertrag ließ erstmals im Ansatz Möglichkeiten einer eigenständigen deutschen Außenpolitik erkennbar werden. Frankreich und England sahen sich mit einem Schlag gezwungen, ihr Verhältnis zu Deutschland zu überdenken. In Deutschland selbst brach in allen politischen Parteien und Richtungen ein heftiger Streit zwischen Befürwortern und Gegnern des Vertrags aus (⇨ M 1).

Der Dawes-Plan

Zwei Jahre nach den Tagen von Rapallo wurde das Reparationsproblem erneut aktuell. Ein Sachverständigenausschuss unter der Leitung des amerikanischen Bankiers *Charles Dawes* legte im April 1924 ein Gutachten vor. Danach sollte das Reich jährlich 2,5 Milliarden Goldmark zahlen, allerdings erst ab 1928/29 in voller Höhe. Dies bedeutete, dass die bisherigen hohen Annuitäten[1]) für die nächsten vier Jahre auf ein für Deutschland erträgliches Maß reduziert wurden, zumal zusätzlich ein internationaler Kredit von 800 Millionen Goldmark die deutsche Wirtschaft ankurbeln sollte.
Das Gutachten nannte allerdings weder eine Endsumme noch eine zeitliche Begrenzung der Zahlungen. Auf der *Londoner Konferenz* (Juli und August 1924) nahmen alle beteiligten Regierungen den Plan an, was in der Folge zu einer gewissen Entspannung zwischen Deutschland und den Siegermächten führte.

---

[1]) jährliche Zahlungsleistung an Zinsen und Tilgungsraten

Die Verträge von Locarno

Auch nach seinem Rücktritt als Kanzler (23. November 1923) prägte Gustav Stresemann als Außenminister in häufig wechselnden Kabinetten das politische Geschehen. Stresemann behielt die revisionistischen Ziele deutscher Außenpolitik seit Versailles zwar bei, doch als „kühl kalkulierender Realpolitiker" (Eberhard Kolb) wusste er das Erreichbare vom Unmöglichen zu trennen. Vor allem war ihm klar, dass deutsche Außenpolitik nur dann erfolgreich sein konnte, wenn sie die Interessen der Westmächte, besonders das französische Sicherheitsbedürfnis, berücksichtigte (⇨ M 2).
Im Vertrag von Versailles war die Räumung der Kölner Zone für den 10. Januar 1925 vorgesehen. Die Franzosen weigerten sich jedoch, ihre Truppen abzuziehen, da Deutschland ihrer Ansicht nach die Entwaffnungsbestimmungen nicht eingehalten hatte. In dieser kritischen Phase ließ Stresemann Anfang Februar den Alliierten eine Note übergeben, in der sich Deutschland mit einem Pakt einverstanden erklärte, der den Grenzverlauf im Westen und die Entmilitarisierung des Rheinlandes garantierte.
Nach Vermittlung des englischen Außenministers *Austen Chamberlain* kam es schließlich zum Treffen der Staatsmänner Englands, Frankreichs, Deutschlands, Italiens, Polens, Belgiens und der Tschechoslowakei in dem Schweizer Kurort *Locarno* (5.–16. Oktober 1925). Stresemanns französischer Verhandlungspartner war *Aristide Briand*, der wie sein deutscher Amtskollege großes Interesse an einer Bereinigung des deutsch-französischen Gegensatzes hatte. Der ausgehandelte Kompromiss entsprach im Wesentlichen den Vorschlägen Stresemanns: Deutschland, Frankreich und Belgien verpflichteten sich, keinen Krieg gegeneinander zu beginnen und auf eine Veränderung der bestehenden Grenzen zwischen ihren Ländern zu verzichten. Eine Verletzung dieser Bestimmungen würde ein Eingreifen der Garantiemächte England und Italien zur Folge haben.
Eine Revision der Ostgrenzen wollte Stresemann dagegen offenhalten. Deswegen verzichtete er in einem Schiedsvertrag mit Polen lediglich auf eine gewaltsame Änderung der Grenzen. Abschließend beschloss die Konferenz einstimmig, Deutschland in den Völkerbund aufzunehmen. Am 8. September 1926 trat Deutschland schließlich ein. Stresemann nutzte den Völkerbund von nun an als das geeignete Forum, um das Ansehen Deutschlands wieder zu verbessern und vor allem die Anliegen derjenigen Deutschen, die der Versailler Vertrag den Nachbarstaaten zugeordnet hatte, der Weltöffentlichkeit vorzustellen.
Mit den Verträgen von Locarno war es Deutschland gelungen, die außenpolitische Isolierung endgültig zu durchbrechen und als gleichberechtigter Partner neben die westlichen Großmächte zu treten. Aufkommenden Besorgnissen in der UdSSR begegnete Stresemann durch die Zusicherung gegenseitiger Neutralität im Falle eines Angriffs durch einen dritten Staat (*Berliner Vertrag*, 1926).
Im Deutschen Reich wurden die Locarno-Verträge zunächst von weiten Teilen der Bevölkerung abgelehnt. Vor allem die nationale Rechte sah in dem

Plakat der DNVP zur Reichstagswahl von 1928.

Vertragswerk eine Fortsetzung des Versailler „Schandvertrages". Sie sprach erneut von Verrat an den Interessen Deutschlands und von „ehrloser Erfüllungspolitik", da Stresemann endgültig auf Elsass-Lothringen, indirekt sogar auf die Ostgebiete verzichtet habe. Und der Völkerbund galt vielen nur als Instrument der Siegermächte (⇨ M 3).

Der Young-Plan und das Ende der Reparationszahlungen

Erst ab Februar 1929 versuchte eine Kommission unter dem Vorsitz des Amerikaners *Owen Young,* die Reparationsfrage erneut und endgültig zu regeln. Die Gesamtsumme wurde jetzt auf 114 Milliarden Goldmark festgesetzt. Jährliche Teilzahlungen von durchschnittlich zwei Milliarden Mark sollten 59 Jahre lang erbracht werden. Dafür entfielen ausländische Wirtschaftskontrollen in Deutschland. Außerdem wurden die Besatzungstruppen, fünf Jahre vor dem festgesetzten Termin, aus dem Reich abgezogen. Im März 1930 nahm der Reichstag den Young-Plan an.
Wegen der Folgen der Weltwirtschaftskrise erwirkte der amerikanische Präsident für 1931 eine einjährige Aussetzung der Reparationsleistungen *(Hoover-Moratorium).* Die *Konferenz von Lausanne* (1932) beschloss schließlich, die Reparationen gegen eine einmalige Abfindung von drei Milliarden Reichsmark einzustellen. Doch selbst diese Abschlusszahlung wurde nicht mehr geleistet.

M 1

Rapallo im Meinungsstreit der Zeitgenossen

Ulrich Graf von Brockdorff-Rantzau, der Leiter der deutschen Delegation in Versailles, schrieb am 15. 8. 1922 zur Ostpolitik der Regierung.

Eine ausschließlich nach Osten orientierte deutsche Politik wäre im gegenwärtigen Augenblick nicht nur verfrüht und gefährlich, sondern aussichtslos und darum verfehlt. Verfrüht ist sie, weil wir 5 wirtschaftlich ebenso wie Russland noch außerstande sind, uns auf ein derartiges Experiment einzulassen. Gefährlich ist sie, weil wir uns der völlig skrupellosen Sowjetregierung durch Abmachungen, 10 die uns militärisch verpflichten, in die Hand geben. [. . .] Aussichtslos ist die Politik, weil wir bei einem Angriff Russlands auf Polen [. . .] im Westen dem französischen Einmarsch nahezu wehr- 15 los gegenüberstehen würden und im Süden wie im Norden einem Überfall der französischen Kreaturstaaten [. . .] ausgesetzt wären.

„Deutschland und Russland – ein Anfang."
(Simplicissimus Nr. 6, 10. 5. 1922, S. 77.)

General von Seeckt antwortete auf die Denkschrift Brockdorff-Rantzaus am 11. 9. 1922.

Mit Polen kommen wir zum Kern des Ostproblems. Polens Existenz ist unerträglich, unvereinbar mit den Lebensbedingungen Deutschlands. Es muss verschwinden und wird verschwinden 5 durch eigene innere Schwäche und durch Russland – mit unserer Hilfe. Polen ist für Russland noch unerträglicher als für uns; kein Russland findet sich mit Polen ab. Mit Polen fällt eine der stärks- 10 ten Säulen des Versailler Friedens, die Vormachtstellung Frankreichs. Dieses Ziel zu erreichen, muss einer der festesten Richtungspunkte der deutschen Politik sein, weil er ein erreichbarer ist. Er- 15 reichbar nur durch Russland oder mit seiner Hilfe. [. . .]
Wir wollen zweierlei: erstens eine Stärkung Russlands auf wirtschaftlichem und auf politischem, also militärischem 20 Gebiet und damit indirekt die eigene Stärkung, indem wir einen zukünftigen möglichen Bundesgenossen stärken; wir wollen ferner, zunächst vorsichtig und versuchend, die unmittelbare eigene 25 Stärkung, indem wir eine uns im Bedarfsfall dienstbare Rüstungsindustrie in Russland heranbilden helfen. [. . .]
Das deutsche Volk soll in seiner sozialistischen Mehrheit einer aktiven Politik, 30 die mit Kriegsmöglichkeiten rechnen muss, abgeneigt sein. Es ist zuzugeben, dass der Geist, der über der Versailler Friedensdelegation schwebte, noch nicht verschwunden ist und dass der törichte 35 Ruf: „Nie wieder Krieg!" verbreiteten Nachhall findet. Er findet ihn auch in manchen pazifistisch-bürgerlichen Kreisen, aber es gibt auch unter den Arbeiterkreisen, auch in der offiziellen Sozial- 40 demokratischen Partei viele, die nicht gewillt sind, dem Franzosen und Polen aus der Hand zu fressen.

Otto-Ernst Schüddekopf (Hrsg.), Das Heer und die Republik. Quellen zur Politik der Reichswehrführung 1918–1933, Frankfurt/Main 1955, S. 158 und 163 ff.

1. *Stellen Sie die Vor- und Nachteile einer Annäherung an die RSFSR gegenüber.*
2. *Begründen Sie den Primat politischer Überlegungen vor militärischen Erwägungen.*

M 2

Grundzüge der Außenpolitik Stresemanns

Vier Wochen vor der Konferenz in Locarno beschrieb Stresemann in einem Antwortbrief an den ehemaligen Kronprinzen Wilhelm die Grundpositionen seiner Außenpolitik (7. 9. 1925).

Zu der Frage des Eintritts in den Völkerbund möchte ich Folgendes bemerken: Die deutsche Außenpolitik hat nach meiner Auffassung für die nächste, absehbare Zeit drei große Aufgaben:
Einmal die Lösung der Reparationsfrage in einem für Deutschland erträglichen Sinne und die Sicherung des Friedens, die die Voraussetzung für eine Wiedererstarkung Deutschlands ist.
Zweitens rechne ich dazu den Schutz der Auslandsdeutschen, jener zehn bis zwölf Millionen Stammesgenossen, die jetzt unter fremdem Joch in fremden Ländern leben.
Die dritte große Aufgabe ist die Korrektur der Ostgrenzen: die Wiedergewinnung von Danzig, vom polnischen Korridor und eine Korrektur der Grenze in Oberschlesien.
Im Hintergrund steht der Anschluss von Deutsch-Österreich. [. . .]
Wollen wir diese Ziele erreichen, so müssen wir uns aber auch auf diese Aufgaben konzentrieren. Daher der Sicherheitspakt, der uns einmal den Frieden garantieren und England sowie [. . .] Italien als Garanten der deutschen Westgrenze festlegen soll. Der Sicherheitspakt birgt andererseits in sich den Verzicht auf eine kriegerische Auseinandersetzung mit Frankreich wegen der Rückgewinnung Elsass-Lothringens, einen deutschen Verzicht, der aber insoweit nur theoretischen Charakter hat, als keine Möglichkeit eines Krieges gegen Frankreich besteht.
Die Sorge für die Auslandsdeutschen spricht für den Eintritt in den Völkerbund. [. . .] Die Bedenken, dass wir im Völkerbund überstimmt werden, gehen von der falschen Voraussetzung aus, dass es in diesem Völkerbundsrat, der die Entscheidung hat, eine Übereinstimmung gibt. Die Beschlüsse des Völkerbundsrats müssen einstimmig gefasst werden. [. . .]
Die Frage des Optierens zwischen Osten und Westen erfolgt durch unseren Eintritt in den Völkerbund nicht. Optieren kann man ja übrigens nur, wenn man eine militärische Macht hinter sich hat. Das fehlt uns leider. Wir können weder zum Kontinentaldegen für England werden, wie einige glauben, noch können wir uns auf ein deutsch-russisches Bündnis einlassen.
Ich warne vor einer Utopie, mit dem Bolschewismus zu kokettieren. Wenn die Russen in Berlin sind, weht zunächst die Rote Fahne vom Schloss, und man wird in Russland, wo man die Weltrevolution wünscht, sehr zufrieden sein, Europa bis zur Elbe bolschewisiert zu haben, und wird das übrige Deutschland den Franzosen zum Fraß geben. Dass wir im Übrigen durchaus bereit sind, mit dem russischen Staat, an dessen evolutionäre Entwicklung ich glaube, uns auf anderer Basis zu verständigen, und uns durch unseren Eintritt in den Völkerbund durchaus nicht nach dem Westen verkaufen, ist eine Tatsache, über die ich [. . .] gern gelegentlich mündlich Näheres sagen

würde. [. . .] Das Wichtigste ist für die unter 1) berührte Frage der deutschen Politik das Freiwerden deutschen Landes von fremder Besatzung. Wir müssen den Würger erst vom Halse haben.

Herbert Michaelis und Ernst Schraepler (Hrsg.), Ursachen und Folgen. Vom deutschen Zusammenbruch 1918 und 1945 bis zur staatlichen Neuordnung Deutschlands in der Gegenwart, Band 6, Berlin o. J., S. 487 ff.

1. *Arbeiten Sie die Argumente heraus, mit denen Stresemann versuchte, den Kronprinzen von seinen Ansichten zu überzeugen.*
2. *Worin liegen Unterschiede, worin Gemeinsamkeiten in den außenpolitischen Ansichten Stresemanns und Seeckts (siehe M 1, Seite 416)?*

M 3 Innenpolitische Auseinandersetzung um die Locarno-Verträge

Der kommunistische Abgeordnete Wolfgang Bartels am 30. 10. 1925 im Preußischen Landtag:

Wenn man die einzelnen Verträge und ihre Paragraphen durchgeht, so sehen wir, dass Deutschland hinreichend Garantie gibt, aber dafür lediglich die Garantie erhält, dass es Kriegsbütteldienste 5 leisten darf und andererseits Deutschland als Kriegsschauplatz ausliefern muss. Locarno bedeutet in Wirklichkeit – das wird auch in diesem Hause niemand zu bestreiten versuchen – die Aus- 10 lieferung der Rheinlande, es bedeutet direkt ein Verschenken preußisch-deutschen Gebietes, es bedeutet die Garantie des Einmarsch- und Durchmarschrechtes durch Deutschland, es bedeutet die 15 Kriegsdienstverpflichtung der deutschen Bevölkerung für die Entente gegen Russland, es bedeutet vor allem die Anerkennung der Aufrechterhaltung des Besatzungsregimes, und es bedeutet erneut 20 das Bekenntnis zu dem Versailler Vertrag. Es bedeutet darüber hinaus verschärfte Ausbeutung, verschärfte Entrechtung, Unterdrückung, Elend, Übel, Not. 25

Herbert Michaelis und Ernst Schraepler (Hrsg.), a.a.O., S. 396

Der nationalsozialistische Reichstagsabgeordnete Gregor Strasser am 24. 11. 1925 im Reichstag:

Wir Nationalsozialisten, wir Frontsoldaten und wir Frontoffiziere [. . .] verzichten nun und nimmer auf Elsass-Lothringen. Wir verzichten nie auf Eupen und Malmedy, auf die Saar und auf unsere 5 Kolonien. Wir verzichten auf Nordschleswig so wenig wie auf Memel und Danzig, wie auf Westpreußen und Oberschlesien. Wir jungen Deutschen kennen unsere großdeutsche Aufgabe, und wir 10 speisen die Brüder in Österreich und in Sudeten-Deutschland nicht mit leeren Worten ab. [. . .]
Unser Staat, der [. . .] ein in sich geschlossener geworden ist, wird einst die Ver- 15 träge von Versailles, London[1]) und Locarno wie Papierfetzen zerreißen können, weil er sich stützt auf das, was Sie bewusst im deutschen Volke zerschlagen, wofür kein Opfer gebracht werden 20 darf, nämlich auf die Bildung eines in sich geschlossenen Volkes.

Detlef Junker u. a. (Hrsg.), Deutsche Parlamentsdebatten II, 1919–1939, Frankfurt/Main 1971, S. 180 f.

1. *Untersuchen Sie die Texte auf Gemeinsamkeiten und Unterschiede. Erläutern Sie die Motive bei den Gegnern der Verträge von rechts und von links.*
2. *Überprüfen Sie mit Hilfe der Darlegungen Stresemanns (M 2, Seite 417 f.), ob die hier gemachten Aussagen zutreffend sind.*

[1]) Annahme des Dawes-Plans

Die „Goldenen Zwanziger": Die ungeliebte Republik konsolidiert sich

In Serienproduktion werden Stahlkarosserien für Automobile hergestellt.

1923	Die ersten Radiosendungen werden übertragen
1927	Die Arbeitslosenversicherung wird eingerichtet
1929	Die ersten Tonfilme beschleunigen den Siegeszug des Kinos

Die „Goldenen Zwanzigerjahre": das Wirtschaftsleben

Die Jahre zwischen der Sanierung der Währung und dem Beginn der Weltwirtschaftskrise (siehe Seite 247 f.), die in der historischen Forschung als relativ stabil gelten, werden häufig als die *Goldenen Zwanziger* bezeichnet.
Deutschland hatte dank der Vertrauen schaffenden Außenpolitik Stresemanns zu internationaler Reputation zurückgefunden, und in der Folge gewährten ausländische Kapitalgeber, insbesondere aus den USA, Kredite in Milliardenhöhe. Dies versetzte das Reich in die Lage, die geforderten Reparationen zu finanzieren, und die Alliierten konnten damit wiederum ihre Kriegsschulden gegenüber den USA begleichen. Von Amerika floss das Geld erneut nach Deutschland zurück. Dieser internationale Finanzkreislauf förderte die Investitions- und Innovationsbereitschaft der deutschen Industrie, die in einigen Bereichen (Maschinenbau, Chemie, optische Geräte, Elektro-

Länder und Gemeinden förderten den sozialen Wohnungsbau. Zum Teil wurden architektonisch hervorragende Lösungen gefunden, wie beispielsweise die Siedlung Rundling in Leipzig-Lössnig.

branche, Feinmechanik) bald wieder eine internationale Spitzenstellung einnahm. Das Produktionsvolumen stieg zwischen 1924 und 1929 um 50 %. Trotzdem gelang es nicht, die Republik dauerhaft zu stabilisieren. Dazu trug auch bei, dass sich das soziale Klima zwischen den Tarifparteien im Laufe der Jahre verhärtete. Die Löhne waren – zumeist durch staatliche Zwangsschlichtungen festgesetzt – seit Ende der Inflation wesentlich stärker gestiegen als der Produktivitätsfortschritt. Vergleichbares galt für die sich vervielfachenden Sozialleistungen. Die Unternehmen konnten deshalb nicht ausreichend investieren, Arbeitsproduktivität und Exportleistungen erreichten nicht einmal das Vorkriegsniveau. Entlassungen und hohe Arbeitslosenzahlen, die zwischen 1924 und 1929 im Jahresdurchschnitt nicht unter die Einmillionengrenze sanken, waren die Folge.
Die großindustriellen Unternehmensverbände versuchten zudem seit 1923, die sozialpolitischen Ergebnisse der „Zentralarbeitsgemeinschaft" von 1918 zu korrigieren. Streiks und Aussperrungen wurden immer häufiger. Sie eskalierten besonders um die Fragen der Erhaltung des Achtstundentages und der Tarifautonomie der Gewerkschaften, Positionen, die für die Arbeitnehmerverbände zu den politischen Grundlagen der Republik zählten. Immerhin wurde aber 1927 mit der einvernehmlichen Einführung der *Arbeitslosenversicherung,* deren Mittel je zur Hälfte von Arbeitgebern und Arbeitnehmern aufzubringen waren, auch ein wesentlicher sozialpolitischer Fortschritt erzielt.
Kleine Unternehmer und Handwerker machten für ihre niedrig bleibenden Gewinne die industrielle Modernisierung und die Konzentration der Großbetriebe verantwortlich. Die antimodernistische und antikapitalistische Gesinnung wuchs in diesen Kreisen ebenso wie bei den Bauern, die unter einer immer größer werdenden Verschuldung litten.

Mit Hilfe der aus dem Ausland großzügig fließenden, aber teueren Kredite bemühte sich die ungeliebte Republik nach allen Seiten um die Gunst der Wähler. Subventionen flossen reichlich, so an die Schwerindustrie und die Landwirtschaft, der Sozialstaat wurde ausgebaut, und ganz besonders die Städte und Gemeinden verschuldeten sich erheblich. Wie sehr das wirtschaftliche Wachstum künstlich forciert war und auf tönernen Füßen stand, wurde erst 1929 in der Weltwirtschaftskrise deutlich.

Die „Goldenen Zwanzigerjahre": das kulturelle Leben

Wenn wir heute von den „Goldenen Zwanzigern" sprechen, so meinen wir weniger den wirtschaftlichen Aufschwung jener Jahre als vielmehr das freie, ungewöhnlich produktive, ja teilweise ungezügelte Kulturleben. Anknüpfend an die geistigen Strömungen im Kaiserreich, entfaltete sich in Deutschland, und vor allem in der Metropole Berlin, für mehr als ein Jahrzehnt eine einzigartige künstlerische und intellektuelle Blüte. Eigenartigerweise verharrten aber die meisten Exponenten der „Weimarer Kultur" in einer tiefen Ablehnung gegenüber der Republik. Was waren die Gründe?
Der verlorene Krieg und die Revolution hatten das Weltbild und die Ordnung der Wilhelminischen Zeit von Grund auf verändert. Politische, wirtschaftliche, technologische und gesellschaftliche Brüche machten eine neue Orientierung notwendig. In dieser Aufbruchsstimmung entstand ein Zeitgeist, der gleichermaßen überschwänglich wie radikal war. Demgegenüber erschien der politische Alltag grau, langweilig und voller Kompromisse. Intellektuelle von rechts und links waren sich deshalb einig in der totalen Ablehnung der Republik und ihrer führenden Repräsentanten. Was sie jedoch trennte, waren ihre konträren Zukunftsvisionen, mit denen sie dem modernen Industriezeitalter begegnen wollten. *Johannes R. Becher*[1]) erklärte: „Literatur ist kein neutrales Gebiet. Auch die Literatur ist Kriegsgebiet. Zum Krieg führen sind wir da!" Positives Ergebnis der künstlerischen Auseinandersetzung in jenen Jahren war eine einzigartige Vielfalt kultureller Strömungen.
In den *bildenden Künsten* und in der *Literatur* beeinflusste schon seit Beginn des Jahrhunderts der *Expressionismus*[2]) das Schaffen von Malern, Dramatikern und Lyrikern. Das Ideal eines „neuen Menschen" und die Ablehnung der überkommenen bürgerlichen Gesellschaft waren kennzeichnend. Um geistige und seelische Empfindungen intensiv darzustellen, trat in der Malerei die Gegenständlichkeit hinter die Farbe zurück, die Wirklichkeit wurde abstrahiert[3]).

[1]) Johannes R. Becher (1891–1958), der KPD angehörender Schriftsteller, der 1933 nach Moskau emigrierte. 1954 wurde Becher Kulturminister der DDR; von ihm stammte der Text der Nationalhymne der DDR („Becherhymne").

[2]) expressio (lat.): Ausdruck; Stilmittel werden als ausgeprägt subjektive Ausdrucksträger eingesetzt.

[3]) abstrahieren (lat.): ab-, wegziehen; die abstrakte Kunst löst sich von der gegenständlichen Darstellung.

Seit Mitte der Zwanzigerjahre löste die Richtung der *Neuen Sachlichkeit* die expressionistische Dämonisierung von Technik und Wissenschaft ab und bemühte sich um einen Ausgleich. In der bildenden Kunst entstanden jetzt objektive, nüchtern-distanzierte Werke ohne die bisherige ekstatische Grellheit.
Auch in der Literatur wurde ein verhaltenerer Ton angeschlagen. Erfolgsromane wie „Berlin Alexanderplatz" (1929) von *Alfred Döblin* und „Kleiner Mann, was nun?" (1932) von *Hans Fallada* verzichteten auf alles revolutionäre Pathos und schilderten eindrucksvoll das Leben der „kleinen Leute".
Weltgeltung erzielte in den Zwanzigerjahren das *Theater* in Deutschland. Die Erfolge des *epischen Theaters* sind eng mit den Namen des Schriftstellers *Bertolt Brecht* und des Regisseurs *Erwin Piscator* verbunden. Anhand der Geschicke seiner Hauptfiguren wollte Brechts episches Theater die sozialen Gesetze herausarbeiten, die das Verhalten von Menschen bestimmen. Das Drama wurde zum Lehrstück. Die Uraufführung von Brechts „Dreigroschenoper" geriet 1928 zum Höhepunkt des Berliner Theaterlebens.
Das Theater schlitterte in eine Krise, als die Konkurrenz des *Kinos* übermächtig wurde. Die Zahl der Lichtspieltheater verdoppelte sich zwischen 1918 und 1930 auf rund 5000. Die deutsche Filmindustrie produzierte in Europa die meisten Filme, und ihre künstlerisch hochwertigen Stummfilme genossen weltweit hohes Ansehen. Seit 1929 eroberte der Tonfilm zusätzliche Publikumsschichten. Bahnbrechend wurde 1930 „Der blaue Engel" mit *Marlene Dietrich* und *Emil Jannings* in den Hauptrollen.
Zur neuen „Massenkultur" der Zwanzigerjahre gehörte neben dem Kino der stürmische Aufschwung, den *Presse* und *Rundfunk* nahmen. Neben den florierenden Tageszeitungen eroberten sich Illustrierte und Boulevardblätter ihre Leser. Noch stärker in die Lebensgewohnheiten der Bürger griffen die neuen Rundfunksender ein. Seit der ersten Radiosendung am 29. Oktober 1923 stieg die Zahl der Empfänger unentwegt an. Neun Jahre später besaß bereits jeder vierte Haushalt einen Rundfunkapparat. Live-Reportagen machten den Sport (Fußball, Boxen) bei breiten Schichten populär.
Große internationale Anerkennung fand die *Architektur*, verkörpert durch das *Bauhaus* in Weimar, später Dessau. Unter der Leitung von *Walter Gropius* war das Bauhaus eine gemeinsame Ausbildungsstätte für Handwerker und Künstler. Durch das Herausarbeiten der „Funktionalität" in der Architektur oder bei Gegenständen des täglichen Gebrauchs versuchte man, Formschönheit mit den Erfordernissen der Technik zu verbinden.
In der *Musik* dominierte mit dem Jazz und dem Charleston Musik aus den USA. Populär gemacht wurden die neuen Hits in ausverkauften Kabaretts und Revuen und bald auch durch Schallplatten (⇨ M 1, M 2).

1926 drehte der Filmregisser Fritz Lang den Filmklassiker „Metropolis". Das Foto zeigt die Szene, in der die Arbeiter in einem Freudenrausch über die Zerstörung der großen, sie beherrschenden Maschine das vermutete Ende ihrer Unterdrückung feiern.

M 1

Bekannte Namen aus Literatur und Kunst der Zwanzigerjahre

1. *Vorschlag für Kurzreferate: Informieren Sie sich anhand kunsthistorischer und literaturgeschichtlicher Nachschlagewerke über die wichtigsten Vertreter und Werke des Kulturlebens in den Zwanzigerjahren.*
2. *Gegen die moderne Massenkultur der Zwanzigerjahre gab es aus unterschiedlichen Gründen Widerstand. Beschreiben Sie die gesellschaftlichen und geistigen Hintergründe dieser Denkweisen.*

M 2

Zwischen 1928 und 1930: Erinnerungen eines Schriftstellers

Der Schriftsteller Klaus Mann (1906–1949), Sohn des Nobelpreisträgers Thomas Mann, schreibt in seiner Autobiographie über die politische und kulturelle Szene zwischen 1928 und 1930.

Sonderbarerweise hat die Zeit von 1928 bis 1930 in meiner Erinnerung wenig mit Massenelend und politischer Spannung zu tun. Eher mit Wohlstand und kulturellem Hochbetrieb. Natürlich wusste ich, dass die Zahl der Arbeitslosen erschreckend stieg – waren es drei Millionen? Waren es schon fünf? Man konnte nur hoffen, dass die Regierung bald Abhilfe schaffen werde . . . Übrigens schienen die Geschäfte nicht schlecht zu gehen, trotz der „Krise“, von der man so viel in der Zeitung las. Auf kulturellem Gebiet jedenfalls wurde gut verdient; erfolgreiche deutsche Autoren, Schauspieler, Maler, Regisseure, Musiker schwammen geradezu im Gelde. Offenbar gab es doch noch einen starken Sektor des angeblich ruinierten Mittelstandes, der willens und fähig blieb, beträchtliche Summen für Theaterkarten, Bücher, Bilder, Zeitschriften und Grammophonplatten auszugeben.
Ein Gangster namens Frick[1]) regierte irgendwo in der mitteldeutschen Provinz, aber in Berlin ging alles seinen gewohnten Gang. Der „Strich“ auf der Tauentzienstraße florierte (nicht mehr ganz so hektisch wie in den Tagen der Inflation, aber doch noch recht flott), im „Haus Vaterland“ gab es künstliche Gewitter und Sonnenuntergänge, die Nachtlokale waren überfüllt [. . .], die Galerie Alfred Flechtheim verkaufte kubistische Picassos und die reizenden Tierstatuetten der Renée Sintenis, Fritzi Massary feierte Triumphe in der neuesten Lehár-Reprise, in den Salons am Kurfürstendamm, im Grunewald und im Tiergartenviertel schwärmte man vom neuesten René-Clair-Film, von der letzten Max-Reinhardt-Inszenierung und vom letzten Furtwängler-Konzert, bei Frau Stresemann gab es große Empfänge, über die in der „Eleganten Welt“ unter der Überschrift „Sprechen Sie noch . . .?“ berichtet wurde.
Der Bürgerkrieg schien sich vorzubereiten, beide Parteien musterten ihre formidable Macht – der nationalistische „Stahlhelm“ gegen das sozialdemokratische Reichsbanner, die Nazis gegen die Kommunisten. Die Reichswehr inzwischen intrigierte und foppte das Publikum mit ihrer sphinxisch „neutralen“, „unpolitischen“ Haltung, während sie in Wahrheit die antirepublikanischen Kräfte heimlich stützte und ermutigte. Aber die Republik, mit unerschütterlichem Optimismus, vertraute auf Gott, den alten Hindenburg und die schlauen Manöver des Dr. Hjalmar Schacht[2]).
Während verbrecherische Elemente in der politischen Sphäre sich immer dreister bemerkbar machten, war ein Stück namens „Verbrecher“ (von Ferdinand Bruckner) ein sensationeller Erfolg im Deutschen Theater. Die große Attraktion der Vorstellungen war Gustaf Gründgens in der Rolle eines morbiden Homosexuellen. Der Hamburger Star war schließlich von den Kennern

[1]) Wilhelm Frick (1877–1946); führender nationalsozialistischer Politiker, leitete von 1930 bis 1931 in Thüringen das Innen- und Volksbildungsministerium, war von 1933–43 Reichsinnenminister und von 1943–1945 „Reichsprotektor“ von Böhmen und Mähren.

[2]) Hjalmar Schacht (1877–1970); Bankier, setzte sich von 1924–1930 als Reichsbankpräsident für die Senkung der staatlichen Kreditaufnahme ein, unterstützte Hitler und war von 1933–1939 erneut Chef der Reichsbank, sowie gleichzeitig von 1935–1937 Wirtschaftsminister; von 1937–1943 war er Minister ohne Geschäftsbereich, bis er sich endgültig mit der nationalsozialistischen Regierung überwarf.

Großstadtverkehr am Potsdamer Platz in Berlin – im Hintergrund das Regierungsviertel in der Leipziger Straße.

der Metropole entdeckt worden: Berlin war hingerissen von seiner „aasigen" Verworfenheit, dem hysterisch beschwingten Gang, dem vieldeutigen Lächeln, den Juwelenblicken. Erika[1]), übrigens, hatte sich mittlerweile von ihm scheiden lassen. Es war die große Zeit der Entdeckungen. Die Schwerindustrie entdeckte die „aufbauenden Kräfte" im Nationalsozialismus. Erich Maria Remarque entdeckte die enorme Attraktion des Unbekannten Soldaten. Die völkischen Rowdies entdeckten Stinkbomben und weiße Mäuse als Argumente gegen einen pazifistischen oder doch nicht hinlänglich kriegsbegeisterten Film[2]). Der findige Dichter Bertolt Brecht entdeckte die alte englische „Beggar's Opera", die in seiner Adaption als „Dreigroschenoper" volle Häuser machte, „tout Berlin" trällerte und pfiff die schönen Balladen von der „Seeräuber-Jenny" und vom Macky Messer, dem man nichts beweisen kann. Die mächtige UFA übertraf, wie gewöhnlich, alle Konkurrenten und entdeckte mit unfehlbarem Instinkt die Beine der Marlene Dietrich, die in einem Film namens „Der Blaue Engel" sensationell zu Geltung kamen.

Klaus Mann, Der Wendepunkt. Ein Lebensbericht, München 1989, Seite 242 ff.

1. *Beschreiben Sie, wie es Klaus Mann gelingt, die Stimmung sowie die kulturellen und politischen Gegensätze dieser Jahre aufzuzeigen.*
2. *„Das Lebensgefühl in den Goldenen Zwanzigern war kein goldenes." Nehmen Sie zu diesem Zitat Stellung.*

---

[1]) Erika Mann, die Schwester von Klaus Mann, war von 1925 bis 1928 mit Gustaf Gründgens verheiratet.

[2]) Hinweis auf den 1929 erschienenen und 1930 verfilmten Antikriegsroman „Im Westen nichts Neues". Die Nazis inszenierten einen massiven Protest gegen den pazifistischen Film und erreichten ein Aufführungsverbot.

Parlamentarismus in der Krise

Die Weihnachtsüberraschung des Jahres 1928 unterschrieb der Karikaturist Karl Arnold mit dem Text: „Jedermann sein eigener Christbaum" (Titelblatt des Simplicissimus).

1925	Nach dem Tod Friedrich Eberts wird Paul von Hindenburg Reichspräsident
1928	SPD, Zentrum und bürgerlich-liberale Parteien bilden eine Große Koalition
1929	Ausgehend von den USA erfasst die Weltwirtschaftskrise Deutschland
1930	Die Große Koalition, die letzte Regierung mit einer Mehrheit im Parlament, zerbricht

Die Reichstagswahl von 1928: Bildung der Großen Koalition

Die im Januar 1927 gebildete Regierungskoalition aus DVP, BVP, Zentrum und DNVP („Bürgerblock") war bereits im Frühjahr 1928 wieder auseinandergebrochen. Der nach dem Tod Eberts 1925 zum Reichspräsidenten gewählte Paul von Hindenburg löste deshalb das Parlament auf. Bei den Neuwahlen am 20. Mai 1928 büßten die Parteien der bürgerlichen Mitte zum Teil erhebli-

che Stimmenanteile ein. Vernichtend fiel das Ergebnis für die extreme Rechte aus: Die NSDAP blieb mit zwölf Mandaten weiterhin bedeutungslos, während die DNVP mit dem Verlust von 30 Abgeordneten die große Verliererin war. Als Folge dieses Debakels ging die DNVP unter Führung *Alfred Hugenbergs*[1]) wieder auf totalen Oppositionskurs zum republikanischen System.
Wahlsieger waren SPD und KPD. Die SPD, die sich nach dem Austritt aus dem Kabinett Stresemann im November 1923 in die Opposition begeben hatte, zeigte sich wieder bereit, Regierungsverantwortung zu übernehmen. Ihr Fraktionsvorsitzender Hermann Müller bildete nach zähen Verhandlungen eine Große Koalition mit Zentrum, DDP, DVP und BVP. Allerdings standen die Koalitionsfraktionen von Anfang an nicht geschlossen hinter dem Kabinett. Die Schwierigkeiten wurden bereits nach wenigen Monaten deutlich, als die SPD-Fraktion ihre eigenen Minister zwang, im Reichstag gegen die Regierungsvorlage über den Bau eines Panzerschiffes zu stimmen. Auch in der Folgezeit wurde offenkundig, dass die Koalitionsparteien nicht in der Lage waren, zu einem Konsens zusammenzufinden.
Lediglich die Lösung des leidigen Reparationsproblems hielt die Koalition noch zusammen. Der Anfang Mai 1930 in Kraft tretende Young-Plan löste den Dawes-Plan ab. Obwohl das neue Abkommen für das Reich Vorteile brachte, wurde es von der Opposition mit allen Mitteln bekämpft. Alfred Hugenberg (DNVP), *Franz Seldte („Stahlhelm" – Bund der Frontsoldaten)* und Adolf Hitler (NSDAP) initiierten deshalb im Vorfeld der Verhandlungen ein Volksbegehren gegen die „Versklavung des deutschen Volkes". Während die für das Volksbegehren nötigen 10 % Wählerstimmen gerade noch zusammenkamen, scheiterte der Volksentscheid am 22. Dezember 1929 dann sehr deutlich (13,8 %). Dennoch profitierten Hitler und die NSDAP von der monatelangen zügellosen Agitation während der Kampagne, da die Partei einer breiten deutschen Öffentlichkeit bekannt wurde (⇨ M 1).

Das Scheitern der Großen Koalition

Dank des persönlichen Einsatzes Stresemanns war es immer wieder gelungen, Belastungen für die Koalition zu entschärfen. Nach Stresemanns Tod im Oktober 1929 war das Auseinanderbrechen der Großen Koalition nur noch eine Frage der Zeit. In allen Parteien dominierten Partikularinteressen. Es herrschte der Glaube, dass man eine Politik schädlicher Kompromisse vor den eigenen Anhängern nicht länger vertreten könne. Insbesondere auf dem Gebiet der Wirtschafts- und Sozialpolitik ließen sich die Unterschiede zwischen SPD und DVP kaum mehr überbrücken. Während die DVP, hinter der die Arbeitgeberverbände standen, die Wettbewerbsfähigkeit der deutschen Wirtschaft durch Kostensenkungen im sozialen Sektor erhalten wollte, war die SPD nicht bereit, auf erkämpfte sozialpolitische Positionen zu verzichten.

---

[1]) Alfred Hugenberg, Wirtschaftsführer und Politiker (1865–1951); seit 1928 Parteivorsitzender der DNVP

Der Führer der KPD, Ernst Thälmann, spricht bei einer Massenkundgebung vor dem Berliner Schloss am 1. Mai 1930.

1929 hatte die DVP noch einer Erhöhung der Beiträge zur Arbeitslosenversicherung von 3 % auf 3,5 % zugestimmt, da wegen der hohen Arbeitslosenzahl in den Kassen der *Reichsanstalt für Arbeitsvermittlung und Arbeitslosenversicherung* ein erhebliches Defizit entstanden war. Einer von der SPD gewünschten erneuten Anhebung des Beitragssatzes auf 4 % widersetzte sich die DVP im Frühjahr 1930 ganz energisch. Sie akzeptierte dagegen den vom Zentrumspolitiker *Heinrich Brüning*[1]) ausgearbeiteten Kompromissvorschlag, der die momentane Beitragshöhe mit Hilfe von Reichszuschüssen bis zum Herbst festschrieb, eine spätere Erhöhung des Beitrags und einen Abbau der Leistungen jedoch nicht ausschloss. Dies war letztendlich der Grund für die SPD, den Vorschlag abzulehnen; sie befürchtete eine Abspaltung ihres starken Gewerkschaftsflügels. Damit war die letzte von einer Mehrheit im Parlament getragene Regierung gescheitert. Am 27. März 1930 trat Reichskanzler Müller zurück.

---

1) Heinrich Brüning (1885–1970) war 1920–1930 Geschäftsführer des christlichen Deutschen Gewerkschaftsbundes, von 1924–1933 Mitglied des Reichstages für die Zentrumspartei, deren Fraktionsführer er 1929 wurde.

Die Auswirkungen der Weltwirtschaftskrise auf Deutschland

Bereits Ende 1928 war es im Deutschen Reich zu einem Konjunkturrückgang gekommen – in erster Linie, weil aufgrund der hohen Lohnsteigerungen zu wenig Investitionen getätigt wurden. Die Zahl der Arbeitslosen stieg auf 1,89 Millionen im Jahresdurchschnitt. Ein Jahr später griff parallel zu der Regierungskrise die bis dahin schwerste Krise der Weltwirtschaft (siehe Seite 247 f.) auf Deutschland über. Die Lage verschlechterte sich rapide. Steigende Arbeitslosenzahlen senkten die Kaufkraft der Bevölkerung und die Steuereinnahmen des Staates erheblich. Die geringere Nachfrage führte zu weiteren Produktionsdrosselungen und erneuten Entlassungen. So drehte sich die verhängnisvolle Spirale immer weiter.

Deutschland war wegen der Folgekosten des Ersten Weltkriegs in besonders hohem Maße auf den Export und ausländische Kredite angewiesen. Deshalb traf die weltweite Depression 1931 das Deutsche Reich besonders heftig, als das Ausland verstärkt seine kurzfristigen Kredite zurückzog. Viele Banken, die längerfristige Investitionsprogramme der Industrie finanziert hatten, kamen in Zahlungsschwierigkeiten (Bankenkrach). Nach dem Zusammenbruch der zweitgrößten deutschen Bank, der *Darmstädter und Nationalbank (Danat),* zahlten alle Banken nur noch in begrenztem Umfang Gelder aus.

1932 erreichte die Krise ihren Höhepunkt. Die industrielle Produktion ging auf die Hälfte des Standes von 1928 zurück. Im Februar meldeten sich 6,128 Millionen Beschäftigte arbeitslos. Wahrscheinlich lag die tatsächliche Zahl höher, so dass in Deutschland nahezu jede zweite Familie unter der Wirtschaftskrise zu leiden hatte. Viele kleine und mittlere Unternehmer verloren ihre Betriebe durch Konkurs (⇨ M 2). Angestellte und Arbeiter brachte die Arbeitslosigkeit in große Not. Die Unterstützung für Arbeitslose bewegte sich bereits am Rande des Existenzminimums. Trotzdem wurde sie ab Juni 1932 von der Regierung *Papen* (siehe Seite 437) noch einmal gekürzt. Wer dann nach einem Jahr keine Unterstützung mehr erhielt, konnte lediglich auf die örtlichen Wohlfahrtsverbände hoffen. Ein Gefühl der Unsicherheit machte sich breit, das über die unmittelbar Betroffenen hinaus die gesamte Bevölkerung erfasste (⇨ M 3). Die allgemeine Katastrophenstimmung schürte die Anfälligkeit für radikale Patentrezepte von rechts und links.

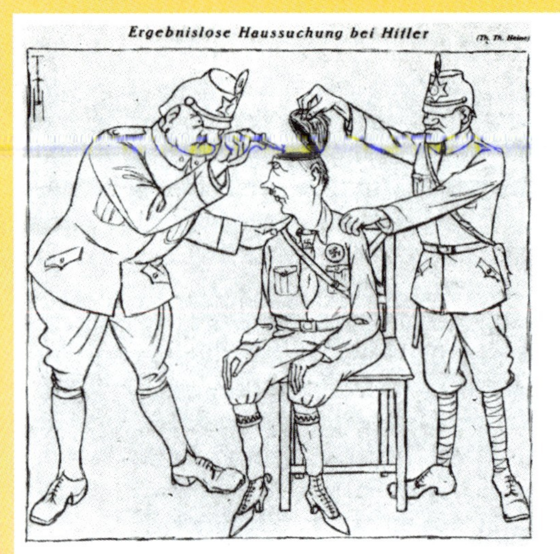

„Merkwürdig, mit wie geringen Mitteln sich Unheil anrichten lässt!“ Die Karikatur von Thomas Theodor Heine erschien 1930 im Simplicissimus.

M 1 Der Reichstag als Sprungbrett für die nationalsozialistische „Machtergreifung“

Dr. Joseph Goebbels (1897–1945) war nach dem Studium der Germanistik als Publizist tätig und kam 1928 als Abgeordneter der NSDAP in den Reichstag. Im März 1933 wurde er Reichsminister für Volksaufklärung und Propaganda. Er eröffnete für die NSDAP den Wahlkampf für die Reichstagswahl vom 20. 5. 1928 mit dem Artikel „Was wollen wir im Reichstag?“.

Wir gehen in den Reichstag hinein, um uns im Waffenarsenal der Demokratie mit deren eigenen Waffen zu versorgen. Wir werden Reichstagsabgeordnete, um die Weimarer Gesinnung mit ihrer eigenen Unterstützung lahm zu legen. Wenn die Demokratie so dumm ist, uns für diesen Bärendienst Freifahrkarten und Diäten zu geben, so ist das ihre eigene Sache. [. . .] Uns ist jedes gesetzliche Mittel recht, den Zustand von heute zu revolutionieren. Wenn es uns gelingt, bei diesen Wahlen sechzig bis siebzig Agitatoren unserer Partei in die verschiedenen Parlamente hineinzustecken, so wird der Staat selbst in Zukunft unseren Kampfapparat ausstatten und besolden. [. . .]
Wir kommen als Feinde! Wie der Wolf in die Schafherde einbricht, so kommen wir. Jetzt seid ihr nicht mehr unter euch!
Ich bin kein Mitglied des Reichstags. Ich bin ein IdI. Ein IdF. Ein Inhaber der Immunität, ein Inhaber der Freifahrkarte. [. . .] Wir sind gegen den Reichstag gewählt worden, und wir werden auch unser Mandat im Sinne unserer Auftraggeber ausüben. [. . .] Ein IdI hat freien Eintritt zum Reichstag, ohne Vergnügungssteuer zahlen zu müssen. Er kann, wenn Herr Stresemann von Genf erzählt, unsachgemäße Zwischenfragen stellen, zum Beispiel, ob es den Tatsachen entspricht, dass besagter Stresemann Freimaurer und mit einer Jüdin verheiratet ist.

Der Angriff Nr. 18 vom 30. 4. 1928

1. *Arbeiten Sie die Argumentationsweise von Goebbels unter Berücksichtigung der angewandten sprachlichen Mittel heraus.*
2. *Welche verfassungsrechtlichen Möglichkeiten bietet unser Grundgesetz, den Feinden der Demokratie wirksam zu begegnen?*

M 2

Arbeitslosigkeit und Konkurse in Deutschland

Die Entwicklung der Arbeitslosigkeit			Jahresdurchschnitt	Konkurse	
1929	Januar	2 850 214	1 898 604	1929	13 180
	Juli	1 251 452			
1930	Januar	3 217 608	3 075 580	1930	15 486
	Juli	2 765 258			
1931	Januar	4 886 925	4 519 704	1931	19 254
	Juli	3 989 686			
1932	Januar	6 041 910	5 577 942[1])	1932	14 138
	Juli	5 392 248			
1933	Januar	6 013 612	4 804 428	1933	7 954
	Juli	4 463 841			
1934	Januar	3 772 792	2 718 309	1934	6 219
	Juli	2 426 014			
1935	Januar	2 973 544	2 151 039	1935	5 955
	Juli	1 754 117			
1936	Januar	2 520 499	1 592 655	1936	5 266
	Juli	1 169 860			

Statistisches Jahrbuch für das Deutsche Reich, 56. Jahrgang, Berlin 1937, S. 350 und 406

1. *Stellen Sie die beiden rechten Tabellen in einer Graphik dar (Kurven- oder Säulendiagramm) und erläutern Sie aus dem Vergleich die Wechselwirkung zwischen Arbeitslosigkeit und Konkursen.*
2. *Welche wirtschaftlichen, aber auch gesellschaftlichen und politischen Probleme erwuchsen den Regierungen der Weimarer Republik aus der hohen Zahl der Arbeitslosen und der Konkurse?*

M 3

Auswirkungen der Arbeitslosigkeit

Der amerikanische Publizist Hubert Renfro Knickerbocker (1898–1949) schilderte die Not der Arbeiter im Berlin des Jahres 1931.

Nach den Angaben des Arbeitsamtes in Neukölln beträgt der Reichsdurchschnitt der Unterstützung, die ein beschäftigungsloser Arbeiter mit Frau und Kind bezieht, 51 Mark im Monat. Gemäß den Berechnungen dieser offiziellen Stelle kommen Miete, Beleuchtung, Beheizung und unvermeidliche Nebenausgaben auf ein unerbittliches Minimum von 32 Mark und 50 im Monat. Für die Ernährung dreier Menschen bleiben also 18 Mark 50 im Monat übrig. [. . .] Nach einer Statistik des Arbeitsamtes kann der Berliner Unterstützungsempfänger 45 Pfund Brot für 6 Mark kaufen; einen Zentner Kartoffeln für 2 Mark 50; 9 Pfund Margarine für 3 Mark; 15 Liter Milch für 4 Mark 50; 20 Pfund Kohl für 2 Mark; 10 Heringe, Salz und Zucker für 1 Mark – und damit wären seine 18 Mark 50 aufgebraucht. Das bedeutet täglich ein halbes Brot, ein Pfund Kartoffeln, hundert Gramm Kohl, fünfzig Gramm Margarine und dreimal im Monat einen Hering pro Kopf.

---

[1]) Höchststand: Februar 1932 mit 6 128 429

Not, Elend und Hunger trafen die Kinder besonders stark. Angehörige der Heilsarmee verteilen Milch an Berliner Schulkinder.

Auf Grund dieser Berechnung habe ich in meiner eigenen Küche die Tagesverpflegung einer Person ausgewogen. Das Rohmaterial für die drei Mahlzeiten findet auf einem Fleischteller bequem Platz. Es besteht aus sechs kleinen Kartoffeln, fünf mitteldicken Scheiben Brot, einem Stückchen Kohl, das ungefähr faustgroß ist, und einem Stückchen Margarine von etwa 16 Kubikzentimetern. Das ist die Wochentagsration, und an drei Sonntagen im Monat kann jeder Erwachsene außerdem noch einen Hering essen, während das Kind jeden Sonntag einen Hering essen und wohl täglich einen halben Liter Milch bekommen kann.

Hubert Renfro Knickerbocker, Deutschland so oder so?, Berlin 1932, S. 14 f.

1. *Versuchen Sie sich vorzustellen, welche Auswirkungen Hunger und Arbeitslosigkeit auf die politische Einstellung der Betroffenen haben können.*
2. *Vergleichen Sie mit Hilfe des Textes von Knickerbocker die Situation eines Arbeitslosen von damals mit der eines Arbeitslosen in der Bundesrepublik.*

Präsidialkabinette und Untergang der Republik

Karikatur von E. Schilling aus Simplicissimus, 1932.

ab 29. 3.	1930	Heinrich Brüning regiert als Kanzler des ersten Präsidialkabinetts mit Notverordnungen, ohne Mehrheit im Parlament
14. 9.	1930	Bei Reichstagswahlen gewinnen die radikalen Parteien Stimmen
10. 4.	1932	Paul von Hindenburg wird als Reichspräsident wiedergewählt
1. 6./3. 12.	1932	Auf Brüning folgen Franz von Papen und General von Schleicher als Reichskanzler
30. 1.	1933	Adolf Hitler wird Reichskanzler: Ende der Weimarer Republik

Regierungsbildung neuen Stils

Nachdem es den Parteien nicht mehr gelingen wollte, regierungsfähige Mehrheiten zu bilden, war es kein Wunder, dass man in der Umgebung des Reichspräsidenten schon seit längerem an andere, außerparlamentarische Lösungen zur Bewältigung der ständigen Krisen dachte. Eine von Rechtskreisen nachdrücklich gewünschte Regierungsbildung neuen Stils sollte die alten

Eliten wieder an die Macht bringen. Treibende Kraft war General *von Schleicher*, Chef des Ministeramtes im Reichswehrministerium. Er schlug Hindenburg vor, eine nach rechts orientierte bürgerliche Regierung zu ernennen, die nur dem Reichspräsidenten verantwortlich sein sollte *(Präsidialkabinett)*. Das zukünftige Kabinett, dessen Handlungsfähigkeit der Präsident durch Einsatz der Artikel 48 (Notverordnungsrecht) und 25 (Reichstagsauflösung) sicherzustellen hatte, sollte „antimarxistisch", also ohne sozialdemokratischen Einfluss, und „antiparlamentarisch", also ohne an eine Koalition gebunden zu sein, gebildet werden. Hindenburg, der vielen Regierungskrisen müde, stimmte zu und ernannte Heinrich Brüning am 29. 3. 1930 zum Reichskanzler. Der Übergang zur Präsidialregierung führte zur Aushöhlung der Verfassung und letztendlich zur Ausschaltung des Parlaments aus dem politischen Leben (⇨ M 1).

Regierungspolitik ohne Mehrheit

Bereits in seiner Regierungserklärung drohte der neue Reichskanzler mit Notverordnungen und Parlamentsauflösung, falls die Mehrheit des Reichstages seine Politik nicht unterstützen sollte. Brüning ordnete die Innenpolitik seinem wichtigsten außenpolitischen Plan, der Streichung der Reparationslasten, völlig unter. Die hohe Arbeitslosigkeit und das Elend großer Bevölkerungsteile in Deutschland wollte er dabei nutzen, um den Alliierten die Unerfüllbarkeit ihrer Forderungen deutlich vor Augen zu führen. Mit der Einstellung der Reparationszahlungen im Jahre 1932 wurde dieses Ziel auch erreicht.

Die wirtschaftlichen Schwierigkeiten versuchte Brüning durch eine rigorose Deflationspolitik in den Griff zu bekommen. Um den Staatshaushalt ausgeglichen zu gestalten, wurden die Ausgaben drastisch reduziert. Gehaltskürzungen im öffentlichen Dienst (1931 bei den Beamten um insgesamt 23 Prozent), Leistungsabbau im sozialpolitischen Bereich und Steuererhöhungen führten allerdings dazu, dass die Kaufkraft der Bevölkerung sank und die Einnahmen des Staates weiter zurückgingen. Brünings Hoffnung, durch eine gleichzeitige Lohn- und Preissenkung die deutschen Absatzchancen auf dem Weltmarkt zu steigern und dadurch neue Arbeitsplätze zu schaffen, erfüllte sich zunächst nicht. Als sich der Reichstag im Juli 1930 weigerte, einem Bündel neuer einschneidender sozialpolitischer Maßnahmen der Regierung zuzustimmen, löste ihn der Reichspräsident auf und setzte für den 14. September Neuwahlen fest.

In der Zwischenzeit regierte Brüning mit Notverordnungen weiter. Trotz zunehmender Verschärfung der Wirtschaftskrise war er nicht bereit, durch erhöhte Staatsausgaben ein Arbeitsbeschaffungsprogramm zu finanzieren, denn die hohe Staatsverschuldung, Angst vor einer neuerlichen Inflation und sein übergeordnetes Ziel, der Abbau der Reparationslasten, ließen in seinen Augen nur wenig Spielraum für eine antizyklische[1]) Finanzpolitik.

[1]) Senkung der Staatsausgaben während der Hochkonjunktur, Erhöhung bei einer Rezession

Die Folgen der Septemberwahl 1930: das Anwachsen radikaler Parteien

Die radikalen Parteien, vor allem die Nationalsozialisten, führten einen Wahlkampf, wie man ihn bisher in Deutschland noch nicht erlebt hatte. Mit ihren nationalistisch-antisemitischen Parolen mobilisierte die NSDAP viele Bürger, die zwei Jahre vorher noch nicht gewählt hatten. Ihr Stimmenanteil wuchs von 800 000 (1928) auf nun 6,4 Millionen, ein in der Geschichte des deutschen Parlamentarismus beispielloser Aufschwung, der die NSDAP zur zweitstärksten Fraktion im Reichstag machte. Die Kommunisten gewannen leicht dazu, während SPD und DNVP deutlich verloren. Der Verfall der bürgerlichen Mitte setzte sich rapide fort. Allein das Zentrum behielt seinen festen Wählerstamm.

Grund für die Stimmengewinne von KPD und NSDAP war die verheerende Wirtschaftskrise, die das Vertrauen in den Staat aufs Schwerste erschütterte. Demokratie und Parlamentarismus hatten in den Augen vieler versagt. Furcht vor weiteren Folgen der Krise erfasste die verunsicherten Menschen und verstärkte den Zulauf zu den radikalen Parteien.

Die KPD war vor allem das Auffangbecken enttäuschter SPD-Anhänger, die die sozialdemokratische Politik während der Großen Koalition nicht zu akzeptieren vermochten. Außerdem konnte die KPD mit Erfolg auf die Tatsache hinweisen, dass die UdSSR als einziges Land nicht von der Wirtschaftskrise erfasst worden war.

Die NSDAP wurde eine „Integrationspartei" für alle sozialen Schichten, eine Bewegung mit „Volksparteicharakter". Auffällig blieb der große Zustrom junger Menschen, die sich von nationalsozialistischen Ideen begeistern ließen. Von den rund 720 000 zwischen 1930 und 1933 neu in die Partei eingetretenen Mitgliedern gehörten 43 Prozent der Altersgruppe zwischen 18 und 30 Jahren an; 27 Prozent waren zwischen 30 und 40 Jahre alt (⇨ M 2).

Nach den „Erbitterungswahlen" von 1930 war im Reichstag eine parlamentarische Mehrheitsbildung erst recht erschwert. Es begann die „Agonie des deutschen Parlaments" (Albert Schwarz). Während der Reichstag 1930 immerhin noch 94 Sitzungen abhielt, sank die Zahl bis 1932 auf nur noch 13! Waren es 1930 noch 98 Gesetze, die der Reichstag verabschiedete, so blieben 1932 gerade noch fünf. Im Gegenzug dazu schnellte die Anzahl der Notverordnungen von fünf (1930) auf 66 (1932) hoch.

Der Reichstag sah fast tatenlos zu, wie die Macht vollständig in die Hände von Regierung und Bürokratie überging. Von einem parlamentarischen Regierungssystem konnte man nicht mehr sprechen. Brüning vermochte seine Notverordnungspraxis ungehindert fortzuführen, weil die SPD aus Angst vor einer erneuten Reichstagsauflösung und noch höheren Stimmengewinnen der NSDAP seinen Kurs weitgehend tolerierte.

Etappen auf dem Weg zu Brünings Sturz

Die „nationale Opposition“ versuchte die wirtschaftliche Notlage der Bevölkerung für ihre Zwecke auszunutzen. Am 11. 10. 1931 trafen sich in Bad Harzburg NSDAP, DNVP und Stahlhelm zu einer gemeinsamen Massenkundgebung, um den Sturz der Regierung vorzubereiten *(Harzburger Front).* Hitler war zwar nicht bereit, mit den anderen nationalistischen Gruppierungen gemeinsame Sache zu machen, er sah in dieser Veranstaltung jedoch nach der Kampagne um den Young-Plan erneut eine ausgezeichnete Gelegenheit, seine Partei und ihr Programm der Öffentlichkeit vorzustellen.
Brüning hatte sich als Reichskanzler anfänglich darum bemüht, Kontakt zu den Nationalsozialisten herzustellen. Er hoffte vor allem auf ihre Unterstützung bei der 1932 anstehenden Wiederwahl Hindenburgs. Als jedoch die NSDAP mit Hitler einen eigenen Kandidaten für das Amt des Reichspräsidenten stellte, war Hindenburg auf die Stimmen der Anhänger von SPD und Zentrum angewiesen. Daraus erwuchs die erste Missstimmung zwischen dem Präsidenten und seinem Kanzler. Immerhin gelang Hindenburg im zweiten Wahlgang mit 19 359 983 Stimmen (53 %) ein deutlicher Sieg über Hitler, der 13 418 547 Stimmen (36,8 %) erhielt.
Wenige Tage nach der Wahl wurden auf Druck der nichtnationalsozialistischen Länderregierungen, an der Spitze Bayern und Württemberg, vom Kabinett Brüning die paramilitärischen Kampftruppen der NSDAP, *SA* und *SS*[1]), verboten, um die blutigen Straßenschlachten und den Terror zu unterbinden (Notverordnung vom 13. 4. 1932).
General Schleicher war ein entschiedener Gegner dieses Verbots, da er die SA für die Reichswehr gewinnen wollte. Im Mai sondierte er in einem Gespräch mit Hitler, unter welchen Bedingungen die NSDAP bereit wäre, in eine weiter rechts orientierte Regierung einzutreten oder sie zumindest zu tolerieren. Obwohl sich Hitler nicht festlegen ließ, glaubte Schleicher, die Voraussetzungen für einen Tolerierungskurs durch die NSDAP erkannt zu haben: Aufhebung des Verbots der SA, Entlassung Brünings und Reichstagsauflösung mit Neuwahlen. Schleicher nutzte nun seinen Einfluss bei Hindenburg, um diese Punkte durchzusetzen. Als ostpreußische Großgrundbesitzer sich gegen Brünings Plan wandten, überschuldete landwirtschaftliche Güter aufzukaufen, um darauf arbeitslose Landarbeiter und Kleinbauern anzusiedeln („Agrarbolschewismus“), verweigerte der Reichspräsident seine Unterschrift unter diese Notverordnung. Brüning, nicht vom Parlament, sondern ausschließlich vom Vertrauen des Reichspräsidenten abhängig, musste zurücktreten.

---

[1]) SA (Sturmabteilung) und SS (Schutzstaffel) waren Untergruppierungen der NSDAP. Die SA galt als Kampf- und Propagandatruppe der Partei und verfügte 1932 über 400 000 Mann; die SS diente dem persönlichen Schutz des Führers und erfüllte seine Sonderaufträge.

Die Karikatur von E. Schilling aus dem Februarheft 1931 des Simplicissimus trägt folgende Unterschrift: „Nach den Erfahrungen der letzten Wochen ist verfügt worden, dass jeder Demonstrationszug seinen eigenen Leichenwagen mitzuführen hat."

Das Kabinett Franz von Papen

Bereits vor Brünings Entlassung hatte sich General von Schleicher auf die Suche nach einem Nachfolger begeben. In Franz von Papen, der dem äußersten rechten Flügel des Zentrums angehörte, glaubte er, den richtigen Mann gefunden zu haben. In dem elf Mitglieder umfassenden neu gebildeten Kabinett (1. Juni 1932) befanden sich sieben Adlige („Kabinett der Barone"), unter ihnen auch Schleicher selbst als Reichswehrminister.
Der Reichstag wurde aufgelöst, die SA wieder zugelassen und Neuwahlen für den 31. Juli ausgeschrieben. Damit waren alle Zugeständnisse, die Schleicher Hitler gegenüber gemacht hatte, eingehalten worden. Hitler allerdings demonstrierte in seinem Wahlkampf, dass er nicht der Mann war, der sich an irgendwelche Abmachungen gebunden fühlte; er attackierte die Regierung Papen schonungslos. Die Aufhebung des SA-Verbots wirkte sich zudem für die politische Atmosphäre verheerend aus. Bei Straßenkämpfen und politischen Auseinandersetzungen wurden Hunderte von Menschen getötet oder verletzt (⇨ M 3).
Am 20. Juli 1932 ließ Papen die sozialdemokratische Regierung Preußens durch Verordnung des Reichspräsidenten absetzen („Preußenschlag"). Dieser Staatsstreich gegen das größte deutsche Land wurde mit angeblichen Gesprächen zwischen SPD und KPD über die Bildung einer Einheitsfront gerechtfertigt. Der wahre Grund bestand wohl eher darin, dass Papen Handlungsfähigkeit und Stärke seiner Regierung beweisen wollte. Für die „nationale Opposition" war die SPD-geführte Regierung in Preußen seit je ein Ärgernis gewesen, das man nun los war. Mit Preußen war die bis dahin stabilste Stütze der Demokratie gefallen. Papen wurde zum *Reichskommissar für Preußen* ernannt und übernahm selbst die Regierungsgeschäfte.

Von Papen zu Schleicher

Die Neuwahlen am 31. Juli 1932 brachten mit 83,4 Prozent die höchste Wahlbeteiligung, die es bisher bei einer Reichstagswahl gegeben hatte. Einen sensationellen Erfolg erzielte die NSDAP mit der Verdoppelung ihrer Mandate; sie wurde stärkste Fraktion. Da die KPD ebenfalls leichte Gewinne verbuchte, besaßen die konsequent antidemokratischen Parteien im neuen Reichstag die absolute Mehrheit und konnten seine Arbeit jederzeit blockieren.
Nach diesem Wahlerfolg war Hitler erst recht nicht mehr bereit, sich mit dem angebotenen Vizekanzlerposten zufriedenzugeben. Er erschien am 13. August bei Hindenburg und forderte für sich das Amt des Reichskanzlers. Der Präsident, der den „böhmischen Gefreiten" und das lautstarke Auftreten der SA nicht mochte, lehnte ab. Enttäuschte SA-Männer steigerten daraufhin den Terror auf der Straße.
Gleich in der ersten Sitzung des neu gewählten Reichstags sprach eine deutliche Mehrheit Papen das Misstrauen aus (512 gegen 42 Stimmen). Trotz dieser vernichtenden parlamentarischen Niederlage blieb er im Amt und löste den Reichstag erneut auf. Am 6. November fanden Neuwahlen statt. Die KPD konnte wiederum ihren Stimmenanteil steigern, während die NSDAP überraschend zwei Millionen Wähler verlor. Die Partei steckte seit Wochen in einer schweren finanziellen Krise. Besonders die SA, die nicht länger auf die „Machtergreifung" warten wollte, war über das Wahlergebnis enttäuscht. Sie lastete zu einem gewissen Teil auch Hitlers unnachgiebigem Kurs die Schuld an. Hitler selbst wusste, dass ihm nicht mehr viel Zeit blieb, sein Ziel zu erreichen, da sich die Wirtschaftslage allmählich besserte und viele nationalsozialistische Parolen gegenstandslos machte.
Auch Hindenburg befand sich in einer schwierigen Situation. Da NSDAP und KPD im Parlament über eine Majorität verfügten, konnte keine Regierung mit dem Vertrauen des Reichstags rechnen. Als einziger Ausweg schien sich ein Verfassungsbruch mit einer Entmachtung des Reichstags anzubieten. Doch das wollte der Reichspräsident auf keinen Fall. Die Regierung hingegen beabsichtigte die Ausrufung des Staatsnotstandes mit einer völligen Ausschaltung des Parlaments, einem Verbot sämtlicher Parteien, einer Stärkung der Regierungsgewalt und einer Heraufsetzung des Wahlalters. Diese Pläne wären nur mit Hilfe der Reichswehr durchzusetzen gewesen. General von Schleicher ließ Papen jedoch wissen, dass die Reichswehr nicht in der Lage sei, den zu erwartenden Widerstand der Bevölkerung zu brechen. Damit war Papens „Kabinett der nationalen Konzentration" gescheitert. Hindenburg entließ ihn und ernannte am 3. Dezember Schleicher zum Nachfolger.
Der neue Kanzler, der sich selbst als „sozialen General" bezeichnete, wollte vor allem neue Arbeitsplätze schaffen. Er verkündete ein Programm des Ausgleichs, denn zur Verwirklichung seines Vorhabens hoffte er auf ein Bündnis mit den Gewerkschaften. Die Reichsbank stellte beachtliche Hilfen für die Arbeitsförderung zur Verfügung; gleichzeitig wurden Kürzungen im sozialen Bereich wieder aufgehoben. Damit rückte Schleicher von Brünings Spar- und Deflationspolitik ab. Mit seinem „sozialen" Programm zog er sich

allerdings die Gegnerschaft der Industrie und der Großagrarier zu. Hingegen waren die Gewerkschaften zu einer Mitwirkung in Schleichers Regierung bereit. Der SPD-Vorsitzende Otto Wels hinderte sie daran: „Wir haben als Gewerkschaftler und Sozialdemokraten mit Schleicher nichts zu tun, lasst es die anderen machen."
Zur gleichen Zeit versuchte Schleicher mit Hilfe eines der wichtigsten Männer der NSDAP, des Reichsorganisationsleiters *Gregor Strasser,* die Krise in der NSDAP zu seinem Vorteil zu nutzen und eine Spaltung der Partei zu erreichen. Strasser gehörte dem „linken" Flügel der NSDAP an, der Hitlers radikalen und kompromisslosen Kurs ablehnte. Außerdem sahen er und seine Anhänger den sozialistischen Teil des Parteiprogramms zu wenig berücksichtigt. Strasser schreckte jedoch vor der Konfrontation mit Hitler zurück und gab seine parteipolitische Laufbahn auf. Die Schleicher'sche Politik der „Querfront", gestützt auf Gewerkschaften und Teile der NSDAP eine Mehrheit in der Bevölkerung zu finden, war gescheitert.

Das Ende der Republik: die „Machtergreifung"

Franz von Papen, der sich im Zusammenhang mit seiner Entlassung von Schleicher hintergangen fühlte, traf sich ohne Wissen der Reichsregierung am 4. Januar 1933 mit Hitler. Dieser war auch weiterhin nicht bereit, auf das Amt des Reichskanzlers zu verzichten, machte jedoch bei der Besetzung der Ministerposten Zugeständnisse. Papen versuchte nun, Hindenburg die Kandidatur des Führers der nationalsozialistischen Partei schmackhaft zu machen. Unterstützt wurde er dabei vom engsten Beraterkreis des Präsidenten, *Otto Meißner* und *Oskar von Hindenburg,* dem Sohn des Reichspräsidenten. „Ohne die präsidiale Kamarilla[1]) ist die Kanzlerschaft Hitlers tatsächlich kaum denkbar" (Joachim C. Fest). Für Papen selbst war der Vizekanzlerposten vorgesehen. Zusammen mit sieben weiteren konservativen Ministern in der Regierung glaubte er die drei Nationalsozialisten (neben Hitler noch *Frick* als Innenminister und *Göring* als Minister ohne Geschäftsbereich) ausreichend „eingerahmt" zu haben: „In zwei Monaten haben wir Hitler in die Ecke gedrückt, dass er quietscht."
Als Reichskanzler von Schleicher am 28. Januar vom Präsidenten eine Auflösungsorder für den Reichstag und eine Vollmacht zur Erklärung des Staatsnotstandes erbat, lehnte Hindenburg ab. Daraufhin trat Schleicher zurück. Jetzt blieb dem Reichspräsidenten praktisch keine andere Wahl mehr, als Hitler zum Reichskanzler zu ernennen (30. Januar 1933) (⇨ M 4).

[1]) einflussreiche Hofpartei, die unkontrollierbaren Einfluss auf den „Herrscher" ausübt; Günstlingsherrschaft

M 1

Schleichers Konzept eines Präsidialkabinetts

General von Schleicher, der zum engsten Beraterkreis Hindenburgs gehörte, versuchte bereits im Frühjahr 1929, lange vor dem Bruch der Großen Koalition, Heinrich Brüning für seine Idee eines Präsidialkabinetts zu gewinnen. Brüning wurde schließlich am 30. März 1930 vom Reichspräsidenten zum Kanzler ernannt. In seinen Memoiren beschreibt er das Gespräch mit Schleicher beim Frühstück in dessen Wohnung.

Schleicher sagte: [. . .] Der Reichspräsident sehe die Gefahr, dass die ganze Innen- und Außenpolitik im Sumpfe verlaufe. Er sei entschlossen, zusammen mit der Reichswehr und den jüngeren Kräften im Parlament die Dinge vor seinem Tode in Ordnung zu bringen. Ich fragte, ob der Reichspräsident das mit oder ohne Parlament machen wolle. Darauf Schleicher: Der Reichspräsi- 5
dent würde nicht die Verfassung verletzen, aber er würde das Parlament im gegebenen Augenblick für eine Zeit nach Hause schicken und in dieser Zeit mit Hilfe des Artikels 48 die Sache in Ordnung bringen.
Brüning: „Wie lange schätzen Sie die für die Reform notwendige Zeit ein?"
Schleicher: „Na, in sechs Monaten muss man es schaffen. [. . .] Denken Sie 10
nicht, dass wir die Monarchie im Handumdrehen wieder einführen wollen. Selbstverständlich muss man sich überlegen, was man tut beim Tode des Feldmarschalls."
Meine Antwort: „Mich stört die Frage der Wiedereinführung der Monarchie nicht, aber die Dinge, die gemacht werden müssen in Bezug auf die Ordnung 15
der Finanzwirtschafts- und Sozialpolitik, werden so unpopulär sein, dass man die Monarchie damit nicht belasten darf. Ich halte es nach den Erfahrungen der Etatsverabschiedung für möglich, die notwendigen Reformen auf diesen Gebieten schrittweise mit der jetzigen Mehrheit zu machen, bis das Rheinland geräumt ist. [. . .] Dann stimmen wir darin überein, dass die Mo- 20
narchie unter keinen Umständen im Kampfe gegen die Masse der geschulten Arbeiterschaft eingeführt werden darf. Die Monarchie muss am Ende der Reformen stehen. Der Artikel 48 ist zur Änderung oder Umbiegung der Verfassung nicht zu gebrauchen."
Schleicher: „Das geht zu weit. Der Feldmarschall will nicht sterben, ohne 25
diese Frage gelöst zu haben. Wir haben im Reichswehrministerium Gutachten von Kronjuristen gesammelt, die beweisen, dass man in Fortbildung der Praxis den Artikel 48 auch zur Verfassungsänderung gebrauchen kann."
Brüning: „Ich kann mit Ihnen in diesem Punkt nicht übereinstimmen, aber schicken Sie mir diese Gutachten, und ich werde sie prüfen. Ich halte die 30
Anwendung des Artikels 48 auf allen Gebieten des Wirtschafts- und Soziallebens für möglich, aber ich halte es für ausgeschlossen, dass man eine längere Frist, selbst in diesen Dingen, ausschließlich mit dem Artikel 48 regieren kann." [. . .] Daher bat ich ihn, seinen Einfluss geltend zu machen, dass die Reformen zunächst mit dem Parlament gemacht würden. 35

Heinrich Brüning, Memoiren 1918–1934, Stuttgart 1970, S. 145 ff.

1. *Arbeiten Sie Schleichers Vorschläge heraus und nehmen Sie unter verfassungsrechtlichen Gesichtspunkten (Ausschaltung des Reichstages!) dazu Stellung.*
2. *Beschreiben Sie die Einstellung der beiden Politiker zur monarchischen Regierungsform und diskutieren Sie, welche Chancen 1929 bestanden hätten, die Monarchie wieder einzuführen.*

Jugend und nationalsozialistische Bewegung

M 2

Ein großer Teil der ab 1930 zur NSDAP strömenden neuen Mitglieder bestand aus Jugendlichen.

Die „wertvollen Elemente" waren niemand anders als die eigenen Söhne und Töchter, die nicht daran dachten, die überlegene Distanz ihrer Eltern beizubehalten, und die mit Begeisterung in das nationalsozialistische Lager strömten. Die klassischen bürgerlichen Parteien besaßen praktisch keinen jugendlichen Anhang, sie waren und blieben Sache würdevoller Honoratioren, die ihnen nahestehenden Jugendorganisationen litten an chronischer Auszehrung. Der Abfall der Jugend von den etablierten Parteien war das bedenklichste Anzeichen für den Schwund republikanischer Substanz, und das traf nicht nur für das Bürgertum zu. Die SPD war einst eine junge Partei gewesen – 1907 waren etwa drei Viertel ihrer Mitglieder jünger als vierzig Jahre gewesen, 1930 waren es nur noch 44 Prozent. [. . .]
Auf der „bürgerlichen" Seite dasselbe Bild: „Ich wollte einen anderen Weg gehen als den konservativen, den mir die Familientradition vorschrieb", erinnerte sich später eine Tochter aus „gutem Haus". „Im Mund meiner Eltern hatte das Wort ‚sozial' oder ‚sozialistisch' einen verächtlichen Klang. [. . .] Es ist merkwürdig: Die ‚sozialistische' Tendenz, die im Namen dieser ‚Bewegung' zum Ausdruck kam, zog mich an, weil sie mich in der Opposition gegen mein konservatives Elternhaus stärkte. Im Gegensatz dazu wurde die nationale Tendenz mir bedeutsam, gerade weil sie dem Geist entsprach, der mich dort seit früher Kindheit durchdrungen hatte."
Der Sog einer verschworenen Gemeinschaft wirkte da, ein romantischer Wille zur Selbstaufopferung für Ziele, die die Elterngeneration nicht zu weisen wusste.

Hagen Schulze, Weimar. Deutschland 1917–1933, Berlin 1982, S. 343 f.

1. *Aus welchen Gründen fanden so viele Jugendliche den Weg zu den Nationalsozialisten?*
2. *Erläutern Sie, welche Werte es waren, mit denen die Nationalsozialisten die Jugendlichen begeisterten. Vor welchem historischen Hintergrund ist diese Bewegung zu sehen?*

Hitler und Rosenberg bekennen sich zu den Potempa-Mördern

M 3

Am 9. August 1932 drangen SA-Männer in Potempa (Oberschlesien) in die Wohnung eines kommunistischen Bergarbeiters ein und erschlugen ihn. Ein Sondergericht in Beuthen verurteilte fünf der Mörder zum Tode. An sie richtete Hitler am 24. 8. folgendes Telegramm:

Meine Kameraden!
Angesichts dieses ungeheuerlichen Bluturteils fühle ich mich mit euch in unbegrenzter Treue verbunden. Eure Freiheit ist von diesem Augenblick an eine Frage unserer Ehre. Der Kampf gegen eine Regierung, unter der dieses möglich war, unsere Pflicht!

Herbert Michaelis und Ernst Schraepler (Hrsg.), Ursachen und Folgen. Vom deutschen Zusammenbruch 1918 und 1945 bis zur staatlichen Neuordnung Deutschlands in der Gegenwart, Band 8, Berlin o. J., S. 645

Zwei Tage nach Hitlers Telegramm schrieb der nationalsozialistische Politiker und Publizist Alfred Rosenberg im „Völkischen Beobachter", dem Propagandablatt der NSDAP, unter dem Titel „Mark gleich Mark, Mensch gleich Mensch":

[In dem Beuthener Urteil] wiegt laut bürgerlicher Justiz ein dazu noch polnischer Kommunist fünf Deutsche, Frontsoldaten, auf. [. . .] Hier, an diesem einen Beispiel überschlägt sich das Denken der letzten 150 Jahre und zeigt den ganzen irrsinnigen Unterbau unseres Daseins. [. . .] Deshalb setzt der Nationalsozialismus auch weltanschaulich ein. Für ihn ist nicht Seele gleich Seele, nicht Mensch gleich Mensch; für ihn gibt es kein „Recht an sich", sondern sein Ziel ist der starke deutsche Mensch, sein Bekenntnis ist der Schutz dieses Deutschen, und alles Recht und Gesellschaftsleben, Politik und Wirtschaft, hat sich nach dieser Zwecksetzung einzustellen. [. . .] Die Bastille von Beuthen ist ein Zeichen, das alle Deutschen angeht, die Aufhebung des Bluturteils die unumgängliche Voraussetzung zur Wiederherstellung einer volksschützenden Neuordnung der sozialen Werte.[1])

Günter Schönbrunn, Weltkriege und Revolutionen 1914–1945. Geschichte in Quellen, München 1961, S. 269

1. *Welches Rechtsverständnis und welches Menschenbild der Nationalsozialisten lassen sich aus den beiden Texten herauslesen?*
2. *Für den Nationalsozialismus gibt es kein „Recht an sich". Erläutern Sie diese Aussage.*

M 4 Das Ende der Republik

Der Historiker Hagen Schulze fasst die Ursachen des Scheiterns der Weimarer Republik zusammen.

Was die meistgenannte Ursache des Untergangs, den Versailler Vertrag, angeht, so werden dessen materielle Auswirkungen wohl in der Regel überschätzt. So umstritten das Reparationsproblem auch nach wie vor ist, so muss doch festgehalten werden, dass die deutschen Zahlungen entgegen zeitgenössischen Annahmen weder den Verlauf der Inflation zwischen 1918 und 1923 noch den der Wirtschaftskrise seit 1929 entscheidend bestimmt haben, auch wenn die Möglichkeit besteht, dass sie prozyklisch wirkten und damit einen gewissen Verstärkungseffekt besaßen. Auch die materielle Seite der territorialen Bestimmungen des Versailler Vertrags dürfte in unserem Zusammenhang vernachlässigt werden.
Anders steht es freilich mit den psychologischen Folgewirkungen der Reparationen und der Territorialbestimmungen, die zusammen mit der Kriegsschuldfrage und der militärischen Diskriminierung den Versailles-Revisionismus begründeten. [. . .]
Gewiss verstärkte das Versailles-Syndrom den emotionalen Appell des Nationalsozialismus und hemmte zudem die außenpolitische Handlungsfreiheit des Reichs. Auf der anderen Seite dagegen zog sich die Gegnerschaft gegen Versailles fast ausnahmslos durch alle gesellschaftlichen Kräfte und politi-

[1]) Die Mörder wurden zu lebenslanger Zuchthausstrafe begnadigt und nach der „Machtergreifung" Hitlers sofort freigelassen.

„Der Reichstag wird eingesargt." Collage des deutschen Künstlers John Heartfield aus dem Jahr 1932.

schen Parteien hindurch und wirkte so als emotional wirksames Integrationsmittel – das einzige, das die Republik von Weimar überhaupt besaß.
Von durchschlagenderer Wirkung als Versailles erwies sich die Geburt der Republik aus der Kriegsniederlage und der innere Zusammenhang der Entstehung der Weimarer Demokratie mit Waffenstillstand, Friedensvertragsunterzeichnung und den weiteren Demütigungen durch die Entente; die Behauptung, Republik und Demokratie seien nur andere Worte für Feigheit und Verrat an Volk und Nation, konnte daher zum festen Bestand rechtsextremistischer Agitation werden. [. . .]
Ob die Inflation 1918 bis 1923 und die Wirtschaftskrise seit 1929 tatsächlich zu den ersten Gründen des Scheiterns gehören, bleibt umstritten. Gewiss hat die Inflation die Verarmung eines großen Teils des Mittelstands bewirkt und darüber hinaus weit reichende psychologische Auswirkungen auf die wirtschafts- und finanzpolitischen Maßnahmen der Reichsregierung in der Wirtschaftskrise gehabt. Es steht auch außer Zweifel, dass die Wirtschaftskrise ihrerseits zum weitgehenden Zusammenbruch des Sozialstaats führte, damit auch die Radikalisierung der Politik förderte und die demokratisch-parlamentarische Republik diskreditierte. [. . .]

Es scheint nicht ausgeschlossen, dass die lange staatswirtschaftliche und sozialstaatliche Tradition Deutschlands im Gegensatz zu den angelsächsischen Ländern dazu führt, dass in der lang dauernden Krise der Staat in Deutschland wesentlich stärker belastet und damit gefährdeter ist. [. . .] 40
Bei der sozialgeschichtlichen Seite unseres Problems befinden wir uns auf besonders schwankendem Boden. [. . .]
Arbeiterschaft, alter und neuer Mittelstand[1]) bildeten zusammen eine breite Bevölkerungsmehrheit, [. . .] ungefähr 85 Prozent der Gesamtbevölkerung, die der Republik, wenn auch aus unterschiedlichen Gründen, ohne Wohlwollen gegenüberstanden. Gewiss wird man hier bedeutende Abstriche bei der Kernwählerschaft von SPD und Zentrum machen müssen, aber man wird auch zu berücksichtigen haben, dass zu den wichtigsten Gründen der Sozialdemokratie für ihren häufigen Drang in die Opposition die Abneigung der Parteimitglieder und -wähler gegen die Koalitionspolitik gehörte, die ja doch bei den gegebenen Mehrheitsverhältnissen ein konstitutives Merkmal der parlamentarischen Demokratie darstellte. Mit dem Schlagwort „Republik ohne Republikaner" dürfte wohl ein Tatbestand umschrieben sein, der neben dem Versagen der Parteien, mit dem er unmittelbar zusammenhing, zu den schwersten Belastungen der ersten deutschen Demokratie gehörte. 45 50 55
Diese Überlegung führt zwanglos zum Kapitel „Parteiensystem und Parlamentarismus". Über die Parteien ist bereits das Notwendige gesagt; die Vorwürfe laufen in einem Punkt zusammen: Die Parteien haben im Einzelnen wie gemeinsam versagt, indem sie ihrer Kardinalaufgabe in der parlamentarischen Demokratie, der Bildung stabiler parlamentarischer Mehrheiten, in Zeiten der Krise nicht nachkamen. Damit haben sie das Scheitern der Weimarer Republik entscheidend mitverursacht, umso mehr, als eine verfassungskonforme Opposition, die die Weimarer Koalition hätte ablösen können, nicht bestand. Dass nicht ein wie auch immer begründeter Bezug auf das staatliche Ganze, sondern eine bis zur Monomanie gesteigerte Selbstbezogenheit, der bekannte „Parteienpatriotismus", das Bild der deutschen Parteienlandschaft bestimmte, hatte zur Folge, dass gerade die tragenden Kräfte der Republik, die Parteien von der SPD über DDP und Zentrum bis zu DVP sich in weitem Maße systemwidrig verhielten. Die rechnerische Möglichkeit, parlamentarische Mehrheiten unter Ausschluss von NSDAP und KPD zu bilden, bestand bis zum Ende der Republik. [. . .] 60 65 70
Wendet man sich der formalen Verfassungsordnung zu, so bieten sich hier die Stichworte [. . .] besonders leicht an. [. . .]
Da ist einmal der mangelnde normative Charakter der Weimarer Reichsverfassung, durch den die außerkonstitutionelle Ausweitung des Handlungsspielraumes der Exekutive in der Endphase der Republik begünstigt wurde. Vor allem aber wurde so der Einsatz für die bestehende Verfassungsordnung schwierig, denn die Abwehrbereitschaft gegen Verfassungsfeinde stand unter keinem höheren Schutz als die Normen der Verfassungsfeinde selbst – so war es beispielsweise möglich, die nationalistische SA und das republikanische Reichsbanner[2]) mit gleichem Maße zu messen. [. . .] 75 80

[1]) Angehörige des alten Mittelstandes: Handwerker, Kaufleute, Bauern; Angehörige des neuen Mittelstandes: Angestellte und Beamte.
[2]) Reichsbanner Schwarz-Rot-Gold: 1924 gegründeter, der SPD nahestehender politischer Kampfverband zum Schutz der Republik; 1932 über drei Millionen Mitglieder

Umstritten ist auch die Beurteilung des Verhältniswahlrechts. Sicherlich ist die Bedeutung der Parteienzersplitterung in der Literatur häufig überschätzt worden, wenn auch daran festzuhalten ist, dass die Fülle des Parteienange-
85 bots die Wähler der unangenehmen, aber pädagogisch wünschenswerten Notwendigkeit enthob, sich für eine von wenigen großen Parteien zu entscheiden und damit nicht zwischen richtig oder falsch, sondern zwischen besser und schlechter zu wählen. Stichhaltig scheint aber das Argument, ein Mehrheitswahlrecht, wie es beispielsweise bis 1918 für den Reichstag bestan-
90 den hat, würde die Möglichkeit geboten haben, Extremisten durch örtliche Stichwahlabsprachen der demokratischen Parteien niederzustimmen und am Einzug in das Parlament zu hindern. Ein solches Mehrheitswahlrecht hätte der Weimarer Koalition wahrscheinlich bis 1932 eine stabile Reichstagsmehrheit gesichert und die nationalsozialistische, aber auch die kommunistische
95 Fraktion bei weitem nicht so stark anschwellen lassen, wie dies tatsächlich geschah. [...]
Überschätzt wird dagegen in der Literatur in der Regel die Rolle der staatlichen Machtinstrumente beim Scheitern Weimars, des Militärs, der Bürokratie und der Justiz. [...]
100 Auf der Ebene des Reichs ist es überhaupt nie zu einer gezielten Demokratisierung des Beamtenapparats gekommen, und die Reichswehr bildete eine exklusive Gesellschaft und war für ihren Mannschafts- und Offiziersersatz eigenverantwortlich. War das aber ein Zustand, der den Bestand der Weimarer Demokratie erheblich erschütterte? Diese Auffassung war lange Zeit fast
105 Allgemeingut, wird aber mit guten Gründen neuerdings bestritten oder jedenfalls relativiert. Bei genauerem Hinsehen erweist sich nämlich, dass die Bürokratie, ungeachtet der politischen Präferenzen der Beamten, regelmäßig zur Verfügung dessen stand, der die staatliche Macht innehatte und seinen Machtanspruch auch unmissverständlich vertrat. Während des Kapp-Putschs
110 1920 etwa zeigte sich das Bild einer weit überwiegend republiktreuen Bürokratie. [...]
Auch die fraglos unheilvolle Rolle der Reichswehrführung in den letzten Jahren von Weimar war eine Folge des Verzichts der politischen Führung auf effektive Kontrolle des militärischen Apparats; wie sich die Reichswehrfüh-
115 rung wenig später dem entschlossenen Machtanspruch Hitlers unterwarf, ist ja bekannt. Und was die republikferne Rechtsprechung eines Großteils der Justiz angeht, so wirkte sie systemzerstörend lediglich indirekt, nämlich durch ihre psychologischen Auswirkungen auf die Parteien der Linken, auf die Arbeiterschaft und die linke Publizistik.

Hagen Schulze, a.a.O., S. 418 ff.

1. *Listen Sie die Gründe für das Scheitern der Republik auf.*
2. *Diskutieren Sie ihre Gewichtigkeit. Stimmen Sie mit der Ansicht des Autors in allen Punkten überein?*
3. *Warum spricht Schulze den Parteien einen entscheidenden Anteil am Untergang Weimars zu?*

Zeittafel

1607	Gründung der ersten britischen Niederlassung in Nordamerika (Jamestown, Virginia)
1610	Verkauf der ersten schwarzen Sklaven nach Nordamerika
1620	Landung der „Mayflower" mit den „Pilgrim Fathers" an der amerikanischen Ostküste
1682–1725	Zar Peter der Große formt Russland zu einer europäischen Großmacht
1756–1763	Siebenjähriger Krieg in Europa, Amerika und Asien
1763	Im Frieden von Paris verliert Frankreich seine wichtigsten nordamerikanischen Territorien an England
1775–1783	Unabhängigkeitskrieg der nordamerikanischen Kolonien gegen England
1776	Virginia Bill of Rights: der erste Katalog von Grund- und Menschenrechten
	Unabhängigkeitserklärung der britischen Kolonien in Nordamerika
1789	Gründung der Vereinigten Staaten von Amerika
	George Washington wird erster Präsident der USA
1803	Reichsdeputationshauptschluss: Das Heilige Römische Reich Deutscher Nation wird durch die Mediatisierung weltlicher Herrschaften und die Säkularisation geistlicher Territorien neu geordnet
1804	Napoleon Bonaparte wird Kaiser der Franzosen
	In Frankreich wird der Code Civil veröffentlicht
1806	Bayern und Württemberg werden Königreiche, Baden wird Großherzogtum
	Gründung des Rheinbunds durch 16 deutsche Mittelstaaten
	Das Heilige Römische Reich Deutscher Nation löst sich auf
1807	Das Königreich Westfalen erhält als erster deutscher Staat eine Verfassung
	In Preußen leitet das Oktoberedikt (Bauernbefreiung) eine umfassende Reformpolitik ein
1814	Die verbündeten Monarchien Europas besiegen das napoleonische Frankreich
1814–1820	Erste Verfassungsstiftungen in den Staaten Süd- und Mitteldeutschlands
1815	Der Wiener Kongress regelt das europäische Staatensystem
	Die deutschen Staaten schließen sich im Deutschen Bund zusammen
	An der Heiligen Allianz beteiligen sich die meisten europäischen Großmächte
1817	Wartburgfest der deutschen Burschenschaften
1819	Die Karlsbader Beschlüsse engen die Meinungsfreiheit im Deutschen Bund ein
1823	„Amerika den Amerikanern": Die Monroe-Doktrin wird zum Grundsatz der US-Außenpolitik
1825	Erste öffentliche Eisenbahn zwischen Stockton und Darlington in England
1830	Revolution in Frankreich
1832	Das Hambacher Fest der liberalen und nationalen Bewegung
1834	Gründung des Deutschen Zollvereins
1835	Erste Eisenbahnfahrt in Deutschland von Nürnberg nach Fürth
1848	„Manifest der kommunistischen Partei" von Karl Marx und Friedrich Engels
	Februarrevolution in Frankreich
	Märzrevolution in Deutschland
	Die deutsche Nationalversammlung tritt in der Frankfurter Paulskirche zusammen
1849	Verabschiedung der Reichsverfassung durch die Frankfurter Nationalversammlung
	Friedrich Wilhelm IV. lehnt die Kaiserkrone ab
	Auflösung des Rumpfparlaments in Stuttgart

1850	Vertrag von Olmütz: Preußen gibt die Nationalstaatspläne auf – der Deutsche Bund wird wiederhergestellt
1853	Das Russische Reich beginnt, Asien in seinen Einflussbereich einzubeziehen („Kontinentalimperialismus")
1853–1856	Der Krim-Krieg endet mit der Niederlage Russlands
1861	Gründung der liberalen Deutschen Fortschrittspartei
	In Russland leitet die Bauernbefreiung die Ära der „Großen Reformen" ein
1861–1865	Bürgerkrieg in den USA: Nach dem Sieg der Nordstaaten wird die Sklaverei verboten und die männlichen Sklaven erhalten das Bürgerrecht
1862	In Preußen beendet ein Verfassungskonflikt die liberale Ära
	Berufung Otto von Bismarcks zum preußischen Ministerpräsidenten
1863	Ferdinand Lassalle gründet den Allgemeinen Deutschen Arbeiterverein
1864	Sieg Preußens und Österreichs gegen Dänemark
	„Syllabus errorum": Papst Pius IX. verwirft liberale Irrlehren
1866	Sieg Preußens über Österreich: Österreich akzeptiert die Auflösung des Deutschen Bundes
	Entdeckung des dynamo-elektrischen Prinzips durch Werner Siemens (Konstruktion der Dynamomaschine)
1867	Gründung des Norddeutschen Bundes
	„Das Kapital" (1. Band) von Karl Marx
	Die USA erwerben Alaska von Russland
1868	Meter und Kilogramm im Gebiet des Deutschen Zollvereins allgemein eingeführt
1869	Gründung der Sozialdemokratischen Arbeiterpartei (SDAP) in Eisenach
1870	Papst Pius IX. verkündet das Dogma der päpstlichen Unfehlbarkeit
1870/71	Die deutschen Staaten siegen im Krieg gegen Frankreich
1871	Reichsproklamation in Versailles: Der preußische König Wilhelm I. wird zum „Deutschen Kaiser" ausgerufen
	Verfassung des Deutschen Reiches – Otto von Bismarck wird Reichskanzler
	Friedensvertrag von Frankfurt: Frankreich verzichtet auf Elsass-Lothringen
	Gründung der katholischen Zentrums-Partei
	Beginn des Kulturkampfes (bis 1887)
1873	Dreikaiserabkommen (Russland, Österreich-Ungarn und Deutschland)
	Die deutsche Wirtschaft erlebt nach dem „Gründerboom" den „Gründerkrach"
	Viertaktmotor mit Benzin (Otto)
1875	„Krieg-in-Sicht"-Krise: England und Russland treten für das scheinbar von Deutschland bedrohte Frankreich ein
	Vereinigung des ADAV und der SDAP auf der Grundlage des „Gothaer Programms" zur Sozialistischen Arbeiterpartei Deutschlands (SAP)
1876	Gründung des Centralverbandes Deutscher Industrieller
1877/78	Russland besiegt das Osmanische Reich
1878	Berliner Kongress: Der Balkan erhält eine neue Ordnung
	„Sozialistengesetz": Verbot der politischen Betätigung der Arbeiterpartei und ihrer Vereine
	Bruch zwischen Bismarck und den liberalen Parteien
1879	Zweibund: Defensivbündnis zwischen Deutschland und Österreich-Ungarn
	Wechsel von der Freihandels- zur Schutzzollpolitik
1881	Dreikaiservertrag: Neutralitätsabkommen zwischen Deutschland, Russland und Österreich-Ungarn; wird 1887 wegen der Balkankrise nicht verlängert
	Mit dem „Scramble for Africa" setzt das Zeitalter des Imperialismus ein
1883	Bismarcks Krankenversicherungsgesetz leitet eine moderne Sozialpolitik ein

1884	Beginn deutscher Kolonialerwerbungen (Südwestafrika, Kamerun, Togo, Ostafrika und Gebiete im Pazifik)
1887	Rückversicherungsvertrag zwischen Deutschland und Russland Erstfahrt eines Motorwagens von Gottlieb Daimler
1888	Tod Wilhelms I.; Tod Friedrichs III.; Wilhelm II. wird Kaiser
1890	Rücktritt Bismarcks als Reichskanzler Nichterneuerung des Rückversicherungsvertrages Aufhebung des „Sozialistengesetzes" Gründung der Generalkommission der Freien Gewerkschaften Deutschlands als Dachverband der Gewerkschaften In den USA enden mit dem Massaker am Wounded Knee Creek die Kriege der Weißen gegen die Indianer
1891	„Erfurter Programm" der neu organisierten Sozialdemokratischen Partei Deutschlands (SPD) Papst Leos XIII. Enzyklika „Rerum Novarum": Grundlegung der kirchlichen Soziallehre
1894	Russisch-französisches Militärbündnis
1896	„Separate but equal": Das Oberste Bundesgericht macht die Rassentrennung zum gesellschaftlichen Ordnungsprinzip in den USA
1898	Die USA beteiligen sich ebenfalls am Wettlauf der imperialistischen Mächte
1900	Im Deutschen Reich tritt das Bürgerliche Gesetzbuch (BGB) in Kraft
1903	Spaltung der russischen Sozialdemokratie in Bolschewiki und Menschewiki
1904	Entente cordiale zwischen England und Frankreich
1904/05	Russland verliert den Krieg gegen Japan
1905	Russland erhält nach einer Revolution („Blutsonntag") ein Parlament (Reichsduma)
1906	Russland erhält seine erste Verfassung
1907	Russisch-englisches Abkommen zur Beilegung kolonialpolitischer Spannungen in Asien
1908	Annexion Bosniens und der Herzegowina durch Österreich-Ungarn
1911	Gründung der Kaiser-Wilhelm-Gesellschaft (heute Max-Planck-Gesellschaft) zur Förderung der Wissenschaften
1912/13	Erster Balkankrieg: türkische Niederlage gegen den Balkanbund (Serbien, Bulgarien, Griechenland, Montenegro)
1913	Zweiter Balkankrieg: Niederlage Bulgariens im Krieg gegen Griechenland, Serbien, Montenegro und Rumänien
1914	Ermordung des österreichisch-ungarischen Thronfolgers in Sarajevo Beginn des Ersten Weltkriegs (bis 1918)
1917	Hungersnot in Deutschland („Kohlrübenwinter" 1916/17) Wiederaufnahme des uneingeschränkten U-Boot-Krieges durch die deutsche Kriegsmarine „Februar-Revolution" in Russland: Abdankung des Zaren Kriegseintritt der USA Bildung der Unabhängigen Sozialdemokratischen Partei (USPD) „Oktoberrevolution" in Russland: Die Bolschewiki mit Lenin an der Spitze übernehmen die Macht
1918	Wilsons Friedensprogramm der „14 Punkte" In den Friedensverträgen von Brest-Litowsk muss Russland umfangreichen Gebietsabtretungen zustimmen Die Monarchen Deutschlands und Österreich-Ungarns danken ab In Deutschland übernimmt nach Ausrufung der Republik der Rat der Volksbeauftragten die Regierung Unterzeichnung des Waffenstillstands: Ende des Ersten Weltkriegs
1918–1920	Bürgerkrieg in Russland

1919	Gründung der Kommunistischen Partei Deutschlands (KPD) Spartakusaufstand in Berlin Wahl zur deutschen Nationalversammlung Wahl Eberts zum ersten Reichspräsidenten der Weimarer Republik Gründung der Komintern als internationale Vereinigung kommunistischer Parteien Unterzeichnung des Friedensvertrages in Versailles Die Weimarer Verfassung tritt in Kraft
1920	In den Vereinigten Staaten erhalten die Frauen das Wahlrecht Die USA lehnen Versailler Vertrag und Beteiligung am Völkerbund ab In Deutschland scheitern Aufstände von rechts und links Wahl zum 1. Reichstag der Weimarer Republik
1921	Einparteiendiktatur in Russland: Nach dem gescheiterten Kronstädter Matrosenaufstand verbieten die Bolschewiki die letzten zugelassenen (sozialistischen) Parteien
1921–1927	Politik der NEP in Russland
1922	Vertrag von Rapallo zwischen Deutschland und Russland Proklamation der UdSSR
1923	Besetzung des Ruhrgebiets durch Franzosen und Belgier Hitler-Putsch in München Höhepunkt der Inflation in Deutschland (ein Dollar entspricht 4,2 Billionen Mark) Einführung der Rentenmark (eine Rentenmark = eine Billion Papiermark)
1924	Der Dawes-Plan regelt die deutschen Reparationsschulden Tod Lenins – Das Politbüro übernimmt die Führung in der UdSSR In den USA erhalten die Indianer das Bürgerrecht
1925	Wahl Hindenburgs zum deutschen Reichspräsidenten Die Alliierten räumen das Ruhrgebiet Konferenz von Locarno
1926	Aufnahme Deutschlands in den Völkerbund
1928	Unterzeichnung des Briand-Kellogg-Paktes (Kriegsächtungspakt) Beginn der Zwangskollektivierung in der UdSSR
1929	Die Great Depression in den USA löst eine Weltwirtschaftskrise aus
1930	Stalin hat sich in der sowjetischen KP durchgesetzt Annahme des Young-Plans durch den deutschen Reichstag Ernennung Heinrich Brünings zum Kanzler der Weimarer Republik (Präsidialkabinett)
1932	Höchststand der Arbeitslosenzahl in Deutschland: 6,128 Millionen Hindenburgs Wiederwahl zum Reichspräsidenten Beendigung der Reparationszahlungen durch die Konferenz von Lausanne
1933	Ernennung Hitlers zum deutschen Reichskanzler
ab 1933	US-Präsident Roosevelt bekämpft die amerikanische Rezession mit der New-Deal-Politik
1937/38	In der UdSSR Höhepunkt des von Stalin inszenierten „Großen Terrors“
1939	Beginn des Zweiten Weltkrieges in Europa: Die Sowjetunion und Deutschland teilen (Ost-)Mitteleuropa unter sich auf (Hitler-Stalin-Pakt)
1941	Nach dem deutschen Überfall auf die Sowjetunion verkündet Stalin den „Großen Vaterländischen Krieg“ Atlantik-Charta von US-Präsident Roosevelt und dem britischen Premierminister Churchill Überfall der Japaner auf den US-Stützpunkt Pearl Harbor Kriegseintritt der Vereinigten Staaten in den Zweiten Weltkrieg
1944	Konferenz von Bretton Woods: Regelung der Nachkriegswirtschaftsordnung
1945	Gründung der UNO in San Francisco

1945	Ende des Zweiten Weltkriegs in Europa und Fernost (nach dem Abwurf von zwei Atombomben über Hiroshima und Nagasaki)
1947	Beginn der Containment-Politik unter US-Präsident Truman
1950–1953	Korea-Krieg – gleichzeitig Beginn des Kalten Kriegs
1950–1954	In den USA Phase des McCarthyismus
1953	Tod Stalins
1954	Gerichtliche Aufhebung der Rassentrennung in den USA
1956	Beginn der „Entstalinisierung" in der Sowjetunion
1957	Die Sowjetunion startet den ersten Sputnik
1961	Jurij Gagarin als erster Mensch im Weltraum
1962	Kuba-Krise: die Welt am Rande eines Atomkriegs
1964	Der Civil Rights Act schafft gleiche Bürgerrechte für alle Amerikaner
1964–1982	Leonid Breschnew an der Spitze des Sowjetstaates
1965–1975	Vietnamkrieg
1968	Höhepunkt der Protestbewegung in den USA
1969	US-Astronaut Neil Armstrong: „first man on the moon"
1974	US-Präsident Nixon tritt wegen der Watergate-Affäre zurück
1981-1989	Unter Präsident Reagan übernehmen die USA wieder die Führungsrolle in der westlichen Welt
1985	In der Sowjetunion leitet Gorbatschow die Politik von Glasnost und Perestroika ein
1986	Kernkraftunfall in Tschernobyl (UdSSR)
1990	In der Sowjetunion wird das Monopol der KPdSU aus der Verfassung gestrichen
1991	Nach einem gescheiterten Putsch in der Sowjetunion wird die KPdSU in Russland verboten
	Die Sowjetunion löst sich auf – die GUS (Gemeinschaft Unabhängiger Staaten) entsteht
1992	In Russland wird Boris Jelzin Präsident

Literaturverzeichnis

Obrigkeitsstaat und Nation: Deutschland im 19. Jahrhundert

Botzenhart Manfred: Reform, Restauration, Krise. Deutschland 1789-1847, Frankfurt/Main 1985

Botzenhart Manfred: Deutsche Verfassungsgeschichte 1806-1949, Stuttgart 1993

Buchheim Christoph: Industrielle Revolutionen. Langfristige Wirtschaftsentwicklung in Großbritannien, Europa und Übersee, München 1994

Craig Gordon A.: Geschichte Europas 1815-1980. Vom Wiener Kongreß bis zur Gegenwart, München 1995

Dann Otto: Nation und Nationalismus in Deutschland 1770-1990, München 1993

Doering-Manteuffel Anselm: Die deutsche Frage und das europäische Staatensystem 1815-1871, München 1993

Engelberg Ernst: Das Reich in der Mitte Europas, Berlin 1990

Fehrenbach Elisabeth: Verfassungsstaat und Nationsbildung 1815-1871, München, 3. Auflage 1993

Grebing Helga: Die deutsche Arbeiterbewegung. Zwischen Revolution, Reform und Etatismus, Mannheim 1993

Hardtwig Wolfgang: Vormärz – Der monarchische Staat und das Bürgertum, München 1998

Hildebrand Klaus: Deutsche Außenpolitik 1871-1918, München, 2. Auflage 1994

Kiesewetter Hubert: Industrielle Revolution in Deutschland, Frankfurt/Main 1989

Langewiesche Dieter: Europa zwischen Restauration und Revolution 1815-1849, München, 3. Auflage 1993

Lutz Heinrich: Zwischen Habsburg und Preußen. Deutschland 1815-1866, Berlin 1985

Mommsen Wolfgang J.: Das Ringen um den nationalen Staat. Die Gründung und der innere Ausbau des Deutschen Reiches unter Otto von Bismarck 1850 bis 1890, Berlin 1993

Nipperdey Thomas: Deutsche Geschichte 1800-1918, 3 Bände, München 1998

Pierenkemper Toni: Gewerbe und Industrie im 19. und 20. Jahrhundert, München 1994

Radkau Joachim: Das Zeitalter der Nervosität. Deutschland zwischen Bismarck und Hitler, München 1998

Schildt Gerhard: Die Arbeiterschaft im 19. und 20. Jahrhundert, München 1996

Schöllgen Gregor: Das Zeitalter des Imperialismus, München, 3. Auflage 1994

Schulze Hagen: Der Weg zum Nationalstaat. Die deutsche Nationalbewegung vom 18. Jahrhundert bis zur Reichsgründung, München, 2. Auflage 1986

Siemann Wolfram: Gesellschaft im Aufbruch. Deutschland 1849-1871, Frankfurt/Main 1989

Siemann Wolfram: Vom Staatenbund zum Nationalstaat. Deutschland 1806-1871, München 1995

Stürmer Michael: Das ruhelose Reich. Deutschland 1866-1918, Berlin 1983

Stürmer Michael: Die Reichsgründung. Deutscher Nationalstaat und europäisches Gleichgewicht im Zeitalter Bismarcks, München 1984

Tilly Richard H.: Vom Zollverein zum Industriestaat, München 1990

Ullrich Volker: Die nervöse Großmacht 1871-1918. Aufstieg und Untergang des deutschen Kaiserreichs, Frankfurt/Main 1997

Volkov Shulamit: Die Juden in Deutschland 1780-1918, München 1994

Wehler Hans-Ulrich: Deutsche Gesellschaftsgeschichte
Erster Band: 1700-1815, München, 3. Auflage 1996
Zweiter Band: 1815-1845/49, München, 3. Auflage 1996
Dritter Band: 1849-1914, München 1995

Demokratie und Nation: die USA im 19. Jahrhundert

Adams Willi Paul und andere (Hrsg.): Länderbericht USA I. Geschichte – Politische Kultur – Politisches System–Wirtschaft, Bonn, 2. Auflage 1992

Angermann Erich: Die Vereinigten Staaten von Amerika, München, 9. Auflage 1995

Dahms Hellmuth Günther: Grundzüge der Geschichte der Vereinigten Staaten, Darmstadt, 4. Auflage 1997

Dippel Horst: Geschichte der USA, München 1996

Guggisberg Hans R.: Geschichte der USA, Stuttgart-Berlin-Köln-Mainz, 3. Auflage 1993

Heideking Jürgen: Geschichte der USA, Tübingen und Basel 1996

Sautter Udo: Geschichte der Vereinigten Staaten von Amerika, Stuttgart, 5. Auflage 1994

Sautter Udo: Lexikon der amerikanischen Geschichte, München 1997

Taylor Colin: Die Mythen der nordamerikanischen Indianer, München, 2. Auflage 1996

Wersich Rüdiger B.: USA-Lexikon, Berlin-Bielefeld-München 1995

Staat und Gesellschaft im Zarenreich

Haumann Heiko: Geschichte Rußlands, München-Zürich 1996

Kappeler Andreas: Rußland als Vielvölkerstaat. Entstehung – Geschichte – Zerfall, München, 2. Auflage 1993

Moynahan Brian: Das Jahrhundert Rußlands 1894-1994, München 1994

Nolte Hans H.: Kleine Geschichte Rußlands, Stuttgart 1998

Pipes Richard: Rußland vor der Revolution. Staat und Gesellschaft im Zarenreich, München 1977

Stökl Günther: Russische Geschichte. Von den Anfängen bis zur Gegenwart, Stuttgart, 6. Auflage 1997

Torke Hans J.: Lexikon der Geschichte Rußlands. Von den Anfängen bis zur Oktober-Revolution, München 1985

Die Herausforderung des American Dream im 20. Jahrhundert

(siehe auch unter „Demokratie und Nation: die USA im 19. Jahrhundert")

Dittgen Herbert: Amerikanische Demokratie und Weltpolitik. Außenpolitik in den Vereinigten Staaten, Paderborn 1998

Junker Detlef: Von der Weltmacht zur Supermacht. Amerikanische Außenpolitik im 20. Jahrhundert, Mannheim-Leipzig-Wien-Zürich 1995

Die Sowjetunion im 20. Jahrhundert: Utopie und Gewalt

(siehe auch unter „Staat und Gesellschaft im Zarenreich")

Altrichter Helmut: Kleine Geschichte der Sowjetunion 1917-1991, München 1993

Altrichter Helmut: Rußland 1917. Ein Land auf der Suche nach sich selbst, Paderborn-München-Wien-Zürich 1997

Bullock Alan: Hitler und Stalin. Parallele Leben, Berlin 1991

Courtois Stéphane und andere: Das Schwarzbuch des Kommunismus, München-Zürich 1998

Figes Orlando: Die Tragödie eines Volkes. Die Epoche der russischen Revolution 1891 bis 1924, Berlin 1998

Hildermeier Manfred: Die Russische Revolution 1905-1921, Frankfurt/Main 1989

Hildermeier Manfred: Geschichte der Sowjetunion 1917-1991. Entstehung und Niedergang des ersten sozialistischen Staates, München 1998

Malia Martin: Vollstreckter Wahn. Rußland 1917-1991, Stuttgart 1994

Pipes Richard: Die Russische Revolution, 3 Bände, Berlin 1995

Rauch Georg von: Geschichte der Sowjetunion, Stuttgart, 8. Auflage 1990

Torke Hans J.: Historisches Lexikon der Sowjetunion 1917/22-1991, München 1992

Die Weimarer Republik: die erste deutsche Demokratie

Benz Wolfgang / Graml Hermann (Hrsg.): Biographisches Lexikon zur Weimarer Republik, München 1988

Bracher Karl Dietrich/Funke Manfred/Jacobson Hans-Adolf (Hrsg.): Die Weimarer Republik 1918-1933. Politik – Wirtschaft – Gesellschaft, Düsseldorf 1987

Dederke Karlheinz: Reich und Republik. Deutschland 1917-1933, Stuttgart, 8. Auflage 1996

Grab Walter/Schoeps Julius H.: Juden in der Weimarer Republik, Darmstadt, 2. Auflage 1998

Heiber Helmut: Die Republik von Weimar, München 19. Auflage 1990

Jasper Gotthard: Von der Auflösung der Weimarer Republik zum NS-Regime, Frankfurt/Main 1985

Kluge Ulrich: Die deutsche Revolution 1918/19, Frankfurt/Main 1984

Kolb Eberhard: Die Weimarer Republik, München, 4. Auflage 1998

Longerich Peter: Deutschland 1918-1933. Die Weimarer Republik, Hannover 1996

Mommsen Hans: Aufstieg und Untergang der Republik von Weimar 1918-1933, Berlin 1998

Niedhart Gottfried: Deutsche Geschichte 1918-1933. Politik in der Weimarer Republik und Sieg der Rechten, Stuttgart, 2. Auflage 1996

Peukert Detlef J. K.: Die Weimarer Republik. Krisenjahre der Klassischen Moderne, Frankfurt/Main 1987

Schulze Hagen: Weimar. Deutschland 1917-1933, Berlin 1982

Winkler Heinrich August: Weimar 1918-1933. Die Geschichte der ersten deutschen Demokratie, München, durchgesehene Auflage 1998

Personenregister

Acheson, Dean 267
Adams, Abigail 174
Adams, John 164, 173 f.
Alexander der Große 208
Alexander I., Zar von Russland 26, 28
Alexander II., Zar von Russland 209, 220, 231, 233
Alexander III., Zar von Russland 220
Andrejewa, Nina 359
Andropow, Jurij 346, 352

Bartels, Wolfgang 418
Barth, Emil 371
Bassermann, Friedrich Daniel 65
Bebel, August 113
Becher, Johannes R. 419
Bell, Johannes 390, 392
Benedetti, Vincent 87, 89
Benz, Karl 105
Berchtold, Leopold Graf 152
Berija, Lawrentij Pawlowitsch 343
Bernstein, Eduard 115 f.
Bethmann Hollweg, Theobald von 150, 152
Beveridge, Albert J. 203
Bismarck, Otto von 81 f., 84 ff., 97 ff., 103 f., 106, 108, 110, 114, 121, 126, 130 ff., 138 ff., 148, 213, 233
Börne, Ludwig 39
Brandt, M. von 146
Brecht, Bertolt 260, 271, 422, 425
Breschnew, Leonid I. 345 f., 350, 352 f.
Briand, Aristide 412, 414
Brockdorff-Rantzau, Ulrich Graf von 416
Brüning, Heinrich 427, 434 ff., 440
Bryan, William J. 245 f.
Bucharin, Nikolaj Iwanowitsch 328
Büchner, Georg 46
Bulganin, Nikolaj Aleksandrowitsch 343
Bülow, Bernhard von 145
Bush, George 287 f.

Caprivi, Georg Leo Graf von 106
Carnegie, Andrew 201
Carter, James E. 286 f.
Cartier, Jacques 156
Castlereagh, Lord Robert Stuart 27
Chagall, Marc 296
Chamberlain, Austen 414
Christian IX., König von Dänemark 85
Chruschtschow, Nikita 343 ff., 347, 350
Churchill, Winston 258, 261, 269, 326, 392
Clemenceau, Georges 318, 389, 392 f., 400
Clinton, William 288, 291 f.
Cohen-Reuß, Max 377
Coolidge, Calvin 241
Cotta, Johann Friedrich 18

Daimler, Gottlieb 104 f.
Danilewskij, Nikolaj J. 235
Darrow, Strafverteidiger 245 f.
Darwin, Charles 245
Däumig, Ernst 377
Dawes, Charles 413
Dietrich, Marlene 422, 425
Dittmann, Wilhelm 371
Djilas, Milovan 329
Döblin, Alfred 422
Dostojewski, Fjodor M. 235

Ebert, Friedrich 366, 371, 373, 381, 383, 397, 409, 426
Ehrhardt, Hermann 397, 399
Einstein, Albert 260, 262
Eisenhower, Dwight D. 266, 269, 274 f.
Eisenstein, Sergej 221
Eisner, Kurt 374
Engels, Friedrich 109, 112, 119, 307
Ernst August, König von Hannover 39
Erzberger, Matthias 399, 402

Fallada, Hans 422
Fermi, Enrico 262
Feuchtwanger, Lion 306
Fischer, Fritz 391, 394 f.
Ford, Gerald R. 286
Ford, Henry 105
Franklin, Benjamin 164, 173
Franz Ferdinand, Erzherzog 143, 394
Franz I., Kaiser von Österreich 14 f., 26, 28
Franz Joseph, Kaiser von Österreich-Ungarn 152
Frick, Wilhelm 424, 439
Friedrich I., König von Württemberg 15
Friedrich III., Deutscher Kaiser 84, 90, 128 f.
Friedrich Wilhelm III., König von Preußen 22, 26, 28, 36
Friedrich Wilhelm IV., König von Preußen 39, 45, 50, 53, 56, 60, 62, 67, 79
Fulbright, William 284

Gagarin, Jurij 344
Garibaldi, Giuseppe 80
Georg III., König von England 162, 170, 172
George, David Lloyd 318, 389, 391, 393
Geßler, Otto 408
Goebbels, Joseph 430
Gorbatschow, Michail 352 ff.
Göring, Hermann 439
Gorki, Maxim 217
Görres, Joseph 30
Gortschakow, Alexander M. 238
Grimm, Gebrüder 39
Groener, Wilhelm 371
Gromyko, Andrej 346
Gropius, Walter 260, 422

Haase, Hugo 371
Haber, Fritz 104 f.
Hahn-Hahn, Ida 40
Hardenberg, Karl August von 19 f., 22 f.
Harding, Warren G. 241
Hauptmann, Gerhart 44
Haxthausen, August Freiherr von 214
Hayden, Sterling 270
Hayes, Rutherford B. 179
Heine, Heinrich 39
Helfferich, Karl 368
Hildebrand, Bruno 66
Hillgruber, Andreas 395
Hindenburg, Oskar von 439
Hindenburg, Paul von 364 f., 368, 383, 424, 426, 433 f., 436 ff.
Hitler, Adolf 387 f., 398, 408, 411, 427, 436 ff., 445
Hobson, John A. 137
Hoffmann von Fallersleben, August Heinrich 39
Holstein, Friedrich von 146
Hoover, Herbert C. 243, 248, 255, 415
Hugenberg, Alfred 427
Humboldt, Wilhelm von 20

Jackson, Andrew 179
Jakob I., König von England 160
Jannings, Emil 422
Jefferson, Thomas 163, 173, 176, 178, 183, 254
Jelzin, Boris 356
Johann von Österreich 59
Johnson, Lyndon B. 274 ff., 285
Joliot, Frédéric 262
Juchacz, Marie 385

Kaganowitsch, Lasar Moissejewitsch 343
Kahr, Gustav Ritter von 408 f.
Kaledin 303
Kamenew, Lew 229, 316 f., 330
Kant, Immanuel 36
Kapp, Wolfgang 397
Karl der Grofle 13
Karl Friedrich von Baden 15
Katkov, Michail N. 231
Kautsky, Karl 115
Kelly, Gene 245
Kennan, George 225
Kennedy, John F. 256, 273 ff., 279, 281
Kennedy, Paul 293
Kerenskij, Alexander 298 ff., 303
Ketteler, Wilhelm Emmanuel Freiherr von 98, 112
King, Martin Luther 275 f., 281, 292
Kirow, Sergej 328
Kissinger, Henry 278
Kolumbus, Christoph 156, 181
Konfuzius 246
Kopelew, Lew 332
Kornilow, Lavrentij G. 298, 303
Kossygin, Aleksej 345
Kotzebue, Karl August von 37
Kropotkin, Petr A. Fürst 215
Krupp, Alfred 111
Krupp, Friedrich 68

Landsberg, Otto 371
Lang, Fritz 425
Lassalle, Ferdinand 113
Legien, Carl 115, 372
Lenin (Wladimir Iljitsch Uljanow) 137, 220, 297 ff., 307 ff., 312 ff., 321 f., 324 f., 329 ff., 334, 347, 358
Leo XIII., Papst 98, 112, 117
Leopold von Hohenzollern 87
Lewald, Fanny 55
Lewis, Sinclair 244
Lichtenstein, Roy 273
Liebknecht, Karl 363, 366, 374
Liebknecht, Wilhelm 113
Ligatschow, Jegor Kusmitsch 359
Lincoln, Abraham 184, 189, 254, 282
List, Friedrich 145
Lossow, Otto von 408 f.
Louis Philippe, König von Frankreich 38, 49
Lubitsch, Ernst 260
Ludendorff, Erich 364, 367, 397, 409
Ludwig II., König von Bayern 88
Lüttwitz, Walther Freiherr von 397
Luxemburg, Rosa 313, 363, 374
Lwow, Georgij Jewgenjewitsch 297, 301

Malenkow, Georgij 343
Mann, Klaus 424
Mann, Heinrich 260
Mann, Thomas 260, 424
March, Frederic 245
Martov, Julij 302
Marx, Karl 109, 112 f., 119, 220, 255, 307 f.
Matisse, Henri 286
Max I. Josef, König von Bayern 15
Max von Baden 365 ff., 369
McCarthy, Joseph 266, 271 f.
McDuffie, Gouverneur 187 f.
Metternich, Klemens Wenzel Lothar Fürst von 27 ff., 37, 39, 43, 50
Mikojan, Anastas Iwanowitsch 343
Molotow, Wjatscheslaw Michajlowitsch 343
Moltke, Helmuth Graf von 84 f.
Mommsen, Theodor 126
Monroe, James 198, 202
Morgan, Pierpoint J. 197
Müller, Hermann 390, 392, 427 f.
Napoleon Bonaparte 13 ff., 17, 19, 21, 23 f., 26 f., 124, 230, 337
Napoleon III., Kaiser von Frankreich 87
Nicolson, Harold 392
Nikolaus II., Zar von Russland 219, 222 ff., 226, 228, 234, 238 f., 297, 395
Nixon, Richard 278 f., 286
Northcliffe, Alfred 400
Northup, Salomon 187 f.

Orlando, Vittorio 389
Otto, Nikolaus 105
Otto-Peters, Louise 127

Paine, Thomas 169, 173
Papen, Franz von 429, 437 ff.
Pasternak, Boris 345
Peter der Große, Zar von Russland 206 f.
Picasso, Pablo 286
Piscator, Erwin 422
Pius IX., Papst 98
Pöhner, Ernst 399
Poincaré, Raymond 404 f.
Pourtalès, Guy de 394
Pückler-Muskau, Hermann von 33

Rathenau, Walther 399, 402, 404
Reagan, Ronald 256, 287 f., 353
Reis, Philipp 105
Richter, Eugen 108
Rockefeller, John D. 191
Rohe, Mies van der 260
Roon, Albrecht Graf von 80
Roosevelt, Franklin D. 248 ff., 253, 255 ff., 261 f., 265
Roosevelt, Theodore 192, 197, 200 f., 204, 254
Rosenberg, Alfred 442

Sacharow, Andrej 346, 351
Sand, Karl Ludwig 37
Sazonov, Sergej Dmitrijewitsch 394 f.
Schacht, Hjalmar 424
Scharnhorst, Gerhard Johann David von 20
Scheidemann, Philipp 366, 371, 381, 399, 402
Schleicher, Kurt von 434, 436 ff.
Scopes, John 245
Scott, Dred 189
Seeckt, Hans von 398 f., 408 f., 416
Seißer, Hans Ritter von 409
Seldte, Franz 427
Serge, Victor 319
Seward, William H. 199
Siebenpfeiffer, Philipp Jacob 42
Siemens, Werner 105
Sinowjew, Grigorij 330
Sitting Bull 182
Smith, Adam 70
Smith, Al 243
Solowjow, Wladimir S. 236
Solschenizyn, Alexander 344 f.
Spengler, Oswald 400
Stalin, Josef 229, 306, 324 ff., 333, 336 ff., 341 ff., 347, 350 f., 354
Stein, Heinrich Friedrich Karl Freiherr vom und zum 19 f.
Stinnes, Hugo 372
Stolypin, Pjotr. A. 223 f.
Strasser, Gregor 418, 439
Stresemann, Gustav 406, 409, 412, 414 f., 417, 419, 427, 430
Stumm-Halberg, Carl Ferdinand 117
Sullivan, John L. 177
Swerdlow, Jakow 229
Szilard, Leo 262

Taft, William H. 204
Tansey, Mark 286
Tellkampf, Johann Ludwig 66
Thaer, Oberst von 367
Thälmann, Ernst 427
Tirpitz, Alfred 139
Tracy, Spencer 245
Trotzki, Leo 298 f., 302, 308, 310 f., 316 f., 325, 330, 400
Truman, Harry S. 265, 267
Tschernenko, Konstantin 352
Tschernyschevskij, Nikolaj 236
Turner, Frederick Jackson 177 f., 181

Ustinow, Dmitrij Fjodorowitsch 346

Warhol, Andy 264
Washington, George 163 ff., 167, 173, 198, 254
Weber, Max 223
Weidig, Friedrich Ludwig 46
Weizsäcker, Ernst Freiherr von 262
Wels, Otto 397, 439
Wichern, Johann Hinrich 112
Wilder, Billy 260
Wilhelm I., Deutscher Kaiser 53, 56, 80 f., 83 f., 87, 89 f., 108, 124
Wilhelm II., Deutscher Kaiser 115, 138 f., 147, 150, 152, 363, 365 ff., 369
Wilhelm (Kronprinz) 417
Wilson, Woodrow 192, 201, 318, 364 f., 367, 389 ff., 393
Windthorst, Ludwig 98, 100
Wirth, Joseph 402, 404
Witte, Sergej J. 212, 222, 228, 238
Wittgenstein, Fürst Wilhelm Ludwig Georg von 43
Woroschilow, Kliment Jefremowitsch 343

Yorck, Johann David Ludwig 26
Young, Owen 415

Zeigner, Erich 407
Zetkin, Clara 127
Ziegert, August Hermann 65
Zweig, Stefan 410

Register historischer Begriffe und Namen

Abolitionismus, Abolitionisten 183 f.
Affenprozess 245
Afrikaner 156
Aktiengesellschaften 72, 102, 191
Alldeutscher Verband 126
allgemeine Schulpflicht 211
allgemeine Wehrpflicht 20, 210, 258, 390
Allgemeiner Deutscher Arbeiterverein (ADAV) 113, 120
Allgemeiner Deutscher Frauenverein 127
allgemeines Wahlrecht 228
Alliierte 311, 365, 372, 390 ff., 404, 412, 414, 419, 434
Allrussischer Rätekongress (II.) 299, 302 f.
American Dream 164, 240, 250, 282, 292
American Way of Life 242 f., 274
Amerikanische Revolution 165
Amerikanischer Bürgerkrieg 185
Amtsenthebungsverfahren (Impeachment) 278
Anarchist 215
Anti-Federalists 167
Anti-Imperialistische Liga 199, 203
Antikommunismus 265 f.
Antikriegsbewegung 277
Antimodernismus 243
Antisemitismus 126
Anti-Trust-Gesetzgebung 192, 197
Aprilthesen 298, 301
Arbeiter 99, 110, 116 ff., 122, 124 f., 192, 196, 213, 217, 220, 222, 224, 226, 228, 242, 304, 312, 322, 328, 374, 378
-bewegung 112, 224, 382
-klasse 120, 213, 307, 312 f., 315, 359, 379
-verbrüderung 52
Arbeiter- und Soldatenräte 365, 371 ff., 377 f.
Arbeitgeberverbände 372, 427
Arbeitslager (GULAG) 329, 338, 344
Arbeitslose, Arbeitslosigkeit 429, 431, 434
Arbeitslosenversicherung 420, 428
Artikel 48 383 f., 386, 407, 409, 434, 440
Atlantik-Charta 258, 261
Atom 291
Atombomben, -waffen 264, 269
Aufklärung 18, 34, 36, 38, 167, 169
Ausschuss für unamerikanische Umtriebe 265, 270
Auswanderungsbewegung 74
Autokratie 207 f., 219, 221, 224, 229, 231, 305

Badisches Landrecht 24
Bagdad-Bahn 139
Balkanbund 142
Balkankriege 142
Bankenkrach 429
Bauernbefreiungen 14, 45, 63, 110, 210 f.
Bayerische Volkspartei (BVP) 408, 426 f.
Befreiung der Arbeit 220
Befreiungskriege gegen Napoleon 27, 35, 230
Berliner Kongress 132, 141, 143, 233 f.
Berliner Vertrag 414
Berufsrevolutionäre 221, 312
Bevölkerungsexplosion 110
Bevölkerungswachstum 74
Biedermeier 33
Big Business 190 ff., 241
Binnenwanderung 74, 78
Black is beautiful 276
Black Nation 184
Black Panther 276
Black Power 276
Black Revolution 275
Black Thursday 247
Blankoscheck 150, 152
Blutsonntag 222, 226
Bolschewiki 220, 298 ff., 308 f., 313, 322, 337, 407 f.
Bolschewismus 417
Boston Tea Party 161 f.
Bourgeoisie 119, 301, 322
Boxer-Aufstand 199
Brotkorbgesetz 98
Bund der Befreiung 221 f.
Bund der Frontsoldaten 427
Bund der Industriellen 106
Bund der Landwirte 106
Bund Deutscher Frauenvereine 127
Bundesakte 37
Bundeskrieg 59
Bundes-Pressegesetz 37
Bundesrat 93 ff., 384
Bundesstaat 28, 60, 86, 92, 166
Bundestag 32, 37, 63, 79
Bundes-Universitätsgesetz 37
Bundes-Untersuchungsgesetz 37
Bundesverfassung 31, 167, 193
Bundesversammlung 28, 40 f.
Bundeswehr 398
Bureau of Investigation 240
Bürgerkrieg in China 265
- in den USA 311, 315 f., 318
Bürgerliches Gesetzbuch 124
Bürgerrechte 274 f., 291, 354
Bürgerrechtsbewegung (Civil Rights Movement) 275 ff., 281
Bürgerrechtsgesetz (Civil Rights Act) 275, 283
Bürgertum 35, 45, 80, 88, 96, 116
Bürgerwehr 56
Burgfrieden 363
Burschenschaften 36 f., 56

Caféhaus Milani 51, 65
Calvinisten 157, 160
Caritas 112
Cash-and-Carry-Klausel 258
Casino-Partei 51, 57, 65
Centralmärzverein 52
Centralverband deutscher Industrieller 108
Checks and Balances 166

Closed-shop-Prinzip 266
Code Civil 17, 24
Common Sense 169
Confederate States of America 185
Congress of Racial Equality (CORE) 260
Constitution of Virginia 171

Dampfmaschine 69
Darmstädter und Nationalbank (Danat) 429
Dawes-Plan 413, 427
Deep South 185
Deflationspolitik 434, 438
Demagogenhetze 38
Demokraten (in der Paulskirche) 52, 61 ff., 91
Demokratenkongress 52
Demokratie 167
Demokratische Partei (in den USA) 193, 248, 253, 256, 265, 274, 278 f., 288
Demokratisches Russland 356
Destroyer-for-bases 258
Deutsche Demokratische Partei (DDP) 375, 380, 427, 444
Deutsche Fortschrittspartei 80
Deutsche Kolonialgesellschaft 126
Deutsche Vaterlandspartei 364
Deutsche Volkspartei (DVP) 375, 380 f., 426 f., 444
Deutscher Bund 28, 30 f., 38f., 41, 49, 59 f., 63, 68, 71, 84 ff., 130
Deutscher Flottenverein 126, 146
Deutscher Hof 52, 57
Deutscher Kaiser (Stellung in der Verfassung) 93, 95 f.
Deutscher Metallarbeiterverband 115
Deutscher Nationalverein 80
Deutscher Zollverein 71, 75, 85 f., 88
deutsch-französischer Krieg 87
Deutschnationale Volkspartei (DNVP) 368, 375, 380 f., 426 f., 435 f.
Diktatur des Proletariats 316
direkte Demokratie 373
Dissidenten 351
Dogma der päpstlichen Unfehlbarkeit 98
Dolchstoßlegende 365, 368, 387
Dollar-Imperialismus 201
Donnersberg 52, 57
Doppelherrschaft (in Russland) 297
Dreibund 132, 140, 150
Dreikaiserabkommen 131 f.
Dritte Industrielle Revolution 70
Dritte Welt 70, 136, 277, 353
Dritter Stand 208
Dualismus 21, 86
Duma 222 ff., 234, 297

East India Company 161
Ebert-Groener-Abkommen 371, 373
ehernes Lohngesetz 120
Eindämmungspolitik (containment) 265, 276, 278
Einparteiensystem 358
Einwanderer, Einwanderung 176, 180, 191, 195 f., 201, 243, 290
Eisen und Blut 82
Eisenacher Programm 113
Eisenbahn 34, 71 f., 76, 176, 184, 190, 209, 212, 232
-, Mandschurische 232
-, Transsibirische 232
Emanzipation der Frauen 34, 40, 127, 315
Emanzipations-Edikt 20
Empire 136
Emser Depesche 87, 89
engerer Bund 60
Enteignung 299, 379
Entente (cordiale) 140, 142, 152, 404, 443
Entmilitarisierung des Rheinlands 414
Entstalinisierung 343 f.
Erfüllungspolitik 391, 399, 404, 415
Erfurter Programm 115
Erster Weltkrieg 69, 88, 94, 104 f., 115, 141, 149 ff., 201, 224, 234, 240 f., 258, 286, 297, 304, 308, 314, 316, 362 f., 375, 386, 392, 394 f., 403, 421, 429
Evolutionstheorie 245
Exekutivkomitee der Sowjets 297, 299, 314 f.
Expatriierungsgesetz 98
Expressionismus 421 f.

Fabrik 69, 73, 77, 176, 217 f., 222
FBI (Federal Bureau of Investigation) 240, 271
Februar-Regierung 311
Februarrevolution in Frankreich 49
- in Russland 297, 299
Flotte, Flottenbau 140, 145
Föderalismus 96
Föderalisten (in den USA) 167
Fortschrittliche Volkspartei 364
Fortschrittspartei 81, 97, 108, 375
Fraktion 51, 57
Französische Revolution 13 ff., 22 f., 25, 27, 35 f., 91, 230
Frauenbewegung 127, 277
Frauenrechtsgruppen 193, 277
Frauenwahlrecht 127, 382
freie Reichsstadt 15
freies Mandat 376
Freiheitsstatue (in New York) 124
Freikorps 372, 374, 396 ff.
Freisinnige Partei 117
Frieden von Brest-Litowsk 309, 311
- von Frankfurt 87
- von Lunéville 14
- von Paris (1763) 161
- von Paris (1856) 233
- von Prag 86
- von Riga 311
- von San Stefano 233
- von Wien 85
Friedensvertrag von Versailles 165, 241, 380, 389 ff., 396 f., 412, 414 ff., 418, 442
frontier (Grenze) 177 f., 181, 199
Frühindustrialisierung 69, 176
Frühkonstitutionalismus 29
Frühliberalismus 35 f.

Fünfjahrespläne 327, 338
Fürstenunion 79

Gegenrevolution 53, 63
Geheimpolizei (GUGB) 326, 329, 344
Gemeinschaft Unabhängiger Staaten (GUS) 356 f.
Generalkommission der Freien Gewerkschaften Deutschlands 115
Germania 124
Gesetz gegen die gemeingefährlichen Bestrebungen der Sozialdemokratie (Sozialistengesetz) 99, 101, 114 f.
Gewaltenteilung 166
Gewerbefreiheit 19, 110
Gewerkschaften 106, 113, 115 f., 192, 372
Gewerkschaften, christliche 112
Glasnost 354 f., 360
Gleichberechtigung der Frauen 193
gleiches Wahlrecht 314
Gleichgewicht der Mächte (balance of powers) 27, 30, 130, 147, 201, 389
goldene Zwanziger 419, 421
Goldmark 406
Göttinger Sieben 39
Grand Empire 17
grass root democracy 178
Great Depression 248, 250
Great Society 273 f.
großdeutsch, großdeutsche Lösung 59, 64, 84, 91
Große Koalition 406, 426 f., 435, 440
Große Reformen (in Russland) 210
Großer Vaterländischer Krieg 337
Gründerboom 102
Gründerkrach 102
Gründerstaaten (der USA) 175, 179
Gründerzeit (russische) 212
Grundgesetz (der Bundesrepublik) 32, 384, 387 f.
Grundgesetze von 1906 (in Russland) 222
Grundherrschaft 210 f.
Grundrechte 14, 35, 59, 63, 79, 163, 167, 171, 277, 384, 386
Gruppe Internationale 363
Gutsbesitzer 209 ff., 224, 230, 298, 303, 315, 321

Haber-Bosch-Verfahren 104
Hambacher Fest 39, 42 f.
Harzburger Front 436
Heeresreformen 20, 80 f., 85
Heilige Allianz 27 f., 202
Heiliges Römisches Reich Deutscher Nation 14 f., 21 f.
Hereros 144
Hirsch-Duncker'sche Gewerkvereine 113
Hispanics 289
Hitlerputsch 409
Hitler-Stalin-Pakt 336, 355
Hochindustrialisierung 69
Hohenzollern 60, 82, 89

Ideologie 35, 304, 308 f., 315
imperatives Mandat 373, 376
Imperialismus 136 ff., 144, 199, 203, 230, 232
-, formeller 136
-, informeller 136
Imperialismus-Theorien 137
Indemnitätsvorlage 81
Indianer 156 ff., 160, 173, 178 f., 182, 185
indirektes Wahlverfahren 222
Industrialisierung 34, 44, 69 f., 73, 212 f., 216, 232, 308, 327
Industrielle Revolution 68 ff., 183, 247, 291
Inflationen 317, 403, 406 f., 410 f., 420, 442 f.
Innere Mission 112
Intelligenzija, Intelligenz 219, 221, 304, 322
Interfraktioneller Ausschuss 364 f., 400
Internationale Arbeiter-Assoziation 113
Interventionspolitik (der USA) 199 f.
Interventionsstaat 106
Isolationismus 198, 257, 265

Jakobiner 23
Jesuitenorden 98
Juden 18, 20, 54, 126, 231, 241, 258, 297, 337 ff., 399, 402, 408
Julikrise 150, 391, 394 f.
Juli-Revolution (in Frankreich) 38
Junges Deutschland 39, 41

Kaiserkult 124
Kaiserproklamation (in Versailles) 84, 90
Kaiser-Wilhelm-Gesellschaft 104, 262
Kalter Krieg 265, 268, 273 f., 285, 287, 291
Kanzelparagraph 98
Kapital (industrielles) 69
Kapitalismus 112
Kapp-Lüttwitz-Putsch 396 f., 399, 445
Karlsbader Beschlüsse 37 f.
Kartelle 192
Kernenergie 262
Kinderarbeit 74, 121, 192, 213, 250
Kissinger Diktat 133
Klassen 74, 112, 119, 313
Klassenbewusstsein 301
Klassengesellschaft 277
Klassenherrschaft 313, 379
Klassenkampf 112, 119, 276
klassenlose Gesellschaft 307
kleindeutsch, kleindeutsche Lösung 60, 62, 64, 79 f.
Klostergesetz 98
Kolchose 326, 337
Kollektivierung 325 f., 332
Kolonialismus 139
Kolonialmächte 136
Kolonialpolitik 134
Kolonien 104, 138, 156, 159, 162, 164 f., 168, 171, 174, 199, 202, 232, 380, 389 f., 393
Kolonisation 155, 181, 202
Kommunismus 119, 322, 346 f.
Kommunistische Internationale (III.) (Komintern) 309

Kommunistische Partei (KP) (in den USA) 270 ff.
Kommunistische Partei (Bolschewiki) / Kommunistische Partei der Sowjetunion (KPdSU) 229, 287, 307, 309, 312 f., 315 f., 321, 325, 328, 331, 343, 345, 347, 351, 354, 356, 358 f., 361, 373
Kommunistische Partei Deutschlands (KPD) 373, 375, 377, 388, 407, 424, 427, 435, 437 f., 444
kommunistische Revolution 120
Kommunistisches Manifest 112
Konferenz von Bretton Woods 264
- von Genf 269
- von Lausanne 415
- von Locarno 417
- von London 404, 413
- von Versailles 241, 378
Konföderationsartikel (der USA) 165
Kongress (der USA) 165, 167, 172, 174 f., 184 f., 201 ff., 254, 256, 258, 270, 288
- der Bauerndeputierten (in Russland) 300
Kontinental-Kongress (der USA) 162 f., 171 f.
Konservative Parteien 97, 99, 106, 126, 375
konstituierende Versammlung (in Russland) 227, 298, 300, 303
Konstitution 14, 29, 42, 53
Konstitutionelle Demokraten (Kadetten) 222, 300
konstitutionelle Monarchie 61, 208
konstitutionelle Verfassung 228
Kontinentalimperialismus 232
Konvention von Tauroggen 26
Konveyer 334 f.
Koreakrieg 265
Kosmonauten 349
Krieg zwischen Russland und Japan 140, 147, 221, 230, 232, 239
- zwischen USA und Mexiko 176
Krieg-in-Sicht-Krise 131
Kriegskommunismus 316, 319, 325
Kriegsschuldartikel 391, 393, 442
Krim-Krieg 209, 232 f., 236, 323
Kronstädter Aufstand 315
Ku Klux Klan 186, 241
Kuba-Krise 345
Kulaken 318, 325 f., 332
Kulturkampf 98 ff., 114, 124
Kurfürsten 15

Landwehr 80
Legitimität 27
Leibeigene, Leibeigenschaft 209 ff., 214, 216, 326
Leih- und Pachtgesetz (Lend Lease Act) 258, 263
Leninismus 339
Liberale (Parteien) 61, 63, 91, 97 f., 113
liberale Wirtschaftstheorie 70
Liberalismus 33, 35 f., 43, 49, 79f., 82, 243, 375
Lied der Deutschen 39
Lohnarbeit 69
London Company of Virginia 157
Londoner Protokoll 85
Loyalisten (in den USA) 163, 165
Lückentheorie 82

Machtergreifung 439
Maiadresse 81
Manhattan Project 259, 262
Manifest der Kommunistischen Partei 119
Manifest Destiny of God's own country 177, 199
Marktrevolution (in den USA) 176
Marokko-Krisen 140
Marxismus 112, 114, 307, 312, 316, 339
Marxismus-Leninismus 344, 347, 354
Märzereignisse 1848 33, 48 f.
Märzforderungen 49
Märzregierungen 49
Märzzugeständnisse 63
Materialismus 112
-, historischer 307
Matrikularbeitrag 93, 98
Max-Planck-Gesellschaft 104
Mayflower (Compact) 157, 160
McCarthyismus 266, 269
Mediatisierung 14, 17, 27
Mehrheitswahlrecht 445
Mehrparteiensystem 356
Menschen- und Bürgerrechtsbewegung 346
Menschen- und Bürgerrechte 14, 272
Menschewiki 220, 222, 297 ff., 302, 315 f.
Militarismus 125 f., 369
Monroe-Doktrin 198, 202, 204
Montan- und Eisenindustrie 72
Moskauer Frühling 344

Narodniki (Volksfreunde) 220
National Organization of American Women (NOW) 277
Nationalbewegungen 50, 86, 124
nationale Frage / Idee 80, 88
Nationalhymne 124
Nationalismus 33, 35, 80, 124, 137, 199, 230 f., 236, 355
Nationalliberale (Partei) 81, 97, 99, 375
Nationalsozialismus 400, 411, 442
Nationalsozialistische Deutsche Arbeiterpartei (NSDAP) 388, 408, 411, 424, 427, 430, 435 f., 438 f., 441, 444
Nationalstaat 49, 62, 91, 94, 123 f.
Nationalversammlung (in der Paulskirche) 14, 50 ff., 57 ff., 61 ff., 67, 79, 94
- in Preußen 53
- der Weimarer Republik 366, 368, 371 f., 374 f., 377 f., 381 f., 385, 390
Naturrecht 163, 169, 172
Neue Linke (New Left) 277, 285
Neue Ökonomische Politik (NEP) 317 f., 321
Neue Sachlichkeit 422
Neue Welt 156, 158, 181, 191, 199
New Deal 248 ff., 253, 255 f., 258, 260, 266
New Frontier 273 f., 279

Niederwalddenkmal 94
Nomenklatura 345 f.
Norddeutscher Bund 86, 88
Northwest-Ordinance 175, 178
Notverordnungen 435 f.
Novemberrevolution (im Deutschen Reich) 365, 369

Oberste Heeresleitung (OHL) 151, 364 f., 367 f., 371, 373, 398
Oberster Sowjet 355
Oktoberedikt (in Preußen) 19
Oktobermanifest (des Zaren) 222
Oktoberrevolution (in Russland) 221, 224, 228 f., 298 ff., 303 ff., 311, 319, 321, 323, 359, 373
Oktoberverfassung (im Deutschen Reich) 365, 369
Organisation Consul (O.C.) 399
Orgbüro (der KPdSU) 315
orthodoxe Kirche 207 f., 231, 236, 326, 337, 354

Panama-Kanal 200
Panslawismus 231, 233, 235
Pariser Kommune 373
passiver Widerstand 403, 405, 408
Patrioten (in den USA) 164
Pauperismus 44, 110
Perestrojka 354, 358 f.
Pilgrim Fathers 157
Planwirtschaft 327, 350, 353
Pogrome 231, 339
Politbüro (der KPdSU) 315, 325 f., 329 f., 348, 351, 359
Politik der offenen Tür (Open Door Policy) 199 f., 204, 257
Pop(ular) Art 264, 273
Präsident der USA (Stellung in der Verfassung) 166
Präsidialkabinett 433 f., 440
Präventivkrieg 134
Pressefreiheit 40, 43
Preußenschlag 437
preußische Städteordnung 20, 210
Preußisches Abgeordnetenhaus 80 ff., 100
Preußisches Herrenhaus 80, 82
Progressive Movement 192 f., 197, 241
Prohibition 241
Proletariat 110, 120, 199, 220, 301, 307, 313, 318, 320, 359
Proletarische Hundertschaften 407
Prosperity 241
Provisorische Regierung (der Frankfurter Nationalversammlung) 59
- (nach der russischen Februarrevolution) 297, 299, 301, 303
Provisorisches Komitee (der Duma) 297
Puritaner 157 f., 177, 191, 193

Rassentrennung 185 f., 274, 280, 292
Rassismus 276
Rastatter Kongress 22
Rat der Volksbeauftragten 371 ff., 382
Rat der Volkskommissare 299 f., 314 f.
Räte (-republik) 371 ff., 376 ff., 382
Reaganomics 287 f.
Reaktion 63, 79
red scare 241
Reformation 36
Reichsbank 105
Reichsbanner 424, 444
Reichsdeputationshauptschluss 14
Reichsexekution 407
Reichskanzler (Stellung in der Verfassung) 93, 95
Reichskongress der Arbeiter- und Soldatenräte Deutschlands 372 f., 377
Reichspatentamt 104
Reichspräsident (Stellung in der Verfassung) 381 ff., 386 ff., 398
Reichsproklamation 88
Reichsrat 382, 384
Reichsstände 15
Reichstag (Stellung in den Verfassungen von 1849, 1871, 1919) 61, 64, 92 ff., 383, 386 f.
Reichswehr 371, 390, 396 ff., 401, 409, 413, 424, 436, 445
Rentenmark 406
Reparationen 391, 404 ff., 412 f., 415, 417, 419, 427, 434, 442
Repräsentantenhaus (im US-Kongress) 166
repräsentative Demokratie 373
Republikanische Partei (in den USA) 184 f., 193, 241, 248, 266, 278, 288
Rerum Novarum 112, 117
Reservate 179
Restauration 26 f., 29, 33, 36, 38
Revisionismus 412, 414, 442
Revolution von 1848 44 ff., 62, 65
- von 1905 221, 231, 234, 297, 305, 373
- von 1918 363, 365 f., 369, 371, 382, 421
- von oben 328
Revolutionäre Obleute 371
Revolutionäres Militärkomitee (der Bolschewiki) 298
Rheinbund 15, 17, 19, 24 f.
Roaring Twenties 243
Romanow-Dynastie 207
Rote Armee 265, 310 f., 316, 323, 326, 329, 336 f., 341 f., 353, 361, 398
Rote Garden 299
rote Gefahr 52, 61
Rückversicherungsvertrag 132, 134
Ruhrkampf 403, 405 ff.
Rumpfparlament (der Paulskirche) 62
Russifizierungspolitik 231
Russische Sozialdemokratische Arbeiterpartei 220
Russische Sozialistische Föderative Sowjetrepublik (RSFSR) 310, 314

SA 436 ff., 441, 444
Säkularisation 14, 17 f.
Scheinkonstitutionalismus 223
Schlieffenplan 141, 150

Schulaufsicht (des Staates) 98
Schutzgebiete (der Kolonialmächte) 139
Schwarze 164, 183 ff.
Schwarzmarkt 319, 356
Sedanstag 124, 148
Seeblockade 151, 363
Sekretariat (der KPdSU) 315
Selbstbestimmungsrecht der Nationen 35, 91, 361
Selbsthilfeassoziationen 52
Senat (im US-Kongress) 166, 241, 272, 284
separatistische Bewegungen 407
Separatrechte 88, 92, 384
Serednjaki 318
Sezession, Sezessionskrieg 184 f.
Sicherheitsrat (der UNO) 265
Siebenjähriger Krieg 161
Sklaven 156 f., 159, 164, 179, 183 ff., 282, 291
Sklavenbefreiung 185, 283
Slawophile 219 f., 230, 359
Slums 186
Socialist Party 192
Sons of Liberty 161
Sowjets 222, 297 ff., 306, 314, 316, 319, 358
Sozialdarwinismus 199
Sozialdemokratie 91, 99, 101, 114, 116, 120, 125, 366, 377, 407, 409
Sozialdemokratische Arbeiterpartei (SDAP) 113
Sozialdemokratische Partei Deutschlands (SPD) 114 ff., 125, 127, 313, 363 f., 371 ff., 375, 377, 379, 398, 427, 435 ff., 444
Soziale Frage 45, 59, 108, 110
Sozialgesetzgebung (im Deutschen Reich) 106, 114, 121, 193, 213, 224
Sozialimperialismus 137
Sozialisierung 378
Sozialismus 192, 220, 229, 242, 313, 322, 325, 333, 344, 350, 354, 358 f., 375, 378 f.
Sozialistische Arbeiterpartei Deutschlands (SAP) 113, 120 f.
Sozialrevolutionäre Partei 221, 297 ff., 315 f.
Sozialstaatsprinzip 110
Spartakusaufstand 374
Spartakusbund, Spartakisten 363, 366 f., 371, 373, 379, 400
splendid isolation 131
Sputnik 274, 344
SS 436
Staatenbund 28, 31, 60, 79, 92, 165, 167
Staatenhaus 61, 64
Staatssekretäre (Stellung in der Verfassung) 93
Stadtdumen (in Russland) 210 f.
Stahlhelm 424, 427, 436
Stalinismus 339
Stalinkult 339, 345
Ständeversammlung 14, 29
Stellungskrieg 150
Stempelsteuer (Englands) 162, 168
Strategic Defense Initiative (SDI) 287, 353
Südstaaten 184 f.
Supermächte 274, 285, 346
Supreme Court (Oberstes Bundesgericht) 166, 189, 250, 274, 277, 280
System der Aushilfen 132

Taft-Hartley-Act 266
Tauwetter 344 f.
totalitär 324
Trade Unions 250, 266, 312
Trusts 191, 213
Tscheka (Geheimpolizei) 315
Tschernobyl 353
Two-Power-Standard 140

U-Boot-Krieg (uneingeschränkter) 151, 201
Umteilungsgemeinde (Mir) 210, 214, 220
Unabhängige Sozialdemokratische Partei Deutschlands (USPD) 313, 363, 371 ff., 377, 381, 398
Unabhängigkeitserklärung (der USA) 163 f., 172 ff., 183
Unabhängigkeitskriege (der USA) 163, 165, 175
Union der Sozialistischen Sowjetrepubliken (UdSSR) 311, 322, 324, 336
UNO (United Nations Organization) 265, 268

Verbände 105 f., 126
Vereinigte Kolonien 162, 165, 172, 174
Vereinigte Staaten von Amerika (United States of America) 165, 172, 174
Vereinswesen 34
Verfassung des Deutschen Reichs 92 ff.
- der USA 183
- der Weimarer Republik 381 ff., 396, 444
Verhältniswahlrecht 382, 445
Vertrag von Olmütz 79
- von Rapallo 413, 416
- von Locarno 414
Veto, aufschiebendes 61, 166
Vetorecht 223, 265
Vielvölkerstaat 230 f., 355
Vierzehn Punkte 364, 367, 393
Vietnamkrieg 274, 276 ff., 284 ff.
Virginia Bill of Rights 163, 171
Völkerbund 241, 265, 364, 390, 414 f., 417
Volksbegehren 382, 387, 427
Volksdemokratien 355
Volksdeputiertenkongress (der Sowjetunion) 354
Volksentscheid 382, 387, 427
Volkshaus 61, 64
Volkskommissariat für Innere Angelegenheiten (NKWD) 329, 334
Volkstümler (in Russland) 220 f.
Vormärz 33, 44, 59
Vorparlament (zur Paulskirche) 50
Vorwahlen (Primaries) 193

Waffenstillstand in Compiègne 151
Währungsreform 407
Wartburgfest 36 f.
Wasserstoffbombe 344
Watergate 278, 286
Waterloo 27, 148

Weberaufstand 44
Weimarer Koalition 375, 398, 445
Weimarer Republik 362 ff.
weiterer Bund 60
Weltrevolution 308 f., 325, 417
Weltwirtschaftskrise nach 1870 102
- nach 1929 110, 247 f., 411, 415, 419, 421, 429, 434 f., 442 f.
Westendhall 57, 66
Westler (in Russland) 219
White Anglo-Saxon Protestants (WASPs) 192
Wiener Kongress 26 ff., 30, 33
Wilder Westen 176
Wirtschaftsliberalismus 191
Wittelsbacher 365
Württemberger Hof 57, 65 f.

Yankees 184
Young-Plan 415, 427, 436

Zarentum 207 ff., 211, 225, 230, 304 f., 324, 339
Zehn Artikel (des Deutschen Bundes) 39
Zemstva (in Russland) 210 f., 220 f.
Zensur 63, 220
Zensuswahlrecht 29, 94, 165, 177
Zentralarbeitsgemeinschaft (der Arbeitgeber und Gewerkschaften) 372, 420
Zentralkomitee (der KPdSU) 298, 315, 325, 328 ff., 343, 347 f., 352, 358
Zentralrat der Arbeiter- und Soldatenräte 372, 377
Zentrum 98 f., 106, 375, 380, 426 f., 436, 444
Zivilehe 98
Zollpolitik 106, 114, 132, 162, 212, 241, 248, 404
Zug der Tausend (in Italien) 80
Zweibund 131 f., 141
Zweikammersystem 29, 61
Zweite Industrielle Revolution 70, 351
Zweiter Weltkrieg 206, 242, 257, 260 f., 263 ff., 269, 276, 285 f., 288, 336, 355, 391, 398

Wahlen zur Nationalversammlung und zum Reichstag 1919 bis 1933

		Wahl vom 19. 1. 1919		Wahl vom 6. 6. 1920		Wahl vom 4. 5. 1924	
Gesamtzahl			%		%		%
der Bevölkerung	In Tausenden	63 052,0		59 198,8		59 198,8	
Stimmberechtigte		36 766,5		35 949,8		38 375,0	
Gültige Stimmen		30 400,3	82,68	28 196,3	78,43	29 281,8	76,30
Ungültige Stimmen		124,5	0,34	267,2	0,74	427,6	1,11
Parteien		Stimmen *Mandate*	%	Stimmen *Mandate*	%	Stimmen *Mandate*	%
Deutschnationale Volkspartei		3 121,5 *44*	10,3	4 249,1 *71*	15,0	5 696,5 *95*	19,5
Nationalsoz. Deutsche Arbeiterpartei		—		—		1 918,3 *32*	6,5
Deutsche Volkspartei		1 345,6 *19*	4,4	3 919,4 *65*	13,9	2 694,4 *45*	9,2
Deutschsoziale Partei		—		—		333,4 *4*	1,1
Deutsches Landvolk		—		—		—	
Deutsche Bauernpartei		—		—		—	
Landbund		—		—		574,9 *10*	1,9
Wirtschaftspartei		275,1 *4*	0,9	218,6 *4*	0,8	693,6 *10*	2,3
Deutsch-Hannoversche Partei		77,2 *1*	0,2	319,1 *5*	1,1	319,8 *5*	1,0
Zentrum		5 980,2 *91*	19,7	3 845,0 *64*	13,6	3 914,4 *65*	13,3
Bayerische Volkspartei		—		1 173,3 *21*	4,1	946,7 *16*	3,2
Christliche Volkspartei		—		65,3 *0*	0,2	—	
Deutsche Demokratische Partei		5 641,8 *75*	18,5	2 333,7 *39*	8,2	1 655,1 *28*	5,3
Sozialdemokratische Partei		11 509,1 *163*	37,9	6 104,4 *102*	21,7	6 008,9 *100*	20,5
Unabhängige Sozialdemokratische Partei		2 317,3 *22*	7,6	5 046,8 *84*	17,8	235,1 *0*	0,7
Kommunistische Partei		—		589,5 *4*	2,0	3 693,3 *62*	12,5
Andere Parteien		132,5 2	0,5	332,1 *0*	1,6	597,4 *0*	1,7